OSNOVE VEDSKE ASTROLOGIJE
VREME DOGAĐAJA

SANĐAJ RATH

Prevela

Branka Larsen

RAMA

Izdavač:
RAMA
Signalvej 125
2860 Søborg
Tel: +45 22965939
www.rama-edu.com

Naslov originala
CRUX OF VEDIC ASTROLOGY – TIMING OF EVENTS
Copyright © Sanđaj Rath
Translation Copyrigt © 2010 za srpsko izdanje, Rama

Prevod:
Branka Larsen

Lektura:
Marija Güngör

Ilustracija na korici:
Mladen Lubura

Štampano u Velikoj Britaniji
Lightingsource

Autorska prava
Sva prava zadržana, osim u slučaju citata na Sanskritu iz originalnih Đotiš klasika, i kratkih odlomaka citiranih zarad kritičkog pristupa i pregleda, i bez ograničenja u vezi sa autorskim pravima od ranije, nijedan deo ove knjige nije dozvoljeno reprodukovati, uvesti u sistem za pretraživanje ili prenositi u bilo kom obliku ili na bilo koji način (elektronski, mehanički, fotokopiranjem, snimanjem ili slično), bez prethodne pismene saglasnosti izdavača.
Ova knjiga je prodata pod uslovom da neće biti, prodajom ili na drugi način, posuđivana, preprodata, iznajmljivana, ili na drugi način puštena u promet bez prethodne pismene saglasnosti izdavača. To je uslov koji se nameće kupcu knjige.

molitva

श्री कृष्णं जगन्नाथं नत्वा संजय दैवज्ञ।

Ja, Sanđaj Rath, đotiši, klanjam se lotosovim stopalima Šri Krišne, Gospodara Univerzuma [i nudim ovo delo za dobrobit svih astrologa].

Dana 16. juna 1998.

Posvećeno mom stricu, đotišiju Kašinath Rathu, koji je napustio ovaj svet u vreme dok je ova knjiga bila pisana

ॐ गुरवे नमः
Predgovor

Vedska Astrologija

Koristim ovu priliku da se zahvalim učenim čitaocima i kolegama astrolozima za prihvatanje moje prve knjige *Maharaši Đaimini Upadeša Sutra*. Iako je uložen napor da objašnjenje svake sutre bude praćeno brojnim primerima, gotovo je nemoguće učiniti to do kraja, i u potpunosti objasniti sve moguće manifestacije različitih sutri u horoskopu. Potreba da se Vedskoj astrologiji pristupi celovito, kombinujući najbolje prediktivne tehnike, ispunjena je upravo u ovoj knjizi. Prva tri poglavlja pružaju objašnjenja za različite tehnike i paradigme dostupne u Vedskoj astrologiji, kao i za njihovu upotrebu. Slažem se da je lista prilično duga, a na nju su dodate i opšte prihvaćene i relativno lako primenjive tehnike.

Postoje određene tehnike koje su obično podučene u porodicama, i koje imaju dugu đotiš tradiciju. Izložio sam i neke vredne metode za određivanje vremena događaja koje će, nadam se, biti od koristi svim astrolozima. Na primer, Đataka Pariđata naglašava vrednost pete kuće u određivanju vremena smrti osobe. Ukoliko ovo znanje nije iz tradicije, za prosečnog astrologa je gotovo nemoguće da zna kako da primeni ovu informaciju. Jedna od metoda jeste dodavanje vimšotari daša godina planeta koje utiču na petu kuću i potom brisanje umnožaka sa trideset. Kad se ostatak doda na datum sankrantija (ulazak Sunca u znak na mesec smrti), dobija se datum smrti. Drugi metod jeste uzimanje planete sa najjačim uticajem na petu kuću, smrt će se dogoditi na lunarni dan (tithi) kojim data planeta vlada.

Ovakve veoma precizne predikcije u vezi sa vremenom smrti će biti od važnosti kako u čartovima rođenja, tako i u čartovima polaganja zakletve vlade. Korak po korak, data su objašnjenja koja mogu biti od velike pomoći, kako za početnike, tako i za veoma napredne astrologe.

Narajana Daša

Za bilo koji udu daša sistem, bilo da se govori o vimšotari ili aštotari daši, esencijalan je metod određivanja stanja uma, budući da je Mesec polazna tačka kalkulacije. Moguće je da u određenom trenutku osoba ima puno povoljnih događaja, a da um i dalje oseća nemir. Dakle, u interakciji osobe sa okruženjem, dva nezavisna faktora igraju bitnu ulogu. Jedan je podstrek okruženja u obliku poruka i uticaja, a drugi je način na koji ih osoba doživljava, obrađuje i reaguje na njih. Vimšotari daša pokazuje funkcionisanje uma u datom trenutku i pokazuje inherentnu sposobnost ili manjak sposobnosti za interpretaciju, kao i način na koji će osoba primati ove poruke. Ipak, dobar astrolog treba da poseduje i prediktivne tehnike za prepoznavanje poruka koje dolaze iz okruženja. Ovo je ključ đotiša i naziva se narajana daša.

Iako sam u mom prevodu *Mahariši Đamini Upadeša Sutre* objasnio narajana dašu, dobio sam indikacije da su neophodna i dodatna objašnjenja. Ova knjiga demonstrira praktičnu upotrebu narajana daše kroz brojne primere. U slučaju daljeg interesa za datom temom, sa zadovoljstvom ću izaći u susret.

Da li se Đaimini Razlikuje od Parašare?

Određeni delovi astrološke zajednice pokušali su da istaknu da je Mahariši Đaimini različit od tradicionalog Parašara đotiša, bilo da su hteli da sakriju svoje neznanje iza ovog argumenta, da su pokušali da profitiraju na ovim razlikama ističući da je njihov Đaimini sistem superioran, ili pripisan samo ekskluzivnim članovima ovog Đaimini kluba! Mislim da treba da preuzmemo stav slavnog Dr. B. V. Ramana koji je oduvek držao da Vedska astrologija zahteva celovit pristup. Dr. B. V. Raman je autor mnogih knjiga uključujući i dela u vezi sa Đaiminijem, Parašarom, Prašnom, Tađakom, itd.

Đaimini se smišljeno distancirao od započinjanja nove škole Vedske astrologije i otuda je imenovao svoj klasik Upadeša (saveti) Sutra (strofa ili sutra). Uvek se nanovo pozivao na standardne tekstove kao Sidhe. Očigledno je da je Mahariši Đaimini namenski rangirao svoj klasik kako bi izbegao zablude koje bi se mogle razviti u budućnosti, ali su one ipak ponikle. Ozbiljan zahtev astrološkoj zajednici, sa moje strane, jeste da se uzdrži od ukazivanja na omanje razlike u pogledima kao na razlike u sistemima, te da razvije celovit pristup Vedskoj astrologiji.

Zablude

Danas je prisutan niz zabluda među vodećima u ovom polju. I dok je dobro poznato da se četvrta kuća odnosi na formalno obrazovanje, neki astrolozi podučavaju da je peta kuća zapravo zadužena za obrazovanje! Činjenica je da je četvrta kuća zadužena za obrazovanje. Druga i jedanaesta odavde vrše primarnu argalu (intervenciju) na nju. Dakle, peta kuća, budući da je druga od četvrte, interveniše u pitanjima četvrte kuće i upravlja znanjem koje je stečeno tokom obrazovanja. Jedanaesta od četvrte kuće je druga kuća koja upravlja govorom i pokazuje usvajanje govora, strane jezike i druge veštine stečene tokom obrazovanja.

Problemi nastaju kada astrolozi novijeg doba pokušaju da propagiraju svoje lične teorije umesto da ulože napor u cilju razumevanja mudrosti rišija. Ova knjiga je pokušaj da se razume i primeni mudrost Maharišija, i moguće je da, uprkos ogromnom trudu, na određenim mestima objašnjenja mogu delovati neadekvantno. Biću veoma zahvalan na reakcijama učenih čitalaca, i na njihovim konstruktivim kritikama.

Zahvalnost

Vedska astrologija je dužnik Sagar porodici za njihovu stalnu podršku kod ovih izdanja. Ja sam veoma zahvalan Šri Saurabh Sagaru zbog podrške koju mi je ukazao u vezi sa ovim izdanjem. Neka ga Šri Đaganath Mahaprabhu obaspe svojim dragocenim blagoslovima.

Zahvalan sam svojoj supruzi i deci za njihovu ljubav i emotivnu podršku. Neka ih Gospod Šiva kruniše savršenim znanjem. Posebno hvala Ašok Kaušiku i Dinanat Dasu za njihovu pomoć i podsticaj.

Sanđaj Rath
15b Gangaram Hospital Road
110060 New Delhi
India

www: http://srath.com
@: srath@srath.com

Sadržaj

Predgovor 5

Uvod 14

Koncepti i Prediktivni Principi 24

Procena Dugovečnosti 40

Ascendent 50

Druga kuća 68

Treća kuća 89

Četvrta kuća 101

Peta kuća 127

Šesta kuća 152

Sedma kuća 183

Osma kuća 227

Deveta kuća 261

Deseta kuća 292

Jedanaesta kuća 358

Dvanaesta kuća 379

Lista Čartova

Čart 1: Muškarac rođen 7. avgusta 1963. godine 18
Čart 2: Gospod Šri Ram 25
Čart 3: Bil Klinton (predsednik SAD-a) 25
Čart 4: Karunakaran (bivši guverner Kerale) 26
Čart 5: P. V. Narasimha Rao (bivši premijer Indije)..27
Čart 6: Đ. R. D. Tata 32
Čart 7: Muškarac rođen 22/23. maja 1955. godine 36
Čart 8: Svami Vivekananda 44
Čart 9: Indira Gandhi (nekadašnji premijer Indije) 46
Čart 10: Osoba ženskog pola rođena 3. novembra 1985. godine 47
Čart 11: Džavaharlal Nehru 55
Čart 12: Muškarac rođen 23. januara 1960. godine 58
Čart 13: Lata Mangeskar 59
Čart 14: Žena rođena 7. aprila 1991. godine...60
Čart 15: Muškarac rođen 3. novembra 1945. godine 61
Čart 16: Muškarac rođen 12. novembra 1934. godine 62
Čart 17: Amitab Baćan, horoskop najpoznatijeg imena u Bolivudu 64
Čart 18: Rađ Kapur 65
Čart 19: Majka Tereza 66
Čart 20: Kraljica Viktorija...71
Čart 21: Krišnarađa Vadijar IV 72
Čart 22: Tranziti za 8. avgust 1902. godine 74
Čart 23: Solarni ulazak za Blizanac dašu 75
Čart 24: Đ. R. D. Tata 76
Čart 25: Endru Karnegiv 77
Čart 26: N. T. Ramarao 80
Čart 27: Nemčand Đain alias Ćandrasvami 82
Čart 28: Osoba ženskog pola, 15/16. decembra 1995. godine 83
Čart 29: Muška osoba, rođena 11. novembra 1962. godine 85
Čart 30: Muškarac rođen 6. decembra 1967. godine 86
Čart 31: Muškarac rođen 16. februara 1965. godine 87
Čart 32: Svami Vivekananda 92
Čart 33: Muška osoba rođena 30. avgusta 1955. godine 92
Čart 34: Muška osoba rođena 8. januara 1977. godine 94
Čart 35: Ženska osoba rođena 5. februara 1969. godine 95
Čart 36: Muška osoba rođena 23. novembra 1954. godine 97
Čart 37: Ženska osoba rođena 20. januara 1956. godine 99
Čart 38: Muškarac rođen 16. septembra 1956. godine 104
Čart 39: Muškarac rođen 4. januara 1964. godine 105
Čart 40: Muškarac rođen 12. januara 1966. godine 106
Čart 41: Muškarac rođen 13. novembra 1957. godine 107
Čart 42: Žena rođena 3. oktobra 1973. godine 109
Čart 43: Muškarac rođen 13. juna 1970. godine 110

Čart 44: Muškarac rođen 30. avgusta 1956. godine 111
Čart 45: Muškarac rođen 18. jula 1956. godine 112
Čart 46: Muškarac rođen 16. jula 1948. godine 114
Čart 47: Muškarac rođen 7. avgusta 1963. godine 118
Čart 48: Šri Krišnarađa Vadijar IV 121
Čart 49: Muškarac rođen 12. novembra 1934. godine 122
Čart 50: Šri Aurobindo 124
Čart 51: Muškarac rođen 27. oktobra 1962. godine 134
Čart 52: Muškarac rođen 24. septembra 1964. godine 136
Čart 53: Žena rođena 4. februara 1969. godine 139
Čart 54: Muškarac rođen 16. juna 1956. godine 141
Čart 55: Muškarac rođen 22. marta 1966. godine 143
Čart 56: Muškarac rođen 27. februara 1966. godine 145
Čart 57: Žena rođena 17. novembra 1966. godine 147
Čart 58: Muškarac rođen 8. oktobra 1965. godine 148
Čart 59: Žena rođena 27. januara 1955. godine 150
Čart 60: Adolf Hitler 155
Čart 61: Predsednik Frenklin Delano Ruzvelt 160
Čart 62: Car Hirohito 163
Čart 63: Muškarac rođen 27. maja 1951. godine 164
Čart 64: Muškarac rođen 4. septembra 1969. godine 167
Čart 65: Osoba rođena 16. februara 1965. godina 169
Čart 66: Muškarac rođen 1. oktobra 1973. godine 172
Čart 67: Muškarac rođen 28. marta 1962. godine 175
Čart 68: Muškarac rođen 7. avgusta 1963. godine 177
Čart 69: Muškarac rođen 12. novembra 1934. godine 179
Čart 70: Muškarac rođen 6. novembra 1975. godine 190
Čart 71: Žena rođena 22. jula 1976. godine 193
Čart 72: Muškarac rođen 27. maja 1951. godine 196
Čart 73: Žena rođena 27. jula 1964. godine 198
Čart 74: Žena rođena 2. oktobra 1954. godine 201
Čart 75: Muškarac rođen 13. decembra 1958. godine 202
Čart 76: Šri A. B. Vađpaji 203
Čart 77: Šri Viđajendra Sarasvati 204
Čart 78: Muškarac rođen 25. oktobra 1951. godine 207
Čart 79: Žena rođena 23. novembra 1960. godine 209
Čart 80: Muškarac rođen 8. oktobra 1940. godine 211
Čart 81: Muškarac rođen 29. oktobra 1943. godine 213
Čart 82: Muškarac rođen 16. jula 1948. godine 214
Čart 83: Žena rođena 20. novembra 1967. godine 216
Čart 84: Sigmund Frojd 218
Čart 85: Ačarja Rađneš 220
Čart 86: Bil Klinton 222
Čart 87: Muškarac rođen 13. decembra 1935. godine 234
Čart 88: R. Santanam 237

Čart 89: Rađiv Gandi 241
Čart 90: Indira Gandi 244
Čart 91: Princeza Dajana 246
Čart 92: Svami Vivekananda 248
Čart 93: Muškarac rođen 12. oktobra 1956. godine 251
Čart 94: Ženska osoba rođena 3. maja 1981. godine 253
Čart 95: Ženska osoba rođena 28. avgusta 1973. godine 255
Čart 96: Muškarac rođen 12. novembra 1934. godine 256
Čart 97: Muškarac rođen 23. novembra 1930. godine 258
Čart 98: A. C. Rađneš (Ošo) 266
Čart 99: Šrila Prabupada 270
Čart 100: Šarada Maa 275
Čart 101: Šri Ramakrišna Paramhansa 279
Čart 102: Šri Đajendra Sarasvati 281
Čart 103: Kanči Đagad Guru Ćandrašekar Sarasvati 285
Čart 104: Dr. Harš Vardan 287
Čart 105: Muškarac rođen 15. marta 1946. godine 289
Čart 106: Otum Džekson 290
Čart 107: Žena rođena 27. jula 1964. godine 301
Čart 108: Šoba De 302
Čart 109: Muškarac rođen 16. jula 1948. godine 304
Čart 110: Muhamed Ali 305
Čart 111: Mihel De Nostradamus 307
Čart 112: T. N. Sešan 309
Čart 113: Dr Murli Manohar Đoši 312
Čart 114: Akbar Veliki 315
Čart 115: Florens Najtingel 318
Čart 116: Ludvig Van Betoven 320
Čart 117: Susmita Sen 323
Čart 118: Aišvarja Rej 325
Čart 119: Alfred Nobel 327
Čart 120: Pjer Kiri 329
Čart 121: Marija Kiri 331
Čart 122: Muškarac rođen 25. oktobra 1951. godine 333
Čart 123: Gospođa Kavita 335
Čart 124: Muškarac rođen 16. decembra 1961. godine 337
Čart 125: Muškarac rođen 6. septembra 1957. godine 338
Čart 126: Giriš K. Šarma 340
Čart 127: Punja 342
Čart 128: Žena rođena 17. juna 1960. godine 343
Čart 129: Bil Gejts 345
Čart 130: Sanđaj Dut 347
Čart 131: Muškarac rođen 23. novembra 1954. godine 349
Čart 132: Osoba ženskog pola rođena 22. avgusta 1966. godine 351
Čart 133: Muškarac rođen 22. oktobra 1961. godine 353

Čart 134: Muškarac rođen 17. juna 1947. godine 355
Čart 135: Muškarac rođen 8. oktobra 1940. godine 363
Čart 136: Žena rođena 2. oktobra 1954. godine 365
Čart 137: Muškarac rođen 26. septembra 1969. godine 366
Čart 138: Muškarac rođen 7. avgusta 1963. godine 367
Čart 139: Mahatma Gandi 369
Čart 140: Irak 370
Čart 141: Frenklin D. Ruzvelt 373
Čart 142: Adolf Hitler 376
Čart 143: Muškarac rođen 28. marta 1962. godine 377
Čart 144: Muškarac rođen 12. novembra 1934. godine 378
Čart 145: Ženska osoba rođena 13. maja 1970. godine 384
Čart 146: Ženska osoba rođena 2. oktobra 1969. godine 386
Čart 147: Muškarac rođen 3. novembra 1968. godine 387
Čart 148: Muškarac rođen 4. decembra 1964. godine 388
Čart 149: Šri Mahanidi Svami 391
Čart 150: Muškarac rođen 29. novembra 1978. godine 393
Čart 151: Muškarac rođen 6. avgusta 1970. godine 395
Čart 152: Muškarac rođen 28. marta 1962. godine 397
Čart 153: Muškarac rođen 7. maja 1963. godine 399
Čart 154: A. B. Vađpaje 401
Čart 155: P. V. Narasimha Rao 402
Čart 156: Muškarac rođen 1. novembra 1966. godine 404
Čart 157: Svami Asutoš (Urs) 406
Čart 158: Nil Armstrong 408

Lista Slika

Slika 1: Sarvatobadra čakra 20
Slika 2: Primer raši drištija 30
Slika 3: Argala 31

Lista Tabela

Tabela 1-1: Formula za sahame 21
Tabela 2-1: Saradnici/nosioci prepreka 28
Tabela 2-2: Badak znak i vladar 29
Tabela 4-1: Narajana daša Džavaharlal Nehru 56
Tabela 4-2: Čart 16: Narajana Daša 63
Tabela 4-3: Narajana Daša Amitab Baćana 65
Tabela 5-1: pokazuje Sudaše Karnegia 79
Tabela 5-2: Sudaša: N.T. Ramarao 81
Tabela 6-1: Narajana daše 93
Tabela 6-2: Čart 36: Bhratri šula daša 98
Tabela 7-1: Čaturtamša narajana daša 119
Tabela 8-1: Narajana daša: čart 57 147
Tabela 9-1: Narajan daše za Adolfa Hitlera 157
Tabela 9-2: Narajana daša F. D. Ruzvelta 161
Tabela 9-3: Narajana daša čarta 64 168
Tabela 9-4: Narajana daša čarta 65 170
Tabela 10-1: Narajana daša čarta br. 71 195
Tabela 10-2: Narajana daša – čart 72 197
Tabela 10-3: Narajana daša, čart br. 73 200
Tabela 10-4: Narajana daša čarta br.77 206
Tabela 10-5: Narajana daša čarta 79 210
Tabela 10-6: Antardaše narajana daše Lava 211
Tabela 10-7: Narajana daše Bila Klintona 224
Tabela 10-8: Antardaše Jarac daše 225
Tabela 11-1: Efekti navamši 229
Tabela 11-2: Efekti planeta u navamši/rudramši 230
Tabela 12-1: Planete i godine 265
Tabela 12-2: Drig daša Šarada Mata 278
Tabela 12-3: Drig daša Šri Đajendra Sarasvatija 284
Tabela 12-4: Drig daša Đagad Gurua 287
Tabela 13-1: (Izvod iz Druva Nadija) 294
Tabela 13-2: Značenja planeta 295
Tabela 13-3: Narajana daše Betovena 321
Tabela 13-4: Narajana daša čart 134. 356
Tabela 14-1: Narajana daša čarta 135. 364
Tabela 14-2: Manduka daša Iraka 371
Tabela 14-3: Manduka daša F. D. Ruzvelta 374
Tabela 14-4: Antardaše tokom Devica manduka daše 374
Tabela 14-5: Manduka daša Hitlera 377
Tabela 15-1: Narajana daša Gurutama Dasa 390
Tabela 15-2: Narajana daša čaturvimšamše D-24 394
Tabela 15-3: Narajana Vodolija daša-antardaša 394

ॐ गुरवे नमः

POGLAVLJE I

Uvod

Vedski daša sistem je najmoćniji prediktivni alat za astrologa. Astrologija koja se praktikuje danas u Indiji, u mnogome se oslanja na vimšotari dašu koja koristi ciklus od sto dvadeset godina, uvodeći fiksne periode za devet graha, uključujući sedam planeta od Sunca do Saturna, kao i čvorove Rahua i Ketua. Popularnost ovog daša sistema potiče od njene jednostavne kalkulacije, fiksnih jasnih perioda, kao i preporuke od strane Parašare[1]. Ipak, Kalijan Verma[2] pominje rezultate na osnovu mula daše, a na sličan način su različiti autori dali na važnosti različitim sistemima. *Brihat Parašara Hora Šastra* navodi brojne daša sisteme, uključujući i kalačakra dašu, kojoj danas raste popularnost među indijskim astrolozima, ali ponovo u sklopu vimšotari daše, što je čest previd izuzetaka. Ovo rezultira netačnim predikcijama, a time i remedijalne mere nose određeni stepen greške. Na primer, tara daša je deo i oblast vimšotari daše koji je često prenebregnut na štetu Vedske astrologije. Dakle, neophodno je najpre razumeti principe u vezi sa tim dašama, a potom izabrati dašu koja je univerzalno primenljiva tako da profesionalni astrolozi mogu razviti određeni nivo prakse u njima.

Klasifikacija

Prva klasifikacija počiva na osnovama progresija, gde oni daša sistemi koji koriste sunčeve znakove nose naziv raši daše, dok oni koji koriste lunarne kuće (nakšatre) nose naziv graha daše. Progresija može biti i na osnovu *pančatatvi,* ili drugih podela zodijaka. *Druga klasifikacija* je na osnovu metoda računanja. Ona može da se uradi od ascendenta, atmakarake, mesečeve nakšatre, početnog slova imena, sunčeve longitude u znaku, itd. *Treća klasifikacija* je na osnovu namene: falita (plodovi ili predikcije događaja) i ajur daše (dugovečnost i zdravlje).

Udu Daša

Među periodima koji se određuju na osnovu nakšatri, vimšotari (120 godina) i aštotari daša (108 godina) se izdvajaju kao univerzalno primenljive. Zbir perioda svetala (Sunca i Meseca) jednak je periodu učitelja (gurua) u datom daša sistemu. Dakle, Jupiter je guru vimšotari daše (Sunce 6 + Mesec 10 = Jupiter 16); dok je Venera guru aštotari daše (Sunce 6 + Mesec 15 = Venera 21). Druge daše koje se zasnivaju na nakšatrama imaju više ograničenja, i budući da im manjka univerzalnost primene, profesionalni astrolozi ih

---
1   Brihat Parašara Hora Šastra
2   Saravali.

mogu prevideti [detalji u vezi sa dašama se mogu saznati iz *Brihat Parašara Hora Šastre* ili bilo kog drugog standardnog teksta]. Ipak, kod praktične primene može delovati da je vimšotari daša sa Jupiterom kao guruom najbolja falita daša zasnovana na nakšatrama, dok je aštotari daša sa Venerom (Sanđivani mantra) kao guruom najbolja ajur daša zasnovana na nakšatrama. Drugo, *udu daše* su od velike pomoći kod određivanja vremena događaja, dok njihovu manifestaciju treba potvrditi raši dašom.

Narajana Daša

Narajana daša (padakrama daša) koja se sastoji od tri tipa raši daša (za pokretne, fiksne i dvojne znakove na ascendentu), je najbolja falita daša. Daše za pokretne znakove zovu se još i čara daše (čitaoci se mogu osvrnuti na moju knjigu Đaiminijeve upadeša sutre za detalje u vezi sa raši dašama). Lagnadi raši daša (takođe poznata i kao sudaša) se generalno koristi za tajming finansija, sreće, braka, itd. i može da se koristi uporedo sa narajana dašom samo onda kada je Mesečev znak snažniji.

Ajur Daše

Ajur daše se mogu klasifikovati na osnovu njihovog računanja, bilo u odnosu na period trudnoće (gde jedna antardaša odgovara periodu trudnoće) ili na osnovu maksimalne dugovečnosti. Navamša i šula daše oformljene na osnovama gde jedna antardaša odgovara periodu trudnoće datog bića. Na primer, u čartovima ljudi period trudnoće iznosi otprilike devet solarnih meseci, i to postaje jedna antardaša. Dvanaest ovakvih antardaša daju dašu znaka koja traje devet godina, a dvanaest ovakvih znakova daju maksimalnu dugovečnost od 108 godina. Na ovaj način se mogu odrediti šula daše i za sve životinje. Problem koji prirodno nastaje, u vezi je sa procenom perioda trudnoće ili "nošenja" neživih predmeta, kao i u mundanim čartovima. Kod ovih čartova najpre se uzima u obzir maksimalna dugovečnost, koja je za ljude procenjena na 120 godina na osnovu standardnih tekstova. Ovaj period se ravnomerno podeli na dvanaest znakova. Daša svakog znaka trajaće deset godina, i duža je od navamša ili šula daša koje traju po devet godina, ili stira daša koje u proseku traju osam godina. Ovo je sandja daša sa periodima od po deset godina, i koristi se kada je životni vek kratak, srednji ili dug, procenjen u okvirima od 40, 80 i 120 godina, datim redom (čitaoci se mogu osvrnuti na Đaiminijeve upadeša sutre za procenu dugovečnosti).

Sistem maksimalne dugovečnosti nalazi svoju upotrebu i u mundanim čartovima, na primer za određivanje vremena polaganja zakletve premijera, ili za slične događaje. Tako je maksimalna dugovečnost Lok Sabhe pet godina, što pokazuje da će šula daše trajati pet meseci za svaki znak (budući da je dvanaesti deo maksimalne dugovečnosti). Dakle, ajur daše zahtevaju inteligentnu primenu uma. Ukoliko, sa druge strane, treba da se koriste *udu* daše poput *aštotari*, one se mogu proporcionalno svesti na kraće periode.

Vimšotari Daša

Đataka Pariđata XVIII. 33 - 35.

Tačna procena početne tačke za vimšotari dašu drži ključ predikcija.

विलग्नतारेन्दुभनामताराप्रश्नेन्दुनक्षत्रगणेषु मध्ये।
बलाधिकर्क्षेशदशाक्रमेण फलं शुभं वाऽशुभमाहुरार्यः॥३३॥

Snažniji između: (a) lagna nakšatre, (b) nakšatre Meseca, (c) nakšatre inicijala, (d) nakšatre Meseca u vreme postavljanja pitanja - inicira vimšotari dašu. Počevši od daše vladara najsnažnije nakšatre i redosledom od (vimšotari) nakšatra daša, učeni astrolozi daju predikcije u vezi sa sudbinom osobe.

उत्पन्ननक्षत्रविलग्नतो वा भूयत्क्रमेणैव दशाफलानि।
दशावसानेष्वशुभं च सर्वे कुर्वन्ति सामान्यफलं नराणाम्॥३४॥

Ukoliko je znak u kom se nalazi *utpana* nakšatra (sledeća strofa) snažniji od ostale četiri navedene stavke, moguće je da će se događaji u životu odvijati na osnovu daše koja ima utpana nakšatru kao svoju polaznu tačku. Kraj svih daša će tada biti problematičan.

जन्मक्षोत्परतस्तु पञ्चमभवाऽथोत्पन्नसंज्ञा दशा स्यादाधानदशाऽप्यतोऽष्टमभवा क्षेमान्महाख्या दशा।
आसां चैव दशावसानसमये मृत्युप्रदा स्यान्नृणां स्वल्पानल्पसमायुषां त्रिवधपञ्चर्क्षेशदायान्तिमे॥३५॥

Treba da se utvrdi četvrta, peta i osma nakšatra od one u kojoj se nalazi Mesec. Vimšotari daše se računaju u odnosu na bilo koju od ovih nakšatri (tj. vladari ovih nakšatri mogu pokrenuti prvu dašu). Daša u odnosu na četvrtu nakšatru zove se *kšema*, u odnosu na petu *utpana*, i u odnosu na osmu *adana*. Ukoliko se bilo koje od daša završavaju istog datuma, one će pokazati smrt. Za kratak, srednji i dug život, treća, peta i sedma daša, datim redom, pokrenuće dašu koja donosi smrt.

Dakle, isključujući nakšatru u kojoj se nalazio Mesec u vreme postavljanja pitanja, imamo četiri moguće nakšatre koje mogu inicirati vimšotari dašu. To su: (a) nakšatra u kojoj se nalazi natalni Mesec, (b) nakšatra natalnog ascendenta, (c) nakšatra imena ili (d) utpana nakšatra (peta od natalnog Meseca). Koja god od navedenih nakšatri ima vezu sa Jupiterom ili Merkurom, ta dobija snagu da pokrene vimšotari daše. Ipak, vimšotari daše od čaturašra znakova (četvrta i osma nakšatra) koriste se samo kod određivanja dugovečnosti.

Parašara (*BPHŠ* 48. 207-209) podučava da su tara daše takođe vimšotari daše i da se iniciraju u odnosu na najsnažniju planetu u kendrama od ascendenta. Ipak, nomenklatura koja se tada koristi jeste: đanma, sampat, vipat, kšema, itd, a određuju se u odnosu na nakšatre od Meseca. Na primer, ukoliko u bilo kom čartu postoje planete u sve četiri kendre, vimšotari daša inicirana u odnosu na nakšatru Meseca neće dati zadovoljavajuće rezultate. Najjača planeta u kendri pokreće prvu dašu. Dakle, ako je Mesec u mrigašira nakšatri, a Rahu kao najsnažnija planeta u kendri pokreće prvu dašu, ta daša dobija ime sampat daša budući da Rahu vlada drugom nakšatrom od mrigašire.

Ovakva idealna situacija se retko sreće i neophodno je razviti univerzalno primenljiva pravila. Satjačarja (*Saravali 41.3*) smatra da je prva daša ona koja pripada snažnijem između ascendenta, Sunca i Meseca. Ovo je praćeno od strane drugih planeta u kendrama (kendra kuće), panapara (posle kendri) i apoklima kućama (posle panapara) redosledom lagna kendradi (graha) daša. Kalijan Verma (*Saravali 41.4. i 41.5*) odobrava ovaj stav i dodaje da, ukoliko kendre (u odnosu na lagnu ili Sunce ili Mesec, koje god da je snažnije) imaju više planeta, tada ona najsnažnija pokreće prvu dašu. Ukoliko su snage jednake, planeta koja ima dužu vimšotari dašu pokreće prvu dašu. Ipak, ova je šema (graha kendradi daša) primenljiva samo ukoliko bar jedno od Sunca, Meseca ili lagne ima snagu (tj. Merkur). Ukoliko ni jedno od pomenutih nije snažno, treba uzeti u obzir vimšotari dašu datu od strane predaka (poput Parašare).

Sunce, Mesec i lagna formiraju životno trojstvo. Đaimini (*Upadeša Sutre*) podučava da snažniji između Sunca i lagne upravlja fizičkim telom. Dakle, ajur daše treba inicirati ili od Sunca ili od lagne, koje god da ima veću snagu. Slično, snažnije između Meseca i lagne će upravljati pitanjima glave/uma. Zbog toga falita daše treba inicirati bilo od lagne ili od Meseca, ignorišući druge opcije utpana (peta nakšatra), nakšatre imena ili pitanja. Nakon što se izabere snažnije između lagne i Meseca, treba proveriti da li se u kendrama odatle nalaze četiri planete. Ukoliko da, tada treba primeniti kendradi graha dašu ili tara dašu. Ukoliko ne, treba uzeti longitudu lagne ili Meseca u nakšatri i odrediti daša balans u vreme rođenja za progresiju. Ukoliko je Mesec u osmoj ili dvanaestoj kući, bilo od lagne ili od sedme kuće, vimšotari daše u odnosu na Mesec neće dati rezultate osim u slučaju moćnih aspekata Jupitera i Merkura.

Različite Prediktivne Tehnike

Osim daša, Vedska astrologija koristi i brojna jednostavna pravila u obliku čartova ili dijagrama koji se zovu čakre. Ovo uključuje i aštakavarga čakru, sudašan čakru, pataki čakru, kalačakru, itd. Aštakavarga je veoma detaljna šema i treba je proučiti iz klasičnih tekstova.

Osnove Vedske Astrologije

Sudaršan čakra

Sudaršan čakra je zodijak predstavljen unutar kruga, u smeru obrnutom od kazaljke na satu, sa ascendentom, Mesecom i Suncem na vrhu, u tri koncentrična kruga. Na primer, nacrtajte sudaršan čakru sledeće osobe.

Čart 1: Muškarac rođen 7. avgusta 1963. godine

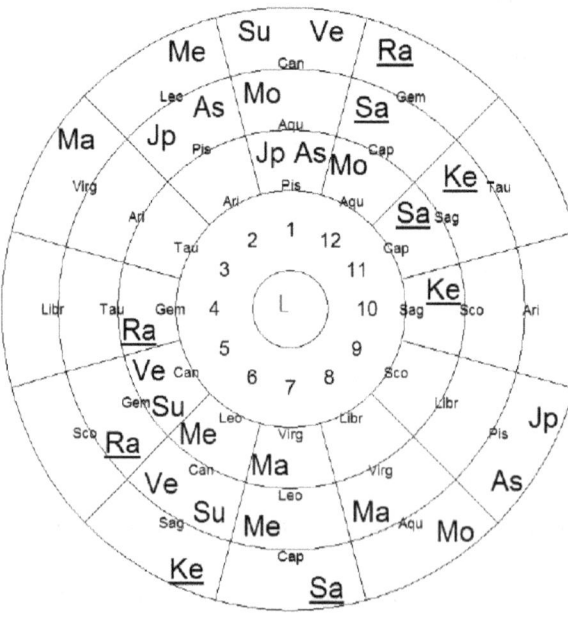

Vreme događaja određuje se tako što prelazimo jednu kuću za jednu godinu, počevši od lagne. Ipak, u stvarnosti Jupiter tokom jedne godine prelazi jedan znak, tako da se povoljni događaji poput braka itd. određuju na osnovu progresije od znaka u kom se nalazi Jupiter, ili sedme kuće od njega, i to po jedan znak za godinu dana. Slično, Saturn pređe jedan znak za dve i po godine i nepovoljni događaji se mogu odrediti na osnovu ove progresije počevši od znaka u kome se nalazi Saturn. Na primer, pokušajmo da odredimo vreme ulaska u brak kod pomenute osobe. Jupiter je na lagni i prelazi jedan znak za godinu dana i aspektovaće Veneru ili će biti u konjukciji sa njom tokom

17, 21, 23, 25, 29, 33, 37, itd. godine života. Saturn je u jedanaestoj kući i prelaziće jednu kuću za dve i po godine počevši od svoje natalne pozicije. Tokom sedamnaeste godine Saturn će prelaziti natalnu Veneru, dok će tokom dvadeset prve godine prelaziti preko Device (natalna sedma kuća). Tokom 23. i 25. godine, Saturn će prelaziti preko Vage i time aspektovati natalnu Veneru. Dakle, brak nije moguć tokom 17, 21, 23. i 25. godine. U dvadeset devetoj godini Saturn će prelaziti preko Strelca, i tada nema aspekt niti je u konjukciji sa Venerom. Tako se brak može sklopiti u dvadeset devetoj godini na osnovu sudaršana čakre. On se oženio 1991. godine na samom početku dvadeset devete godine života. Na sličan način se mogu odrediti i ostali bitni događaji u odnosu na natalne pozicije. Mesec i dan dobrog ili lošeg mogu se odrediti u odnosu na Sunce i Mesec, datim redom.

Sudaršan čakra daša takođe traje jednu godinu po kući, antardaše jedan mesec po kući i pratiantar daše dva i po dana po kući. Ovo može biti naučeno iz standardnih tekstova poput *Brihat Parašara Hora Šastre*.

SARVATOBHADRA ČAKRA

Povucite deset horizontalnih i vertikalnih paralelnih linija kako biste dobili osamdeset jedan kvadrat raspoređen u devet kolona i devet redova. Dvadeset osam nakšatri, počevši od kritike i uključujući abiđit, dodate nakšatre, smestite u spoljne kvadrate ostavljajući uglove praznima. Suglasnici su smešteni u drugom i osmom redu i koloni, dok se dvanaest znakova nalazi u trećem i sedmom redu i koloni. Pet tipova tithija smešteni su u centralnom delu i kompletiraju sarvatobadra čakru (videti Slika 1).

Prvi, šesti i jedanaesti tithi zovu se nanda; drugi, sedmi i dvanaesti tithi zovu se badra; treći, osmi i trinaesti tithi zovu se đaja; četvrti, deveti i četrnaesti tithi zovu se rikta i peti, deseti i petnaesti tithi zovu se purna, i u svetlom i tamnom delu mesečeve mene.

Aspekti planeta posmatraju se od nakšatre u kojoj se nalaze. Sunce aspektuje četrnaestu i petnaestu nakšatru, Mesec četrnaestu i petnaestu nakšatru, Mars prvu, treću, sedmu i petnaestu nakšatru, Merkur prvu i petnaestu nakšatru, Jupiter desetu, petnaestu i devetnaestu nakšatru, Venera prvu i petnaestu, Saturn treću, petu, petnaestu i devetnaestu nakšatru. Aspekti prirodnih benefika daju povoljne rezultate, dok aspekti malefika prave prepreke i uzrokuju probleme.

Ukoliko se planeta kreće regularno, vedha (deo uticaja/aflikcije) je u samuka (suprotnoj) nakšatri. Ukoliko se kreće brže nego normalno, tada naredna nakšatra ima vedu, a ukoliko je retrogradna, tada prethodna nakšatra ima vedu. Postoje razne druge vrste veda koje se pominju u tradicionalnoj literaturi. Na primer, prva, četvrta, dvanaesta, trinaesta, četrnaesta i dvadeseta nakšatra od Sunca imaju *dakšina vedu*, i bilo koja planeta u ovim nakšatrama pati od te aflikcije. Ukoliko se planeta (osim Rahua) nalazi u desetoj ili jedanaestoj nakšatri od Sunca, *dandaveda* rezultira porazom u parnicama, kaznama i slično.

Slika 1: Sarvatobadra čakra

a	Krt 6	Roh 7	Mrg 8	Ard 9	Pun 1	Pus 2	Asl 3	aa
Bhr 5	u	a	v	k	h	D	uu	Mag 4
Ash 4	I	Iri	Tau	Gem	Can	Irii	m	P.p 5
Rev 3	ch	Ari	o	1,6,11 Sun Tue	au	Leo	T	U.p 6
U.b 2	d	Pis	4,9,14 Fri	5,10,15 Sat	2,7,12 Mon Wed	Virg	p	Has 7
P.b 1	s	Aqu	ah	3,8,13 Thu	am	Libr	r	Cit 8
Sht 9	g	ai	Cap	Sag	Sco	e	t	Swt 9
Dhn 8	rii	kh	j	bh	y	n	ri	Vis 1
ii	Srv 7	Abi 6	UAs 6	PAs 5	Mul 4	Jye 3	Anr 2	i

Nakšatra u kojoj se nalazi Mesec zove se đanma nakšatra, deseta nakšatra je *karmakšetra* (mesto posla), osamnaesta nakšatra je *samudajaka*, četvrta je đati, sedma je *naidana* (smrt), dvanaesta je *daša*, trinaesta je *abišeka*, devetnaesta je *adana* (začeće), dvadeset druga je *vinasika* (uništitelj) i dvadeset peta je *manasa*. Planete smeštene u ovim nakšatrama imaju veoma bitan uticaj na date aktivnosti ili događaje. *Latha* se računa u odnosu na nakšatru u kojoj su smeštene planete. Ukoliko se nakšatra natalnog ascendenta ili Meseca nalazi u lathi panete u tranzitu, značenja te planete bivaju oštećena. Dvanaesta nakšatra od Sunca, računajući unazad, treća od Meseca unazad, dvadeset druga od Meseca unapred, šesta od Jupitera, sedma od Merkura, deveta od Rahua, peta od Venere i osma od Saturna unazad je njihova lata. Ukoliko je nakšatra na rođenju Marsova latha, to pokazuje nemir i finansijske gubitke; ako je u Saturn lathi vide se tuga i rane kao i gubici i siromaštvo, a gubitak sredstava za izdržavanje vidi se kod Rahuove lathe. Guruova latha pokazuje nevolje od rođaka i drugih saveznika, dok Merkurova latha pokazuje gubitke u biznisu, gubitke sredstava za život. Venerina latha pokazuje odvajanje od partnera. Drugi rezultati vedha i sl. mogu se prostudirati iz standardnih tekstova. Planeta smeštena u nakšatri afliktuje ili podržava slova (imena), znakove, tithije i druge nakšatre smeštene po dijagonalama. Tako na primer, planeta smeštena u purva badrapada nakšatri afliktuje glasove: ta, ka, ga, gha; nakšatre abiđit, punarvasu i čitra; znakove Ovan i Bik. Na ovaj način treba da se prouče gočara (kretanje planeta) i posebno signifikatori, za tajming događaja.

Saham

Saham je tačka u horoskopu koja predstavlja određeni aspekt života. Ovaj aspekt se analizira zajedno sa posmatranom kućom. Dok kuća može predstavljati više od jednog događaja, saham se fokusira na jedan određen događaj. Kešava daje dvadeset jedan saham, dok Nilakanta daje pedeset sahama. Neki od bitnijih sahama dati su u listi u tabeli 1.3. Planete ili znakovi koji utiču na sahame pokazuju period manifestacije događaja koji su predstavljeni datim sahamom.

Tabela 1-1: Formula za sahame

Ime	Dnevno rođenje	Noćno rođenje
1. Punija/Sreća	Mesec - Sunce + Asc.	Sunce - Mesec + Asc.
2. Vidja/ Obrazovanje	Sunce - Mesec + Asc.	Mesec - Sunce + Asc.
3. Jasa/Slava	Jupiter - Punja (1) + Asc.	Punja (1) - Jupiter + Asc.
4. Mahatmja/Veliki	Punja (1) - Mars + Asc.	Mars - Punja (1) + Asc
5. Gaurava/ Poštovanje	Jupiter - Mesec + Sun	Mesec - Jupiter + Sun
6. Karma/Posao	Mars - Merkur + / Asc	Merkur – Mars + Asc
7. Arth/Novac	II kuća - 1l Vl. +Asc	II Vl. – II kuća + Asc
8. Vaniđja/Trgovina	Mesec - Merkur + Asc	Merkur - Mesec + Asc
9. Sidhi/Uspeh	Saturn - Sunce + Vl. Sunčevog zn.	Saturn - Mesec + Vl. Mesečevog z.
10. Samarth/Veštine	Mars - Asc vladar + Asc	Asc. Vl. - Mars + Asc
11. Kali/Napor	Jupiter - Mars+ Asc	Mars - Jupiter + Asc
12. Mritju/Smrt	VIII kuća - Mesec + Asc	Mesec - VIII kuća + Asc
13. Santap/Tuga	Saturn - Mesec + VI	Mesec - Saturn + VI
14. Đadja/Bolest	Mars - Saturn + Merkur	Saturn - Mars + Merkur
15. Šatru/Neprijatelj	Mars - Saturn + Asc	Saturn - Mars + Asc
16. Bandhana/Zatvor	Punja(1) - Saturn + Asc	Saturn - Punja(l) + Asc

Osnove Vedske Astrologije

Ime	Dnevno rođenje	Noćno rođenje
17. Apamritju/ Nezgode	VIII - Mars + Asc	Mars - VII kuća + Asc
18. Baratru/ Braća/ sestre	Jupiter - Saturn + Asc	Jupiter - Saturn + Asc
19. Pitru/Otac	Saturn - Sunce + Asc	Sunce - Saturn + Asc
20. Matru/Majka	Mesec - Venera – Asc	Venera - Mesec +Asc
21. Putra/Deca	Jupiter - Mesec + Asc	Mesec - Jupiter + Asc
22. Bandhu/Rođaci	Merkur - Mesec + Asc	Mesec - Merkur + Asc
23. Vivahha/Brak	Venera - Saturn+ Asc	Saturn - Venera + Asc
24. Šradha/Ceromonija	Venera - Saturn + Asc	Mars-Venera + Asc
25. Paradara/Preljuba	Venera - Sunce + Asc	Sunce - Venera + Asc
26. Paradeša/ Inostranstvo	IX kuća – Vl. IX + Asc	Vl. IX - IX kuća + Asc
27. Đalapatha/ Putovanja u inostranstvo	105°- Saturn +Asc	Saturn - 105°+Asc

Napomena 1: ukoliko se ascendent ne nalazi između umanjenika i umanjioca, 30° treba dodati formuli kako bi se dobio saham. Na primer, hajde da izračunamo punja saham u čartu 1. U pitanju je noćno rođenje.

Punja saham = Sunce - Mesec + Asc
=3s21°4' - 10s19°57 + 11s13°39'
=4s14°46' (Lav - Merkur)

Pošto je ascendent (Ribe) unutar znakova od Meseca (Vodolija) do Sunca (Rak), ne dodajemo 30°.

Napomena 2: planete i znakovi koji su u konjukciji sa sahamom, ili sa njegovim vladarom, pokazuju događaj koji je predstavljen datim sahamom. Planete i znakovi koji imaju neometenu argalu (intervenciju) podržavaju događaj, dok planete i znakovi koji ometaju argalu žele da spreče događaj. Za povoljne sahame, argala treba da je jača od opstrukcije da bi donela povoljne rezultate.

Specijalni Ascendenti

U Vedskoj astrologiji se koriste specijalni ascendenti poput hora lagne, gatika lagne, vigatika lagne, bava lagne, varnada lagne, pranapade, aruda lagne, upapade, itd. Njih treba proučiti iz *Brihat Parašara Hora Šastre, Upadeša Sutra Đaiminija* ili drugih tradicionalnih tekstova Vedske astrologije. Postoje i drugi ascendenti poput šri lagne (Đaimini Sutre) i indu lagne za određivanje bogatstva i prosperiteta.

॰ तत् सत्

ॐ गुरवे नमः

POGLAVLJE II
KONCEPTI I PREDIKTIVNI PRINCIPI

360° zodijaka podeljeno je na dvanaest znakova od po 30° i dvadeset sedam nakšatri od po 13°20′ koje počinju od Ovna. Detalje u vezi sa znakovima i nakšatrama treba proučiti iz standardne literature. Koncepti i prediktivne tehnike koje zahtevaju objašnjenje biće obrađene u ovoj knjizi.

Joga

Joga znači unija i podrazumeva spajanje dva ili više aspekta života. Ovo može biti povoljno (šuba joga) ili nepovoljno (ašuba joga) u zavisnosti od znakova, planeta i kuća koje su umešane.

Joga karaka

Joga karaka je planeta koja je sposobna da donese dobru sreću osobi zbog svoje vladavine nad dvema povoljnim kućama u čartu, od kojih bar jedna uključuje i trigon. Na primer, za Rak ascendent Mars vlada petom i desetom kućim, i prirodno povezuje kuće poznatosti, slave, reputacije i uspeha sa kućom autoriteta, moći i znanja. Tako Mars postaje joga karaka i znakovi i planete u jutiju sa Marsom, ili pod aspektom Marsa, dobijaju na povoljnostima koje Mars indikuje. Samo prisustvo joga karake ne garantuje rađa jogu u čartu već samo pokazuje potencijal. Joga se dešava samo ukoliko je joga karaka u konjukciji sa drugim benefikom ili ga aspektuje ili je u parivartani sa njim tj. neophodna je veza (*sambanda*) između dve ili više planeta kako bi to rezultiralo rađa jogom.

Postoje različite vrste joga koja mogu da se odnose na bilo koji aspekt života. Na primer, za Rak ascendent, Jupiter je vladar šeste i devete kuće i odnos između Jupitera i Marsa može doneti najvišu jogu poznatu kao *darma karmaadipati joga* koja garantuje moć, status, poznatost i sreću budući da su peta, deseta i deveta kuća u pitanju. Đaimini daje određena merila (poput pozicija) za detaljnije predikcije. Ukoliko se ova joga nalazi u prvoj ili sedmoj kući doneće rezultate kasnije u životu, i to posle perioda poteškoća i borbe. Ovo pronalazimo u horoskopu Bagavan Šri Ramaćandre (čart 2) gde Jupiter i Mesec u konjukciji na Rak ascendentu rezultiraju gađakešari i mahalakšmi jogom. Đaimini (*Upadeša Sutra*) navodi da je ovo kombinacija za besmrtnu slavu, i Šri Ram je obožavan od strane hindusa kao *darma avatar*.

Čart 2: Gospod Šri Ram

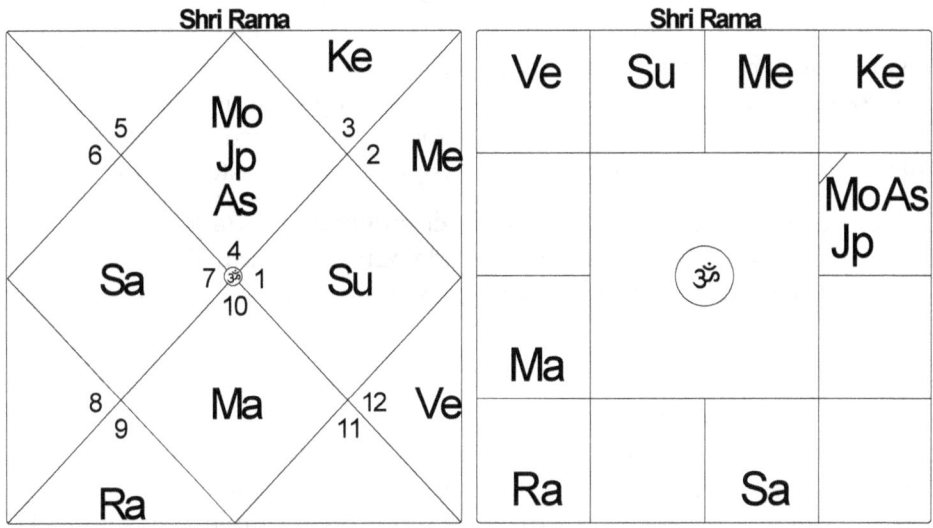

Darma karmaadipati joga se nalazi na osi ascendenta i sedme kuće, i pokazuje patnju i poteškoće koje će prethoditi rađa jogi. Šri Ram je bio proteran i četrnaest godina je proveo u džungli, gde je njegova žena i oteta. Uz pomoć majmuna (Mars egzaltiran u sedmoj kući daje destrukciju neprijatelja) Šri Hanuman je bio u stanju da odnese pobedu nad kraljem Lanke, Ravanom, i da povrati Raminu ženu. Odmah potom Rama se vratio u Ajodju kako bi vladao Indijom. Dakle, kod određivanja vremena rađa joge neophodno je imati ove suptilne tačke na umu.

Čart 3: Bil Klinton (predsednik SAD-a)

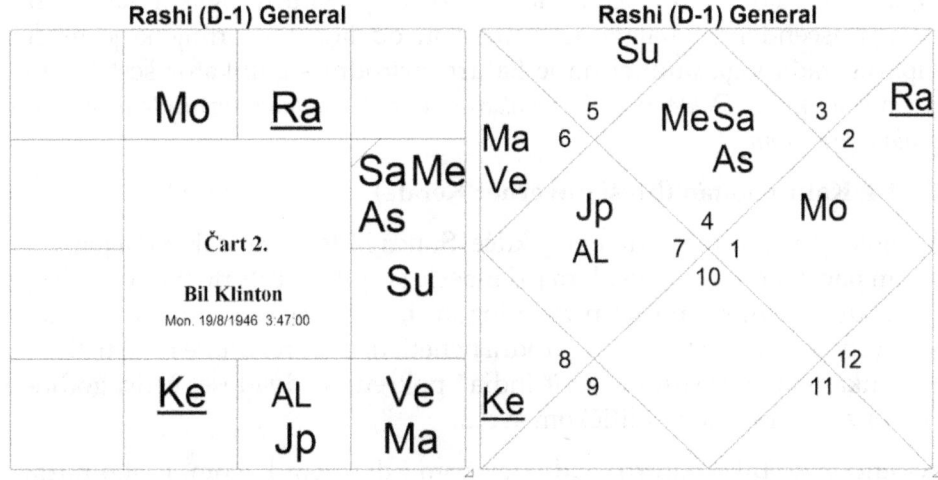

U čartu 3. prisutno je nekoliko rađa joga i maharađa joga. Baš kao i u čartu 2, Mesec i Jupiter su umešani u gađakešari jogu, i vladaju prvom i devetom kućom. Ipak, ovde je u pitanju osa četvrte i desete kuće, umesto prve i sedme. Postoji (relativno slaba) darma karmaadipati joga budući da vladar devete, Jupiter, aspektuje desetu kuću, i vladar desete, Mars, aspektuje devetu kuću. Đaimini podučava da rađa joga koja se oformi u drugoj i četvrtoj kući daje svoje plodove rano u životu, i put ka uspehu je relativno lak. Osoba je postala guverner Arkanzasa u svojoj trideset trećoj godini (1979. godine), i predsednik SAD-a u svojoj četrdeset šestoj godini.

Dakle, planete u drugoj ili četvrtoj kući mogu dati rađa jogu ili durjogu rano u životu. I dok Jupiter daje rano rađajogu gospodinu Klintonu, Saturn je uzrok egzila za Šri Ramu budući da je smešten u četvrtoj kući.

KARAKA

Karaka znači signifikator. Planete imaju prirodna, fiksna i privremena značenja koje nazivamo *naisargika, stira i čara karakatve*. Na sličan način, planete koje aspektuju specijalne ascendente ili su u konjukciji sa njima, postaju karake za njih (čitaoci se mogu osvrnuti *na Brihat Parašara Hora Šastru, Đaimini Upadeša Sutre* i druge standardne tekstove za više detalja). Hora lagna predstavlja bogatstvo i održavanje, dok gatika lagna pokazuje moć i autoritet. Planeta koja vlada lagnom i hora lagnom ili ih aspektuje, ili je u konjukciji sa njima postaje (dhana) jogada. Ukoliko planeta utiče na sve tri: lagnu, hora lagnu i gatika lagnu, sigurno će rezultirati rađa jogadom.

VIPARITA JOGA

Ukoliko se udruže vladari dve nepovoljne kuće, oformljena je viparita joga. Na primer, ukoliko su vladar šeste i dvanaeste u konjukciji, neprijatelj će iskusiti gubitke i time će osoba prosperirati. Ukoliko se ova povezanost dogodi u dustanu (treća, šesta, osma ili dvanaesta kuća) tada se manifestuje viparita rađajoga. Na sličan način, ukoliko je Saturn jogakaraka (za Bik i Vaga ascendent) i nalazi se u dustanu od lagne, oformljena je moćna viparita rađa joga budući da je Saturn prirodni signifikator šeste, osme, dvanaeste kuće. *Dakle, pozicija jogakarake će dati rađajoga rezultate u skladu sa svojom prirodom.*

Čart 4: Karunakaran (bivši guverner Kerale)

Konjukcija vladara četvrte i pete kuće, Sunca i Merkura, daje rađa jogu. Na sličan način, konjukcija vladara jedanaeste (Jupiter), četvrte (Sunce) i druge (Merkur) rezultira moćnom rađa jogom i, pošto se ovo dešava u drugoj kući (i pomenute planete su prirodni benefici), daće rezultate rano u životu. Karunkarana je pristupio "Kvit India" pokretu sa dvadeset četiri godine i postepeno je rastao u političkom svetu.

Ascendent je Bik i Saturn vlada devetom i desetom kućom, i tako postaje jogakaraka. Pošto je Saturn smešten u trećoj kući (dustan), oformljena je moćna rađa joga. Mahadaša Saturna počela je u decembru 1970. godine i

AL	Mo Ke Ve	Jp Me Su	
		As Sa	
	Čart 4. Karunakaran Fri. 5/7/1918 8:00:00 Čirakal, Indija		
	Ra		Ma

North chart:
- 5: Ma, 6
- SaAs (center top)
- 3: MeSu Jp
- 2: Ke Ve Mo
- 4
- 7, 10, 1
- 8, 9: Ra
- 11, 12: AL

trajala je do 1989. godine. Postao je ministar unutrašnjih poslova Kerale u aprilu 1977. godine, kasnije guverner i lider opozicije (1978-1980), a potom ponovo guverner (od 28. decembar 1981. do 17. marta 1982. godine). Dakle, Saturn je doneo potencijal moćne rađajoge svojom pozicijom u dustanu od lagne. Ovakva joga je esencijalno viparita rađajoga i benefici ne treba da su u konjukciji sa njom, jer tada prirodne karakatve mogu biti uništene. Na primer, Bik lagna sa Saturnom u debilitaciji u dvanaestoj kući ima viparita rađa jogu. Ukoliko je Jupiter u konjukciji sa Saturnom, osoba će izgubiti sinove dok će istovremeno uživati druge dobrobiti te rađajoge.

Čart 5: P. V. Narasimha Rao (bivši premijer Indije)

Mo	Ke Ve	Su Me Ma	
	Čart 5. P.V. Narasimha Rao Tue. 28/6/1921 12:49:00 18°26' 0"N 79° 9' 0"E	Jp Sa	
AL		Ra	As

North chart:
- 7, 8: Ra
- 5: Sa Jp
- 6: As
- 9, 3, 12: Me Ma Su
- AL
- 10, 11: Mo
- 2, 1: Ke Ve
- 4

Saturn nije jogakaraka za Devica ascendent, ali njegova konjukcija sa vladarom kendre (Jupiter je vladar četvrte i sedme kuće) i trigona (Saturn je vladar pete kuće) formira rađa jogu. Konjukcija sa vladarima treće i osme kuće (Mars) i dvanaeste kuće (Sunce) u desetoj, gde obe ove planete imaju direktivnu snagu, formira viparita rađa jogu. Konjukcija Merkura (badra mahapuruša joga) ojačala je viparita jogu, ali šteti Merkuru i ukazuje na otuđenje zbog uništenja kolega. Tokom daše Sunca osoba postaje guverner, a tokom Mars daše i premijer Indije.

Saradnja

Svaka planeta mora sarađivati sa drugima kako bi donela dobre rezultate. Ove saradnje ili opstrukcije zovu se: *pačak* (onaj koji daje zrelost), *badak* (onaj koji daje informacije), *karak* (pomoćnik ili akter) i *vedak* (onaj koji donosi opstrukciju i prodor).

Tabela 2-1: Saradnici/nosioci prepreka

Planeta	Pačak		Bodhak		Karak		Vedhak	
	P	H	P	H	P	H	P	H
Sunce	Saturn	6	Mars	7	Jupiter	9	Venera	11
Mesec	Venera	7	Mars	9	Saturn	11	Sunce	3
Mars	Sunce	2	Mesex	6	Saturn	11	Merkur	12
Merkur	Mesec	2	Jupiter	4	Venera	5	Mars	3
Jupiter	Saturn	6	Mars	5	Mesec	7	Sunce	12
Venera	Mesec	2	Merkur	6	Sunce	12	Saturn	4
Saturn	Venera	3	Mesec	11	Jupiter	6	Mars	7

*P: Planete koje uzimaju prirodnu funkciju pačak, bodhak, karak i vedak.

*H: Kuće, računato od individualnih planeta (od Sunca do Saturna), koje se ponašaju kao pačak, badak, karak i vedak.

Tabela 2-1 daje saradnike i nosioce opstrukcija za svaku od sedam planeta od Sunca do Saturna, prema Vjankateš Šarmi (Sarvata Ćintamani od I.119 do I.124). Pačak planeta ili kuća je neprijatelj Suncu. Dvanaesti znak ili planeta od Meseca je njegov neprijatelj. Vedak planeta ili kuća je neprijatelj Marsu i Merkuru. Pačak planeta ili kuća je neprijatelj Jupiteru, dok je karak planeta ili kuća neprijatelj Saturnu.

Pačak je onaj koji donosi plod daše i obično daje postignuća u karijeri, naklonost nadređenih, obrazovanje, mnogo prijatelja i susreta (popularnost). Ukoliko je ujedno i prijatelj vladaru daše, tada se stiču odeća, ukrasi, moć upravljanja, bogatstvo, itd. Suprotno se može očekivati ukoliko je pačak neprijatelj vladaru daše. Bodak daje plodove truda. Ovo je pozitivno ili negativno u zavisnosti od prirodnog i privremenog prijateljstva sa vladarom daše, kao i odnosa saradnje. Karaka planeta, osim kad je dobro smeštena, ima tendenciju da da nepovoljne rezultate poput nevolje porodici, krađe, konflikta, itd. Vedak, ukoliko je prijatelj vladaru daše, pokazuje nevolje, promenu mesta boravka, putovanja i gubitak novca. Sa druge strane, ukoliko je vedak neprijatelj, mogu se osetiti dobri rezultati.

I dok analiziramo razultate daša ili buktija, treba imati na umu da se planete u šestoj, osmoj i dvanaestoj kući od vladara daše ponašaju neprijateljski prema tom vladaru. Krajnji rezultat će biti povoljan ili nepovoljan u zavisnosti od toga da li je vladar daše povoljan ili nepovoljan (tj. viparita fala). Planete u sedmoj od daša planete uvek daju suprotne rezultate. Druge efekte daša i antardaša treba prostudirati iz standardnih tekstova poput *BPHŠ, Sarvat Ćintamani, Đataka Pariđate, Đaimini Sutri,* itd.

Badak

Termin badak znači opstrukcija. Znak u jedanaestoj od pokretnih znakova, devetoj od fiksnih i sedmoj od dvojnih pokazuje njihov badak stan (mesto opstrukcije). Vladar badak stana se zove badakeš, simbolično predstavlja Šri Ganešu (Vignešvara), i postaje kontrolor uspeha ili neuspeha. Tabela 2-2 daje badak mesta.

Tabela 2-2: Badak znak i vladar

Znak	Badak znak	Vladar	Znak	Badak znak	Vladar
Ovan	Vodolija	Saturn	Vaga	Lav	Sunce
Bik	Jarac	Saturn	Škorpija	Rak	Mesec
Blizanci	Strelac	Jupiter	Strelac	Blizanci	Merkur
Rak	Bik	Venera	Jarac	Škorpija	Mars
Lav	Ovan	Mars	Vodolija	Vaga	Venera
Devica	Ribe	Jupiter	Ribe	Devica	Merkur

Badak treba posmatrati u odnosu na bilo koju kuću, kako u raši tako i u navamša čartu.

Raši drišti

Kod utvrđivanja snage, kao i interpretacije rezultata padakrama daše, veoma bitan koncept je koncept aspekta znakova ili raši drišti.

   I. Svaki pokretni znak prima aspekte tri fiksna znaka, isključujući onaj neposredno do posmatranog. Na sličan način, svaki pokretni znak aspektuje tri fiksna znaka osim onog koji se nalazi do posmatranog.

   II. Svaki fiksni znak aspektuje i aspektovan je od strane tri pokretna znaka osim onog koji mu je najbliži.

   III. Dvojni znakovi se međusobno aspektuju.

Dakle, Ovan kao pokretni znak aspektuje znak Lava, Škorpije i Vodolije tj. tri fiksna znaka osim Bika, koji je znak do Ovna i aspektovan je od strane tih znakova. Slično i Bik, kao fiksni znak aspektuje i aspektovan je od strane tri pokretna znaka: Raka, Vage i Jarca, osim Ovna koji je prvi pokretni znak do njega. Ribe, kao dvojni znak aspektuju i aspektovane su drugim dvojnim znakovima: Blizancma, Devicom i Strelcem.

Planete smeštene u znacima koji primaju aspekte, takođe primaju aspekte. Tako i Jupiter, ukoliko ga u znaku Ovna aspektuju Lav, Škorpija i Vodolija raši drištijem. Čitaoci treba da se srode sa graha drištijima (planetarnim aspektima), kao i sa svim drugim osnovama astrologije kako bi istinski mogli ceniti padakrama daše.

Slika 2: Primer raši drištija

Ribe	Ovan	Bik	Blizanci
Vodolija	Lav		Rak
Jarac			
Strelac	Škorpija	Vaga	Devica

Ovan: Lav, Vodolija i Škorpija

Bik: Rak, Vaga i Jarac

Ribe: Blizanci, Devica i Strelac

Argala

Termin argala preveden je kao intervencija i univerzalan je princip za Vedsku astrologiju. U svakodnevnom životu i aktivnostima, sa bilo kojom svrhom, intervencije uzimaju u obzir brojne faktore: uključujući čoveka, materiju i novac. Ove međusobne povezanosti isprepletene su u komplikovane odnose koji se mogu astrološki definisati upotrebom argala. Pravila su:

I. Svaka aktivnost ima svoju kuću koja nosi naziv karja bava i planetu koja upravlja datom aktivnošću koja se zove karaka (ili signifikator);

II. Tela (uključujući i znakove i planete) u drugoj, četvrtoj i jedanaestoj kući od *karake karjabava* kuće imaju direktnu argalu. Ovo znači da oni imaju direktan uticaj na sva pitanja koja dati signifikator predstavlja;

III. Tela u dvanaestoj, desetoj i trećoj kući od signifikatora vrše opstrukciju argala koje su oformljene znacima;

IV. Malefici (prirodni i privremeni) na mestima argala formiraju papa argale, dok benefici na istim mestima formiraju šuba argale ili beneficne intervencije;

V. Da bi se odredila snažnija između argale i njene opstrukcije potrebno je ispitati snage posmatranih znakova kao što je objašnjeno u Čart 6;

VI. Tela (uključujući znakove i planete) u petoj i osmoj od *karja rašija* karaka kuće daju indirektne argale ili sekundarne intevencije;

VII. Tela u devetoj i šestoj kući uklanjaju ili opstruiraju argale koje su uzrokovane petom i osmom kućom datim redom. Potrebno je ispitati relativnu snagu znakova zarad daljih zaključaka;

VIII. Izuzetak od datih pravila jeste da malefici u trećoj od *karja bave* ili *karake* formiraju šuba argale.

Slika 3: Argala

O_1	K	A_1	O_2
A_2			A_3
O_3			A_4
O_4	A_5	U	O_5

A_1			O_1
O_2	K		A_2
	A_3		O_3
A_4		U	O_4
	O_5		A_5

Šematski prikaz argala gde je hipotetička karaka smeštena u Ovnu. Argale (A) i njihove opstrukcije (0) pokazane su u dodatku. Sedma kuća nije definisana i može se ponašati kao suprotnost ili kao podrška.

(B) Primer: Kako bismo stekli bliskost sa konceptom argala, pokušajmo da ispitamo finansijske mogućnosti u horoskopu Gospodina Đ. R. D. Tate (ĐRD), industrijaliste internacionalnog ugleda.

Čart 6: Đ. R. D. Tata

Rashi (D-1) General

Ke Mo	AsJp		Ma
	Čart 6.		Su Ve
Sa	J.R.D. Tata Fri. 29/7/1904 22:14:00 48°52' 0"N 2°50' 0"E		MeRa AL

Rashi (D-1) General

(North-Indian style chart with: JpAs in house 12, Ke Mo in house 11, Sa in house 10, Su Ve in house 4, Me AL Ra in house 5, Ma in house 3)

Iako je potrebno uraditi detaljnu analizu u odnosu na drugu kuću i njenog signifikatora, ovaj primer je sveden na analizu signifikatora koji je daleko važniji. Danakaraka (signifikator za bogatstvo) je Jupiter koji je jak, i nalazi se na Ovan ascendentu. Druga kuća, Bik, je povoljan znak koji daje šuba argalu i koji se nalazi pod opstrukcijom drugog benefičnog znaka, Riba, iz dvanaeste kuće. Oba znaka su prazna. Bik, kao fiksni znak, prima aspekt Sunca, Venere i Saturna iz pokretnih znakova; dok znak Riba kao dvojni znak prima aspekt Marsa iz Blizanaca (drugi dvojni znak). Bik je jači, budući da ga aspektuje veći broj planeta (osim njegovog vladara Venere), i pokazuje da je šuba argala snažnija nego njena opstrukcija. Pošto druga kuća pokazuje akumulirano *neto bogatstvo*, možemo zaključiti da je neto bogatstvo veće od troškova.

Četvrta kuća od Jupitera je Rak sa Suncem i Venerom koji vrše šuba argalu, i koji se nalazi pod opstrukcijom Jarca sa Saturnom iz desete kuće. Pošto Rak ima više planeta od Jarca, šuba argala je podržana i ukazuje na vlasništvo nad nepokretnom imovinom. Aspekt Meseca (vladara Raka) i Ketua (grihakarake) na Rak iz fiksnog znaka, Vodolije, dodatno osnažuje pokazano i daje brojne nekretnine.

Jedanaesta od Jupitera je Vodolija, malefični vazdušni znak sa Mesecom (koji daje šuba argalu) i Ketuom. Treba zapamtiti da je za padakrama daše Ketu benefik, pa je zbog toga i ova argala povoljna. Blizanci sa Marsom u trećoj kući opstruiraju argale, ali je opstrukcija uklonjena većim brojem planeta u Vodoliji nego u Blizancima. Ovo ukazuje na posedovanje *pokretne imovine*. Mesec i Ketu u Vodoliji (fiksni znak) aspektuju Sunce i Venera iz Raka (pokretni znak). I dok aspekt Meseca i Venere pokazuje vozila svih vrsta, veza sa Ketuom (vazdušni pravac) pokazuje avione.

Argale, ako ih uzrokuju druga, četvrta i jedanaesta i njihove opstrukcije, su direktne argale i pokazuju vidljivo bogatstvo u vidu bankovnog računa, pokretne i nepokretne imovine, datim redom. Argale pete i osme kuće su indirektne argale i pokazuju nevidljivo bogatstvo. Druga bitna odlika ovog čarta jeste to da su planete smeštene u četvrtoj i jedanaestoj kući, a druga kuća je prazna, što pokazuje da je Đ. R. D. verovao u stvaranje bogatstva u obliku pokretne i nepokretne imovine radije nego u akumuliranje novca na računu.

Peta kuća je Lav sa Merkurom i Rahuom koji daju šuba i ašuba argale, datim redom. Nema planeta u Strelcu, a time ni opstrukcija. Peta kuća pokazuje špekulacije i pokretne vrednosti. Osoba će posedovati veoma vredne akcije, umetničke predmete, nameštaj i druge slične predmete koji simbolišu bogatstvo.

Osma kuća je Škorpija koja daje papa argalu, i koja je pod opstrukcijom Device; Škorpiju (fiksni znak) aspektuju tri planete (Sunce, Venera i Saturn) dok Devica ima samo aspekt Marsa. Time je opstrukcija uklonjena i nasleđe (i drugi oblici skrivenog bogatstva) je garantovano. Aspekt Saturna iz desete kuće i Jarca pokazuju TISKO[3] ili industriju čelika koju je njegov otac posedovao. Otprilike oko 1922-1923. godine, TISKO je uveliko proširio kapacitete kako bi zadovoljio potrebe kolonijalne Indije u drugom svetskom ratu, a posle rata uvideo je pad u potrebama kao i stranu konkurenciju koja je pretila zatvaranjem (manifestacija opstrukcije Device koju aspektuje Mars). Ipak, aspekt Sunca (vlada) i Venere (patrioti u parlamentu) na osmu kuću daju istorijsku industriju čelika, a odredba o zaštiti biva usvojena u junu 1924. godine.

Sedma kuća je povoljna Vaga koja nosi tendenciju harmonizacije, radije nego opstrukcije. Na ovaj način se mogu proučiti argale i njihove opstrukcije. Možemo zaključiti da svaka planeta i znak, direktno ili indirektno, utiče na druge planete i znakove, bilo aspektima ili argalama.

Veoma bitan koncept koje se ovde javlja jeste da svaka planeta, direktno ili indirektno, utiče na pitanja svake druge kuće.

Kuće i Podelni Čartovi

Da bismo mogli da prostudiramo horoskop neophodno je da izračunamo različite čartove uključujući i čart rođenja (D-1 ili đanma čakra), navamšu (D-9), drekanu (D-3) i druge relevantne podelne karte zajedno sa arudama, varnadom, upagrahama, itd. Neophodno je pokazati pozicije specijalnih ascendenata, posebno hora i gatika lagne. Kartu, kevalu i jogadu treba identifikovati i ucrtati posebno. Na sličan način treba pokazati u tabeli atma karaku i ostale čara karake (privremene signifikatore) u šemi od osam čara

---

[3] TISKO = Tata gvožđe i čelik korporacija.

karaka, uzimajući u obzir longitudu Rahua sa kraja znaka.

Sledeće ima direktan uticaj na pitanja kuća i treba analizirati pažljivo kako bi se odredio odlučujući faktor:

I. Kuća (nazvana bava), priroda znaka i planeta koji su u konjukciji ili je aspektuju;

II. Vladar kuće (nazvan paka), njegova snaga i priroda znaka u kom je smešten;

III. Dispozitor vladara kuće;

IV. Vladar navamše u kom se nalazi dispozitor vladara kuće;

V. *Aruda* i *varnada* date kuće;

VI. Snaga i pozicija fiksnog, privremenog i prirodnog signifikatora date kuće;

VII. Kuća brojano od aruda lagne i varnada lagne;

VIII. Joge (kombinacije), bilo da su dobre ili loše, u datoj kući ili u vezi sa njenim vladarom;

IX. Argala (intervencija) drugih znakova i planeta kao i viroda argala (opstrukcija). Neophodno je odrediti koji od pomenutih dominira;

X. Snaga i uticaji posmatranog SAHAMA kao i detaljan pregled relevantnog čarta;

Kalijan Verma (Saravali)

भवनादियैं समस्तं जातकविहितं विचिन्तयेन्मंतिमान्। एभिर्विना न शक्यं पदमपि गन्तुं महाशास्त्रे॥

"Podelni čart drži ključ čitavog znanja u vezi sa budućnošću horoskopa, i bez njega je nemoguće zakoračiti u astrologiju."

Različite podelne karte objašnjene su u Vedskoj astrologiji. I dok većina autora interpretira reč *dhanam* kao *bogatstvo* za hora čart (D-2), i dalje ga nijedan astrolog na celom Indijskom podkontinentu ne koristi za određivanje bogatstva. Trimšamša (D-30) je raspoređena preko svih znakova osim Lava i Raka. Dakle, trimšamša se bavi *naidanam*, ili *smrću i bolestima*. Hora treba da se bavi sa *dhanam* ili životom i *bogatstvom*. U svakom slučaju, ovo područje znanja zahteva obiman istraživački rad. Čaturtamša (D-4) daje *bagju* ili *sreću*, i treba da uključi i bogatstvo svih vrsta, uključujući i nepokretnu imovinu. Slično tome, kalamšu (D-16) treba shvatiti kao višu podelu (drugi ciklus) četvrte kuće (12+4=16) koja se bavi pokretnom imovinom poput vozila, TV-a, frižidera i luksuza bilo kog tipa. Budući da je u pitanju podela drugog ciklusa, ona direktno ukazuje na svesni mentalni nivo, a time i na sreću ili tugu.

== Koncepti i Prediktivni Principi

Budući da je podela na dvanaest znakova primarna podela, svaka sledeća podela će pripadati nizu koji se ponavlja u podelama od dvanaest. D-16 čart je tako prva podela (ili drugi ciklus) D-4 čarta (16=12+4), ili D-40 čarta koji je treća podela četvrtog ciklusa četvrte kuće (40=12*3+4). Podela je povezana sa nivoom svesti i određuje način, kao i raspon u kom je osoba svesna, ili pod uticajem okruženja koje je posmatrano. Prvi ciklus obuhvata čartove od D-1 do D-12 i upravlja fizičkim nivoom. On obuhvata pitanja poput fizičkog tela (D-1), bogatstva (D-2), braće i sestara (D-3), dece (D-7), imovine i sreće (D-4), supružnika (D-9), posla (D-10), roditelja/starijih/nasleđa (D-12), smrti (D-11), moći (D-5), itd. Drugi ciklus prve podele tehnički obuhvata čartove D-13 do D-24, i upravlja svesnim mentalnim nivoom. Tehnički, dvanaeset čartova je moguće, ali Parašara je sveo ovaj nivo na tri primarna područja mentalne aktivnosti ili na šodašamšu (D-16), koja upravlja svim pitanjima mentalne sreće, luksuza, vozila, itd; vimšamšu (D-20) gde se nalaze okultna znanja, duhovnost, religija, itd; i čaturvimšamšu (D-24) koja upravlja sidijima i sl. Treći ciklus (ili druga podela) obuhvata čartove D-27 i D-30, i upravlja podsvesnim mentalnim nivoom. Saptavimšamša (D-27) pokazuje snage i slabosti individue. Sunce je duša, Mesec um, Mars fizička snaga, Merkur govor, Jupiter inteligencija, Venera sreća, Rahu ego i Saturn predstavlja tugu. Snage ili slabosti ovih planeta u saptavimšamša čartu pokazuju snage ili slabosti horoskopa. Četvrti ciklus (ili treća podela) upravlja duhovnim svetom i samo dva čarta su tu ili kavedamša (D-40) i akavedamša (D-45). Ovde se mogu posmatrati preci sa majčine strane (D-40=3*12+4) i sa očeve strane (D-45=3*12+9). Dakle, ovi čartovi pokazuju plodove karme predaka koju će osoba iskusiti. Peti ciklus (ili četvrta podela) ide preko duhovnog sveta u svet prošlih života same osobe. Ovde je nasledstvo karme individue od ogromne važnosti i time se posmatra samo šastijamša čart (D-60). Upravo iz ovog razloga šastijamša ima najveću težinu u vimsopaka šemi. Ipak, među podelnim kartama, posle rašija (D-1), navamša (D-9) ima primarno mesto.

Detalje u vezi sa primenom podelnih čartova treba proučiti iz standardnih tekstova. Đaiminijeve Upadeša Sutre daju veliku količinu detalja u vezi sa upotrebom navamše (D-9), trimšamše (D-30), kaluke/šastamše (D-6), pančamamše (D-5), rudramše (D-11) i saptamše (D-7). Čitaoci se mogu osvrnuti na njihov prevod. U podelnim čartovima fokus je na kući čija se pitanja posmatraju. Na primer, u dašamši (D-10) koja se zove i karmamša ili svarga čakra (put ka nebu), fokus je na desetoj kući. Arta trigoni (druga, šesta i deseta kuća) obično pokazuju izbor profesije. Sedma kuća predstavlja biznis i ona je maraka (ubica) za šestu kuću, kuću službe. Osma kuća je kuća penzionisanja iz službe, budući da je jedanaesta od desete. Ovo je ujedno i kuća kocke, kredita zarad biznisa i nasleđenog biznisa/profesije. Četvrta kuća je poslovni prostor. Deveta kuća pokazuje šefa. Ukoliko je vladar lagne u devetoj kući, osoba će biti veoma nezavisna ili će preferirati sopstveni posao i tim osobama bolje odgovara privatni biznis. Sa druge strane, peta kuća predstavlja sledbenike i podređene i ukoliko je vladar lagne smešten u petoj kući, osoba će radije biti podređena ili raditi u službi. Različita pravila izložena u standardnim tekstovima treba interpretirati na odgovarajući način za svaki od podelnih čartova.

Rektifikacija Vremena Rođenja

U svrhu kvalitetne procene podelnih čartova neophodno je uraditi rektifikaciju vremena rođenja i to na osnovu navamše, dvadašamše i drugih bitnih podelnih čartova, a potom uraditi fino podešavanje vigatija (vremena rođenja, Đaimini Sutre). Vreme rođenja, od izlaska do zalaska Sunca (za dnevno/noćno rođenje), treba pretvoriti u vigatije i podeliti sa devet. Ostatak, ukoliko nije celi broj, treba zaokružiti na sledeći veći broj i brojati od Sunca redom dane u nedelji kako bi se odredila vladajuća planeta na rođenju. Ovo potvrđuje pol osobe kao muški, ženski ili je osoba evnuh. Fino podešavanje vremena treba da uključi i korekciju kunde. Uzmite longitudu ascendenta i pomnožite sa 81. Uklonite multiplikatore od 360°. Ostatak treba da je u trigonu od đanma nakšatre (nakšatra natalnog Meseca) ili nama nakšatre (nakšatre imena).

Čart 7: Muškarac rođen 22/23. maja 1955. godine

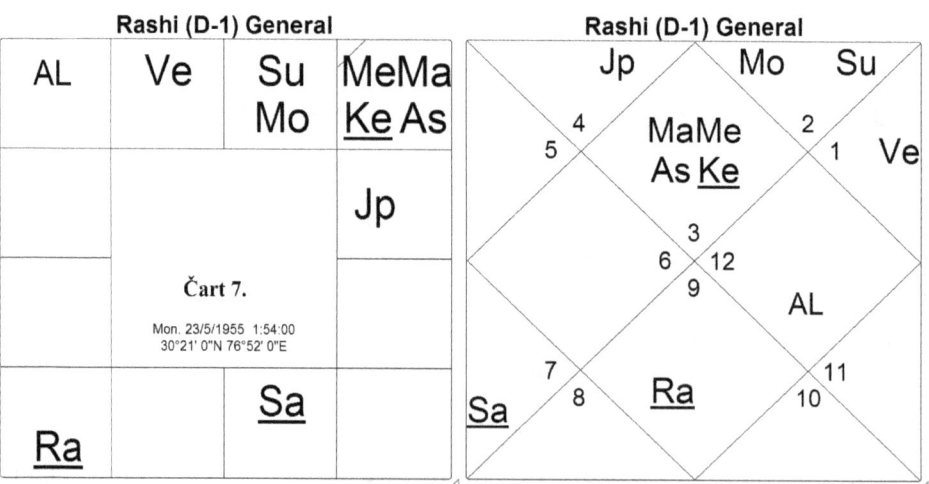

Osoba iz čarta 7. kontaktirala je autora zarad izrade svog čarta i dato vreme rođenja je bilo između 1:30' i 2.00' ujutro, u ranim časovima između 22-23. maja 1955. godine. Tada je ascendent otprilike prešao deset znakova i našao se na 28° 6' Vodolije. Dakle, nije bilo sumnje u sami ascendent budući da je on osoba srednje visine, mršava i tamnijeg tena što je odgovaralo istom. Prvi korak u korekciji čarta jeste provera postojeće rodbine i pošto se raspon ascendenta za dato vreme nalazi između dve drekane, postavljeno je pitanje o braći i sestrama. Aruda lagna je u Blizancima (neparni znak – direktno brojanje). Jedanaesta kuća ima Veneru u Ovnu što pokazuje da osoba treba da je najstarija, da nema starijih braće i sestara. Ovo je potvrđeno. Treća kuća je Lav, a aspektuju ga raši drištijem Venera i Saturn iz pokretnih znakova. Vladar treće je Sunce koje je u konjukciji sa egzaltiranim Mesecom u Biku, i pod aspektom Jupitera i Saturna iz pokretnih znakova. Biće više braće i sestara, i bar jedan od njih neće biti dugovečan (zbog aspekta Venere). Ovo je takođe potvrđeno. Drekana lagna je znak Blizanaca ili Vage. Sa Blizancima, čara bratrikaraka (BK) Venera bi bila u trećoj kući što pokazuje da će prvi mlađi brat ili sestra biti snažan. Sa Vaga ascendentom, Rahu je debilitiran u trećoj kući, dok je Jupiter kao vladar treće u osmoj kući odatle.

		MeMa Sa As Ke			Jp	Su	
AL	Su		Ve 5	4	Ke Me Ma As Sa 3	2	1
		Jp		6	12 9		AL
Mo	Drekana D-3 Mon. 23/5/1955 1:54:00 30°21' 0"N 76°52' 0"E	Ve		7 8		Ra 10	11
Ra							Mo

Saturn, Mars itd. aspektuju tada treću kuću i pokazuju ranu smrt mlađeg brata ili sestre. Potvrđeno je da je prva mlađa sestra preminula nedugo posle ulaska u brak (Jupiter je signifikator supruga u ženskom čartu). Sledećeg pokazuje vladar pete Saturn koji se nalazi u jutiju sa Marsom i pokazuje brata. Sledeći, vladar sedme, Mars, pokazuje brata kao trećeg, potom dolazi sledeći, Merkur je vladar devete i pokazuje sestru kao četvrto dete po redu. Sledeći je vladar jedanaeste, Sunce u Biku, i pokazuje sestru kao peto dete po redu. Detalji u vezi sa brojanjem pojedinačne braće ili sestara mogu se naučiti iz Đaimini Sutri. Osoba je potvrdila redosled braće i sestara i time je potvrđena treća drekana ascendenta (tj. raspon ascendenta je smanjen na Vodoliju ili na 20° do 28° 6›).

Postoje tri moguće navamša lagne sa gore zadatim rasponom Ovan, Bik ili Blizanci. On je dao informaciju da mu je supruga preminula posle drugog deteta. Upapada (UL) je u Ovnu sa jakim svetlima u drugoj kući. Ipak, vladar druge kuće, Venera, loše je postavljen u trećoj kući od lagne.

Su		SaAs Ra	
			Ve Jp
	Navamša D-9 Mon. 23/5/1955 1:54:00 30°21' 0"N 76°52' 0"E		
Ke Ma	Me	AL	

Ve Mo Jp — positions in North Indian chart: Ve, Mo in house 3; Jp in house 4; AsSa Ra in house 1/12; Su; Ke Ma in house 9/10; AL Me in houses 6/7.

Na sličan način je i vladar osme od lagne (Merkur) ozbiljno afliktovan od strane Marsa i Ketua, i pokazuje nezgode i druge opasnosti po suprugu, a osma kuća i njen vladar su druga (maraka) od sedme kuće (partner). Da bi se potvrdila nesreća (rani gubitak partnera) obe planete treba da su u dustanu od navamša lagne. Ovan navamša lagna, ima oboje, i Veneru i Merkura, u kendrama, i zato nije prihvatljiva. Bik navamša lagna ima prednost u odnosu na Blizance jer su oboje, i Venera i Merkur, loše postavljeni, a i Mars i Ketu koji su smešteni u sedmoj kući, ukazuju na nesreću. Dalje, čara darakaraka (DK), Merkur, treba da je u dvanaestoj od sedme kuće (prva žena). Prisustvo Saturna na navamša lagni pokazuje onog ko zarađuje sopstvenim veštinama. Osoba je ovo potvrdila i navamša lagna je potvrđeno Bik, tj. Vodolija raši lagna sa rasponom od 23°20› do 26°40›.

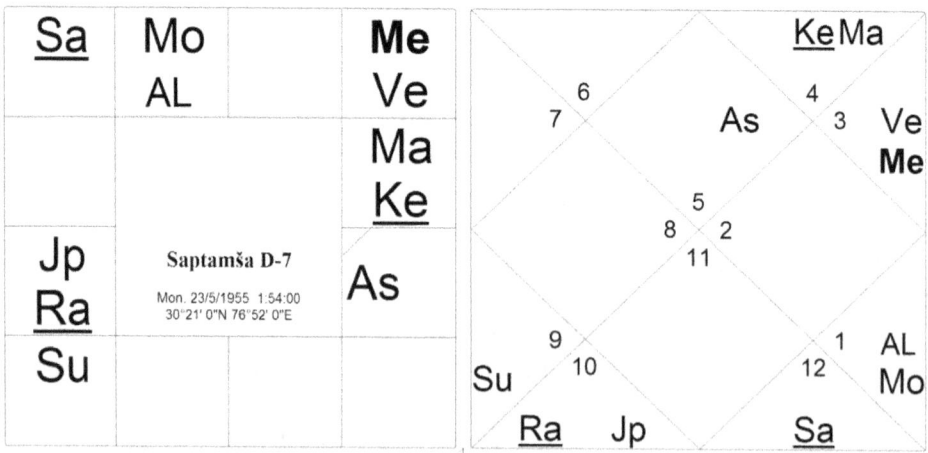

Ovaj raspon od 23°20' do 26°40' uključuje dve saptamša, prva od 23°20' do 25°43' i druga od 25°43' do 26°40' (tj. Rak i Lav saptamša lagna). Sa

Rak saptamša (D-7) lagnom, vladar pete kuće (obrnuto brojanje) je Jupiter i pokazuje muško dete u konjukciji sa Rahuom. Slično je i sa Lav saptamšom, gde je vladar pete (zodijačko brojanje) takođe Jupiter. Dakle, prvo dete je sin koje može imati poteškoće. Ovo je potvrđeno, budući da je prvo dete sin sa hendikepom. Drugo dete se vidi od vladara sedme kuće. Za Rak ascendent, vladar sedme kuće je Saturn u Ribama i pokazuje sina, dok za Lav ascendent sedmom kućom vlada Rahu (umesto Saturna koji je jači) i u konjukciji sa debilitiranim Jupiterom pokazuje ćerku. Budući da je drugo dete ćerka odabrana saptamša lagna je Lav (tj. ascendent je u rasponu od 25°43' do 26°40').

Drugi brak se vidi iz osme od upapade i osme od sedme kuće (tj. druge kuće). Oba znaka, kao i vladari, su prilično snažni i time potvrđuju drugi brak. Ovo je i potvrđeno. Slično, deca od druge žene se vide iz osme od pete kuće. U saptamši (D-7) peta kuća je Strelac, i u osmoj odatle je Rak. Time Rak pokazuje prvo dete od druge žene, i Mesec u Ovnu (neparni znak) pokazuje sina kao prvo rođeno dete. Treća od Raka (brojano zodijački, jer je ascendent neparan znak) je Devica, i njen vladar (Merkur) je u konjukciji sa Venerom, i pokazuje ćerku kao drugo dete od druge žene. Treća kuća od Device je Škorpija (brojano manduka gatijem), a njen vladar Mars, iako debilitiran, nalazi se u plodnom Raku i pokazuje veoma temperamentnog i energičnog sina kao treće dete sa drugom ženom. Osoba je zaprepašćeno potvrdila sve gore rečeno.

Nakšatra rođenja	= Rohini (4)
Minimum stepen ascendenta	= Vodolija 25°43'
	= 325°43'
Kunda	= 325°43' x 81
	= 26383°3'
Brisanje umnožaka od 360°, Kunda	= 103°3› (Pušja)

Kunda treba da je u hasti (kojom vlada Mesec, kao i đanma nakšatrom). Dakle, raspon ascendenta treba da se uveća za 40› tj. 10› po nakšatri od pušje do haste – četiri nakšatre). Ascendent treba rektifikovati na 26°23›, za koji je vreme rođenja 1h 54 min.

Konačni korak korigovanog čarta jeste njegova prediktivna vrednost. Čart je pokazao moguću smrt oca, i to se pokazalo tačnim, što je potvrdilo tačnost čarta (otac je umro posle sedam dana kome).

ॐ तत् सत्

ॐ गुरवे नमः

POGLAVLJE III

Procena Dugovečnosti

Prva, i verovatno i najteža, procena tiče se dugovečnosti. Postoje brojni metodi za određivanje dugovečnosti u Vedskoj astrologiji. Stavovi mudraca sumirani su od strane Kalijan Verme[4] gde je preporučen izbor između pindaju, amšaju i nisargaju na osnovu snažnijeg između Sunca, ascendenta i Meseca. Ukoliko nijedan od ovo troje nije jak, treba da se koristi metod divašrama. Ovi metodi se mogu prostudirati iz standardnih tekstova ali, iako su relevantni metodi, mogu se pokazati prilično nepreciznima. Osim toga, oni su veoma zahtevni vremenski i podrazumevaju obimne matematičke proračune. *Brihat Parašara Hora Šastra* daje različite metode procene dugovečnosti (*BPHŠ poglavlje 45*). Đaimini Upadeša Sutre daju četiri bitna metoda za procenu dugovečnosti. Tri od pomenutih objašnjava i Parašara, i oni su se pokazali veoma tačnima, a to su:

I. metod tri para,

II. pozicija vladara osme kuće i

III. metod tri vladara.

Određivanje odeljka dugovečnosti

Metod parova

Ovo je bazirano na tri para znakova koji uključuju: (a) znak u kome se nalazi vladar ascendenta i osme kuće[5]; (b) znak ascendenta i hora lagne i (c) znak u kome su Mesec i Saturn. Pokretni znakovi imaju jako visok nivo energije i pokazuju dug život, dvojni znaci pokazuju oscilirajuću energiju i srednji životni vek, dok fiksni znakovi imaju nisku energiju i pokazuju kratak životni vek. Ukoliko su oba predstavnika znaka u istoj vrsti znaka (tj. pokretnom, dvojnom ili fiksnom) uzima se raspon života pokazan tim znakom. Ukoliko su dva predstavnika u različitim znakovima, po principu isključivosti, znak koji nije pokriven pokazuje životni vek. Na primer, treći par su Mesec i Saturn i ukoliko su oba u pokretnim znacima, pokazan je dug život, ukoliko su oba u dvojnim znacima - srednji životni vek, a ako su u fiksnim znacima pokazan je kratak životni vek. Ukoliko je Mesec u pokretnom znaku, a Saturn u fiksnom, onaj znak koji nije pokriven (dvojni) pokazuje dugovečnost srednje dužine. Na ovaj način treba odrediti raspon

---

4 Kaljana Verma, Saravali
अंशोदभवं वलिग्नात्पैण्डायं भानोर्नसिर्गजं चन्द्रात्। एतषां यो बनबानेकतमसुतस्य कल्पयेदायुः॥
लग्नदविाकरचन्द्रास्तरायोऽपि बलरक्तिततां यदा यन्तति परमायुषः स्वरांशं ददति जीववशर्मोक्तम्॥

5 Osma kuća na osnovu vrida karika.

dugovečnosti za svaki od pomenutih parova.

Ukoliko dva ili više parova pokazuju isti tip dugovečnosti, tada taj tip treba uzeti kao primarnu dugovečnost čarta. Ukoliko sva tri para pokazuju različite kategorije dugovečnosti tada prednost ima par pokazan ascendentom i hora lagnom (b). Međutim, ukoliko je Mesec smešten u prvoj ili sedmoj kući tada dugovečnost pokazuje par Mesec - Saturn (c).

Jednom kad je primarna dugovečnost određena, pozicija atmakarake u prvoj, trećoj, sedmoj ili devetoj kući može doneti aktivaciju *joga viparitam*. Ovo daje drastičnu promenu u dugovečnosti sa dugog na srednji ili kratak životni vek ili obrnuto, u zavisnosti od smeštenosti vladara osme. Na sličan način treba ispitati kakša hrasa/vridi i raši hrasa/vridi na osnovu konjukcija sa lagnom/paka lagnom i atmakarakom/Jupiterom, datim redom. Na ovaj način se određuje ajur kanda (odeljak dugovečnosti) kao: kratak (0-36), srednji (36-72) ili dug (71-108).

Pozicija Vladara Osme Kuće

Treba odrediti snažnijeg između vladara osme kuće od ascendenta i od sedme kuće tj. vladare druge i osme kuće. Snažniji među njima postaje *Rudra* planeta. Rudra smeštena u kendrama (prva, četvrta, sedma i deseta), u onima koje slede (druga, peta, osma i jedanaesta) ili u poslednjim kućama (treća, šesta, deveta i dvanaesta) rezultiraće dugim, srednjim ili kratkim životnim vekom, datim redom.

Slično tome, vladar osme od atmakarake naziva se *Maheševara* (ili glava Rudri). Dugovečnost se može videti i u odnosu na poziciju vladara osme u kendrama ili panaparama.

Metod tri vladara

Treći metod baziran je na poziciji vladara prve, desete i osme kuće (i Saturna). Ukoliko su tri vladara snažna i dobro postavljena u kendrama itd. pokazan je dug život. Ukoliko su dva od pomenuta tri snažna, pokazan je srednji životni vek, a ukoliko je samo jedan snažan indikovan je kratak životni vek. Ukoliko nijedan od ta tri nema snagu, tada je život veoma kratak.

Ukoliko se posmatra dugovečnost majke treba uzeti u obzir četvrtu kuću od ascendenta kao lagnu majke. Prva, osma i deseta kuća su četvrta, jedanaesta i prva od ascendenta. Snaga ovih vladara određuje dugovečnost majke.

Ajus Daše

Jednom kad je raspon dugovečnosti određen, neophodno je suziti ga zarad budućih predikcija. Postoje različite ajur daše koje treba proučiti iz Đaiminija, Parašare i drugih tekstova. Prva četiri znaka predstavljaju alpa ajus (kratak život), sledeća četiri predstavljaju madja ajus (srednji život) i poslednja četiri znaka predstavljaju purna ajus (dug život). Od četiri znaka u jednom odeljku dugovečnosti, treba pažljivo odrediti znak koji donosi smrt imajući na umu sledeće:

Šula daše:

I. Više malefika u znaku daju znaku snagu da ubije.

II. Malefični znak je sposobniji da donese smrt.

III. Aspekti malefika su gori od konjukcija sa malefikom, dok benefični aspekti Jupitera ili čarakarake mogu sprečiti smrt.

IV. Znak u kom se nalazi rudra ili njegovi trigoni,

V. Znaci u kojima se nalazi stira karaka (fiksni signifikator) ili njegov trigon; vladar osme odatle ili njegov trigon; aruda lagna,

VI. Znak u kom se nalazi Mahešvara,

VII. Znak pod aspektom Meseca i Venere ili Marsa, ili u jutiju sa njima, može da donese smrt.

Navamša dašu

Kriterijum za izbor loše daše je isti kao i kod šula daše, osim što zla treba proceniti i u odnosu na osmu kuću u dodatku daša znaka.

Parjaja dašu (gočar dašu)

Period smrti pokazuje i daša znaka u trećoj kući od aruda lagne ili saptama arude, kao i znaci koji ga aspektuju ili njihovi vladari.

Manduka dašu

Ovo je generalno primenljivo na rudramšu (D-11 čart), što je i Mahariši Đaimini objasnio, i počinje iz jedanaeste kuće. Smrt i poraz se dešavaju kada daša dođe na lagnu ili osmu kuću, ili u znakove u kojima se nalaze njihovi vladari ili trigoni vladara.

Različite druge raši (ajur) daše objašnjene su u Đaimini Sutrama.

Đaganatovo pravilo

Ovo pravilo bazirano je na poziciji vladara osme od ascendenta. Ukoliko je vladar osme u desetoj, jedanaestoj ili dvanaestoj kući, smrt će se dogoditi u prvoj četvrtini odeljka dugovečnosti. Ukoliko je vladar osme u sedmoj, osmoj ili devetoj kući, smrt će se dogoditi u drugoj četvrtini; ako je u četvrtoj, petoj ili šestoj kući smrt se događa u trećoj četvrtini, a ako je u prvoj, drugoj ili trećoj kući smrt se događa u poslednjem delu raspona dugovečnosti. U ovu svrhu se vladar osme uvek računa zodijački. Na primer, ukoliko je pokazan dug život (72-108 godina) i vladar osme je u desetoj kući, smrt treba da se dogodi u prvoj četvrtini (što je devet godina). Time je dugovečnost svedena na period od 78-81. godine. Ovo je blic pravilo i podređeno je dašama.

Parašarina formula

Ovo je obično primenljivo na metod parova. Treba uzeti longitude planeta, ascendenta ili hora lagne, tj. faktora koji konačno određuju dugovečnost. Ukoliko dva ili više parova konačno određuju dugovečnost, treba uzeti u obzir longitude svih ajur jogakaraka (onih koji se koriste pri proceni dugovečnosti). Ukoliko se određeno (tj. planeta/ascendent) nalazi na početku znaka, ono doprinosi u potpunosti, dok na kraju znaka uopšte ne doprinosi dugovečnosti. Dakle, tačna dugovečnost treba da je fiksirana proporcionalno uzimajući u obzir prosečnu longitudu svih procena, nezavisno od znakova. Longituda Rahua treba da se vidi sa kraja znaka u kom se nalazi. Na primer, ako je Mesec na 17°5' i Saturn na 13°22', daju srednji životni vek (36-72), prosečnu longitudu treba odrediti kao: [(17°5'+13°22')/2] na 15°13'30". Ovo treba da se oduzme od 30° (30°-15°13'30' = 14°46'30"). Rezultat podeliti sa 30 i pomnožiti sa 36 (dužina odeljka dugovečnosti). Dakle, ajurdaja = (14°46'30"/30°) x 36 = 17 godina 8 meseci i 23 dana. Dakle, dugovečnost je 36+17-8'23"= 53 godine 8 meseci i 23 dana. Čitaocima se savetuje oprez kod primene matematičkih modela na ajurdaju.

Sudaršan čakra

Nakon što je sprovedeno svođenje perioda na najbližu deceniju ili dašu tokom koje se očekuje smrt, neophodno je identifikovati godinu kada se to može dogoditi. Ovo se može uraditi uz pomoć sudaršana čakre. U svrhu preciziranja godine smrti, sudaršan čakra varša se gleda od ascendenta, Sunca i Meseca i to po *godinu dana po znaku. Smrt se može dogoditi tokom godina kojima vladaju znakovi koji su u konjukciji ili pod aspektom (graha dršti) Saturna.* Saturn aspektuje znakove u trećoj, sedmoj i desetoj od svoje pozicije.

Preciziranje Perioda Smrti

Smrt se može dogoditi tokom sledećih vimšotari daša i perioda :

I. Daša vladara druge i sedme kuće ili planeta u konjukciji, ili onih koje ih aspektuju;

II. Daša vladara ascendenta, osme ili desete kuće. Ukoliko su slabi i afliktovani mogu doneti smrt osobi;

III. Daša vladara treće kuće (osme od osme) i vladara pete kuće (osma od desete). Oni mogu ubiti samo ukoliko ih podstakne druga maraka planeta konjukcijom;

IV. Daša planeta u drugoj/sedmoj kući ili onih koje aspektuju ove kuće, ili su u osmoj ili trećoj kući. One postaju sekundarna maraka i mogu ubiti osobu;

V. Daša planeta u konjukciji ili pod aspektom Saturna ili dispozitora

Saturna može biti sekundarna maraka, budući da je Saturn ajuš karaka;

VI. Daše vladara šeste i jedanaeste kuće mogu ubiti ukoliko je vladar ascendenta slabiji od njih. Đaimini ovo naziva danda (šesta kuća je kuća kazne) i hara (jedanaesta kuća je kuća oslobađanja).

Primeri

Čart 8: Svami Vivekananda

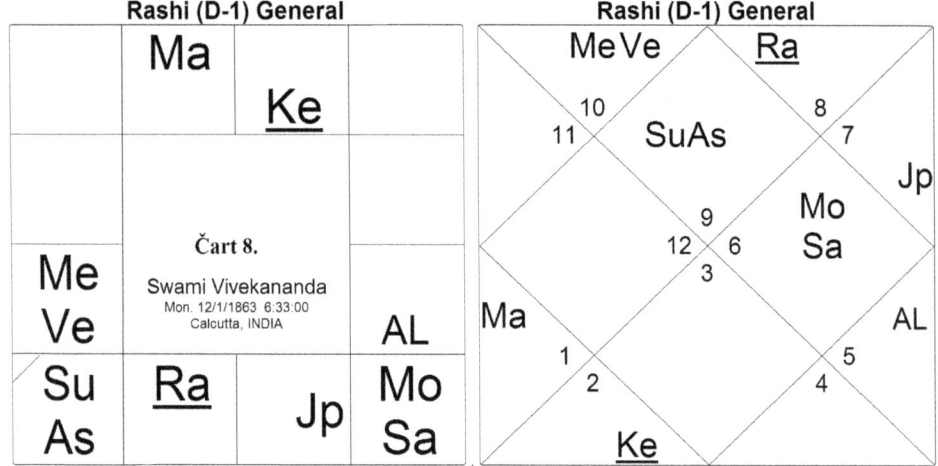

Korak 1: Određivanje odeljka dugovečnosti

1) Metod parova:

   a) Vladar lagne + Vladar osme = Jupiter (pokretni) + Mesec (dvojni) = kratak život

   b) Lagna + Hora lagna = Strelac (dvojni) + Jarac (pokretni) = kratak život

   c) Mesec + Saturn = Devica (dvojni) + Devica (dvojni) = srednji život

Dominira kombinacija za kratak život. Sunce je atmakaraka na ascendentu i ukazuje na *joga viparitam* tj. kratak život koji može biti izmenjen na dug život u zavisnosti od pozicije vladara osme kuće. Mesec (vladar osme) je u kendri i pokazuje promenu na srednji životni vek. Dakle, metod tri para daje dugovečnost od 36-72. godine. Usled joga viparitam osoba je izgubila oca i gurua u ranom dobu.

2) Pozicija vladara osme:

Vladar osme kuće, Mesec, smešten je u kendri i pokazuje dug život. Ipak, Saturn je u konjukciji sa Mesecom i daje kakšja hrasa ili raspon dugovečnosti umanjen na srednji životni vek. Dakle, ovaj metod daje dugovečnost u rasponu od 36-72 godine.

3) Metod tri vladara:

Vladari ascendenta i desete kuće su srednje snage. Vladar osme je Mesec koji je, iako smešten u desetoj kući, afliktovan od strane Saturna i zbog toga uskraćuje doprinos ajurdaji. Dakle, vladari prve i desete kuće (dva vladara) pokazuju srednji životni vek (36-72 godine).

Korak 2: Određivanje daše koja donosi smrt

a) Oboje i navamša i šula daša počinju od Strelca. Raspon srednje dugovečnosti traje od pete do osme daše, tj. od Ovna do Raka. Blizanci koji primaju aspekt od atmakarake i Bik, koga aspektuje Jupiter, ne mogu ubiti. Ovan ne samo da je malefičan znak u odnosu na Rak, već je ujedno i u konjukciji sa Marsom i pod aspektom Saturna, a pored toga je u trigonu od aruda lagne (Lav). Dakle, peta šula daša će verovatno doneti smrt i dugovečnost je smanjena na period od 36-45 godina.

b) Đaganatovo **pravilo**: vladar osme od lagne je smešten u desetoj kući i pokazuje smrt u prvoj četvrtini odeljka. Zbog toga je dugovečnost procenjena na 36-45 godina.

c) **Parašarina formula**: planete koje pokazuju madja ajus su Mesec i Saturn.

Mesec + Saturn $= 17°29' + 13°5W$ $= 31°19'$

Prosečna longituda $= 31°19'/2$ $= 15°4W$

Ajur doprinos $= (30°-15°40)/30° / 36 = 17$ godina 2 meseca 11 dana.

Ovo pokazuje smrt na kraju druge četvrtine madja ajusa (45-54 godine), a pošto se razlikuje od (a) i (b) navedenih gore, treba da se odbaci.

Korak 3:

Sada kada smo suzili period koji donosi smrt na jednu četvrtinu madja ajusa, neophodno je odrediti godinu smrti. Saturn je smešten u Devici i aspektuje Škorpiju, Ribe i Blizance. Ascendent je u Strelcu i napreduje zodijački jednu godinu po znaku. Dakle, tri ciklusa pokrivaju tredeset šest godina, a trideset sedma godina je ponovo Strelac. Ribe su četrdeseta godina, Blizanci četrdeset treća. Slično tome, Mesec je u Devici i trideset sedma godina odatle je ponovo Devica. Škorpija je trideset deveta godina, a Ribe su četrdeset treća. Konačni izbor treba da se uradi na osnovu vimšotari daše, ili antardaša šula daše.

Svami Vivekananda je preminuo u svojoj četrdesetoj godini tokom

Jupiterove daše, Venera bukti i Saturnove pratiantare.

Čart 9: Indira Gandhi (nekadašnji premijer Indije)

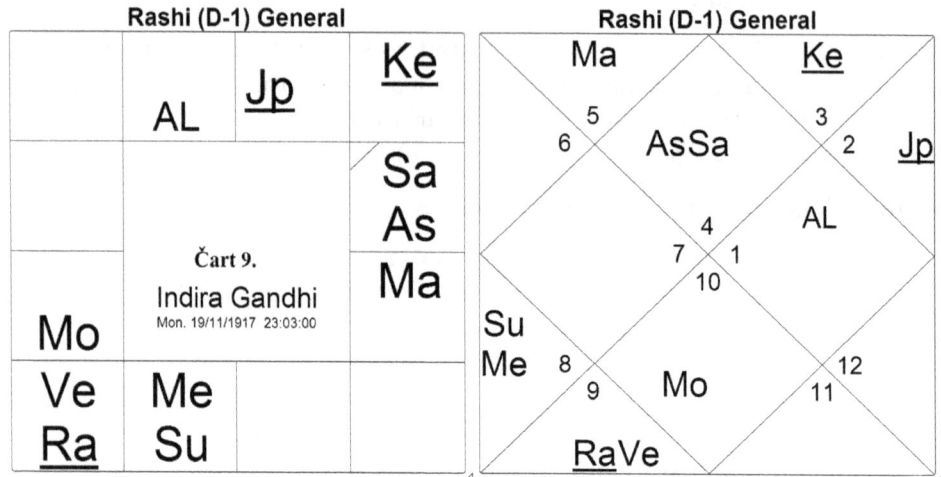

Korak 1: Određivanje odeljka dugovečnosti

a) Metod parova:

Vladar lagne + Vladar osme = Mesec (pokretni) + Jupiter (fiksni) = srednji život

Lagna + Hora lagna = Rak (pokretni) + Ribe (dvojni) = kratak život

Mesec + Saturn = pokretni + pokretni = dug život.

Pošto sva tri para pokazuju različit rezultat, i pošto je Mesec u sedmoj kući, primarna dugovečnost je pokazana parom Meseca i Saturna, i pokazuje dug život (72-108 godina). Ipak, atmakaraka Saturn se nalazi na ascendentu i pokazuje joga viparitam i dugovečnost je redukovana na srednji životni vek (36-72 godine).

b) Pozicija vladara osme kuće:

Jupiter je vladar osme kuće od lagne i nalazi se u jedanaestoj kući (*Parašara*) i pokazuje madja ajus (36-72 godine). Vladavina osmom određena je na osnovu principa vrida karika a čitaoci koji nisu upoznati sa njima mogu pronaći objašnjenje u mojoj knjizi Đaimini Upadeša Sutre.

c) Metod tri vladara:

Vladari prve, osme i desete kuće, zodijački brojano, su: Mesec, Rahu (za Vodoliju) i Mars. Mesec i Mars su prilično dobro postavljeni, u kendrama i u Lavu, datim redom. Rahu je loše postavljen, u šestoj kući, u debilitaciji. Dakle, dva vladara pokazuju madja ajus (36-72 godine).

Korak 2:

d) Određivanje daša

Šula daše počinju od sedme kuće i nastavljaju se redovnim brojanjem. Madja ajur kanda je od Bika do Lava. Bik i Rak aspektuju juti atmakarake i Jupitera, i nemaju snagu da ubiju. Blizanci, pod aspektom Rahua i Venere i Lava, u konjukciji sa Marsom i pod aspektom Meseca, imaju snagu da ubiju. Dakle, smrt je verovatna od 45. do 54. godine, ili od 63. do 72. godine.

e) Đaganatovo pravilo

Saturn je, prema tradiciji, vladar osme od lagne redovnim brojanjem. Saturn je smešten u prvoj kući i pokazuje smrt u poslednjoj četvrtini odeljka dugovečnosti, tj. ajur od 63. do 72. godine.

Korak 3: Sudaršan čakra

Saturn je na ascendentu, nalazi se u Raku i aspektuje Devicu, Jarac i Ovan. Šesti sudaršan ciklus počinje u šezdeset prvoj godini u Raku sa Devicom, Jarcem i Ovnom u šezdeset trećoj, šezdeset sedmoj i sedamdesetoj godini, datim redom. Indira Gandi umrla je u svojoj šezdeset sedmoj godini.

Čart 10: Osoba ženskog pola rođena 3. novembra 1985. godine

Rashi (D-1) General	Rashi (D-1) General
As, Ra, Mo / Jp / Me Su Ve, AL Sa Ke Ma	Ra(1), As(11), Jp(10), Mo(2), (12), (3), (9), (6), Ve Ma(4,5), AL Me(8), Sa(7), KeSu — Čart 10. Sun. 3/11/1985 15:38:00 17°58'0"N 79°40'0"E

Korak 1: Određivanje odeljka dugovečnosti

I. Metod parova:

Lagna + Vladar osme = Jupiter (pokretni) + Sunce (pokretni) = dug život

Lagna + Hora lagna = Ribe (dvojni) + Lav (fiksni) = dug život

Mesec + Saturn = Blizanci (dvojni) + Škorpija (fiksni) = dug život.

Primarna dugovečnost pokazuje dug život. Atmakaraka, Venera, smeštena je u sedmoj kući i ukazuje na joga viparitam tj. odeljak dugovečnosti koji treba da se modifikuje na osnovu pozicije vladara osme kuće. Vladar osme, Sunce, ne nalazi se u kendri i ukazuje na redukciju dugovečnosti na kratak život (0-36 godina).

II. Pozicija vladara osme kuće:

Vladar osme kuće smešten je u panapari od lagne, i time ukazuje na madja ajus (36-72 godine).

III. Metod tri vladara:

Vladar ascendenta i desete kuće, Jupiter, debilitiran je u rašiju, ali je i loše postavljen u osmoj kući u navamša čartu. Slično je i atmakaraka i vladar osme, Venera, loše postavljena u debilitaciji i u badak stanu, kao i u dvanaestoj kući u navamša čartu. Dakle, sva tri vladara su veoma slabi i ukazuju na dugovečnost koja je čak ispod alpa ajur, a moguće i *jogarišta* (8-20 godina) ili čak *balarišta* (0-8 godina). Za balarištu Mesec treba da je loše postavljen i afliktovan. Ipak, u ovom čartu, Mesec je u kendri u znaku prijatelja u raši čartu, i u Ribama u navamši i time isključuje mogućnost balarište.

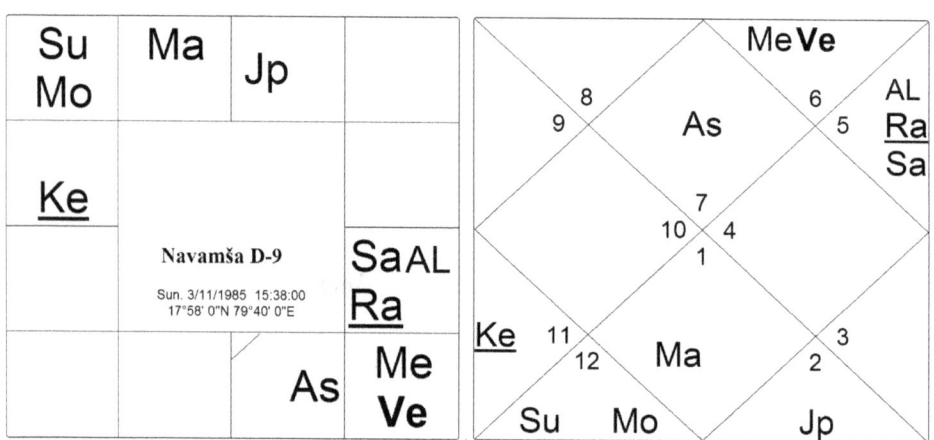

Korak 2: Određivanje šula daše

Za jogarište (8-20 godina) tri šula daše su Devica, Vaga i Škorpija. Daše počinju od sedme kuće koja je snažnija od ascendenta. Atmakaraka je u Devici, a Jupiter aspektuje Škorpiju i time nije verovatan kandidat za "ubicu". Vaga ima debilitiranog vladara osme kuće, Sunce (vridakarika metod) u osmoj kući od ascendenta (brojano zodijački), sa Ketuom. Ketu u kućama koje pokazuju smrt pokazuje smrt usled greške. Dakle, smrt usled jogarište je verovatna u periodu od 10 do 18 godina.

Korak 3:

Određivanje godine smrti radi se uz pomoć sudaršan čakre brojeći od Riba jednu godinu po znaku. Saturn je u Škorpiji i aspektuje Jarca, Bika i Lava. Dakle, godine koje mogu doneti smrt treba da su jedanaesta, petnaesta ili osamnaesta godina. Devojčica je umrla u svojoj jedanaestoj godini usled nezgode u kući.

Vedska astrologija nudi odlične metode za određivanje dugovečnosti koje treba inteligentno primeniti. Ipak, dugovečnost svetaca ne treba procenjivati budući da su oni pobedili svoja čula i snagom svoje vrline stekli ića mritju (ili smrt sopstvenom voljom).

Saravali: एवंविधानामिदमायुरत्र चिन्त्यं सदां वृद्धमुनिप्रणीतम्॥

ॐ तत् सत्

ॐ गुरवे नमः

POGLAVLJE IV

Ascendent

Uvod

Ascendent pokazuje fizičko telo, ten, pojavu, glavu, inteligenciju, snagu i energiju, i predstavlja osobu u svim podelnim kartama, naročito u Navamši (D-9 čartu). Satjačarja ovom dodaje da slavu i reputaciju, kao i uspeh i status, treba proceniti u odnosu na ascendent. Ascendent predstavlja bitak, jastvo. *Lagnu, arudha lagnu i varnada lagnu* treba ispitati nezavisno. Snage ovih ascendenata, *karake* Sunce i čara *atmakarake* (privremenog signifikatora duše), od vitalne su važnosti za čart. Ako Sunce ima neometenu argalu na Lagnu, ili ako ometa papa argalu, doneće osobi status i slavu. Ako je vladar lagne u konjukciji sa Suncem ili ga aspektuje (čak i raši drištijem) to obećava dobre moralne vrednosti, kao i dobro i veselo raspoloženje. Slično tome, atmakaraka (čara) sa neometenom argalom na lagnu ili ometenom papa argalom, daje dobro zdravlje i blagosloven život. Umesto toga, ako je atmakaraka loše smeštena ili opstruirana, horoskop je oštećen. Na isti način treba gledati pozicije Sunca i čara atmakarake u odnosu na aruda lagnu, kako bi se odredili status i pozicija osobe. Slična procena od varnada lagne pokazuje poziciju osobe unutar zajednice. Međutim, varnada lagna igra važnu ulogu i u domenima zdravlja i smrti.

Fizičke Karakteristike Ascendenta

Ovan
Suvo i mršavo telo, snažni udovi, srednja visina, trouglasto lice, tamne i guste obrve, dug vrat, taman ili crvenkast ten (druga polovina znaka je tamnija), oštra, čekinjasta i kovrdžava kosa i široka ramena.

Bik
Kratko, zgodno i nabijeno telo, zaokruženo lice, male oči, kratak i debeo vrat, široke nozdrve i usta, lice koje zrači, velika ramena, kratke i debele ruke i kovrdže na čelu.

Blizanci
Visoko i uspravno telo, duge i tanke ruke, nervozan i nemiran (brzo odgovara), tamnog tena i tamne kose, svetlih očiju boje lešnika.

Rak
Umerena konstitucija, okruglo lice, bled ten i fine crte lica, mali ili ravan nos, male oči. Karakteristike Mesečevog znaka su jako izražene, ali su osobe

generalno bojažljive.

Lav
Lepa konstitucija, puno telo, lepog okvira i držanja, širokih razvijenih ramena, svetlo smeđ, ovalnog lica, crvenkastog tena, dostojanstvenog i kraljevskog držanja.

Devica
Srednja visina, vitak, uredan, moderan, tamnog ili crvenkastog tena, prijatnog držanja i dugog nosa.

Vaga
Lepe ili visoke konstitucije, graciozonog tela, širokih kukova, glatka kosa i okruglo i slatko lice, rumeno-beli ten, velike oči. Zgodni ljudi, ljubazni i graciozni.

Škorpija
Srednja visina, jako i robusno telo, široko lice, taman ten, tamna i kovrdžava kosa, tamne i male oči, lukavog izgleda i neobičnog hoda.

Strelac
Visok stas, lepo razvijeno telo, ovalno lice, visoko čelo, istaknut nos i bistre oči, svetao ten. Srčani i otvoreni ljudi dobrog držanja.

Jarac
Nizak ili visok stas, vitko telo, mršavo lice i običan izgled, duga i naglašena brada, tanak vrat, tamna kosa i slaba kolena, izmršavljena figura, osim u slučaju kada je Saturn jak.

Vodolija
Srednja visina, jako i robusno telo koje nema unutrašnju snagu, dugo lice, čist ten, oči boje lešnika.

Ribe
Niski ili srednje visine, jake građe, okruglih ramena, velikog lica, svetlog ili bledog tena, pospanih ili vodenastih očiju, mekog govora.

Priroda Ascendenta

Ovan
Energičan je i impulsivan, pun entuzijazma, odvažan, preduzimljiv i sposoban, brzo reaguje i hrabar je, brz je i razumno donosi odluke iako nije hladne glave, samodovoljan je ambiciozan i samouveren, nezavisan i reaguje na restrikcije i uplitanja, emotivan i darežljiv, revnosan i prijemčiv grupama, sklon nezgodama i greškama usled impulsivnosti i ima tendenciju ka dominaciji.

Bik
Ima smisla za umetnost, vešt je, lep, muzikalan, elegantan, miran i uravnotežen, nepokolebljiv, odlučan (pre tvrdoglav), harmoničan. Veoma je praktičan posebno u proceni ljudi, projekata i ideja. Vredan je, egocentričan i pun poštovanja. Bezosećajnost, strastvenost i sklonost laskanju su mu mane.

Blizanci
Intelektualni su, aktivnog uma, fleksibilni, imaju talenat za pisanje, racionalnog su uma, tečno govore i pišu, puni su razumevanja i prilagodljivi svim težnjama, ali su promenljivi i neodlučni, i manjka im samopouzdanja. Nervozni su, preterano zabrinuti i lako se uzmenire, i to su im ostale slabe tačke. Čovečni su i produhovljene prirode koja je podložna preterivanju i pomanjkanju doslednosti ili snage volje. Lingvističke i naučne veštine će im biti glavne odlike.

Rak
Osećajan, prijemčiv, emotivan, romantičan i senzacionalan, nežan, ljubitelj je doma i podložan je uticajima drugih. Bujne i aktivne mašte, dobro naslućuje stvari, razborit, promišljen. Planiranje i oprez su veoma naglašene karakteristike Rakova. Dobar osećaj za vrednost i ekonomiju uz urođeni talenat za trgovinu i biznis. Ima praktičan um koji radi u prilog dobroj reputaciji kao i slavi ili kleveti u zavisnosti od Mesečevog znaka i uticaja na njega.

Lav
Častan, velikodušan, iskren, darežljiv, lavljeg srca, dostojanstven, samouveren, ambiciozan i ponosan. Naklonost ka ispoljavanju i razmetanju može doseći banalne proporcije ukoliko je Lav afliktovan. Veran je i topao, a vođstvo je često opravdano u poređenju sa sposobnostima drugih, voli da pomogne i zaštiti. Kratkih je živaca i veliki je borac, no i dalje lako oprosti. Veoma veseo i druželjubiv, veoma pokretljiv i teži ka luksuzu, a opasnost za njega leži u preterivanju i neumerenosti.

Devica
Tiha, skromna, rezervisana, razborita, saosećajna, prilagodljiva i teška za razumeti. Dobrih mentalnih sposobnosti, studiozna i sposobna za planske akcije. Praktična i metodična, veliki detaljista, ima tendenciju ka sakupljanju. Ima manjak samopouzdanja i lako biva poražena. Dobar je sledbenik.

Vaga
Uljudna, nežna, prijatna, ljubazna, osećajna, umešana u sve, društvena, aktivna, ima svest o lepoti, umetnička je duša i intuitivna je. Nestalna je i promenjiva, a ukusi variraju u skladu sa raspoloženjem. Druželjubiva je, a partnerstvo i brak su kamen temeljac za uspeh.

Ascendent

Škorpija
Snažna, nasilna, jake volje, hrabra, sa ekstremnim ili crno-belim stavovima. Dobar borac, koji neće bežati od odgovornosti niti se pritajiti u diskusijama i raspravama. Izdržljivost, dostojanstvo i upornost su ostale pozitivne karakteristike Škorpije. Slabosti su bes, kriticizam i sarkazam. Mistični i tajnoviti, oni postaju dobri astrolozi i okultisti.

Strelac
Častan, otvorenog uma, iskren, darežljiv, saosećajan, istinoljubljiv i pravičan. Dostojanstven je i uglađen, a život i okruženje oko njega su generalno dobro uređeni i lepi. Nezavisnog duha, aktivan i radostan, odličan je u sportu i fizičkim vežbama. S vremena na vreme je grub, besan i odsečan, a potom smiren i izbalansiran, ali je generalno sledbenik propisnog i lepog ponašanja. Višestranost uma koji je sposoban za više školovanje i urođena religioznost su blagoslovi Jupitera.

Jarac
Stabilan, tih, vredan radnik, strpljiv, taktičan i sklon melanholiji. Manjka im radosti i nade, oni su "nevernici" koji zahtevaju naučni dokaz za sve. Praktični su, sa izvršnim sposobnostima i dosta samoograničavanja, jake volje, ambiciozni, pravični, ekonomični, oprezni i obazrivi. Jarac može doprineti dobrim zahvaljujući svojoj postojanosti i upornosti. Retko je voljen ali je generalno poštovan. Jak je i loš neprijatelj.

Vodolija
Jake volje, čvrstih stavova i mišljenja, dobrih intelektualnih sposobnosti i ukusa, naučnih i literarnih težnji. Otvoreni su i istinoljubivi, tihi ali raspoloženi, dobri prijatelji, imaju dobru memoriju i obrazovanje. Naglašena je sklonost ka okultnom i misterijama.

Ribe
Saosećajne su, blagonaklone i darežljive, emotivne, vole da pomognu, druželjubive su i maštovite. Sve vrste umetnosti i maštovitog pisanja im prirodno pristaju. Popustljive su, dobrodušne i prijatne prema svima. Ribe su dostojanstvene, lepog ponašanja i formalne. Osećajne, intuitivne i prijemčive, imaju isceljujući dodir.

Rezultati znakova će biti kombinacija ascendenta u raši i navamša čartu, dok će poslednji dominirati. Ove rezultate treba modifikovati u skladu sa planetama na ascendentu.

Mesto Vladara Ascendenta

Prva kuća
Ako se vladar nalazi na ascendentu, osoba je jaka, promenljivog uma, hrabra, inteligentna, sa dve ili više žena, *mahapuruša* (velika osoba) i blagoslovena

je od Boga Sunca.

Druga kuća
Ako je vladar u drugoj kući, osoba je učena, bogata, srećna, religiozna, časna i strastvena. Imaće poteškoće i prepreke u sreći od potomstva.

Treća kuća
Ako je vladar u trećoj kući, osoba je odvažna, bogata, časna, srećna, inteligentna, strastvena. Braća će biti od pomoći.

Četvrta kuća
Ako je vladar u četvrtoj kući, roditeljska sreća je garantovana. Obdarena braćom i sestrama, imovinom, vrlinama i šarmom, osoba vodi srećan život. Osoba radi sa misionarskom revošću.

Peta kuća
Ako je vladar u petoj kući, blagoslov potomstva nije garantovan i prvo dete može biti izgubljeno. Osoba ima počasti, prijateljski je nastrojena, kratkih je živaca i omiljena od vladara, ali teži da služi drugima.

Šesta kuća
Ako je vladar u šestoj kući, to pokazuje dugove i loše zdravlje. Osoba će imati problema sa neprijateljima. Biće inteligentan i odvažan ako ga aspektuju benefici, a u toku perioda lagneša uništiće svoje neprijatelje, stvoriti bogatstvo i kraljevski status. Rani gubitak bračnog partnera je takođe indikovan.

Sedma kuća
Ako je vladar u sedmoj kući život supružnika je kratak, a pokazani su i više od jednog braka i loša sreća. Ukoliko lagneš nije jak, osoba bi mogla postati asketa ili nomad. Ako jeste, pokazuje veliko bogatstvo i prosperitet.

Osma kuća
Ako je vladar u osmoj kući, osoba je učena, bolesna, preke naravi, nesrećna, kockar, razuzdana i sa lošom reputacijom. Bračni život će biti bedan, a bogatstvo ravno nuli.

Deveta kuća
Ako je vladar u devetoj kući, osoba je srećna, popularna, vešta, elokventna, ima srećnu porodicu, bogatstvo i blagoslove od Jupitera (Šri Maha Višnu).

Deseta kuća
Ako je vladar u desetoj kući, osoba je poštovana, slavna, samorealizovana, blagoslovena od svojih roditelja i Šri Ganeša, ambiciozna i napredna.

Jedanaesta kuća
Ako je vladar u jedanaestoj kući, osoba će imati dobra primanja, reputaciju,

mnoge ljubavne veze/partnere, i imaće odlične kvalitete uma i srca. Šri Hara ga blagosilja.

DVANAESTA KUĆA

Ako je vladar u dvanaestoj kući, osoba će sama biti uzrok svojih nedaća, osetiće manjak telesnog zdravlja i sreće, i biće preke naravi. Biće rasipan, a troškovi će zavisiti od prirode ascendenta i vladara dvanaeste kuće.

Ovi rezultati primenljivi su i na vladara nakšatre, kao i na znak u kom se nalazi vladar ascendenta. Pitanja koja se tiču uma (tj. inteligencije, neprijatelja, sreće, itd.) biće uočljivija u odnosu na vladara nakšatre, dok se aspekti u vezi sa fizičkim telom mogu videti iz položaja vladara znaka. Znak u kome se nalazi vladar ascendenta zove se Paka Lagna.

PRIMERI

A: POLITIČARI
Čart 11: Džavaharlal Nehru

Čart 11. je horoskop prvog premijera Indije. Lagna je Rak u raši čartu (D-1), i Vodolija u navamši. Rak ga je učinio osećajnim, emotivnim, nežnim, srdačnim i dobrim planerom, sa dobrim osećajem za vrednost i ekonomiju, dok ga je Vodolija načinila čovekom jake volje, inteligentnim i sa naučnim pristupom. Bio je dobar pisac i napisao je dragocene naslove poput *Otkriće Indije*. Imao je jaku memoriju, dobro obrazovanje sa završenim visokim studijama u inostranstvu. Vladar ascendenta, Mesec, je na ascendentu, što daje inteligenciju i omogućuje formiranje mahapuruša joge zahvaljujući blagoslovu Boga Sunca. Dispozitor Meseca je sam Mesec što ojačava mahapuruša jogu, a nakšatra je asleša, kojom vlada Merkur (vimšotari daša sistem). Merkur je u četvrtoj kući sa vladarom četvrte kuće, Venerom (malavja mahapuruša joga), i pokazuje blagoslove roditelja, imovine, obrazovanje, šarm i rad sa misionarskom revnošću. Pripadao je jednoj od najelitnijih porodica tadašnje Britanske Indije. Njegov otac, Šri Motilal Nehru, bio je veliki advokat sa velikom imovinom, vozilima, itd. i odigrao je presudnu ulogu kao vodič ka njegovoj sreći.

Koje su aktivnosti zahtevale misionarsku revnost? U horoskopu nalazimo neslavnu Kala amrita jogu sa Ketuom (pobuna, revolt) u vođstvu, ali je ona uništena konjunkcijom sa Jupiterom koja formira *mahapadma jogu*. Bio je revnosan borac za slobodu i morao je proći kroz brojne zatvorske kazne pre nego što je konačno oslobodio Indiju i postao njen prvi premijer.

Lagneš Mesec je takođe i atmakaraka, stvarajući tako potencijal za samorealizaciju, a nalazi se u Jupiterovoj navamši aktivirajući mahapadma jogu. Zbog pozicije na lagni, rađa joga će funkcionisati tek kasnije u životu. Sunce u petoj kući takođe pokazuje da će u srednjem dobu iskusiti poteškoće i da će njegovo dete (Indira Gandi) imati snažnu rađa jogu. Lagna ima neometenu argalu Sunca. Varnada lagna je u drugoj kući, u Lavu, i to potvrđuje rađa jogu. Aruda Lagna je u Ovnu, dok je njen vladar Mars u šestoj kući odatle, a to pokazuje da se status u životu neće lako dostići i da će prethodno morati da savlada brojne neprijatelje. Međutim, Mars aspektuje aruda lagnu, pokazujući konačni uspeh. Saturn i Rahu formiraju *papakartari jogu* na lagni, pokazujući poraze i ropstvo, kao i gubitak reputacije.

Tabela 4-1: Narajana daša Džavaharlal Nehru

Daša		Period	Godina
Rak	12	nov.1889 -1901.	12
Blizanci	4	nov. 1901 – 1905.	16
Bik	5	nov. 1905 – 1910.	21
Ovan	5	nov. 1910 – 1915.	26

Ascendent

Daša	Period		Godina
Ribe	3	nov. 1915 – 1918.	29
Vodolija*	8	nov. 1918 – 1926.	37
Jarac	5	nov. 1926 – 1931.	42
Strelac	12	nov. 1931 – 1943.	54
Škorpija*	1	nov. 1943 – 1944.	55
Vaga	12	nov. 1944 – 1956.	67
Devica	11	nov. 1956 – 1967.	78
Lav	10	nov. 1967 – 1977.	88
*Periodi pomatrani od Rahua i Ketua			

Narajana daša znak treba tretirati kao Lagnu. Ako se daše računaju od lagne, onda će sam daša raši biti tretiran kao privremena lagna. Ako se, umesto toga, daše računaju od sedme kuće, sedma kuća od daša rašija će biti tretirana kao privremena lagna. U čartu 11. lagna je jača od sedme kuće. Narajana daše su date u tabeli 4.1. Gatika lagna je u Biku i aspektuju je Jarac, Vaga i Rak. Gatika lagna predstavlja moć i autoritet koji je obećan, i od ogromnog je značaja u horoskopu političara. Jarac ima moćnu mahapuruša jogu u kendri, Rahua u šestoj kući, i pobedonosnog Marsa, koji daje energiju, u devetoj kući. Antardaše počinju od Lava (u kojem je Saturn) i nisu regularne već preskaču u svaku šestu kuću. Generalno, antardaše koje počinju od Saturna trebale bi biti regularne, ali ne i u Lavu, jer Saturn ne može da dominira nad Suncem. Tokom Jarac – Rak perioda, oktobar 1929 - mart 1930, Nehru postaje predsednik Indijskog Nacionalnog Kongresa i proglašava potpunu nezavisnost kao cilj (Mesec kao lagneš na lagni je veoma nezavisan i slobodan). Treba primetiti Guru - Ketu mahapadama jogu u Strelcu. Dana 26. januara 1930. godine, Mesec je bio u Strelcu u mula nakšatri (vladar je Ketu), a simbolizovano time je počeo i čuveni Dandi marš 12. marta 1930. godine, kada je Mesec bio u Raku. Ovaj period je bio presudan u postavljanju Nehrua u centar nacionalne političke scene. Zatvoreništvo se odigralo u sledećoj antardaši, Jarac - Strelac (mart 1930 - avgust 1930), kada je Rahu bio u badaku i svetleća tela su bila u osmoj i dvanaestoj kući. Strelac nosi "pobunjeničku" kombinaciju, aspektovanu Marsom i Rahuom. Sledeća daša Strelca (1931 – 1943) generalno je osvedočila tešku borbu u kojoj Nehru postaje predsednik INK 1936. godine (Strelac - Škorpija) i 1937. godine (Strelac - Rak) zbog snage svetala i raši aspekata bilo na gatika lagnu ili sedmu kuću od nje. Daša Vage (1944 – 1956. godine) je period rađa joge jer nosi malavja jogu, Merkura (dispozitora lagneša) i aspektuje gatika lagnu, a nalazi se u sedmoj kući od arude i hora lagne. U Vaga – Škorpija periodu, Nehru je postao predsedavajući Interim Kabineta (septembar 1946. godine) i konačno osigurao nezavisnost Indije u Vaga – Strelac periodu. Obe joge, mahapadma i guru-čandala su funkcionisale istovremeno, pri čemu je jedna dala nezavisnost Indiji i napravila Nehrua njenim prvim premijerom, dok je druga podelila podkontinent izazivajući pobune i masovna krvoprolića. Najugroženijie su bile dve oblasti gurua, tj. Pandžab (Strelac) i Bengal (Ribe), kao i Delhi. Iako je njegov politički mentor Gandiđi preminuo u sledećoj antardaši, nakšatra Nehrua (tj. Mesec) je bila u desetoj kući (uspeh) sve do 1956. godine. Sledeća daša Device sa Marsom bila je svedok opadanja njegove popularnosti kao i smrti.

Prema tome, lagna (i njeno kretanje po narajana dašama) igra ključnu ulogu u markiranju najznačajnijih događaja i trendova u čartu.

B: Astrolog
Čart 12: Muškarac rođen 23. januara 1960. godine

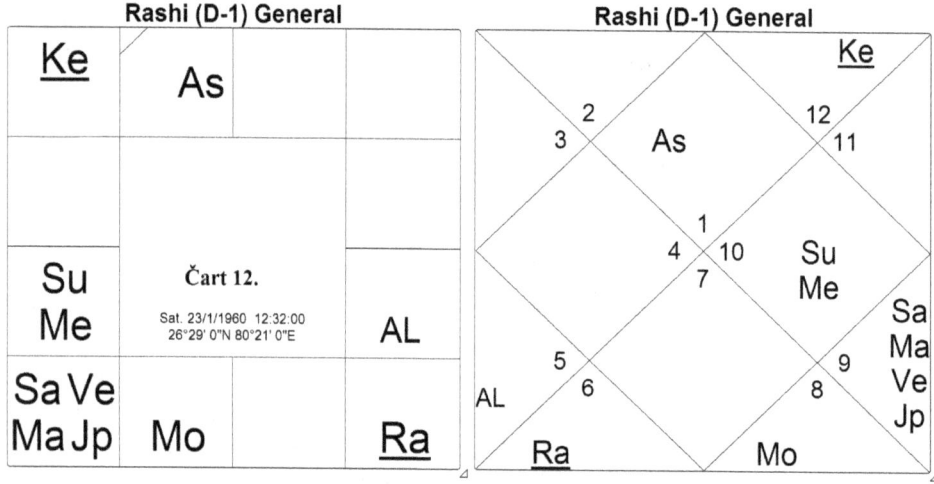

Čart 12. ima Ovan lagnu u raši čartu i Škorpija navamša lagnu. Marsove karakteristike su jako izražene. Međutim, vladar đanma vigatija je Sunce, i nalazi se u Jarcu i pokazuje rođenje muškog deteta tamnog tena. [Za vigati planete treba proučiti Đaimini Upadeša Sutre, poglavlje 4.3.3. do 4.3.12.].

Vladar lagne je Mars u devetoj kući sa vladarom druge, sedme, osme, devete, desete, jedanaeste i dvanaeste kuće, i pokazuje različite uticaje. Uticaj Saturna, budući da je on atmakaraka, dominira. Navamša lagnu takođe aspektuje atmakaraka, Saturn, pokazujući da će osoba razviti veštine i iskustvo u oblasti tradicionalnih delatnosti. Osoba je dobar astrolog. Sunce u petoj kući od navamša lagne daje služenje u vladi, ali sa debilitiranim Merkurom nije zagatantovan veliki uspon.

Ascendent

Me Su AL Ra	Jp Ve		Mo
	Navamša D-9 Sat. 23/1/1960 12:32:00 26°29' 0"N 80°21' 0"E		Ma Ke
			Sa
	As		

```
        9         7
     10    As    6    Sa
       Ra       8
              11  5  Ke
              AL  2  Ma
         Me
              12        4
         Su    1     3   Mo
            JpVe
```

Aruda lagna je Lav i njegov vladar je u Saturnovom znaku a afliktuju ga Rahu i Merkur. Merkur, vladar druge kuće od aruda lagne, debilitiran je u navamši i osim toga je spaljen. Osoba s vremena na vreme ima groznicu, stomačne probleme i probleme s kožom naročito tokom Merkurovih pod-pod-perioda. Aspekt Jupitera na lagnu i aruda lagnu, kao i konjunkcija sa lagnešom, Marsom, daje oporavak i zaštitu.

Lagna u drugoj polovini Ovna pokazuje tamniji ten. Osoba je niža ili srednje visine, zdepasta i krupnija, naglašeno mišićave telesne građe.

C: Pevačica
Čart 13: Lata Mangeskar

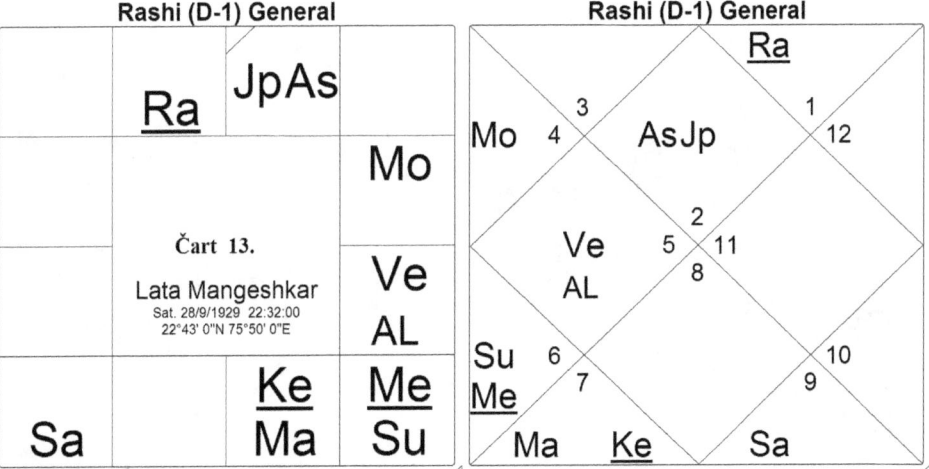

Čart 13. je horoskop kraljice muzike u Indiji, kojoj se može pripisati i najveći broj snimljenih pesama. Jupiter se uzdiže blizu stepena ascendenta i daje melodičan glas. Ona je niskog stasa, punog lica sa malim očima i kratkim

vratom. Lice je puno sjaja. Bila je vitkija u mladosti. Ona je veoma dobar umetnik i uporna je, praktična i elegantna. Skoro svi fizički i mentalni atributi znaka Bika mogu se pronaći u ovom čartu, budući da Venera dominira i aruda lagnom a atmakaraka je Jupiter u Biku. Jupiter se nalazi na ascendentu, kako u raši tako i u navamša čartu, dajući brilijantnost koja se oslikava u njenoj muzici. Mesec se nalazi u petoj kući od navamša lagne, što daje dobru pevačicu. Naravno, lavovska crta ponosa, vođstva, radosno Jupitersko raspoloženje, odgovornost i organizovanost itd. mogu se videti u samoj navamša lagni. Generalno uzevši, zdravlje je dobro jer je atmakaraka, Jupiter, na lagni i u raši i u navamša čartu.

D. Plesačica

Čart 14: Žena rođena 7. aprila 1991. godine

Vigati rođenja u čartu 14. je 1277,5 (ili 1278), i ostatak posle podele sa devet je nula ili devet. Deveta planeta je Ketu, koji pokazuje rođenje ženskog deteta. Ketu je u Raku sa egzaltiranim Jupiterom, i pokazuje veoma lepu i inteligentnu devojku svetlog tena. Parivartana joga između Meseca i Jupitera, između šeste i prve kuće, gradi rađa jogu i kod nje i kod njenog oca (Jupiter je takođe i vladar devete kuće). Negativni efekti vladara lagne u šestoj kući uništeni su zbog delovanja parivartana joge.

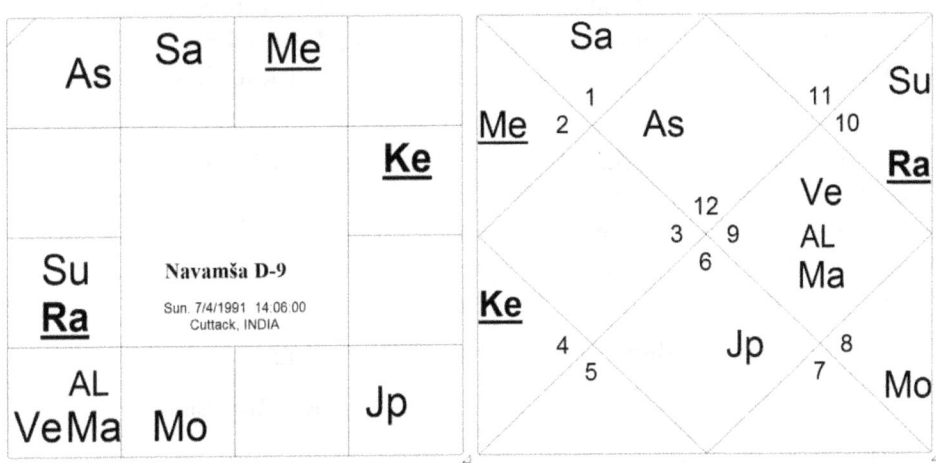

Ona ima okruglo lice, veoma svetao ten, mali nos. Delikatne crte lica Raka upotpunjene su dobrom visinom, srdačnošću i dobrim držanjem Strelca i Riba (navamša lagna).

Aruda lagna je Bik koga aspektuje egzaltirani Jupiter, dok je njegov vladar, Venera, zajedno sa Merkurom (pozorište i igre). Ona je naučila Odisi stil plesa kao vrlo mlada i učestvovala je u raznim scenskim performansima.

E: PREDUZETNIK
Čart 15: Muškarac rođen 3. novembra 1945. godine

Osnove Vedske Astrologije

U čartu 15. je vladar lagne, Jupiter, u sedmoj kući u društvu debilitirane Venere. Aruda lagna je u Strelcu, a njen vladar, Jupiter, je u konjukciji sa debilitiranom Venerom u sedmoj kući i pokazuje rođenje u familiji nižeg statusa. Pošto je Jupiter u kendri, Venera dobija *ničabanga jogu* (poništenje debilitacije). Tako se negativan aspekt traćenja života i tumaranja (nesnalaženja) zbog lagneša u sedmoj kući nije manifestovao, a dramatični uspon se dešava odmah po stupanju u brak. Dispozitor vladara lagne je Merkur, vladar sedme kuće, nalazi se u devetoj kući koja vlada višim obrazovanjem.

Jupiterova daša je donela brak sa ćerkom industrijalca, i sa njegovim blagoslovom, i više studije i doktorat inženjerstva u SAD-u. On se obogatio proizvodeći HV instrumente. Daša Saturna, koji je zajedno sa jogakarakom Marsom, samo je doprinela njegovoj sreći. Prema tome, lagna igra odlučujuću ulogu u čartu, bilo za dobro ili loše.

Čart 16: Muškarac rođen 12. novembra 1934. godine

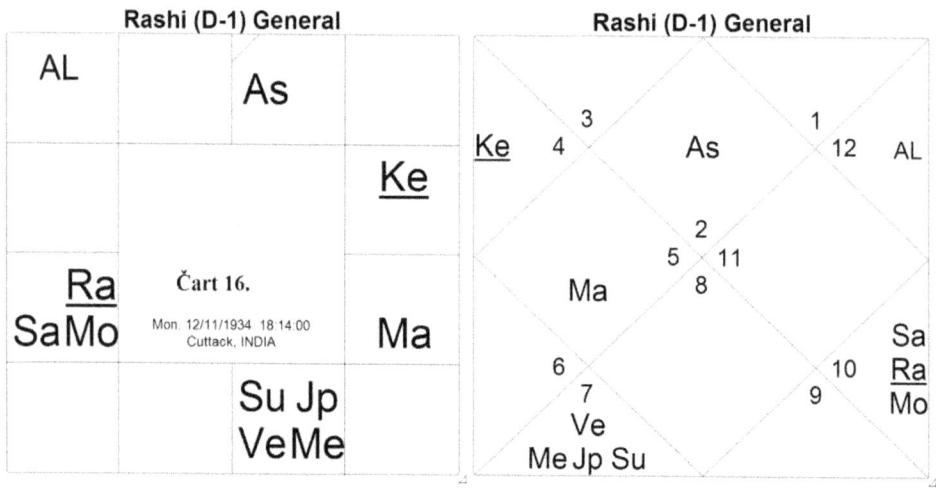

U čartu 16. imamo Bik ascendent sa vargotama navamšom (tj. navamša lagna se nalazi u istom znaku). On je srednje visine, svetlog tena, sitnih očiju i veoma inteligentan. Vladar ascendenta je u šestoj kući, u svom znaku. Njegov dispozitor, Venera, takođe je u šestoj kući, kao i njen nakšatra (višaka) dispozitor, Jupiter, a to indikuje opasnost od neprijateljstava i razdora u njegovom životu. Međutim, tokom perioda vladara lagne (ili njegovih dispozitora), neprijatelji će biti savladani. Tokom vimšotari daša-antara daše Jupitera - Venere, osoba je imala industriju vrednu sto miliona (1982. godine). U narajana daši Blizanaca, uprkos svim poteškoćama od strane Saturna, Rahua i Meseca u osmoj kući, četiri snažne planete grade snažne konjunkcije uključujući razne rađa joge, pariđata jogu itd. u petoj kući, ovo rezultira preuzimanjem projekta vrednog sto miliona. Sa dolaskom daše

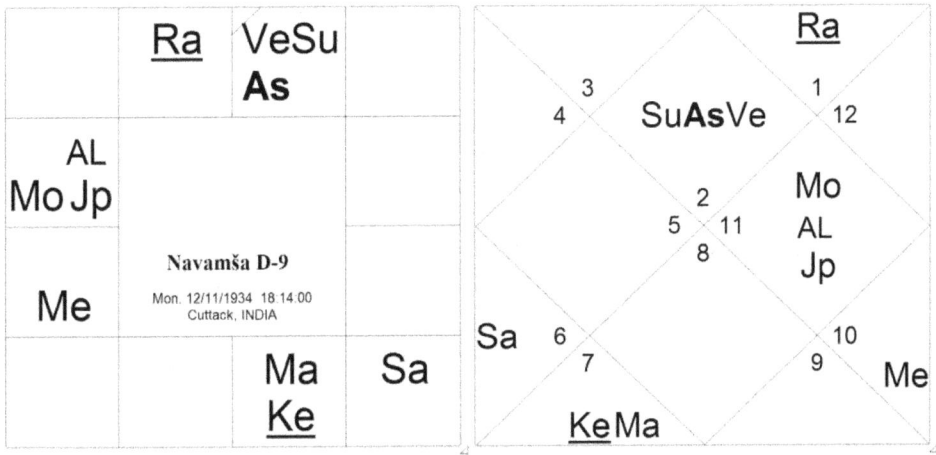

Jarca celokupna struja se okrenula protiv njega, budući da je Jarac ozbiljno afliktovan znak, i osoba je provela deceniju u parničenjima sa vladom, poreskim službenicima, itd. Konačno, 1994. godine, tokom Jarac – Vaga daše, on je platio poreze i mir je došao, iako bez zadovoljstva. Ipak, pošto je vladar devete kuće i atmakaraka, Saturn, u svom znaku, osoba je doživela da vidi dvoje unuka u Jarac - Devica i Jarac - Škorpija daši [antardaše od Saturna u Jarcu određuju se zodijački i regularno].

Tabela 4-2: Čart 16: Narajana daša

Daša		Period	Godina
Bik	5	nov. 1934 -1939.	5
Strelac	10	nov. 1939 – 1949.	15
Rak	6	nov. 1949 – 1955.	21
Vodoilija	1	nov. 1955 – 1956.	22
Devica	11	nov. 1956 – 1967.	33
Ovan	4	nov. 1967 – 1971.	37
Škorpija	9	nov. 1971 – 1980.	46
Blizanci	4	nov. 1980 – 1984.	50
Jarac	12	nov. 1984 – 1996.	62
Lav	9	nov. 1996 – 2005.	71
Ribe	5	nov. 2005 – 2010.	76
Vaga	12	nov. 2010 – 2022.	88

Ako se osvrnemo unazad, daša Bika je bila pogođena siromaštvom sa Saturnom, Rahuom i Mesecom u devetoj kući. Sledeća daša, daša Strelca, bila je svedok njegove borbe za sopstveno obrazovanje, i zahvaljujući neometenoj argali od strane svih planeta, osoba je napredovala. Neometena argala Meseca i Rahua je učinila da pliva za svoj život tokom dve snažne poplave. Tokom Rakove daše je diplomirao sa odličnim ocenama i stipendijom. Daša Device (22 - 33 godine) je bila njegov zlatni period. Počeo je da radi u vladi i venčao se u Devica - Vodolija periodu (Vodolija ima darapadu). Prvi sin je rođen u Devica – Ribe periodu, drugi sin u Devica - Bik i treći sin u Devica – Rak periodu. Mantra aruda (A5) je u Škorpiji. Ribe su u petoj kući, Bik u sedmoj i Rak u devetoj kući od mantra arude, i predstavljaju prvog, drugog i trećeg sina. U Devica - Bik periodu ga je potpredsednik Indije odlikovao zlatnom medaljom za brilijantan posao u Kiriburu rudnicima, kao što se moglo očekivati po pravcima pete i prve kuće, pošto se konjunkcijom vladara prve i pete kuće formira rađa joga (Đaimini Sutre).

Prema tome, rezultati dobrih i loših joga vladara kuća manifestuju se tokom perioda aktivacije znakova u narajana daši. Osim toga, nerazdvojive slabosti čarta, kao što je vladar lagne u šestoj kući, pokazaće se tokom perioda znaka koji ima naisargika karaku Saturn ili ga Saturn aspektuje.

F: FILMSKA ZVEZDA
Čart 17: Amitab Baćan, horoskop najpoznatijeg imena u Bolivudu

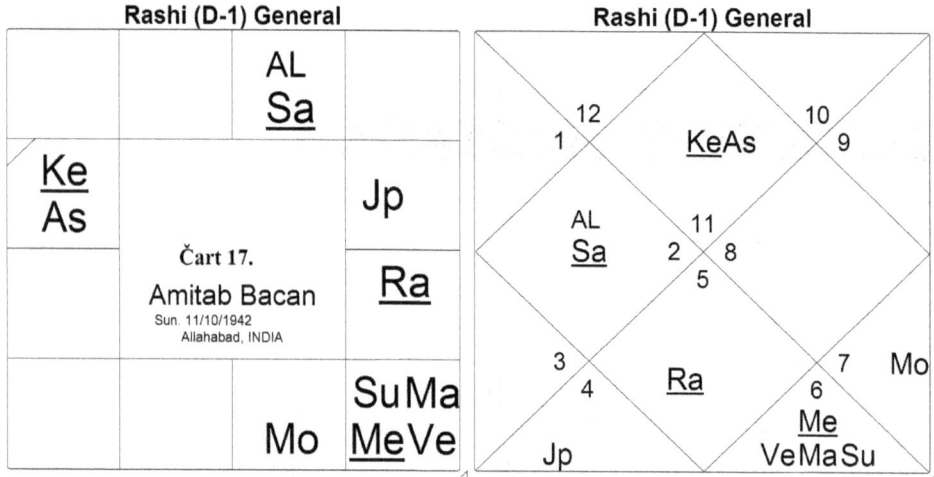

Vodolija lagna se uzdiže sa Ketuom, a aspektuje je Saturn, što daje vitko, koščato telo i visoku figuru. Jupiter, vladar druge kuće od lagne, je egzaltiran i aspektuje lagnu i aruda lagnu u Biku (raši drišti). Druga kuća od Merkura, deveta kuća, ima Mesec, pokazujući da će "glas biti izvor njegove sreće". Venera, vladar aruda lagne, debilitirana je u Devici, pokazujući da će biti mnogo poteškoća pre nego što mu se desi brak (Venera) i osmehne sreća (vladar aruda lagne). Vladar aruda lagne je zajedno sa Marsom (što pokazuje odvažnost u suočavanju sa preprekama i uspeh u takmičenjima), Suncem (pokazuje uspeh i slavu) i egzaltiranim Merkurom (pokazuje glumački/igrački talenat). *Ničabanga rađa jogu* Venere (pokazuje lični uspon) mogu da stimulišu Jupiter ili Merkur, ako su jaki u kendrama u odnosu na lagnu, ili ako su egzaltirani. Obe grahe, Jupiter i Merkur, egzaltirane su, ali u dustanima.

Narajana daša Bika je deo sarpa joge (tri malefika u kendri bez benefika) što pokazuje ogromnu patnju (26 – 29. godine). Sledeća daša, Vaga, pokazuje njegov ulazak u filmsku industriju. Mesec u Vagi aspektuje lagnu, aruda lagnu i vladara lagne i osigurava slavu i veliku popularnost među širokim masama. Egzaltirani Jupiter je takođe u kendri od Vage i daje ničabanga rađa jogu za Veneru, garantuje brak, decu, finansije, imovinu itd. Sledeća daša, Ribe, od 1981. do 1990. godine, ne samo da pokazuje njega kao super zvezdu, već ga takođe dovodi u parlament i politiku (malefici Saturn i Rahu su u trećoj kući od daša rašija). Egzaltirani Merkur je u kendri, dok egzaltirani Jupiter, vladar Riba, pokazuje ničabanga rađa jogu.

Tabela 4-3: Narajana Daša Amitab Baćana

Daša		Period	Godina
Vodolija	9	okt. 1942 -1951.	9
Rak	9	okt. 1951 – 1960.	18
Strelac	8	okt. 1960 – 1968.	26
Bik	3	okt. 1968 – 1971.	29
Vaga	10	Okt. 1971 – 1981	39
Ribe	9	Okt. 1981 – 1990	48
Lav	11	Okt. 1990 – 2001	59

Sledeća daša je Lav (1990-2001.godine) i do sad se pokazala izrazito nepovoljnom, budući da je deo sarpa joge. Njegov najbolji prijatelj, bivši premijer gospodin Rađiv Gandi, ubijen je i uskoro potom preminula je i princeza Dajana, još jedan dobronamernik. Njegovi pokušaji u mega produkciji filmova (Jupiter u dvanaestoj kući od raši daše) kao što su Šehenšah i Mritjudata, pretrpeli su neuspeh na blagajnama i njegova ogromna TV kompanija ABSL se takođe nosi sa poteškoćama. Sledeća daša će biti bolja. Savetovane su remedijalne mere za otklanjanje štetnih efekata sarpa doše.

Čart 18: Rađ Kapur

U čartu 18. aruda lagna je u desetoj kući i pokazuje slavu. Vladar aruda lagne je Mars, u dvojnom znaku Riba, a aspektuju ga Sunce i Merkur (raši drišti). Kao što je objašnjeno ranije u čartu 17, ovo je specifična kombinacija za uspeh u filmovima i pozorištu. Pošto je Jupiter u konjukciji sa ovim grahama, talenti mogu biti nasleđeni i zaista, Rađ Kapur je naučio glumu od svog oca, glumca Pritivirađ Kapura, i dominirao je Bolivudom dugo vremena. Njegov glumački talenat i genijalnost doneli su mu brojne pohvale i priznanja.

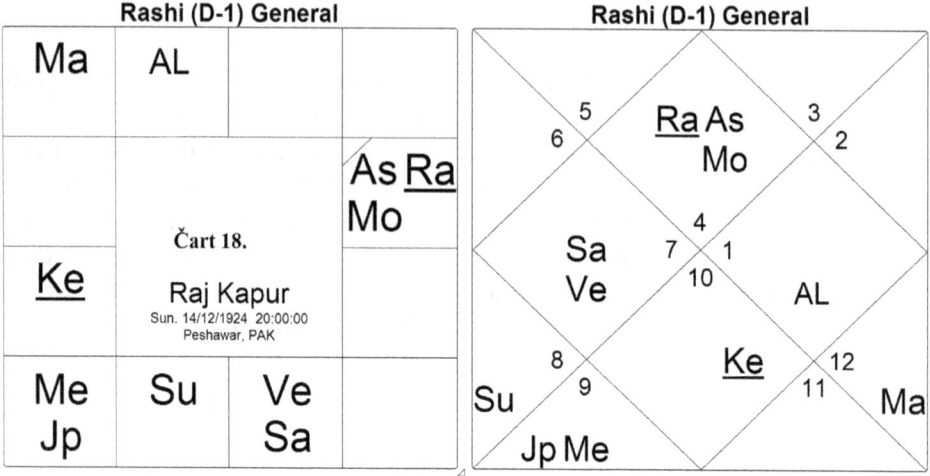

Jak uticaj Jupitera na ovu kombinaciju u čartu pokazuje njegov izbor romantičnih tema, i imidž "dobrog Samarićanina". Ovo je suprotno od Amitab Baćana (čart 17) gde mu dominantni Mars, koji utiče na Merkura, daje imidž "temperamentnog mladića".

G: NOBELOV LAUREAT
Čart 19: Majka Tereza

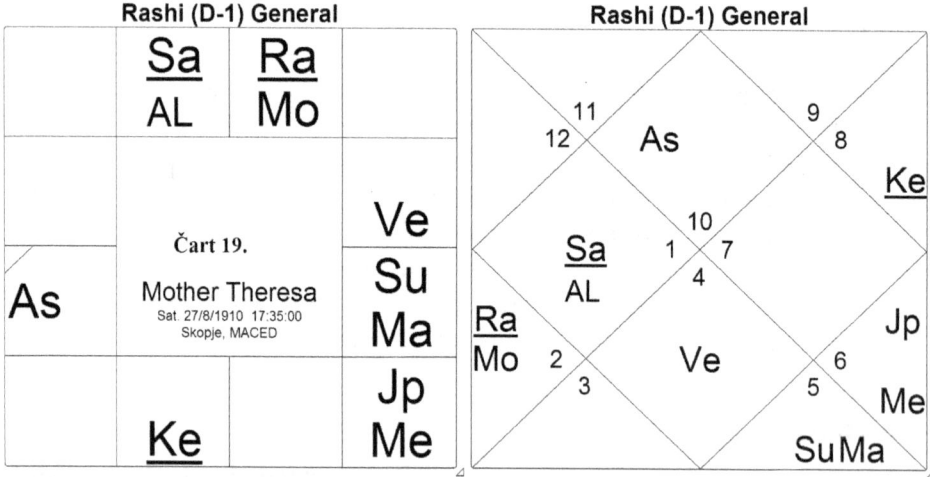

Majka Tereza, Agheš Govksna Bođakshiu, rođena je u Jugoslaviji od roditelja emigranata iz Albanije, što pokazuje debilitirani vladar lagne - Saturn. Saturn je takođe debilitiran na aruda lagni, pokazujući da će osoba biti asketa. Živela je u bedi u ranim godinama života kada je počela treća Rahuova daša (tj. rođenje je bilo u Mesečevoj daši), i došla je u Indiju sa

18. godina, baš kad je počela narajana daša Škorpije (17 - 26). Tokom daše Škorpije i Vage, sve do 1945. godine, bila je posvećena podučavanju na Entali u Kalkati, što se poklopilo sa krajem Rahuove daše. Četvrta daša (povoljna) bila je daša Jupitera u devetoj kući sa egzaltiranim vladarom devete kuće, Merkurom. Prema tome, Jupiter će dati rezultate Merkura, i pošto aspektuje lagnu, daće visoke moralne principe, sjajnu reputaciju i životna dostignuća. Ovo se poklapa sa Devica narajana dašom, 1945-1957. godine, tokom koje je osnovala Misiju milosrđa. Može se primetiti da benefici u trećoj i šestoj kući od aruda lagne ne daju kukavičluk, već umesto toga, pokazuju asketizam i milosrđe i osobu koja voli mir iznad svega. U čartovima svih velikih svetaca kao što su Majka Tereza, Svami Vivekananda itd., Jupiter i ostali benefici će sigurno biti u trećoj ili u šestoj kući od aruda lagne, pokazujući nevezivanje za materijalno bogatstvo, i milostivost.

Pošto je pokazan dug život, po redosledu daša smrt se može očekivati u sedmoj vimšotari daši. Sa ulaskom u sedmu dašu (Ketu) 1996. godine, zdravlje se drastično narušilo i ona je preminula u Ketuovoj daši, a Venera bukti 1997. godine. Ketu i Venera su u badaku i u sedmoj kući od lagne, kao i u osmoj kući od aruda lagne, dok Venera vlada drugom i sedmom kućom od AL.

Iako je Majka Tereza dobila brojne nagrade, najprestižnija nagrada je bila Nobelova nagrada za mir (10. decembar 1979. godine). Ovo se moglo očekivati tokom perioda znakova ili planeta koje pozitivno utiču na lagnu ili AL. Saturn je debilitiran na aruda lagni, vladar je lagne i pravi ničabanga rađa jogu zbog prisustva Venere u kendri kako od lagne, tako i od aruda lagne. Narajana daša Ovna je bila od 1978-1982. godine, i ona pokazuje ničabanga jogu za slavu, priznanja itd. tokom ovog perioda. Gatika lagna je u Ribama, aspektovana od strane drugih dvojnih znakova. Ona je nagrađena Nobelovom nagradom tokom Ovan daše – Strelac bukti.

Saturn je, uprkos debilitaciji, retrogradan (ničabanga) i pokazuje da će ona imati božansku moć Kali Mate da uzdigne siromašne i unesrećene. Njenom smrću, siromašni i bedni su izgubili svoju Božansku Majku, ali postoje drugi, koji će nastaviti predivni rad koji je ona započela, jer je vladar aruda lagne (Mars) u snažnoj konjukciji sa Suncem u Lavu u osmoj kući, što govori da će ona živeti i posle smrti.

ॐ तत् सत्

ॐ गुरवे नमः

POGLAVLJE V

DRUGA KUĆA

Uvod

Druga kuća se bavi bogatstvom, uključujući i svu gotovinu, kao i imovinu svih vrsta. Pokazuje porodicu, oči (Parašara), usta i lice, glas i govor, kao i hranu. Dok je vladar prve kuće poput Brame (Kreatora), vladar druge kuće je poput Višnua (Održitelja) i vladar sedme kuće je poput Rudre (Uništitelja). Dok se druga kuća od aruda lagne bavi održavanjem joga, druga kuća od upapade ili od sedme kuće bavi se održavanjem braka. Prirodni signifikator ove kuće je Jupiter, ili održitelj u astrologiji, i iz ovog razloga se kaže da predstavlja Maha Višnua ili porodično božanstvo. Hora lagna (koja se kreće dvaput brže u odnosu na lagnu) je tačka bogatstva u horoskopu, a proučava se zajedno sa lagnom za utvrđivanje dugovečnosti osobe. Druga kuća od Merkura se takođe gleda kod analize glasa.

Planete u Drugoj Kući

Da bismo razumeli efekte planeta, treba primeniti koncept argale. Ako je Sunce u drugoj kući osoba će imati dobre prihode, pošto Sunce u drugoj ima argalu na jedanaestu kuću. Slično tome, Sunce u drugoj kući daje dobru hranu kako bi održalo lagnu. Međutim, pošto je Sunce blagi prirodni malefik, ono će u drugoj kući takođe imati argalu na dvanaestu kuću, koja vlada troškovima. Dakle, osoba će zdušno trošiti, ponekad i preko svojih mogućnosti. Ako je Saturn u drugoj kući, kao primer drugog malefika, on će takođe imati argalu na jedanaestu, dvanaestu i prvu kuću. Međutim, rezultati će biti potpuno drugačiji jer je signifikator jedanaeste kuće Jupiter i papargala Saturna će učiniti da je ostvarenje prihoda ravno herkulovskom podvigu. Pošto je Saturn signifikator dvanaeste kuće, troškovi će biti visoki i iz neželjenih razloga, a pošto je njegov neprijatelj Sunce, signifikator prve kuće, ubiće bez oklevanja i odlagaće hranu i vreme obroka ili će hrana koja se konzumira biti pokvarena. Na ovaj način treba razumeti efekte planeta koje su postavljene u drugoj kući.

Sledeće pitanje koje treba razmotriti je položaj planete i znaka. Ako je Mesec u drugoj kući, osoba će imati veliko bogatstvo, ali ako Mesec ima loše aspekte Sunca ili Marsa, biće nestabilnosti u prihodima. Aspekt čvorova može da uništi svo bogatstvo i da uzrokuje siromaštvo. Aspekt Saturna može potpuno uskratiti prihode i osoba može biti prisiljena da prosi. Ako je Mesec u porastu prihodi će rasti, dok mlad Mesec pokazuje postepeno opadanje sačuvanog bogatstva. Aspekt Venere će dati *dhana jogu* (bogatstvo), dok će aspekt Jupitera ukloniti sva zla.

Priroda aspekata će se menjati u odnosu na znak ovde. Sunčev aspekt na Lava ili Saturnov aspekt na Vodoliju dobar je za znak. Ako je Jupiter jak u drugoj kući, rezultat je *dhana joga*. To nije u saglasnosti sa pravilom *"karaka bhava hrasja"*, tj. signifikator smešten u kući za koju je karaka uništava datu bavu. Mnogo toga će zavisiti od dostojanstva signifikatora. Marsov aspekt na Jupitera daje snažnu *dhana jogu*. Jupiter pod povoljnim aspektima će takođe zaštititi lagnu zbog delovanja šuba argale. Aspekt ostalih tamastičnih planeta, Saturna, Rahua i Ketua, na Jupitera, može biti katastrofalan i izazvati gubitke zbog slabosti (šad ripu), bolesti i lopovluka.

Položaj Vladara Druge Kuće

Položaj vladara druge kuće u različitim kućama pokazuje količinu bogatstva i stav prema materijalizmu, porodici, hrani itd. Ako je vladar druge kuće na lagni, osoba će biti čvrste ruke po pitanju novca i bogatstva. Pošto je lagna vezana za sopstvo, novac će biti zarađen vlastitim naporima i inteligencijom. Pošto je druga kuća takođe vezana za drugi brak (jer je osma brojano od sedme kuće), osoba će biti strastvena i pokorna. Sa druge strane, vladar druge kuće u drugoj kući će napraviti osobu bogatom i pospešiti mogućnost drugog braka. Vladar druge kuće u šestoj će dati bogatstvo i status kroz uspeh u ratu i takmičenjima. Ovi rezultati različitih pozicija vladara druge kuće se takođe mogu primeniti na znak i nakšatru vladara druge kuće. Treba naglasiti da svi izvori bogatstva, pokazani pozicijom vladarom druge kuće, takođe postaju izvori gubitaka ukoliko on ima bilo kakvu vezu sa dvanaestom kućom. Dakle, vladar druge kuće u šestoj aspektuje dvanaestu kuću i pokazuje gubitke bogatstva kroz neprijatelje.

Pošto je vladar druge kuće "Šri Višnu" (Onaj koji održava horoskop), planete i kuće smeštene u četvrtoj odatle (nadir) imaju tendenciju slabljenja. Prema tome, ako je vladar druge kuće u prvoj kući, četvrta kuća, koja predstavlja osobinu porodicu, postaje neprijateljska, dok vladar druge kuće u drugoj kući teži da ošteti ili uništi potomstvo. U trećoj kući, vladar druge kuće će uništiti neprijatelje, i tako dalje.

Položaj arude druge kuće (A2), u odnosu na lagnu i aruda lagnu, treba detaljno ispitati za porodično božanstvo. Ako je aruda druge kuće u dustanu od aruda lagne, osoba neće imati povoljan odnos sa porodicom, a ako je u kendri/trigonu, biće prijateljstva među članovima porodice. Ako je *dhana pada* (A2) u jedanaestoj kući, osoba će ima dobrobiti od porodice, a ako je u trećoj od aruda lagne, porodica ima dobrobiti od osobe.

Slično tome, treba analizirati i poziciju dhana pade u odnosu na lagnu, kako bi se utvrdilo bogatstvo čarta.

Bogatstvo može doći od onih aktivnosti čije su aruda pade smeštene u drugoj kući. Prema tome, upapada u drugoj kući može doneti bogatstvo od bračnog partnera i brak će biti u bogatoj porodici.

Položaj druge kuće od varnada lagne može potpuno promeniti tumačenje čarta. Varnada lagna u drugoj kući je veoma povoljna za bogatstvo i status, dok u dvanaestoj kući pokazuje zadovoljavanje loših poriva i antisocijalne aktivnosti.

Slično tome, arta saham, hora lagna, navamša (D-9) i hora (D-2) čart bi trebalo proučiti zajedno sa adekvatnim dašama, kao što su sudaša, vimšotari daša ili narajana daša. Pozicija vladara druge kuće u nakšatrama vladara treće, pete i sedme vimšotari daše, ne predskazuje dobro za finansije. Dodatno bi trebalo proučiti lagnu i njene trigone, jer je to trojstvo na osnovu kog funkcioniše čitav čart. Rezultate vladara različitih kuća postavljenih u drugoj kući, kao i vladara druge kuće u različitim kućama, treba proučiti iz standardnih tekstova.

Generalno bi trebalo imati na umu da slabost planeta ili njihova papa argala na lagnu uzrokuje gubitke, dok snaga planeta, kao i šuba argale na lagnu, daju profit. Tako vladar druge kuće u osmoj može doneti veliki miraz ili gubitak kroz alimentaciju, u zavisnosti od njegove snage.

Izvori Bogatstva

1. kuća: samostalni napori, lična profesija ili biznis;

2. kuća: finansijske institucije, nasleđe, pokretna imovina, pevanje, restorani i hrana;

3. kuća: braća i sestre, hrabrost, industrija, putovanja i tranziti, komunikacija, autorstvo, novine, itd.;

4. kuća: majka, zemlja i nekretnine, poljoprivreda, vozila, rudnici, roditeljsko/familijarno nasleđe, blago itd.;

5. kuća: deca, inteligencija, govor, kockanje i spekulacija, savetodavstvo, moć i autoritet, mantre i molitve, sveštenički poziv, politika itd.;

6. kuća: rođaci, služenje, služba, policija ili vojne snage, zajam neprijateljima, prevare i banditstvo, hirurgija i medicina, ljubimci, sport, sudstvo itd.;

7. kuća: preko partnera, biznis i industrija, ugovori i kompromisi, javno poslovanje, međunarodna pitanja, spoljna trgovina, trgovina mesom itd.;

8. kuća: nasleđe, osiguranje, miraz, štedni fondovi, meditacija, lutrija i igre na sreću, čuda, okultizam, aktivnosti vezane za preminule i smrt ili mesarski poziv;

9. kuća: imovina, otac, učitelj, više studije, božanski blagoslov, nastavnički ili sveštenički poziv ili aktivnosti vezane za crkvu, dugi putevi i putovanja, turizam, pravosuđe, inostrana pitanja, služba u vladi itd.;

10. kuća: samozapošljavanje, vladina služba, politika, nadređeni, nagrade itd.;

11. kuća: prijatelji, telekomunikacija, zabava, savetodavstvo, služba za socijalni rad, finansije, itd.;

12. kuća: potrošnja, rasprodaje, inostrana trgovina i izvoz, dobrotvorni poslovi u bolničkim i zatvorskim institucijama, tajni poslovi, gazdinstvo sa životinjama, kriminal, psihologija itd.

Različite aktivnosti, u skladu sa delovanjem znakova, mogu se naučiti iz standardnih tekstova i dostupne literature.

Primeri

1. Bogatstvo

A: Kraljevski Čartovi
Čart 20: Kraljica Viktorija

Rashi (D-1) General

SaMa AL Ra	Ve Me	Su As Mo	
	Čart 20. Queen Victoria Mon. 24/5/1819 4:15:00 51°30' 0"N 0°10' 0"W		
Jp			
		Ke	

Rashi (D-1) General

(Južnoindijski i severnoindijski dijagrami sa planetarnim pozicijama)

U horoskopu kraljice Viktorije (čart 20) lagna, hora lagna i gatika lagna su na lagni sa tri jogade: Suncem, Mesecom i Jupiterom. Jupiter dobija ničabangu, jer je Mesec egzaltiran na lagni.

Vladar druge kuće, Merkur, je u dvanaestoj kući. Ovo bi trebalo da bude *daridra joga* (siromaštvo), ali nije, iz dva razloga. Prvi je prisustvo varnada lagne u drugoj kući, koja značajno povećava status, i rezultat 'vladara druge kuće u dvanaestoj' se modifikuje dotle da vladar varnada lagne u jedanestoj kući rezultira dhan jogom (bogatstvom). Drugi faktor je konjukcija vladara lagne, Venere, sa vladarom druge kuće, ojačavajući ga pritom, a pored toga, njihov dispozitor, Mars, postaje atmakaraka (Bog) i smešten je u jedanaestu kuću od lagne. Tako su gubici modifikovani u dobitke kroz slične izvore. Znak Ovna će pokazati dobitke kroz vatru, fabrike, metale, armiju, policiju, itd. a dvanaesta kuća pokazuje dobitke od inostranih izvora, troškova (ili taksi od drugih ljudi/građana), bolnica, zatvora (novčanih kazni/članarina), tajnih društava, itd. Takse, putarine, novčane kazne, članarine, itd. skupljane su od strane Vlade Engleske u Njeno ime (konjukcija vladara lagne). Mnogo novca je sručeno u britanske torbe iz inostranih kolonija. Istini za volju, priroda Marsovog Ovna je dala značajan imetak od osvajanja, rata i ekspanzije.

I aruda lagna i atmakaraka su u Ribama. Druga kuća je u vatrenom Ovnu sa Merkurom i Venerom u njoj i ne aspektuju je malefici. Parašara kaže da Merkur, tako smešten, može da napravi osobu bogatom poput samog kralja. Tokom Merkurove daše sreća engleske kreće uzlaznom putanjom. Darapada (A7) je u trigonima od aruda lagne a njihovi vladari, Mesec i Jupiter, aspektuju jedanaestu kuću od aruda lagne i nalaze se u međusobim trigonima, što čini savršenu *Šrimantu*.

Hora lagna u Biku je u konjukciji sa kraljevskim planetama Suncem i egzaltiranim Mesecom i aspektuje je debilitirani Jupiter, pokazujući da će veliki imetak engleske monarhije pripasti njoj putem nasleđa (Jupiter je vladar osme kuće). Egzaltirane i debilitirane planete daju mnogo novca (Đaimini Sutre).

Čart 21: Krišnarađa Vadijar IV

Šri *Krišnarađa Vadijar IV* (čart 21) je bio kralj nekadašnje Misore, i verovatno idealan lider svoga vremena, što se može videti po prisustvu moćnih benefika, Jupitera i Venere, u plodonosnom benefičnom ascendentu Raka,

Druga Kuća

koji formiraju najpovoljniju *hamsa mahapuruša jogu*. Lagna, hora lagna i gatika lagna su u konjukciji ili aspektovane Suncem, Saturnom i Merkurom (3 rađa joge). Mesec kao vladar Lagne u konjukciji je sa hora lagnom (bogatstvo) i aspektuje gatika lagnu (moć, rađa joga). Venera je vladar hora lagne u konjukciji sa lagnom i aspektuje gatika lagnu (rađa joga).

Vladar lagne, Mesec, i vladar pete kuće, Mars, uzajamno se aspektuju raši drištijem u četvrtoj i drugoj kući, stvarajući moćnu rađa jogu koja će delovati u ranim godinama života, zbog umešanosti druge i četvrte kuće. Suprotno tome, ako je rađa joga u prvoj i sedmoj kući, ona će funkcionisati kasnije u životu. Kralj je izgubio oca kad mu je bilo samo jedanaest godina, a krunisan je u svojoj devetnaestoj godini, što dokazuje tačnost Đaiminijevih Sutri. *Dakle joge, dobre ili loše, u drugoj kući funkcionišu u ranim godinama života.*

Ke		**Ma**			**Ke**		**Me**
					12		10 AL
As		**SaVe**		1	**As**	9	
	Navamša D-9	**Su**			11		
	Krishnaraja Wadiyar IV			2	8		
Me	Wed. 4/6/1884 10:18:00			**Ma**	5		
	12° 0' 0"N 76°38' 0"E						**Mo**
AL		**Mo**		3	4	7	
		Jp	**Ra**	**SaSuVe**		6	**Jp**
						Ra	

Navamša ima Vodolija lagnu, a aspektuju je Venera i Mesec (raši drišti) stvarajući moćnu dhana jogu (videti čartove Indire Gandi i Đ. R. D. Tata iz ovog ugla). Jupiter, vladar druge kuće, je u osmoj kući, i pokazuje bogatstvo kroz nasleđe. Jupiter je u konjukciji sa Rahuom i Saturnom ili ga oni aspektuju, a oni su ujedno i suvladari Vodolija lagne. Joga za nasleđe takođe pokazuje gubitak roditelja ili rođaka. Tokom Rahu – Saturn – Jupiter daše (antar daša i pratiantar daša), krajem 1894. otac je preminuo., popločavši tako put za nasleđe trona. Postoje drugi načini da se potvrdi ovaj događaj, ali oni nemaju direktnu vezu sa drugom kućom. Čak su i u raši čartu vladari druge i osme kuće, Sunce i Saturn, u konjukciji u jedanaestoj kući.

Narajana daša Blizanaca trajala je od desete do dvadesete godine života (1893 - 1904). Otac je preminuo u Blizanci – Ovan daši (daša – antar daša), ali se krunisanje nije desilo odmah. Gatika lagna je u Biku i aspektovana je Jarcem, Vagom i Rakom. Antardaša Bika je prethodila očevoj smrti. Od tri znaka koji aspektuju gatika lagnu, Rak nosi najviše potencijala da formira rađa jogu, okupljajući snažne benefike. Krunisanje se desilo 8. avgusta 1902.

godine u Blizancima – Raku (daša – antar ili od 4. avgusta 1902. do 4. jula 1903. godine). Pratiantar daša je bila u Vagi, koja povezuje lagneša, Mesec, aruda lagnu i hora lagnu, i aspektuje gatika lagnu (4. avgust 1903. – 1. septembar 1903. godine). Krunisanje se može očekivati u vreme kada Mesec tranzitira povoljan znak i vladar nakšatre treba da pokaže dašu Blizanaca i antardašu Raka, pokazujući pritom da sam Mesec donosi rađa jogu. Tokom perioda od 4. avgusta 1902. godine do 1. septembra 1902. godine, Mesec je tranzitirao hastu, šravanu i rohini; osmog, osamnaestog i dvadeset sedmog u mesecu. Rohini je isključena, jer tada Bik postaje ćandraštama od đanma rašija (natalnog Meseca), kao i od aruda lagne. Devica je povoljnija u odnosu na Jarca, jer su u čartu tranzita, čart 22, četiri malefika u kendri u odnosu na Jarca, i Venera je u šestoj kući odatle (loše postavljena). Krunisanje se održalo 8. avgusta 1902. godine, u hasta nakšatri, dok je Devica bila u sedmoj kući (kendra od mantra arude, A5, je u znaku Ribe), a Jarac u jedanaestoj odatle.

Čart 22: Tranziti za 8. avgust 1902. godine

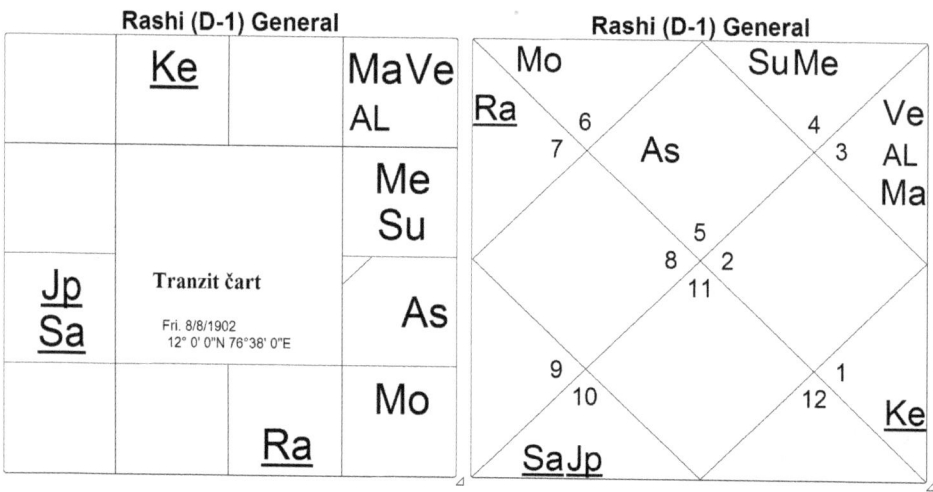

Dhana/rađa jogu treba očekivati kada uzdižući čvor Meseca (tj. Rahu, koji predstavlja glavu ili krunu) tranzitira aruda lagnu ili njene trigone. Ovde Rahu tranzitira preko aruda lagne u Vagi. Slično tome, rađa banga joga funkcioniše kada Ketu (koji predstavlja bezglavost/gubitak krune) tranzitira aruda lagnu ili njene trigone. Rahu predstavlja boga margu (materijalizam), dok Ketu predstavlja mokša margu (duhovnost). Mesec predstavlja svesnost uma koji žudi za materijalnim uživanjima, i uzrokuje šakti jogu kada je zajedno sa Rahuom u trigonima od lagne (Đaimini Sutre). Ova joga može biti veoma destruktivna, jer za ličnu slavu i ekspanziju osoba neće oklevati da napravi bilo kakvu žrtvu. Slično tome, Sunce predstavlja dušu koja žudi za oslobođenjem i sa Ketuom u trigonima od lagne, može doneti Šiva jogu i spiritualnost vrlo visokog ranga. Ovi ljudi neće oklevati da se

Druga Kuća

žrtvuju zarad dobrobiti drugih. U čartovima svetaca, ovaj tranzit Ketua u trigonima od lagne, aruda lagne ili paka lagne pomaže da se odredi period aktivacije pravradja joge (asketizam – ovaj koncept Šive i Šakti je koren Vedske astrologije).

U prediktivne svrhe standardni tekstovi predlažu crtanje čarta za sam početak nove daše. Dok je u vimšotari daši teško odrediti tačan momenat u kome daše počinju, narajana daša je veoma pogodna jer treba odrediti varša praveš čart (čart solarnog ulaska) za datum početka daše.

Čart 23: Solarni ulazak za Blizanac dašu

Rashi (D-1) General			
Ra Jp	Me Su	Ve Ma	
AL Mo	Čart 23. Sun. 4/6/1893 13:45:00 12° 0' 0"N 76°38' 0"E		
		Ke Sa	As

Rashi (D-1) General

(Ke; As Sa; Ma; Ve; Su Me; Ra Jp; Mo AL)

Čart 23. je *daša praveš* čart za početak značajne daše Blizanaca (1893 – 1904. godine) Šri Krišnaradja Vadijara (čart 21). Uzdiže se Devica, treća kuća od natalnog ascendenta, sa vladarom devete kuće, Venerom, u konjukciji sa vladarom osme kuće, Marsom, u desetoj kući, pokazujući opasnost po očev život. Prisustvo Jupitera i Rahua u osmoj kući od lagne je identično onom u natalnom navamša čartu, potvrdjujući tako opasnost. Ovo je takodje podržano prisustvom vladara lagne, Merkura, u devetoj kući, što nije povoljno za očevu dugovečnost. Konjukcija sa Suncem pokazuje radja jogu za samu osobu. Slično tome, Mesec u petoj kući takodje pokazuje moć i autoritet. Pošto je kombinacija koja pokazuje zdravlje oca vezana za drugu i četvrtu kuću, ona će funkcionisati već na početku daše i otac umire 1894. godine, dok su Sunce i Mesec, koji pokazuju radja jogu, u trigonima od lagne i pokazuju realizaciju na kraju daše. On je krunisan 1902. godine. Ako uporedimo čart 22. i 23. vidimo da su gotovo identični. Mars i Venera su u istom znaku, dok su Sunce i Merkur iz čarta 23. prešli od jedanaeste kuće do Device u čartu 22. a to je lagna u čartu 23. U daša praveš čartu, Mesec je u kendri od natalnog ascendenta. Čitaoci će primetiti da su različite metode Vedske astrologije medjusobno savršeno sinhrone, i da je do astrologa da na

B: KRALJEVI ČELIKA
Čart 24: Đ. R. D. Tata

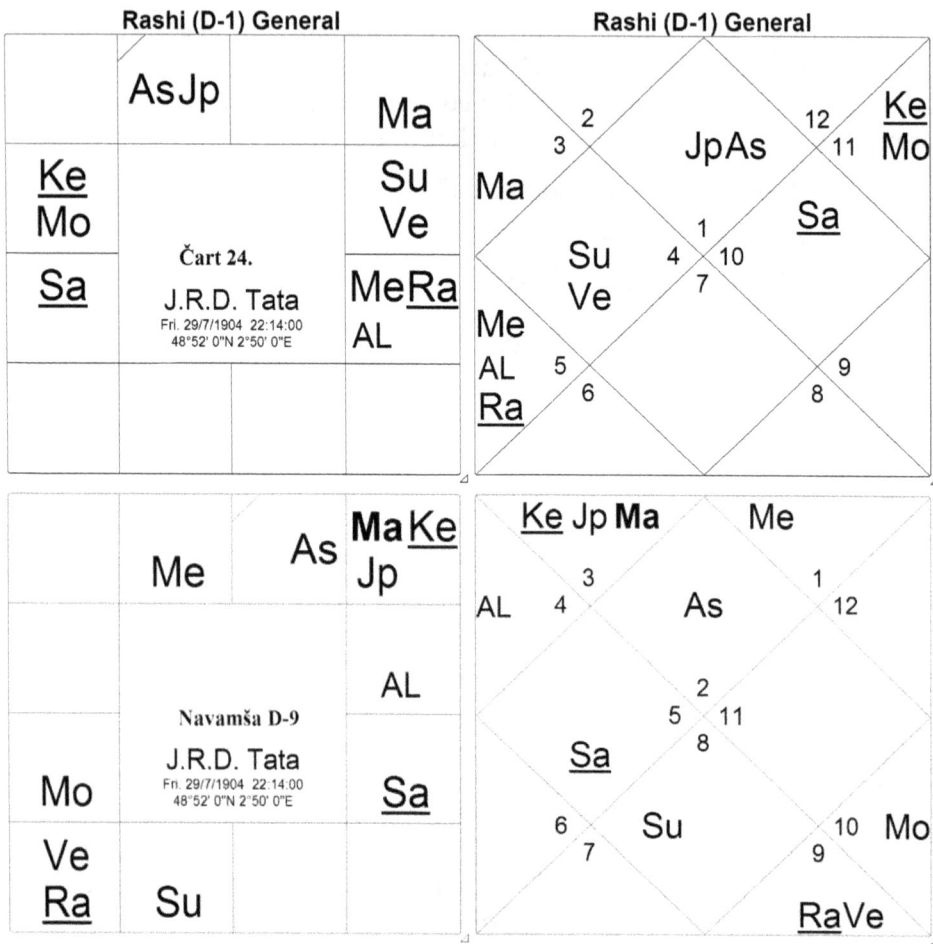

Finansijske implikacije argale na Jupitera prethodno su objašnjene u poglavlju II.

Druga kuća je Bik, a njen vladar, Venera, smešten je u trećoj kući odatle (upačaja), i rezultira porastom bogatstva. Druga kuća ima papa argalu Marsa, koja je poništena dejstvom Jupitera iz dvanaeste kuće. Slično tome, Mesec i Ketu ometaju argalu Merkura i Rahua u četvrtoj odatle, pokazujući teške borbe u poslovnim poduhvatima, jer je Merkur ujedno i vladar šeste kuće. Drugu kuću aspektuju Saturn, Sunce i vladar druge kuće, Venera (raši drišti). Saturn formira sasa mahapuruša jogu i ujedno je i *šubapati* (dispozitor Meseca) i daje mu TISKO (Tata gvožđe i čelik kompaniju) u nasleđe (aspekt osme kuće) od oca (Sunce). Pravo bogatstvo kontroliše Venera u četvrtoj

Druga Kuća

kući (porodica), a zajedno je sa Suncem (Institucija/kompanija Tata i Sinovi Ltd. Holding Kompanija). Prema tome, Saturn (čelik—TISKO) je formirao kičmu oko koje je cela Tata imperija izgrađena.

Vladar druge u četvrtoj kući sa Venerom sigurno će dati bogatstvo kroz vozila, objašnjavajući sledećeg giganta, TELKO, koji se preorjentisao od kamiona velike kubikaže na velike automobile. Snažna pozicija vladara druge kuće u upačaji je rezultirala raznovrsnošću delatnosti, koja je omogućila da ova kuća postane vodeća industrijska kompanija u Indiji. Ona uključuje i Tata čajeve (Merkurova argala na drugu kuću i vladar Venera); sapune i deterdžente (aspekt Meseca i Venere u Raku); civilnu avijaciju (Ketu ima argalu na Jupitera i aspektuje vladara druge kuće Veneru), itd. Međutim, treba napomenuti da su Mesec i Ketu u badak kući od lagne i u osmoj kući od vladara druge kuće - Venere, pokazujući mnoštvo poteškoća poput intenzivnih nadmetanja sa «Nirmu», dok je civilnu avio-kompaniju preuzela vlada kako bi kasnije stvorila Er Indiju.

Aruda lagna je u Lavu i druga kuća je Devica, što pokazuje prihode od cveća (Tata čaj), intelektualnih istraživanja (Tata institut fundamentalnih istraživanja, Merkur juti Rahu), savetodavstva (Tata konsultantska služba), itd. Vladar druge kuće, Merkur, je zajedno sa Rahuom i pokazuje prihode od kompjutera itd. Lista je beskonačna i pokazuje da sa pravom raspodelom planeta, nema kraja rastu.

Čart 25: Endru Karnegiv

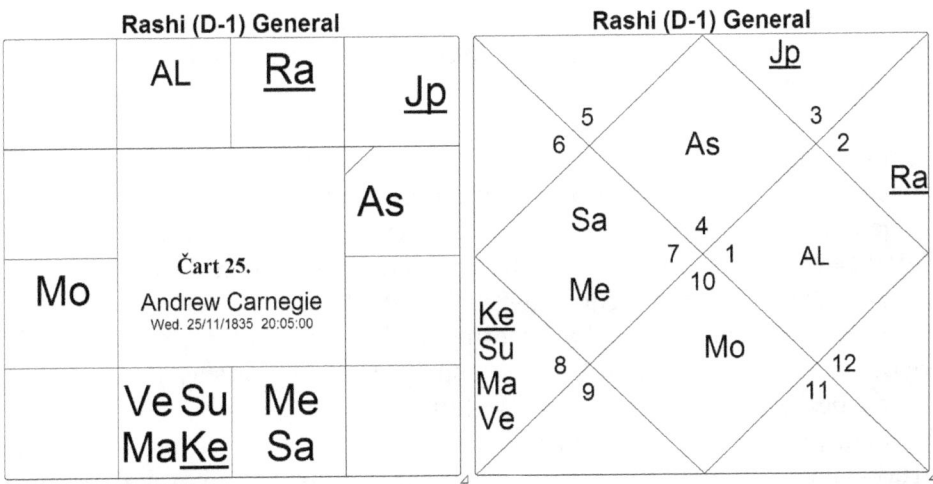

U čartu 25. vladar ascendenta je Mesec u sedmoj kući, i pokazuje lutalicu ako je u pitanju slab vladar lagne; ili veoma bogatu osobu, ukoliko je jak. Vladar devete kuće je u dvanaestoj i pokazuje siromašnog oca (tkač lana). Oba dispozitora, dispozitor nakšatre, Mars, i znaka u kom se Mesec nalazi, Saturn, su veoma snažni i postavljeni u svom znaku i u egzaltaciji. Međutim, pošto je vladar sreće i karaka za bogatstvo Jupiter u dvanaestoj kući, osoba će morati da plovi u daleke zemlje za svojom srećom. Saturn (čelik) je egzaltiran u četvrtoj kući od Lagne, formirajući sasa mahapuruša jogu, a ujedno je i šubapati (dispozitor Meseca). Pošto je egzaltiran u sedmoj kući od aruda lagne (Ovan), to ne uzrokuje samo rađa jogu, već takođe nosi digbal (direktivnu snagu). Saturn vlada zapadnim pravcem i porodica je otplovila na Divlji Zapad (SAD) 19. maja 1848. godine u Rahu—Saturn—Venera daši (daša – antar – pratjantar).

Ra	Me	Jp	
			AL
Ve	\multicolumn{2}{c}{Navamša D-9 Andrew Carnegie Wed. 25/11/1835 20:05:00}	Mo
Sa	As	Su	Ke
Ma			

		Ke	
Ma 9 8	AsSu	6	5 Mo
Sa		7	
	10 4 1		
Ve			AL
11 12	Me	2 3	
Ra		Jp	

Vladar druge kuće od lagne, Sunce, je na hora lagni u petoj kući zajedno sa Marsom, Venerom i Ketuom. Ovo pokazuje veliko bogatstvo od špekulacija itd., a Škorpija pokazuje početne investicije u naftnoj industriji. Druga kuća od aruda lagne ima Rahua, i pokazuje veliku finansijsku snagu u toku Rahu daše. Na sreću, drugu kuća aspektuju Saturn i Merkur (graha drišti) i četiri planete iz osme kuće, uključujući vladara druge od lagne i aruda lagne, Veneru i Sunce. Sa dolaskom Jupiterove daše sreća se osmehnula i njegov uspon je počeo od 1865. godine u Jupiter – Merkur periodu. 1872. godine u Jupiter – Mesec periodu je predstavio Besemerov proces dobijanja čelika, što je bio osnov njegove dhana joge. Već 1888. godine je preuzeo Home – Stead Steel Vorks, u Saturn – Mars periodu. Mars je dispozitor vladara druge kuće od lagne i aruda lagne. Tokom Merkur - Venera perioda je učvrstio svoje posede (1898. godine) u Karnegi Čelik Kompaniju. Sa vladarom druge od aruda lagne u osmoj kući, njegov stav je da drži taj novac bezbedno i konačno, u Merkur – Sunce periodu, 1901. godine, Karnegi prodaje svoje akcije i penzioniše se. Dok Sunce u osmoj kući od aruda lagne daje penzionisanje, kao vladar druge kuće u petoj, Karnegi se radije konsolidovao nego kockao. Čitaoci mogu primetiti retku *dhana* jogu u oba horoskopa Đ. R. D. (čart 24) i Karnegi (čart 25), gde Venera i Mesec aspektuju navamša lagnu.

Šri Lagna:

Luk koji je Mesec prešao u daništi = 25°14′ − 23°20′ = 1.9

Dodatak = (Luk/ 13°20′) * 360° = 51°18′

Šri Lagna = Lagna + dodatak   = 3 znaka 11°48′ + 1 znak 21° 18′

   = 5 znakova 2°6′ (Devica)

Maksimalni daša period Device je 11 godina (Merkur je u Vagi)

Prema tome, balans daše Device na rođenju

   = (300 − 2°6′) / 30° * 11 godina

   = 10 godina 2 meseca 23 dana

Tabela 5-1: pokazuje Sudaše Karnegia

Daša	Period	
Devica	10-2-23	25.11.1835 - 18.2.1846.
Blizanci	4	feb. 1846 - feb. 1850.
Ribe	9	feb. 1850 - feb. 1859.
Strelac	6	feb. 1859 - feb. 1865.
Lav	9	feb. 1865 - feb. 1874.
Bik	6	feb. 1874 - feb. 1880.
Vodolija	5	feb. 1880 - feb. 1885.
Škorpija	12	feb. 1885 - feb. 1897.
Rak	6	feb. 1897 - feb. 1903.
Ovan	7	feb. 1903 -feb. 1910.
Jarac	4	feb. 1910 -feb. 1914.
Vaga	1	feb. 1914 -feb. 1913.
Devica*	1-9-7	feb. 1915 - 25.11.1916.
Blizanci*	8	nov. 1916 –nov. 1924.
*Za drugi krug daša, period prvog kruga se oduzima od maksimalnih 12 godina, prema tome, drugi krug Blizanaca je 12 − 4 = 8 godina		

Finansijske promene je daleko lakše protumačiti sa sudašom (Đaimini Sutre). Prvu dašu, dašu Device, aspektuje samo Jupiter, dok je njen vladar u konjukciji sa Saturnom pokazujući tako dovoljno novca tek za preživljavanje. Tokom sledeće daše, daše Blizanaca (dvanaesta kuća), u kojoj se nalazi vladar devete kuće, Jupiter, porodica se preselila u SAD u potrazi za srećom. Daša Riba i Strelca, do februara 1865. godine, dala je postepeni rast kroz aspekt Jupitera. Kao takve, *daše apoklima* kuća neće biti od velike koristi, osim ako su u konjunkciji sa Jupiterom ili ih on aspektuje, a nijedna druga planeta nije prisutna. Vladari druge kuće od lagne i aruda lagne su u *panapari*, kao uostalom i hora lagna, Škorpija, i varnada lagna (Vodolija). Godina 1865. je prekretnica u njegovom životu, jer se sa dolaskom daše Lava snažan blagoslov jake druge kuće sručio na njega. Daša Škorpije sa hora lagnom, Venerom, Suncem, Marsom i Ketuom ga je pretvorila u giganta čelika SAD-a. Konjunkcija druge kuće od aruda lagne i vladara hora lagne su ga pretvorili u jednog od najbogatijih ljudi na svetu.

Sa dolaskom Rak daše, konsolidovao je svu imovinu u Karnegi Čelik Kompaniju, prodao je i penzionisao se sa oko milijardu dolara 1901. godine.

C: PROMENLJIVA SREĆA
Čart 26: N. T. Ramarao

Šri Lagna:

Luk koji je Mesec prešao = $18°52' - 6°40' = 12°12'$

Dodatak = $(Luk/ 13°20') * 360° = 29°04'$

Šri Lagna = Lagna + dodatak = 6 znaka $19°13'$ + 10 znak $29°4'$

= 5 znakova $18°17'$ (Devica)

Maksimalni daša period Device je 4 godine.

Balans daše Device na rođenju = 1 godina 6 meseci 22 dana

Druga Kuća

Tabela 5-2: Sudaša: N. T. Ramarao

Daša		Period
Devica	1-6-22	28.05.1923-20.12.1924
Blizanci	11	dec. 1924-dec. 1935.
Ribe	5	dec. 1935-dec. 1940.
Strelac	10	dec. 1940-dec. 1950.
Lav	3	dec. 1950-dec. 1953.
Bik	11	dec. 1953-dec. 1964.
Vodolija	6	dec. 1964-dec. 1970.
Škorpija	3	dec, 1970-dec. 1973.
Rak	9	dec. 1973-dec. 1982.
Ovan	2	dec. 1982-dec. 1984.
Jarac	4	dec. 1984-dec. 1988.
Vaga	6	dec. 1988-dec. 1994.
Devica	2-5-8	dec. 1994-28.5.1997.

Sudaše koje počinju od *apoklima kuća* pokazuju skroman početak. Ove dvojne rašije takođe aspektuju Saturn i Mars. N. T. R. je rođen u skromnoj porodici, i uspeo je da dobije pristojno obrazovanje uprkos svim problemima.

Druga kuća je fiksni raši Škorpije u kojem se nalazi varnada lagna, koja pokazuje uspeh u javnom životu. Vladar druge kuće, Mars, je u Merkurovom rašiju, u Blizancima, koji vladaju umetnošću, pisanjem itd. Aruda lagna je u desetoj kući i obećava slavu ukoliko je vladar ascendenta snažan. Postoje tri jogade: Jupiter, Merkur i Mars, jer oni ili vladaju ili aspektuju lagnu, HL i GL ili sedmu od njih.

Druga kuća od aruda lagne je Lav sa Rahuom, dok je vladar, Sunce, smešten u jedanaestoj kući od aruda lagne, i indikuje njegov inicijalni rad u Vladinoj službi. Vladar aruda lagne se nalazi zajedno sa Jupiterom na lagni, formirajući gađakešari jogu koja mu je dala večnu slavu. Ova kombinacija takođe aspektuje Bika sa Suncem i Merkurom, što pokazuje uspeh na filmu. Pošto Gađakešari joga aspektuje drugu od aruda lagne (Lav) i njenog vladara, ona je donela veliko bogatstvo. Ovo se uglavnom dešavalo tokom daša fiksnih rašija, kao i tokom Rak sudaše. Sa početkom Ovan sudaše (1882 – 1884.) gde se nalazi i Venera, kao vladar lagne i hora lagne, N. T. R. je pokrenuo svoju novu partiju (Telugu Dešam), i za manje od godinu dana bučno ušao u glavno ministarstvo Andhra Pradeš države. Malefici Mars i Saturn u trećoj i šestoj kući su mu doneli pobedu potpomognuti gađakešari jogom u sedmoj kući, i Venerom u prvoj kući od Ovna. Sunce i Merkur u drugoj kući od daša znaka takođe daju rađa jogu. Prema tome, videće se da je sudaša neprocenjiv metod za određivanje vremena uspeha/poraza u politici. Slično tome, pad se može videti tokom daše Vage sa maleficima Marsom i Saturnom u devetoj i dvanaestoj kući od daša znaka. Drugi krug Device je samo zabio eksere u već gotov sanduk.

D: Božiji čovek
Čart 27: Nemčand Đain alias Ćandrasvami

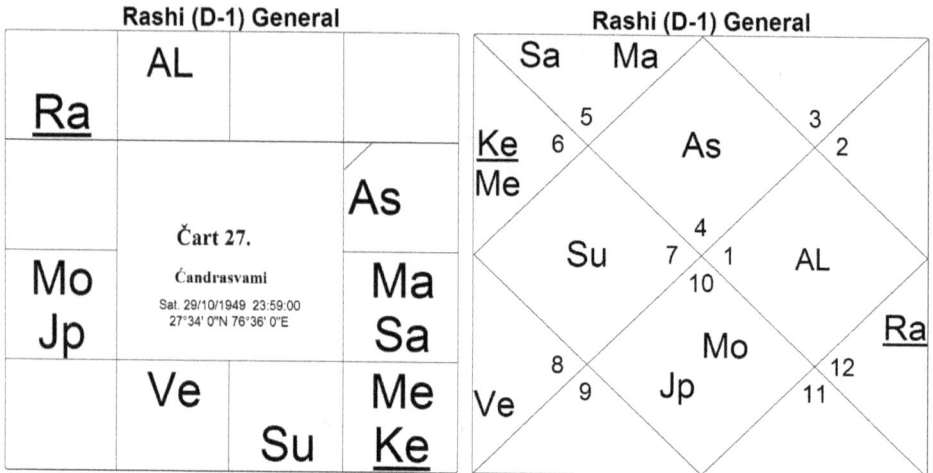

Druga bhava u čartu 27. je Lav, zajedno sa Saturnom i Marsom. Budući da je vladar sedme kuće u drugoj, to ukazuje na bogatstvo iz inostranstva, dok, kao vladar osme kuće, Saturn pokazuje nasleđe/okultizam. Ćandrasvami je bio tantrik koji je primao donacije za svoju okultnu praksu. Mars kao vladar pete kuće u drugoj, pokazuje bogatstvo od učenika i sledbenika i, pošto je ujedno vladar desete u drugoj, ovo govori o vlastitim naporima. Hora lagna je u Ribama, vodenom znaku u devetoj kući sa Rahuom, i pokazuje bogatstvo iz prekookeanskih zemalja i od stranaca. Vladar Jupiter je u sedmoj kući, u debilitaciji, sa lagnešom Mesecom (gađkešari) i aspektuje drugu kuću (raši drišti), pokazujući da će Ćandrasvami imati internacionalnu slavu te da će njegovi inostrani saradnici biti odgovorni za njegov uspon (gajakešari joga), ili pad (Rahu). Aspekt ove gađakešari joge na Marsa pokazuje njegovu blisku saradnju sa gospodinom Adnanom Kašogi, internacionalnim dilerom oružja.

U odnosu na lagnu, u petoj i devetoj kući se nalazi jednak broj planeta, pokazujući bandan jogu (zatvor/ropstvo). Pošto su u to uključeni vladar badaka, Venera, i vladar osme, Rahu, ne samo da će biti zarobljen, već će mu se bitno pogoršati zdravlje tokom zatočeništva. Optužbe protiv njega se mogu videti od Rahua u devetoj kući, a pošto se nalazi na hora lagni (bogatstvo), one su povezane sa mitom i prevarom, varanjem, uzurpacijom novca za mito. Osoba koja je podigla optužbu se vidi od Venere, u pitanju je bramin - Lakubai Patak. Od paka lagne (Jarac), Rahu i Venera su u trećoj/jedanaestoj bhavi, formirajući bandan jogu. Jednak broj planeta stvara argalu i viroda argalu, i daje *bandana jogu*.

Narajana daša počinje od Jarca (sedma kuća) i rezultati se mogu videti iz sedme kuće od daša znaka. Daša Bika traje od 1996 – 2002. godine i Venera se nalazi u sedmoj odatle. Ćandrasvami je u pritvoru od tada.

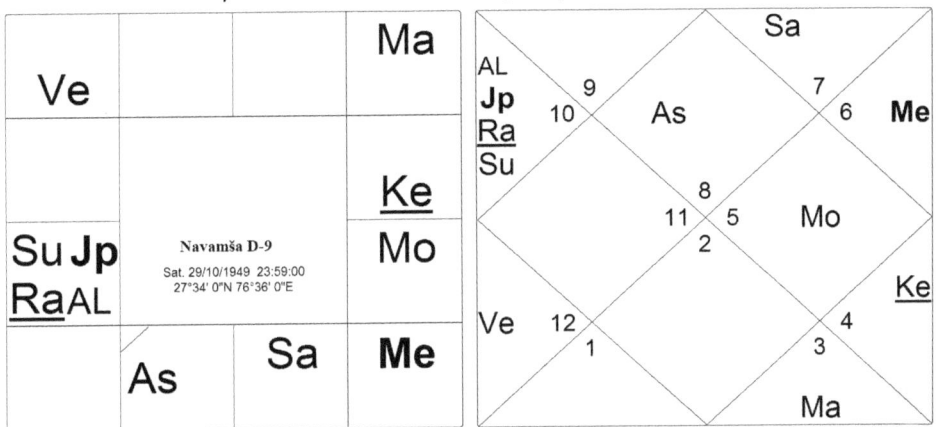

Tantricizam: Navamša ima mističnu Škorpija lagnu sa Ketuom i Venerom u trigonu, što pokazuje snagu tapasa kroz mantru (peta kuća) i učitelje (deveta kuća). Saturn, Venera i Ketu, kad utiču na navamša lagnu, daju tapasja jogu. Atmakaraka Merkur je egzaltiran u Devici, i ima dva malefika, Sunce i Rahua, u petoj kući. Rahu pod aspektom Meseca daje šakti jogu (destruktivne moći), dok umešanost tri malefika pokazuje nivo (75% od maksimuma), a znak Jarca daje najšire polje delovanja koje uključuje duhove, aveti i sl. Prisustvo benefika umanjuje zloupotrebu ovih moći. Ipak, iako je Lakubai Patak napustio svet od tada (Venera je van scene), Rahu (optužbe, suđenja – aspekt Merkura) je teško ukloniti bez Jupiterovog uticaja

E: Teško siromaštvo
Čart 28: Osoba ženskog pola, 15/16. decembra 1995. godine

Čart 28. ima znak Device u drugoj kući, zajedno sa Rahuom i Mesecom. Za Mesec je bitno naglasiti da je čart došao pod *kalasarpa jogu* (KSJ), i da Mesec ima kapacitet da spreči KSJ (do 45. godine života) i stvori *mahasanka jogu*. Pošto se KSJ, i prekid njenog delovanja, dešava na osi druga – osma kuća, daje teško siromaštvo i zategnute bračne odnose. Mesec razbija KSJ (koja bi inače funkcionisala do 45. godine života) i pokazuje vrednu majku. Njena majka radi kao domaćica u tri kuće, zarađujući pritom oko 1000 Rupija. Otac, i svi ostali pokazani planetama, su bespomoćni unutar KSJ. Čart pokazuje oca kao osobu bez posla, okupiranu domaćinskim poslovima.

Sunce je u četvrtoj kući i pod ovim okolnostima daje skrpljenu kolibu za život u najsiromašnijem delu grada.

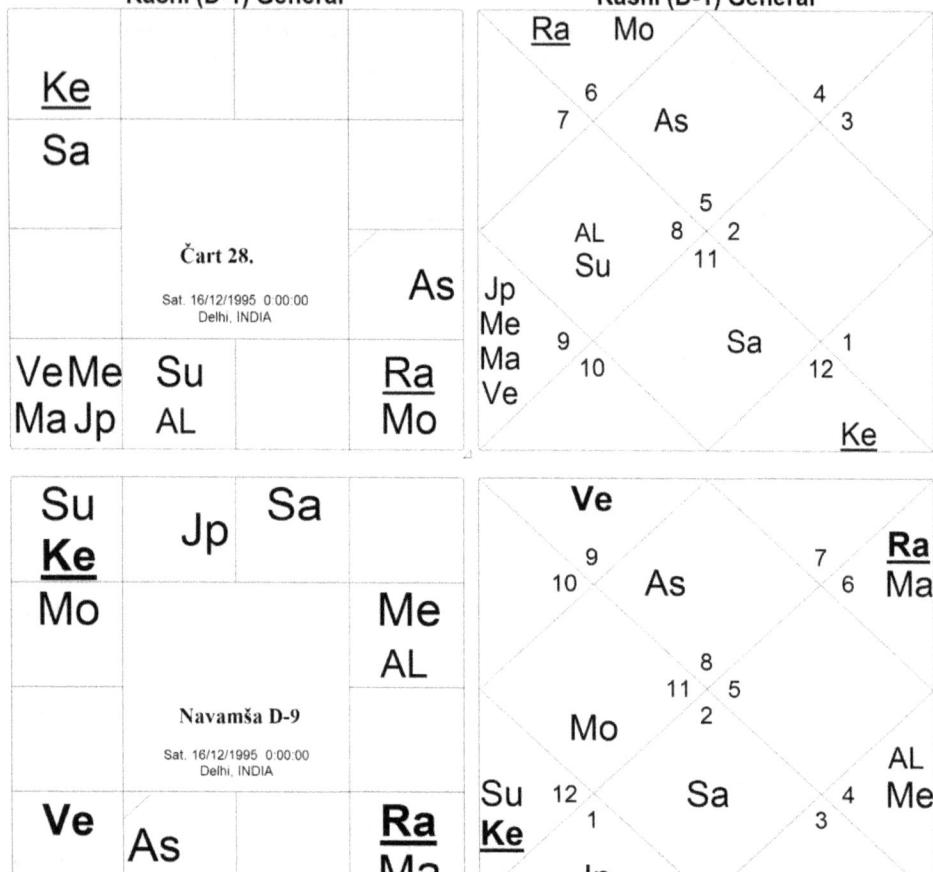

Aruda lagna i darapada su zajedno (šrimanta joga), hora lagna je u devetoj kući, sasa mahapuruša i razne druge snažne karakteristike postaju nefunkcionalne usled delovanju KSJ. Druga od aruda lagne ima Jupitera povoljno smeštenog u Strelcu (hram/crkva). Vladar devete kuće i vladar aruda lagne, Mars, je zajedno sa Jupiterom, vladarom druge kuće, Merkurom i Venerom, i nekoliko meseci posle njenog rođenja otac je uspeo da ugovori posao čuvara u hramu. Ovo je bilo moguće samo zahvaljujući tome što planete u Strelcu aspektuju Devicu raši drištijem. Vargotama pozicije Rahua i Ketua su samo pogoršale situaciju. Između lagne i sedme kuće, sedma je jača. Od Vodolije, Mesec je u osmoj kući (teško siromaštvo) i Saturn je u prvoj kući, Ketu je u drugoj i Rahu u osmoj, formirajući tako kemadruma jogu (Đaimini Sutre). Pošto je ova joga oformljena od lagne i od sedme kuće, siromaštvo je stalni saputnik čarta.

Samo prisustvo Rahua u drugoj kući ne uzrokuje formiranje *daridra joge*. Ipak, ako je Jupiter u drugoj, petoj, devetoj ili dvanaestoj kući od Rahua, ova joga je oformljena. Nasuprot tome, ako je Jupiter u drugoj kući formira se snažna dhana joga. Ipak, Rahu u drugoj, petoj, devetoj i dvanaestoj kući od tako postavljenog Jupitera ga ometa i formira daridra jogu. Na ovaj način treba proučiti čart pre saopštenja rezultata.

Druga kuća se bavi različitim drugim aspektima, kao što su hrana, govor, drugi brak, vanbračne veze, itd.

2. Defekti u Govoru

A: Kasno progovorili

Čart 29: Muška osoba, rođena 11. novembra 1962. godine

Druga kuća u čartu 29. je Rak u kome su dva snažna malefika, Rahu i debilitirani Mars, ali egzaltirani u navamši i pod aspektom Saturna i Ketua iz osme kuće. Ovo bi oformilo daridra jogu, ali pošto postoji *parivartana joga* između Meseca i Marsa koji povezuju drugu i jedanaestu kuću, oni zapravo daju snažnu *dhana jogu*. Ako je druga bhava u vodenom znaku sa maleficima, defekti u govoru će se sigurno manifestovati i osoba neće govoriti. U dečakovoj četvrtoj godini, pošto zvanična medicina nije pokazala rezultate, roditelji su dobili savet da se mole Gospodu Šivi ponedeljkom, nudeći mleko (druga kuća je u Karku). U petoj godini, pošto se narajana daša promenila iz Blizanaca u Vodoliju, dečak je počeo da govori. Iako pomalo muca, nastavio je sa molitvama i Gospod ga je blagoslovio govorom. Pošto je Vodolija sa Jupiterom, lek ili rešenje je očekivano. Molitva je takođe uništila sve negativno na osi druga – osma kuća, da bi dala snažnu dhana jogu, ali je tada već uspeh došao zbog pozicije Jupitera u trigonu.

Čart 30: Muškarac rođen 6. decembra 1967. godine

Rashi (D-1) General

Sa As	Ra		
AL MoMa	Čart 30. Wed. 6/12/1967 14:00:00 Delhi, INDIA		Jp
	Su Me	Ve Ke	

Rashi (D-1) General

(North Indian chart: Ra u kući 1; AsSa u kući 11 (sa 10 AL Ma); Mo u 10; Su u 8; Me u 7; KeVe u 5; Jp u 4)

U čartu 30. Saturn je na lagni, Rahu u drugoj i Ketu u osmoj kući, i zajedno formiraju *kemadruma jogu*. Ipak, mesto Venere u osmoj uništava kemadruma jogu. I ponovo, Rahu u drugoj ima Jupitera u petoj od sebe i može da stvori *dhana jogu*.

Bolest je vidljiva od vladara osme kuće, i baš kao i u čartu 29, vladar osme kuće je u osmoj i tako aspektuje drugu kuću i pokazuje defekte u govoru. Ovo ponovo podržava vladar druge kuće u jedanaestoj, u vlažnom znaku Jarca zajedno sa Mesecom. On je progovorio veoma kasno u svojoj šestoj godini. Lek je trebao prirodno da dođe u njegovoj osmoj godini, ali rani oporavak je došao Gajatri mantrom njegovog oca (Sunce i Merkur su u devetoj kući).

B. Mucanje
Čart 31: Muškarac rođen 16. februara 1965. godine

	Rashi (D-1) General		
	Jp	Ra	
Sa Su Me Ve			As
	Čart 31. Tue. 16/2/1965 17:05:00 Delhi, INDIA		Mo
	Ke	AL Ma	

Rashi (D-1) General — Mo / Ma 5,6 / As 3 / Ra 2 / AL / 4 / 7 1 10 / Jp / 8 9 / Me Ve 11 / 12 / Ke / SuSa

	Navamša D-9		
Ke			Mo Ve
Ma Sa As	Tue. 16/2/1965 17:05:00 Delhi, INDIA		Ra
	Jp Su	AL	Me

Navamša D-9 — Ke 11,12 / Sa As Ma 10 / Jp Su 9,8 / 1 7 / 4 / AL / 2,3 / Mo Ve 5 / Me 6 / Ra

U čartu 31. vladar druge kuće, Sunce, nalazi se u osmoj zajedno sa Saturnom, pokazujući osobu sklonu lažima, pa, shodno tome, uzrokuje i destrukciju bogatstva. Ipak, isto tako pokazuje i venčanje u bogatoj porodici i dragocenosti iz tog braka. To se dogodilo 1996. godine.

U navamši, lagna je Jarac sa Saturnom i Marsom, Ketu je u drugoj kući i Rahu u osmoj, i formiraju moćnu Kemadruma jogu. Pošto su Saturn i Mars na Lagni, njegov stariji brat će mu biti od velike pomoći kroz život. Njegov brak, posao itd. su bili realizovani uz bratovljevu pomoć.

Ketu u drugoj kući od navamša lagne pokazuje defekte u govoru, kao što je zamuckivanje, i kosu koja rano sedi. On je mucao u detinjstvu, a pravilno govori od svoje jedanaeste godine (prva narajana daša Jarca – 11. godina).

Nedugo potom, posle dvadesete godine, njegova kosa je počela da sedi.

Ostali aspekti druge kuće, kao što su vanbračne veze/drugi brak itd. biće obrađeni u narednim poglavljima.

ॐ तत् सत्

ॐ गुरवे नमः

POGLAVLJE VI

TREĆA KUĆA

Treća kuća se tiče braće i sestara, saradnika, hrabrosti i mentalne snage. Malefici u trećoj bhavi daju hrabrost, dok benefici čine osobu plašljivom. Pošto treća kuća vlada rukama, ona pokazuje i veštinu ili alat u rukama. Na primer, Venera u trećoj može da stvori veštog umetnika, dok Mars u trećoj daje nosioca koplja ili drugog oružja. Malefici u trećoj daju rađa jogu, osoba pokušava da se bori za moć i poziciju, dok benefici u trećoj daju miroljubivu prirodu (ili plašljivost) a osoba je sklona odbacivanju moći, i ulaže napore u pravcu miru.

Treća bhava se bavi onim delom inteligencije gde se razvijaju lične veštine, i zato se zove upačaja (kuća razvoja). Kao što je ranije napomenuto, Venera će dati veštinu za slikanje, Merkur za igranje i glumu, Jupiter za pisanje (tj. talente sa olovkom), Ketu za meditiranje, itd. Mars će dati veštinu u korišćenju koplja, Saturn veštinu u korišćenju batine ili koca, Rahu za korišćenje bombi i otrove, a Sunce mača ili vatrenog oružja. Prema tome, treća kuća je vitalna za rast i razvoj osobe. Pošto treća kuća takođe aspektuje devetu, koja vlada *darmom* (prirodnom duhovnošću/principima), prirodni malefici će oštetiti značenja devete kuće, dok će ih benefici unaprediti. Dakle, Mars će, na primer, iz treće kuće aspektovati devetu, i onaj koji nosi koplje će takođe pratiti darmu za korišćenje koplja, a to da li je za odbranu ili za napad, pitanje je od sekundarne važnosti. Ali, prirodni zakon pokušava da unapredi svetski mir, i onaj koji hoće da bude svetac, mora se odreći svih oblika nasilja i usvojiti *ahimsu* (nenasilje). Ovo je takođe potvrđeno i od aruda lagne. Idealna situacija bi bila ona u kojoj se vladar treće kuće nalazi zajedno sa prirodnim maleficima (prevashodno sa Suncem koje daje smelost), dok su samo benefici smešteni u trećoj kući. *Dhimanta joga* (težnja za znanjem/razvijanje veština) formirana je ako su lagna ili njen vladar povezani sa trećom, petom ili šestom kućom, ili sa njihovim vladarima.

Mlađa braća i sestre se mogu videti iz treće i jedanaeste kuće (stariji) od lagne i aruda lagne. Ove kuće od lagne određuju njihovo fizičko prisustvo (telo), dok se od aruda lagne može saznati njihov broj, vladajuće nakšatre, itd. Jaki malefici u trećoj kući od lagne uništavaju mlađu braću i sestre, dok im slabi malefici daju fizičku snagu. Na primer, Mars u trećoj kući generalno ne daje mlađu braću i sestre, ali ako je Mars u Raku, rodiće se veoma jak mlađi brat. Saturn je u trećoj/jedanestoj kući od aruda lagne štetan za mlađu i stariju braću i sestre, a u konjukciji sa Rahuom uzrokuje njihovu smrt. Venera vlada spermom koja je neophodna za rođenje, otud i ime "Šukra". Pošto za začeće različiti spermatozoidi, od kojih svaki nosi drugu dušu, započinju žestoko takmičenje da oplode jajnu ćeliju, spermatozoid koji uspe u tome je nosilac duše osobe koju predstavlja Venera. Dakle, Venera pokazuje sebičnu prirodu svih životinja (naročito same osobe u čartu), i teži da eliminiše svu konkurenciju sa kojom osoba mora da deli blagoslove ovoga sveta. Zbog toga će Venera u osmoj kući pokazati prevremeno rođenje, ili mrtvorođeno dete pre rođenja osobe. U skladu sa tim, Venera će, u slučaju da je smeštena u trećoj ili jedanaestoj kući ili ih aspektuje, imati tendenciju da eliminiše mlađu i stariju braću ili sestre (*brojanje od aruda lagne ka trećoj i jedanaestoj kući treba da je zodijačko ili obrnuto, u zavisnosti od toga da li je raši neparan ili paran, datim redom*). Broj mlađe i starije braće i sestara je broj graha koji se nalaze sa vladarom treće ili jedanaeste kuće ili ga aspektuju. Za ovu svrhu treba razmotriti raši drišti planeta.

Detalji vezani za individualne živote braće i sestara se gledaju iz drekana (D-3) čarta. Prvi mlađi brat ili sestra gleda se iz pozicije vladara treće kuće, sledeći od pozicije vladara pete kuće (tj. treća od treće kuće po *manduka gatiju*) i tako dalje (izvor: Đaimini Sutre). Prvi (neposredno) stariji brat ili sestra se gleda od vladara jedanaeste kuće od drekana lagne. Sledeći iz pozicije vladara devete kuće (tj. treća od jedanaeste brojano u suprotnom smeru zodijaka) i tako dalje.

Treća kuća, budući da je pada osme kuće (tj. osma od osme), ima veliki značaj u određivanju okolnosti i mesta smrti. Malefici u trećoj od aruda lagne daju agresivnu ili neprirodnu smrt, dok benefici daju prirodnu smrt. Ukoliko Jupiter i/ili Venera utiču na treću kuću, postoji predznanje o smrti. Mesec može pokazati vodeni grob. Mars uzrokuje smrt od koplja ili sličnog oštrog oružja. Na isti način se mogu videti okolnosti smrti rođaka i prijatelja u odnosu na njihove *sthira karake* (fiksni signifikatori). Raši u trećoj kući određuje mesto smrti. Na primer, Sunce u trećoj kući u Devici, u čartu Mahatma Gandija, donelo je smrt u vrtu od vatrenog oružja, a ubici su pripisani politički motivi. Pokretni rašiji pokazuju smrt na udaljenom mestu; fiksni u zatvorenom prostoru a dvojni rašiji pokazuju kratku udaljenosti, kao što je vrt. Iscrpno objašnjenje je dato u *Upadeša Sutrama* Mahariši Đaiminija.

Poziciju vladara treće kuće u različitim kućama trebalo bi ispitati kako iz ugla njegovih aspekata, tako i iz ugla argala, da bi se odredili rezultati. Pošto je u pitanju vladar *maitune* (kopulacije) treba ga posmatrati kao malefika. Na primer, vladar treće u petoj kući aspektuje jedanaestu kuću (dobici) da pokaže pomoć i dobit od braće, sinovljevih prijatelja itd. Pošto ima argalu na drugu kuću, to uzrokuje rast bogatstva i porodice. Argala na četvrtu kuću daje sreću. Argala na sedmu kuću daje dobrobit od bračnog partnera i unapređuje značenja ove kuće. Plodonosnost povoljnih rezultata mnogo će zavisiti od položaja i snage dispozitora. U predhodno navedenom primeru, ako je vladar pete kuće kao dispozitor u dvanaestoj kući, neće biti mnogo dobiti od braće i sestara i sinova, jer ni oni sami neće biti finansijski stabilni. Međutim, tokom prirodnog perioda te planete postojaće neka podrška, npr. ako je Venera vladar i nalazi se u petoj kući to pokazuje podršku mlađih braće i sestara između 24-28. godine.

Generalno se pozicija vladara treće kuće u *dustanima* (6, 8. ili 12. kuća) smatra povoljnom, jer tada osoba ima pod kontrolom svoje seksualne potrebe (i ostale životinjske instinkte). A ako je on smešten u ovim kućama zajedno sa vladarima drugih dustana, formira se viparita rađa joga. Umešanost vladara treće kuće i/ili Marsa pokazuje iznenadnu dobit kroz takmičenja ukoliko je umešana i šesta kuća. Uključenost osme kuće pokazuje zaveštanje, nasleđe itd.

Pozicija planeta u trećoj kući daje rezultate na osnovu njihovih vladarstva nad kućama, kao i u skladu sa njihovom prirodom. Pošto se treća kuća prevashodno bavi seksualnim činom, pozicija vladara bilo koje kuće ovde težiće da prenese Marsove odlike na pomenutu kuću. Ako je, na primer, vladar lagne u trećoj kući, osoba će biti dinamična, preduzimljiva, odvažna i srećna (pošto će graha aspektovati devetu kuću). Ovde je spoljni uticaj na lagnu dobar, jer će dati robusnu konstituciju i uspeh u takmičenjima. Ako je, umesto toga, vladar sedme kuće u trećoj, žena će biti sumnjivog karaktera, ili ako je vladar devete kuće u trećoj, otac će biti bednik i razvratnik. Ako je vladar osme kuće u trećoj, osoba će imati više veza, jer osma kuća vlada raskidom braka. Četvrta kuća ima argalu na treću, pošto je u drugoj kući od nje, i pokazuje mesto polnog čina. Sedma kuća koja je peta (ljubav) od treće, pokazuje osobu sa kojom će se polni čin desiti. Ako je znak u trećoj kući benefik, ili zajedno sa benefikom, vođenje ljubavi je nežno, dok malefik pokazuje nasilnost u seksu. Proces seksualnog odnosa se gleda od pozicije vladara treće kuće, dok se njegov uspeh ili neuspeh gleda u odnosu na aruda padu treće kuće (A3). Na primer, ako je Sunce u drugoj, šestoj, osmoj ili dvanaestoj kući od A3 pade, osoba može biti neplodna. Ako je Sunce tako smešteno od aruda pade devete kuće (A9), onda se takođe može manifestovati neplodnost, jer je deveta kuća treća od sedme (izvor: *Đaimini Upadeša Sutre*).

Treća kuća, kao dvanaesta od četvrte, pokazuje kratka putovanja u okviru ili u neposrednoj blizini mesta stanovanja. Četvrta kuća, koja je druga od treće, ima argalu i pokazuje vozila koja se koriste na ovim putovanjima. Sedma kuća, kao peta od treće, ima argalu i pokazuje ljude sa kojima se ide na putovanje. Šesta kuća, kao četvrta od treće, ima argalu i pokazuje asistenta (vozača, šofera itd.) na ovom putovanju. Lagna, koja je u jedanaestoj od treće, ima argalu i pokazuje da takav kratak put ima veze sa zdravljem i statusom osobe. Dakle, kratak put kao jutarnja šetnja može imati pozitivan uticaj na lagnu, dok svakodnevna vreva u velikim gradovima može da bude veoma zamorna i štetna po zdravlje.

Primeri i ilustracije:

Izvori bogatstva
Čart 32: Svami Vivekananda

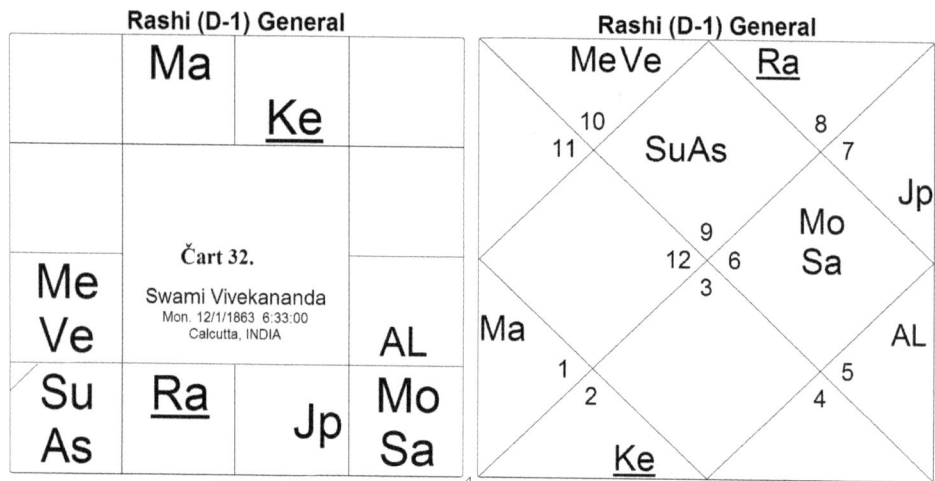

Treća kuća u čartu 32. je malefični znak Vodolija, a treća kuća je prazna i pod aspektom Marsa i Jupitera. Ovo pokazuje agresivnu ličnost koja će biti smirena i kontrolisana zbog dejstva Jupitera. Aruda lagna je Lav, a u trećoj kući odatle je Jupiter u benefičnom znaku Vage, i pokazuje nenasilje (ahimsu). Treća kuća od aruda lagne (AL) ima argalu na drugu, i pošto nema graha na AL, ova argala je neometena i pokazuje da će tokom daše Jupitera Svami Vivekananda steći veliko bogatstvo, uravnoteženu i umerenu narav i smirenost, i biće prepoznat kao svetac (treća kuća od AL ima benefika Jupitera). Ustvari, svi benefici, Jupiter, Merkur i Venera su u trećoj ili šestoj kući od AL, da potvrde njegovu duhovnu prirodu. Napisao je neke besmrtne klasike kao što je *Rađa joga* upravo zbog Jupitera u trećoj kući. Sa dolaskom Jupiterove daše 30. maja 1892. godine, njegovo siromaštvo postepeno nestaje i on prima novac sa zapada (SAD) kako bi osnovao Belur Mat Ramakrišna Misiju.

Čart 33: Muška osoba rođena 30. avgusta 1955. godine

U čartu 33. treća kuća od aruda lagne ima snažnog malefika Saturna u egzaltaciji, dok Vagu aspektuju Ketu, Mars, Sunce i Venera raši drištijem. Ovako veliki broj malefičnih aspekata na Saturna pokazuje posao u Ministarstvu odbrane ili u paravojnim formacijama. Osoba je pukovnik u armiji.

Treća Kuća

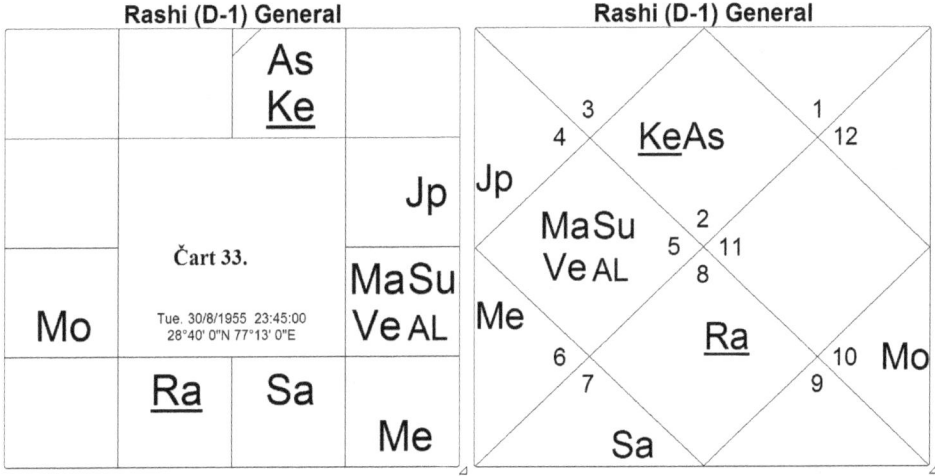

Treća kuća od lagne ima egzaltiranog Jupitera koga aspektuje Ketu (raši dršti). Dakle, Ketu aspektuje treću kuću od lagne i aruda lagne pokazujući mogućnost promene posla iz armije u tajnu službu.

Tabela 6-1: Narajana daše

Raši	Period		Godine
Bik	3	1955-58.	3
Strelac	8	1958-66.	11
Rak	6	1966-72.	17
Vodolija	5	1972-77.	22
Devica	12	1977-89.	34
Ovan	4	1989-93.	38
Škorpija	9	1993-2002.	47
Blizanac	4	2002-06.	51

Potvrđeno je da je on po ulasku u Škorpija dašu i u antardaši Device (od maja 1994. godine do februara 1995. godine) dobio svoj stan u Noidi. Rahu je u četvrtoj kući od aruda lagne, u Škorpiji, vlada domom i ima neometenu argalu egzaltiranog Merkura u Devici. Ime mesta prebivališta počinje slovom "N" što je takođe Rahu u Škorpiji. Pošto se događaj može desiti samo tokom antardaše znaka vezanog za gatika lagnu, predskazao sam da će se promena posla odigrati u Škorpija – Strelac periodu (od novembra 1996. do avgusta 1997. godine), i u decembru 1996. godine dao sam savet njegovoj supruzi da umilostivi Šri Ganešu moćnom *biđakšara sidha mantrom*. Transfer se odigrao u toku tog meseca (prilog: Šri Ganeša je išta devata Ketua, grahe koja aspektuje treću kuću, i pokazuje rad u tajnoj službi).

BRAĆA I SESTRE
Čart 34: Muška osoba rođena 8. januara 1977. godine

U čartu 34. treća kuća od lagne je dvojni znak Blizanci sa vladarom Merkurom u drugom dvojnom znaku, Strelcu. Saravali i drugi klasici predviđaju rođenje blizanaca u ovim okolnostima. Pošto je je Merkur zajedno sa dve muške grahe, Suncem i Marsom, u muškom znaku, mlađi bi trebalo da budu braća. Aruda lagna je Lav sa bratrikarakom Rahuom, koji snaži treću kuću Vagu. Vladar treće kuće, Venera, je u vazdušnom fiksnom rašiju Vodoliji, i aspektuju je Ketu, Jupiter i Rahu iz pokretnih rašija - raši drištijem. Dok Ketu može pokazati sestru, Rahu i Jupiter će pokazati dva brata. U drekana (D3) čartu, Vodolija je u trećoj kući sa dva vladara (Saturnom i Rahuom) i pokazuje blizance. Čara bratrikaraka, Rahu, je utvrdila jedanaestu kuću (upačaja) od lagne.

ODREĐIVANJE VREMENA ROĐENJA - DAŠA & POTPERIODI

Daše koje funkcionišu u prvoj dekadi života su Merkur i Ketu, i obe su sposobne da daju braću ili sestre. Međutim, u drekani je Merkur veoma afliktovan, dok Ketu vuče snagu od Marsa, prirodnog signifikatora braće i sestara, i verovatnije je da će on dati rezultat. Vladar treće kuće od aruda lagne je Venera, koju aspektuje Ketu, i zbog toga su braća (blizanci) biti rođeni u Ketuovoj daši – Venerinoj antar daši. Pratiantar daša je Saturnova, a on je vladar treće kuće od D-3 lagne. Ovaj period: Ketu – Venera – Saturn je trajao od 14. septembra 1980. godine do 20. novembra 1980. godine, i sideralno Sunce bi moglo biti u bilo kom znaku od Lava do Škorpije.

Mesec rođenja: Solarni tranzit tokom rođenja će najčešće biti u znaku u trigonu od treće kuće od aruda lagne, ili u znaku u kojem se nalazi njegov vladar, ili u znaku egzaltacije ili debilitacije od vladara treće kuće od aruda lagne. Treća kuća od aruda lagne je Vaga, a njen vladar, Venera, je takođe u vazdušnom znaku. Vaga je takođe pod uticajem bratrikarake Rahua. Dakle, solarni tranzit preko Vage, između 16. oktobra 1980. i 16. novembra 1980. godine, daće mesec rođenja mlađe braće - blizanca. Slično tome, pakša, titi i nakšatra Meseca mogu se odrediti po utvrđenim pravilima.

Lagna rođenja: *Lagna rođenja braće i sestara može se videti od treće kuće, njenog vladara ili bhratri arude (A3).* Ako se vladar treće kuće nađe samo sa Suncem, onda sam znak može da odredi lagnu. Konjukcija sa drugim grahama može promeniti lagnu. Ovde se vladar treće kuće, Merkur, nalazi sa Suncem i Marsom i Marsov znak se može očekivati za ascendent. Bhratriaruda (A3) je u Ribama, pokazujući Škorpiju kao finalnu lagnu. Blizanci su rođeni 25. oktobra 1980. godine na krišna pakša dvitiju, barini nakšatru (Venera) u 9:04' i 9:15' ujutro, kada je Škorpija bila na ascendentu.

Čart 35: Ženska osoba rođena 5. februara 1969. godine

Ra Ve	Mo		Ma
Me Jp		Drekana D-3 Wed. 5/2/1969 16:43:00 29°10' 0"N 75°46' 0"E	As
	Sa		Ke
		AL	Su

```
Su    5          Ma      3
   6       As        2
Ke
              4
AL   7    1    Mo
         10
                              Ve
         Me       12  Ra
Sa  8   Jp   11
    9
```

U čartu 35. aruda lagna je u Devici, parnom rašiju. Prema tome, treća i jedanaesta kuća se računaju obrnuto, i to su Rak i Škorpija, datim redom. Međutim, rezultati kuća će se proučavati u prirodnom zodijačkom sledu. U ovom čartu, Mesec je, kao vladar Raka, u dvanaestoj kući od aruda lagne, i pokazuje gubitak ili nemanje mlađe braće i sestara (što je istina, ona je najmlađa). Škorpija ima dva vladara, Mangala i Ketua, i Ketu je zajedno sa Jupiterom, Venerom, Rahuom i Saturnom, ili ga oni aspektuju, pokazujući do šestoro starijih (što je istina, ona ima šestoro starijih braće i sestara).

U drekana čartu (D-3) parni znak Rak je na ascendentu. Jedanaesta kuća odatle, računato unazad, je Devica. Pošto je njen vladar, Merkur, zajedno sa debilitiranim Jupiterom, oba pokazuju da je najbliže starije rođeno dete - sestra. Pošto se ova konjukcija dešava u pokretnom znaku u sedmoj kući od lagne, pokazano je putovanje u inostranstvo zarad višeg obrazovanja i specijalizacije (Japan). Ovaj pravac se vidi od Jupitera (severoistok). Jedanaesta od Device je Škorpija (brojano obrnutim smerom), sa dva vladara, Marsom i Ketuom. Ketu je zajedno sa muškom grahom, Suncem, dok je Mars u Blizancima (žena). Sledeće dvoje starijih su blizanci, jedno muško, a drugo žensko dete. Jedanaesta od Škorpije u suprotnom smeru je Jarac. Međutim, Jarac već pokazuje dve sestre, pokazane Merkurom i Jupiterom, i normalno bi ograničio broj starije braće i sestara. Pošto je broj dece veći, sledeći znak Vodolije će pokazati dete. *Ovo kretanje kroz svaki treći znak, ili, ako su ispunjeni uslovi, prelazak u sledeći raši, spada u Manduka gati (žablji skok).* Rahu, vladar Vodolije, je u Ribama sa egzaltiranom Venerom i pokazuje da će sledeći stariji biti muško. Jedanaesta od Vodolije je, brojano unazad, Ovan i njegov vladar, Mars, je smešten u Blizancima pokazujući da će sledeće starije dete biti žensko. Ipak, pošto Mars već predstavlja dete (jedno od blizanaca), starija sestra se može videti iz Ovna. Ovo potvrđuje predikciju, rekao sam da je ta starija sestra veoma emotivna (Mesec) i žustrog temperamenta (Ovan), i da ima problematičan partnerski život

(Rahu i Venera u dvanaestoj kući od Ovna). Ovo je potvrđeno. Na ovaj način, tretirajući svaku od planeta i znakova kao paka lagnu svakog brata ili sestre, mnogi detalji njihovih života se mogu potvrditi, i može se predvideti njihova dobrobit u budućnosti.

Smrt brata ili sestre:

Čart 36: Muška osoba rođena 23. novembra 1954. godine

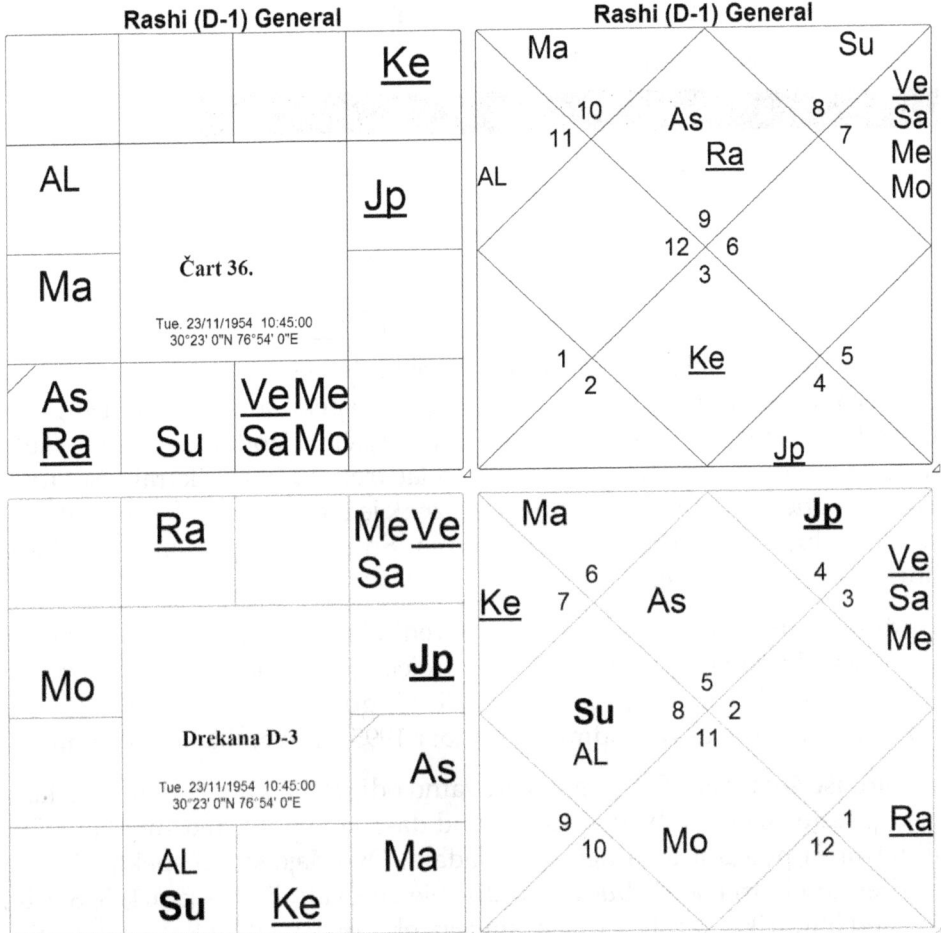

Atmakaraka: Mars

Bhratrikaraka: Saturn

Aruda lagna (AL): Vodolija

Bhratriaruda (A3): Blizanci

Čart 36. ima Strelac ascendent sa debilitiranim Rahuom i bhratrikarakom Saturnom egzaltiranim u jedanaestoj kući. Aruda lagna je u Vodoliji i treću kuću odatle, Ovna, aspektuje Sunce iz Škorpije. Sunce takođe aspektuje Marsa, vladara treće kuće od aruda lagne, i pokazuje dva mlađa brata.

Smrt mlađe braće ili sestara se, prema Đaiminiju, gleda iz treće kuće od bhratrikarake. Treća kuća od Saturna je Strelac sa debilitiranim Rahuom. Vimšotari daša Saturn – Rahu je trajala od januara 1995. do novembra 1997. godine, i osoba je 1996. godine izgubila oba mlađa brata u saobraćajnoj nesreći. *Vreme smrti treba da se odredi u odnosu na bhratri šula dašu.* Bratri šula daša za mlađu braću data je u priloženoj tabeli.

Tabela 6-2: Čart 36: Bhratri šula daša

Daša	Period	Godina	Starost
Lav	9	1954-63.	9
Devica	9	1963-72.	18
Vaga	9	1972-81.	27
Škorpija	9	1981-90.	36
Strelac	9	1990-99.	45

Brojanje daša počinje od jače između treće i devete kuće. Oba znaka, Lav i Devica, aspektuju četiri planete iz Vage, a aspektuju ih i Mars i Jupiter. Pošto Lava aspektuje atmakaraka Mars, on je jači od Vodolije i iniciraće šula dašu za mlađu braću. Ne samo da je Strelac treći od bhratrikarake Saturna, na njega utiče i debilitirani Rahu, i ovaj znak je ujedno i badak (opstrukcija) raši od bhratri arude (A3) u Blizancima. Smrt se zbog toga dogodila u bhratri šula daši Strelca.

Godina smrti: Ovo se uslovno može odrediti iz sudaršan čakre. Saturn je u Vagi i aspektuje Strelca, Ovna i Raka. Brojeći godine od treće kuće, imamo 39. godinu (Ovan), 42. godinu (Rak) i 45. godinu (Vaga). Braća su mu poginula u njegovoj 42. godini (novembar 1995 – novembar 1996. godine).

Antardaše šula daše: Smrt će se verovatno odigrati u antardašama znaka u trećoj, šestoj, osmoj i dvanaestoj kući od daša koje pokazuju smrt, ili rašija ili navamši pod uticajem njihovih vladara. Ovo daje široki spektar izbora i kriterijum bi trebao da bude određivanje verovatnijih rašija u 1, 3, 8. i 10. kući od bhratrikarake. U gornjem slučaju, oba znaka, i Bik i Rak, su u 6. ili 8. kući od Strelca, kao i u 8. ili 10. kući od Vage (u kojoj se nalazi bhratrikaraka Saturn), datim redom. Smrt braće u saobraćajnoj nesreći odigrala se u antardaši Raka, tokom daše Strelca.

SVAĐE SA BRAĆOM I SESTRAMA
Čart 37: Ženska osoba rođena 20. januara 1956. godine

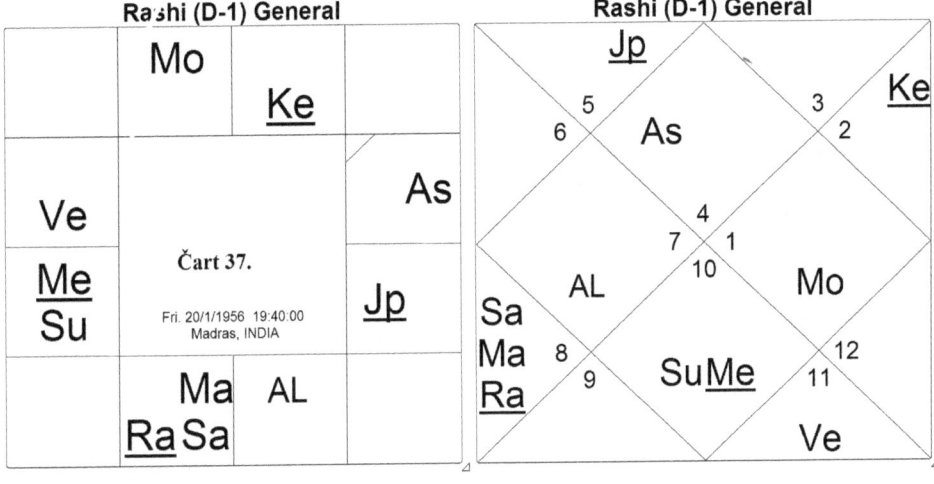

Odnos sa braćom i sestrama zavisi od dva faktora. Prvi je priroda i pozicija vladara drekana (D-3) lagne u odnosu na grahe i znakove koji pokazuju braću i sestre, a drugi se vidi iz same atmosfere koja preovladava na drekana lagni. U čartu 37, najplodniji i najmirniji znak, Riba, je na lagni u drekani i pokazuje želju za harmonijom koja je oštećena prisustvom Marsa (rat, imovina), koji je pod aspektom Rahua iz pete kuće. Ovo pokazuje svađe sa braćom i sestrama. Ona je najmlađa u porodici. Hajde da analiziramo svakog od starijih braće i sestara. Najbliže starije je sestra bliznakinja, rođena u 7:10' ujutro. Isti raši je na lagni u drekani, i stariji se mogu videti iz svake jedanaeste kuće brojane obrnuto tj. Bik, Rak, Devica, Škorpija, Jarac, itd. Venera, kao vladar Bika, nalazi se u dvojnom znaku, u Blizancima, označavajući prvu stariju sestru bliznakinju (ES1). Sada treba da tretiramo Blizance kao lagnu prve starije sestre i proučimo čart. Sestrina upapada (UES1) je u Raku sa Rahuom (inicijator svađa oko imovine), i ja sam se usudio da konstatujem da su svađe oko imovine narasle na osnovu mahinacija zeta, koji je ujedno i maltretirao njenu sestru (Venera). Ovo je potvrđeno.

Sledeći stariji je brat (EB2), kao Mesec u Ovnu. On je emotivan i ne počinje svađu ukoliko sam nije isprovociran. Tokom svađe oko imovine on će često menjati strane (Mesec). Sledeći stariji je brat (EB3), jer je Merkur, kao vladar jedanaeste kuće od Raka (tj. vladar Device), smešten u Biku. Ovaj brat će verovati u *"mimamsu"*, i neće biti deo svađe. Obično Merkur u Biku pokazuje ženu, ali parivartana joga između Merkura i Venere menja situaciju. Prema tome, Venera u muškom znaku daje sestru, dok Merkur u ženskom znaku daje brata. Sledeći stariji će se videti iz jedanaeste kuće od Device obrnutim brojanjem tj. iz Škorpije i njenih suvladara - Ketua i Marsa. Mars pokazuje brata (EB4) koji je, budući da je u trigonu od Rahua i da ga Rahu aspektuje, podložan mahinacijama i koji je usvojio ratoborne taktike za prisvajanje roditeljske imovine. Drugi stariji brat ili Mesec (EB2) se nalazi u Marsovom znaku, i pod snažnim je uticajem ovog četvrtog starijeg brata (EB4).

Sledeći stariji je Saturn (vladar Jarca) u Škorpiji, i pokazuje sestru (ES5) koja nije bila veoma srećna; dok je sledeći stariji (ES6) kojim vlada Jupiter kao vladar Riba, veoma bogat i srećan budući da je lepo smešten u Lavu.

Sa kompletiranih šest znakova, manduka gatijem (žabljim skokom) prelazimo na sledeći znak od Riba na Vodoliju. Rahu, vladar Vodolije, je u Raku i pokazuje sledećeg starijeg brata (EB7) koji će takođe biti aktivan u zetovljevim manipulacijama (UES1). Sledeći stariji se gleda iz jedanaeste kuće od Vodolije tj. Strelca, i pošto Jupiter već pokazuje žensku osobu (ES8), u pitanju je sestra koja je veoma pobožna. Na ovaj način svako od braće i sestara može se identifikovati i daša bukti će pokazati njihove periode dobre ili loše sreće.

Pošto je problematika vezana za imovinu koja se vidi iz četvrte kuće, takođe treba ispitati i D-4 čart (čaturtamšu). Međutim, pošto je Sunce vladar šeste kuće od drekana lagne, svađa oko imovine se pokrenula i nastavila tokom cele daše Sunca, od februara 1982. godine do februara 1988. godine, i sa dolaskom daše Meseca, ona je dobila vlasništvo nad imovinom.

Posle praktikovanja određenih Vedskih remedijalnih mera, rasprava oko imovine se iznenada završila. Braća i sestre su našli kompromis, i zajedno grade vrlo snažan kompleks koji će biti po volji svima.

ॐ तत् सत्

ॐ गुरवे नमः

POGLAVLJE VII

ČETVRTA KUĆA

Četvrta kuća je kendra kuća, i formira jedan od četiri stuba na kojima počiva ceo horoskop. Ona vlada vitalnim stvarima kao što su: majka (signifikator je Mesec), vozila (signifikator je Venera), dom i građevine (signifikator je Ketu), zemlja (signifikator je Mars), domovina (signifikator je Venera), detinjstvo, bogatstvo od nekretnina, posedi kao što je rudnik, nafta i sl., obrazovanje (signifikator je Merkur), naročito formalno obrazovanje, rođaci (posebno majčini), sreća (signifikator je Jupiter, Venera je signifikator za luksuz) itd. Prema tome, detaljno tumačenje četvrte kuće zahteva obimno proučavanje brojnih podelnih karti. Ovo podrazumeva čaturtamšu (D-4), gde analiziramo dom i imovinu; dvadašamšu (D-12), za majku i ostale starije uključujuci i kulturno nasleđe; šodašamšu (D-16), za vozila i ostale luksuzne predmete koji čine životni komfor; horu (D-2), za bogatstvo koje se nagomilalo u posedima; dašamšu (D-10), koja se tiče profesije u vezi sa posedima, rudnicima itd; čaturvimšamšu (D-24), gde se ispituju formalno i neformalno obrazovanje, i ostale veštine stečene obrazovanjem; kavedamšu (D-40), gde se analizira dobro ili loše od majčine rodbine i karma nasleđena sa majčine strane; akšavedamša (D-45), gde se proučava karma nasleđena od očeve rodbine.

Grahe u četvrtoj kući imaju direktnu argalu (intervenciju) na lagnu i mogu promeniti prirodu Lagne. Malefici, kao što su Sunce, Mars, Saturn ili Rahu (poređani po rastućoj malefičnosti), mogu znatno oštetiti čart.

Ako je Sunce u četvrtoj kući, sreća je umanjena, osim ako nije smešteno u Lavu ili sličnom znaku u kome je Sunce jako, na primer u Ovnu. Osoba je prozvana da preuzme brojne odgovornosti na račun roditelja, i u tom smislu se smatra idealnim detetom. Argala Sunca na lagnu daje dobrodušnost i pobožnost, daje robusnu ličnost sklonu pompi, isticanju i sjaju.

Mesec u četvrtoj kući daje veselu narav i dobro učenje. Budući da je u pitanju planeta elementa vode, Đaimini za ovu poziciju Meseca vezuje putovanja po rekama, jezerima ili moru. Ukoliko je ne afliktuje Saturn, osoba ima blagoslov majke i uvek ima podršku ili pomoć žena. Pošto je Jupiter egzaltiran u četvrtoj kući prirodnog zodijaka, tumačenju ove pozicije Meseca neki astrolozi dodaju i rođenje sina. *Međutim, osnovni princip za određivanje vremena rođenja je gledanje trigona, sedme i dvanaeste od posmatrane kuće.* Na primer, ako predviđamo rođenje deteta, planete u trigonu od pete kuće, njena sedma i dvanaesta kuća će dati rođenje deteta. Dakle, rođenje deteta se može odigrati tokom perioda kad je Mesec u četvrtoj kući, koja je dvanaesta od pete kuće. Osoba će biti religiozna i poštovana od strane sveštenika.

Mars u četvrtoj kući se smatra nepovoljnom kombinacijom. U skladu sa svojom prirodom Mars će dati: siromaštvo, bes, porodične nesuglasice, naročito kod roditelja, poteškoće, probleme koji se tiču poslova sa nekretninama, nestabilnost boravišta i oronuo, srušen ili loše smešten dom, mnogo rada u detinjstvu, itd. Pošto ima argalu na lagnu, osobine Marsa kao što je ratoborno ponašanje, preka narav, izražena bezosećajnost itd. videće se kod osobe i označiće nepovoljne periode. Međutim, ako je Mars smešten u svom znaku, zagarantovano je vlasništvo nad zemljom i imovinom. Ukoliko je Mars smešten u Raku ili Biku, negativni uticaj na prirodu osobe je neznatan, jer je Marsova vatra ugašena.

Pojedini astrolozi smatraju da je Merkur u četvrtoj kući bez plodova. Ipak, dobra vozila i bogatstvo su osigurani, kao i dobro obrazovanje. Pošto Merkur vlada govorom, osoba može imati oratorske veštine ili može da bude pevač. Pošto je četvrta kuća mesto parenja, veoma je verovatno da će dati mnogo ljubavnih veza, i nemire u domu. Osoba može imati problema sa nasleđem sa očeve strane, i tendenciju da gomila beskorisne stvari, poput deteta.

Dobro postavljen Jupiter u četvrtoj kući daje obrazovanje, dom, sreću, vozila, imovinu itd. Njegova argala na lagnu deluje kao božanski štit protiv raznih zala i može dati slavu i dobru reputaciju. Sreća u domu je zagarantovana. Rane godine života će biti lake, bogate i mirne, a roditelji će biti od velike pomoći.

Venera u četvrtoj kući daje odlične prijatelje, imovinu, vozila, partnera, dom i sreću. Detinjstvo je veoma veselo i bezbrižno, i roditelji su srećni. Obrazovanje je takođe veoma dobro. Ako je Venera zajedno sa Ketuom i Marsom u drugoj ili četvrtoj kući, formirana je rađa joga koja će početi da funkcioniše rano u životu.

Nasuprot tome, Saturn u četvrtoj kući daje sebičnu, uobraženu, taštu i potpuno bezosećajnu osobu. Dom je prljav ili oronuo. Pored toga što ima argalu na lagnu, Saturn je takođe i aspektuje, pokazujući lenju osobu, koja će večito upadati u nevolje zahvaljujući sopstvenim greškama ili izolaciji. On je preopterećen poslom (planete u četvrtoj kući aspektuju desetu) i večito neraspoložen zbog posla i zbog kućnih prepirki. Čak i kada je dobro aspektovan ili zajedno sa povoljnom planetom, Saturn ne može dati trajnu sreću. Tuga je zagatantovana, naročito u detinjstvu. Izvor tuge se vidi iz planeta ili znakova koje utiču na Saturna. Na primer, ako je Mesec zajedno sa Saturnom, rani gubitak majke može biti šok za dete. Mnogo fizičkog

Četvrta Kuća

napora će biti potrebno da bi se postigao uspeh i u zavisnosti od znakova, joga itd. a to sve može doći kasnije u životu.

Rahu u četvrtoj kući može oštetiti sve aspekte četvrte kuće, osim u slučaju kada je egzaltiran ili u svom znaku (Vodolija). Osim u slučaju kad je Mesec smešten u četvrtoj ili dvanaestoj kući, ili je jak, može doći do ranog gubitka majke. Čak i na takvom mestu, Mesec bi trebalo da ima *pakša balu* i ne sme biti u *gandanti* ili *dagda ili šunja titiju*. Osoba može biti sklona zadovoljstvima i može poći veoma lošim putem, i krajnja posledica će biti patnja. Pošto Rahu ima argalu na drugu kuću, to će uticati na bogatstvo i tu se mogu očekivati nagli uspon ili pad. Rahu u četvrtoj kući može dati ili sveca ili prevaranta, u zavisnosti od prirode planeta na lagni. Ako su satvične planete poput Sunca, Meseca ili Jupitera, na ascendentu, stvoren je svetac. Nasuprot tome, ako se tamastične planete, kao što su Mars i Saturn, nađu na ascendentu, stvoren je prevarant. Rađastične planete Venera i Merkur će dati rezultate na osnovu pozicije, konjukcija, aspekata i sl.

Ketu u četvrtoj kući je povoljan za zemljišne posede i zgrade, kao i za prihode od njih. Ipak, saradnici i prijatelji mogu pripadati nižem statusu, a osoba će biti sklona luksuzu. Indikovani su problemi oko nasleđa i porodičnog mira. Osoba će biti bezosećajna i preke naravi, i težiće da se priključi grupama i bandama. Ketu u Strelcu se smatra povoljnim.

Vladar četvrte kuće je kontrolor sreće i stoga određuje sve što motiviše osobu iznutra. Njegova pozicija u trećoj ili šestoj kući može učiniti da osoba voli borbe. Ako je vladar na ascendentu, pozicija u trigonima od devete kuće daje dobre odnose sa ocem i dobit od očeve pozicije/autoriteta. Ako je, umesto toga, u drugoj kući, osoba će žudeti za bogatstvom i biće neprijateljski raspoložena prema svom ocu. U desetoj kući, vladar četvrte kuće ima tendenciju da donese nestabilnost domu ili majci, i odnos među roditeljima može biti otežan. Međutim, ovo pokazuje profesionalni uspeh. Neki astrolozi misle da vladar četvrte kuće u sedmoj kući daje veoma učenu osobu. Ipak, vladar četvrte kuće suprotan je lagni i, ukoliko drugi faktori nisu jaki, visoko obrazovanje nije zagarantovano. Umesto toga, vladar četvrte kuće u upačajama (3., 6., 10. ili 11. kuća) pokazuje rast značenja četvrte kuće, naročito ako je vargotama ili zajedno sa vladarom ili ga aspektuje vladar trigonskih kuća (1., 5. ili 9). Jedna takva povezanost može formirati rađa jogu i voditi do rasta značenja kuće. Nasuprot tome, čak iako je vladar četvrte kuće smešten u kendrama, ako se poveže sa vladarom dustana (3, 6, 8. ili 12. kuća) značenja kuće će biti ugrožena.

Postoje i drugi izuzeci koje treba imati na umu. Na primer, vladar četvrte kuće u osmoj kući je uvek loša pozicija, osim kada je Sunce u Strelcu, gde, kao vladar četvrte kuće, sigurno daje posede u stranim zemljama. Ako vladara četvrte kuće aspektuje bilo koji od signifikatora, kao što su Mesec,

Mars, Ketu itd, ili je zajedno sa njim, to značenje četvrte kuće biva pojačano. Na primer, vladar četvrte kuće zajedno sa Merkurom i Mesecom daje šarada jogu (ime božanskog učitelja, Boginje Sarasvati), koja u čartu pokazuje dobro obrazovanje i pisanje. Ako je, umesto toga, zajedno sa Marsom ili Ketuom, dobija se zemlja/zgrade/kuće, zajedno sa Venerom daje dobra vozila, dok sa Jupiterom daje sreću i prosperitet. Odnos sa majkom će zavisiti od pozicije vladara četvrte kuće, od vladara lagne, kao i od Meseca. Takođe će zavisiti od pozicije Meseca u odnosu na aruda lagnu. Ako je Mesec u sedmoj ili dvanaestoj kući od aruda lagne, postoje nesuglasice ili gubici zbog majke i stoga odnos nije gladak. Slično tome, ukoliko je Mesec jednako smešten od upapade, trenja ili gubici dolaze kroz svekrvu.

Aruda pada četvrte kuće zove se matri aruda, i njena pozicija u kendri ili trigonu od aruda lagne pokazuje blagoslov sa imovinom, domom, majkom, itd. Ako je matri aruda u trećoj ili jedanaestoj kući od aruda lagne, postoji prijateljski odnos sa majkom. Ako je matru aruda u šestoj kući od aruda lagne, rezultat je neprijateljstvo, ako je u osmoj kući od aruda lagne, majka je iz siromašne porodice i ako je u dvanaestoj kući, pokazani su gubici. Ako je čara matru karaka (planeta koja postaje privremeni signifikator majke u čartu) smeštena u dustanima od matru arude, majka može biti slabog zdravlja. Ako je svaka od stira karaka (fiksni signifikatori) četvrte kuće dobro smeštena od matru arude, njihova značenja prosperiraju. Na primer, ako je matru aruda (A4) u šestoj kući od aruda lagne zajedno sa egzaltiranim Mesecom, majka će sigurno biti uspešna i moćna, ali odnos osobe sa majkom neće biti dobar.

Pozicija vladara četvrte kuće u odnosu na četvrtu kuću takođe pokazuje izvor sreće ili manjak iste. Na primer, ako je vladar četvrte u dvanaestoj kući, on je u devetoj kući od četvrte i osobi će biti uskraćena sreća od oca.

Primeri

Odnos sa majkom
Čart 38: Muškarac rođen 16. septembra 1956. godine

U čartu 38. Škorpija se uzdiže sa izmenom mesta (parivartana rađa joga) između Saturna i Rahua (vladari Vodolije u četvrtoj kući) i Marsa, vladara lagne. Ova kombinacija rađa joge garantuje sreću, a takođe pokazuje i snažnu vezanost za majku. Vladar lagne u četvrtoj kući daje slabo zdravlje majci i ona bi mogla biti kratkog životnog veka. Međutim, ovo poslednje se nije desilo usled delovanja parivartana joge. Matrupada je u Biku, sa debilitiranim Ketuom, i pokazuje nedostatak kućne harmonije zbog majke koja će uvek prigovarati, i bolovati od ove ili one bolesti. Aruda Lagna je u Vodoliji, sa Mesecom u dvanaestoj kući od AL, i pokazuje da će osoba voleti svoju majku, ali će ona mrzeti njega i biće uzrok njegovih gubitaka.

_____ Četvrta Kuća

```
Rashi (D-1) General                    Rashi (D-1) General
┌─────────┬─────────┬─────────┐        ┌──────────────────────────────┐
│         │   Ke    │         │        │ \    9  /RaAs\   7  /       │
│         │         │         │        │10\    /   Sa   \   /6    Me │
│  Mo     │         │  Ve     │        │    \/            \/      Su │
│  MaAL   │         │         │        │ AL  /\    8     /\          │
├─────────┤ Čart 38.├─────────┤        │ Mo /  \ 11  / 5  \          │
│         │         │         │        │ Ma/    \  /   2   \   Jp    │
│         │Tue.18/9/│  Jp     │        │   \    /\          /        │
│         │1956     │         │        │ 12 \  /  \   Ke   /  4   Ve │
│         │11:00:00 │         │        │     \/    \      /          │
│         │Delhi,   │         │        │  1  /\    \    /\ 3         │
├─────────┤ INDIA   ├─────────┤        │                              │
│  Sa     │         │  Me     │        │                              │
│  RaAs   │         │  Su     │        │                              │
└─────────┴─────────┴─────────┘        └──────────────────────────────┘
```

Pošto je Mesec u dvanaestoj kući i aspektuju ga Saturn, Rahu i Ketu, on je izbačen iz svoje prodavnice/klinike i njegova majka, ne samo da odobrava takve akcije njegovog mlađeg brata, već je i otvoreno nenaklonjena prema njemu. Međutim, kada god se majka razboli, on oprašta sve i brine o majci. Tu se razvila vrlo specifična situacija u kojoj on biva šikaniran, ali ga dužnost ipak vezuje za majku. Pošto je jedanaestu kuću (dobit) od aruda lagne aspektuje Merkur, on je pitao rođaka da interveniše i razreši diskusiju oko imovine. Može se konstatovati da, zbog parivartan joge između Saturna i Marsa, Saturn daje rezultate Marsa i pokazuje gubitke od mlađeg brata (Mars). Takođe se može primetiti da su, pošto je Jupiter u sedmoj kući od aruda lagne, kao vladar jedanaeste kuće i karaka za nju, starija deca uskraćena, a osoba je najstarije dete u porodici.

Čart 39: Muškarac rođen 4. januara 1964. godine

U čartu 39. aruda lagna je u Devici, Mesec je u dvanaestoj kući u Lavu i aspektuju ga Saturn i Venera iz Jarca, i matrupada (A4) iz Ovna. Ovo pokazuje napete odnose sa majkom (Mesec), koja će biti uzrok gubitka imovine (Mesec u četvrtoj kući, aspektuje ga A4 iz Ovna) i to u dosluhu sa njegovim starijim bratom (Saturn) i sestrom (Venera). Ovaj događaj se odigrao 1996. godine, na početku daše Ovna (narajana - padakrama). Ovan nije samo u dvanaestoj kući, u njemu je i matrupada, i on aspektuje Mesec u dvanaestoj kući od aruda lagne. Ovan je, takođe, osma kuća od aruda lagne i ima argalu na Saturna i Veneru u Jarcu, i pokazuje dobit starijem bratu i sestri.

Osnove Vedske Astrologije

Jp		As	Ra
Sa Ve	\multicolumn{2}{c}{Čart 39. Sat. 4/1/1964 16:00:00 Delhi, INDIA}	Mo
Ma Su Me Ke		AL	

Rashi (D-1) General — Čart 39

Rashi (D-1) General (južnoindijski stil): Ra, As, Jp, Mo, Sa Ve, Me Ke Su Ma, AL

Vladar četvrte kuće, Sunce, je u osmoj kući, dok je Jupiter u jedanaestoj kući i pokazuje da će mnogo imovine biti stečeno u životu. Sunce je takođe zajedno sa Bumi karakom, Marsom, i griha karakom, Ketuom, da potvrdi ovu informaciju. Osoba je stekla svoju kuću i teško radi na građenju svoje sreće.

Može se primetiti da je dvanaesta kuća od aruda lagne kuća gubitaka i ukoliko četvrta kuća nije jaka, ili vladar četvrte kuće nije jak, može pokazati rani gubitak majke. U oba čarta, 38. i 39, vladar četvrte kuće je jak i u konjunkciji je sa prijateljskim planetama ili znacima, ili je umešan u određenu jogu.

GUBITAK MAJKE
Čart 40: Muškarac rođen 12. januara 1966. godine

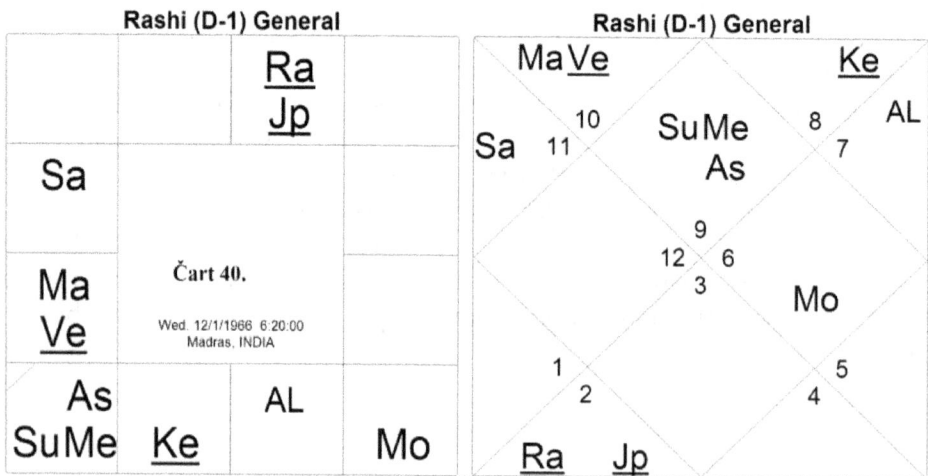

Čart 40. je horoskop vodećeg novinskog magnata, što se može videti iz

moćne *dharmakarmadiphati joge* Sunca i Merkura na ascendentu. Pošto je sedma kuća umešana u jogu, ona uključuje poslove vezane za izdavaštvo i garantuje moć, i blizinu političkih lidera.

Aruda lagna je u jedanaestoj kući, u Vagi, zajedno sa Mesecom (majka) u dvanaestoj kući od nje. Ovo je dalje pogoršano konjunkcijom vladara četvrte kuće, Jupitera, sa Rahuom, u šestoj kući od ascendenta i Sunca. Matrupada (A4) je u Raku, u osmoj kući, i njen vladar je u dvanaestoj kući od aruda lagne. On je rano izgubio majku. Pošto Mesec aspektuju Merkura (rođaci) i Sunce (otac), a takođe zbog guru-ćandala joge vladara četvrte kuće, majčina rodbina je izbacila njegovog oca iz porodičnog biznisa. Njegov otac se veoma teško borio kako bi se povratio. Izlaz je donela upapada (UL) u četvrtoj kući, u Ribama. On se venčao sa ženom iz familije majčinih rođaka, što je označilo kraj nesuglasicama i povratilo porodičnu harmoniju.

Određivanje vremena: *Smrt majke se računa na osnovu matru šula daše* (izvor: Đaimini Sutre). U ovom čartu, deseta kuća je jača od četvrte i iniciraće matru šula dašu. Obe planete, i Mars i Mesec, su u trigonu, u zemljanim rašijima. Prema tome, zemljani rašiji ili vatreni rašiji u osmoj kući mogu prouzrokovati smrt. Šula daše koje počinju od Device traju po devet godina svaka, a majčina smrt se odigrala u prvoj daši. Postoji i drugi metod za potvrdu dugovečnosti majke. Uzmimo u obzir vladare prve, osme i desete kuće, brojano od četvrte kuće od lagne. Ovde je četvrta kuća u Ribama, i vladar prve i desete kuće je Jupiter, koga afliktuje Rahu koji je u dustanu od lagne. Vladara osme kuće, Veneru, takođe afliktuju Mars i čvorovi - Rahu i Ketu. Pošto ni jedan od ova tri vladara nije jak, ovo pokazuje kratak životni vek. Ovaj metod procene dugovečnosti se pominje u svim važnijim radovima i standardnim tekstovima kao što su: *Brihat Parašara Hora Šastra, Đaimini Upadeša Sutrama, Đataka Pariđati* itd. Ako je barem jedan aspekt jak, dugovečnost je do 36. godine; ako su dva jaka, dugovečnost je do 72. godine; a ako su sva tri aspekta jaka, matru šula je čak i preko 72. godine života osobe.

Gubitak tašte
Čart 41: Muškarac rođen 13. novembra 1957. godine

Detalji o bračnom partneru se proučavaju iz upapade. U čartu 41, upapada (UL) je u Jarcu, u dvanaestoj kući od aruda lagne. Ketu je u četvrtoj kući od upapade, a prirodni signifikator za majku Mesec, je u sedmoj kući odatle. Ovo pokazuje ili neslaganje sa ženinom majkom, ili njenu smrt pre braka. U navamši, deseta kuća predstavlja taštu, to je četvrta kuća (majka) od sedme kuće (bračni partner). Sunce, koje vlada desetom kućom, smešteno je u osmoj kući, i potvrđuje gubitak tašte pre braka.

Osnove Vedske Astrologije

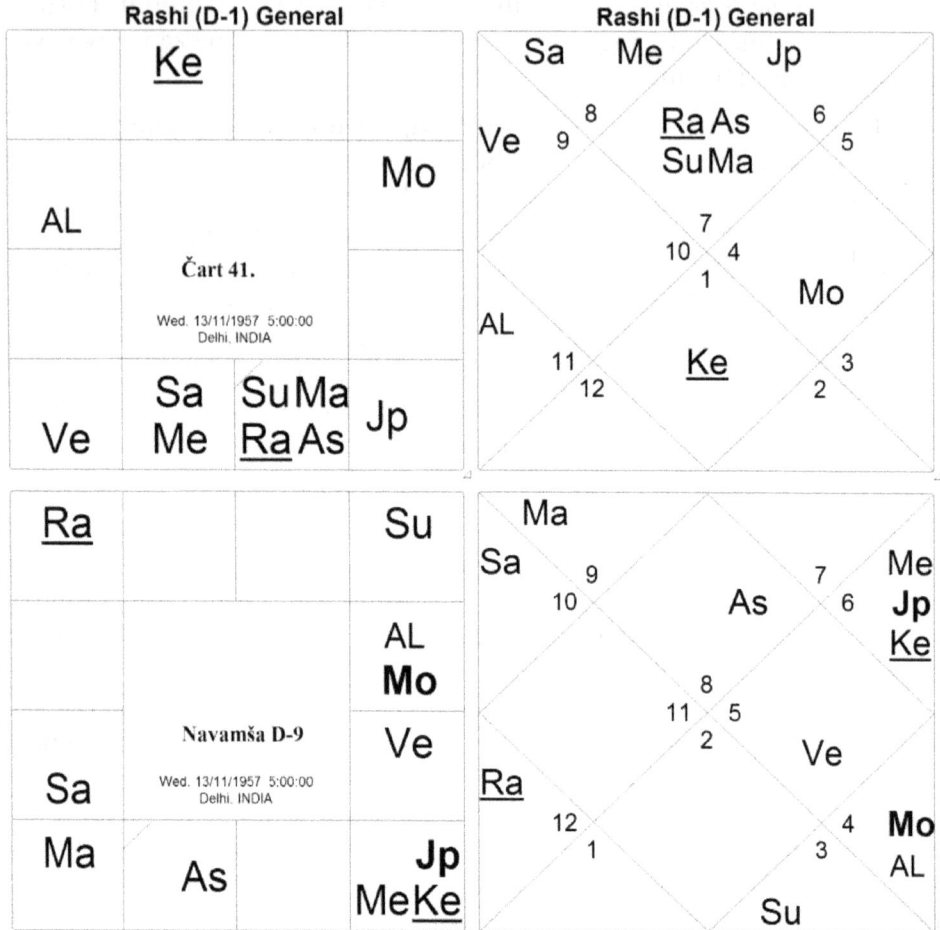

Određivanje vremena smrti tašte: *Stira karaka* za ženu i njenu porodicu je Venera, prema Đaiminiju. Četvrta kuća od Venere je znak Riba, što bi trebalo tretirati kao lagnu ženine majke. Vladar osme kuće (Rudra) od Riba je Venera, smeštena u Strelcu. Đaimini je objasnio da je šula daša za oca takođe primenljiva za svu očevu rodbinu i šula daša za majku je primenljiva za svu majčinu rodbinu. Stoga se šula daša za bračnog partnera takođe može primeniti i za svu njegovu rodbinu. Ona počinje od prve ili sedme kuće, koja god je jača. Dakle, dara šula daša počinje od Vage, i svaka traje po devet godina. Sledeći korak je procena okvirne dugovečnosti. Kao što je ranije pokazano, dugovečnost tašte je kratka. Sada su, pošto tretiramo Ribe kao Lagnu, vladari prve kuće (Jupiter), osme kuće (Venera) i desete kuće (Jupiter), svi smešteni u dustanima (treća/dvanaesta) od Lagne. Treća dara šula daša Strelca, pokazaće svoju moć da ubije. Tašta je umrla između osobine 18-27. godine, tj. od novembra 1975. do novembra 1984. godine, preciznije, 1978. godine.

Četvrta Kuća

Imovina: U ovom čartu matrupada (A4) se nalazi u dvanaestoj kući od lagne i osmoj kući od aruda lagne (AL), u Vodoliji. Vladar matru arude, Merkur, nalazi se u malefičnoj Škorpiji (parnice/svađe) u jutiju sa Saturnom (starija braća i sestre), i aspektuje Jarca u dvanaestoj od aruda lagne. Narajana (čara) daša Ovna, od 1991. do 1997. godine, ima malefika, Ketua, koji ometa argalu Venere na lagnu, pored toga što aspektuje Merkura i Saturna u Vagi. Kada je osoba srela autora ove knjige, u novembru 1997. godine, bilo je snažno podvučeno da će profesionalno pretrpeti ozbiljan gubitak i da je u poslednjih šest godina, uprkos remedijalnim merama, kao sto je nošenje plavog safira i smaragda(!), osoba izgubila imovinu od strane starijih braće i sestara. U stvari, korišćenjem plavog safira (Saturn) i smaragda (Merkur), vibracije ovih planeta koje uzrokuju gubitke, dodatno su se pogoršale. Umesto toga, beli safir bi bio idealan da uravnoteži povoljne uticaje Venere i Jupitera na jedanaestu kuću od aruda lagne i matrupade.

Čart 42: Žena rođena 3. oktobra 1973. godine

U čartu 42. upapada je u Marsovom znaku, Škorpiji, i nema planeta ni u trigonu ni u sedmoj kući odatle (Bik). Dakle, vladar upapade će označiti lagnu bračnog partnera. Mars je vladar upapade, kao i sedme kuće, i dobro je smešten u sedmoj kući, gde formira ručaka mahapuruša jogu. Proučimo planetarne pozicije od paka upapada lagne (Ovan). Dvanaesta kuća je u Ribama, i aspektuju je Mesec i Rahu. Mesec u muli je u gandanta nakšatri, i neke loše vesti vezane za svekrvino zdravlje mogu se očekivati tokom bračnih priprema (tj. veridbe). Objašnjavajući gore pomenuto klijentu, kao i to da bi trebalo da posti utorkom i sprovede ostale remedijalne mere kako bi se osigurao neometan ulazak u brak, pisac ove knjige je čekao rezultate.

Posle nekoliko dana dama je ponovo kontaktirala astrologa i ozbiljno je pitala da li da se drži podalje od *prijatelja* na poslu, i da li će veza biti brak usled ličnog odabira (Mars u sedmoj kući). Nekoliko dana kasnije devojka sreće svog princa i veri se, ali u toku tog meseca majka njenog verenika umire od srčanog udara. Međutim, ona je istrajala sa *vratom* (postom) i do braka je ipak došlo.

Prema Đaiminiju, stira karaka za muža je Jupiter. Četvrta kuća od Jupitera je Ovan. Tretirajući Ovna kao privremenu lagnu svekrve, vladar osme kuće odatle je Mars, smešten u Ovnu. Prema tome, *dara šula daša* vatrenih znakova može biti opasna. Između lagne i sedme kuće, lagna je jača sa dve planete, inicirajući tako period dara šula daša od po devet godina. Daša Strelca je od 18. do 27. godine (oktobar 1991-2001. godine). Svekrva je preminula 1996. godine u antardaši Blizanaca (treća kuća od Marsa u kojoj su Saturn i Ketu, i badak od raši daše Strelca).

Čart 43: Muškarac rođen 13. juna 1970. godine

Rashi (D-1) General	Rashi (D-1) General
Sa, Me, Ma, As, Su / Ve / Ra / Jp, Mo / Ke, AL	Su, Me (2) / Ma (3) / As, Sa (12) / Ra (11) / Ve (1) / (4) (10) (7) / Ke, AL (5) (6) / Jp (8) / Mo / (9)

Čart 43. je čart muža osobe iz čarta 42. Pogledavši ovaj čart pitao sam da li je osoba prethodno imala barem jednu jaku emotivnu vezu (mentalnu i fizičku) koja je trajala duže od jedne godine. Na ovo mi je odgovoreno potvrdno. Astrološki, pratio sam kod za brak, kako je dat u Mahabharati tj. par bi trebao da bude fizički i mentalno sjedinjen barem godinu dana. Ceremonije se razlikuju od jedne do druge kulture. Upapada je u Biku sa Marsom u drugoj kući u Blizancima, i jasno pokazuje vezu u mladosti. U takvoj situaciji, osma kuća od upapade treba da se tretira kao upapada za drugi brak. Ovo je Strelac, i njegov vladar je u Vagi, što je lagna dame iz čarta 42.

Smrt majke: Mesec i Mars se međusobno aspektuju u dvojnim znacima. Četvrta kuća je jača od desete kuće i iniciraće matru šula dašu. Daša Device između 18-27. godine je potvrdila da je u stanju da ubije. U Devici je Mesec, sa aspektom na Marsa (Rudra planeta od Meseca).

Aruda Lagna (AL) je u Lavu, sa Ketuom u njoj. Dakle, planetarna pozicija (kao i argala) bi trebala da se odredi suprotno zodijačkom brojanju. Ovo je važan princip. Mesec je u dvanaestoj kući od aruda lagne (Ketua), i pokazuje rani gubitak majke. Matri aruda (A4) je u Škorpiji, i treba je proučiti. Tranzit Saturna u trigonu odatle, i Jupitera u nepovoljnim kućama, trebalo bi da pokaže negativan ishod. Ovo se dešava 1996. godine, kada Jupiter tranzitira Jarca (treća kuća), i Saturn tranzitira Ribe (peta). Opet, od šula raši daše Device, vladari dustana (3., 6., 8. i 12. kuće) su Ketu, Saturn/Rahu, Mars i Sunce. Smrt se odigrava u Devica-Lav šula daša-antardaši, u kojima su Mesec i Ketu. Specifična veza između braka i gubitka majke istovremeno se vidi u položaju Meseca, koji aspektuje osmu kuću od upapade tj. drugu upapadu, u Strelcu, dok je u dvanaestoj kući od aruda lagne (Ketu). Stoga lunarne vibracije daju drugi pokušaj braka i gubitak majke. U navamši, vladar sedme kuće je u devetoj kući sa Ketuom, i pokazuje neobične okolnosti u vreme sklapanja braka. Prema sudaršan čakri, brak bi trebalo da se desi u 27. godini života osobe, u periodu delovanja treće kuće, koja je sedma kuća od Venere u devetoj kući.

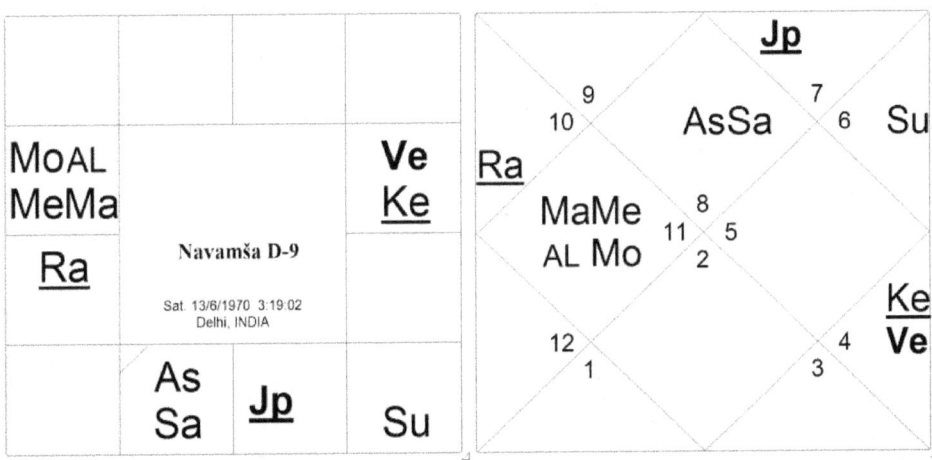

Mesec smrti se vidi iz pozicije Meseca u navamši ili dvadašamši. Mesec je u Škorpiji u dvadašamši. Smrt se desila kad je Sunce bilo u Škorpiji.

ODVOJENOST OD MAJKE
Čart 44: Muškarac rođen 30. avgusta 1956. godine

Čart 44. je veoma sličan čartu 38. Ipak, u čartu 44. Ketu je jači od Marsa, jer je zajedno sa atmakarakom Mesecom, koji je egzaltiran u Biku i određuje arudu u Lavu (umesto u Vodoliji, kao u čartu 38). Ovo donosi mnogo promena u čartu. Upapada je u oba slučaja u Vodoliji, ali je u čartu 38. zajedno sa aruda lagnom i pokazuje srećno oženjenog čoveka - domaćina,

Osnove Vedske Astrologije

Rashi (D-1) General

	Ke **Mo**	**Ve**
Ma		
	Čart 44. Thu 30/8/1956 13:30:00 Delhi, INDIA	**AL Jp** **Su**
	As **Ra Sa**	**Me**

Rashi (D-1) General

9	**RaSa** **As**	7	
10		6	**Me**
	8	**Jp** **Su**	
11	5	**AL**	
Ma	2		
12		**Mo**	4
	1	**Ke**	3
		Ve	

dok je u čartu 44. upapada u Vodoliji, nasuprot aruda lagne u Lavu, i aspektuje dvanaestu kuću, Rak i Vagu. Osoba živi kao monah u ISKON-u. Oba čarta 38. i 44. imaju slične kombinacije u vezi sa četvrtom kućom, osim što je u čartu 38. aruda lagna u četvrtoj kući, a u čartu 44. u Lavu, dok je četvrta kuća Vodolija i aspektuje dvanaestu kuću od aruda lagne. Dalje, Mesec, atmakaraka, je u gatak rašiju od lagne u Biku u sedmoj kući (baka). Pošto je Bik jači od Škorpije, od njega kreće narajana daša i period Bika je jedna godina. Dakle, u toku prve godine od rođenja, osoba biva odvojena od svojih roditelja i počinje da živi sa bakom i dedom.

VOZILA
Čart 45: Muškarac rođen 18. jula 1956. godine

Rashi (D-1) General

AL	**Ke** **Ve**	**As** **Me**
Ma		**Su**
	Čart 45. Wed 18/7/1956 3:47:00 Calcutta, INDIA	**Jp**
	Mo **Ra Sa**	

Rashi (D-1) General

	Su		**Ve Ke**	
Jp	4	**Me**	2	
5		**As**	1	
	3			
	6	12	**AL**	
	9			**Ma**
7	8		11	
	Sa Mo Ra		10	

U čartu 45. vladar četvrte kuće, Merkur, dobro je smešten u svom znaku, u Blizancima, i formira bhadra mahapuruša jogu. On je pod uplivom

Četvrta Kuća

negativne papa kartari joge između Sunca i Ketua, koja pokazuje gubitak vozila i sl, u vreme pada u biznisu. Devica u četvrtoj kući ima argalu Sunca iz jedanaeste kući od nje, koju ometaju Saturn, Rahu i Mesec u trećoj kući odatle. Venera i Ketu su, u devetoj kući odatle, neometeni. U kalamši (D-16) Rak se uzdiže sa Marsom u četvrtoj kući, i umešan je u *parivartana jogu* sa Venerom u petoj kući. *Tačna intrepretacija ove parivartana joge može da bude da će osoba tokom pod-pod perioda Venere biti sklona kupovini vozila kojima vlada Mars (tj. izbor vozila sličnim vojnim, kao sto su džipovi, landrover, Tata Sumo, džip itd.).*

	Su		
Me	AL		
Ra			As
Ke			
	Kalamša D-16		
	Wed. 18/7/1956 3:47:00 Calcutta, INDIA		
Jp	Ve	Sa	
Mo		Ma	

	5		3	AL
Sa	6	As		2
	Ma	4		Su
		7	1	
		10		
				Me
	8		12	
	Ve	9	11	
	Mo Jp		KeRa	

Broj vozila, ne uzimajuću u obzir kodove rejona, bi trebalo podeliti sa dvanaest. Ostatak bi trebalo odbrojati od Ovna. Rezultat treba da je na aruda lagni ili 5, 7. ili 9. kući ili u znaku u kojem se nalazi njegov vladar.

Po započinjanju biznisa, osoba je kupila svoje prvo vozilo 9. januara 1991. godine. Daša, antara i pod-pod period su bili Ketu-Jupiter-Venera. Broj vozila je bio 6966, što, podeljeno sa 12, daje ostatak od 6 (Devica). Znak je u sedmoj kući od aruda lagne u Ribama. Broj vozila, kada se saberu jednocifreni brojevi ovog broja, daju broj 9 (6+9+6+6=27, 2+7=9=Mars). Vozilo je bilo Maruti Džipsi (džip). Astrološka kombinacija koja ukazuje na uspon, u kratkom periodu od nekoliko godina, on je sakupio pola milijarde rupija. Tog datuma je Mesec bio u svati nakšatri, u Vagi u četvrtoj kući u kalamši, dok je Sunce bilo u Strelcu, gde je i matrupada.

Sa ulaskom u dašu Venere, pad u poslovanju je bio suđen, a on je uzeo veliku pozajmicu zarad proširenja. Istovremeno je promenio svoj auto za bolji - Tata Sumo. Vozilo je kupljeno 15. jula 1994. godine, dok je Mesec bio u Devici u hasta nakšatri, tokom perioda i potperioda Venera-Venera-Mars. Broj vozila je bio 6957 (ostatak je 9 = Strelac). Pod-pod period je bio Mars, koji vlada maraka kućama (2. i 7. kuća) iz četvrte kuće u kalamši (D-16). *Dakle, parivartana joga nije automatski* učinila *obe planete beneficima. Proizvod pokazuje Mars, dok benefičnu daša-antardaša-pratiantar dašu pokazuje Venera*. Sa znakom broja vozila (BV) u Strelcu, koji se ne uklapa ni u prvu, petu, sedmu ili devetu kuću od AL, očekivano je veliko nazadovanje, i ono se i desilo. On je bio na ivici da rasproda svoju fabriku kada je sreo astrologa, autora ove knjige. Savetovano mu je da se prvo reši Tata Sumoa, i uzme drugo vozilo sa BV na 12, i ukupno 3 (Jupiter vlada AL). Takođe mu je rečeno da će se ovo desiti oko oktobra 1997. godine. U daši Venera-Sunce-Venera, on je kupio polovnog Sedana sa brojem 3612 (ostatak 12- Ribe). Njegov posao je počeo da se oporavlja i uspeo je da vrati više od 50% duga.

Iz navedenog primera mogu se izvući sledeći zaključci:

i. Broj vozila (BV) bi trebalo da bude u 1, 5, 9. kući ili paka aruda lagni;

ii. Zbir brojeva bi trebalo da bude broj planete koja je benefik za aruda lagnu, ili se sa tim vozilom rizikuje nezgoda. Sunce-1, Mesec-2, Jupiter- 3, Rahu-4, Merkur-5, Venera-6, Ketu-7, Saturn-8, Mars-9;

iii. Vozilo bi trebalo da bude kupljeno tokom pod-pod perioda (pratiantar daše) vladara četvrte kuće u kalamši (D-16, drugo ime je šodašamša);

iv. *Vladara četvrte kuće u kalamši (D-16) treba redovno umiriti za sreću i ugodan život*. Do oktobra 1997. godine, ponuđena mu je polovna kontesa, iako je i ranije imao razne ponude. Kada se podeli sa dvanaest, broj auta je imao ostatak 12 (tj. broj je bio deljiv na celi broj) što je ujedno i njegova aruda lagna. Njegov posao je odmah zatim automatski krenuo uzlazno.

Čart 46: Muškarac rođen 16. jula 1948. godine

Četvrta Kuća

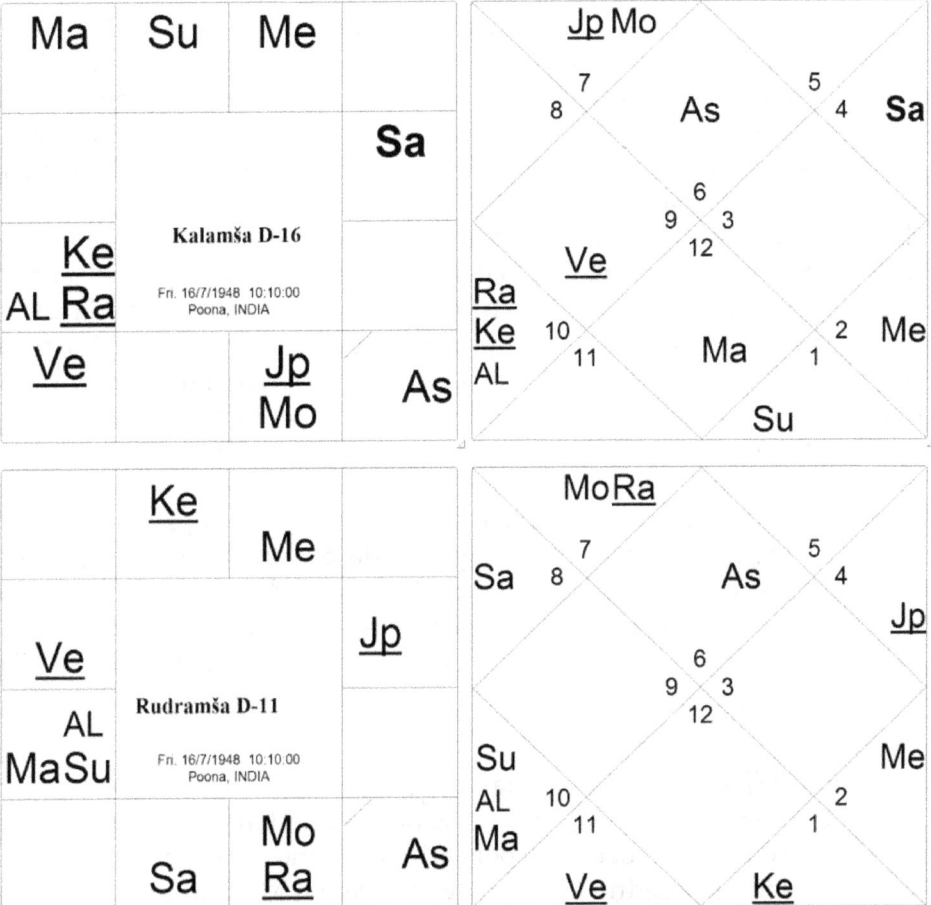

U čartu 46. postoji gađakešari joga u četvrtoj kući, a njen vladar, Mars, je smešten u drugoj kući od lagne. Ovo pokazuje posedovanje prelepe kuće i imovine, tim pre što je Mars takođe smešten u četvrtoj kući od aruda lagne, a vladar četvrte kuće, Merkur, je jak na aruda lagni. Osoba poseduje fabričke hale koje izdaje. Aruda lagna ima snažnu Merkur-Venera kombinaciju, u Blizancima, pokazujući tako posedovanje dobrih vozila.

U kalamša čartu (D-16) uzdigla se Devica lagna, sa Merkurom, u devetoj kući indikujući da će komfor i luksuz u životu doći od oca (nasleđe). Četvrta kuća je Strelac sa *joga karakom*. Venera se nalazi ovde i potvrđuje posedovanje dobrih vozila dok vladar četvrte kuće, Jupiter, formira *gađakešari jogu* sa Mesecom u drugoj kući, da pokaže sve udobnosti modernog života.

Iz četvrte kuće, vladar druge kuće, Saturn (koban malefik za Strelca), nalazi se u osmoj kući, dok Mars, ne samo da uzrokuje neometanu malefičnu argalu na Veneru i na četvrtu kuću, već takođe aspektuje i ascendent i četvrtu kuću (raši drištijem).

U rudramša čartu (D-11) Venera je u šestoj kući, a malefčni vladari treće, šeste i osme kuće, Mars i Saturn, su deo papakartari joge na četvrtu kuću. Đaimini podučava da šesta kuća u rudramši treba da bude ispitana za kaznu, i jedanaesta kuća za smrtnu patnju. Venera u šestoj kući pokazuje kaznu kroz slabosti prema suprotnom polu. Osoba je upozorena da se kloni prostitutki, jer su planete jasno upozorile na dolazeću ozbiljnu kaznu. U februaru 1997. godine, tokom vimšotari perioda Venere, Mars antardaše, Saturn pratiantar daše, dok je išao u svoju noćnu avanturu, koja je postala zavisnost, prevrnula su mu se kola u vožnji. Preživeo je, ali je povreda desne ruke bila ozbiljna i morao je da se operiše. Postavilo se i pitanje da li će ruka morati da se amputira? Četvrta kuća, prema Đaiminiju, pokazuje gubitak ruku, i tu imamo Saturna i Sunce u konjunkciji na matrupadi (A4 Rak), koji ukazuju na opasnost. Ovo pitanje je postavljeno tokom pratiantar daše Saturna. Međutim, Sunce (Išta deva - Bog Šiva) je takođe i vladar Lagne, a Rak aspektuju Jupiter i Mesec koji su smešteni u četvrtoj kući. Sa tihom molitvom Bogu Šivi, poslao sam odgovor da će ruka bit spašena, ali da će to zahtevati još operacija do novembra 1997. godine, kada se završava antardaša Marsa. Držeći se mog saveta, izvedena je mahamritjunđaja đapa i osoba se oporavila. Posle tri operacije, njegova ruka i desni dlan bili su više od 95% pokretljivi.

Imovina

U čaturtamši (D-4) čarta 46, četvrta kuća je Lav i tu je smeštena dankaraka Jupiter. Ukoliko dankaraka, Jupiter, nije dobro smešten u čaturtamši, malo je verovatno da osoba može imati bogatstvo kroz imovinu. Druga od četvrte kuće (i Jupitera) je zajedno Marsom i egzaltiranim Merkurom. Ova argala pokazuje posedovanje imovine (Mars, bhumikaraka) i neki od ovih će biti od velike komercijalne vrednosti (Merkur, biznis). Stoga ova kombinacija potvrđuje bogatstvo od iznajmljivanja, kao i od korišćenja sopstvenog komercijalnog poslovanja. Osoba ima četiri velike fabričke hale u Okhla industrijskom području Delhija, i koristi jednu za svoj biznis. Vlasništvo garantuje egzaltirani Merkur (vladar druge i pete kuće) i njegova pozicija u petoj kući (koju on poseduje - Šristana). Iznajmljivanje fabričkih hala pokazuje konjukcija vladara četvrte kuće, Sunca, sa Ketuom (grihakaraka – zgrade/fabrički prostor) u trećoj kući (potpisivanje sporazuma/ugovora). Treća kuća ometa argalu pete kuće i zbog toga tokom perioda zakupa fabričke hale, osoba tu halu ne može da koristi za svoje svrhe. *Na ovaj način treba proučiti efekte opstrukcije argala. Ako opstrukciju na četvrtu kuću uzrokuju funkcionalni benefici, neće biti problema sa zakupcima, dok funcionalni malefici mogu dati razne probleme.*

Čavrta Kuća

Venera, kao vladar čaturtamša lagne, igra dominantnu ulogu jer pokazuje suštinu osobe i njegove ideale, stavove itd. u vezi sa imovinom. Budući da je u drugoj kući, ona pokazuje da je osoba potpuno orjentisana prema bogatstvu. Ovo nosi šuba argala (intervencija benefika) na lagnu, kao i na četvrtu kuću, pokazujući prihode od imovine koji će puniti džepove. Pošto je ova argala neometena, bogatstvo će se neometano množiti.

Mars, kao vladar sedme kuće, pokazuje zakupce. On je zajedno sa egzaltiranim Merkurom i u uzajamnom aspektu sa Venerom (raši drišti). Debilitirani Mesec je u sedmoj kući, i aspektuju ga Sunce, Saturn, Ketu i Rahu. Ovo je vrlo loša situacija. Mars je takođe vladar dvanaeste kuće, i njegov aspekt na Veneru, u jedanaestoj od četvrte kuće, nastojaće da umanji prihode od imovine. Argala Marsa na četvrtu kuću vraća imovinu pod kontrolu vlasnika, tj. zakupci odlaze. Osoba je upozorena da ga tokom Šravane (juli-avgust 1997. godine) u antardaši Venera-Mars, u njegovoj 52. godini života, može snaći nesreća, i da će neki od zakupaca imati ogromnu patnju i potom napustiti fabrike.

Nažalost, ovo se i desilo, jedan zakupac je otišao, dvojica su pretrpela ozbiljan finansijski krah, a četvrti je doživeo takav šok, da je izvršio samoubistvo.

BORAVIŠTE
Čart 47: Muškarac rođen 7. avgusta 1963. godine

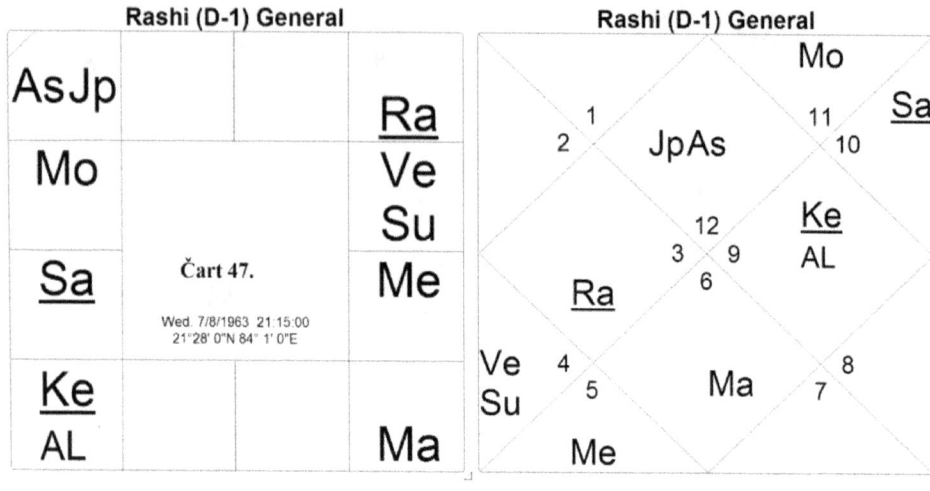

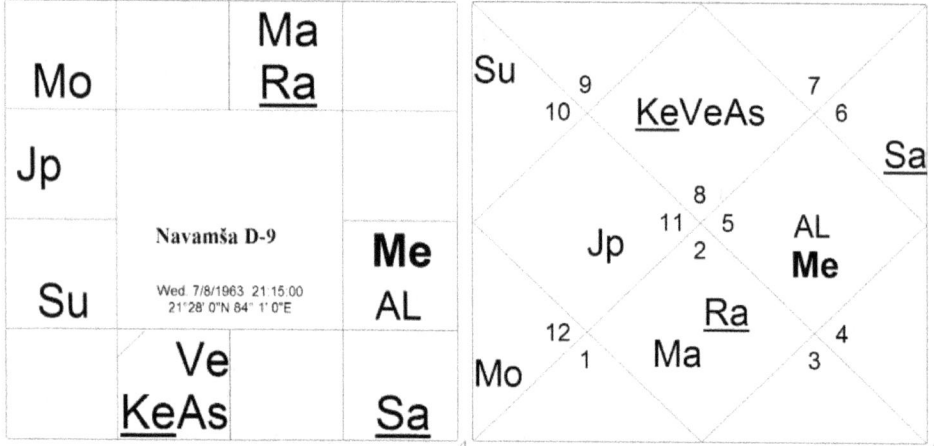

U čartu 47. četvrta kuća je u Blizancima, afliktuje je Rahu (koji je egzaltiran), a vladar četvrte kuće, Merkur, je *vargotama* u šestoj kući. Pored ovoga i vladar pete kuće, Mesec, se nalazi u dvanaestoj kući. Vladar ascendenta je lepo smešten i snažan na ascendentu, ali u vodenom znaku Riba. Ovo jasno pokazuje prebivalište daleko od doma, ali i dalje u istoj zemlji. Tokom Jupiterove daše osoba ostaje kod kuće i dovršava obrazovanje do 10. razreda, što je standard (upis). Saturn je vladar dvanaeste kuće i dispozitor Meseca, smešten u pokretnom znaku i aspektuje ga Venera. Saturn je zajedno sa Venerom, čak i u navamši i u čaturthamši. Zato Saturnova daša pokazuje promenu i prebivalište daleko od doma, ali u okviru granica Indije, zahvaljujući dejstvu Jupitera.

Četvrta Kuća

Mesto rođenja: Mesto rođenja se vidi iz četvrte kuće koja, sa dominantnim egzaltiranim Rahuom, pokazuje rođenje u kući majčinog oca. *Navamša lagna se koristi za osnovni pravac kuće ili sobe rođenja. Vodeni znaci pokazuju sever, vatreni znaci istok, vazdušni znaci zapad i zemljani znaci jug.* Pošto je navamša lagna u vodenom znaku, pokazana je severna strana kuće/sobe sa prolazom istok –zapad.

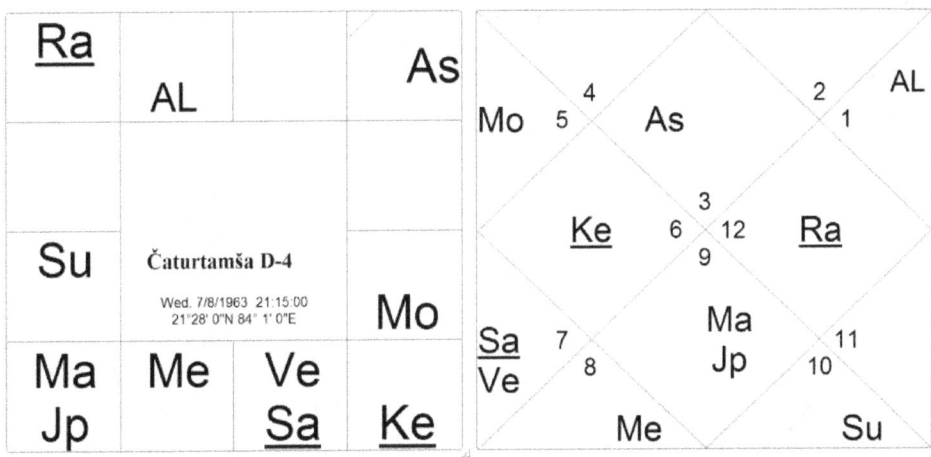

Narajana daše u čaturthamši: *U čaturthamši (D-4), narajana daše počinju od znaka u kome se nalazi vladar četvrte kuće u raši čartu (D-1).* U čartu 47, Ribe se uzdižu i vladar četvrte kuće (Blizanci) je Merkur. Merkur je smešten u Škorpiji u čaturtamši. Stoga, čaturtamša narajana daša počinje od Škorpije. *Periodi ovih daša se dobijaju tako što se čaturtamša čart tretira nezavisno, prateći iste metode kao kod čara daša. Redosled daša će biti jasan kad se prvi daša znak tretira kao arambha raši (polazni znak).* U pomenutom primeru, polazni znak je Škorpija i red daša će biti svaki šesti u obrnutom smeru (izvor: Đaimini Upadeša Sutre).

Tabela 7-1: Čaturtamša narajana daša

Daša	Period	Od	Do
Škorpija	1	avgusta 1963.	avgusta 1964.
Blizanci	5	1964.	1969.
Jarac	4	1969.	1973.
Lav	7	1973.	1980.
Ribe	3	1980.	1983.
Vaga	12	1983.	1995.
Bik	5	1995.	2000.
Strelac	12	2000.	2012.
Rak	11	2012.	2023.

Daša	Period	Od	Do
Vodolija	5	2023.	2028.
Devica	10	2028.	2038.
Ovan	8	2038.	2046.

Tokom većeg dela Škorpija daše on stanuje u kući majčinih roditelja. Do daše Blizanca, do 1969. godine, porodica je živela u malom gradu, u kojem je njegov otac bio zaposlen u rudarskom sektoru. Tokom 1969. godine njegov otac napušta državni posao da bi se pridružio privatnom sektoru blizu Rourkele (Orisa).

Ovaj posao trajao je četiri godine, tokom daše Jarca (1969-1973). Pošto se u Jarcu nalazi Sunce i njegov vladar je egzaltiran, tokom tog perioda su im obezbeđeni veoma komforni poslovni bungalovi. Sa početkom daše Lava, familija se seli u Bhubanešvar (Mesec: Bhubanešvari Devi). Osoba je ostala u Bhubanešvaru sedam godina, što se podudara sa trajanjem daše Lava (1973-1980). Tokom te daše osoba završava svoje desetogodišnje osnovno školovanje. Sa početkom daše Riba 1980. godine, i početkom Saturnove daše (vimšotari), ukazale su se prilike za napuštanje doma zarad viših studija. Ovo se dešava u Rahuovom pravcu (jugozapad), a on se nalazi u Ribama u D-4 čartu. On je putovao od Bubanešvara do Bengalora na svoje pred-fakultetsko (dve godine) doškolovanje u oblasti nauka. Ovaj period Riba (1980-1983) podudara se sa doškolovanjem i praćen je dašom Vage (1983-1995).

Daša znaka se može podeliti na tri dela, pri čemu je svaki deo pod kontrolom znaka, njegovog vladara i planete u znaku. Ovo je različito kod potperioda koji su podeljeni na dvanaest znakova. Tako se i period Vage (1983-1995) može podeliti na tri dela. Kontrolišu ih Vaga (1983-1987), Venera (1987-1991) i Saturn (1991-1995).

Tokom daše rašija, pravac se vidi od njega ili od sedme kuće, koju god da aspektuje Jupiter, Merkur ili vladar četvrte kuće. Dakle, tokom perioda dejstva znaka (1983-1987) u daši Vage, pravac se vidi od znaka Ovna ili od Vage. Merkur aspektuje Ovna i on putuje na jug (Mars) da studira inženjerstvo u Madrasu (Ovan). Obrazovanje je trajalo četiri godine. *Znak koji okupira vladar daša znaka se zove paka raši, a za određivanje pravca takođe se gledaju i znaci koje paka raši aspektuje raši drištijem.*

Dakle, tokom uticaja Venera (paka raši - Vaga) perioda (1987-1991), pravac se može odrediti iz paka rašija, Vage, ili znakova koje Vaga aspektuje, tj. Lava, Bika ili Vodolije. Tokom perioda 1987-1991. on je veći deo vremena proveo u Bubanešvaru (Mesec – Lav). Tokom poslednje faze Saturna u egzaltaciji, putuje na sever zbog posla sa boravištem u Delhiju (1991-1995). I u trenutnoj daši Bika (1995-2000) nastavio je da boravi u Delhiju. Kretanje

KRALJEVSTVO (SLAVA ZBOG IMOVINE)
Čart 48: Šri Krišnarađa Vadijar IV

Rashi (D-1) General

	MeSu Sa		
Ke			
		VeAs Jp	Ra
	Čart 48. Krishnaraja Wadiyar IV Wed. 4/6/1884 10:18:00 12° 0' 0"N 76°38' 0"E		
		Ma	
	AL Mo	Ra	

Rashi (D-1) General

(Ma in 3rd; Su in 2nd; Sa Me in 2nd; As Jp Ve in 1st; Mo in 12th; AL in 11th; Ke in 9th)

Kralj je poznat po svom kraljevstvu. Koje kombinacije pokazuju kraljevstvo? Mesec (porodica) zajedno sa hora lagnom daje snažnu porodičnu lozu i ukoliko je Mesec snažan, može obećati slavu samim rođenjem u čuvenoj porodici. Povezanost hora lagne sa četvrtom kućom ili vladarom četvrte kuće daje imovinu. U čartu 48. postoji izmena između vladara lagne i četvrte kuće. Ova parivartana joga (izmena) takođe pokriva i vladare lagne i hora lagne. Hora lagna je u četvrtoj kući sa Mesecom. Mesec se nalazi pod argalom Marsa i istovremeno ga aspektuju Mars, Sunce, Saturn i Merkur raši drištijem.

U čaturthamša čartu (D-4) Merkur je u drugoj kući pored parivartana joge između Venere i Meseca koja uključuje četvrtu i sedmu kuću. Ovo je snažna kombinacija za imovinu i dragocenosti svih vrsta. Gađakešari joga između Jupitera i Meseca takođe se ponavlja i u čaturtamši. Mars, kao vladar čaturtamša lagne, nalazi se u petoj kući i pravi argalu na četvrtu kuću. Tu argalu ometa Rahu, smešten u dvanaestoj kući od četvrte kuće. Konjunkcija vladara devete i četvrte kuće, Meseca i Jupitera, u sedmoj kući pokazuje imovinu dobijenu od oca koja će doneti slavu svojom ekspanzijom. Vladar pete kuće - Sunce (otac) u osmoj kući (zaveštanja) sa Saturnom (nasleđe) pokazuje nasleđenu imovinu sa očeve strane.

As	Me	Ra
		Ve
Čaturtamša D-4		
Krishnaraja Wadiyar IV		
Wed. 4/6/1884 10:18:00		Ma
12° 0' 0"N 76°38' 0"E		
Ke AL	Su Sa	Jp Mo

(Severnoindijski dijagram prikazuje iste podatke sa brojevima kuća i znakova)

Snažna pozicija vladara četvrte kuće u čaturtamši u kendri, i njegova umešanost u tako snažne joge sa beneficima, pokazuje da će osoba dobiti mnogo sa majčine strane i neće morati da traži svoju sreću na drugim mestima. Nema sumnje da mu je ova pozicija dala nekadašnje kraljevstvo Misori.

Obrazovanje

Četvrta kuća se bavi formalnim obrazovanjem i školama u kojima se osoba obrazuje. Peta kuća, koja je druga od četvrte, pokazuje dobijeno znanje (karaka Jupiter). Deveta kuća vlada višim obrazovanjem. Mi ćemo se ovde baviti procenom osnovnog obrazovanja, neformalnog učenja i drugih sličnih pitanja.

Čart 49: Muškarac rođen 12. novembra 1934. godine

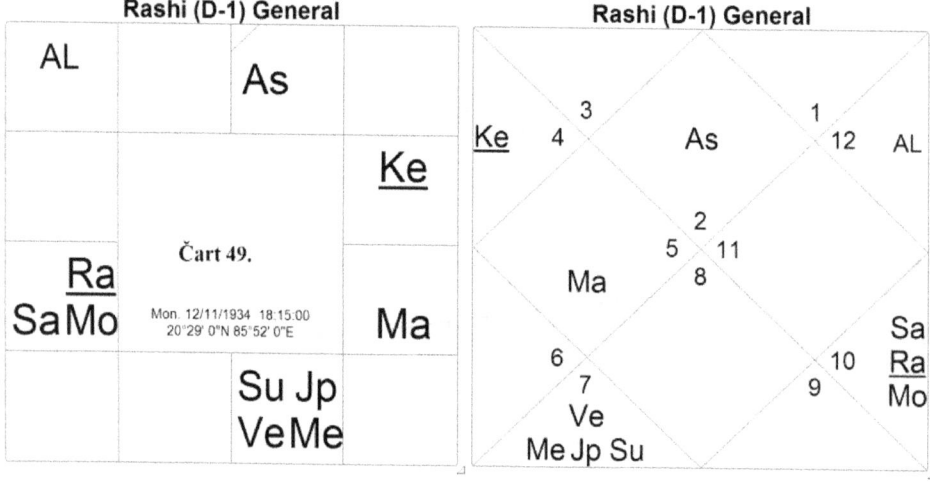

Četvrta Kuća

Osoba sa čartom 49. rođena je u siromašnoj braminskoj porodici u Puriju (Orisa), što se vidi iz pozicije vladara aruda lagne u osmoj kući odatle, i u šestoj od lagne. Međutim, postoji nekoliko ineresantnih rađa joga u horoskopu, zahvaljujući prisustvu četiri benefika u Vagi. Između ostalih, tu je i *pariđata joga (labeša, vidješa, daneša joga)* ili kombinacija vladara prihoda (jedanaesta kuća), obrazovanja (četvrta kuća) i bogatstva (druga). Ova konjukcija Jupitera, Sunca i Merkura oformila je snažnu rađa jogu koja obećava uspon u životu (Sunce dobija niča bhanga jogu, poništenje debilitacije, kroz Marsa u kendri u četvrtoj kući) kroz obrazovanje/učenje. Šarada jog*u* formira Mesec koji je u kendri sa Merkurom i u prvoj drekani pokretnih znakova (u slučaju da je Mesec bio u fiksnom ili dvojnom znaku, morao bi da bude u drugoj i trećoj drekkani za šarada jogu). Šarada je ime za boginju učenja. Ovo je dalje naglašeno prisustvom matrupade u kendri od aruda lagne. Dakle, kombinacije pokazuju dobro obrazovanje. Uprkos rođenju u veoma siromašnoj porodici, osoba je zauzela drugo mesto na kvalifikacionom ispitu, osvojila stipendiju i postala inženjer. Indikacije iz raši čarta treba potvrditi u sidamši (D-24).

U sidamši, Mesec je u fiksnom znaku (stabilnost uma), a njegov dispozitor (šubhapati) je egzaltiran i aspektuje lagnu. Ovo pokazuje veštine na polju matematike i analitike, i čini dobru osnovu za dobrog studenta. Sunce, koje predstavlja prosvetljenje, takođe je u fiksnom znaku, kao i njegov dispozitor, Venera, koja je egzaltirana u devetoj kući, kući visokog obrazovanja, zajedno sa debilitiranim Merkurom. Tako Merkur dobija *niča banga jogu*. Vladar devete kuće i karaka za obrazovanje, Jupiter, egzaltiran je na lagni, i formiraju *dharma karmadipati jogu* (DKJ) sa Marsom, koji je odličan za više obrazovanje. Gledano iz četvrte kuće (Vaga), vladar je egzaltiran i njegov dispozitor, Jupiter, je takođe egzaltiran. Debilitirani Mesec je u drugoj kući i stvara papargalu (malefičnu intervenciju), koja ima *niča bangu*, ali ne i kontraargalu. Otuda su se pojavili problemi u obrazovanju tokom vimšotari daše Meseca, i postojala je opasnost od prekida školovanja. Međutim, sa dolaskom Marsove daše, on je prelazio kraći put stanujući u zetovoj kući i završio je svoje obrazovanje. Kasnije je, u Puriju, i maturirao sa odličnim ocenama.

Čvorovi su dobro smešteni u desetoj kući i aspektuje ih Mars koji je deo DKJ. Dakle, Rahuova daša je dala rezultate joge i osoba je primila stipendiju da završi svoje studije. Tokom Rahu-Saturn daše veliki industrijalac i filantrop Šri G. D. Birla ponudio mu je stipendiju za magistarske studije i doktorat u SAD-u, ali je zbog teške finansijske situacije kod kuće, morao da odbije i zaposli se. Saturn je vladar sedme i osme kuće i malefik za Rak, a smešten je u dvanaestoj kući (putovanja u inostranstvo). Saturn takođe aspektuje devetu kuću (višeg obrazovanja) i on je joga karaka, brojano od četvrte kuće (Vage). Dakle, ovo putovanje na više studije u inostranstvo bi se pokazalo kao blagoslov i za osobu i za obrazovni institut. Ipak, pozicija Saturna u osmoj kući od vladara lagne (osoba) i Meseca (porodica), vodi kraju obrazovanja.

Čart 50: Šri Aurobindo

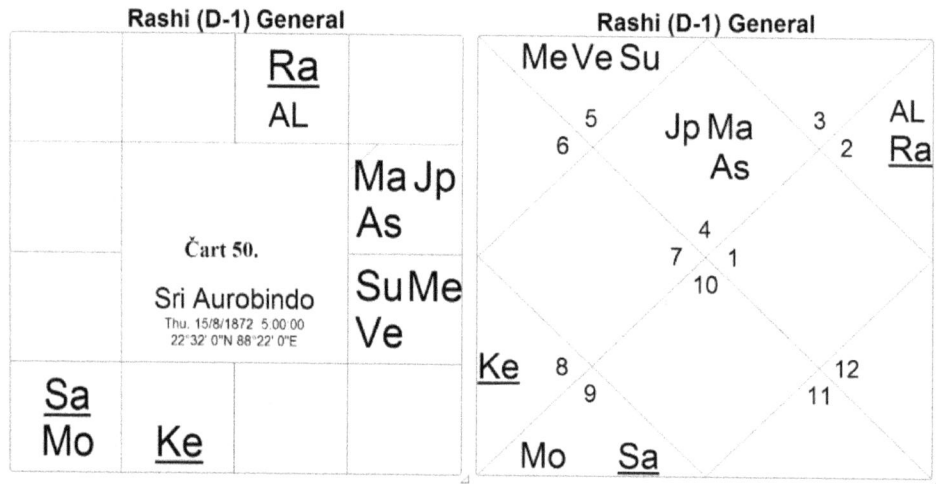

U čartu 50. aruda lagna je u Biku, sa Rahuom u dvanaestoj kući. Ovo je specifična kombinacija za veliku religioznost i spiritualnost. Rasi čart (D-1) ima moćnu dharma karmadipati jogu (DKJ) na lagni, koja pokazuje veliku učenost, obrazovanje i internacionalnu slavu zbog Jupitera u Raku. Jupiter je ujedno i na lagni u navamši, pokazujući intelektualnu genijalnost. U navamši u petoj kući se nalaze egzaltirani Mesec i Rahu. Ovaj aspekt, uparen sa Jupiterom na lagni, daje sposobnost kritičkog izražavanja i stvaranje literarnih remek dela. Njegovo životno delo, *Savitri*, je možda najveće prozno delo u savremenoj literaturi Indije.

	Su	Mo Ra	Ve
JpAs	\multicolumn{2}{c}{Navamša D-9 Sri Aurobindo Thu. 15/8/1872 5:00:00 22°32' 0"N 88°22' 0"E}	Ma
	Sa Ke Me		AL

12	11	JpAs	9 8	Ke Sa Me
	Su	10 1 7 4	
Mo Ra	2 3		6 5	AL
	Ve		Ma

U raši čartu, vladari jedanaeste, četvrte i druge kuće su zajedno u drugoj kući u Lavu (*labneša, vidješa, daneša joga ili pariđata joga*). Ovo je veoma snažna kombinacija za učenje i osoba je bila veoma obrazovana. Uprkos svim preprekama, završio je i kompletirao ICS ispite da bi dobio posao birokrate u Britanskoj Indiji. U Sidamši (D-24) postoji snažna *gađakešari joga* na lagni.

	Me Sa Ve	\multicolumn{2}{c}{Sidamša D-24 Sri Aurobindo Thu. 15/8/1872 5:00:00 22°32' 0"N 88°22' 0"E}	
			RaKe Su
	Jp MoAs	Ma	AL

	Ve Me Sa	10 11	MoAs Jp	Ma 8 7
		9 12 6 3	AL
	1 2		4 5	Ke Su Ra

Gađakešari joga u prvoj ili sedmoj kući može doneti slavu i u sidamši, ova slava dolazi od znanja/učenja. Jupiter, kao vladar lagne i četvrte kuće, pokazuje predanost učenju. On je takođe šubapati (dispozitor Meseca) i smešten je na lagni, pokazujući da će um težiti učenju. Sunce je u fiksnom znaku Lava u devetoj kući zajedno sa čvorovima (strani uticaji) i to mu je dalo više obrazovanje sa takmičenjima (ICS) u stranoj zemlji. Venera daje viparita rađa jogu sa Saturnom u trećoj kući (konjunkcija vladara šeste kuće i treće kuće u trećoj). Konjunkcija badakeša Merkura u ovoj kombinaciji uklanja sve badake (prepreke) na putu i obrazovanje je bez prepreka.

Pozicija vredna pažnje je Mars, kao vladar pete kuće, kuće obrazovanja, u dvanaestoj kući u Škorpiji. Tokom Marsove daše je počelo njegovo izučavanje okultnog i mističnog, spiritualnosti, i ta joga je počela snažno da deluje. Ovo podržava njegov najveći sledbenik Šri Maa koji je rođen sa Ovan ascendentom ili Marsovom lagnom. Mesec, vladar osme kuće, je na lagni, i podržava misticizam i okultne studije.

ॐ तत् सत्

ॐ गुरवे नमः

POGLAVLJE VIII

PETA KUĆA

Uvod

Peta kuća je trigon i to je znak koji određuje budući napredak na osnovu *purva punije*. Ona kontroliše srednje životno doba i tiče se stvari poput znanja, dece, ljubavi, naklonosti, autoriteta/moći i *bhakti* (molitve ili mantre). Jupiter je prirodni signifikator svih ovih oblasti i u dodatku, Venera označava ljubav i naklonost, dok Sunce i Mars označavaju autoritet i moć. Postoje različiti putevi za deva upasanu (u prevodu - obožavanje/spiritualizam) od kojih se *bhakti*[1] – *gjana*[2] joga vide iz pete kuće u vimšamša čartu (D-20). Darma se vidi iz devete kuće, a meditacija iz dvanaeste kuće. Ljubav i privlačnost se vide od Venere i iz navamše (D-9), dok Jupiter vlada univerzalnim bratstvom (*Vasudeva Kutumba*). Moć i autoritet se vide u dašamša (D-10) i pančamamša čartu (D-5). Planete u petoj kući imaju jako naglašen uticaj na lagnu i mogu bitno modifikovati prirodu lagne. Iz ovih razloga većina autoriteta daje slične rezultate za planete u prvoj i petoj kući. U petoj kući od navamša lagne ili od karakamše, gledaju se veštine i inteligencija osobe i, u skladu sa tim, određena je i profesija osobe.

Planete

Planete u petoj kući vrše argalu na lagnu i ukoliko ih ne ometa više planeta iz devete kuće, mogu da isforsiraju izvesne odlike kod osobe. Uopšteno govoreći, planete u petoj kući ne bi trebale da budu neprijateljske u odnosu na planetu na lagni. Na primer, ako je Jupiter na lagni, Venera, Merkur, Saturn ili Rahu u petoj kući mogu biti katastrofalni, jer sprečavaju i ometaju blagoslov Jupitera. Sa druge strane, Sunce, Mesec ili Mars će biti veoma povoljni.

Planete u petoj kući ostavljaju veoma upečatljiv trag u čartu. Ako je Sunce u petoj kući, poput osamljenika, daje manje dece i neće biti povoljan za žensku decu. Nasuprot tome, Venera u petoj kući preferira žensku decu, ali može biti vrlo zloćudna za majku, jer će biti u drugoj od četvrte (koja vlada majkom), a ona je prirodni neprijatelj *naisargika matrukarake* Meseca. Međutim, pošto je prirodni signifikator za maternji jezik i domovinu, učiniće osobu lojalnom svojoj naciji. Sunce u kući znanja daje briljantnost, kreativne sposobnosti i maštovitost. Osoba je bezbrižan tip i voli druženja,

---

1   Bhakti: Put predanosti kroz ljubav ličnog Boga.
2   Gjana: Put predanosti kroz znanje.

što je suprotno od Saturna u petoj kući, koji daje melanholiju, gubitak ili nemanje dece i priglupost. Mars u petoj kući može da uzrokuje gubitak dece i, zbog papa argale na sedmu kuću, zato što je u jedanaestoj odatle, uzrokuje disharmoniju u kući tj. sukobe sa bračnim partnerom. Deca će najverovatnije biti rođena carskim rezom, a aspekt na jedanaestu kuću može da uzrokuje svađe i nesuglasice sa prijateljima. Iako je osoba inteligentna, ona je ujedno i drska i impulsivna i često uzrok svojih problema. Na ovaj način se mogu posmatrati efekti različitih planeta u petoj kući.

Priroda božanstava koje osoba obožava može se videti iz najjače planete u petoj kući. Vedska božanstva za planete su sledeća: Sunce – Šiva; Mesec – Gauri/Parvati; Mars – Kartikeja/Skanda; Merkur – Višnu; Jupiter – Indra; Venera – Saći/Lakšmi; Saturn – Brahma; Rahu – Durga/Simhika; Ketu – Ganapati. Veoma obimna šema braminskih božanstava i ostalih oblika obožavanja srednjovekovne Indije je dostupna u delu *Prašna Marga*. Vedska šema božanstava ima potvrdu Parašare i Đaiminija. Celokupnu skalu remedijalnih mera kontroliše peta kuća ali pomenuta oblast je van obima ove knjige. Gore navedena božanstva su dovoljna za Hinduizam.

Vladar pete kuće

Pozicija vladara pete kuće je od presudnog značaja za određivanje životnog pravca posle braka i sve do srednjeg doba tj. perioda koji upravlja rođenjem dece i njihovim odrastanjem. Ako je vladar pete kuće na lagni, osoba je veoma inteligentna, srdačna i učena. Ona bi takođe trebalo da ima dobro znanje o politici i ostalim oblastima povezanim sa Suncem (karaka prve kuće). Vladar pete u drugoj kući daje ljubav prema novcu i dobre finansije. Osoba može imati lep glas i biti pevač, i biće dobro situirana. Aspekt vladara pete na osmu kuću iz druge, može doneti bolesti i smrt. Ako je vladar pete kuće prirodni malefik to može biti nepovoljno za bogatstvo. Sa papargalom na četvrtu kuću (tj. samim tim što je smeštena u jedanaestoj kući od četvrte) može stvoriti tugu i nesreću.

Efekti pozicije vladara pete kuće:

    i.   Oni pre svega zavise od njegove prirode, od toga da li je u pitanju prirodni benefik ili malefik. Prirodni malefici su bolji u dustanima od lagne, tj. u 3, 6, 8. ili 12. kući;

    ii.   Pitanja vezana za kuću gde se nalazi vladar će svakako biti naglašena, jer će vladar pete kuće sigurno dati znanje iz date oblasti;

    iii.   Kuće na koje vladar pete ima šuba/papa argalu (intervencija benefika/malefika) će pozitivno/negativano uticati na njihova značenja;

    iv.   Kuće pod aspektom vladara pete kuće, bilo graha ili raši aspektom, će davati rezultate tokom svojih daša;

v. Poziciju vladara pete kuće od Meseca i Jupitera treba proučiti za samu osobu u čartu i kao i za osobinu decu, datim redom. Na primer, ako je vladar pete kuće od lagne smešten u drugoj kući od đanma rašija, osoba će biti dobar pevač. Ukoliko je pomenuta planeta malefik i u vezi sa Marsom i Merkurom, daće bolesti grla. Otuda se pozicija planeta od Mesečevog znaka posmatra na isti način, kao i u odnosu na lagnu.

Za pitanja koja se tiču dece, treba videti poziciju vladara pete kuće i ostalih planeta u odnosu na Jupitera. Snažne planete, gledano od Jupitera, mogu pokazati broj i prirodu dece. Pozicija vladara pete kuće od Jupitera pokazaće dobiti dece itd.

Mantra

Video sam da su mnogi astrolozi veoma „slobodni" u deljenju mantri (mistične formule ili svete molitve). Ako vladar pete kuće nema dobar odnos sa vladarom lagne, molitve upućene vladaru pete kuće mogu ugroziti život dece. Stoga bi izbor mantre trebalo da bude u skladu sa učenjima Mahariši Brigua, koja glase:

i. planete u petoj kući će pokazati vodeću mantru – ako je više od jedne planete prisutno u petoj kući, onda će najjača planeta pokazati vodeću mantru. Na primer, sa Suncem u petoj kući, *Brighu Sutram* savetuje obožavanje Boga Sunca. Matra bi mogla da počinje jednim slogom (*biđaakšara*) „OM" ili „HRIM", koju prati aštakšari. U jednom Brighu čartu sa Blizanac lagnom i vladarom badaka Jupiterom u petoj kući, savetuje se obožavanje Jupitera. Zato bi prvi kriterijum za odabir mantre za ceo život trebalo da bude planeta u petoj kući;

ii. planeta koja aspektuje petu kuću može se izabrati samo ako nema planeta u petoj kući;

iii. ukoliko nema planeta petoj kući ili onih koje je aspektuju, mantra treba da bude mantra vladara pete kuće i to samo ako on ima dobre odnose sa vladarom lagne;

iv. ukoliko u gore navedenom slučaju, vladar pete kuće nema dobru *sambandhu* sa vladarom lagne, treba da se izabere njegov dispozitor.

Na isti način, tokom perioda planeta koje nemaju nikakvu interakciju sa petom kućom, njenim vladarom ili mantra padom (A5), propisivanje mantre za tu planetu neće biti od pomoći. Postoje razni drugi metodi pomenuti u tekstovima kao što je *Prašna Marga* (prevod: dr. B. V. Raman), itd. Vimšamša čart (D-20) je čart koji treba konsultovati za određivanje adekvatne planete/ devate za obožavanje.

Brojanje dece

Postoji mnoštvo pravila u standardnim tekstovima za procenu mogućnosti reprodukcije i broja dece. Nema zamene za težak rad i dobar astrolog bi trebalo da prouči sve tekstove. Ipak, pomenućemo nekoliko pravila kojima ćemo demonstrirati neke od principa:

a) planete koje su prirodni benefici u petoj kući nisu štetne za decu, čak ni kada vladaju malefičnim kućama, kao što su šesta, osma i dvanaesta kuća;

b) slično tome, planete koje su prirodni malefici u petoj kući ne doprinose sreći od dece;

c) ukoliko Venera ili Mesec vladaju petom kućom, i nalaze se u petoj kući ili je aspektuju, rodiće se mnogo dece. *Princip o kome govorimo jeste snaga elementa vode (đala tatva) u telu.* Dakle, preduslov je jak uticaj vodenog elementa na petu kuću. Ako je umesto elementa vode prisutan element vatre, remedijalne mere će biti neophodne.

d) ukoliko su u petoj kući Saturn i Mars u Jarcu, osoba će imati tri ćerke. Ukoliko je ova kombinacija formirana u Vodoliji u petoj kući, osoba će imati petoro dece, dok, ako su u drugim znacima deca mogu biti uskraćena. Ova kombinacija dva malefika, Saturna i Marsa, može dosta da ošteti petu kuću u svakom znaku, osim u slučaju kada govorimo o Saturnovim znacima, jer je tada vladar pete kuće jak;

e) ako je Jupiter u petoj kući, rodiće se pet sinova od kojih će troje preživeti. Ukoliko je Jupiter u petoj kući u Ribama, osoba će imati mali broj dece, dok snažan Jupiter u Strelcu (mulatrikona) daje situaciju u kojoj se deca dobijaju uz poteškoće.

Ukoliko je Jupiter još jači, recimo u Raku ili Vodoliji (Jupiter u Vodoliji daje rezultate slične onim u egzaltaciji) u petoj kući, dece neće biti. Ovo je bazirano na principu *"karaka bave našaja"* tj. princip gde prirodni signifikator za određene kuće, smešten u datim kućama, oštećuju njihova značenja;

a) ako ima mnogo malefika u dvanaestoj kući, osoba može ostati bez potomstva. Malefici u dvanaestoj kući uskraćuju fizičku kompatibilnost para, i zato deca mogu biti uskraćena.

Za pitanja trudnoće, saptamša (D-7) je najbitnija. Ovo je detaljno objašnjeno u mojoj knjizi *Mahariši Đaimini Upadeša Sutre* a nekoliko primera je dodato i na kraju ovog poglavlja. Suvišno je reći da se finalni rezultati mogu izreći samo nakon ispitivanja saptamša čarta, jer u nekim slučajevima gde je vladar pete kuće egzaltiran i Jupiter veoma jak u kendri, osoba je i dalje uskraćena za decu. *Remedijalne mere se u ovom slučaju gledaju iz santana tithija* (santana tithi je razlika u longitudama Sunca i Meseca, pomnožena pet puta svaka i podeljena sa 12° posle uklanjanja umnožaka od 360°).

Pušjaputra joga ili dobijanje deteta koje nije biološki vaše, vidi se iz pete kuće ili vladara pete kuće u vezi sa Merkurovim ili Saturnovim znacima. Ako su Saturn i Mandi u petoj kuća ili je aspektuju, to za posledicu ima nemanje dece. Ukoliko su upapada ili sedma kuća ili njihovi vladari povezani sa Rahuom, dete će doći iz braka sa udovicom/udovcem koji ima decu iz prethodnog braka.

Nemanje dece može biti posledica kletvi koje su nastale u prošlom životu. Ova tema je detaljno objašnjena u *Brihat Parašara Hora Šastri*, zajedno sa remedijalnim merama i uključuje *Brahma šapu* (kletvu sveštenika/astrologa), *pitru šapu* (prokletstvo oca ili starijeg očevog rođaka), matru šapu (kletva majke ili njene loze), šatru šapu (kletva neprijatelja) itd. Hajde da proučimo *Brahma šapu* da bismo razumeli osnovne principe. Uslovi za formiranje ove kletve su sledeći:

i. Rahu u Ribama ili u Strelcu: Rahu predstavlja kletve iz prošlog života i zato je planeta koja kontroliše karmu. U Jupiterovom znaku pokazuje prokletstvo sveštenika, sudije ili dobrog astrologa;

ii. Jupiter bi trebalo da bude zajedno sa Marsom ili Saturnom, ili da ga oni aspektuju: Jupiter je debilitiran u Jarcu kojim vlada Saturn, i u kome je Mars egzaltiran. Ukoliko ove planete aspektuju Jupitera one mogu da ga blokiraju do te mere da mogu da uskrate (Mars) i odlože (Saturn) plodove Jupitera (deca). Istovremeno, vladar devete kuće treba da bude u osmoj kući da bi potvrdio kletvu. Ukoliko ovaj uslov nije potvrđen, remedijalne mere mogu lako pomoći;

iii. Sunce, Mesec ili Jupiter kao vladari pete kuće, ukoliko su smešteni u osmoj kući sa maleficima. Jupiter, karaka za petu kuću, nazvan je *Bramanaspati* (plod Brahme) i zato satvične planete Sunce, Mesec ili Jupiter predstavljaju svece, Brahmine (sveštenike) i učene ljude, datim redom, čija pozicija u osmoj kući zajedno sa maleficima uskraćuje potomstvo.

iv. Jupiter u petoj kući pod aspektom vladara šeste ili zajedno sa njim: šesta kuća je maraka za decu i veza vladara šeste kuće i Jupitera u petoj kući (koji već uzrokuje gubitak/nemanje dece preko karaka bava našaje) oformiće kletvu (šesta kuća - bes, neprijateljstvo) Brahmina (Jupitera).

Na ovaj način možemo prepoznati tip kletve, a odgovarajuće remedijalne mere se mogu pronaći u klasiku *Brihat Parasare Hora Šastra*. Ove kletve se mogu oformiti u bilo kojoj od trigona bava (1, 5. ili 9). Ako se desi u devetoj kući, ona šteti ocu i sreći osobe, a ako je na lagni, oštetiće reputaciju i dugovečnost osobe.

Međutim, pre određivanja kletve i leka za nju, astrolog treba da potvrdi da je čart fizički sposoban za stvaranje dece. Mahariši Đaimini je dao dva nepogrešiva metoda za utvrđivanje istog.

- **A. Deha:** Ovaj metod je baziran na raši čartu. Pronađite aruda pade treće i devete kuće od lagne i Sunca. Aruda pade treće i devete kuće od Sunca (AS3 i AS9) pokazuju sposobnost da se održi atma (duša) u obliku sperme tj. sperma treba da nosi život u sebi. Aruda pade treće i devete kuće od lagne (A3 i A9) pokazuju fizičku sposobnost za reprodukciju. Ukoliko je Sunce u 2, 6, 8. ili 12. kući od bilo koje od ovih aruda, ona je uništena i to rezultira sterilnošću. Slično tome, ako se Venera i Merkur nađu na njima, ove pade daju sterilnost. Ako nijedna od ove dve pade nije oštećena, rođenje deteta je odloženo i nije uskraćeno. Ako su pade od lagne afliktovane, kao gore pomenute, potrebna je medicinska pomoć i astrolog ne treba da poseže za remedijalnim merama.

- **B. SAPTAMŠA:** Saptamša ima finalnu reč po ovom pitanju. Ako su Saturn, Venera i Merkur sami u trigonima, onda je osoba neplodna nezavisno od ostalih joga prisutnih u čartu. Ovo pravilo je izuzetak.

Vreme rođenja

Određivanje vremena rođenja svakog pojedinačnog deteta, njegova priroda, sposobnosti i sreća se vide u saptamša čartu. Ovo je detaljno objašnjeno u *Mahariši Đaimini Upadeša Sutrama*. Prvo dete se gleda iz pete kuće, brojano zodijački ili unazad u zavisnosti od toga da li lagna parna ili neparna (neki uzimaju *vimsapadu/samapadu* za ovo brojanje). Sledeće trudnoće se gledaju iz svake treće kuće (*manduka gati*). Stoga, ako je neparan znak na lagni u saptamši, trudnoće se gledaju u petoj (prva trudnoća), sedmoj (druga trudnoća), devetoj (treća trudnoća), jedanaestoj kući (četvrta trudnoća), i tako redom. Ako je paran znak na saptamša lagni, onda se trudnoće gledaju u devetoj (prva trudnoća), sedmoj (druga trudnoća), petoj (treća trudnoća), trećoj kući (četvrta trudnoća) i tako redom.

Pol deteta se gleda iz pozicije vladara znaka koji vlada datom trudnoćom. Ako je vladar egzaltiran ili je zajedno sa muškim planetama (Sunce, Rahu, Jupiter, Mars) u pitanju je muško dete. Ako je vladar debilitiran ili je zajedno sa ženskim planetama (Mesec, Ketu, Venera) u pitanju je žensko dete. Saturn i Merkur su planete evnusi ali, bazirano na iskustvu, nalazim da Saturn pokazuje žensku, a Merkur mušku decu. Ako vladar kuće koja predstavlja trudnoću nije ni egzaltiran niti debilitiran, niti je zajedno sa drugim planetama, onda se pol deteta gleda iz prirode znaka u kom se nalazi. Svi neparni znaci, izuzimajući Vodoliju i Blizance, su znaci rođenja muškog deteta; dok su svi parni znaci, osim Raka i Riba, znaci rođenja ženskog deteta.

| Muški znakovi | Ovan, Rak, Lav, Vaga, Strelac i Rak |
| Ženski znakovi | Bik, Blizanci, Devica, Škorpija, Jarac i Vodolija |

Detalji vezani za životnu sreću za svako pojedinačno dete, mogu se videti ako znak u kojem se nalazi vladar date trudnoće tretiramo kao lagnu. Na primer, znak u kojem se nalazi vladar sedme kuće, treba tretirati kao lagnu deteta rođenog iz druge trudnoće. Ako vladar deteta ima dobru sambhandu (odnos) sa vladarom saptamša lagne, odnos između roditelja i deteta će biti dobar. Ako je vladar bilo kog deteta u sedmoj kući od saptamša lagne, to dete će se suprotstavljati roditelju. Ako je vladar deteta u kendri od vladara saptamša lagne, onda će roditelj i dete postati *paraspara jogakaraka* (uzajamni saradnici). Ukoliko je vladar deteta, kao prirodni benefik, smešten u trećoj ili šestoj kući od saptamša lagne ili njenog vladara, onda će dete biti odgovorno za poraz roditelja ili će roditelj pretrpeti gubitak bogatstva. Ako je vladar deteta u dvanaestoj kući od vladara saptamša lagne, dete će boraviti u inostranstvu daleko od roditelja. Na ovaj način se može predvideti sudbina svakog deteta pojedinačno. Slično tome, brakovi dece se mogu analizirati iz upapade izračunate u odnosu na vladara deteta. Ovi se principi takođe mogu primeniti na drekana lagnu za braću i sestre.

Kuća zadužena za decu u čartu muškarca je peta kuća, a u ženskom čartu je to deveta kuća. Otuda je maraka (ubica) kuća u muškom čartu - šesta kuća (time što je druga od pete), a u ženskom je to deseta kuća (time što je druga od devete). Ipak, ako je vladar deteta smešten u ovim kućama ili zajedno sa vladarem šeste/desete kuće ili ako je vladar šeste/desete kuće u kući deteta, trudnoća će verovatno biti izgubljena ili dete može umreti.

Za svako dete vladar saptamše lagne nosi presudnu ulogu. Ako je vladar u šestoj/desetoj kući, muška/ženska osoba može biti nenaklonjena deci. Ako vladar saptamša lagne povezan sa osmom kućom, bolest može biti uzrok kašnjenja ili nemogućnosti dobijanja dece. Planeta koja vlada vimšotari dašom treba da ima argalu, šubha argalu (intervenciju benefika), na vladara saptamša lagne ili da ometa *papa argalu*. Samo u tom slučaju se rođenje deteta može desiti tokom daše te planete. [Satjačarjin princip tretiranja daša planete poput lagne koristi se u ovom slučaju].

Antardaša planeta treba da bude u vezi sa vladarem deteta/trudnoće ili da bude smeštena u trigonu, sedmoj ili dvanaestoj kući odatle. Stoga vladar daše dovodi u vezu vladara saptamša lagne i planete koja indikuje dato dete. Ova joga rezultira rođenjem deteta. Pratiantar daša je uglavnom planeta u trigonu sa saptamša lagnom, koja doprinosi lagni deteta (određujući tačnu lagnu u vreme rođenja).

Za dodatnu potvrdu, učeni astrolozi će učiniti dobro ukoliko pripreme nazavisnu narajana dašu u odnosu na znak u kom se nalazi vladar sedme kuće (u raši čartu) u saptamši. Na primer, ako su Ribe lagna u raši čartu (D-1), vladar sedme kuće je Merkur. Znak u kojem se nalazi Merkur u saptamši iniciraće narajana dašu.

Moć ili uspon kroz karmu može se videti u dašamši (D-10) kojom ćemo se posebno baviti. Međutim, autoritet se gleda iz pete kuće i pančamamše (D-5). Snažne planete smeštene u pančamamši daće rađa jogu. U ove svrhe treba proučiti petu kuću, kao i lagnu u D-5 čartu. Rast moći i krunisanje mogu se videti iz ove podelne karte. Ako je lagna u vreme davanja zakletve ili krunisanja u dustanu od lagne, moć se lako gubi.

PRIMERI

USVAJANJE

Čart 51: Muškarac rođen 27. oktobra 1962. godine

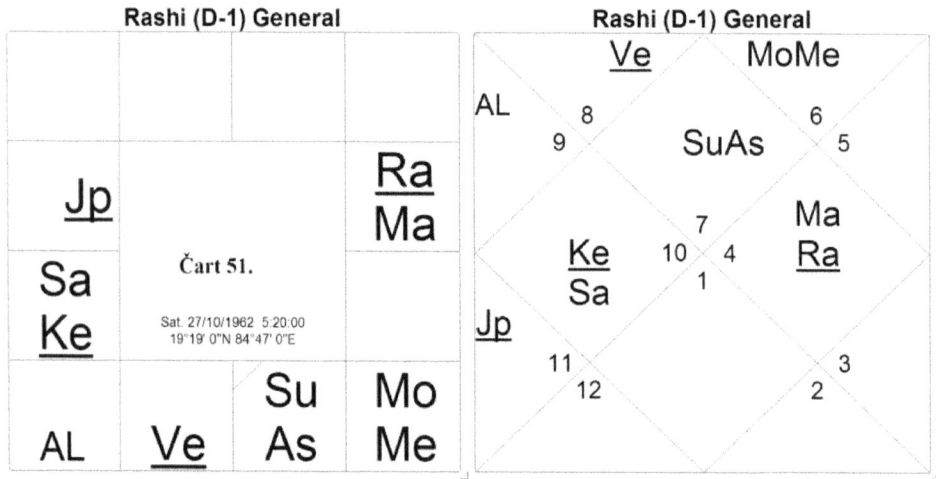

U čartu 51. Sunce je u najnižem stepenu Vage, a u petoj kući se nalazi Jupiter u Vodoliji (poput egzaltacije). Otuda postoji verovatnoća da neće biti dece. Međutim, pošto je Jupiter retrogradan, deca se mogu dobiti usvajanjem ili kroz nekonvencionalne/neuobičajene okolnosti. Aruda treće kuće od lagne (A3) i Sunca (AS3) je u Ovnu sa Suncem u sedmoj kući odatle, što pokazuje potencijal za prokreaciju. Arude devete kuće od lagne (A9) i Sunca su u Devici, sa Merkurom i Suncem u drugoj odatle, i pokazuju neplodnost. Pošto je lagna jača od sedme kuće, očekuje se da rezultati A3 dominiraju nad A9 i zato zaključujemo da je osoba plodna. Sada, Jupiter

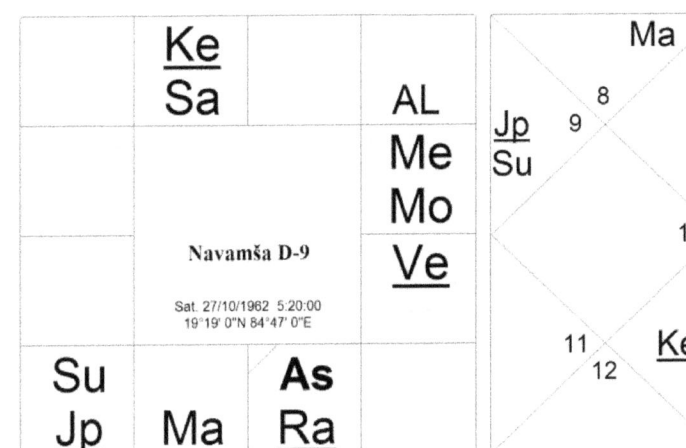

u Vodoliji pokazuje nemanje dece, ali njegova retrogradnost i Saturn, kao vladar pete kuće, zajedno sa karmičkom planetom, Ketuom, pokazuju decu nakon što osoba sprovede remedijalne mere. Sledeći prirodni korak je da se ispita brak. Ovde je vladar sedme kuće Mars debilitiran u desetoj kući (iznenadni brak – svojevoljna odluka) sa Rahuom (udovica). U navamši, Saturn i Ketu su u sedmoj kući, dok je vladar sedme kuće Mars u drugoj kući (drugi brak) u Škorpiji, i pokazuje da će žena kojom će se oženiti biti starija od njega ili njegova vršnjakinja i da će joj ovo biti drugi brak. Pošto vodeni znakovi dominiraju i raši i navamša čartom za vladara sedme kuće, žena će biti bramin. Tokom Rahuove daše Marsove antardaše, između 1987. i 1988. godine, on se zaljubio u svastiku svog prijatelja koja je u datom momentu bila udovica. Ona je bila bramin. On je tajno oženio u hramu i sa dolaskom Jupiterove daše, započeo samostalan život sa njom.

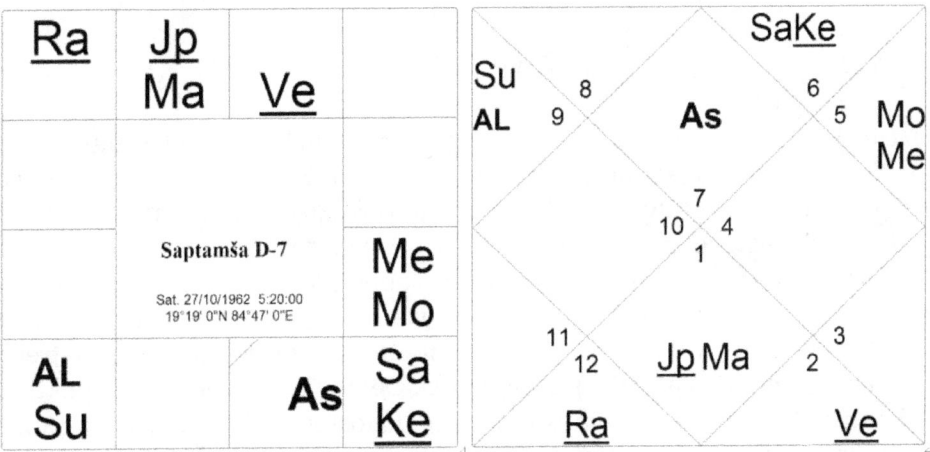

Saptamša takođe ima Vodoliju u petoj kući, pod aspektom Merkura iz Lava.

Pušja putra joga je jasno pokazana u saptamši i potvrđuje početno tumačenje iz Raši čarta. Vodolija ima dva vladara Rahua (u Ribama, pokazuje muško dete) i Saturna (u Devici sa Ketuom, pokazuje žensko dete). Zato će osoba usvojiti dvoje dece, jedno muško i drugo žensko dete, od udovice kojom se oženio. Ovaj brak i usvajanje je samo po sebi prirodna indikacija planeta i remedijalnih mera koje su sprovedene, pošto je Mars vladar sedme kuće zajedno sa Jupiterom, trebalo bi da se rodi sin iz braka. Ovaj sin je rođen tokom Jupiter daše, Merkur antardaše. Iako van konteksta, čitaoci mogu primetiti da je upapada u Blizancima sa Rahuom i Marsom u drugoj kući odatle. Međutim, vladar upapade je egzaltiran i zajedno sa vladarom druge kuće od upapade tj. Merkurom i Mesecom u Devici (Šri Krišna). Osoba je dobila savet da ode do Gospoda Đaganat Krišne u Puri, u Orisu, i potom su se događaji odvijali tako da je vrlo oštećen čart podržao prirodan zaokret ispunjavajući sve karmičke indikacije na čudesan način kako bi ispunio njegov život srećom sa ženom i decom.

Čart 52: Muškarac rođen 24. septembra 1964. godine

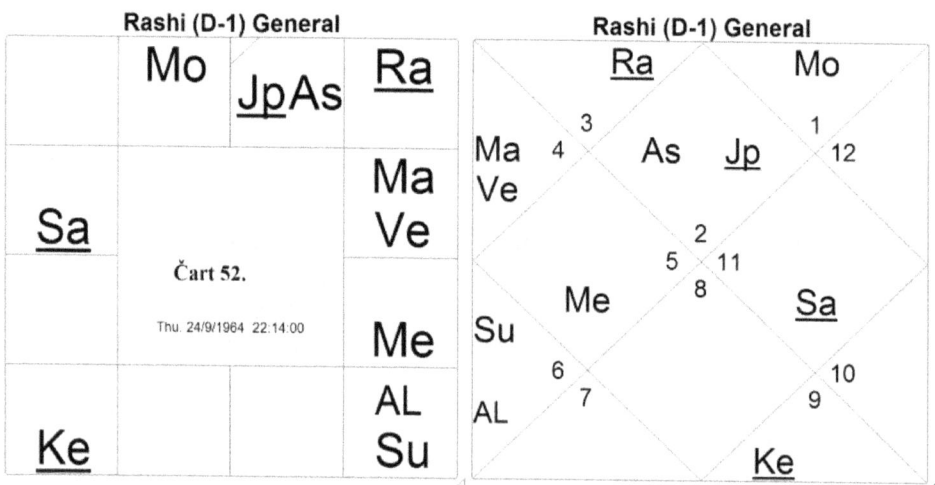

U čartu 52. Sunce je u petoj kući i pokazuje mali broj dece, uglavnom muške, i uključeno je u moćnu *parivartan jogu* sa Merkurom, koji povezuje drugu i petu kuću. Ovo je rađa joga koja pokazuje veliki uspon u životu kroz politički patronat i bogatstvo posle rođenja sina. Polazna konstatacija je kasnije potvrđena prisustvom aruda lagne (AL) u petoj kući u Devici. Međutim, peta kuća je Devica i njen vladar, Merkur, je u uzajamnom aspektu sa Saturnom. Ovo ostavlja mogućnost *pušja putra joge* i treba proveriti saptamša čart (D-7). U saptamši, Devica je u petoj kući i aspektuju je Saturn i Mars iz Riba, što pokazuje mogućnost za jednog usvojenog sina. Pošto je Bik na lagni, a u pitanju je paran znak, brojanje će biti unazad za svaku trudnoću. Peta kuća, brojana unazad, biće deveta kuća gde Merkur u Jarcu ponovo potvrđuje pušja putra jogu. Pol tog prvog usvojenog deteta vidi se od vladara Jarca (Saturn). Saturn je u Ribama (muško dete) zajedno sa Marsom (muško dete). Zato će prvo dete će biti usvojeni sin. Sada se postavlja pitanje zašto par usvaja dete, kada Jupiter na lagni u raši čartu može ukloniti sve *putra doše*? Vladar sedme kuće, Mars, debilitiran je u trećoj kući što nagoveštava brak iz ljubavi. On je zajedno sa Venerom na upapadi što potvrđuje brak iz ljubavi. Sa Merkurom u drugoj kući, pod aspektom Saturna, ovo će se sigurno dogoditi. U navamši, vladar sedme kuće Saturn je zajedno sa debilitiranim Rahuom u Škorpiji, pokazujući brak sa udovicom. Vladar sedme kuće od naisargika darakarake Venere je Saturn i smešten je u punoj snazi u Vodoliji u raši čartu, i zajedno je sa Rahuom u navamši (D-9) da ponovo potvrdi ovaj brak. Posto je i u raši i u navamša čartu Saturn u fiksnom znaku, žena će biti iz obližnjeg mesta.

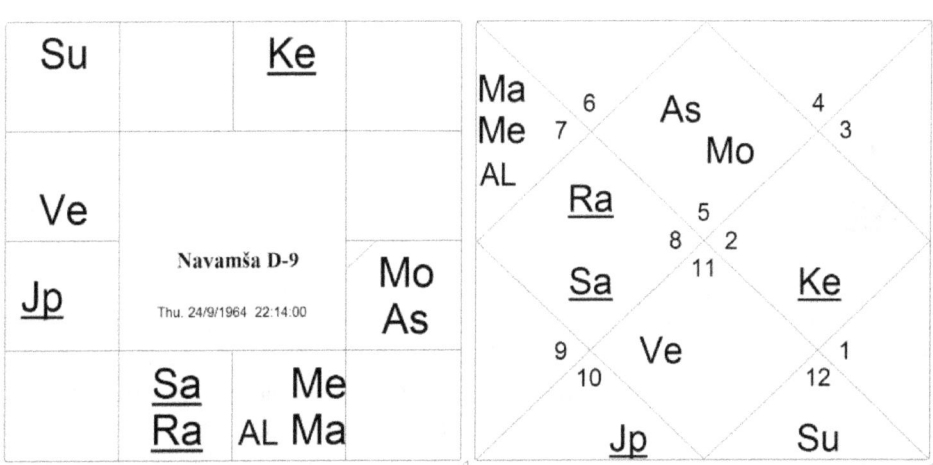

Čara darakaraka (privremeni signifikator partnera) je Jupiter, debilitiran u Jarcu u navamši, i pokazuje da će bračni partner morati da prođe kroz nestabilan period posle smrti prvog muža, a pre ovog braka. Svi pokazatelji pete kuće od lagne su takođe primenljivi na petu kuću od Jupitera da potvrde usvojeno muško dete. Prema tome, pokazan je brak sa udovicom i dobijanje sina, koji je iz njenog prvog braka. Ovaj događaj se može odrediti vremenski iz povoljnih odnosa upapade i dvanaeste kuće. Mesec u dvanaestoj kući sigurno će dati brak tokom svoje daše od decembra 1985. godine do decembra 1995. godine. Mesec ima šubhargalu Jupitera, Venere i Merkura, dok je argala Jupitera i Venere neometena, onu sa Merkurom ometa samo Ketu. Pošto su argala Merkura (5. kuća) i Ketuova opstrukcija (9. kuća) jednake, one stvaraju jednu vrstu *bandana joge*. Opet, papargala (intervencija malefika) Saturna (11. kuća) na Mesec ometena je od strane Rahua (3. kuća) generišući *bandana jogu*.

U odnosu na lagnu, papargala Rahua (2. kuća) na lagnu i darakaraku Jupitera

Osnove Vedske Astrologije

jednako ometa Mesec (12. kuća). Stoga, uz podršku Meseca iz dvanaeste kuće, loš aspekt Rahua u drugoj kući biva uništen. Šuba argalu Merkura na lagnu i DK (Jupitera) ometa Saturn, dok šuba argalu Merkura na upapadu ometa Rahu. Ipak, uprkos tome što se viđao sa mnogo podobnih devojaka za ženidbu, tokom daša-antar daše Merkur-Mesec, nije se mogao oženiti. Mogućnost je došla tek u Mesec-Venera daši, i u njegovoj 31. godini se on i oženio. Venera je na upapadi i bila je u trigonu od *sudaršan čakra daša rašija* (31. godina – 7. kuća Škropije). Škropija takođe ima Saturna i Rahua u navamši.

Sa Ma	Su	As	Ve Ra
			AL Mo
	Saptamša D-7		
Me Ke	Jp		

Thu. 24/9/1964 22:14:00

	Ra Ve	Su	
AL	3		Ma
	4	1	
Mo		As	12 Sa
	2		
	5 11		
	8		
6		Jp	10
7		9	Me Ke

U saptamši, Rahu-Ketu osa je u drugoj i osmoj kući i očekuje se da ograniči broj dece na samo jedno, što se nije desilo zbog Jupitera na lagni (D-1) i konjunkcije vladara sedme kuće u D-7 čartu sa usvojenim sinom (Saturn). Drugo dete u D-7 čartu gleda se iz treće od devete kuće, u suprotnom pravcu od pravca brojanja tj. sedma kuća i njen vladar Mars je zajedno sa Saturnom (žensko dete). Drugo dete, ili prvi potomak osobe, rođeno je u Mesec-Sunce-Merkur, daša-antar-pratiantar i bila je devojčica. Sledeći potomak se gleda iz treće kuće od sedme, brojano unazad ili iz pete kuće. Njen vladar Merkur je u Jarcu i ima Veneru, vladara lagne u šestoj kući (maran karak). Kada je Venera vladar saptamša lagne, potomci (grahe) smešteni u osmoj kući odatle ne mogu preživeti ukoliko nisu zajedno sa Ketuom (Ganapati), posto će ova deca imati Veneru u marana karak stanu. U tom slučaju može preživeti samo jedno, otac ili dete. Sledeći potomak se gleda iz treće kuće od pete, brojano obrnuto tj. treće kuće. Ovo dete ima Mesec u Raku i rođeno je muško dete, što je i očekivano u Mars-Rahu-Merkur (daša-antar-pratiantar). Vladar daše aspektuje vladara saptamša lagne Veneru i može da donese dete. Antardaša se određuje od vladara potomka (u ovom slučaju od Meseca). Planete u trigonu od Meseca ili u sedmoj ili dvanaestoj kući od njega, mogu da daju dete koje Rahu odobri, pored postojanja argale na Marsa (daša planetu). Ketu ometa argalu Rahua, ali Venera sa Rahuom uklanja opstrukciju. Zbog toga je dete rođeno u

Mars-Rahu periodu. Pratiantardaša je standardno određena iz planeta u trigonima prema saptamša lagni. Merkur u devetoj kući je kvalifikovan i daje decu u svojim pratiantar dašama. *Stoga, u predviđanju vremena rađanje dece, treba da se prisetimo sledećih pravila:*

I. vladar daše treba da bude povezan sa saptamša lagnom ili da ima argalu (neometenu) na vladara daše. U slučaju da je opstrukcija jednake snage kao i argala, onda će remedijalne mere pomoći tokom trajanja daše;

II. vladar antardaše se može videti iz trigona vladara potomka ili njegove sedme ili dvanaeste kuće, ili snažnih argala;

III. vladar pratiantar daše se može videti iz saptamša lagne, njenih trigona i drugih povoljnih kuća za rođenje deteta.

Čart 53: Žena rođena 4. februara 1969. godine

As Sa	Ma	Ke	Jp
			AL
	Saptamša D-7 Tue. 4/2/1969 16:24:00 26°43' 0"N 86° 0' 0"E		
Su	Mo Ve	Ra	
			Me

Osoba čarta 53. je bračni partner osobe iz čarta 52.

Vladar sedme kuće od lagne je Saturn, smešten u devetoj kući (bogat muž) zajedno sa Rahuom i Venerom. Ovaj položaj formira jogu opasnu po partnera (Rahu i Saturn zajedno sa vladarem sedme kuće i Venera u devetoj kući). Prisustvo vladara sedme kuće, Sunca, i vladara treće kuće, Merkura, takođe nije povoljno za sedmu kuću. Upapada je u Lavu (druga kuća-bogatstvo) zajedno sa Mesecom, pokazujući da će prvi brak biti u bogatoj porodici. Dužina trajanja braka se gleda iz položaja vladara druge kuće od upapada lagne (UL), ili planeta u drugoj kući. Druga kuća je Devica čiji je vladar (Merkur) debilitiran u navamši, dok je znak deo destruktivne *guru-ćandala joge* Jupitera i Ketua, koje aspektuje dara nasa joga Saturna, Rahua i Venere iz Riba. Brak treba odrediti iz upapade i sedme kuće u raši i navamša čartu, i treba da se desi u daši-antara-pratiantar Sunce-Jupiter-Saturn. Zbog delovanja guru-ćandala joge, ona je obmanom uvedena u brak sa čovekom koji je već bolovao od raka. Međutim, po staroj indijskoj tradiciji, ona je ostala sa mužem i čak pristala da ima decu sa njim.

U saptamša (D-7) čartu, parni znak Riba je na lagni, i trudnoće treba brojati u obrnutom pravcu. Peta kuća, brojano obrnuto, je u Škorpiji, sa dva vladara Mangalom i Ketuom u Ovnu i Biku, datim redom. Za razliku od puruša đatake, u stri đataki deveta kuća postaje primarni kontrolor dece i deseta kuća postaje *maraka* za decu. Deseta kuća je u Strelcu i njen vladar, Jupiter, ukoliko je loše smešten, može da uništi trudnoću. Međutim, između Ovna i Bika, drugi je jači i Ketu će odrediti potomstvo. U konjunkciji sa Jupiterom on uzrokuje čandala jogu i trudnoća je abortirana. Ovo se desilo u Sunce-Saturn daša-antar. Druga trudnoća se gleda iz sedme kuće (treće od devete, u obrnutom pravcu) i njen vladar Merkur je egzaltiran u Devici (sin). Ona je nosila ovu trudnoću u Sunce-Merkur daša-antardaši. Već smo videli da će

Merkur, debilitiran u navamši, okončati život muža i ovo se desilo u martu 1992. godine, tokom Merkurove antardaše i Sunčeve daše. Međutim pošto je dala obećanje svom mužu na samrti, ona je iznela i rodila dete na kraju Sunce-Merkur perioda. Porodila se u sredu. Njena žrtva i strpljenje doneli su joj divljenje zajednice, i osoba iz čarta 52. je stupila u brak sa njom. Drugi brak se gleda iz osme kuće od upapada lagne tj. Riba. Između tri planete u njoj, Venera je najjača i određuje lagnu njenog drugog muža (Bik lagna u čartu 52).

Prva trudnoća sa drugim mužem će biti njena treća trudnoća po redu. Ovo se vidi iz pete kuće u D-7 čartu (treća kuća od sedme kuće, u suprotnom pravcu). Njegov vladar Mesec je u Škorpiji (žensko dete) zajedno sa Venerom (žensko dete) i debilitiranim Rahuom (žensko dete). Zato je prvo dete posle preudaje bila devojčica. Sledeća trudnoća se vidi iz treće kuće od pete, brojano obrnuto tj. treća kuća Bik. Bik je zajedno sa vladarom desete kuće Jupiterom i Ketuom. Ova trudnoća je prekinuta/abortirana. Sledeća trudnoća se nije mogla desiti zbog Rahu-Ketu ose, ali tokom Jupiterovog delovanja, koji je takođe vladar lagne i vladar poslednje trudnoće sa Ketuom, dala je sina [za određivanja pola deteta, očev čart je obično bolji pokazatelj].

Čart 54: Muškarac rođen 16. juna 1956. godine

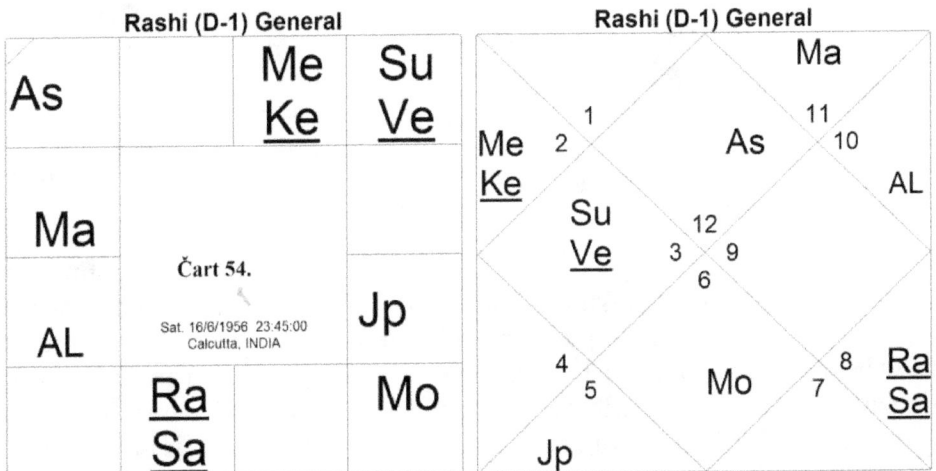

U čartu 54. peta kuća je Rak, i Mesec, kao vladar, je smešten Merkurovom znaku (Devica) u kendri. Nema planeta u petoj kući. U navamši, Mesec je u Blizancima (Merkurov znak). Brojeći od Blizanaca do Device imamo četiri znaka tj. Mesec mora da pređe tri navamše da dođe do Device, zato treba očekivati do troje dece u ovoj situaciji. Peta kuća od Jupitera je Strelac koji aspektuju Sunce i Venera iz Blizanaca, i zajedno sa raši drištijem Meseca, to pokazuje mogućnost za troje dece.

	Me Jp	Ke AL	Mo
Ma			As
Ve	Navamša D-9 Sat. 16/6/1956 23:45:00 Calcutta, INDIA		Sa
		Su	
	Ra		

	Sa	Mo	
	5 6	3 As	AL 2
		4	Ke
	7	Jp	
Ra	Su	10 1	Me
	8 9	Ve	12 11
		Ma	

	Ma AL	Sa Su	
Ke		Mo	
Me	Saptamša D-7 Sat. 16/6/1956 23:45:00 Calcutta, INDIA	Ra Jp Ve	
		As	

	Jp Ve Ra		
	7 8	As	5 4
	6		Mo
	9 12	3	Su Sa
Me	10 11		2 1	AL Ma

U saptamši (D-7 čartu), parni znak Device je na lagni pokazujući time da brojanje trudnoća/potomaka ide unazad. Prvi potomak (peta kuća unazad ili deveta kuća u Biku) je pod vladavinom Venere i pošto je zajedno sa Jupiterom (muško dete) u Lavu (muško dete), dominiraju muški faktori ukazuju na dečaka. Sledeće dete (vladar sedme kuće je Jupiter) je takođe u dvanaestoj kući sa Lavom (muško dete) ali je i zajedno je sa Venerom (žensko dete) i pokazuje devojčicu. Prema tome, osoba je imala dva deteta, sina i ćerku iz svog prvog braka. Primetimo da je Rahu-Ketu osa na osi 6/12 kuća i ograničava broj potomaka na samo dva (deveta i sedma kuća).

Upapada je u Biku zajedno sa vladarom sedme kuće - Merkurom. Dve planete, Sunce i Venera, su u drugoj kući odatle. Sunce je debilitirano u navamši i pokazuje rani gubitak žene usled lošeg zdravlja. Prva žene osobe se naglo razbolela i tokom Jupiter-Jupiter daša-antardaše razvila se snažna mentalna bolest. Uzrok smrti se može videti iz treće kuće od upapade ili čara darakarake. Treća kuća od UL je prazna, a njen vladar Mesec pokazuje mentalne aflikcije, dok treća kuća od Sunca (čara darakaraka) ima Jupitera, i pokazuje tugu ili melanholiju i nedostatak apetita. U navamši, Sunce je debilitirano u Vagi i Strelac je u trećoj kući odatle prazan, i pokazuje da će uzrok trenutne smrti biti pad sa visine. Ovo se dogodilo u Jupiterovoj daši, Saturn-antardaši i Saturnovoj pratiantar daši. Pošto je u sedmoj kući od upapade u društvu sa debilitiranim Rahuom u Škorpiji, Saturn neće oklevati da ovu pretnju sprovede u delo. Vladar sedme kuće u navamši je u drugoj kući (drugi brak), i on donosi drugi brak sa ženom koja je već bila u braku. U saptamši (D-7) peti znak od Device je Jarac, kojim vlada Saturn. Pošto ovo prelazi Rahu-Ketu osu pokazuje usvajanje, a pošto je Saturn zajedno sa Suncem, pokazuje muško dete. Drugi brak osobe je bio sa razvedenom ženom, koja je imala sina iz prvog braka. Osoba je usvojila dete i oni su sada srećna porodica.

RANA SMRT DECE
Čart 55: Muškarac rođen 22. marta 1966. godine

	AsJp	Ke	
		AL	
	Saptamša D-7 Tue. 22/3/1966 2:07:00 Jabalpur, INDIA	Sa	
Ra MaVe		Su Me	Mo

```
        Ke
      3        1
  AL 4   JpAs    12
              2
         Sa 5  11
              8
       6           10
   Mo  7         9
       MeSu    VeRaMa
```

Par sreće autora knjige 1996. godine, i pokazuje mu ovaj čart (čart muškarca). Izgubili su veru u astrologiju, a posetili su astrologa na insistiranje prijatelja.

U petoj kući od lagne nema planeta, ali je ona pod uticajem obe joge i papakartari i šubakartari joge. Vladar pete kuće, Mars, zajedno je sa Mesecom. Pošto je đanma tithi *amavasja* (Krišna pakša, 15), Mesec će dati rezultate slične Rahuu, što može biti veoma opasno. Peta kuća od aruda lagne (AL) ima Saturna koji će pokazati tugu vezanu za decu. Mantra aruda (A5) je u Vodoliji koja je afliktovana Saturnom. Parašara podučava da gauna pada (upapada – UL) treba da bude povoljna za sva pitanja vezana za potomstvo i decu. Iako je upapada u Raku, koji je povoljan znak, njegov vladar Mesec je veoma slab, i ima *rupu* (lice) Rahua, kroz amavasja tithi i afliktuju ga Sunce i Mars. U saptamši, Bik je na lagni i brojanje bi normalno trebalo da ide u suprotnom pravcu. *Ipak, vladar lagne, Venera, je umešan u parivartana jogu (izmena, promena pogleda, pristupa, prirode itd) sa Jupiterom. Pošto su znaci koji deluju Strelac i Bik, kroz razmenu, brojanje kuća za potomstvo će pratiti red Strelca (zodijački brojano) umesto Bika (obrnuto brojano). Ovo je važan princip u razumevanju implikacija parivartan joge.* Zato se prvo dete može videti iz Device umesto iz Jarca. Merkur, vladar pete kuće, nalazi se u plodnom znaku Vage, ali je u šestoj kući i zajedno sa debilitiranim Suncem (žensko dete zbog debilitacije Sunca). Šesta kuća je maraka za decu u čartovima muškaraca, *i samo Venera smeštena ovde može preživeti, ali i tada govorimo o prevremenom rođenju u sedmom mesecu.*

U gore pomenutom, predvideo sam da će prvo rođeno dete biti devojčica i da će patiti od ozbiljne bolesti ili će imati *balarišta joge* u čartu. Pogled na lica ovog para je bio dovoljan da shvatim da je Vedska astrologija dobila poen. Gospodin je priznao da je nedavno izgubio četvoromesečnu ćerku, nekoliko dana nakon putovanja u Delhi iz Madja Pradeša (severni pravac putovanja – Merkur).

Dalje, vladar sedme kuće, Mars (koji vlada drugom trudnoćom), zajedno je sa Rahuom (muško dete) i Venerom (žensko dete) u Strelcu (muško dete). Čak iako uzmemo u obzir dejstvo parivartan joge, efekti će biti kao da je u pitanju konjunkcija Rahua, Marsa i Jupitera u Biku, i predskazan je muški potomak. Prema tome, sa oba metoda se može predvideti muško dete. Pratiantar daša bi bila Mesec (u petoj kući) dajući da je lagna deteta Rak. Savetovao sam osobi da posti ponedeljkom i umiri Boga Šivu sa pančakšari mantrom, pošto je upapada u Raku. Ukoliko je ovo urađeno ozbiljno i predano, drugo dete - dečak bi trebalo da se rodi u znaku Raka (očekujući da nakšatra bude asleša čije je božanstvo Rahu, dok je tithi Meseca bio amavasja). Nekoliko meseci kasnije, ushićeni otac je došao sa slatkišima da donese dobre vesti o rođenju svoga sina. Dete je rođeno sa Rak lagnom, Rak rašijem, asleša nakšatrom. Gospod Šiva je uslišio njihove molitve i "čuveni" sin je rođen.

VREME ROĐENJA DECE
Čart 56: Muškarac rođen 27. februara 1966. godine

U čartu 56. peta kuća od lagne i aruda lagne je prazna i njen vladar, Merkur, je debilitiran. Ničabangu (poništenje debilitacije) donosi Jupiter u kendri od lagne. Jupiter takođe uništava i *kalasarpa jogu*, da bi oformio *mahapadma jogu*. Prema tome, ime, slava itd. koje obećava lagna počeće da se materijalizuju posle tridesete godine (Jupiter) i dostići će velike proporcije posle 43. godine (Rahu-Ketu). U saptamši (D-7 čart) Bik je paran raši na lagni, pokazujući obrnuto brojanje. Međutim, postoji parivartan joga (izmena znakova) između Sunca i Venere, koja uključuje Bik i Lav. Stoga će sistem brojanja biti zodijački zbog Lava, umesto obrnuto zbog Bika. Merkur je egzaltiran u petoj kući, i pokazuje da će prvo dete biti sin (nazvan Narajana ili Šri Višnu, išta devata Merkura, *astakšari mantra* OM NAMO NARAJANAJA ima moć da egzaltira Merkura). Drugo dete se gleda iz sedme kuće, i njen vladar Mars je zajedno sa Venerom, što pokazuje devojčicu.

	SuAs Jp	Ke	
			Sa
	Saptamša D-7 Sun. 27/2/1966 6:55:00 29°28' 0"N 77°44' 0"E	Sa MaVe AL	Me
Ra		Mo	Me

	Ke		
	3 4	As Jp Su	1 12
Sa	Ma AL Ve	2 5 11 8	
	6 7	Mo	10 9 Ra

ODREĐIVANJE VREMENA ROĐENJA DRUGOG DETETA

Iz ugla parivartan joge, kao privremenu lagnu za određivanje rođenja deteta bi trebalo uzeti Lava. Vladar saptamša lagne je Venera koja ima argalu Rahua i Rahu je aspektuje. Stoga Rahu daša može dati decu. Venera je takođe u Lavu kao privremenoj lagni (paka lagna). Vladar sedme kuće, Mars, je zajedno sa Venerom i ima argalu Merkura, Rahua i Ketua. Prema tome, Merkur je kvalifikovan da da ćerku. Iako Merkura ometa Saturn, zbog aspekta egzaltacije, ometanje je uklonjeno. Pratiantar se određuje iz lagna trigona i u ovom slučaju iz paka lagne preko parivartan joge. Prema tome, Mars, Venera i Rahu mogu dati dete u svojim pratiantar dašama. Pošto je antardaša određena Merkurom, pratiantardaša Rahua, u četvrtoj kući odatle (argala), je verovatnija nego Marsova ili Venerina u dvanaestoj kući odatle. Prema tome, daša-antardaša-pratiantardaša (vimšotari) je Rahu– Merkur– Rahu između 25. oktobra 1997. godine i 13. marta 1998. Određivanja meseca i tithija rođenja se može naučiti iz standardnih tekstova. Lagna se može odrediti iz saptamša lagna trigona, ili vladara saptamša lagne, koji god da je jači. Lagna je jača u saptamši zbog Jupitera, i među njenim trigonima za drugo dete, Bik je jači od Device budući da je u kendri u odnosu na vladara sedme kuće - Marsa. U Biku su smeštene dve planete, Sunce i Jupiter, i potonja će verovatnije odrediti lagnu deteta, jer doprinosi snazi Bika. Između dva znaka Jupitera, Ribe imaju veću verovatnoću. Ćerka je rođena 9. novembra 1997. u Vodolija znaku, Satabišak nakšatri i Ribama ascendentu.

NEPLODNOST
Čart 57: Žena rođena 17. novembra 1966. godine

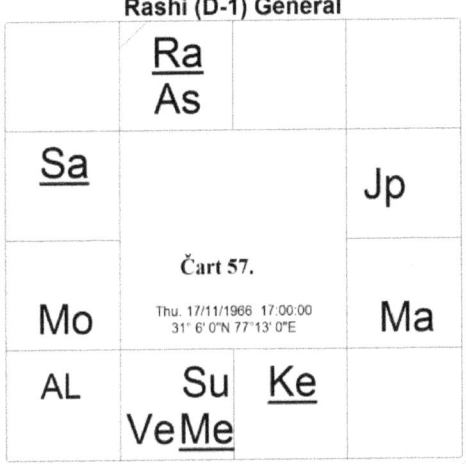

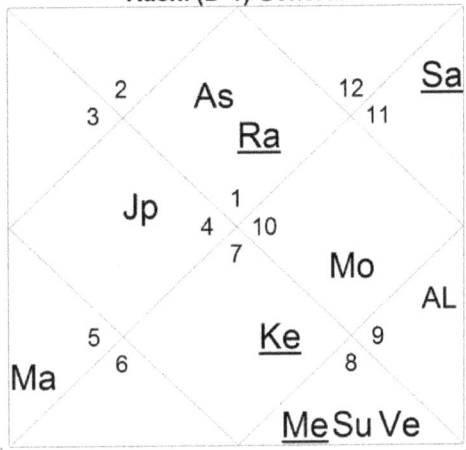

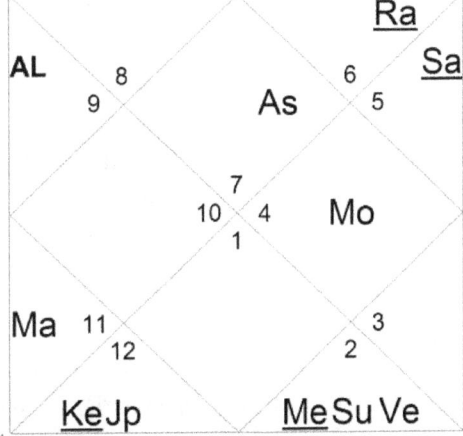

Tabela 8-1: Narajana daša: čart 57

Daša	Period	Od	Do
Ovan	4	nov. 1966	1970.
Bik	6	1970.	1976.
Blizanac	5	1976.	1981.
Rak	6	1981.	1987.
Lav	9	1987.	1996.
Devica	10	1996.	2006.

U čartu 57. vladar pete kuće, Sunce, se nalazi u osmoj kući zajedno sa maleficima Merkurom i Venerom. Merkur i Venera nisu prirodni malefici, ali jesu po život dece, jer pokušavaju da ometu prirodnu putrakaraku, Jupitera. Otuda pozicije Saturna, Venere i Merkura u trigonima od saptamša lagne mogu onemogućiti dobijanje dece. *Parivartan joga* između Sunca i Marsa (vatrene planete), koja uključuje petu i osmu kuću formira durjogu (maleficnu kombinaciju), a time i kletvu Bramina koja može sprečiti dobijanje dece. Od ukupno četiri faktora, aruda treće i devete kuće od lagne i od Sunca, A3 i AS9 su u Ovnu sa Suncem u osmoj kući odatle, zajedno sa Merkurom i Venerom, pokazujući da bi osoba mogla biti neplodna. U Saptamši (D-7), vatreni Mars je opet u petoj kući u Vodoliji. Vladar lagne, Venera, je u osmoj kući (bolesti) sa Merkurom (neplodnost) i vladar badaka Sunce jasno pokazuje sprečavanje/kašnjenje rođenja dece zbog određenog fizičkog defekta. U ženskom horoskopu je deveta kuća primarni kontrolor dece i deseta kuća je *marak stana* (smrtonosna kuća). Mesec je vladar desete kuće, smešten u desetoj kući, a pošto je on prirodni signifikator za majčinstvo, ova pozicija ga poriče. Narajana daša za čart 57. je u gore priloženoj tabeli. Daša Lava je počela 1987. godine i ja sam se usudio reći da je par venčan posle 1987. godine i uprkos dugoj "bračnoj čaroliji", oni su bili bez dece. Ovo je potvrđeno, jer su se sa dolaskom daše Lava venčali, i uprkos svoj medicinskoj pomoći, ostali bez potomstva.

Lav je umešan u parivartanu sa Škorpijom u kojoj je upapada (brak), i takođe je i deo Braminske kletve za nemanje dece. Umešanost ovih vatrenih planeta kao što su Sunce i Mars, i znakova kao što su Lav i Škorpija, pokazuje da je kletva veoma jaka i teško savladiva. Ipak, sa dolaskom daše Device, određene remedijalne mere se mogu isprobati. Imajući u vidu braminsku kletvu, njoj je dat savet da recituje *gajatri mantru*. Da bi ugušila predominantni vatreni element i da bi takođe dobila blagoslov Meseca, savetovano joj je da recituje i đala bića akšare ili *Varuna akšare*. Mantra glasi: "OM JAM JAM JAM SAH BHUR BHUVAN SVAH TAT SAVITUR VARENJAM BHARGO DEVASJA DHIMAHI DHIJO JONAH PRAĆODAJAT." Sa stanovišta vimšotari daše, Rahuova daša je počela od 1987. godine i nada je moguća tokom Rahu-Venera daše-antardaše. Pitanje plodnosti je detaljno obrađeno u mojoj knjizi Đaimini Mahariši Upadeša Sutre. Primere objašnjene u toj knjizi bi trebalo prostudirati kako bi se steklo bolje razumevanje ove tematike.

BLIZANCI I ABORTUS
Čart 58: Muškarac rođen 8. oktobra 1965. godine

U čartu 58. vladar pete kuće, Mars, je u dvanaestoj kući sa Ketuom i vladarom šeste kuće, Venerom. On je jak u svom znaku, ali je slab jer se nalazi u dvanaestoj kući od lagne i u šestoj od vladara lagne, Jupitera. U navamši Mars je u Devici, i pokazuje dvoje dece (Škorpija (8) minus Devica (6) daje 2). Mantra aruda (A5) je jaka u kendra znaku Blizancima i zajedno sa vladarom lagne i putrakarakom Jupiterom. Privremeni signifikator (čara

═══ Peta Kuća

putrakaraka) Mars se koristi kako bi se odredilo vreme blagoslova deci.

Rashi (D-1) General

	Ra	Jp	
Mo Sa			
	Čart 58. Fri. 8/10/1965 12:55:00 Delhi, INDIA		
As	Ma Ke Ve	Su Me AL	

Rashi (D-1) General

	Ke Ma Ve		
Sa Mo	10, 11	As	8, 7
	12, 9, 3	6	Me Su AL
	1, 2	Jp	5, 4
	Ra		

	As	Ve Sa	
		AL Jp Ma Mo	
Ra	Saptamša D-7 Fri. 8/10/1965 12:55:00 Delhi, INDIA	Su Ke Me	

	Ve Sa	2, 3	As	12, 11	Ra
		AL Jp Ma Mo	1, 4, 10, 7		
	Su Ke	5, 6	Me	9, 8	

U saptamši (D-7 čartu), Ovan je lagna sa Suncem i Ketuom u trigonu. Pošto je vladar pete kuće u petoj kući, prvi potomak pokazan Suncem je muško dete, i osoba ima sina. Vladar sedme kuće, Venera, je u dvojnom znaku Blizanaca (žensko dete) zajedno sa Saturnom, pokazujući mogućnost rođenja blizanaca u drugoj trudnoći. Aspekt egzaltiranog Merkura raši drištijem ovo potvrđuje. Međutim, Merkur je takođe vladar šeste kuće i sumnjalo se u opstanak trudnoće. Trudnoća/rođenje deteta će se najverovatnije dogoditi tokom podperioda Ketua u petoj kući. Tokom Merkur-Ketu-Saturn (daša-antardaša-pratiantardaša) desila se trudnoća. Tretirajmo Blizance kao privremenu lagnu druge trudnoće. Vladar lagne D-7 čarta, Mars, predstavlja osobu i Marsova pozicija u drugoj kući od Blizanaca u debilitaciji ugrožava pitanje blizanaca tako da će sama osoba biti protiv njihovog rođenja (istina). Dever osobe je obavešten da bi šanse preživljavanja trudnoće bile slabe, dok je Mars u debilitaciji pokazao da bi osoba mogla biti primorana na abortus. Konjunkcija Jupitera i Meseca nije promenila situaciju, jer su obe planete naklonjene Marsu i štetne po Veneru. Jupiter je takođe badak, i vladar sedme kuće od Blizanaca. Očekivano je da oba deteta budu devojčice. Sukšma antar Jupiterova daša u Merkur-Ketu-Saturn periodu je bila od 7. januara 1998. godine do 16. januara 1998. godine. Ako peta kuća u natalnom čartu predstavlja decu, osma kuća od pete kuće je dvanaesta kuća i predstavlja dugovečnost dece. Aruda pada dvanaeste kuće, zvana upapada ili gauna pada, igra presudnu ulogu u određivanju dugovečnosti dece i nastavljanju loze. Prema tome, post u danima kojima vlada gospodar upapade je najbolji prirodni lek protiv sveg zla. Smrt dece ili prekidi trudnoće mogu se videti tokom meseci kada je Sunce u trigonu od upapade, kada će aktivirati osmu kuću od pete kuće. Upapada je u čartu 58. u Lavu i Sunce će biti u Strelcu između 15. decembra 1997. godine do 16. januara 1998. godine i tad je postojala je velika verovatnoća za izvršenje abortusa. Dever je bio informisan da će stvari postati ozbiljne u drugoj nedelji januara 1998. godine.

Trudnoća je medicinski okončana 10. januara 1998. godine, kada je Mesec bio u Biku (gatak raši od *čara putrakarake* i vladara pete kuće Marsa) u *mrigšira nakšatri* (Mars) na šukla pakša trajodaši (Jupiter, 13) *tithi*. Mesec je bio u savršenom trigonu od natalnog Merkura.

Čart 59: Žena rođena 27. januara 1955. godine

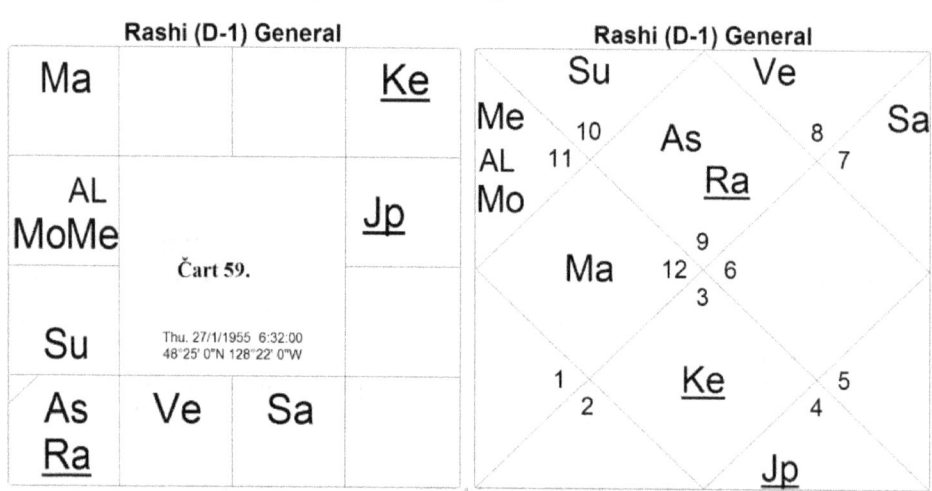

U čartu 59. peta kuća je prazna i u vatrenom znaku Ovna, a njegov vladar (Mars) je u dvojnom znaku (Riba). Mars je takođe čara putra karaka, kao i u čartu 58. Marsa aspektuje njegov egzaltirani, retrogradni i vargotama dispozitor, Jupiter, prirodni signifikator za decu. Prema tome, joge za rođenje dece su jake u čartu i prisustvo vladara pete kuće i čara putrakarake u plodnom, vodenom znaku pokazuje dobro za petu kuću. Aruda lagna i mantra aruda (AL i A5) su obe u Vodoliji, malefičnom znaku, ali zajedno sa AK Mesecom i Merkurom (dvojnom planetom). U petoj kući od AL je dvojni znak Blizanci.

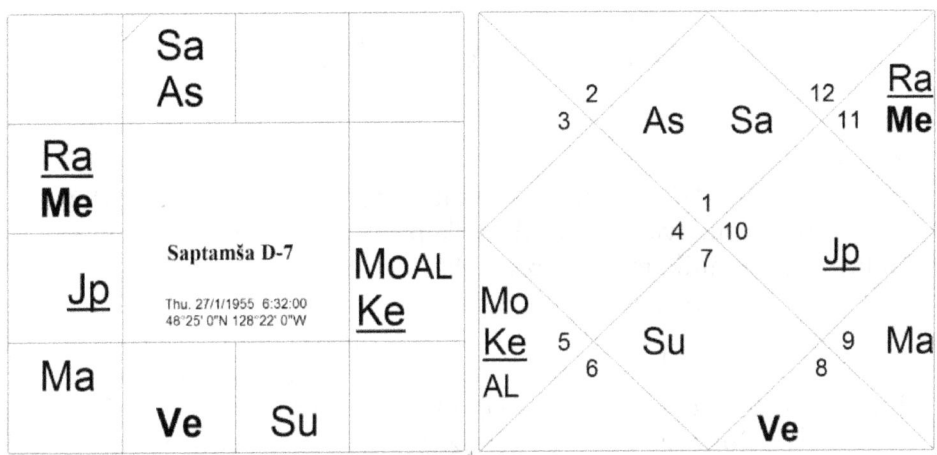

U saptamša čartu (D-7) lagna je Ovan (kao u čartu 58), i vladar sedme kuće je u Škorpiji, u znaku koji pokazuje blizance. Vladar pete kuće (prvo dete) je u sedmoj kući (drugo dete) debilitiran, a aspektuju ga Merkur (dvojna planeta koja pokazuje mogućnost dobijanja blizanaca) i Rahu (muško dete). Takođe ga aspektuju i Mesec i Ketu. Većina standardnih tekstova govori da uticaj znakova Blizanci, Devica, Škorpija ili Vodolija daje rođenje blizanaca. Iako aspekt Merkura pokazuje rođenje blizanaca, kao vladar šeste kuće on može da uništi trudnoću. Međutim, u ženskom čartu ako je Mesec jak, blagoslovom *Santana Gopala Šri Krišne*, deca će se bezbedno roditi.

DAŠA: U pitanju je Saturnova daša, a Saturn je na lagni i ima argalu na Marsa, vladara lagne. Jupiter ima neometenu argalu na vladara pete kuće, Sunce, i daje decu u svojoj antardaši. Pratiantardaša bi mogla da bude bilo koja planeta u trigonu od lagne i u ovom slučaju je to bio Mars. Blizanci su rođeni 20. decembra 1980. godine u Saturn – Jupiter - Mars vimšotari daši.

Đanma raši: Đanma raši muške dece se generalno nalazi u kendrama ili trigonima od saptamše Meseca. Blizanci su rođeni sa Mesecom u znaku Bika, koji je u kendri od saptamša Meseca osobe koji se nalazi u znaku Lava.

ॐ तत् सत्

ॐ गुरवे नमः

POGLAVLJE IX
ŠESTA KUĆA

Uvod

Šesta kuća se bavi neprijateljima, lošim poslom, službom, slugama, rođacima, mentalnim tenzijama, čirevima, povredama, poljoprivredom itd. Na fizičkom nivou, ova kuća predstavlja predeo ispod pupka i donjeg dela leđa. Prirodni signifikator za neprijatelje, loš posao, čireve i ozlede je Mars, dok je za službu, poljoprivredu, težak rad, poslugu i fizički bol/slabost zadužen Saturn. Merkur označava rođake i prekomerno razmišljanje koje uzrokuje mentalne tenzije. Ovo su *naisargika karake* (prirodni signifikatori). Đaimini je detaljno objasnio fiksne signifikatore za rođake, i oni se koriste u svrhu procene dugovečnosti. Jupiter označava očevog dedu, dok će Venera pokazati majčine roditelje.

Merkur generalno označava bliže rođake. Šesta kuća je *upačaja* (kuća rasta) kao i *trika* (kuća zla). Dakle, ako je vladar lagne zajedno sa ili ako aspektuje šestu kuću ili njenog vladara nastaje dimanta joga (intelektualni rad ili rast inteligencije). Pošto su sva neprijateljstva vezana isključivo za materijalni svet, neprijatelji se vide iz aruda pade šeste kuće i varnade šeste kuće. Varnada šeste kuće se izračunava na isti način kao i varnada lagna. Naklonosti osobe, tj. da li će ulagati u materijalnu dobit ili će je se odricati, može se videti iz treće i šeste kuće od aruda lagne. Slično tome, veštine neprijatelja se mogu videti iz treće i šeste kuće od šatru arude (A6); ako su prirodni benefici kao Jupiter, Venera, Merkur itd. u pomenutim kućama od aruda lagne, osoba je poražena ili se odrekla materijalnog sveta. Ako su umesto toga prirodni benefici u trećoj/šestoj kući od šatru arude (A6), neprijatelji će nestati. Podrška koju osoba dobija od rođaka (naročito od ujaka ili rodbine sa majčine strane) može se videti iz varnada lagne. Šesta kuća od varnada lagne (VL) pokazuje rodbinu sa majčine strane i ostale osobe od pomoći, dok šesta kuća od šasta varnade (V6) pokazuje pomoć i rođake neprijatelja. Na primer, u Mahabharati, borba se vodi između Judhištira i njegovog rođaka Durjodana. Dakle, u čartu Judhištire aruda lagna će predstavljati njega, a šasta aruda (A6) će predstavljati njegovog neprijatelja Durjodana. Bagavan Šri Krišna, Judhištirin ujak sa majčine strane, vidi se iz šeste kuće od varnada lagne (VL), dok se Šakuni, Durjodhanin ujak sa majčine strane, može videti iz šeste kuće od šatru varnade (V6). Pošto su ove kuće vezane za intelekt, Mahabharata pokazuje borbu umova između dva ujaka, Šri Krišne i Šakunija. Ovo je složen koncept i nekoliko ilustracija je dato u ovom poglavlju.

Planete u Šestoj Kući

Prirodni ili privremeni malefici u šestoj kući daju veoma dobre rezultate. Sunce daje sreću, dobru mišićnu građu, uspeh u ratovanju, galantnost, itd. Ako je Sunce jako, ili je zajedno sa beneficima ili ga benefici aspektuju, osetiće se dobri rezultati. Sa druge strane, ukoliko je Saturn zajedno sa Suncem ili ako ga Rahu pomračuje, doći će do neprijateljstva sa ocem i izmučenosti bolešću. Ukoliko Sunce ima višu longitudu od Saturna i Rahua, zlo će biti nadvladano i odnos sa ocem ili patnja usled bolesti će nestati. Ukoliko Sunce ima nižu longitudu od Saturna i Rahua, zlo će se jače manifestovati.

Mars ili Saturn u šestoj kući su veoma dobri. Ako su ove planete debilitirane, Rađa joga se manifestuje kroz uspeh u svim takmičenjima. Ako je takva debilitirana planeta ujedno i retrogradna, neprijatelj neće biti poražen i moći će kasnije da sakupi snagu i da porazi osobu. Ako je debilitirana planeta egzaltirana u navamši, ničabanga rađa joga će rezultirati naglim usponom i unapređenjem. Ako je debilitirana planeta egzaltirana u navamši i ujedno i retrogradna, uspon će biti kratkotrajan, i kada dođe tranzit i ta planeta postane retrogradna, osoba će pasti sa pozicije. Previše malefika u šestoj kući daće uspon moćnim i opasnim neprijateljima, jer šesta kuća dobija snagu iz prisustva velikog broja malefika u njoj. Mars u šestoj kući daje vrednu osobu čiji trud neće biti potpuno nagrađen. Iako pobedi neprijatelje, oni mogu da nastave da kuju zavere protiv osobe. Osoba će mučiti podređene lošim ponašanjem i to će rezultirati nezadovoljstvom zaposlenih.

Prirodni ili privremeni benefici u šestoj kući slabe značenja kuća kojima vladaju. Ako je Venera u šestoj kući, pitanja ili osobe kojima vladaju znaci Bik ili Vaga su uništene. Osoba pati zbog raznih zdravstvenih komplikacija do braka. Potvrđeno je da se zdravlje osobe drastično popravlja posle sklapanja braka. Merkur u šestoj kući pokazuje loše zdravlje i mentalne tenzije i agonije.

Merkur može dati da osoba obavlja posao koji ne voli ili da radi u nepoželjnom radnom okruženju. Međutim, osoba će imati satisfakciju od rada uprkos nemogućim okolnostima. Rahu ili Mars zajedno sa Merkurom čine da osoba postane pobunjenik ili terorista. Slab Merkur pokazuje neprilike od strane kolega. Osoba takođe pati zbog tantri i loših mantri od strane zlih ljudi. Ako je gnati karaka (sedma čara karaka) umirena, zla će prestati. Jupiter u šestoj kući daje dobru ishranu (jer aspektuje drugu kuću) i govor. Osoba često prima pomoć od poraženih. Profesionalna satisfakcija i priznanja će sigurno doći zajedno sa povoljnim prilikama.

Vladari treće, šeste, osme ili dvanaeste kuće u šestoj kući daju dobre rezultate, pošto značenja *dustana* (loših kuća) kojima oni vladaju tada bivaju uništena. Ovo uzrokuje stvaranje viparita rađa joge, a ako je vladar šeste takođe u dustanu (treća, šesta, osma ili dvanaesta kuća) i osoba dobija na gubicima drugih. Ako je Venera, kao vladar šeste kuće, zajedno u viparita jogi, to može rezultirati smrću ili zlom u familiji bračnog partnera, roditelja ili drugih rođaka, u periodu delovanja rađa joge u vreme uspona osobe. Ako je Jupiter vladar šeste kuće i deo viparita joge, onda familija osobe pati u periodu rađa joge. Zato, u zavisnosti od vladarstava i prirodnih značenja planeta smeštenih u šestoj kući ili u kući na koju utiče vladar šeste kuće, one mogu da uzrokuju neprijateljstvo ili uništenje neprijateljstava. Ako je vladar šeste kuće u petoj kući, to može uzrokovati neprijateljstvo od dece ili prijatelja (jer aspektuje jedanaestu kuću). Druge kuće koje aspektuje vladar šeste kuće, gledano po znaku (raši drišti), takođe će pokazati izvor neprijateljstva. Ako je vladar šeste kuće jak i povoljan u odnosu na vladara lagne, njihovo pomirenje će doneti kraj neprijateljstvu i razdoru, i doneti promene u srcu. Prirodna tendencija bilo koje osobe je da bude neprijateljski nastrojena prema onim stvarima ili kućama gde je smešten vladar šeste kuće. Ako je vladar šeste kuće na lagni, on je neprijateljski nastrojen prema svojoj familiji i sebi. Pošto je vladar šeste kuće u osmom znaku (bolesti) od šeste kuće, to daje bolesti neprijateljima i dobro zdravlje samoj osobi. Uvek je prisutna opasnost od ujeda psa ili sličnih nezgoda. Ako je vladar šeste kuće u drugoj kući, koja je maraka stana (kuća ubica), osoba je neprijateljski nastrojena prema svojim neprijateljima. Ako je vladar šeste u devetom znaku od šeste kuće, neprijatelji imaju manjak sreće, dok sama osoba postaje srećna. Slično tome, vladar šeste kuće u trećoj kući daje da osoba prezre braću i sestre, da bude kukavica i puna besa. Pozicija u desetom znaku od šeste kuće uništava karijeru i bogatstvo neprijatelja, dok donosi uspon karijere i bogatstvo samoj osobi. Slično tome se mogu razumeti efekti vladara šeste kuće u svim ostalim kućama.

I dok značenja kuća pokazana brojanjem od šeste kuće do njenog vladara oštećuju neprijatelje i povoljne su za osobu, obrnuto važi za kuće brojano od vladara šeste kuće do šeste kuće. Na primer, ako je vladar šeste kuće u drugoj, on je u devetom znaku od šeste kuće i sreća koja je označena devetom kućom je uništena za neprijatelje i data osobi. Međutim, brojeći od vladara šeste kuće do šeste kuće imamo pet znakova koji pokazuju da neprijatelj biva pomognut od strane svoje dece, dok osoba ima probleme u odnosima sa decom.

Podelne karte vezane za ovu kuću su šastamša (D-6) i ekadašamša (D-11).

Vladar lagne u šestoj kući sa vladarom šeste može dati čireve i druge bolesti na intimnim delovima tela. Slično tome, planete čiji znakovi imaju arude u šestoj kući mogu dati bolesti na intimnim delovima tela. Na primer, ako je vladar četvrte kuće u jedanaestoj kući, čirevi ili bolesti na genitalijama vide se iz matrupade (aruda četvrte kuće) koja je u šestoj kući. Kuća pod uticajem vladara šeste kuće pokazaće osobu koja pati od čireva, posekotina i drugih bolesti vezanih za temperaturu (Mars). Ako je vladar šeste kuće na lagni, osoba sama pati; ako je u trećoj kući pate braća i sestre; ako je u četvrtoj kući pati majka i tako dalje. Oblast gde se dešavaju ovi problemi vidi se iz planeta koje su zajedno sa vladarem šeste kuće. Sunce pokazuje glavu, Mesec lice, Mars grlo, Jupiter stomak/pupak, Merkur leđa, Venera oči, Rahu ili Ketu – donje delove tela.

Postoje razni drugi diktumi u standardnim tekstovima. Neki od njih će biti prikazani u primerima.

Primeri

Neprijateljstvo i ratovi
Čart 60: Adolf Hitler

	As **Me**	Su	Mo
Sa	Šastamša D-6 Adolph Hitler Sat. 20/4/1889 18:24:00 48°15' 0"N 13° 2' 0"E	Jp Ma**Ra** **Ve Ke**
AL			

```
        Su
    2        Me      12
  3          As        11
Mo                        Sa
           1
   Jp    4   10
              7
      Ma
      Ve  5            9  AL
      Ra    6       8
      Ke
```

Čart 60. je horoskop Adolfa Hitlera, koji je uzrokovao Drugi Svetski rat. Neke veoma moćne kombinacije su prisutne u ovom čartu. *Saturn, smešten u Raku na tronu ili Jupiter smešten u Ribama na tronu može da rezultira snažnom rađa jogom.* Tron je prva ili deseta kuća. Hitler ima Saturna, smeštenog u desetoj kući od lagne, na AL u Raku. Rahu je u devetoj kući, aspektuju ga Mesec i Jupiter, što rezultira snažnom negativnom šakti jogom (videti *Mahariši Đaiminijeve Upadeša Sutre*). Rahu će, smešten u šasta arudi (A6), sigurno dati uspon neprijateljstva i ratovanja tokom svojih perioda, i budući da je u egzaltaciji i deo šakti joge i *guru-ćandala joge*, ovaj rat će biti opasno velikih dimenzija, uzrokujući veliku opasnost po svetski mir (Jupiter). Konglomerat četiri planete, uključujući AK i lagneša Veneru (sopstvo i ideali), Merkura (dharma – 9. kuća, vladajući principi), Sunce (politika) i Marsa *(Ručak Mahapuruša joga)* u Marsovom znaku, rezultirao je snažnom rađa jogom. Pošto je znak marsovski Ovan a tu je i bog rata, sve planete funkcionišu prema jedinstvenom cilju tj. ratu i teritorijalnoj agresiji.

U šastamši (D-6) Marsov znak, Ovan, je na lagni sa vladarom šeste kuće, Merkurom, dajući mu veliki kapacitet za ratne spletke. Ovo aspektuju Rahu, Venera, Merkur, Ketu i Saturn raši drištijem, i Rahu i Saturn graha drištijem. Ovo daje vrlo zao um u ratnim operacijama. Planete u drugoj kući i njihovi aspekti mogu uzrokovati smrt i poraz. Sunce je u drugoj kući i aspektuje ga Jupiter iz Raka. Hitler je rođen u vimšotari daši atmakarake Venere, što pokazuje problematično detinjstvo. Daša atmakarake može biti vrlo promenljiv period za osobu, dok će daša gnatikarake (GK Rahu) biti turbulentna za neprijatelje.

Šesta Kuća

Tabela 9-1: Narajan daše za Adolfa Hitlera

Daša	Period	Od	Do	Godina
Ovan	12	1889.	1901.	12
Bik	11	1901.	1912.	23
Blizanac	10	1912.	1922.	33
Rak	7	1922.	1929.	40
Lav	5	1929.	1934.	45
Devica	5	1934.	1939.	50
Vaga	6	1939.	1945.	56
Škorpija	5	1945.	1950.	61

Hitlerova narajana daša počinje od sedme kuće, od Ovna, i nastavlja se u zodijačkom pravcu. Pošto daše počinju od sedme kuće, fala (rezultati) će se uvek videti od sedme kuće u odnosu na raši dašu. Daša Ovna je trajala dvanaest godina i Hitler je živeo sa roditeljima, kao rezultat Vaga lagne. Sledeća daša, daša Bika, je dala loše rezultate Škorpije za period od jedanaest godina (1901-1912). Hitler je izgubio oca u trinaestoj godini i majku dve godine kasnije. Ovaj događaj se može lako potvrditi kroz vimšotari dašu.

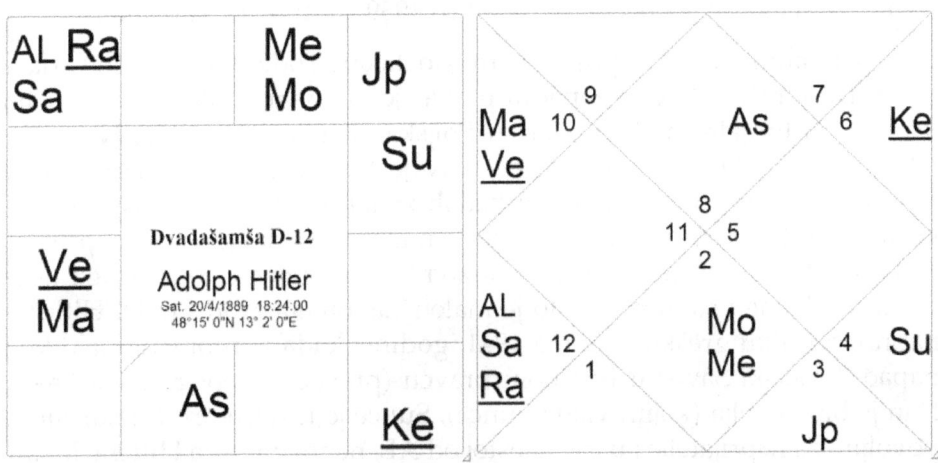

U dvadašamši (D-12) smrt oca se vidi iz treće i desete kuće. Venera u trećoj kući je ubica za oba roditelja, dok će vladar treće kuće, Saturn, ubiti oca pošto je on vladar sedme kuće od devete kuće. Otac je umro u daši Venere i antardaši Saturna. Pošto je Saturn takođe vladar četvrte kuće, on neće ubiti majku, već je vladar sedme kuće od Saturna tj. Merkur opunomoćen da to uradi, budući da je zajedno sa Mesecom i da je dispozitor Jupitera. Majka je umrla u daši Venere antardaši Merkura. Godine 1914. u daši Blizanaca i antardaši Vodolije, Hitler je regrutovan u Bavarsku vojsku. To su bili rezultati pozicije Strelca u sedmoj kući od daša rašija, sa gađakešari jogom koju afliktuje Ketu. Desilo se tokom ove faze da je Hitler jedva izbegao smrt i počeo da veruje da ga je proviđenje (Jupiter i Mesec kombinacija) spasilo da bi postigao viši cilj. Ovakvo razmišljanje može biti rezultat guru-ćandala joge koja koegzistira sa gađakešari jogom. Sa dolaskom daše Raka, Hitler je pokazao svoj interes za politiku i pridružio se Nacionalsocijalistima. Tokom daše Lava, 1933. godine, realizovani su rezultati Vodolije u petoj kući (autoritet, moć itd.), i tada Hitler postaje Kancelar Nemačke posle puča. Sunce i Mars u trećoj kući od Vodolije i Saturn u šestoj daju uspeh kroz hrabrost (parakrama).

Daša Device, april 1934-1939. godine, daje rezultate Riba u šestoj kući, Saturna u trigonima (laž, krivokletstvo) i Rahua u četvrtoj kući (bezdušnost). Guru-ćandala i šakti joga su funkcionisale istovremeno i hipnotisale saveznike i učinile ih neaktivnima, kada je marta 1938. godine u Jarac antardaši (četvrta kuća – dom, zemljište) Hitler jednostavno umarširao u Austriju. Ova joga je ponovo profunkcionisala marta 1939. godine, i on je zauzeo Čehoslovačku u antardaši Riba. Ovo je bio lak posao sa neznatnim otporom, jer su Ribe veoma miroljubiv i benefičan znak. Međutim, sa početkom daše Vage, saveznici su se probudili i ručak joga, lakšmi joga itd. su profunkcionisale u sedmoj kući od daša rašija. Rezultat ove daše Vage (1939-1945) bi bio u Ovnu i Svetski Rat je počeo u septembru 1939. godine u Ovan antardaši.

Za uspeh ratnih podviga, pravac bi trebao da bude odabran na osnovu daša rašija. Daša raši je Vaga i zapadni pravac je pogodan, pokazujući rapidni uspeh i teritorijalnu pobedu, jer su Poljska, Belgija, Holandija, Norveška i Francuska pale do 1941. godine. Lav je badak znak od daša rašija i nosi kombinaciju četiri planete u badak znaku odatle. To je takođe treća kuća od šasta arude (A6), i time što je malefik pokazuje da će neprijatelj (saveznici) imati sreće i postati ofanzivni. Istovremeno, to je druga kuća od aruda lagne i samim tim što je malefična, ometa arudu (AL). Hitler je napravio veliku grešku 22. juna 1941. godine, kada je promenio taktiku i napao Sovjetski Savez u istočnom pravcu (pravac vatrenog znaka Lava). Dan je bio nedelja (kojim vlada Sunce), Sunce je u šatru arudi (A6), što je povoljno za neprijatelje i u dvanaestoj od AL, nepovoljno za Hitlera. Mesec je u krittika nakšatri kojom vlada Sunce, i narajana antardaša je bila Lav. Ova fatalna greška Hitlera je bila odlučujuća za tok Svetskog rata.

U sledećoj antardaši, antardaši Device (od oktobra 1941. godine do aprila 1942. godine) nakšatre su ponovo promenile poziciju u Hitlerovu korist jer su u trećoj kući od AL, a aspektuju ih šakti joga i guru-ćandala joga, i tada su se Japanci pridružili Paktu i napali Perl Harbur, 7. decembra 1941. i ubrzano stigli do Ranguna do marta 1942. godine. Sunce je 7. decembra 1941. godine bilo na 22^0 Škorpije u trigonu od aruda lagne i u šestoj kući od šatru arude (A6) gde je povoljno za Hitlera i loše po njegove neprijatelje.

Pozicija je bila u trigonu u odnosu na natalnog Saturna. Rat se završio sa krajem Vaga daše koja je donela i smrt Hitleru.

Važni principi koji su se pomenuli:

I. Sunce u trigonu od aruda lagne (AL) povoljno je za osobu, dok je u trigonu od šasta arude (A6) povoljno za oponente;

II. Ako su znaci u trećoj i šestoj kući od aruda lagne (AL) malefični ili ih aspektuju malefici daće uspeh osobi, dok su na sličnim mestima od šasta arude (A6) povoljni za oponenta. Znaci ili planete benefici daju suprotne rezultate;

III. Znaci ili planete benefici u drugoj kući, četvrtoj, petoj, sedmoj i osmoj kući povoljni su za osobu ili oponente u zavisnosti od odnosa sa AL/A6. Znaci ili planete malefici daju suprotne rezultate;

IV. Mesec je najbolje smešten u dvanaestoj kući od aruda lagne za teritorijalna osvajanja i zaštitu domaće teritorije. Mesec jednako smešten od A6 će pomoći oponentu. Tranzit Meseca treba proučavati od natalnog Meseca i lagne.

Ova pravila se takođe mogu primeniti za odlučivanje o uspehu ili porazu na izborima. *Bitno je pomenuti da se poraz vidi iz druge kuće od šastamša (D6) lagne.* U Hitlerovom čartu, druga kuća je u Biku, sa Suncem, dok je Rahu u Lavu sa mnoštvom planeta. Za Ovna, Venera je glavna maraka i sa dolaskom antardaše Venere u Rahu daši, od 16. jula 1942. godine pad trećeg Rajha je počeo i kretao se prema potpunom kolapsu prema kraju ovog perioda 1945. godine. Čak je i antardaša AK bila katastrofalna.

Kako je Hitler umro? Ovo pitanje je analizirano u posebnom poglavlju. Hajde da proučimo čartove nekoliko Hitlerovih prijatelja i protivnika.

Čart 61: Predsednik Frenklin Delano Ruzvelt

Rashi (D-1) General

	Sa Jp	Ke	Ma AL Mo
Me Su Ve		Čart 61. Franklin Delano Roosevelt Mon. 30/1/1882 20:09:00 40°43' 0"N 73°59' 0"W	As
	Ra		

Rashi (D-1) General

Navamša D-9

	Ke Ve	Su
Mo	Navamša D-9 Franklin Delano Roosevelt Mon. 30/1/1882 20:09:00 40°43' 0"N 73°59' 0"W	Sa AL
Jp Me As Ma Ra		

Šastamša D-6

	Ma Me	AL Sa Mo
Su	Šastamša D-6 Franklin Delano Roosevelt Mon. 30/1/1882 20:07:00 40°43' 0"N 73°59' 0"W	As Jp
Ra Ve Ke		

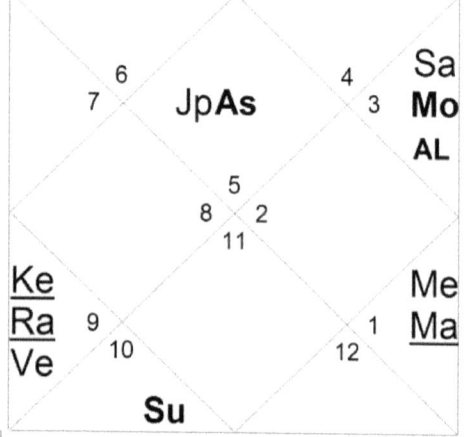

Tabela 9-2: Narajana daša F. D. Ruzvelta

Daša	Period	Od	Do	Godine
Vodolija	9	1882.	1891.	9
Rak	1	1891.	1892.	10
Strelac	4	1892.	1896.	14
Bik	8	1896.	1904.	22
Vaga	3	1904.	1907.	25
Ribe	11	1907.	1918.	36
Lav	7	1918.	1925.	43
Jarac	8	1925.	1933.	51
Blizanci	8	1933.	1941.	59
Škorpija	7	1941.	1948.	66

Čart 61. je horoskop F. D. Ruzvelta, Predsednika SAD-a tokom ratnih godina Drugog Svetskog rata. Uporedite ovaj horoskop sa horoskopom 60. Adolfa Hitlera. Šasta aruda (A6) Adolfa Hitlera je u Blizancima, što je aruda lagna (AL) Ruzvelta. Šasta aruda Ruzvelta (čart 61) je u Ovnu sa debilitiranim Saturnom koji afliktuje Jupitera i koga aspektuje Rahu iz Škorpije. Aruda lagna Adolfa Hitlera (čart 60) ima Saturna u Raku. Stoga se Hitler jasno vidi kao Ruzveltov neprijatelj. Drugi neprijatelji moraju imati vezu sa Rahuom i Škorpijom. Ovo se vidi iz čarta 62. japanskog imperatora Hirohita, koji ima Rahua na lagni u Škorpiji. Iako je rat počeo 1939. godine, SAD su ostale izvan jer je narajana daša predsednika Ruzvelta bila u Blizancima, a aruda lagna imala snažnu sasi-mangala jogu. Daša Škorpije sa debilitiranim Rahuom isprovocirala je SAD kada su 7. decembra 1941. godine u daši Škorpije i antardaši Raka, Japanci napali i uništili Perl Harbor, najveću mornaričku bazu SAD u Azijsko-Pacifičkom regionu. Kao što je ranije pomenuto, Rahu u Škorpiji je bio na lagni japanskog imperatora Hirohitoa. Mesto napada pokazuje znak Raka (antardaša, pearls - biseri) ili luka Pearl Harbor. U tranzitu je Sunce bilo u Škorpiji u šestoj kući od AL i na natalnom Rahuu, i tu ima tendenciju da favorizuje znak, dok Mesec u đanma rašiju u Blizancima preko natalnog Marsa pokazuje veoma velike gubitke života i poseda. Tipično za otrovnog Rahua i pakosnog Škorpiona, žaoka je bila neočekivana, smrtonosna i jeziva.

Pošto je Škorpija malefičan znak, sa malefikom Rahuom u šestoj kući od aruda lagne, na duge staze Ruzvelt je bio predodređen da pobedi. Od šasta arude u Ovnu, Škorpija je u osmoj kući i malefik Rahu u malefičnom znaku može da signalizira smrt i nesreću za neprijatelja. Deveta kuća je mesto pomoći i podrške. Za Škorpiju, ovo je bio Rak, kada je napadnut Pearl Harbur. Pošto je aruda lagna u Blizancima, deveta kuća Vodolije omogućuje zaštitu. Ovo je vazdušni i veoma zao znak. Prema tome, kraj rata bi bio označen kao strašan događaj koji predstavlja ljutnju Vodolije. Merkur u njemu pokazuje da je u pitanju božanstvo Šri Višnua i da će *sudaršan čakra* (oružje koje se ne može sprečiti) biti upotrebljeno. Svojom dvojnom prirodom Merkur u Vodoliji u bilo kom saptamša čartu može da pokaže blizance, a u kontekstu rata može pokazati dve mete: Hirošimu i Nagasaki. Atomska bomba koja je uništila ove gradove i populaciju 6. avgusta 1945. godine, je ljutnja Šri Višnua ispoljena uz pomoć sudaršan čakre. Događaj se odigrao u Vodolija antardaši i Škorpija daši. Sunce je bilo u Raku i Mesec u Blizancima. Međutim, nakšatra je bila Ardra umesto Mrigašira, na dan 7. decembra 1941. godine.

Pošto se šesta kuća takođe bavi bolestima i raspadanjem, prisustvo šasta arude (A6) u devetoj kući pokazuje bolest u nogama. Debilitirani Saturn i istovremeno afliktovan Jupiter pod aspektom Rahua iz Škorpije pokazaće paralizu nogu od koje je patio predsednik Ruzvelt.

Pošto se neprijatelji vide iz planeta i znakova koji aspektuju šasta arudu (A6), partneri i prijatelji se mogu videti iz planeta/znakova koji su zajedno ili aspektuju darapadu (A7) u Blizancima, koju aspektuju četiri dvojna znaka i nalazi se zajedno sa Marsom i Mesecom. Vinston Čerčil, premijer Engleske u to vreme, rođen je sa Devica lagnom i sa Marsom u njoj, te su prirodno bili na istoj strani.

Hitler (čart 60) je imao darapadu (A7) u Jarcu koji aspektuju Škorpija, Lav i Bik. Benito Musolini (Duče Italije) i imperator Hirohito (Japan) su obojica rođeni sa Škorpija Lagnama.

Planete koje su debilitirane u raši ili navamša čartu, ako su povezane sa drugom kućom od upapade, uzrokuju uništenje bračnog partnera. Ako su smeštene u drugoj kući od aruda lagne, osoba će biti uništena; a ako su smeštene u drugoj kući od šatrupade (A6), onda će neprijatelj biti uništen. Zato planete u debilitaciji mogu biti prikriveni blagoslov u čartu. U čartu 61. Ketu je debilitiran u Biku i u raši i u navamša čartu, i smešten u drugoj kući od šatrupade (A6) i u dvanaestoj kući (obožavanje) od aruda lagne. Zbog toga debilitirani vargotama Ketu daje stabilne blagoslove Šri Ganešđija Predsedniku i potpuno uništava njegove neprijatelje. U obe šastamše, i u Ruzveltovoj i u Hitlerovoj, Rahu, Ketu i Venera su u petoj kući, s tim da su Venera i Ketu vladari druge i osme kuće u Hitlerovom čartu (D-6), dok su u čartu predsednika Ruzvelta ove planete vladari desete i četvrte kuće. Zato Ganapati (Ketu) postaje najjača sila koja štiti Ruzvelta i uništava Hitlera. Tokom Vimšotari daše Ketua Ruzvelt je vodio bitku i porazio moćne Sile Osovine. Zbog toga što vlada teđas biđom (infra crveno zračenje) Ketu takođe simboliše i A-bombu (zagrevanje) koja je konačno okončala rat.

Čart 62: Car Hirohito

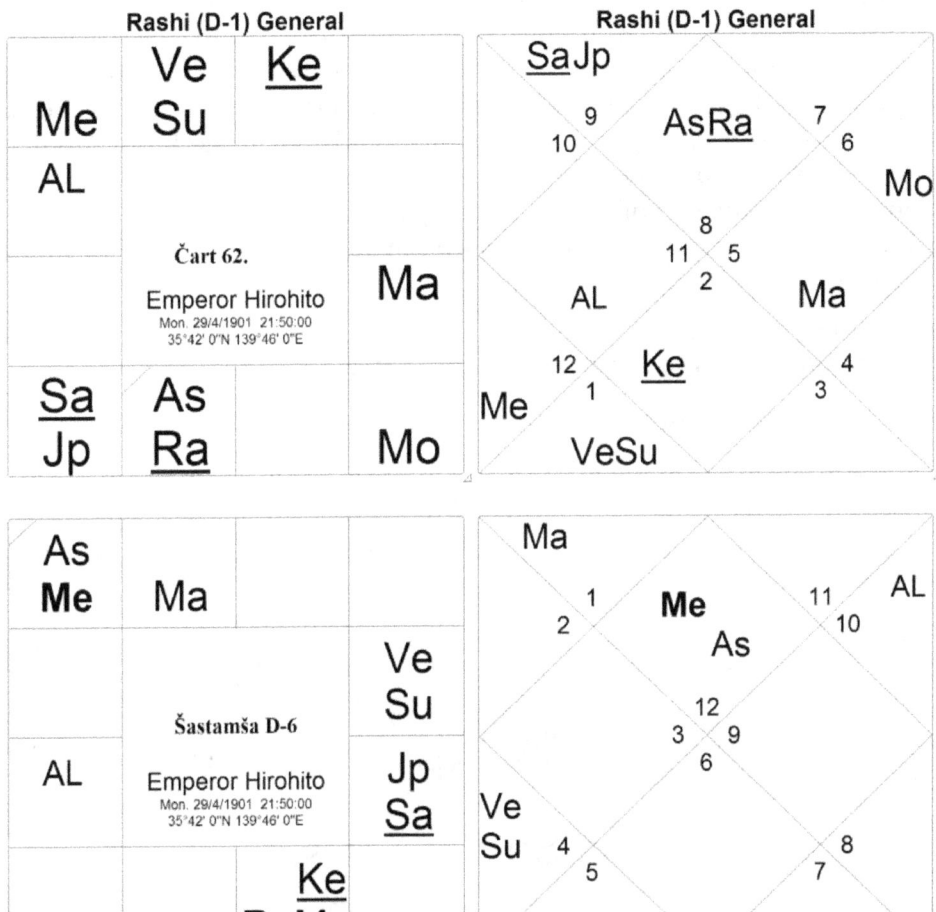

Čart 62. je horoskop japanskog cara Hirohita. Merkur nije samo atmakaraka, već je takođe i smešten u debilitaciji, vargotama u drugoj kući od AL. Dolazak antardaše Merkura u Jupiterovoj daši (24. juna 1945 – 30. septembra 1945) rezultirao je razaranjem Japana od strane savezničkih sila. U osnovi je šatrupada (A6) sa dve planete i Jupiterom mnogo jača od aruda lagne (AL) u Vodoliji. Jupiter je vladar šatrupade i afliktuje ga retrogradni Saturn. U Jupiter - Jupiter antardaši (23. oktobra 1940. – 12. decembra 1942. godine) Japan nije samo započeo rat, već je i okupirao skoro celu Jugoistočnu Aziju. Sa dolaskom Saturnove antardaše Japan je iskusio poraz. U bliskoj konekciji sa Jupiterom, Saturn, kao vladar druge kuće od šartupade (A6), štiti je i takođe daje rezultate Jupitera, dok Jupiter deluje kao Saturn.

U šaštamši (D-6) ascendent je znak Riba i njegov vladar, Jupiter, je otišao u šestu kuću pokazujući period rata tokom Jupiter daše. Prisustvo Saturna

Osnove Vedske Astrologije

u šestoj kući sa Jupiterom daje iste rezultate kao što je ranije objašnjeno za šatrupadu (A6) i Saturn afliktuje Jupitera kao vladara lagne D-6 čarta. Zato je Japan pobeđivao tokom Jupiter – Jupiter antardaše, a isto tako je gubio tokom Jupiter – Saturn antardaše. U šaštamši, vladari druge i sedme kuće su prave marake (ubice). Ako su oni smešteni na lagni, osoba pati, a ako su smešteni u šestoj kući, pati neprijatelj. Mars, vladar druge kuće, smešten je u svom znaku, u Ovnu, i aspektuje vladara šeste kuće, Sunce. Merkur, vladar sedme kuće, debilitiran je na lagni. Zbog toga je tokom Jupiter – Merkur daša-antardaše, Japan pretrpeo napad A-bombom na Hirošimu i Nagasaki, i ostao poražen.

KRAĐA I OPORAVAK
Čart 63: Muškarac rođen 27. maja 1951. godine

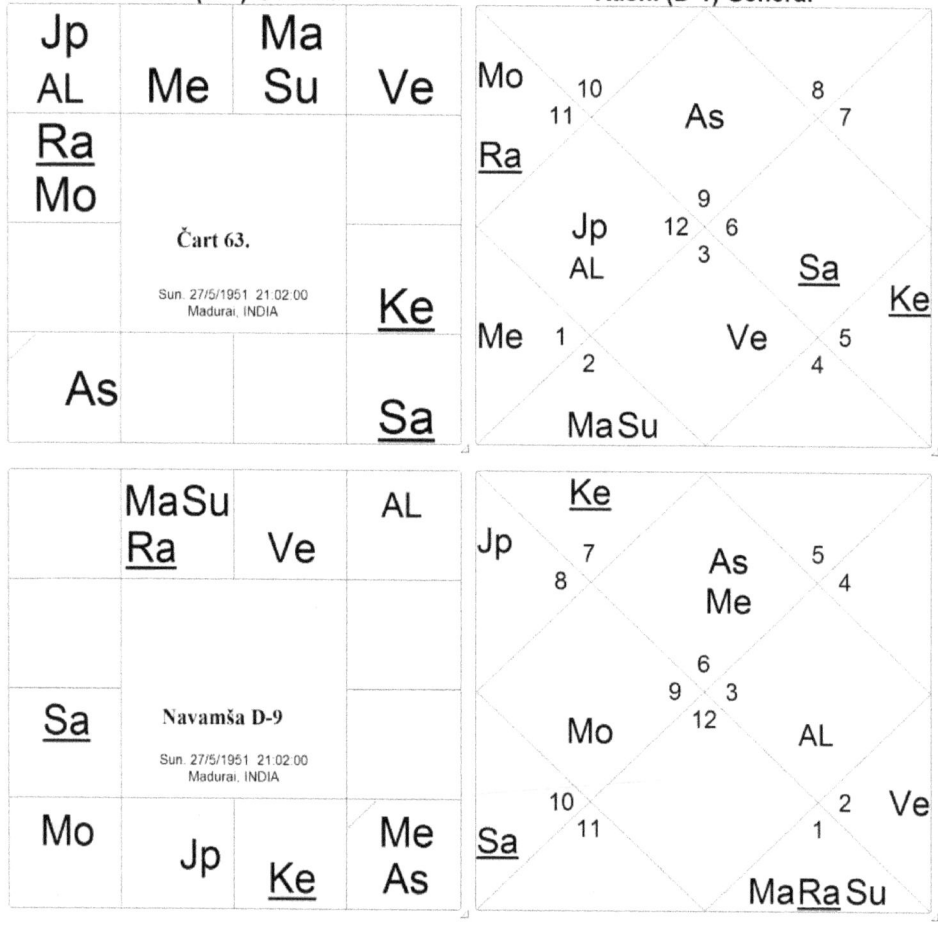

=== Šesta Kuća

```
┌─────────┬─────────┬─────────┐      ┌───────────────────────────┐
│ AL      │         │         │      │      RaKe                 │
│         │   Mo    │         │      │ Ve  \ 5 / Me  \ 3 / Mo    │
│         │         │         │      │   6  \ /  As   \ /  2     │
│         │         │   As    │      │       X         X         │
│         │         │   Me    │      │      / \   4   / \        │
│         │ Šastamša D-6      │      │  Sa / 7 \ 1   /   \       │
│         │                   │      │    /     \   /  10 \      │
│         │ Sun. 27/5/1951    │  Ke  │───┼───────┼─────────┼─────│
│         │ 21:02:00          │      │    \     /   \     /      │
│         │ Madurai, INDIA    │  Ra  │     \ 8 /     \ 12/  AL   │
│ Su      │         │         │      │   9  \ /       \ /  11    │
│ Jp Ma   │   Sa    │   Ve    │      │       MaSu Jp             │
└─────────┴─────────┴─────────┘      └───────────────────────────┘
```

U čartu 63. vladar šeste kuće, Venera, je u badaksthanu (mesto opstrukcije) od lagne u punarvasu nakšatri. Šatrupada (A6) je u Raku, i njen vladar, Mesec, je zajedno sa Rahuom u Vodoliji. Saturn je u trećoj kući od šatrupade (A6) i u badhakstanu od aruda lagne (AL) i povoljan je za neprijatelje. Jupiter je na aruda lagni u Ribama, u utarabhadrapadi (kojom vlada Saturn).

U rano jutro tog 28. avgusta 1997. godine (sreda veče po vedskom sistemu) osoba je nazvala autora knjige i obavestila ga da se krađa odigrala u njenom prebivalištu prošle noći (malo posle ponoći). Vimšotari daša-antardaša je bila Saturn - Jupiter. Pošto je Jupiter bio u sedmoj kući od vladara daše, Saturna, može se očekivati neki konflikt/napetost ili pogoršanje zdravlja. Pošto je Jupiter lagneš na aruda lagni, ova iskustva će se do kraja pokazati povoljnim po osobu i neće se desiti pravi gubitak. Narajana daša-antar-pratiantardaša je bila Ribe – Devica – Rak. Ribe su na aruda lagni sa Jupiterom, a Devica je mesto badaka za Ribe i sa Saturnom tu pokazuje loše zdravlje i krađu/gubitke. Rak je na šastarudi (A6) i daće negativna dešavanja tog tipa. Ovaj period je trebalo da traje mesec dana, od 27. avgusta 1997. godine do 26. septembra 1997. godine. U tranzitu, Saturn je bio u narajana daša rašiju Riba i aruda lagni, dok je Jupiter bio retrogradan u Jarcu, u debilitaciji. U trenutku krađe Mesec je tranzitirao ardra nakšatru (kojom vlada Rahu u trigonu od đanma nakšatre). Pošto je osoba zaspala dugo posle ponoći, provala bi trebalo da se odigrala između 4-5:00 sati ujutro. Lagna je bila Rak koji je šatrupada (A6), osma kuća od natalnog ascendenta i D-6 lagna natalnog čarta. Tranzit lagne, Rahua i Venere je bio identičan tranzitu natalne šastamše (D-6).

Osnove Vedske Astrologije

Rashi (D-1) General

	AL	Mo	
Sa			
Ke		As	
	Tranzit 63a Thu, 28/8/1997 4:00:00 Delhi, INDIA	Su Ra Me	
Jp		Ve	
		Ma	

Rashi (D-1) General

Ra Me Su		Mo	
5		3	
Ve 6	As	2	AL
	4		
Ma	7 1		
	10		
8		Jp	12
9		11	Sa
			Ke

U natalnom čartu, šatrupada (A6) ima Sunce i Marsa (dva malefika) u badakstanu (mesto opstrukcije) u Biku, što je takođe i danapada (A2). Ukraden je nakit vredan 40.000 rupija i nešto gotovine (Rs 3.000). Međutim, dok pozicija ovih malefika u jedanaestoj kući od šatrupade pokazuje gubitak zlata, budući da je badak od A6 i u trećoj kući od AL, oni će se takođe pokazati povoljnim za osobu. Pošto su u pitanju vladari trigona od lagne doneće povoljan efekat posle umirenja/molitve.

Vladar A6 (Mesec) je zajedno sa Rahuom i smešten je u dvanaestoj kući od AL i pokazuje lopova. U šastamši, malefik Rahu u drugoj kući krade bogatstvo i potpomognut je debilitiranom Venerom u trećoj kući. Šesta kuća od D-6 lagne ima Jupitera, Marsa i Sunce. Kao vladar druge kuće (ubica), Sunce u šestoj kući može da donese pustoš za neprijatelja/lopova. Evidentno je da su zaštitne sile bile veoma jake i da se sa povoljnom remedijalnom merom bogatstvo može vratiti za sedam dana (Mars).

Hindu tradicija podučava da, kada je Pani ukrao Jupiterovo bogatstvo, Jupiter je umilostivio Sunce koje je pretražilo svet i povratilo 2/3 ukradenog. Osobi je dat savet da konstantno ponavlja Surja astakšari mantru (OM GHRINI SURJA ADITJAH). Osobi je takođe rečeno da, pošto je Rahu u dvanaestoj kući od aruda lagne, ova situacija će mu doneti spiritualnost i veliku religioznost. Rahu je zajedno sa Mesecom (vladarom šatrupade A6) i Bog je izabrao ovo iskustvo kao katalizator.

Po savetu astrologa osoba je otišla u policiju i kasnije posle *sankalphe* konstantno recitovala *Surju astkšari*. Lopov je uhvaćen blizu Ambedkar Nagara, u Nju Delhiju od strane efikasne policije Delhija, u petak kada je Mesec ušao u Rak. On je predstavljen osobi u subotu, 30. avgusta 1997. godine u 1:00 noću. Tranzit lagne je bio Škorpija u dvanaestoj kući, a to je maraka za šestu kuću ali, ako je benefik, daje dobar san. Ovo je takođe

_____ Šesta Kuća

deveta kuća od AL i zaštitna sila za osobu. Mesec je u tranzitu bio u pušji u trigonu od natalnog Jupitera (u utarbadri). Međutim, pošto je Ribe – Devica – Rak period trajao od 27. avgusta 1997. godine do 26. septembra 1997. godine, osoba će svoje bogatstvo (fizičko) oporaviti tek kasnije. Sa dolaskom narajana daše Ribe – Devica – Lav (27. avgusta 1997. godine do 26. septembra 1997. godine) osoba je pozvana da identifikuje nakit, 6. oktobra 1997. godine u anuradhi (Škorpiji) i primila oko 35.000 Rs vredan nakit 7. oktobra 1997. godine u 7:00 naveče. U vreme kada je nakit fizički vraćen, lagna bila je Ovan, druga kuća od aruda lagne je imala natalnog Merkura, dok je Mesec bio u đešti (kojom vlada Merkur). Ako je Merkur u drugoj kući od aruda lagne, to daje obilje bogatstva i lagna u usponu kojom tranzitira Mesec samo potvrđuje ovu tvrdnju.

ČIREVI & BUBULJICE
Čart 64: Muškarac rođen 4. septembra 1969. godine

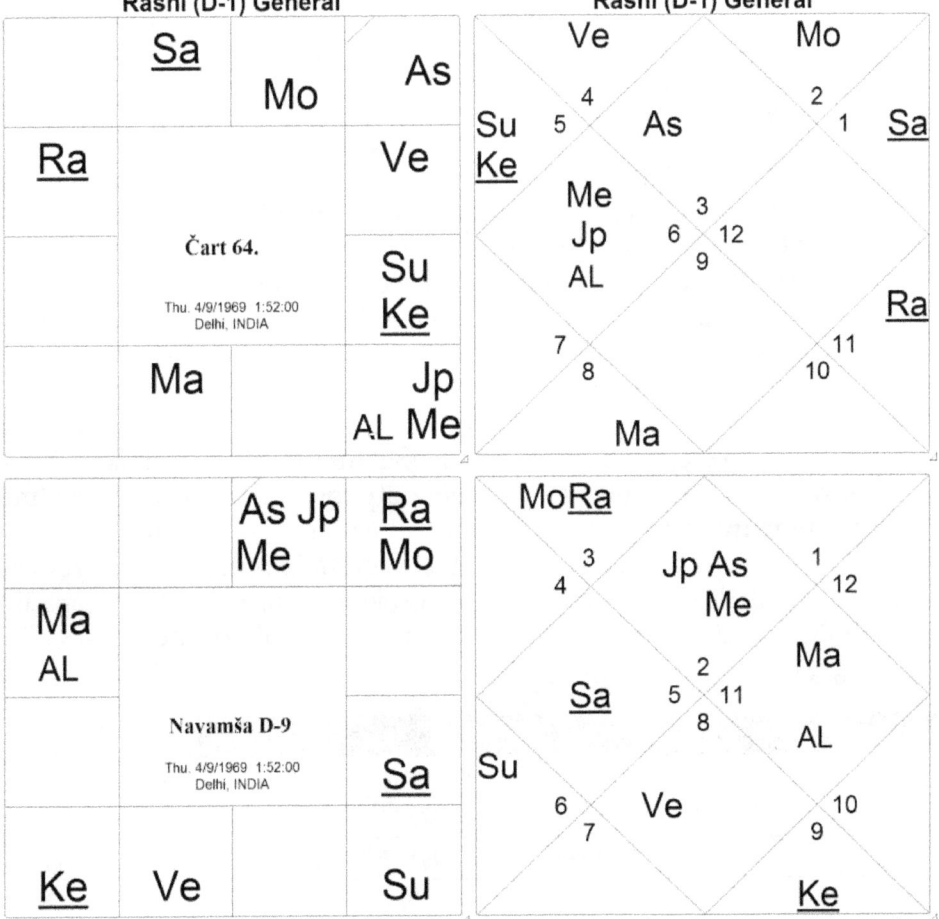

U čartu 64. vladar jedanaeste i šeste kuće je Mars, prirodni malefik smešten u upačaji, u šestoj kući, kao atmakaraka. Obe pozicije, vladar šeste kuće i AK, daće probleme i izgaranje kako bi pročistile osobu od njenih grehova iz prošlog rođenja. Vladar šeste kuće daje kaznu, dok AK kažnjava da bi uklonila grehe iz prošlog rođenja. Sa pozicijom u šestoj kući, ovo pokazuje čireve po celom telu. Još od puberteta, osoba je imala konstantne poteškoće sa čirevima i velikim bubuljicama po licu i leđima. Kazna je ozbiljna ukoliko u navamši, atmakaraka kao prirodni malefik, aspektuje lagnu graha drištijem. Ovo imamo i u čartu 63 gde Mars aspektuje lagnu u raši i u navamša čartu - graha drištijem. Ovo donosi upalne procese i vrućinu u telu što rezultira čirevima. Takođe daje i rađa jogu.

Ako je Mars u trećoj ili osmoj kući od AL, lagne ili AK u raši/navamša čartu u bilo kom znaku, sem u Raku ili Biku, ono donosi pojavu čireva. U zavisnosti od intenziteta Marsa, ovo će dati bubuljice, čireve ili ovčje ili male boginje. Ukoliko ga aspektuje Saturn, ovo će biti u toku dugog perioda, dok Sunce ili Ketu daju kratkoročne probleme visokog intenziteta. Jedini spas dolazi od Meseca i njegovog znaka (Rak) i znaka egzaltacije (Bik).

U čartu 64. šatrupada (A6) je u Vodoliji (pošto je Ketu jači od Marsa zbog povezanosti sa Suncem) Rahuom. Rahuova daša je počela početkom 1979. godine u jedanaestoj godini života osobe, i nastavila se do septembra 1997. godine, i osoba je imala poteškoća sa čirevima i bubuljicama. Saturn aspektuje Marsa i Rahua i ima *papa argalu* na Marsa, pošto je u četvrtoj kući od njega. Ovu poziciju ometaju Sunce i Ketu u desetoj kući od Marsa. Ovi čirevi su bili naročito inficirani tokom Rahu – Mars daše-antardaše. Sa dolaskom Jupitera, osoba je naučila šanti mantre uz pomoć kojih su čirevi nestali sa lica, pomerivši se privremeno na leđa. Aspekt Venere na Marsa iz Raka pokazuje trenutan lek, pošto je Mesec u egzaltaciji trajan lek. Narajana daša Bika u devetoj kući od aruda lagne funkcionisaće od 2003-2005. godine, kada se očekuje da ovaj problem potpuno nestane. Ukoliko želimo da iskoristimo informacije o prirodnim godinama uspona planeta, Merkur kao vladar lagne i AL će da se uzdigne u 34. godini i problemi sa kožom će potpuno nestati. U svakom slučaju, korišćenje brojanice od kristala (spatik) je već počelo da čini čuda pošto spatik ima umirujuću moć Meseca.

Tabela 9-3: Narajana daša čarta 64

Daša	Period	Od	Do	Godine
Blizanci	4	1969.	1973.	4
Vodolija	9	1973.	1982.	13
Vaga	9	1982.	1991.	22
Devica	12	1991.	2003.	34
Bik	2	2003.	2005.	36

Čart 65: Osoba rođena 16. februara 1965. godina

Rashi (D-1) General

	Jp	Ra	
Sa Su Me Ve			As
	Čart 65. Tue. 16/2/1965 16:50:00 Sambalpur, INDIA		Mo
	Ke		AL Ma

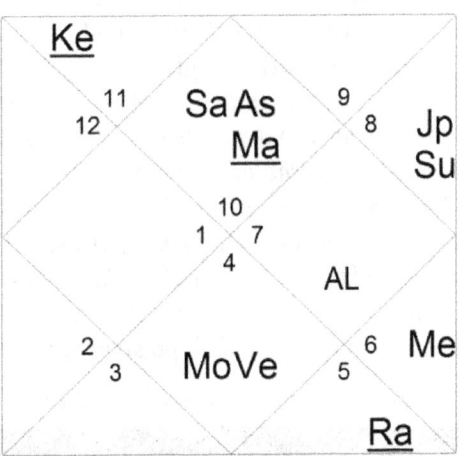

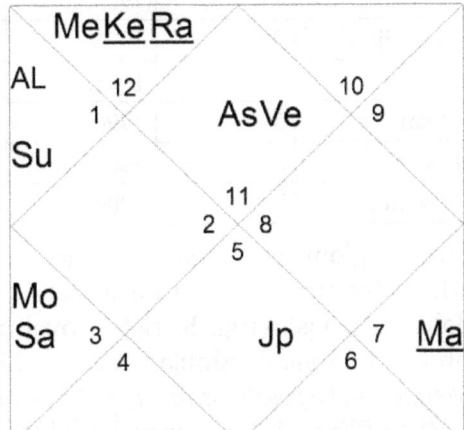

Navamša D-9

Ke		Mo Ve	
Ma Sa As			Ra
	Jp Su	AL	Me

Šastamša D-6

Ra Me Ke	AL Su		Mo Sa
As Ve			
			Jp
		Ma	

U čartu 65. Mars je u trećoj kući od lagne, dok je vladar šeste kuće, Jupiter, u Ovnu, znaku kojim vlada Mars. Šatrupada (A6) je u Lavu (pošto je Ketu jači od Marsa zbog Jupiterovog aspekta). Šesta kuća od lagne je u vatrenom znaku, i aspektuje je samo Mars u oba čarta, i raši i graha drištijem. Ovo pokazuje čireve i otvorene rane. Šesta kuća od AL je u Vodoliji, gde se nalazi i vladar šeste kuće, Saturn (dugoročni problemi sa čirevima) i Sunce (kratki periodi intenzivnih zapaljenja). Pošto je vladar šatrupade (A6) Sunce će sigurno dati probleme u toku svojih perioda. Narajana daša Vodolije je bila od 1976. do 1985. godine. Pošto se ovaj znak tretira kao malefik, efekti ovoga znaka će biti viđeni u poslednjoj trećini perioda, tačnije od 1982. do 1985. godine. Na početku perioda, planete u samom znaku daju rezultate, tačnije Saturn i Sunce (1976-1979); potom će vladar znaka, Rahu, dati svoje rezultate (1979-1982) a onda sam znak, Vodolija (1982-1985). Tokom faze planeta, Sunce daje rezultate ranije, a Saturn, kao suvladar Vodolije, daje rezultate kasnije. Osoba je obolela od ovčijih boginja 1976. godine, zbog efekata Sunca i Marsa koji su već na AL i aspektuju šestu kuću od lagne. Posledica efekta Saturna (bacili ili nečista ljuska ovčijih boginja) je da je i stariji brat takođe patio od ovčijih boginja. Aspekt ovih planeta na jedanaestu kuću od aruda lagne (stariji brat) se može videti na ovaj način. *U gore navedenom ja sam pomenuo drugi metod određivanja događaja. Daša period je podeljen na tri dela kojima upravljaju: daša raši (1/3), planete u koje su daša rašiju ili ga aspektuju (2/3) i vladar daša rašija (3/3). Ako je daša rašija malefični prištodaja znak on vlada poslednjim delom, ako je benefični širšodaja znak onda vlada prvim delom a ako je u ubhajodaja znaku (Riba), onda vlada srednjim delu perioda. Sledeća stvar koja se uzima u obzir su planete u daša znaku ili one koje aspektuju vladara daša znaka. Planeta koja je benefik će po svojoj prirodi dati rezultate ranije.*

Tabela 9-4: Narajana daša čarta 65

Daša	Period	Od	Do	Godine
Jarac	11	1965.	1976.	11
Vodolija	9	1976.	1985.	20
Ribe	11	1985.	1996.	31
Ovan	5	1996.	2001.	36
Bik	8	2001.	2009.	44
Blizanci	7	2009.	2016.	51

Ovo je glomazan metod i čitaoci mogu razviti ekspertizu samo posle adekvatne prakse. Antardaša metod vremenskog određivanja događaja je daleko jednostavniji. Koristeći ovaj metod, bolest osobe se lako određuje preko Vodolija-Vodolija. *Ako je dvanaesta kuća povezana sa Marsom i Merkurom, kod osobe se razvijaju bolesti nosa i grla.* U ovom čartu u dvanaestoj kući su Blizanci, Merkurov znak koji Mars aspektuje raši drištijem. Tokom

Vodolija – Blizanci daša-antardaše, kod osobe se razvila ozbiljna bolest grla sa ranama, gnojnim čirevima i osoba je morala da bude podvrgnuta tretmanu penicilinom. Kao što je ranije indikovano, ako je Mesec povezan sa šestom kućom, rane ili bubuljice će se pojaviti na licu. Dok Mars ima najjači uticaj na AL i šestu kuću od lagne, Mesec, koji je vladar lagne, otišao je u šatrupadu, pokazujući rane na licu. Sa dolaskom antardaše Lava u Vodolija daši 1980. godine, kod osobe su počele da se pojavljuju velike bubuljice na licu. Mesec u šatrupadi i njen vladar, Sunce, zajedno sa Saturnom pokazuju dugoročne probleme koji su se nastavili sve do kraja daše Riba, do februara 1996. godine.

Daša Ovna je trajala od februara 1996. godine do februara 2001. godine. Ovde se nalazi vladar devete kuće, Jupiter, a tu su i snažni aspekti na upapadu (UL) u Lavu sa benefikom Mesecom. Pošto je upapada u drugoj kući, predskazano je da će se osoba venčati početkom 1996. godine sa devojkom iz bogate familije (UL u drugoj kući). Žena će biti rođena u Rak Lagni (pošto je Mesec na UL). Familija bračnog partnera će takođe biti blizu rodnog grada (vladar sedme kuće od Venere je Mesec u fiksnom znaku) i u istočnom pravcu (Orisa u istočnom delu Indije – Mesec je u Lavu, vatrenom znaku). Tast će imati jake političke veze (kroz vladavinu Sunca nad upapadom) i može patiti od bolova u kičmi ili drugih zdravstvenih problema (Sunce je povezano sa Saturnom). Ovaj događaj se odigrao 1996. godine, tačno kako je i predskazano. Znak koji je zajedno sa vladarom devete kuće pokazuje poštovanje Šri Višnua i dolaskom daše Ovna, 1996. godine, na njegov rođendan organizovan je i detaljno pripremljen obred obožavanja Šri Višnua. Međutim, treba napomenuti da su i upapada (UL) i šatrupada (A6) u Lavu, i za manje od godinu dana braka odnos sa ženom je bio vrlo napet. Glavni uzrok problema je Sunce koje vlada šatrupadom i upapadom i smešteno u šestoj kući od aruda lagne. Problem se razvio u obliku ego konflikta između oca i tasta. Druga kuća od upapade je Devica kojom vlada Merkur, koji takođe aspektuje upapadu i šatrupadu u Lavu. Tokom Ovan – Devica daše u oktobru 1997. godine, osoba je stigla za Delhi da bi započela novi život, jer je Devica na aruda lagni i njen vladar Merkur postaje atmakaraka i egzaltiran je u navamši. Osoba je odmah dobila posao menadžera prodaje. Uprkos savetu datom od strane autora ove knjige da dovede svoju ženu tek posle pet meseci, u martu 1998. godine, tokom Ovan – Lav daše, osoba je impulsivno donela odluku (zbog Marsa na AL) da dovede svoju ženu i katastrofa je započela. Njegov prijatelj (rođen sa Devica lagnom, koja je takođe znak u drugoj od upapade) je beskarakterna osoba. Osoba je tvrdila da su pomenuti prijatelj i njegova žena započeli vanbračni odnos. Ovo je zateglo bračne odnose, i osoba je napustila posao i vratila se kući decembra 1997. godine.

Može se videti da je, kao jogakaraka od lagne i vladar daša rašija, pod-period Device sa Marsom bio veoma dobra šansa za osobu da započne nov život. Antardaša šestog znaka od raši daše ne daje stabilne joge i upapada povezana sa šatrupadom (A6) je stvorila haos za njega zbog lošeg aspekta Merkura. U *graha sambhandi*, Mesec na upapadi je prijateljski nastrojen prema Merkuru, dok Merkur mrzi Mesec i ometaće njegov život. Još jednom, primetno je da ljudi afliktovani takvom negativnom vibracijom ne sprovedu savete svojih astrologa u delo i završe u patnji.

(Antardaša Ovna se može videti iz samog znaka ili iz sedme kuće odatle, tj. iz Vage. Mars je sam u Devici, dok je Venera, koja je zajedno sa atmakarakom Merkurom, jača da inicira antardaše. Daše će se brojati u obrnutom pravcu, počevši od Jarca).

Nezgode
Čart 66: Muškarac rođen 1. oktobra 1973. godine

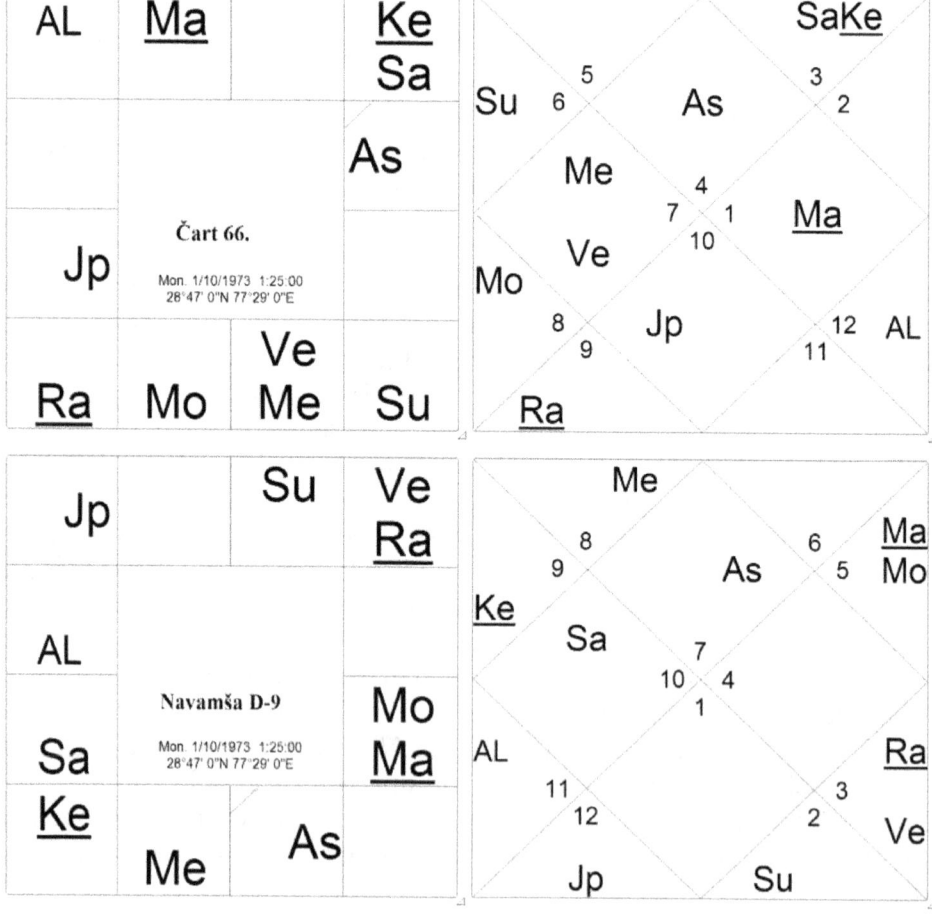

Šesta Kuća

Ra Su	Jp		
	Dvadašamša D-12 Mon. 1/10/1973 1:25:00 28°47' 0"N 77°29' 0"E		AL
			Ve
Mo	Me As	Sa	Ma Ke

(North chart: Mo in 10, Me/As in 11, Sa in 12, Ma/Ke in 1, Ve in 3, Su in 8, Ra in 12, Jp in 1, AL in 4)

U čartu 66. vladar lagne, Mesec, je debilitiran u Škorpiji, ali sa ničabangom, budući da se Mars i Venera nalaze u kendri u svom znaku formirajući dve mahapuruša joge po imenu *ručak i malavja mahapuruša joga*. Saravali podučava da sve rađa joge postaju nefunkcionalne ako su svetla Sunce i Mesec debilitirani ili slabi. Ukoliko je Sunce slabo, joge se nikad neće pokrenuti a ukoliko je Mesec slab, joge se ne mogu održati. Obe planete, Merkur i Venera, okružene su svetlećim telima i deluje, gledajući u odnosu na ascendent, da se nagoveštava period rađa joge. Međutim, od aruda lagne (AL u Ribama) treća i osma kuće su loše i prisustvo Merkura i Venere u osmoj kući u Vagi će ugroziti život osobe. Pošto je ovo četvrta kuća od lagne, a ona vlada vozilima, opasnost će doći od vozila.

Merkur, kao vladar treće kuće, pokazuje kratko putovanje iz Luknova, dok će Venera pojačati deo koji se odnosi na nezgodu u vezi sa vozilom, pošto vlada putovanjima. Šatrupada (A6) je u Vodoliji i aspektovana je Merkurom i Venerom. Merkur i Venera će delovati štetno po čart. Budući da su u devetoj kući od šatrupade, ove planete će zaštititi neprijatelja i zle šasta sile i doneće propast osobi. Stoga je čitava ružičasta slika malavja mahapuruša joge kompletno izmenjena, kada se skrivene prirode Merkura i Venere sagledaju u odnosu na A6 i AL.

Retka kombinacija Saturna i Ketua je u dvanaestoj kući od lagne. Ako je Saturn zajedno sa Rahuom ili Ketuom u kućama od prve do šeste u odnosu na lagnu, poslednji obred za majku neće biti urađen po želji osobe; a ako su zajedno u bilo kojoj kući od sedme do dvanaeste kuće, poslednji obred za oca neće biti sproveden. Saturn i Ketu će dovesti osobu u takvu situaciju da neće moći da održi poslednji pomen svom ocu. Od aruda lagne, Saturn i Ketu su u četvrtoj kući, i uzrokuju papargalu (malefik opstrukciju) kroz vozila i posede (pitanja četvrte kuće).

Tajming događaja: iz gore pomenutog je evidentno da se tokom daše-antardaše Merkura i Venere, u pratiantar/sukšmantar Saturna i Ketua ili obrnuto, ova nesreća može dogoditi i situacija se može pogoršati do moguće opasnosti po očev život, a osoba neće biti u poziciji da održi poslednji pomen.

Kada je Rahu u Strelcu u debilitaciji, tranzit Jupitera u Strelcu će označiti loš period. Ovaj Jupiterov tranzit je bio 1996. godine. Tokom tako nepovoljnog tranzita Jupitera preko natalnog Rahua, dešavanja mogu biti katastrofalna za starije članove familije i za ličnu reputaciju ili profesiju. Istovremeno, Saturn i Ketu su tranzitirali Ribe u devetoj kući, preko aruda lagne. Tranzit Saturna preko aruda lagne može da bude veoma loš, kao što je tranzit Sunca preko aruda lagne veoma dobar. *Fino podešavanje vremena događaja vrši se uz pomoć Brighu tranzita.* Pomoću ove metode tranzit planeta se može videti i u raši čartu i u navamši. Prema tome, na dan nesreće tj. 21. maja 1996. godine vimšotari daši, pod-period pod-pod period i pod-pod-pod period je bio Merkur – Venera- Saturn – Ketu. Jupiter je bio retrogradan na 23°25' Strelca tj. u Škorpija navamši. Ova tehnika se naziva Rahu bhava ćandraamša, jer je Rahu u Strelcu u bhavi (znak koji Jupiter okupira u tranzitu) a Mesec je u Škorpiji (navamša pod uticajem Jupiterovog tranzita). Ovo donosi destruktivnu moć Rahua u privatni život (Mesec). Slično tome, Saturna je tranzitirao aruda lagnu (AL) i znak Vage u navamši (Saturn, 10°52' Riba) nagoveštavajući zlo. Ova pozicija formira tranzit koji se zove aruda bhava mritamša, pošto je navamša tranzit Saturna u osmoj kući od aruda lagne, i kao što je ranije objašnjeno, Merkur i Venera su aktivirani u osmoj kući od aruda lagne i uzrokuju nesreću.

Zato je u korišćenju vimšotari daše, znanje Brighu tranzita dodatna prednost za preciziranje vremena događaja. U dvadašamši (D-12 čartu) je deveta kuća (otac) u Raku. Vladar daše, Merkur, je u lošem znaku, Škorpiji, i aspektuje ga Rahu, vladar osme kuće od Raka. Venera u desetoj kući može biti maraka za očev život, samim tim što se nalazi u drugoj kući od devete kuće. Saturn je vladar sedme kuće od Raka i smešten je u četvrtoj kući (vozila) odatle, u Venerinom znaku, a Ketu je u dvanaestoj kući od Saturna i zajedno sa Marsom pokazuje iznenadnu smrt. Otac umire u teškoj nesreći 21. maja 1996. godine u Mars – Venera – Saturn – Ketu vimšotari periodu. Šula daše se takođe mogu koristiti za određivanje vremena smrti. Smrt oca se može očekivati u mesecu kada Sunce tranzitira natalnu navamšu. Sunce je u navamši Bika u natalnom čartu i na dan nesreće tranziralo je Bika. Mesec je tranzitirao Blizance, u kojima su natalni Saturn i Ketu i ćandraastamša je bila u toku, pošto je bila u osmoj kući od đanma rašija (Škorpije). Vilica mu je bila teško ozleđena u nesreći, i izgubio je levo oko. Zbog toga nije bio u mogućnosti da izvrši poslednji obred svom ocu. Ukoliko je Saturn sam u dvanaestoj kući, levo oko može biti ozleđeno, dok pod dejstvom

Ketua, oko može biti teško oštećeno ili oslepljeno. To se i desilo. Venera je takođe karaka za oči i zbog kombinovanog uticaja ovih planeta, nesreća se i dogodila. Posebna karaka za levo oko je Mesec, a Mesec i Venera su tranzitirali Blizance preko natalnog Saturna i Ketua u osmoj kući od đanma rašija.

Čart 67: Muškarac rođen 28. marta 1962. godine

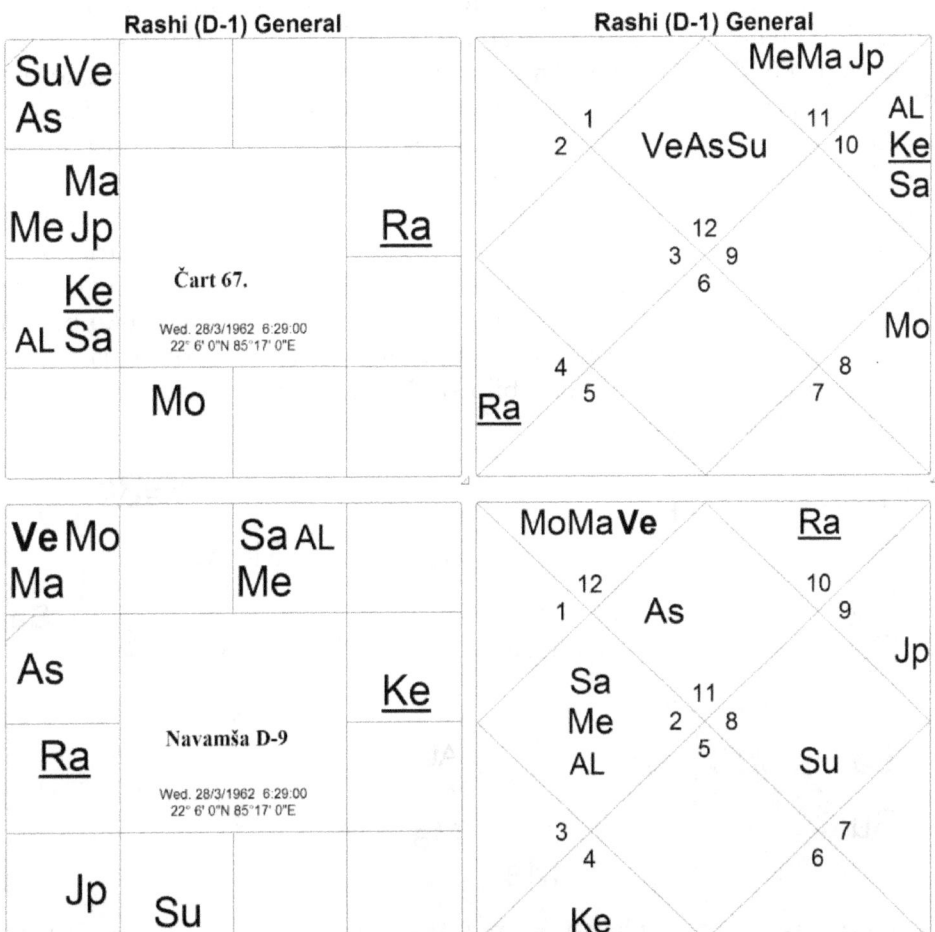

U čartu 67. rođenje se desilo u đešta gandanti (Mesec u poslednjoj četvrtini đešta nakšatre) ukazujući na opasnosti tokom detinjstva. Sa takvom pozicijom, osoba je prevremeno rođena i postojala je opasnost po život od rođenja sve do prve godine, tokom delovanja narajana daše Riba (jedna godina) gde se nalaze vladari treće, šeste i osme kuće, Venera i Sunce. Sledeća daša, daša Raka, trajala je sedam godina (od druge do osme godine). U Raku je Rahu, a to je sedmi znak od aruda lagne i njegov vladar Mesec je debilitiran u Škorpiji. Ovo ponovo neće biti povoljna faza, daće opasnosti po život i balarištu (opasnost od smrti u djetinjstvu itd.). Aruda lagna je jako afliktovana konjunkcijom Saturna i Ketua. Saturn, kao vladar aruda lagne, sam po sebi neće biti loš, ali će se zbog konjunkcije sa Ketuom i Rahuom manifestovati jako nepovoljno.

Tokom Ketu – Jupiter daša-antar daše, 1996. godine, roditelji su pozvali jogija Minto Maharađa, koji je, milujući detetovo levo oko sa ljubavlju, rekao da će duvati uragan, ali će dete biti zaštićeno. Mesec je atmakaraka (levo oko) i nalazi se u Škorpiji. Kao u čartu 66. Mesec, vladar lagne, je bio u Škorpiji, a ovde je atmakaraka u Škorpiji. Treća kuća od aruda lagne je u Ribama sa Venerom (karaka za vozila i oči). Šastarudra (A6) je u Vagi kojom vlada Venera, pokazujući opasnost od vozila. Tokom narajana daše Rak – Rak (sa Rahuom i Mesecom u debilitaciji), osoba je istovremeno prolazila kroz vimšotari dašu-antardašu Ketu – Saturn, kada se prevrnuo školski autobus u kome je dete bilo. Čudom, sva deca su preživela. Starija deca su uspela da se izvuku iz autobusa, ali su manja deca, uključujući i dete iz čarta, bila zarobljena i spašena kasnije. On je pretrpeo povrede oko pupka (brahma stana – Saturn) i šipka je samo okrznula *levu obrvu* koja je bila posečena i krvarila je, ali je oko bilo spašeno. Blagoslovi svetaca se uvek računaju. Oluja se desila, ali je dete bilo spašeno.

Šastamša daje lakši zaključak sa Rahuom i Ketuom u dvanaestoj kući i Saturnom u dvanaestoj kući od Ketua. Mesec i Venera su zajedno na lagni i pokazuju deo tela (oči, specijalno levo oko, jer je Mesec zajedno sa Venerom, vladarom osme kuće). Aspekti Saturna i Marsa na lagnu nisu poželjni, pošto pokazuju nezgode.

Opasnost od Životinja
Čart 68: Muškarac rođen 7. avgusta 1963. godine

Rashi (D-1) General

AsJp			Ra
Mo			Ve
			Su
Sa	Čart 68. Wed. 7/8/1963 21:15:00 21°28' 0"N 84° 1' 0"E		Me
Ke AL			Ma

Rashi (D-1) General

```
           Mo
      1         11    Sa
   2      JpAs      10
              12     Ke
         3    9      AL
              6
    Ra
Ve  4              8
Su     5    Ma   7
    Me
```

Navamša D-9

	Ma Ra		
Mo			
Jp			
	Wed. 7/8/1963 21:15:00 21°28' 0"N 84° 1' 0"E		Me
Su			AL
	Ve KeAs		Sa

```
Su   9              7
   10   KeVeAs    6
                        Sa
              8
          11   5    AL
      Jp     2      Me
                 Ra
         12          4
Mo    1    Ma    3
```

Različite životinje od kojih osoba može propatiti nabrojane su u Đaiminijevim Upadeša Sutrama i drugim tekstovima. Obično se indikacija vidi u navamši. Na primer, ako je navamša u Ovnu opasnost su pacovi i mačke, ako je u Biku, četvoronošci, ako je u Blizancima problemi sa kožom ili opasnost od crva, ako je u Raku tada su opasnost životinje koje žive u vodi itd. Opasnost se vidi od vladara badakstana i planeta u šestoj kući ili vladara šeste. U čartu 68. Ribe su na lagni, a mesto opstrukcije je Devica u sedmoj kući. Vladar sedme kuće, Merkur, smešten je u šestoj kući i jasno pokazuje opasnost. *Ako je vladar badakstana (badakeša) u pokretnom znaku, opstrukcija se može lako ukloniti, ako je u dvojnom znaku, onda se uz određene poteškoće može prevazići, ali ako je vladar u fiksnom znaku, osoba će morati da trpi prepreke.* Pošto je Merkur u fiksnom znaku, nijedna remedijalna mera neće pomoći i osobi je suđeno da propati. Opasnost od životinja koju pokazuje

Merkur može se videti iz navamše. Merkur u Lavu u navamši pokazuje opasnost od pasa, tigrova i ostalih životinja sa očnjacima. Ovo je dodatno osnaženo dejstvom Ketua (psi) u desetoj kući od lagne u Venerinoj nakšatri (ženka, kučka). Saturn u drugoj kući je takođe druga klasična kombinacija za ujed psa, a u čartu 67. Saturn je u drugoj kući od aruda lagne.

U raši čartu, Merkur je u šestoj kući od Jupitera (loša pozicija za rezultate vimšotari daše) i u sedmoj kući u navamši (loše zdravlje ili opasnost za telo).

U šastamši, Jupitera, kao vladara lagne, afliktuje vladar druge kuće, Saturn. Kao što je objašnjeno u ranijim primerima, vladari druge i sedme kuće su prave ubice i ako su zajedno sa vladarom lagne ili na lagni, osoba je afliktovana, dok, ako su zajedno sa šestom kućom ili vladarem šeste kuće, onda je neprijatelj afliktovan. Saturn takođe aspektuje lagnu, šestu kuću i vladara šeste kuće, Veneru. Stoga je Saturn jednako loš za osobu i za

Šesta Kuća

neprijatelja. Vladar šeste kuće, Venera, je na lagni, što je druga klasična kombinacija za opasnost od mačaka, i sa Marsom ovo će se sigurno i dogoditi. Kao vladar sedme kuće, Merkur aspektuje lagnu i vladara šeste kuće Veneru i opasan je za oboje.

Dakle, osoba je predodređena da pretrpi ujed psa (ženke) u vimšotari daša-antar-prati antar-sokšmantar-pranantar Jupiter – Merkur – Venera – Ketua – Saturna na dan 13. februar 1969. godine.

Događaj se odigrao oko 1.30' popodne i tranzit horoskop je čart 68a. Tranzit Saturna i Rahua preko lagne je veoma loš dok je Jupiter, uhvaćen u ćandala došu u osmoj kući od đanma rašija (Vodolija), veoma nepovoljan. Mesec je tranzitirao gatak raši, Strelca (za Vodolija đanma raši, gatak gočar raši je Strelac), u Venerinoj nakšatri preko natalnog Ketua. Sunce je bilo u devetoj kući od šatrupade (A6) i u đanma rašiju (natalni Mesec) i zbog toga je veoma nepovoljno. Lagna koja se uzdigla u vreme događaja su bili Blizanci, a to je ujedno i šatrupada (A6) u natalnom čartu, i zajedno je sa Rahuom. Pošto je tranzit lagne u četvrtoj kući od lagne rođenja, mesto gde se događaj odigrao je bila škola.

U ovom maniru se mogu analizirati sva zla šeste kuće, za pitanja koji se tiču telesnog zdravlja.

PARNIČENJA
Čart 69: Muškarac rođen 12. novembra 1934. godine

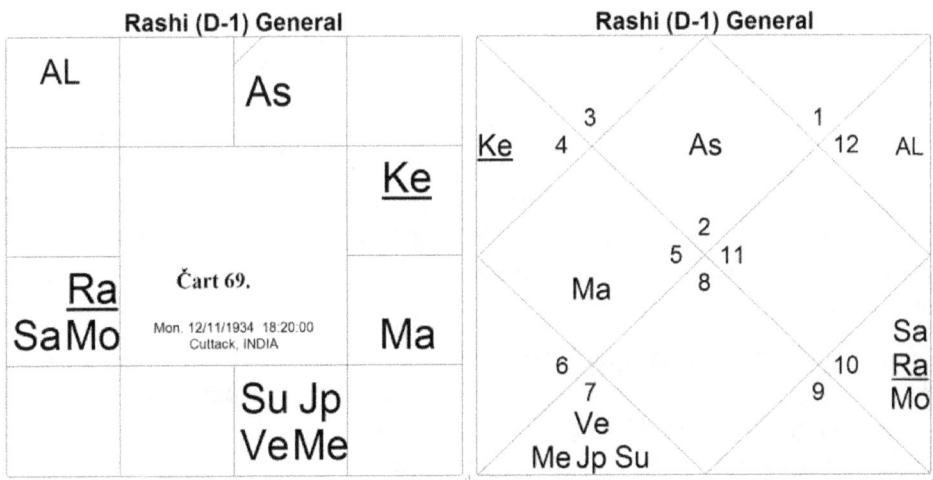

U čartu 69. nekoliko planeta je u šestoj kući, i one daju uspon brojnim rađa i dur jogama. U svakom ratu ili borbi, snaga vladara lagne igra presudnu ulogu. Ovde je lagna vargotama i zajedno sa lagnešom Venerom u navamši.

```
┌─────────────────────────┬─────────────────────────┐
│      Ra  │ VeSu         │              Ra         │
│          │ As           │         3         1     │
│  Mo      │              │       4    SuAsVe   12  │
│  AL Jp   │              │                         │
│          │  Navamša D-9 │              2    AL    │
│          │Mon.12/11/1934│            5    11  Mo  │
│  Me      │  18:20:00    │              8      Jp  │
│          │Cuttack, INDIA│                         │
│          │              │       Sa  6         10  │
│          │  Ma   │ Sa   │           7       9  Me │
│          │  Ke   │      │           KeMa          │
└─────────────────────────┴─────────────────────────┘
```

Venera je u svom znaku, i u rašiju i u navamši. Aruda lagna je u Ribama, sa četiri planete u osmoj kući, u Vagi. Ovo će dati tendenciju kockanja sa sopstvenim životom, naročito zato što je vladar aruda lagne takođe u osmoj kući odatle. Aruda lagna je prazna i bez aspekata, ali je Mars u šestoj kući odatle, a to indikuje da će tokom Marsovog perioda osoba pokušati da koristi beskrupulozne metode zarade novca. Ovo takođe daje uspeh u borbama i stvara velikog ratnika. Darapada (A7) pokazuje posao i znakovi ili planete koje je aspektuju, pokazuju tip poslova i partnere, datim redom. U čartu 68 darapada (A7) je u Vodoliji. Vodolija pokazuje kompaniju čije ime počinje slovom "s". Razliku između graha drištija i raši drištija bi trebalo razumeti kao razliku između spoljnih i unutrašnjih poslova kompanije, datim redom. Darapadu (A7) aspektuju tri planete: Rahu, Jupiter i Mars. Iako je osoba konsultovala mnoge međunarodne saradnike, posao sa Japancima je posao koji je konačno sklopljen zato što je Mars aspektovao i darapadu (A7) i aruda lagnu (AL) a smešten je u Lavu. Zbog Marsa u sedmoj kući od darapade (partner kompanije) saradnik je Japanac. Jupiter, u devetoj kući od darapade, pokazuje bankara (pokazuje finansijera jer je ujedno i vladar druge kuće), a Rahu u dvanaestoj kući od darapade (troškovi) pokazuje prodavca/snabdevača.

Znaci koji aspektuju darapadu (A7) nalaze se u tri pokretna znaka, u Ovnu, Raku i Vagi. Zato će ovi znaci snabdeti vlasnike kompanije (ili partnera osobe). Vaga ima četiri planete: Sunce (država - to je bila zajednička prodaja sa državnim krugovima), Venera (sama osoba je imala drugi najveći udeo u dobiti posle države). Posmatrajmo stepene planeta! Sunce, sa najvišim stepenom, ima najveći udeo. Venera je druga. Treći po veličini udeo poseduje kovač Jupiter, a četvrti udeo poseduje trgovac (Merkur). Rak ima Ketua i pokazuje partnera koji nikad nije imao udeo u "unutrašnjem krugu", ali mu je zbog starog prijateljstva dat jedan deo. To je bio sudija koji se bavio samo kriminalnim slučajevima (tipično za Ketua koji uvek štiti lopove i anti-socijalne osobe). Ovan aspekt na darapadu pokazuje interes Marsa, Japanaca koji su planirali da se pridruže u vreme ekspanzije.

Šatrupada (A6) je u Raku sa Ketuom, i postoji velika verovatnoća da će Ketu ometati. Osobi je savetovano, od strane mnogih dobronamernika, da drži advokata podalje od kompanije, ali se to nije desilo. Tokom Jupiter – Venera daša-antardaše, do Jupiter – Mesec daše-antardaše, formirana je kompanija, izgrađena je fabrika, itd. Sa dolaskom Marsove antardaše u Jupiterovoj daši, javnom debatom je planirana ekspanzija koja se protegla u Jupiter – Rahu dašu, a sve ovo je propalo zbog greške bankara (Jupitera ometa Rahu) koji je prvo rekao da je debata bila prebukirana, a kasnije je rekao da je postojala greška u komunikaciji.

Rahu čini papargalu na aruda lagnu (ime, reputacija, status) i na lagnu (zdravlje), i obe su neometene. On aspektuje šatrupadu (A6) sa Ketuom, i zbog toga je advokat naglo odlučio da povede politiku protiv vlade (Ketu predvodi revolt). Prirodno, videvši da Ketu postaje malefik, horda planeta u šestoj kući, uključujući Sunce (Vlada), Jupitera, Merkura (partneri) postaje malefična. Venera takođe ima papargalu Rahua, i osoba je imala katastrofalan pad sa mnogobrojnim slučajevima na sudu, novinama, propagandom, itd. U toku šest meseci izgubio je svu svoju pokretnu imovinu plaćajući troškove advokata i sl. Ali, veran snazi lagneša, on je odlučio da se izbori sa tim. Rahu u trigonu od lagne daje probleme sa bronhijama i poteškoće sa disanjem. On je patio od ozbiljnih problema sa astmom i bronhijama, i svako veče su morali da ga vode u bolnicu da bi dobio kiseonik. Ova kriza se nastavila do 23. septembra 1987. godine kada je počela daša Saturna. Parničenje, zbog Merkura u šestoj kući u šastamsi, je stvarni ubica.

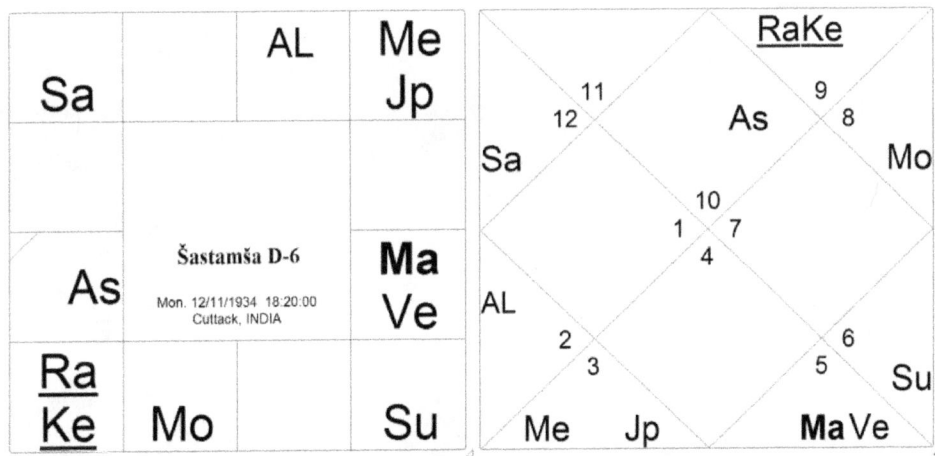

U šastamši (D-6) je Saturn vladar lagne, nalazi se u trećoj kući i daje izuzetne borbene sposobnosti. U stvari, benefični Saturn može biti vrlo smrtonosna borbena sila, i advokat koji je bio uzrok cele tragedije je dobio rak. Svakog meseca je morao da odlazi u Bombaj na tretmane. Tragično je propatio i posle dugotrajnog bolnog tretmana izdahnuo. Aspekt Saturna, kao vladara lagne i druge kuće, na Rahua i Ketua u dvanaestoj kući (tajni neprijatelji) može biti vrlo poguban po njih. Svi slučajevi su završeni u njegovu korist, zbog umirenja atmakarake. Međutim, uprkos brojnim pokušajima, on nije uspeo da povrati izgubljenu slavu.

ॐ तत् सत्

ॐ गुरवे नमः

POGLAVLJE X

Sedma kuća

Sedma kuća se bavi brakom, seksom, strašću i srećom koja dolazi odatle, zatim putovanjima i boravcima u inostranstvu, kao i pitanjima biznisa. Ona je ujedno i *maraka* (ubica), budući da je dvanaesta od osme kuće i bavi se dugovečnošću, tj. gubitkom dugovečnosti (baš kao što se i treća kuća bavi dugovečnošću, budući da je osma od osme. Dvanaesta od treće kuće je druga, te je tako i druga kuća maraka). Pokazuje prvi brak (signifikator je Venera) zajedno sa upapadom (arudom od dvanaeste kuće). Budući da je deseta od desete kuće, ima snažan uticaj na biznis i profesiju, a pošto je četvrta od četvrte kuće, bitno utiče i na sreću osobe. Na isti način, planete koje su smeštene u četvrtoj i desetoj kući utiču na stanje sedme kuće i obrnuto. Na primer, prirodni malefik u četvrtoj kući može da ošteti seksualne odnose para, jer neće moći da pronađu pogodno mesto za intimne odnose. Na sličan način, egzaltirana planeta u desetoj kući će dati slavu i status i uticaće na partnera, kako bračnog tako i poslovnog. Zato se može lakše razumeti to da malefici u kendrama daju strast i kombinacije poput *sarpa joge* (prisustvo malefika u najmanje tri kendra kuće bez benefika), sa svojim manifestacijama u vidu nekontrolisanih strasti koje mogu biti veoma nepovoljne po osobu. Prisustvo benefika kontroliše ovu strast i drži je u okviru društveno prihvatljivih normi. Sedma kuća su vrata kroz koja osoba dolazi u kontakt sa svetom, a pokazuje ujedno i odnose sa javnošću (signifikator je Venera).

Sedma kuća vrši argalu na treću, četvrtu, šestu i devetu kuću. Sva pitanja koja se tiču braće i sestara, seksualnih odnosa itd. (treća kuća), naći će se pod uticajem sedme kuće, baš kao što je to slučaj i sa pitanjima koja se tiču sreće, majke, vozila itd. (četvrta kuća). Zbog toga se ne preporučuje izolovano posmatranje kuća, jer ono pruža iskrivljenu sliku. Budući da je druga od šeste kuće, ova kuća je ubica za neprijatelje, ljubimce i sluge, i bilo koja veza između šeste i sedme kuće može doneti brojne implikacije. Može pokazati veoma jednostavnu situaciju u kojoj osoba ulazi u brak odmah po stupanju u službu, ili bračnog partnera koji radi. Može pokazati i nešto ozbiljnije, kao što je ulazak u brak sa slugom ili surovost. Efekat zavisi od planeta, znakova kao i od vladara ascendenta. Budući da je u pitanju jedanaesta od devete kuće, ona odlučuje i o sreći osobe kao i o očevim prihodima. Otuda sedma kuća može biti odlučujući faktor za kraj neprijateljstvima i harmoniji (signifikatori su Jupiter i Venera). Opstrukcija ovih argala (bilo od strane planeta ili znakova) vidi se iz jedanaeste, desete, pete i osme kuće u trećoj, četvrtoj, devetoj i šestoj kući, datim redom. Malefik u sedmoj kući neće pokazati samo loš stav bračnog partnera, već može i da ošteti odnose sa braćom i sestrama, i sa majkom i ocem. Ipak, ako se malefik nalazi u sedmoj kući, dok je snažniji benefik na lagni, osoba će se postaviti tako da odnosi između majke i partnera ostanu neoštećeni.

Sedma kuća je upačaja kuća (treća, šesta, deseta i jedanaesta) od pete, druge, desete i devete kuće i rezultira njihovim rastom. Otuda su pitanja dobijanja dece, ljubavi itd. koja se nalaze u petoj kući, uvećana sedmom kućom (brak). Porodica i bogatstvo (druga kuća) rastu, poznatost i profesija su uvećani (deseta kuća), kao i dobra sreća (deveta kuća). To je rezultat koji dolazi iz povoljne sedme kuće. Na sličan način, upačaje od sedme kuće su deveta, dvanaesta, četvrta i peta kuća. Ove kuće i njihov rast i razvoj zavise od povoljnosti sedme kuće. Na primer, ukoliko su malefici postavljeni u devetoj kući oni donose lošu sreću osobi, i budući da su u trećoj (seksulni čin) od sedme kuće, partner postaje hrabar do mere gde zaboravlja društvene norme i ulazi u vanbračne odnose. Ovo je opisano od strane Šri Krišne kao gubitak darme (deveta kuća) koji rezultira kvarenjem žene[1].

Brak se posmatra iz upapade (aruda pada dvanaeste kuće, UL ili A12), dok se biznis posmatra iz darapade (aruda pada sedme kuće, ili A7). Dakle, ako je darapada u dustanima (šesta, osma i dvanaesta) od aruda lagne, fizički odnosi sa bračnim partnerom će biti zanemarljivi, ili će izostati. Ovo nije povoljno ni za stabilnost biznisa. Ukoliko je darapada u trećoj ili jedanaestoj od aruda lagne, postojaće iskren odnos sa partnerom, ali loša poslovna budućnost. Ako je darapada u kendri ili koni od aruda lagne, oformljena je šrimantha joga. Dužina bračnog života je nezavisna od ovih kombinacija i posmatra se u odnosu na upapadu. Par može ostati u braku dugo zbog snage upapade, ali i dalje spavati odvojeno zbog darapade.

Mesto novog rođenja se takođe posmatra iz sedme kuće, budući da je ona osma (bolest/zlo/dugovečnost koji prolongiraju oslobođenje od lanca reinkarnacije) od dvanaeste koja vlada emancipacijom. Budući da je deveta kuća (darma, principi) od jedanaeste, ona pokazuje i vodeće principe u stvaranju i održavanju prijateljstava. Otuda loš partner može dovesti do otuđenja od prijatelja i kolega.

Planete u sedmoj kući

Ako je Sunce u sedmoj kući ili na upapadi, partnerova porodica ima visok status, i može biti ponosna ili imati druge odlike Sunca. Pošto je Sunce nasuprot ascendentu, osoba može imati loš karakter i može propatiti zbog države i državnih institucija. Ovo je bitno modifikovano prirodom planeta na ascendentu, jer Rahu na ascendentu zajedno sa Suncem u sedmoj

---

1   Šrimad Bhagavat Gita

potencijalno daje zavisnost o drogama i drugim psihotropnim supstancama. Ovo može da se dogodi i tokom daša planeta povezanih sa ascendentom ili njenim vladarom, ili atmakarake, kada je Sunce smešteno u sedmoj kući. Povoljno Sunce u sedmoj ili na darapadi daje pomoć i naklonost vladinih predstavnika u biznisu, ali i u drugim sferama života. Sunce, osim ukoliko je debilitirano, nikad ne može biti malefik za pitanja upapade.

Ako je Mesec postavljen u sedmoj kući, partner ima svetlu put i veoma je emotivan. Ovo može doneti dosta emotivnih problema i sama osoba može patiti od bolesti srca (Mesec je signifikator za srce). Ovo daje slabu konstituciju i osetljivo telo. Budući da je prirodni benefik u šestoj od druge kuće, bogatstvo će stalno oscilirati. Na sličan način, odnosi osobe sa prijateljima nisu duboki i samo su privremeni. Osoba stalno ima seks na umu, što može dovesti od emotivnih smetnji. Ako je Mesec u sedmoj kući ili na upapadi pod aflikcijama ili je slab, partner može patiti od mentalnih problema.

Mars u sedmoj daje tugu kroz brak jer formira *papa-argalu* na četvrtu kuću. Daje kratkovečnog partnera. Čak i ukoliko partner ostane u životu zbog aspekta Jupitera ili Saturna na sedmu kuću, prgava narav i loše ponašanje mogu pokvariti bračne odnose. Sama osoba je ponosna i ohola i velikog srca, ali većina odnosa je kratkog veka zbog Marsa koji se nalazi u devetoj od jedanaeste kuće.

Merkur u sedmoj kući ili na upapadi daje mladolikog partnera, biznis u vezi sa knjigama ili štampanim materijalima i znanjem, ili umešanost u sudske sporove. Osoba je prilično popularna i može biti prijatelj svima. Partner će biti učen i usmeren na sticanje znanja i obrazovanja. Ukoliko ga afliktuju Venera i Saturn, partner može biti neplodan. Tada Merkur daje slab moral po pitanjima suprotnog pola, osim u slučaju kada ga aspektuje Jupiter. Ukoliko je Mesec u trigonu od Merkura, manjak morala će se sigurno manifestovati. Ova pozicija daje dobre poslovne sposobnosti.

Ukoliko je Jupiter u sedmoj kući, partner je veoma učen i može biti autor. Osoba ima dugotrajna prijateljstva, ima meko srce i veoma je srećna u braku. Osoba je uvek uspešna u takmičenjima, jer Jupiter stavlja tačku na neprijateljstva i patnju. Dobra sreća dolazi posle braka.

Venera u sedmoj kući daje čudne seksualne apetite, povezanost sa prostitutkama, dugotrajna, kako dobra tako i loša, prijateljstva, te opušten stav, jer se nalazi u četvrtoj od četvrte kuće. Partner je lep, kulturan i prijatan. Moguće su i veštine u umetnosti. Finansijske dobiti se mogu očekivati iz braka ili posle braka.

Saturn u sedmoj kući ima direktivnu snagu i promoviše putovanja i boravke u inostranstvu. Partner će biti vredan, odlučan i stariji u odnosu na očekivanu starosnu dob, i biće nevezan. Zdravlje će biti loše, a finansije neće biti sjajne uprkos pokušajima.

Ako je Rahu u sedmoj kući, osoba je neprijateljski nastrojena prema partneru ili je partner udovac/udovica. Partner je kratkih živaca, sklon ratovima i kontraverzama ili je bolestan. Ovo je loš brak i pokazana je povezanost sa prostitutkama i drugim osoba sumnjivog morala. Siromaštvo dolazi posle braka. Prijatelji su loši i osoba ima brojne neprilike od strane neprijatelja. Ako je u sedmoj ili dvanaestoj od aruda lagne, Rahu čini osobu veoma religioznom.

Ketu je, kao mokšakaraka, loše postavljen u sedmoj kući, jer pokazuje odvojenost od partnera ili, generalno, izostanak braka. Čak i ukoliko se brak dogodi, desiće se sa velikim poteškoćama. Ipak, na upapadi, Ketu daje veoma duhovnog partnera. Treba napomenuti da će plodovi kuće u kojoj se Ketu nađe biti uskraćeni, i najčešće će i najbolji među astrolozima omanuti u konačnim predikcijama u vezi sa tim.

Planete u dvanaestoj kući i na upapadi su od odlučujućeg značaja u određivanju bračne sreće, tajminga i dugovečnosti braka. Sedma kuća se koristi za vremensko određivanje ulaska u seksualne odnose. Rezultati različitih planeta u sedmoj kući vide se i iz darapade, i iz konjukcije sa vladarom sedme kuće, kao i sedme kuće od navamša ascendenta.

Pozicija vladara sedme kuće i vladara drugih kuća u sedmoj kući

Prva stvar koju treba imati na umu jeste da se vladar sedme kuće ponaša poput Venere. Ukoliko je na ascendentu, osoba lepo izgleda, srećna je ali i dominantna i stroga sa bračnim i drugim partnerima. Ukoliko je vladar sedme u drugoj kući, supružnik će biti maraka (ubica) umesto partner, i biće veoma zla osoba. Ova pozicija može pokazati i brak sa osobom koja je prethodno bila u braku. Venera, koja upravlja harmonijom, suprotna je temperamentu Marsa, koji upravlja disharmonijom i ratom. Efekti Marsa se mogu osetiti u trećoj kući od vladara sedme. Ukoliko je vladar sedme u drugoj, sreća je oštećena, a ukoliko je u trećoj, deci preti opasnost od nezgoda.

Druga bitna stavka jeste darapada. Kada je vladar sedme u drugoj kući, darapada će se naći u devetoj, što ukazuje na incestualne odnose (ukoliko odnosa uopšte i bude) sa starijima poput očinskih figura, guruima ili šefovima. Seks dominira životnim principima. Ukoliko je vladar sedme u trećoj kući, darapada će se naći u jedanaestoj, koja je maraka za decu, što može doneti tugu deci ili gubitak dece. Ipak, osoba će biti čistog srca i glave, i imaće dobre odnose sa prijateljima i ostalima. Na ovaj način se mogu doneti zaključci u vezi sa izvorom vanbračnih veza, a kuće pod negativnim uplivom darapade treba dodatno prostudirati.

Status supružnika se vidi u odnosu na poziciju vladara sedme kuće i upapade. Kada je vladar sedme postavljen u šestoj, osmoj ili dvanaestoj kući, supružnik će pripadati nižem statusnom sloju društva, i par će imati statusne razlike. Pozicija vladara sedme u različitim kućama će pokazati stav osobe prema partneru. Kada se on nalazi na ascendentu, osoba dominira nad partnerom; kada je u četvrtoj, osoba voli partnera i porodicu; kada je u sedmoj prisutna je harmonija i poštovanje, dok je, ukoliko je u desetoj kući, osoba opsednuta partnerom. Na sličan način se mogu videti i ostale pozicije po kućama.

Smeštenost vladara ostalih kuća u sedmoj kući treba analizirati imajući na umu pitanja sedme kuće. Ako se vladar ascendenta nalazi u sedmoj kući, supružnik i ostali će dominirati osobom. Ako je tu vladar druge kuće, daće dobre finansije preko velikog biznisa i poslovanja, ali će pitanja novca biti pod snažnim uticajem seksualnih nagona i moral će biti promenljiv kako kod osobe tako i kod partnera, osim ukoliko vladar ascendenta nije snažan.

Svi rezultati pozicije vladara sedme kuće u različitim kućama, ili drugih vladara u sedmoj kući, mogu se posmatrati i u odnosu na nakšatre kojima ove planete vladaju. Na primer, ako se vladar ascendenta nađe u nakšatri vladara sedme kuće, rezultati su slični kao kod vladara ascendenta u sedmoj kući ili se može primetiti dominacija od strane partnera i sl. Ovi ljudi moraju da pristanu na ogromne kompromise kako bi zadržali porodicu na okupu. Neki astrolozi misle da se odnosi para mogu videti u odnosu na ascendent i na vladara sedme kuće. Ipak, ove planete su uvek prirodni neprijatelji u svim čartovima i sistem ispitivanja odnosa u odnosu na aruda pade daje bolje rezultate.

Vladar sedme kuće može biti nosilac svojih povoljnih uticaja ili instinkta ubice u odnosu na kuće koje aspektuje. Ovo zavisi od njegove pozicije. U sedmoj kući on formira mahapuruša jogu koja daje osobi blagoslove sreće, uspeha, dobrog supružnika itd, dok u jedanaestoj kući oštećuje decu.

Ostali faktori

Upapada je ključna za brak. Ukoliko je vladar upapade egzaltiran, supružnik ima visok status i obrnuto ukoliko je debilitiran. Priroda partnera se vidi u odnosu na planete na upapadi, kao i one koje, je aspektuju. Dužina bračnog života se vidi u odnosu na planete u drugoj od upapade i njenog vladara. Postoje različita pravila u standardnim tekstovima[2] koja su se pokazala veoma tačnima do današnjeg dana. Na primer, ukoliko je vladar upapade u

---

2   *Brihat Parašara Hora Šastra* i *Mahariši Đaimini Upadeša Sutre* se preporučuju. Čitaoci mogu u istu svrhu koristiti moj članak „Rešavanje zagonetke upapade " u Astrološkom Magazinu (1997).

dvanaestoj kući, brak može izostati.

Kuća partnera se vidi u odnosu na vladara sedme kuće od Venere. Ukoliko je ova planeta u fiksnom znaku ili navamši, partner je iz istog grada ili regije. Ukoliko se nalazi u pokretnom znaku ili navamši, partner dolazi iz udaljene zemlje; dok, ukoliko je u dvojnom znaku, partner dolazi iz zemlje koja nije jako udaljena ali nije ni u komšiluku. Sedma kuća od Venere i njen vladar, kao i sedma kuća od ascendenta i njen vladar, iniciraće ulazak u brak.

Partnerovi braća i sestre se posmatraju u odnosu na upapadu, isto kao i za osobu u odnosu na aruda lagnu. Planete postavljene u sedmoj i dvanaestoj kući od upapade pokazuju napete odnose sa datim članom partnerove porodice. Tako, ukoliko je Sunce u dvanaestoj kući od upapade tast/svekar neće biti živ u vreme braka, a ukoliko jeste, odnosi mogu biti loši. Na sličan način, ako se Mesec nalazi u sedmoj kući od upapade, tašta/svekrva će se biti neprijatelj i uložiće napore kako bi prekinula taj brak.

Generalno, planete koje se nalaze na lagni, u trećoj, sedmoj ili devetoj kući, daju svoje efekte kasno u životu. Tako, ako je rađa joga u sedmoj kući, rezultati će se osetiti u kasnijoj životnoj fazi.

Postoje brojna pravila u vezi sa utvrđivanjem kompatibilnosti čartova. Pravila koja se odnose na kompatibilnost u odnosu na đanma raši mogu se pronaći u standardnim tekstovima. Mesečev znak u međusobnim kendrama je među bitnijima. Poželjno je da ascendent partnera bude na upapadi, u njenim trigonima, u sedmoj odatle ili u znaku u kome se nalazi vladar upapade.

Vanbračne afere uzrokuje Rahu ili drugi malefici u drugoj ili sedmoj kući od upapade. Upapada ili Venera u dvanaestoj kući od aruda lagne ili navamša lagne, datim redom, pokazuju sklonost ka odbacivanju partnera. Ovo može dovesti do vanbračnih veza. Darapada (A7) pokazuje seksualni nagon i planete i znakovi ovde pokazuju mogućnosti ulaska u vanbračne veze. Ako je darapada u dustanima (treća, šesta, osma ili dvanaesta kuća) od aruda lagne ili nije u vezi sa njom, seksualni nagon može postojati, ali može biti bitno izmenjen ili se mogu desiti poteškoće u njegovoj manifestaciji. Ako su upapada i darapada povezane, intimni partner postaje i životni. Ako je upapada u dustanima (treća, šesta, osma ili dvanaesta kuća) od aruda lagne, dok je darapada u kendri, vanbračne afere se mogu razviti usled neprijateljstva ili odbacivanja od strane supružnika.

Venera je glavna planeta koja kontroliše seksualni nagon, svu sreću kao i materijalna zadovoljstva. Budući da je egzaltirana u Ribama, Jupiter može da vodi ka egzaltaciji Venere i čistoti u seksualnim odnosima. Merkur vlada Devicom, znakom Venerine debilitacije, i on može dovesti do ničabange (dobrih rezultata Venere) ili do njene debilitacije, u zavisnosti od drugih uticaja. Dakle, Jupiter u trigonima od navamša lagne, ili od Merkura, promoviše čestitost, dok Mesec u trigonu od Merkura daje tendenciju ka poročnosti i nevernosti. Merkur i Venera u Škorpija navamši, znaku u kome je Mesec debilitiran, čine osobu preterano seksualnom i posve slobodnom po datom pitanju. Postoje brojni drugi diktumi o ovoj temi u standardnim tekstovima.

Ascendent predstavlja ideale i principe. Saturn i Ketu na ascendentu, bez Venere u raši i navamša čartu, daje lažnog duhovnjaka i može rezultirati i nekontrolisanim i niskim seksualnim navikama. Marsov i Venerin uticaj na drugu kuću od navamša lagne daje previše seksa, dok Ketu daje tendenciju redukcije tj. staje na kraj ovakvom ponašanju.

Vreme ulaska u brak

Tajming ulaska u brak se može odrediti uz pomoć narajana daše i sudaršan čakre. U sudaršan čakri Venera je osnovna tačka dok pratimo progresiju daše u rasponima od po jednog znaka u godini dana. U narajana daši, Ketu i Venera daju brak, kao i planete i znakovi koji su povoljno povezani sa upapadom. Vimšotari daša, ili bilo koja druga odgovarajuća daša, treba da se posmatra uzimajući u obzir specifičnosti čarta. *Vivaha saham* se takođe koristi, dok se *đalapata saham* i *paradeša saham* koriste za pitanja odlazaka i boravaka u inostranstvu. Putovanja u inostranstvo se takođe mogu videti u odnosu na treću, devetu i dvanaestu kuću, i naredna poglavlja će se time pozabaviti.

Postoje brojna pravila kod određivanja vimšotari daše. Ona uključuju periode vladara sedme kuće, ili sedme kuće, ili planeta koje se nađu u konjukciji sa njima ili ih aspektuju. Venera i Mesec, predstavnici elementa vode, su glavne planete koje promovišu brak. Vladar sedme kuće od Venere i planete koje su u konjukciji ili aspektuju Veneru daju brak. Ovo se može videti u rašiju i u navamši. Planete u nakšatri vladara sedme kuće, ili vladar nakšatre u kojoj se vladar sedme nađe, može doneti brak. Trenutak se može tačno odrediti u odnosu na navamšu. Primarna stavka jeste da data daša planete koja operiše treba da ima konjukciju ili aspekt ili neometenu argalu na navamša lagnu ili njenog vladara, ili treba da ometa malefičnu argalu kako bi promovisala brak. Na sličan način se određuje antardaša, veza antardaša planete sa vladarom sedme kuće ili njena neometena argala. Pratiantar daša je obično daša planete u trigonu od sedme kuće u navamši, ili daša vladara kama trigona. Ovim metodom vimšotari daša sužava broj mogućih perioda unutar podobnog perioda za brak, ali i dalje ne možemo biti sigurni da će uopšte doći do braka. Upotrebom narajana daše može se izdvojiti precizan vremenski period.

Jupiterov Tranzit preko sedme kuće, vladara sedme ili vladara sedme kuće u navamši može doneti brak. Jupiterov tranzit ili njegov aspekt (raši drišti) na vladara druge od upapade može doneti brak. Na sličan način, vladar druge od upapade mora biti jak u tranzitu.

Primeri

Vreme ulaska u brak
Čart 70: Muškarac rođen 6. novembra 1975. godine

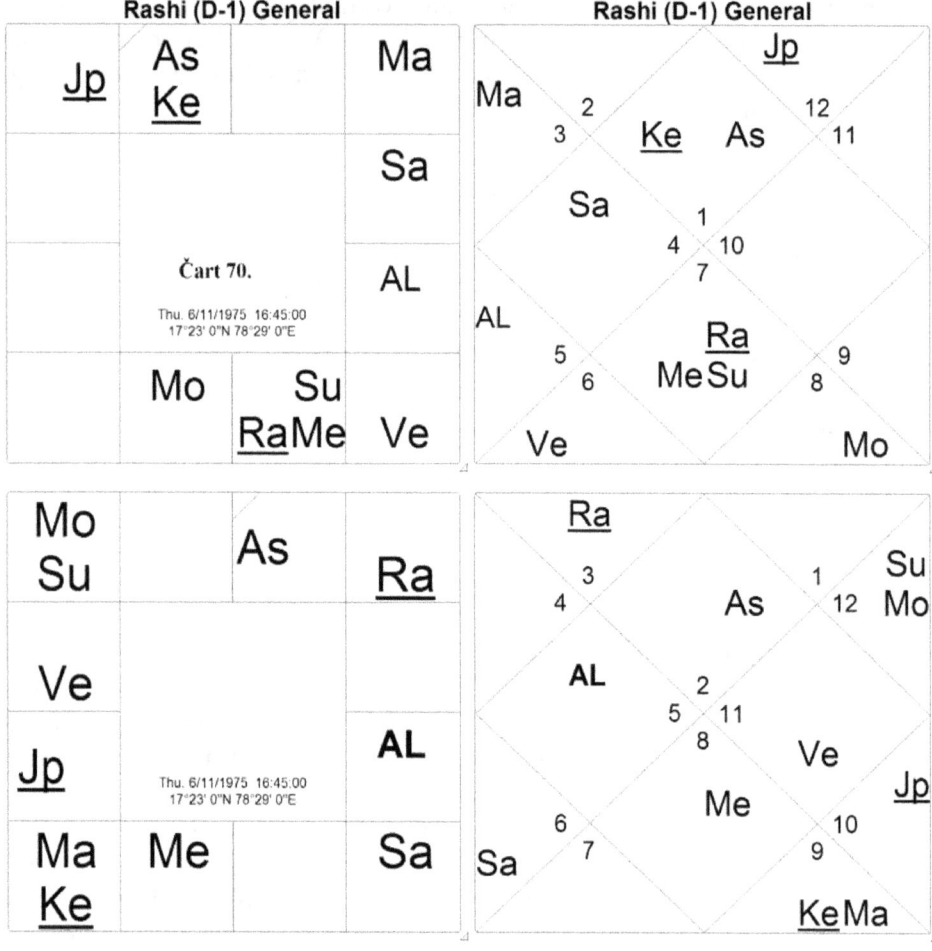

U čartu 70. sedmu kuću afliktuje Rahu koji je čara darakaraka i koji vrši eklipsu nad Suncem, vladarom pete kuće koja se odnosi na romanse i ljubav, i u konjukciji je sa vladarom šeste kuće, Merkurom. Sunce je vladar aruda lagne i darapade, i pokazuje snažnu vezanost osobe za svog partnera. Eklipsa Rahua nad Suncem pokazuje opasnost od negativne odvojenosti, i ovo je potvrđeno konjukcijom Merkura, kao vladara šeste kuće, sa Suncem i Rahuom. Ovo daje fatalnu privlačnost. Pošto je Sunce vladar darapade, ono daje veze pre braka.

Upapada se nalazi u Strelcu sa Marsom i Ketuom, u sedmoj i petoj kući, datim redom. Tako je lagna njegove izabranice potencijalno Marsov znak (njegova verenica je rođena sa Škorpija ascendentom, videti čart 71). Mars u sedmoj od upapade pokazuje da će se braku snažno protiviti partnerov brat, dok Mesec u dvanaestoj od darapade pokazuje gorko neprijateljstvo od strane tašte. Vladar darapade, Jupiter, takođe je postavljen u dvanaestoj kući od lagne i generalno će da ospori brak. Jupiter je debilitiran u navamši. Mesec je, ne samo debilitiran u dvanaestoj od upapade, već je ujedno i u osmoj kući, što pokazuje rano odvajanje. Vladar druge od upapade, Saturn, veoma je snažan u kendri i trigonu u raši i navamša čartu, ali je njegov dispozitor Mesec koji je potpuno protivan braku.

Kada su osoba i njegova verenica stupili u kontakt sa autorom ove knjige tokom prve nedelje februara 1997. godine, na pitanje da pokažu oba čarta, osoba je ovo namerno izbegla i umesto toga je pokazan samo čart njegove verenice (čart 71). Moje predikcije su opisane u nastavku.

U čartu 70. vladar sedme kuće i *kalatra karaka*, Venera, debilitiran je u šestoj kući. Ovo je najgora moguća pozicija ili „šasta Šukra maranakaraka" tj. Venera u šestoj kući pokazuje smrt kućama kojima vlada, i u ovom kontekstu govori negativno o drugoj i sedmoj kući koje pokazuju prvi (i drugi) brak. Vladar sedme kuće od Venere je Jupiter, u svom znaku Riba. Ova pozicija Jupitera u dvojnom znaku pokazuje da će partner biti iz udaljenog mesta (ne preterano daleko) u odnosu na dom osobe, i to u severoistočnom pravcu. Verenica dolazi iz Muzafarnagara (D. P.) dok on živi u Delhiju sa roditeljima.

Uprkos jasnim upozorenjima od strane autora ove knjige, osoba je konsultovala Pandita koji je slepo uzeo pančang (efemeride) i objavio 14. februar 1997. godine u 14h kao povoljno vreme za ulazak u brak. Osoba je tada prolazila kroz Venerinu vimšotari dašu, Jupiterov pod period i Rahuov pod-pod period.

Planetarne pozicije pokazuju iznenadni ulazak u brak, budući da sve tri planete povoljno utiču na upapadu, ali je pratiantar daša Rahua unutar antara daše Jupitera guru-ćandala doša tj. pokazuje da se savet savetodavca (Jupiter) neće poslušati. *Kada god je Rahu čara darakaraka on daje iznenadne i nekonvencionalne brakove, posebno ukoliko je smešten u kendra kući.* Brak može postati neprijatno iskustvo.

Tranziti u vreme braka 14. februara 1997. godine

Rashi (D-1) General

Ke Sa	Mo AL		
Su			
Me Ve Jp	Brak Fri. 14/2/1997 19:00:00 Delhi, INDIA		As
			Ma Ra

Rashi (D-1) General

```
       MaRa
      6        4
   7      As      3
           5
       8    2    AL
           11    Mo
      9    Su    1
       10       12
     Jp MeVe   KeSa
```

Prvo što možemo primetiti u ovom čartu jeste da, uprkos odlasku kod astrologa i jasnog saveta kada brak treba da se sklopi, to nije sprovedeno u delo i umesto toga brak je sklopljen u 17h. Osnovna pravila u vezi sa bračnom muhurtom nisu ispoštovana:

(a) *Sedma kuća mora da bude prazna.* Ovde je Sunce postavljeno u sedmoj i slabost koja je prisutna u natalnom čartu ponovila se i u čartu sklapanja braka.

(b) *Osma kuća mora da bude prazna, a ovde su posebno nepoželjni malefici poput Marsa i Ketua.* U ovom čartu prisutna je grozna kombinacija Saturna i Ketua u osmoj kući, dok je vladar osme kuće, Jupiter, debilitiran.

(c) Venera kao kalatrakaraka mora biti jaka u izabranom čartu, i šesta kuća (šasta Šukra maranakaraka) se mora izbeći. Venera je u šestoj kući zajedno sa debilitiranim Jupiterom.

(d) *Malefici su poželjni u upačajama.* Nijedan od malefika nije smešten u upačaja kući a umesto toga malefici se nalaze na osi 2-8. kuća što ukazuje na rani prekid i odvajanje.

Nakon što su sva pravila prekršena i ignorisana, neumitno se mora desiti. Usled snažne opozicije partnerove majke i brata (kao što je i očekivano) žena je bila prinuđena da ga napusti. Napustila ga je prve nedelje aprila 1997. godine na samom početku vimšotari daše Venera-Saturn-Saturn.

Vreme ulaska u brak: dok se opšta pravila za povezanost planeta čije vimšotari daše teku sa vladarom sedme kuće i upapade lako prepoznaju, postoje posebna pravila za navamšu:

(a) Vimšotari daša planeta treba da je u vezi sa navamša lagnom, ili da ima argalu, ili da ometa malefičnu argalu na nju. Venera je vladar navamša lagne i zbog toga je kvalifikovana da donese brak osobi.

(b) Vimšotari antar daša planeta treba da je povezana sa vladarom sedme kuće od navamša lagne, ili da ima argalu, ili da ometa malefičnu argalu na njega. Sedma kuća od navamša lagne je Škorpija sa dva vladara, Marsom i Ketuom. Oba su smešteni u Strelcu kojim Jupiter vlada. Strelac je smešten u drugoj kući odatle. Time Jupiter formira argalu na Marsa i Ketua.

(c) Vimšotari partianatar daša treba da je u trigonu od sedme kuće, njenog vladara ili Venere. Rahu je u trigonu sa Venerom.

Ovako se može videti specifična potvrda trenutka događaja u navamša (D9) čartu za brak.

TRANZITI

(a) Tranzit Jupitera treba da je povezan sa drugom kućom od upapade, barem raši drištijem. Jupiter je 1997. god. tranzitirao drugu kuću od upapade u Jarcu.

(b) *Tranzit Sunca može biti u trigonu u odnosu na vladara sedme u raši ili u navamša čartu.* Vladar sedme kuće, Venera, nalazi se u Vodolija navamši. Sunce se nalazilo u Vodoliji u vreme braka.

(c) Mesec je u tranzitu bio u kritika nakšatri. Ovo nije preporučljivo za brak, jer ova nakšatra ima tendenciju da stvori izolaciju umesto da učvrsti brak.

Glavna tačka za određivanje sreće u braku jeste snaga Jupitera. U oba čarta, 69. i 71, Jupiter je debilitiran u navamši. Ovo daje dvomesečni brak, ogromne poteškoće i slomljeno srce. Sledeća stavka jeste da su aruda lagna (AL) i darapada (A7) u istom znaku. Dakle, on je veoma voleo svoju partnerku i zbog toga je čak i zapostavljao svoj posao da bi je učinio srećnom. Ali, na kraju, eklipsa Sunca je ipak deo sudbine.

Čart 71: Žena rođena 22. jula 1976. godine

U čartu 71. vladar pete kuće koja upravlja romansama i ljubavnim aferama, Jupiter, nalazi se u sedmoj kući, kući braka, sa egzaltiranim vladarom devete, Mesecom. Na prvi pogled, ovo obećava brižnog i posvećenog partnera i brak koji donosi dobru sreću. Ipak, Jupiter je debilitiran u navamša čartu, što pokazuje rađabanga jogu ili nesreću. Ovo je prisutno u oba gore navedena čarta. Aruda lagna i darapada su u šastastaka (međusobnim šest-osam pozicijama) što govori da je stav prema partneru negativan. Upapada (UL) je takođe u dvanaestoj kući od aruda lagne, što pokazuje tendenciju ka odbacivanju partnera.

Rashi (D-1) General

	Ke	Jp Mo	
			Su Me Sa Ve
	Čart 71. Thu. 22/7/1976 14:27:00 Muzaffarnagar, INDIA		Ma
	As	Ra	AL

Rashi (D-1) General

North Indian chart with: Ra in house 12; As in house 1; Ma in house 5; Ve, Me, Sa, Su in house 4; Jp, Mo in house 2; Ke in house 6; AL in house 11.

Navamša D-9

	Mo		
		As	
Ra			
Jp	Navamša D-9 Thu. 22/7/1976 14:27:00 Muzaffarnagar, INDIA	Ke Su Ma	Me
	Ve Me	Sa AL	

North Indian chart with: Su Ma Ke in house 1; As in house 2; AL, Sa in house 3; Mo in house 5; Jp in house 8; Ra in house 7; Ve in house 9; Me in house 12.

Ovako nepovoljna situacija nastaje samo ukoliko osoba napravi pogrešan potez (!). Lagna supruga treba da je u trigonu od upapade, ili u sedmoj od nje. Mars nije smešten niti u trigonu niti u sedmoj kući od upapade. Treba proveriti i znak u kom se nalazi vladar upapade. Mars ponovo nije prisutan u ovom znaku, niti je u pitanju znak Ovna. Dakle, potera za bračnim partnerom koji je Ovan lagna bila je kratkog daha. Ipak, Mars aspektuje upapadu raši drištijem iz Lava, i cela potera desila se sa njene strane (greška u proceni). Ovo je deo sudbine, jer su darapada i aruda lagna u šastastaka odnosu. Osoba je prolazila kroz vimšotari dašu Rahua, podperiod Jupitera i pod-pod-period Merkura. U navamši, Rahu ima argalu na vladara navamša lagne. Pod-period Jupitera, koji je postavljen u sedmoj kući i u četvrtoj od Saturna, vrši argalu na vladara sedme kuće dok je pod-pod-period planete Merkur u konjukciji sa Venerom (tj. u trigonu od Venere). Na pitanje, žena je bila dovoljno iskrena da kaže da je već donela odluku da uđe u brak sa svojim verenikom (čart 69) i kontaktirala je autora knjige na zahtev bliskog prijatelja.

Iako samo prijateljstvo nije trajalo duže od par meseci, prelazak u intimu se mogao razviti tek po ulasku Sunca u znak Jarca oko 15. januara 1997. godine, jer se tada nalazilo u trigonu od darapade (A7) pokazujući vanbračnu aferu i sam pratiantara period je ujedno i period vladara darapade, Merkura. Veliki broj planeta je smešten u sedmoj od upapade. Sunce pokazuje suprotstavljanje od strane tasta, Venera od sestre, Saturn od starije braće, dok Merkur pokazuje opoziciju od rodbine i ostalih. Osoba je ulazila u vezu u veoma nepovoljno vreme. *Rečeno joj je da uđe u brak pre kumba sankrantija (tj. pre nego što Sunce napusti Jarac na dan 13. februar 1997. godine) da bi brak mogao potrajati ili će se u protivnom manifestovati ogromna opozicija i nebrojene prepreke.* I kako je sudbina htela, brak se desio na dan 14. februar 1997. godine i u naredna dva meseca dramatičan sled događaja dovodi do toga da njena majka stvara veliku dramu, brat njenog supruga pokazuje i svoju fizičku snagu i ona tada popušta i napušta dom. Mesec je vladar sedme od upapade (majka je smrtni neprijatelj braka).

Tabela 10-1: Narajana daša čarta br. 71

Daša	Period	Od	Do	Starost
Bik	2	1976.	1978.	2
Strelac	5	1978.	1983.	7
Rak	3	1983.	1986.	10
Vodolija	7	1986.	1993.	17
Devica	2	1993.	1985.	19
Ribe	10	1995.	2005.	29

Ribe narajana daša čarta 71. počinje sa 20. godinom, od jula 1995. godine. Vladar Jupiter smešten je u sedmoj kući od ascendenta i debilitiran je u navamši, ali je ujedno i u sedmoj od navamša lagne. Ribe su u trigonu od Venere i od vladara upapade. *Brak je moguć u antaradaši Ketua, Venere i planeta u vezi sa upapadom.* Ketu je smešten u šestoj od lagne u Ovnu i antardaša Ovna tokom daše Riba trajala je od maja 1996. do 22. marta 1997. godine. U julu 1996. godine devojka je napustila dom kako bi odsela u hostelu u Delhiju zbog studija, to pokazuje Ketu u Ovnu koji aspektuje četvrtu kuću (obrazovanje) raši drištijem. Zaljubila se iznenada, kao pogođena Kupidovom strelom (Ketu) i udala se 14. februara 1997. godine, tokom istog perioda. Čim se daša Ovna završila, 22. marta 1997. godine, i Ribe antara počela, ona je napustila supruga, i to već tokom prve nedelje aprila meseca 1997. godine. Dakle, narajana daša je nezamenljiv alat u proceni i tajmingu sličnih događaja. Jupiter je tranzitirao Jarca tako aspektujući Saturna koji je vladar upapade, kao i svoju natalnu navamšu. Neophodno je imati na umu i Kalasarpa jogu (KSJ).

Čart 72: Muškarac rođen 27. maja 1951. godine

Rashi (D-1) General

```
| Jp      | Ma       |       |
| AL  Me  | Su   Ve  |       |
| Ra      |          |       |
| Mo      |          |       |
|         Čart 72.           |
|         Sun. 27/5/1951 21:02:00
|         Madurai, INDIA     | Ke |
| As      |          | Sa    |
```

Rashi (D-1) General (južni stil)

```
Mo  10    |    8
    11 As    7
Ra
        9
Jp   12  6
AL    3      Sa
                    Ke
Me  1      Ve   5
      2         4
      Ma Su
```

Navamša D-9

```
| Ma Su   |       | AL |
| Ra      | Ve    |    |
|                      |
| Sa                   |
|    Sun. 27/5/1951 21:02:00
|    Madurai, INDIA    |
| Mo | Jp  |  Me       |
|    | Ke  |  As       |
```

Navamša D-9 (južni stil)

```
Ke
Jp   7    As    5
  8       Me    4
        6
     9   3
Mo    12     AL
    10        2  Ve
Sa  11        1
       Ma Ra Su
```

U čartu 72. vladar sedme se nalazi u petoj kući, egzaltiran na navamša lagni. Nalazi se i u drugoj od aruda lagne. Darapada (A7) u sedmoj od aruda lagne pokazuje tendenciju ignorisanja partnera (u pitanju je domaćica). Upapada je u Lavu u jutiju sa Ketuom, mokšakarakom, što pokazuje veoma religioznog i posvećenog partnera. Druga kuća od upapade je Devica i njen vladar smešten je u trigonu u raši čartu, i egzaltiran je u kendri u navamša čartu. Ovo obećava dug bračni život. Iako je Saturn u drugoj od upapade, on se nalazi u Jarcu u navamša čartu, u trigonu. Međutim, kao darakaraka, on pokazuje ozbiljne problem u vezi sa finansijama partnera tokom svog dugog daša perioda. Supruga je nasledila ogromnu imovinu tokom Saturnove daše, ali nije mogla u njoj i uživati jer su je braća pozvala na sud. Tokom celokupne Saturnove daše ova priča se nastavila, i tek po ulasku u Jupiterovu antar dašu, pred kraj Saturnove daše 1997. godine, sudski spor je završen u njenu korist. Tek na ulasku u 1998. godinu, imovina je bila spremna za prodaju/proširenje kroz izgradnju novih stanova od kojih bi dva ostala u njihovom vlasništvu. Dakle, baš kao što atmakaraka ima tendenciju da kazni osobu zbog nedela iz prošlog života, darakaraka donosi slične nevolje partneru.

Između trigona i sedme kuće od upapade, sedma kuća, Vodolija, je najsnažnija jer je sa Mesecom i Rahuom. Ascendent supruge pokazuje Mesec u Raku. Venera u sedmoj kući treba da da loše rezultate za partnera na osnovu pravila *"karaka bava naša"*, ali umesto toga, kao atmakaraka u sedmoj kući, pokazuje bogobojažljivog i posvećenog partnera. Osim toga, atmakaraka treba da bude ojačana u čartu. Upapada u devetoj kući donosi dobru sreću kroz brak.

TAJMING BRAKA
Tabela 10-2: Narajana daša – čart 72

Daša	Period	Od	Do	Starost
Blizanci	10	1951.	1961.	10
Vodolija	5	1961.	1966.	15
Vaga	8	1966.	1974.	23
Devica	5	1974.	1979.	28
Bik	1	1979.	1980.	29
Jarac	4	1980.	1984.	33

Bračno podobnom starošću osobe računa se period posle osamnaeste godine, i tada je tekla daša Vage. Vaga je u trećoj kući od upapade, što je ujedno i mesto smrti supruga. Ukoliko se brak desi tokom sličnih perioda, osim ukoliko je Jupiter jak, partner može umreti ili se brak neće održati (videti prethodni čart 71. gde se brak desio tokom daše Riba, i tokom antardaše Riba se i završio ostavljajući veoma lošu situaciju iza sebe). Budući da se sličan incident nije odigrao, Vaga će samo uskratiti ulazak u brak, posebno zato što je postavljena u osmoj od aruda lagne. Sledeća daša, daša Device, je u drugoj od aruda lagne, sa potencijalom da donese brak, ali se nalazi u osmoj od Meseca a tu se nalazi i mrityu pada (A8) zajedno sa Saturnom. Sledeća daša, daša Bika, može doneti brak jer se tu nalazi Sunce kao vladar upapade, ali je to ujedno i treća od aruda lagne. Jarac, sledeća daša, aspektuje upapadu u Lavu i Sunce u Biku, i zato donosi brak. Između Jarca i Raka, Rak je snažniji, a njegov vladar, Mesec, je smešten u Vodoliji i pokreće prvu antara dašu. Kao što je objašnjeno ranije, znak pokazuje partnera i nalazi se u trigonu od Venere i donosi brak između maja i septembra 1980. godine. Brak je sklopljen 14. septembra 1980. godine u 30-oj godini osobe.

Zbog atmakarake Venere u sedmoj kući, a kako bi se izbegla slabost u vezi sa "karaka bhava naša", i budući da je upapada u devetoj kući (darma, hramovi) u Lavu, osoba je dobila savet od oca da poseti hramove pre stupanja u intimu sa suprugom. Tako su supružnici konzumirali brak tek 25. septembra 1980. godine, ili jedanaest dana po sklapanju braka. Ovo je ujedno i najčešća manifestacija Saturna (R) u drugoj od upapade. Astrolozi treba da posegnu za sličnim inteligentnim remedijalnim merama zasnovanim na čartu, radije nego prepisivanjem dragog kamenja i upaja.

Jupiter je tranzitirao znak Lava na dan 14. septembra 1980. godine, aspektujući vladara druge kuće od upapade Merkura u Ovnu. Mesec je bio u svati nakšatri u Vagi. Ipak, par je sačekao da Jupiter pređe u Devicu, ili u drugu kuću od upapade, pre ulaska u intimne odnose 25. septembra 1980. (dan kada je Jupiter ušao u Devicu). Ovakva iskrena posvećenost savetu astrologa blagoslovila ih je dugim bračnim životom i dobrom srećom, kao i prosperitetom posle braka.

U poglavlju VIII u vezi sa decom dati su brojni primeri u vezi sa problematičnim brakovima i usvojenom decom. Isto se može upotrebiti u vezi sa tajmingom braka.

Čart 73: Žena rođena 27. jula 1964. godine

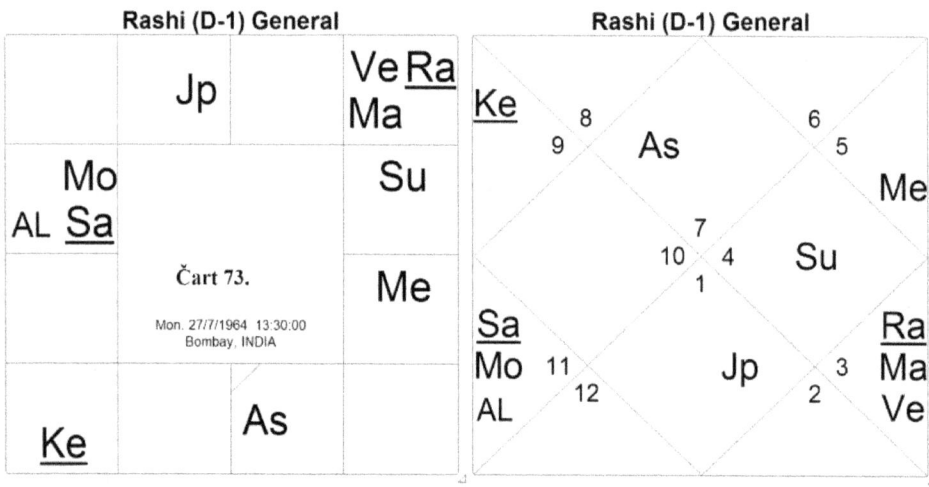

U čartu 73. atmakaraka, Jupiter, nalazi se u sedmoj kući dok je vladar sedme kuće, Mars, smešten u devetoj kući u konjukciji sa darakarakom i kalatrakarakom, Venerom. Dakle, joge za brak su veoma povoljne i obećavaju dobru sreću i prosperitet posle braka posebno kada je Venera u devetoj kući. Ipak, vladar sedme kuće, Mars, je pod uticajem "kuđa stambane" zbog Rahua koji ujedno afliktuje i Veneru, što dovodi do veoma malefične kombinacije. Ova kombinacija bi imala potencijal da uništi brak i donese problematičan život da nije atmakarake, Jupitera, u sedmoj kući.

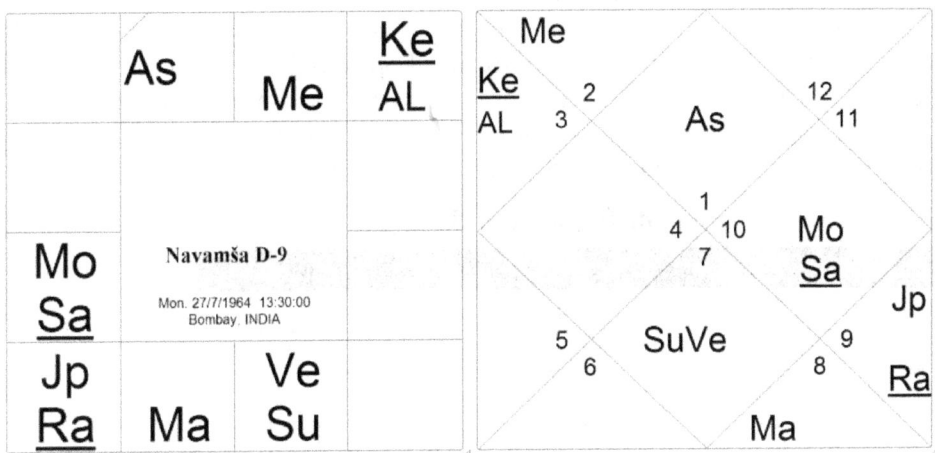

Darapada (A7) putem koje dolazimo u kontakt sa suprotnim polom, nalazi se u kraljevskom znaku Lava što pokazuje političare i vladine službenike. Ovde se nalaze i vladar devete kuće, Merkur, što pokazuje nadređenog ili prijatelja, budući da je to ujedno i jedanaesta kuća. Upapada je u Raku, u desetoj kući, kući profesije u konjukciji sa Suncem, što pokazuje brak sa partnerom iz familije koja ima viši status od osobe. Sunce je vladar darapade (A7) što pokazuje raniji kontakt ili poznanstvo pre braka. Vladar upapade, Mesec, nalazi se u petoj kući od lagne, a peta kuća se odnosi na romanse. Dakle, nema sumnje da će osoba ući u brak iz ljubavi sa političarem/birokratom i to u vreme dok je zaposlena. Osoba je stupila u državnu službu 15. jula 1991. godine, i ušla u brak sa braminom kolegom (Merkur na darapadi pokazuje kolegu/prijatelja u jedanaestoj kući), takođe vladinim službenikom, 29. avgusta 1991. godine (četvrtak). Kolega dolazi iz dobre familije.

Sedma kuća od Venere ima Ketua, dok je vladar sedme kuće, Jupiter, u pokretnom znaku (pokazuje bitnu udaljenost), u Ovnu (istočni pravac). Suprug dolazi iz Orise, što je istočno od Bombaja. Oboje su morali da otputuju u Delhi da bi se sreli i zaključili brak. *Vatreni znakovi generalno pokazuju istočni pravac, vodeni pokazuju sever, vazdušni zapad i zemljani pokazuju jug.* Ovo može biti modifikovano pravcem planete. Na primer, ukoliko je Venera u Raku i Saturn u Jarcu, pravac može biti zapad (Saturn) umesto jug (Jarac).

Daša Škorpije trajala je od 20. do 27. godine života osobe. Iako Škorpija aspektuje upapadu, ona ima Rahua i Marsa u osmoj kući odatle što pokazuje period poteškoća. Oni aspektuju Sunce, vladara darapade, što pokazuje pomoć od strane političara i onih koji su umešani u politiku, ali ne može dati brak budući da je čara darakaraka, Venera, u osmoj kući od daša rašija.

Sledeća daša je daša Strelca gde se nalazi Ketu, a atmakaraka je u trigonu i pod aspektom čara darakarake i kalatrakarake Venere kao i vladara sedme kuće, Marsa. Vladar daša rašija je Jupiter koji se nalazi u sedmoj kući. Ova daša garantuje brak. Između Jupitera i Merkura, vladara daša rašija i sedme od daša rašija, Jupiter je jači, budući da je u pitanju atmakaraka. Brak je sklopljen u prvoj antardaši i sklopljen je iznenada.

Tabela 10-3: Narajana daša, čart br. 73

Daša	Period	Od	Do	Starost
Ovan	2	1964.	1966.	2
Bik	1	1966.	1967.	3
Blizanci	2	1967.	1969.	5
Rak	5	1969.	1974.	10
Lav	1	1974.	1975.	11
Devica	1	1975.	1976.	12
Vaga	8	1976.	1984.	20
Škorpija	7	1984.	1991.	27
Strelac	4	1991.	1995.	31
Jarac	11	1995.	2006.	42
Vodolija	9	2006.	2015.	51
Ribe	11	2015.	2026.	62

U vimšotari daša sistemu, Jupiter vlada periodom od šesnaest godina, od 23. novembra 1975. do 23. novembra 1991. godine, i budući da aspektuje navamša lagnu, kvalifikovan je da donese brak. Brak se može desiti u bilo kojoj od antardaša perioda Marsa, Sunca, Venere, Rahua, Meseca ili Saturna, budući da sve navedene planete ili aspektuju sedmu kuću ili vrše argalu na nju. Međutim, pošto narajana daša nije bila povoljna, nisu uspele sve kompatibilnosti pa čak ni jedne zaruke. Pošto je period bio Jupiterova daša i Rahu antara, osoba je posetila "nadi" astrologa koji joj je dao aghora mantru (tantra mantru) kako bi ubrzala brak. Ovo se desilo na početku Škorpija daše. Treba primetiti da je mantrapada (A5) u Škorpiji, koja je insekt i malefičan znak. Pod aspektom je Sunca (a Sunce je debilitirano u navamši) i Jupitera što pokazuje obožavanje Gospoda Šive (Sunce u konjukciji sa Jupiterom), ali na okrutan način (Škorpija). Brak se desio kad je i predodređen, tokom Jupiter-Rahu-Mesec daša-antara-pratiantar na dan 29. avgust 1991. Jupiter se tokom tranzita nalazio u Lavu, u drugoj od upapade, zajedno sa vladarom Suncem. Mesec je bio u Strelcu, ascendent je bio Strelac (daša znak) i dan je bio četvrtak (Jupiter).

Sedma Kuća

Aruda lagna (AL) i darapada (A7) su u *samasaptaka* (u sedmoj kući jedan od druge) što pokazuje harmoniju i ljubav u braku. Ipak, upapada ima Veneru (sestra), Marsa (mlađi brat) i Rahua (udovice) u dvanaestoj odatle što pokazuje brojne nevolje od pomenutih osoba sa partnerove strane. Sunce na upapadi pokazuje podršku od strane partnerovog oca, dok Mesec, vladar upapade pokazuje blagoslove od strane partnerove majke.

Čart 74: Žena rođena 2. oktobra 1954. godine

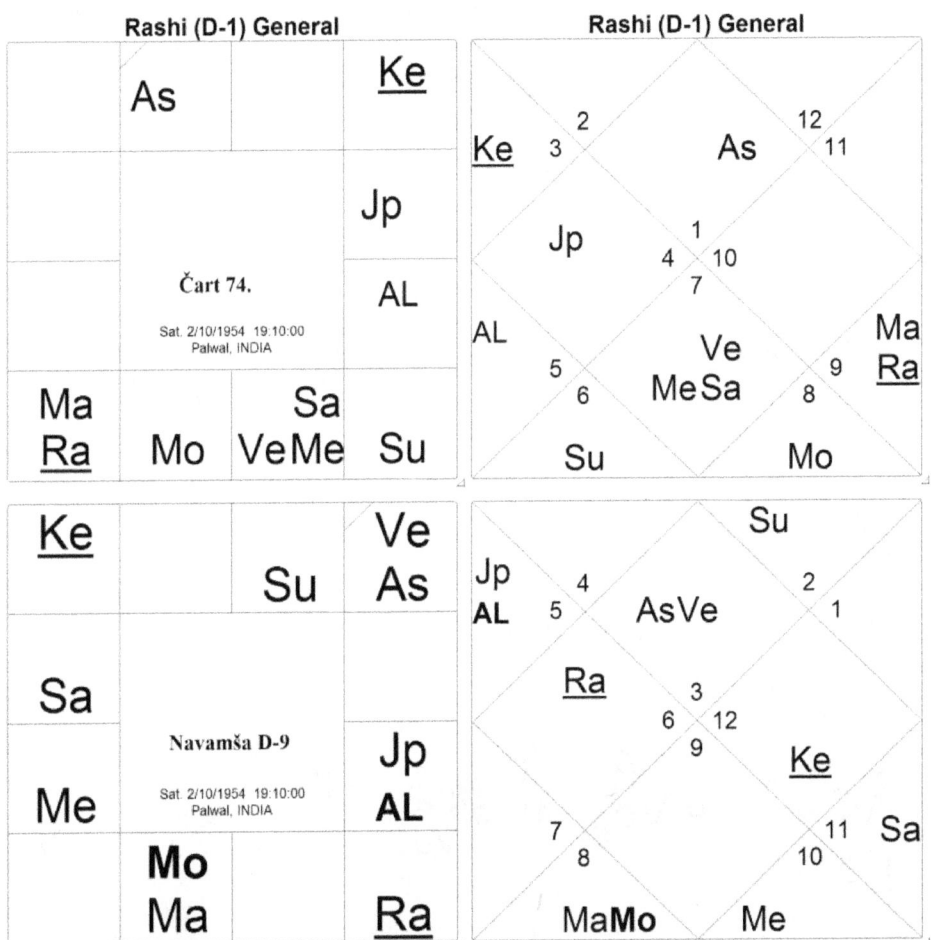

U čartu 74. Venera je atmakaraka i nalazi se u sedmoj kući zajedno sa egzaltiranim Saturnom i Merkurom. Ovo je specifična kombinacija koja pokazuje neplodnu osobu, ili brak sa neplodnom osobom. Dalje, ova kombinacija se nalazi u trećoj kući (mesto smrti) od aruda lagne, za razliku od čarta 72. gde je Venera takođe atmakaraka u sedmoj kući, ali u četvrtoj od aruda lagne. Upapada je u osmoj kući sa debilitiranim Mesecom, dok je njen vladar Mars u devetoj kući u društvu debilitiranog Rahua. Ovo pokazuje ranu smrt partnera/verenika. Saturn takođe aspektuje debilitiranog Rahua i Marsa, i time negira brak. Ove planete učestvuju i u papakartari jogi na upapadu i na Mesec. Debilitirani Mesec se nalazi u osmoj kući, i nijedan brak ne može potrajati. Jupiter se, iako je egzaltiran, nalazi u osmoj kući od Strelca i dvanaestoj od aruda lagne. Njegova pozicija u dvanaestoj od aruda lagne, kao darakaraka, smatra se veoma nepoželjnom, posebno u ženskom horoskopu.

DAŠE: Ketuova daša u trećoj kući trajala je od 18-25. godine i ne smatra se povoljnom zbog debilitacije u trećoj kući. Budući da je u jedanaestoj od aruda lagne, donosi prihod od izvoza. Sledeća daša atmakaraka Venere traje od 25-45. godine i negira mogućnost braka. Dakle, zbog specifičnih planetarnih pozicija nepovoljnih za brak, on se nije manifestovao.

Čart 75: Muškarac rođen 13. decembra 1958. godine

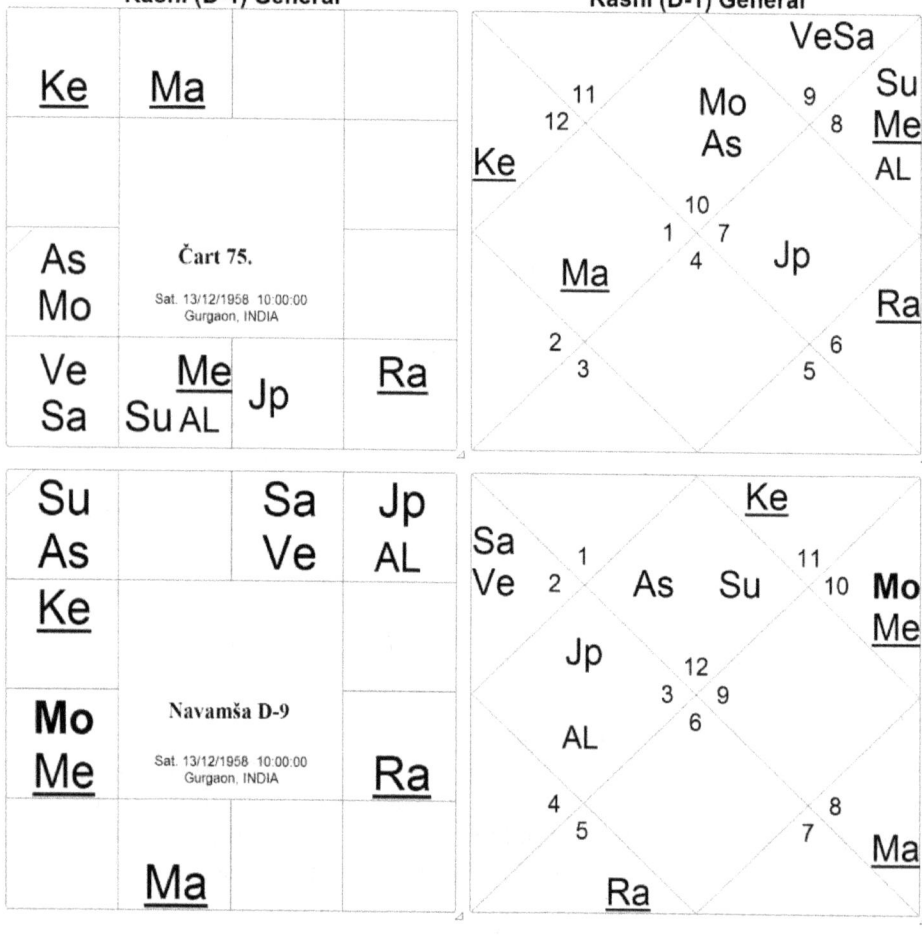

U čartu 75. vladar sedme kuće je Mesec, koji je ujedno i čara dara karaka smeštena na ascendentu. Međutim, nalazi se u *raši sandiju* (prelaz između znakova) i veoma je oslabljen budući da je pod aspektom Rahua i bez povoljnih uticaja bilo jutija ili aspekta. Aruda lagna se nalazi u Škorpiji i prisustvo Meseca (privremena DK) u trećoj kući odatle smatra se nepoželjnim. Kalatrakaraka Venera je u jutiju sa Saturnom i, baš kao i u prethodnom čartu, Rahu je u drugoj kući od upapada lagne pod aspektom Saturna koji je u jutiju sa Venerom. Dakle, čak i ako se brak desi, treba očekivati neki vid prevare. Sunce, kao vladar upapade, nalazi se u jutiju sa vladarom devete kuće u jedanaestoj od lagne, a na aruda lagni. Dakle, brak se može dogoditi tokom antardaše Sunca u daši Rahua. Ovo se i desilo u decembru 1995. godine tokom Rahu-Sunce vimšotari daša-antara. U navamši, Rahu aspektuje lagnu dok Sunce aspektuje sedmu kuću i oboje su u sama saptaka (odnos jedan-sedam) a ova pozicija je povoljna u navamši. Narajana daša tokom ovog perioda je bila Lav-Jarac. Lav je upapada i može doneti brak, dok je u Jarcu smeštena darakaraka, a vladar sedme, Mesec, aspektuje Lava.

Ipak, iako je brak proslavljen noću, mlada se vratila kući već narednog jutra u roku od dva sata pošto je stigla u mladoženjinu kuću. Dakle, Veneru afliktuje Saturn a Saturn je pod aspektom Rahua, i uloga ovih planeta odigrala se tako što mlada pati od hroničnog spondilitisa i ima bolesne noge. Jedva je uspela da pređe sedam krugova oko svete vatre, a to je verovatno i najduža distanca koju je prešla tokom celog svog života. Osoba je zbog saveta starijeg rođaka ušla u brak, i bila je prevarena. Osoba sada vodi sudski spor zbog prevare i budući izgledi za brak su umanjeni, posebno zato što teče Jupiterova daša, a Jupiter je smešten u trećoj kući od upapade, i u dvanaestoj od aruda lagne.

Čart 76: Šri A. B. Vađpaji

Čart 76. je horoskop jednog od visokih političara i državnika Indije. Aruda lagna u Devici jasno pokazuje njegovu snagu u Delhiju (kojim vlada Devica), i on je gotovo uvek izlazio kao pobednik izbora u Parlamentu. Benefici Merkur i Jupiter u trećoj i šestoj od aruda lagne daju sveca. Nažalost, Jupiter je, iako je u šestoj od aruda lagne, ujedno smešten na upapadi i time upapada ne uspeva da funkcioniše jer Jupiter ovde ukazuje na oblik odricanja/žrtve, tj. brak ili upapada su žrtvovani. Čara darakaraka, Jupiter, je smešten u šestoj od aruda lagne. Vladar sedme kuće od lagne je Venera pod aflikcijom mokšakarake, Ketua, i u jutiju sa Saturnom u dvanaestoj od navamša lagne. Ova konjukcija dovodi do prolongiranja ulaska u brak ili, kada je u dvanaestoj kući, može da uskrati brak u potpunosti.

Darapada je u jedanaestoj kući od aruda lagne i, budući da aspektuje upapadu, daje nadu (pošto je A7 u devetoj kući i njen vladar Mesec se nalazi u desetoj kući), ali ni ovo neće dati rezultate pošto je Mesec u dvanaestoj od aruda lagne.

Na listu negativnosti u vezi sa brakom možemo dodati i da sedma kuća ima papakartarti jogu između Marsa i Rahua koji su smešteni u šestoj i osmoj kući. Druga nada leži u aspektu Merkura i Saturna (podređeni/ mlađi) na darapadu (A7), ali ovo neće uspeti da preraste u brak uprkos tome što Saturn vlada upapadom, zbog toga što je smešten u dvanaestoj od navamša lagne sa Venerom. Dakle, svi mogući putevi su zatvoreni i on je ostao neženja ostatak života.

Čart 77: Šri Viđajendra Sarasvati

Čart 77. je horoskop Šankaračarje imenovanog od Kanči Kamakothi pitam, H. H. Šri Viđajendra Sarasvati. Četiri planete: Venera, Saturn, Mars i Mesec su vargotama tj. veoma su dobro postavljene kako bi mu prenele blagoslove. Darapada (A7) pokazuje interakciju sa drugim partnerima, kolegama i sl. i ima atmakaraku, Mesec, koji predstavlja božanstvo, vargotama, što pokazuje da on tretira svako ljudsko biće sa uvažavanjem i božanskom naklonošću. Rahu u sedmoj kući nije povoljan za brak i mokša karaka, Ketu, na ascendentu pokazuje snažne duhovne sklonosti. Treća i šesta kuća od aruda lagne (AL) treba da su u jutiju sa beneficima za odricanje i spiritualizam. Tu se nalaze Jupiter, Ketu i atmakaraka, Mesec, i pokazuju nevezanost za materijalne stvari.

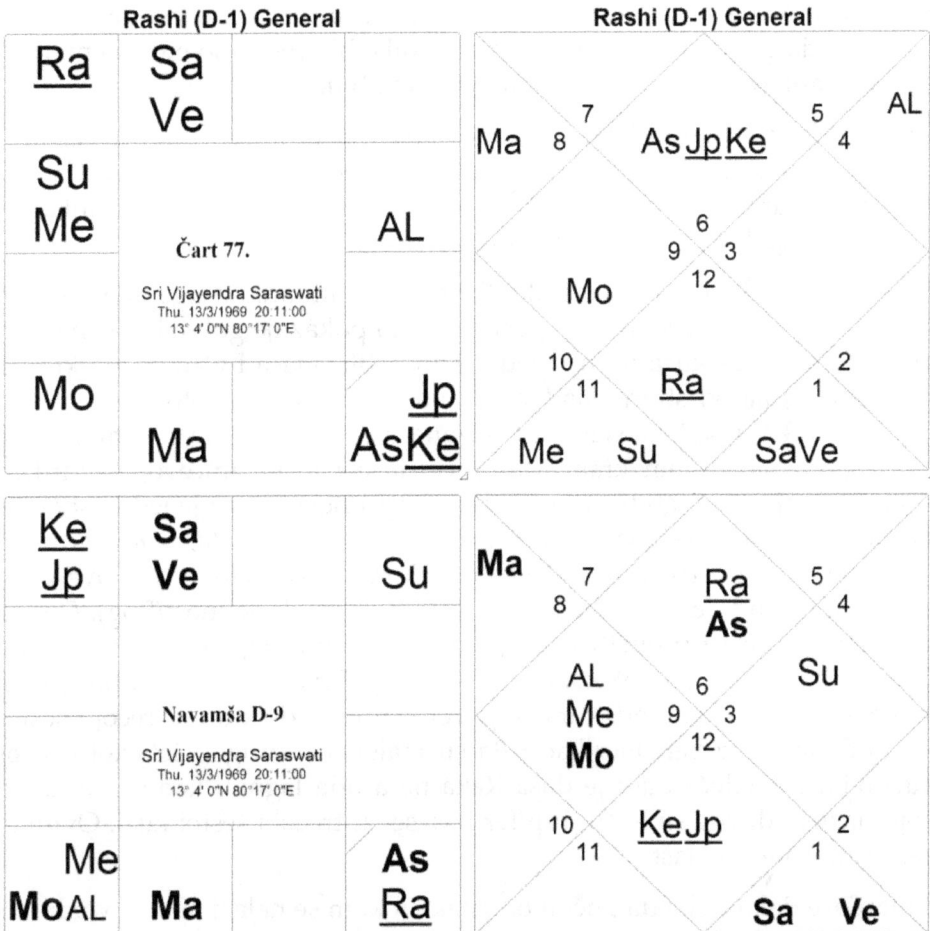

Iako je upapada u devetoj kući, njen vladar je smešten u osmoj kući, i od lagne i od navamša lagne i povrh toga, u pitanju je kalatrakaraka Venera. Baš kao i u prethodnom čartu, Venera je u jutiju sa Saturnom i pod aspektom Rahua u dustanu (osma kuća od ascendenta pokazuje kašnjenje/nemanje braka[3]). Vladar druge od upapade se nalazi u šestoj kući i to pokazuje odricanje od braka. Konačno, čara darakaraka, Saturn, se takođe nalazi u osmoj kući, i debilitiran je, što ponovo pokazuje lični izbor. Dakle, svaki faktor ukazuje

---

[3] Venera u osmoj kući prisutna je u čartovima mnogih svetaca.

na to da do braka neće doći.

Najveća razlika između prethodnog i ovog čarta jeste pozicija atmakarake u četvrtoj kući, baš kao što je to slučaj i u čartu Šri Ramakrišna Paramahanse. Razlika je u tome što Šri Ramakrišna ima Rahua kao vladara lagne (vlada fizičkim telom) i atmakaraka je u četvrtoj kući, i pošto je prirodni malefik pokazana je ogromna patnja kroz process samopročišćenja, čime je pokazano i postizanje jogijskih moći. Međutim, u čartu Šri Viđajendra Sarasvatija Mesec je prirodni benefik i vladar aruda lagne na darapadi, i pokazuje da će on raditi veoma naporno kako bi prosvetlio narod i prenela poruku Šankare o univerzalnoj ljubavi i bratstvu.

Drugi način potvrde celibata jeste pogled na petu kuću i njenog vladara. Ovde je vladar pete kuće Saturn, u osmoj kući od lagne i od navamša lagne. Čara putrakaraka, Merkur, je smešten u šestoj kući a prirodni signifikator, Jupiter, je zajedno sa Ketuom (pokazuje monaštvo).

Parašara (BPHŠ) podučava da, ukoliko malefici afliktuju drugu od upapade ili njenog vladara ili je on loše postavljen, to pokazuje gubitak partnera ili monaštvo. Druga kuća od upapade je znak Blizanaca i vladar, Merkur, je pod aflikcijama od strane vladara dvanaeste, Sunca, u šestoj kući. Mesec je atmakaraka u badaka stanu od Blizanaca tj. u Strelcu. Dakle, monaštvo se odigralo na samom kraju Mesečeve daše i to u Sunčevoj antrardaši dana 29. maja 1983. godine. Poricanje braka i nevezanost je jedna stvar, a sasvim druga stvar je izbor svešteničkog poziva i celibat. *Za pitanja odricanja i duhovnog razvoja Parašara i Đaimini Mahariši navode Drig daše.* Ove daše uvek počinju od devete kuće koja je darma kuća (duhovnost/Bog). Detalji se mogu pronaći i proučiti iz moje knjige Đaimini Upadeša Sutre. Neke Drig daše čarta 77. su pokazane u tabeli dole. Prva daša je daša Bika, koja je ujedno i upapada, i odricanje nije verovatno budući da u trećoj i šestoj kući odatle nema benefika kao i da su malefici u drugoj, četvrtoj i petoj kući odatle. Sledeća daša je daša Raka na aruda lagni, i kao što je ranije objašnjeno, odavde su Ketu, Jupiter i Mesec u trećoj i šestoj kući. Ovim je zagarantovano monaštvo.

Antardaše Raka treba da počnu od znaka u kom se nalazi njegov vladar ili vladar sedme kuće odatle u zavisnosti od njihove snage. Između Meseca i Saturna, Saturn ima konjukciju sa Venerom i zbog toga je snažniji da inicira antardaše. Monaštvo i odricanje je inicirano u šestoj antaradaši, tj. Devica antar daši, gde se nalaze Jupiter i Ketu u trećoj kući od daša rašija – Raka.

Tabela 10-4: Narajana daša čarta br. 77

Daša	Period	Od	Do	Starost
Bik	11	1969.	1980.	11

Sedma Kuća

Daša	Period	Od	Do	Starost
Rak	7	1980.	1987.	18
Vaga	6	1987.	1993.	24
Jarac	8	1993.	2001.	32
Blizanci[1]	8	2001.	2009.	40

Bitni tranziti za samoodricanje ili ulazak u monaštvo su tranziti Saturna, Jupitera i Ketua. Na dan samoodricanja, Saturn je bio egzaltiran i retrogradan u Vagi, odakle aspektuje aruda lagnu, dok je mokšakaraka, Ketu, tranzitirao Strelca u kom se nalaze vladar aruda lagne (Mesec) i atmakaraka. Istovremeno je Jupiter tranzitirao dvanaestu kuću od đanma rašija i nije aspektovao drugu od upapade. Mesec u tranzitu je u jutiju sa Ketuom u Strelcu i u mula nakšatri kojom vlada Ketu. Ovo je veoma povoljan trenutak za samoodricanje. Bitne daše počele su od 2001. godine kada su inicirane Drig daše Blizanaca, Device, Strelca i Riba koje aspektuju atmakaraku, a to je period koji je trajao ukupno trideset godina.

Razvod
Čart 78: Muškarac rođen 25. oktobra 1951. godine

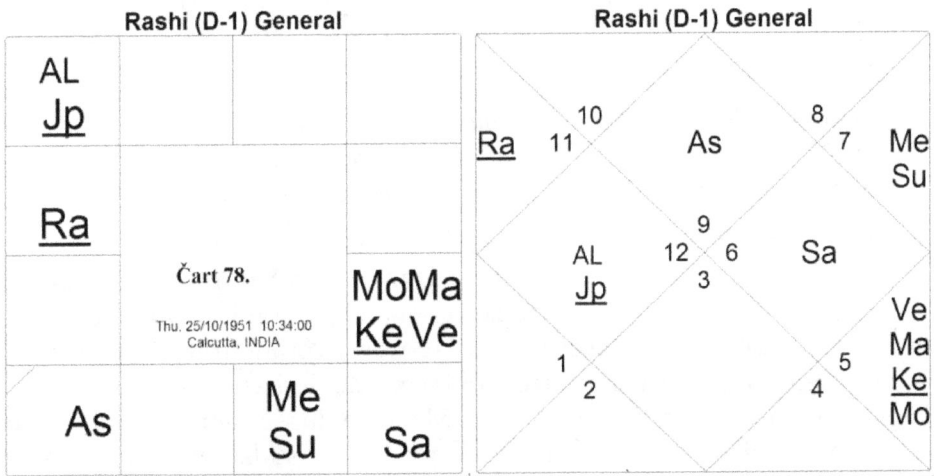

U čartu 78. vladar sedme kuće, Merkur, je u jedanaestoj kući u konjukciji sa debilitiranim Suncem. Aruda lagna u Ribama je zajedno sa vladarom lagne. Jupiter je sa darapadom i upapadom u dvanaestoj kući od aruda lagne u Vodoliji, u konjukciji sa vladarom Rahuom (vargotama). Dakle, prva žena je predstavljena debilitiranim Suncem i Rahuom na upapadi. Pošto su darapada i upapada u dvanaestoj kući od aruda lagne, osoba će odbaciti ovog partnera. Pošto su umešane planete Jupiter i Rahu, pokazane su ozbiljne razlike. Brak je sklopljen u Mesečevoj daši i Rahuovoj antar daši, i razlike su se pokazale već prvog dana braka, i mlada je napustila novi dom. Četiri planete u Lavu u sedmoj kući od upapade pokazuju nivo suprotstavljanja i prepreka. Rahu na upapadi ne govori dobro o samoj prirodi partnera.

	Mo	Sa	
Me Ra			As
	Navamša D-9 Thu. 25/10/1951 10:34:00 calcutta, INDIA		Ke
Su		AL Jp Ve	Ma

	Ke 5 6	As 3	2 Sa
Ma	Ve AL Jp	4 7 10 1	Mo
	8 9	11	12
Su		Ra Me	

Rahu, smešten u sedmoj ili dvanaestoj kući od aruda lagne, daje ovakva čudna ili loša iskustva i donosi tendenciju ka duhovnosti i bogobojažljivosti. Na isti način, Rahu nosi tendenciju ka suprotstavljanju aruda lagni i sklonost ka duhovnosti. Iako se odvajanje dogodilo brzo, sam proces razvoda se odužio.

Drugi brak se vidi iz osme kuće od sedme tj. iz druge kuće, kao i iz osme kuće od upapade. Na sličan način, treći brak se vidi od osme kuće u odnosu na drugu tj. iz devete kuće, potom iz treće kuće od upapade za sledeći brak i sl.

Osma kuća od upapade je Devica sa Saturnom. Ovo pokazuje religioznu ili bolešljivu ženu. Drugom kućom od lagne vlada Saturn, dok druga od navamša lagne ima Ketua i pokazuje veoma religioznu i savesnu suprugu. Drugi brak se dogodio u Mesečevoj daši i Saturnovoj antardaši i osoba je bila srećna. Međutim, bolest je preuzela (Sunce je debilitirano u drugoj kući od Saturna) i partner je preminuo tokom Marsove daše i Rahuove antardaše. Istovremeno, njegova bivša supruga je pokrenula sudski postupak u vezi sa nekom štetom i kriminalnim kršenjem poverenja. U početku su stvari izgledale povoljno, ali sa dolaskom Saturnove antardaše i tokom Marsove daše od 14. januara 1996. godine, osoba je izgubila posao i sve se okrenulo protiv njega. Kada je došao u kontakt sa autorom ove knjige, tokom Marsove vimšotari daše, Saturnove antaradaše i Jupiterove pratiantardaše, bio je posve obeshrabren i postavio je pitanje da li će morati u zatvor. Pošto se Saturnova antardaša završavala u februaru 1997. godine, i pošto je Mars vladar daše, njemu je preporučeno da nosi žuti topaz težine 13 ratija, u srebru. Ovo je preporučeno kao privremena remedijalna mera, kao i mantra Devi Šakti Bagalamuki zajedno sa savetom da obožava vladara devete kuće i šubapatija, Sunce, svako jutro. Kada osoba prolazi kroz nepovoljan period bolje je navesti osobu da sedne i praktikuje mantre. Osoba je okrenula novi list na iznenađenje sve rodbine i sa dolaskom Merkurove antardaše, sudski spor je nenadano okončan (na drugom saslušanju) u njegovu korist. Međutim, pošto je Rahu smešten u dvanaestoj od aruda lagne, bio je prisiljen da isplati nagodbu i kategorično mu je rečeno da ne produžava spor ukoliko sudija dozvoli i da isplati odštetu. Na drugom saslušanju časni sudija je intervenisao i predstavio prikladnu presudu. Slučaj je okončan u Mars-Merkur-Venera vimšotari daša periodima. Sledeći pod-pod period je bio period Sunca. U dašamši (D-10) Sunce je vladar pete kuće i smešteno je u devetoj kući u Strelcu. Osobi je tada savetovano da skine privremeni topaz i stavi dobar rubin u zlatu za ostatak svog života, kao i da obožava Boga Sunce. Vladar pete od dašamša lagne daje tačan period intervjua i on je dobio dobar posao u Mars-Venera-Sunce vimšotari daši i napustio Bombaj. Posledično, usledio je i rast u decembru 1997. godine. On je dobro i uživa u životu.

VANBRAČNE AFERE

Čart 79: Žena rođena 23. novembra 1960. godine

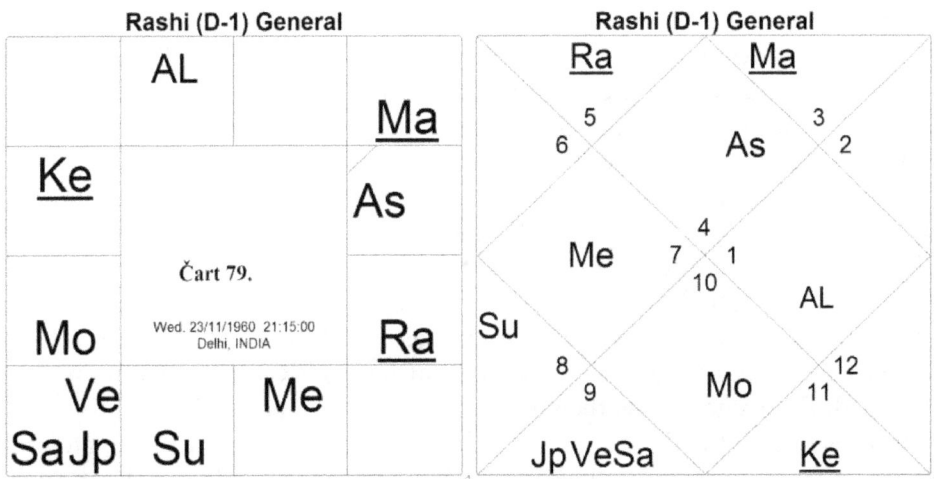

Osoba iz čarta 79. je kompjuterski ekspert. Lagna je pod uticajem papakartari joge, budući da je u sendviču između Rahua i Marsa. Mars u dvanaestoj formira *mangalik*, dok je Rahu ujedno u sedmoj kući od upapada lagne. Dakle, Mars i Rahu formiraju badana jogu (ropstvo ili stege). Rahu je u petoj kući od aruda lagne i pokazuje neku vrstu afere budući da se njegov dispozitor, Sunce, nalazi na darapadi (A7) i jasno pokazuje romansu sa biznis partnerom. Osim toga što je Rahu u sedmoj od upapade, Rahu će sigurno opstruirati normalno funkcionisanje braka u čartu. Čak ni lični stav osobe nije ispravan, jer je vladar lagne, Mesec, u dvanaestoj od upapada lagne. Drugi faktori, poput vladara sedme kuće u šestoj (Saturn) sa Venerom (Venera u šestoj kući je veoma nepovoljna) i vladarom šeste kuće, Jupiterom, takođe su nepoželjni.

Tabela 10-5: Narajana daša čarta 79

Daša	Period	Od	Do	Starost
Jarac	1	1960.	1961.	1
Strelac	12	1961.	1973.	13
Škorpija	3	1973.	1976.	16
Vaga	2	1976.	1978.	18
Devica	11	1978.	1989.	29
Lav	9	1989.	1998.	38
Rak	6	1998.	2004.	44

Osoba je stupila u brak 1988. godine po isteku Devica narajana daše. Devica aspektuje Ribe, znak u drugoj od upapada lagne, vladara sedme kuće, Saturna, i vladara upapade (Saturn) kao i kalatrakaraku, Veneru.

Sa dolaskom daše Lava u novembru 1989. godine, ona je odlučila da napusti posao i otpočne biznis sa kolegom. Sunce je vladar Lava koji je sedma kuća od upapade i nalazi se na darapadi, koja takođe upravlja biznisom i kontaktom sa drugima. Dalje, prethodna daša Device aspektovala je šestu kuću (služba), dok Lav aspektuje Jarca, sedmu kuću, i pokazuje biznis. Između Sunca i Saturna, vladara Lava i Vodolije, drugi je snažniji sa više planeta i inicira antardaše (videti tabelu dole). Tokom antardaše Vodolije, osme kuće od lagne, ona i njen kolega napustili su posao kako bi otpočeli biznis. Treba primetiti da daše čvorova (Rahua i Ketua) ili daše Vodolije i Škorpije, imaju jedan deo daše koji je povoljan/prijatan, dok drugi deo može biti pun troškova i kazni. Antardaše od Ketua do Rahua nazivaju se bhoga marga, ili uživanje, dok su antardaše od Rahua do Ketua mokša marga ili duhovno prosvetljenje (u pozitivnom) ili kazna (u negativnom). Antardaše od Ketua (Vodolija) do Rahua (Lav) su bile faza uživanja tokom koje je ona naporno radila kako bi ojačala kompaniju koja je nekako uvek imala puno troškova, dok je njen partner u međuvremenu sagradio dve velelepne kuće! Tokom ovog perioda osoba je varala supruga i ušla u aferu sa partnerom. Dobici se vide od jedanaeste kuće od aruda lagne. Pošto vladar darapade (A7), Mars, aspektuje dvanaestu kuću od aruda lagne i nalazi se u dvanaestoj od lagne, partner ju je prevario kako finansijski tako i moralno i udelio joj je samo mali deo dobiti (Ketu je suvladar A7 smešten u jedanaestoj od aruda lagne). Tokom antardaše Device razvili su se ozbiljni problemi i u Vaga antaradaši, a na savet autora, osoba je napustila biznis kako bi se vratila na svoj posao. Ovi periodi od novembra 1998. bili su puni gubitaka i osoba je čak pokušala samoubistvo tokom antardaše Vage (Rahu u badaku, znak je u četvrtoj kući koja daje sreću i tugu). Ipak, praktikovanje mantri i meditacije je pomoglo.

Tabela 10-6: Antardaše narajana daše Lava

Antardaše	Period (meseci)	Od	Do
Strelac	9	nov. 1989.	avg. 1990.
Jarac	9	avg. 1990.	maj 1991.
Vodolija	9	maj 1991.	feb. 1992.
Ribe	9	feb. 1992.	nov. 1992.
Ovan	9	nov. 1992.	avg. 1993.
Bik	9	avg. 1993.	maj 1994.
Blizanci	9	maj 1994.	feb. 1995.
Rak	9	feb. 1995.	nov. 1995.
Lav	9	nov. 1995.	avg. 1996.
Devica	9	avg. 1996.	maj 1997.
Vaga	9	maj 1997.	feb. 1998.
Škorpija	9	feb. 1998.	nov. 1998.

Čart 80: Muškarac rođen 8. oktobra 1940. godine

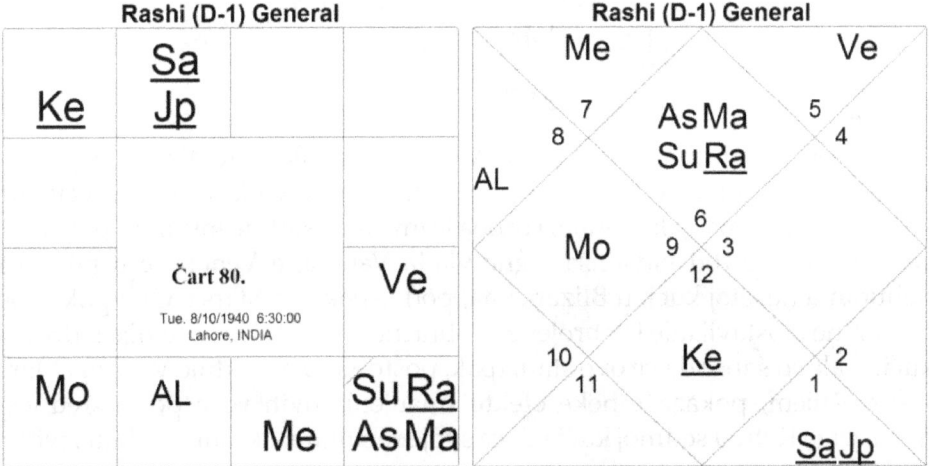

U čartu 80. ascendent je Devica i zajedno je sa Suncem (vladar dvanaeste), Marsom (vladar treće i osme) i Rahuom (vladar šeste). Ovo može pokazati klimav moral. Aruda lagna je u Škorpiji i ove planete smeštene u jedanaestoj odatle pokazuju prihod od države (Sunce), zemljišnih poseda (Mars) i stranih/skrivenih izvora (Rahu). On je bio vladin službenik i uzeo je prevremenu penziju kako bi otpočeo svoj biznis.

Darapada (A7) se nalazi u devetoj kući, u Venerinom znaku, pod aspektom vladara lagne, Merkura. Zbog ovoga će ovu oosobu uvek privlačiti biznis i bliski kontakti sa autsajderima. Vladar darapade i upapade, Venera, je u dvanaestoj kući od lagne. Baš kao i u prethodnom čartu u kojem je Ketu vladar darapade na upapadi (pokazuje mušku osobu spolja), i ovde su darapada i upapada povezane. U pozitivnom, ovo daje brak iz ljubavi, a u negativnom, vanbračne afere.

Vladar sedme kuće, Jupiter, se nalazi u osmoj kući u bliskoj konjukciji sa debilitiranim Saturnom, dok je Ketu otišao u sedmu kuću. Ovo je veoma loša kombinacija za prvi brak. Dakle, prvi brak se završio prijateljskim razvodom (zahvaljujući Jupiteru koji je doneo mir) i osoba je ponovo ušla u brak.

Ma	AL	Ra Ve Su	Jp Sa / 7 / Mo As / 5 / 8 / / 4 Su
Me	Navamša D-9 Tue. 8/10/1940 6:30:00 Lahore, INDIA		Ke / 6 / 9 / 3 / Ve / 12 / Ra
Ke		Jp Sa	Mo As	Me / 10 / 11 / Ma / 2 / 1 / AL

U navamši, međutim, Devica kao Merkurov znak se uzdiže u trigonu i Mesec je u trigonu od Merkura na ascendentu. Ovo je veoma specifična kombinacija za manjak morala, i osoba je imala na stotine intimnih partnera. Drugom kućom od navamša lagne vlada Venera, a Venera je u jutiju sa Rahuom u desetoj kući, u Blizancima, pod aspektom Marsa. Ovo pokazuje seksualno zlostavljanje i nebrojene vanbračne veze. Pošto Ketu nije u drugoj kući, male su šanse da će ovo stati. Ipak, pošto Ketu aspektuje Veneru i Mars raši drištijem, pokazaće neke efekte smanjenja ovih veza posle srednjeg doba, jer je Ketu u sedmoj kući i daće svoje rezultate u kasnijem delu života.

Dakle, nevezano za dašu, joge u čartu nastavljaju da funkcionišu na osnovu nakšatri i dana kojima vladaju. Daše su od pomoći kako bi naglasile periode bitnih promena.

Čart 81: Muškarac rođen 29. oktobra 1943. godine

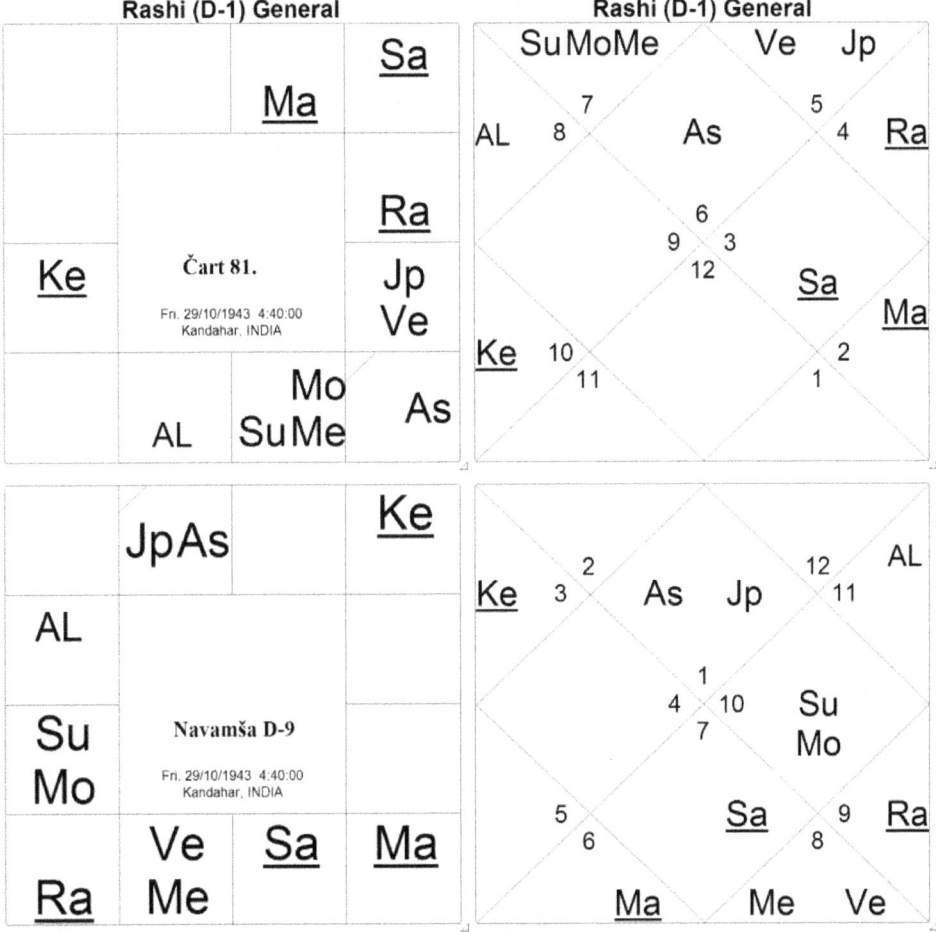

U čartu 81. darapada je smeštena u drugoj kući (maraka-ubica) od upapade. Međutim, ne postoji kontakt između ove dve kuće osim Saturnovog aspekta na darakaraku, Jupitera, i kalatrakaraku, Veneru. Saturn aspektuje upapadu, dok Jupiter aspektuje darapadu raši drištijem, a Jupiter je takođe smešten u devetoj kući od navamša lagne i pokazuje dobar karakter.

Ketu smešten na darapadi aspektuje aruda lagnu i zbog aspekata vladara A7 i UL na međusobne znakove, može se desiti greška (Ketu). Postoji veoma specifična kombinacija, Merkur i Venera u Škorpija navamši pod aspektom Meseca raši drištijem, koja pokazuje brojne kontakte sa suprotnim polom. Druga kuća od navamša lagne nije pod vladavinom Venere ni Marsa, ali Mars je tu smešten dok je vladar druge kuće u jutiju sa Venerom u Škorpiji. Time je ova specifična kombinacija za vanbračne afere prisutna, iako ovo ne mora da bude stalna odlika, zbog Jupitera u trigonu od navamša lagne.

Osnove Vedske Astrologije

TAJMING VANBRAČNIH AFERA

Saturn je vladar druge kuće od upapada lagne, a Merkur je vladar sedme kuće. Vanbračni odnosi se mogu razviti tokom Saturnove daše i Merkurove antardaše, i to se i dogodilo. On je ušao u vezu sa koleginicom iz kancelarije, i morao je da je pošalje u Nemačku u Saturn-Ketu daša-antara. Kao što je ranije objašnjeno, Ketu, kao predstavnik Šri Ganapatija među planetama, ne može da toleriše ove stvari, jer to vodi ljude u pogrešnom pravcu i dalje od duhovnosti i evolucije.

Čart 82: Muškarac rođen 16. jula 1948. godine

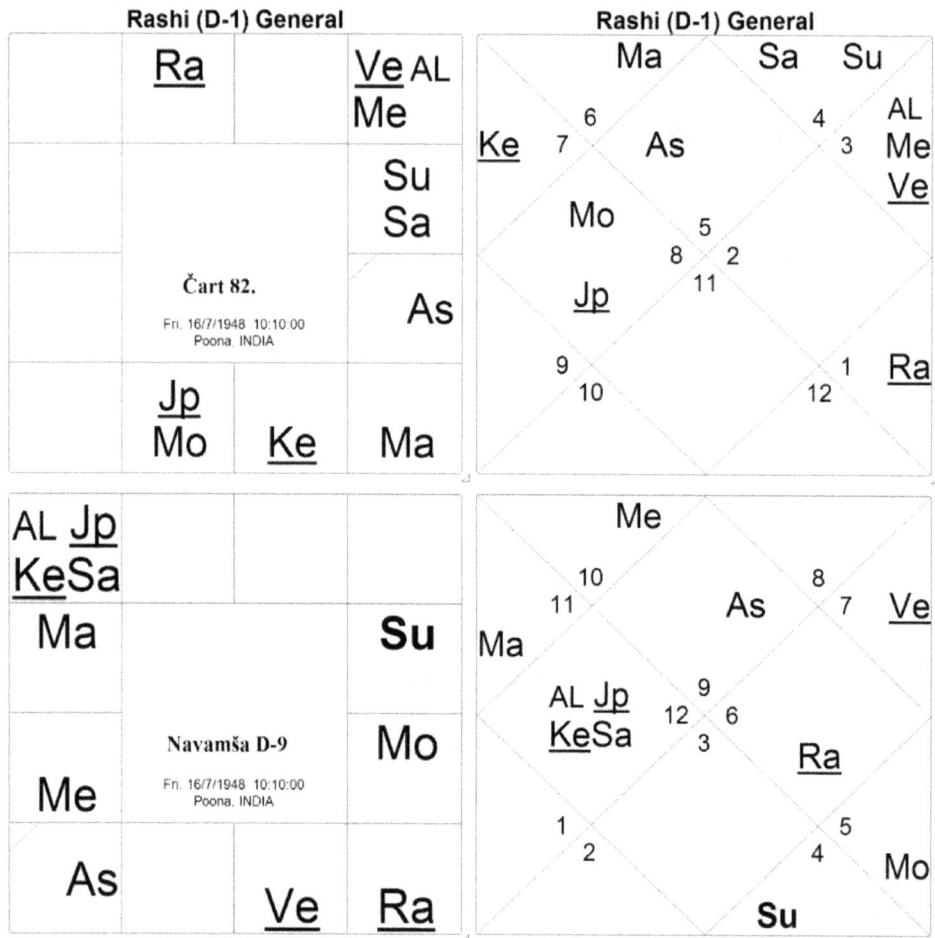

U čartu 82. darapada je u sedmoj kući od aruda lagne i pokazuje lako stupanje u kontakte sa suprotnim polom. Ako je darapada (A7) u dustanu od aruda lagne, kontakt sa suprotnim polom će biti otežan i sve ostale joge će ostati u obliku frustracije (seksualne) ili želja. Upapada je u osmoj kući od lagne i Rahu je smešten u drugoj odatle, i pokazuje opasnost od kontakata

214

sa prostitutkama (Rahu). Vladar lagne je veoma slab u dvanaestoj kući sa Saturnom i pokazuje pomanjkanje ideala. I dok je vladar sedme kuće u dvanaestoj i vladar upapade (Jupiter) je sa vladarom dvanaeste, Mesecom, osoba ima tendenciju da ignoriše i odbacuje partnera.

Darapada je pod aspektom Venere i Merkura na aruda lagni. Vladar desete kuće, Venera, pokazuje da žena može živeti blizu njegovog radnog mesta. Žena je radnik u fabrici i boravi u barakama u blizini. Merkur je u jutiju sa Venerom, a u navamši Merkur je u Strelcu u trigonu od Meseca (pokazuje jasan manjak morala) umesto Jupitera. I dok je Jupiter u trigonu od ascendenta, afliktovan i pod opstrukcijama Saturna i Ketua, što pokazuje da neki oblik crne magije (Saturn i Ketu) može biti iskorišten kako bi narušio procenu osobe (Jupiter). Kalatrakaraka, Venera, je takođe u dvanaestoj kući od navamša lagne i pokazuje odbacivanje od strane partnera, ali ne i izostanak braka. Ona je ujedno i vladar sedme kuće od navamša lagne i odbacivanje se sigurno manifestovalo u ovom periodu.

Osoba je ušla u brak u Ketu-Jupiter daša-antara i dobila dva sina tokom Ketuove daše. Sa dolaskom Venerine daše, u septembru 1990. godine, osoba je ušla u aferu u tajnosti. Kad je Saturn tranzitirao natalnu upapadu u Ribama, posle februara 1996. godine, on je postao veoma blizak sa pomenutom radnicom i iznenada bi upao u nekontrolisanu želju da se ponovo vidi s njom. U natalnom čartu Saturn je već bio u Ribama, dok u navamši afliktuje Jupitera sa Ketuom. Osim toga, Ribe su upapada i Saturnov tranzit ovde donosi bračne probleme. Tokom 1996-97. obe planete, Saturn i Ketu, tranzitirale su Ribe dok je tekla vimšotari daša Venera-Mesec. Kao vladar dvanaeste kuće u debilitaciji i zajedno sa Jupiterom, Mesec nosi tendenciju ka razdvajanju u braku. On je ujedno i u trigonu od natalnog Merkura. On je odlučio da napusti svoju porodicu i uzme odvojen stan kako bi započeo život sa svojom "novom ljubavlju".

U isto vreme, Marsova antrardaša u Venerinoj daši je upravo počela. Mars je moćna jogakaraka za upapadu i aspektuje je, dok je istovremeno u drugoj kući od lagne. Supruga osobe je potražila savet od autora sa datim problemom i tom prilikom joj je savetovano da praktikuje moćnu mantra Gospoda Hanumaniđija (Marsova devata) i dobila je jasnu poruku da će, bez obzira na snagu crne magije, Gospod Hanumanđi zasigurno sprečiti supruga da nastavi sa vanbračnom aferom. Vredno je pomena da je Mars vladar četvrte kuće (druga od treće kuće koja vlada rukama) i dispozitor je Jupitera i Rahua i aspektuje Rahua, i tako štiti svog saveznika Jupitera, a uništava Rahua. Vladar je badakstana (mesta opstrukcije) i može doneti nezgode i druge nevolje i sklon je da to i uradi kada je postavljen u drugoj kući od ascendenta. Jedne noći, uprkos uzaludnim molbama supruge, on je ponovo odlučio da poseti svoju ljubavnicu. Njegov auto se prevrnuo

Osnove Vedske Astrologije

tokom gadne nesreće i on je zadobio ozbiljne ozlede ruke. Uprkos brojnim operacijama ovo se nije zacelilo do danas. Sa dolaskom Rahuove antardaše u Venerinoj daši od novembra 1997. godine, osoba se ponovo vratila svojim noćnim navikama sa ozleđenom rukom, jer je supruga prestala da praktikuje mantru.

Urođene slabosti čarta će nastaviti da se pokazuju i redovna praksa mantra/meditacije je najbolja remedijalna mera. Lagna supruge su Ribe, baš kao i upapada u čartu osobe.

Čart 83: Žena rođena 20. novembra 1967. godine

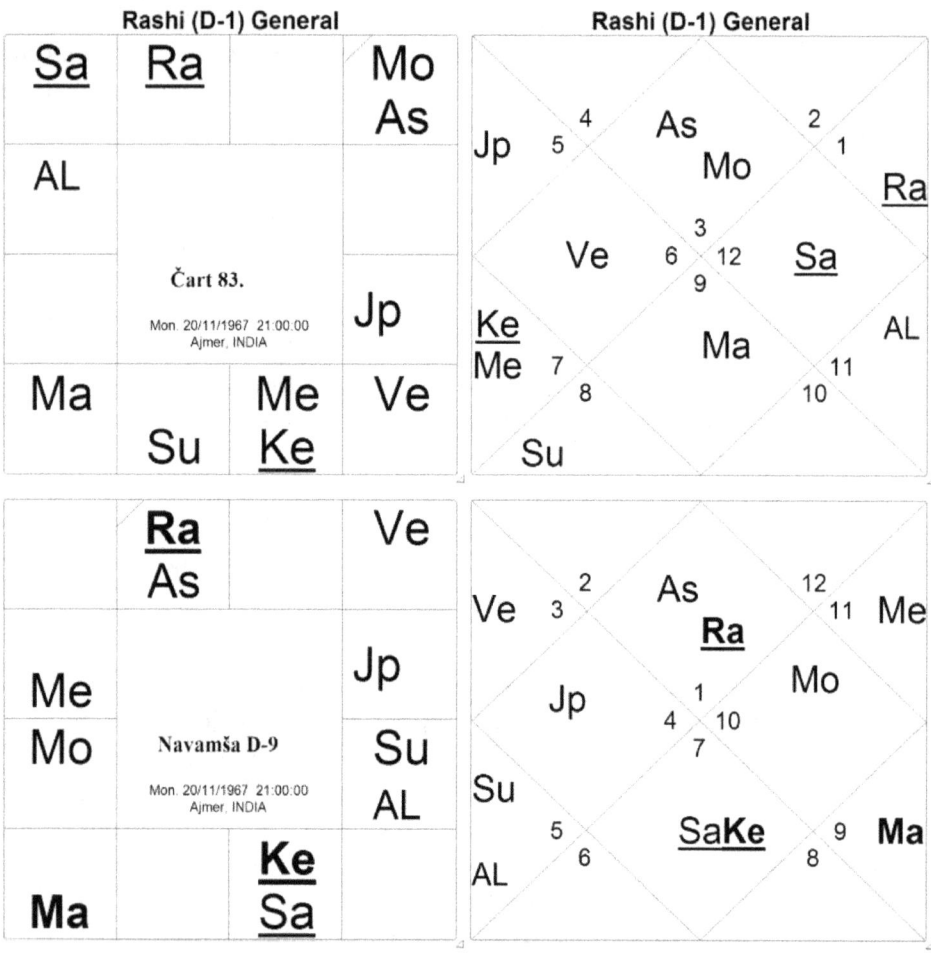

U čartu 83. Mesec, planeta emocija, nalazi se u Merkurovom znaku na ascendentu, dok je Merkur u trigonu u petoj kući. Mars je atmakaraka, u sedmoj kući, i može dati veoma teške lekcije u vezi sa privatnim životom. U čartu je prisutna *mangalik doša*. Aruda lagna je u Vodoliji i upapada lagna, koja predstavlja supruga i bračni život, je u dvanaestoj kući odatle (odbacivanje partnera) i u osmoj od ascendenta. Darapada (A7) je u jedanaestoj kući sa Rahuom, i pokazuje seksualnu zloupotrebu jer vladar Mars nije samo atmakaraka, već je i smešten u sedmoj kući. Ovo potvrđuje da će brojni kontakti sa suprotnim polom (darapada) biti kroz kratkotrajne veze. Rahu je vladar devete kuće (Vodolija) i nalazi se na darapadi. Sedma kuća od navamša lagne ima veoma nepovoljnu kombinaciju, Saturn i Ketu koji formiraju džara jogu (brojni seksualni kontakti). Takođe, donosi nesreću partneru u obliku gubitka posla i sl.

Osoba je imala brojne flertove. Konačno je ušla u brak sa kolegom. Bio je to brak iz ljubavi, budući da je vladar jedanaeste kuće i vladar darapade, Mars, u sedmoj kući (dodatna zanetost). Partner je izgubio svoj posao ubrzo po sklapanju braka i prošao kroz neprijatan period. U međuvremenu, ona je imala odličnu karijeru i uspešno je uspela da pomogne u osnivanju ogromnog biznisa kao direktor kompanije. Osoba je dobila jedno dete sa suprugom, i čak ostala trudna sa radnikom ali je okončala tu trudnoću. Brak i dete su se dogodili u vreme Saturnovog tranzita preko Strelca, gde se nalazi natalni Mars, vladar darapade. Afera se dogodila u vreme Saturnovog tranzita preko upapade u Jarcu. Saturn je konačno došao u Vodoliju 1994. godine i sve do 1996. godine osoba je prolazila kroz turbulentnu fazu noseći se sa posledicama ličnih zasluga. Brak je tada doživeo krah i par se razveo. Ona je bila veoma frustrirana svojim životom i konačno je i napustila posao. Od februara 1996. do aprila 1998. dok je Saturn tranzitirao Ribe, svoju natalnu poziciju u drugoj od aruda lagne, ona je posetila SAD kako bi započela novi život. Ništa nije donelo ploda, jer je Saturn bio ujedno i u desetoj od natalne lagne i Meseca. Osoba je okrenula novi list u životu i postala religiozna i počela sa obožavanjem Gospoda Šive kako bi okajala svoje grehe. Kako Saturn tranzitira treću od upapade, sreća supruga se promenila. Osim toga, Saturn i Ketu u sedmoj kući u njenom natalnom čartu neće više nositi negativan uticaj na njega posle razvoda. Dakle, njen dobar period i loš period njenog radnika počinju posle aprila 1998. kada Saturn tranzitira Ovna, gde se nalazi Rahu na darapadi. Njegova karma zbog uništenja ove porodice će ga sustići dok Saturn u trećoj od aruda lagne i jedanaestoj od natalnog Meseca daje nov život dami iz ovog čarta.

Na ovaj način se mogu proceniti i razumeti tranziti Saturna, vladara karme, kao i vremenski odrediti njihova manifestacija. U poglavlju IV *Maharši Đaimini Upadeša Sutri*, dao sam brojne primere flertova, seksualnih kontakata i prostitucije.

MISLIOCI
Čart 84: Sigmund Frojd

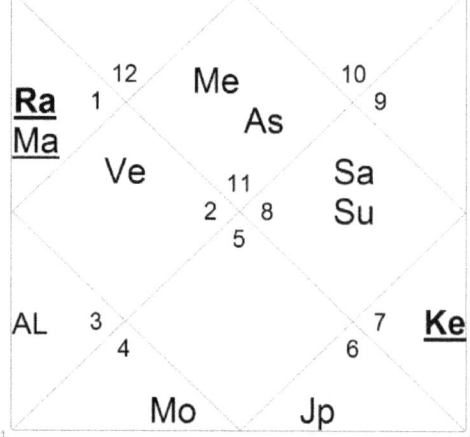

Čart 84. je horoskop Sigmunda Frojda, oca ljudske psihologije. Vaga ascendent pokazuje njegovu sposobnost da odmeri argumente za i protiv, i potom donese razumnu procenu. Vladar lagne, Venera, ujedno je i čara daraka, kao i prirodni signifikator za partnera i seks. Nalazi se u sedmoj kući zajedno sa atmakarakom, Suncem, i Rahuom koji pokazuje istraživanje u vezi sa ljudskom psihom (Sunce) kao i seksualne želje (Venera). Aruda lagna je u desetoj kući i pokazuje inteligenciju, posebno pošto je vladar lagne egzaltiran (visok status usled ličnih mentalnih sposobnosti). Mesec je u jutiju sa Merkurom i pokazuje sposobnost i spretnost uma za ulaz u dubine i skrivene tajne (osma kuća od ascendenta) koje muče ljude. Darapada (A7), koja je u vezi sa seksom i kontaktima, nalazi se u petoj kući koja se odnosi i na znanje, i to u veoma intelektualnom znaku Vodolije. Saturn, kao jogakaraka za Vagu, ujedno je i vladar darapade i nalazi se u devetoj kući visokog obrazovanja (ili studija) i povezuje znanje u vezi sa nastankom tuge, frustracija i sl. zajedno sa darapadom (seks). Rahu je drugi vladar darapade (seks) i pokazuje učenje kroz istraživanje i kao vladar pete kuće smešten u sedmoj kući (seks, strast, ljubav) sa Venerom (čara dara karaka – partner i naisargika kalatrakaraka – suprotni pol, ljubav, veze i seks).

Konjukcija vladara devete i desete kuće, Merkura i Meseca, formira moćnu darma karma adipathi jogu koja priprema tlo za velika postignuća. Ovo je u osmoj kući pa dolazi kroz težak posao i istraživanje i rad na nepoznatom terenu. Sedma kuća je pod uticajem šubakartari joge između Jupitera, Venere i Merkura. Saturn je prirodni signifikator za šestu i osmu kuću, i donosi efekte šubakartari joge u svojoj daši.

Tokom Saturnove daše sve planete su donele povoljne rezultate. Čak i Mars, koji je u dvanaestoj kući. U to vreme je Frojd sa uspehom dokazao da je centralna tačka sveta seks i da seks upravlja svetom. On je uspeo da poveže traume, želje i motive sa seksom, i da pokaže njegov uticaj na ljudsku pshologiju kako u domu, tako i na poslu.

U navamši, intelektualna Vodolija se uzdigla zajedno sa Merkurom, planetom budhija (inteligencije). Vladar lagne, Saturn, nalazi se u desetoj kući u Škorpiji (okultno, istraživanja) zajedno sa atmakarakom, Suncem. Povezanost navamša lagne i atmakarake rezultira veoma moćnom rađa jogom koja donosi visok status, slavu i postignuća. Isto se i dogodilo tokom Saturnove daše.

U dašamši (D-10) se ponovo uzdiže Vodolija lagna zajedno sa vladarom osme kuće (istraživanja) i vladarom pete (znanje) Merkurom (inteligencija) na ascendentu. Vladar desete kuće, Mars, se nalazi u sedmoj kući prakse/biznisa zajedno sa vladarom šeste kuće (pacijent), Mesecom. Dakle, njegova profesija povezana je sa pacijentima koji imaju najrazličitijih mentalnih problema (Mesec). Vladar bogatstva i dobitaka, Jupiter, nalazi se u dvanaestoj kući (bolnica) u Jarcu (mentalni problemi). Time su njegovi prihodi u vezi sa psihijatrijskom praksom i bolnicama gde borave oni sa mentalnim problemima. Saturn, kao vladar dašamša lagne i dispozitor Merkura i Jupitera, smešten je u šestoj kući, u Raku. Time je Saturnova daša i kasnije Merkurova donela više rezultata. Njegova teorija da seks pokreće svet ostala je prihvaćena i on je kasnije dobio status začetnika moderne psihologije.

Čart 85: Ačarja Rađneš

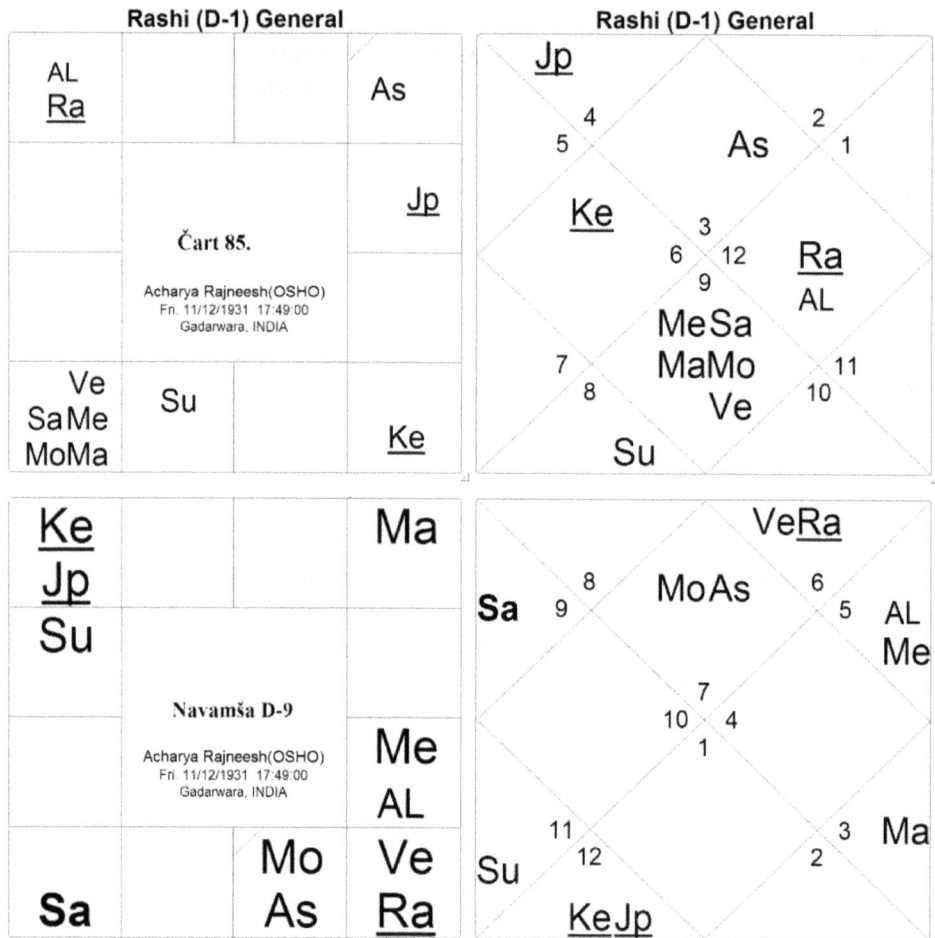

Čart 85. je horoskop Oša (Ačarja Rađneša). Pet planeta u konjukciji formiraju *pravrađja jogu* ili duhovnost. Ukoliko su četiri ili više planeta u konjukciji u istom znaku, u zavisnosti od drugih faktora, to može da rezultira veoma moćnom rađa jogom, baš kao što je to slučaj Hajder Ali ili Adolfa Hitlera. U pomenutom čartu sve planete se nalaze u sedmoj kući (seks), u

Jupiterovom vatrenom znaku, u Strelcu. Konjukcija vladara lagne Merkura sa darakarakom (Mars) i kalatrakarakom (Venera) u sedmoj kući, daje znanje o seksu i njegovoj važnosti u osnovnoj ljudskoj motivaciji. Venera je istovremeno i vladar pete kuće, kuće znanja. Vladar devete kuće, koji pokazuje više obrazovanje ili znanje, je Saturn, koji se pridružio pomenutoj situaciji. Time je celokupni fokus čarta u sedmoj kući, zajedno sa fokusom uma. Kada uporedimo čart Sigmunda Frojda gde su vladar pete, darakaraka i Venera postavljeni u petoj kući, razlika leži u tome što se u Frojdovom čartu Sunce nalazi u jutiju, dok je kod Oša Mesec u pomentoj kombinaciji.

Darapada je, baš kao i u Frojdovom čartu (čart 84) u Vodoliji, u intelektualnom i filozofskom znaku, i pokazuje duboko razmišljanje o ljudskom ponašanju i seksu, i nalazi se u devetoj kući, kući višeg znanja (povezanog sa duhovnošću, darmom, itd) dok je u Frojdovom čartu ovo smešteno u petoj kući, ili kući materijalnog znanja. Dakle, Frojdova teorija da seks motiviše i pokreće svet je zasnovana na petoj kući, dok je Ošova teorija kako seks opstruira ili doprinosi duhovnom rastu i upravlja duhovnim svetom u vezi sa devetom kućom, kućom višeg znanja. Aruda lagna je u Ribama, znaku Maharišija, sa vladarom Jupiterom, koji je egzaltiran i atmakaraka je. Retrogradnost Jupitera pokazuje dve stvari: prvo, ona daje planeti puno snage svetla zbog čega će funkcionisati nezavisno i povesti osobu na težak put; i drugo, daće neke od efekata debilitacije zbog kojih se Ošo može suočiti sa optužbama od strane dela svojih sledbenika. Aruda lagna je u konjukciji sa Rahuom, i sigurno će doneti optužbe ili navode u Rahuovoj antardaši tokom svih daša. Kao takav, Rahu daje dobre rezultate kada je smešten u Vodoliji i Ribama.

Ako se Ketu (odricanje) nalazi na aruda lagni, rođen je monah. Ovi ljudi su spremni da se odreknu svih materijalnih poseda ovog sveta. Ako je Rahu na aruda lagni, rođena je osoba koja voli užitke. Ovi ljudi veruju u uživanje u materijalnim zadovoljstvima, i veruju u život potpune satisfakcije. Ono što je Ošo izlagao zove se teorija materijalizma kojom tek posle zadovoljenja svih potreba i želja tela i uma, osoba može biti spremna na kontemplaciju o Bogu. Ovo je teorija Ađivika podučena od strane Ađita Kešakambalin. Oni se zovu i Čarvake ili Lokojati. Osnovno učenje škole materijalizma jeste da su sve religiozne postavke i moralnost uzaludne. Um može kontemplirati na Boga tek pošto je ostvario svoje želje, i potom ih prirodno odbacio. Ova teorija je naišla na ozbiljne kritike od strane hindusa, budista i đeina, a iste kritike su pratile i Oša od strane njegovih savremenika. Rahu na aruda lagni pokazuje filozofiju materijalnog iskustva zarad višeg spasenja (jer aspektuje Ketua) i takođe pokazuje i kritike ortodoksnosti. Kada god Rahu aspektuje aruda lagnu u bilo kom čartu, kontroverza i kriticizam će se sigurno manifestovati.

Venera je debilitirana u sedmoj kući, a u navamši je u dvanaestoj kući zajedno sa Rahuom. Ovo jasno pokazuje veoma slobodne stavove u vezi sa seksom, i odbacivanje društveno prihvaćenog morala. Ošov uspon se može vremenski odrediti u odnosu na aruda lagnu u Ribama. Nju aspektuje pet planeta raši drištijem, i pokazuje slavu kroz rađa jogu. Graha drišti i juti sa aruda lagnom imaju Mars, Rahu i Jupiter. Ošo je doživeo buđenje kundalinija ili duhovni uvid tokom Mesečeve daše Sunčeve antardaše. Ovo je praćeno Marsovom dašom, što pokazuje postepen rast sa dosta truda. Rahuova daša daje dobar uspeh i osnivanje hramova. Internacionalana slava i priznanje se desilo tokom Jupiterove daše. Obično daša atmakarake donosi poteškoće, jer vodi ka duhovnosti. Ovo ne važi za egzaltiranog Jupitera u odnosu na duhovnost, i umanjiće tugu do apsolutnog minimuma.

U navamši, Jupiter je smešten u Ribama zajedno sa mokšakarakom, Ketuom, u šestoj kući. Budući da je u jutiju sa grihakarakom, Ketuom, i u pomenutoj snazi, kao vladar aruda lagne u egzaltiaciji u Raku (četvrta kuća, dom) Jupiter donosi osnivanje ogromnog grada u SAD-u i brojne centre širom sveta.

U dašamši je Jupiter ponovo u svom znaku (Strelcu) u sedmoj kući, i donosi mu hamsa mahapuruša joga rezultate. Rahu u osmoj kući pokazuje penzionisanje od materijalnog sveta i veoma je povoljan za duhovno ostvarenje. Rahuova daša od decembra 1960. do decembra 1978. donosi priznanje Ačarja Rađneša kao Maharišija nove filozofije. Bilo je to tokom Jupiterove daše kada je prava rađajoga donela rezultate. Dašamša nosi moćnu panča grahamalika jogu (pet planeta zaredom) počevši od Jupitera u sedmoj kući do Merkura u jedanaestoj kući. Dakle, Ačarja Rađneš nije samo izložio duhovnu filozofiju seksa, već ju je uveo i u praksi. Sa dolaskom Saturnove daše, planete restrikcija i kontrolora tuge, prosperitet ašrama staje i Ošo više nije u svom fizičkom telu.

SKANDALI OPTUŽBE
Čart 86: Bil Klinton

Čart 86. je horoskop Bila Klintona, predsednika SAD. Aruda lagna i darapada se nalaze u istom znaku, u Vagi, i pokazuju da je gotovo nemoguće izbeći kontakte sa suprotnim polom. Ipak, Jupiter je darakaraka i nalazi se u Vagi, što pokazuje snažnu vezu sa suprugom. Upapada se nalazi u drugoj kući, u Lavu, sa jakim Suncem, i aspektuje aruda lagnu i A7 u Vagi. Ova joga Jupitera i Sunca u vezi sa AL, A7 i UL pokazuje da je gospodin Klinton u suštini dobar čovek koji veoma ceni svoj brak.

Sedma Kuća

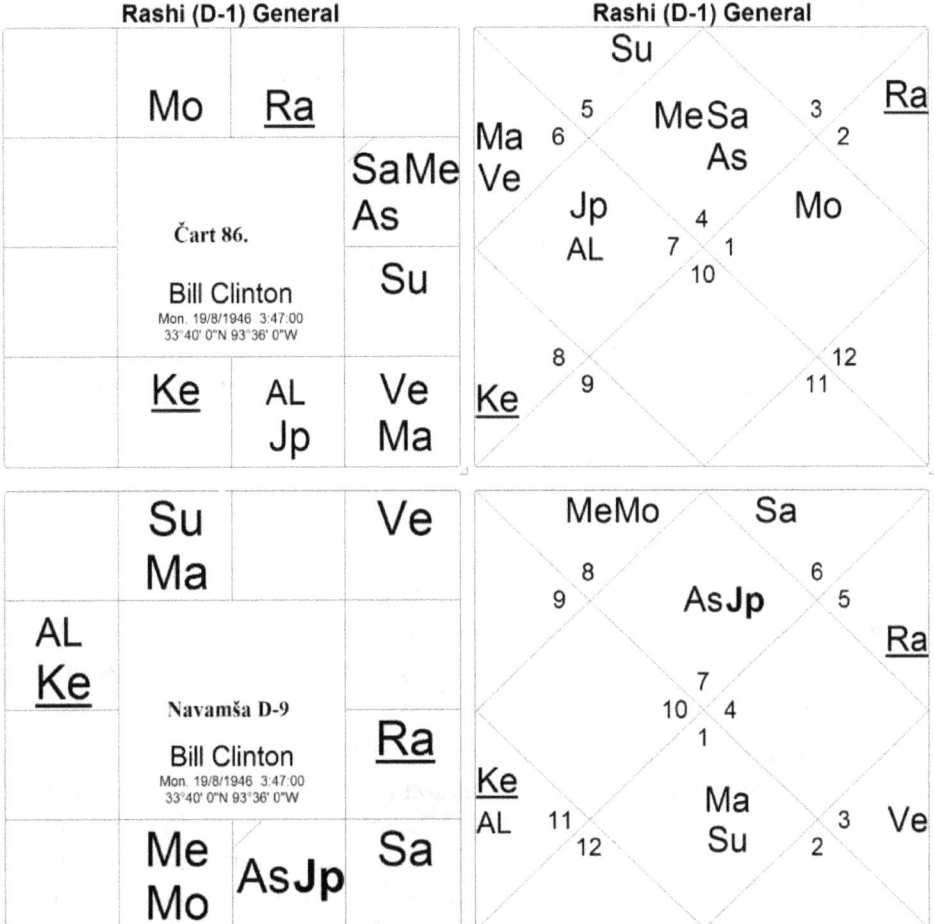

Druga i sedma kuća od upapade pokazuju uzroke prekida braka. Konjukcija Marsa i Venere se nalazi u drugoj kući, i to u Merkurovom znaku, što je nepoželjna kombinacija, tim pre što je Venera debilitirana. To pokazuje kratkotrajne veze sa drugim ženama. Pošto je vladar druge kuće od upapada lagne, Merkur, u konjukciji sa Saturnom, ova žena može biti podređena, i sa namerom da testira Predsednika. Pošto je Merkur ujedno i u jutiju sa Mesecom u Škorpiji, osoba će proći kroz dosta mentalne patnje zbog optužbi saradnika i drugih žena. Ipak, pravilo glasi da skandala neće biti ukoliko Rahu ne aspektuje aruda lagnu. U ovom čartu, Rahu se nalazi u osmoj od aruda lagne, u Biku, i pokazuje smrtne neprijatelje koji ga imaju na meti. Rahu aspektuje znak Raka (acendent, Saturn-podređeni, Mars-druge kolege) i aruda lagnu iz venerinog (ženskog) znaka, Bika, i pokazuje da će neprijatelji dati svoj maksimum kako bi oštetili reputaciju tim seksualnim optužbama. Pošto je Venera debilitirana u drugoj kući od upapade, ove žene će podržati neprijatelje i cilj će im biti krah braka. Mesec, kao atmakaraka, snažan u desetoj kući i Jupiter i Mesec u prvoj-sedmoj kući od aruda lagne, daju dugotrajnu slavu. Rahu ipak vrši papaargalu na Mesec, i pokazuje da Klinton neće moći da izađe iz ove bitke bez pomoći. Biće mu neophodna borbena moć Sunca (kao vladara upapade na UL, a to pokazuje suprugu) i političke pomoći Jupitera (žena, pošto je čaradarakaraka, kao i oni koji mu drže stranu pošto je Jupiter vladar devete kuće, a to uključuje i crkvu).

Narajana daša Bila Klintona počinje od ascendenta koji je snažniji od sedme kuće. Pošto je ascendent zajedno sa Saturnom, daše će biti u zodijačkom pravcu i redovnog sleda, zbog izuzetka "Šanou ućće tjeke".

RAĐA JOGA: "*Ako su atmakaraka i pitrikaraka u konjukciji ili međusobnom aspektu u 1. ili 5. kući, formirana je rađa joga*". Mesec je ovde atmakaraka, i Saturn je pitrikaraka. Peta kuća je znak Škorpije pod aspektom Meseca i Saturna iz pokretnih znakova, što rezultira rađa jogom. "*Ako su vladari prve i pete kuće u konjukciji ili međusobnom aspektu, ili su u prvoj/petoj kući, formirana je radža joga*". Mesec je vladar ascendenta, dok je Ketu suvladar Škorpije ili pete kuće, smešten u Škorpiji. Mesec je u pokretnom znaku u međusobnom aspektu sa Ketuom u Škorpiji, što daje rađa jogu. Pošto Škorpija donosi dve moćne rađa joge, ona treba da donese rezultate rano u životu između 27-37. godine života, tokom Škorpija daše. On je postao guverner Arkanzasa u 33. godini, i to je bio početak njegove rađa joge.

"*Ukoliko druga i četvrta kuća imaju jednak broj planeta (snažne planete) rađa joga se manifestuje rano u životu*". Sunce u snazi (egzaltirana navamša) u drugoj kući u Lavu, i Jupiter vargotama u četvrtoj kući, su vladari upapade i darakaraka, datim redom, i pokazuju da će mu karma supruge doneti mesto u Beloj kući. Pobedio je na prvim predsedničkim izborima u novembru 1992. godine kada je Sunce tranzitiralo aruda lagnu, i ušao je u Belu kući na početku 1993. godine. Efekti daše se osete i nešto pre samog ulaska u dašu. Četvrta kuća od Jarca je Ovan sa "belim" Mesecom tu, pod aspektom moćnog i kraljevskog Sunca iz Lava, i to pokazuje kraljevski dom. Pošto je ova daša na snazi do 1999. godine, suđeno mu je da pobedi i sledeće izbore i nastavi sa boravkom u Beloj kući.

Tabela 10-7: Narajana daše Bila Klintona

Daša	Period	Od	Do	Starost
Rak	3	1946.	1949.	3
Lav	12	1949.	1961.	15
Devica	2	1961.	1963.	17
Vaga	10	1963.	1973.	27
Škorpija	10	1973.	1983.	37
Strelac	10	1983.	1993.	47

Sedma Kuća

Daša	Period	Od	Do	Starost
Jarac	6	1993.	1999.	53
Vodolija	7	1999.	2006.	60
Ribe	5	2006.	2011.	65
Ovan	5	2011.	2016.	70
Bik	3	2016.	2019.	73
Blizanci	1	2019.	2020.	74

Daša Jarca donosi veoma moćnu Simhasana (tron) jogu: *"Jupiter u Ribama ili Saturn u Raku na tronu (1/10 kuća) daje Simhasana rađa jogu"*. Aspekt Sunca na daša znak donosi rađa jogu, dok Rahuov aspekt donosi tendenciju destabilizacije. Pošto Rahu aspektuje iz badak rašija i Venerinog znaka, metod je seks skandal. Budući da je Jarac malefičan znak, negativni efekti se mogu osetiti na samom kraju daše. Skandal je postao ozbiljan u antardaši Vodolije, pod vladavinom Rahua u osmoj kući (videti tabelu sa antardašama Jarca). Anatardaša Riba, pod aspektom Marsa i debilitirane Venere, je još gora. Međutim, prema kraju antardaše u januaru-februaru 1998. godine, osetiće se Jupiterovi rezultati i supruga će mu doći kao spas, jer je darakaraka Jupiter, na aruda lagni.

Tabela 10-8: Antardaše Jarac daše

Antardaše	Period (Meseci)	Od	Do
Rak	6	avg. 1993.	feb. 1994.
Lav	6	feb. 1994.	avg. 1994.
Devica	6	avg. 1994.	feb. 1995.
Vaga	6	feb. 1995.	avg. 1995.
Škorpija	6	avg. 1995.	feb. 1996.
Strelac	6	feb. I996.	avg. 1996.
Jarac	6	avg. 1996.	feb. I997.
Vodolija	6	feb. I997.	avg. 1997.
Ribe	6	avg. 1997.	feb. I998.
Ovan	6	feb. 1998.	avg. 1998.
Bik	6	avg. 1998.	feb. 1999.
Blizanci	6	feb. .1999.	avg. 1999.

Naredni period: Antardaša Ovna, februar-avgust 1998. godine, će da donese euforiju na samom početku, ali će doneti negativne efekte potom, budući da će Marsovi rezultati dominirati i ova daša pokazuje da će se neke žene postaviti poput vojnika, ili preuzeti drastične korake.

Antardaša Bika sa Rahuom, od avgusta 1998 do februara 1999. godine, će biti mračan period, jer će skandal tada doći do usijanja. Pošto je znak pod aspektom Jupitera (darakaraka) i nosi argalu (intervenciju) Sunca (upapada – žena), borba koju će njegova žena preuzeti na sebe biće vredna divljenja. Istina (Jupiter) će prevladati.

Sledeća daša, daša Vodolije, od 1999. do 2006., nalazi se u osmoj kući i pokazuje penzionisanje. Pošto se nalazi pod aspektom Meseca i darakarake Jupitera, Predsednik će konačno uspeti da privede ovu problematiku kraju, ali će šteta biti učinjena. Rahu u četvrtoj kući pokazuje da će Lav ostati slomljenog srca.

ॐ तत् सत्

ॐ गुरवे नमः

POGLAVLJE XI

OSMA KUĆA

Osma kuća se bavi pitanjima smrti i dugovečnosti, dugova, bolesti, loše reputacije, nasleđa i gubitka prijatelja. Ovo je kuća okultnog znanja i paragjana. Signifikator dugovečnosti je Saturn, destrukcije tela je Ketu, a destrukcije uma je Rahu (Mesec – um; Sunce – darma). Mars je signifikator dugova. Rahu uzrokuje destrukciju uma, i ujedno je signifikator loše reputacije i, kao uzrok destrukcije duše, daje bolesti zajedno sa Ketuom i Saturnom. Saturn daje hranu i nasleđe od mrtvih ili od posmrtnih ceremonija, i sve u vezi sa smrću. Sva zla se generalno vide od osme kuće od lagne, aruda lagne i atmakarake. Bitne podelne karte su trimšamša (D-30), gde se vide sva zla, i ekadašamša ili rudramša (D-11). Rudramša se koristi i za određivanje pobede/poraza u bitkama, kao i za vremensko određivanje gubitka prijatelja i sl.

Kod određivanja vremena smrti, treća kuća, budući da je osma od osme, ispituje se za pitanje mesta smrti. Treća kuća od aruda lagne pokazuje okolnosti i mesto smrti. Deseta i osma kuća od ascendenta se koriste kod određivanja vremena smrti. Udaljenost mesta smrti se vidi u odnosu na znak u kom se nalaze vladari lagne, aruda lagne, atmakarake ili Saturn. Saturna treba prvo uzeti u razmatranje. Ukoliko se planeta koja je vladar osme kuće, nalazi u fiksnom znaku, smrt će biti u domu ili u mestu boravka; ako je u pokretnom znaku mesto smrti je udaljeno, a ukoliko je u dvojnom znaku smrt se dešava u blizini ili za vreme putovanja.

Pošto su osma kuća i osma odatle (treća kuća) mesta dugovečnosti, dvanaesta kuća odatle (kuća gubitaka) tj. sedma i druga, datim redom, pokazuju gubitak dugovečnosti ili smrt. Dakle, vladari druge i sedme kuće, ili planete u njima, ili povezanosti ovih vladara mogu da donesu smrt u svojim periodima. Ovo se vidi od raši (D-1), navamša (D-9) i trimšamša (D-30) čarta. Na sličan način se mogu odrediti i smrt braće i sestara (drekana D-3), neprijatelja (šastamša ili D-6), partnera (navamša ili D-9), dece (saptamša D-7), roditelja (dvadašamša D-12).

Osma kuća vrši argalu na četvrtu, petu, desetu i jedanaestu kuću, i pokazuje da generalno stanje sreće, kao i životne okolnosti (četvrta kuća), mantra, deca (peta kuća), i podrška partnera (sedma kuća), karma (deseta kuća) i dobici (jedanaesta kuća) imaju direktan uticaj na dugovečnost. Dakle, od ogromne je važnosti imati na umu da čart rođenja ne nosi konačnu reč u određivanju dugovečnosti. Klasici govore da sveci i duhovnjaci mogu produžiti svoj život u skladu sa ličnom željom. Jednako tako, mnogi ljudi imaju tendenciju gubitka dugovečnosti usled svojih karmi. Prašna Marga zagovara upotrebu prašna čarta zajedno sa natalnim čartom kod procene dugovečnosti. Malefici u osmoj kući daju šubaargalu na osmu kuću, kuću neprijatelja. Dakle, malefici u osmoj kući daju duštamarana jogu (loša smrt) i pokazuju parakarama bala (hrabrost/snagu) neprijatelja. Dakle, tokom narajana daše znakova kod kojih se malefici nalaze u osmoj kući, osoba je pobeđena od strane neprijatelja, što dovodi do dugova i drugih nevolja. Sreća, zemlja, deca, partner i karma (profesija) trpe nevolje, dok neprijatelji imaju uspeh u bitkama i donose nevolje osobi. Na sličan način, vimšotari daša planeta u osmoj kući može doneti rast nepovoljnosti poput smrti partnera ili same osobe (budući da osma kuća vrši argalu na sedmu kuću).

Arudapada osme kuće se zove mritjupada (A8), a planete i kuće koje imaju direktan uticaj na nju kao da se nalaze u osmoj kući. Dakle, Saturn na mritjupadi može doneti dug život, ali i dosta bolesti u detinjstvu. Planete na mritjupadi mogu biti veoma nepovoljne po profesiju osobe. Baš kao što je Sunce karaka za ascendent, njegovi tranziti preko aruda lagne ili trigona su povoljni za osobu, dok je tranzit Saturna preko aruda lagne veoma nepovoljan. Slično tome, Saturn je signifikator za smrt i njegov tranzit preko mritjupade može doneti regeneraciju života i dobre rezultate, dok tranzit Sunca preko mritjupade ili trigona daje smrt. Znak u kom se nalazi vladar osme kuće se smatra najgorim u horoskopu, i život u mestima koja su pokazana ovim pravcem može da donese loše zdravlje, nevolje i tugu. Ovo je slučaj i za mritjupadu.

Planete u osmoj kući

Rezultati pojedinačnih planeta mogu se proučiti iz standardnih tekstova. Generalno, planete ne bi trebale da budu smeštene u osmoj kući, jer njihove karakatve (značenja) bivaju oštećena. Jupiter je predstavnik Boga i predstavlja svetski mir. Ukoliko je Jupiter u osmoj kući, oformljena je asura joga i osoba se ne moli, i ne poštuje mir. Ponovo, benefici pokazuju miran kraj dok malefici pokazuju tešku ili lošu smrt. Ukoliko je Rahu u osmoj, ili aspektuje osmu kuću od ascendenta, aruda lagne ili atmakarake, to je snažan pokazatelj duštamarana joge (loša, neprirodna smrt).

Oružje koje je uzrok smrti vidi se iz treće kuće od aruda lagne. Sunce pokazuje vatreno oružje, Mars strele ili koplje, Rahu pokazuje bombe, dok Saturn pokazuje puške dugog dometa ili lukove. Jupiter ili Venera daju predznanje o trenutku smrti samoj osobi ili bliskim ljudima. Ovo može da se dogodi u obliku predikcije, intuicije ili kome. Mesec pokazuje opasnost od vode ili drugih bića. Saturnov i Rahuov uticaj na smrt pokazuje da je osoba nadvladana i ubijena bez milosti. Ovo može da donese i urinarne probleme, baš kao i Mars i Ketu. Ketu može da pokaže sekiru i drugo oštro oružje. Ukoliko su Rahu i Mesec povezani sa trećom ili osmom od aruda lagne, atmakarake ili lagne, smrt se može dogoditi tokom perioda samog znaka. Ukoliko je sama atmakaraka u trećoj ili osmoj od aruda lagne ili lagne, smrt se ne može desiti i osoba preživljava lošu dašu. Mars, kada je sam, može dati zauške, male boginje i druge zarazne bolesti pod uslovom da nije u znaku Raka ili Bika.

Mesec obično pokazuje smrt usled drugih bića, životinja ili vode. *Priroda četvrte kuće od Meseca je prvi princip.* Ukoliko je Mesec u Vagi, smrt se može dogoditi usled batinanja (Jarac) ili ako je Mesec u Lavu, do smrti može doći zbog zmijskog otrova ili reptila (Škorpija). *Drugi princip jeste procena navamše u kojoj se Mesec nalazi.* Ako je navamša znak Rak ili Škorpija to pokazuje vodozemce ili otrovne zmije i sl.

Izložena tabela daju iscrpnu listu efekata različitih navamši. Smrt se isto vidi iz druge i šeste navamše od one u kojoj se nalazi planeta.

Tabela 11-1: Efekti navamši

Navamša znak	Nevolja usled badaka ili drugih malefika	Druge indikacije
1.Ovan	Miševi i mačke	Prirodni elementi
2.Bik	Krave i četvoronošci	Smrtna kazna
3.Blizanci	Svrab, kožne infekcije i gojaznost. Vodene bolesti	Konzumacija otrova
4.Rak	Hidrofobija, lepra	Opasne temperature, kolera i vodene i prenosne bolesti
5.Lav	Psi, tigrovi i druge slične životinje sa očnjacima	Neprijateljstvo
6.Devica	Vatra, problem sa gojaznošću, kožne infekcije	Neprijateljstvo ili preterivanja u seksu, alkoholu i sl.
7.Vaga	Trgovina i biznis	Lepra
8.Škorpija	Vodene bolesti, reptili i zmije	Koplje, strela ili male boginje
9.Strelac	Nezgode i pad sa visine	Strele (ili meci) i drugo oštro oružje poput mačeva i oštrica
10.Jarac	Vodena stvorenja, ptice i duhovi, kožni problemi i psihički problemi	Nasilna i loša smrt
11.Vodolija	Jezera, vrtovi, cisterne, putevi, hramovi	Snežne padavine, grad ili munje
12.Ribe	Zakon i sudnice, religija ili religiozni ljudi	Miran i prirodan

Tabela 11-2: Efekti planeta u navamši/rudramši

Planete	Tip navamše/uzrok smrti	Rudramša
1. Sunce	Neprijatelji, oružje, vatra	Bliska osoba/porodica
2. Mesec	Davljenje u jezeru, reci ili moru	Član porodice
3. Mars	Posekotine, rane, operacije, upale	Rođaci, prijatelji
4. Merkur	Pad sa drveta ili udar u drvo, odron i druge prirode katastrofe, zemljotresi	Poremećaji stomaka, svađe, razlike
5. Jupiter	Vatra, revolt ili vremenska nepogoda	Svađe i vatra
6. Venera	Spermatorea, urinarni problem i bolesti polnih organa	Suprotan pol, afere ili silovanja
7. Saturn	Konzumacija otrova ili sličnih supstanci	Šadripu (šest vrsta slabosti poput seksa, alkohola, itd.)
8. Rahu	Otrov, zmije, leteće stvari, ropstvo	Smišljenost
9. Ketu	Isto kao i Rahu	Greška
10. Saturn i Rahu	Batine nakon što je osoba savlada od neprijatelja/zlih ljudi	
11. Jupiter i Rahu	Crna magija, vračanje, itd.	
12. Jupiter i Saturn	I osoba i napadač ubijeni	

Posle procene načina smrti, neophodno je proceniti i vreme. Postoje brojni metodi za određivanje vremena smrti, i oni se nazivaju *ajur daše*. Ovo uključuje i *navamša dašu, šula dašu, nirjana šula dašu, gočara dašu (tri varijacije pod imenom čara, stira i dvišabhava parjaja daše koje se koriste isključivo u šastamši), manduka daša (koristi se isključivo u rudramši), stira daša, brama daša,* itd. Rudramša i manduka daša su veoma bitne za bitke, izbore itd., dok šastamša i parjaja (gočara) daše koristimo kod tajminga bolesti, problema od strane neprijatelja, itd. Ovo je ogromno polje znanja i ozbiljni čitaoci mogu pronaći više u mom prevodu Đaimini Upadeše Sutra, gde su dati i brojni primeri za proučavanje ovoga. Najjednostavnija i efektivna daša je šula daša koja je navamša daša, i koja je veoma fleksibilna. Daša počinje od 1. ili 7. kuće, koja god da je snažnija za osobu ili za partnera. Na sličan način, deveta kuća, kuća oca, ili treća kuća, kuća braće i sestara, odlučuje znak između treće i devete kuće, gde jedna od te dve inicira dašu. Za bilo koju posmatranu osobu, kuća koja upravlja sedmom kućom, ili koja god da je od te dve snažnija, inicira šula daše.

Dakle, u bilo kom trenutku će operisati šest različitih šula daša za svih dvanaest kuća. Ove daše traju po devet godina svaki znak, time pokrivajući zodijak u ciklusu od 108 godina. Prve četiri daše se zovu: *alpa ajus kanda* (kratak deo života), od pete do osme daše se naziva *madja ajus kanda* (srednji deo), i od devete do dvanaeste daše se naziva *puma ajus kanda* (ili dug deo života). Prvi korak jeste određivanje ajur kande. Drugi korak je određivanje daše i antardaše koja donosi smrt. Ovo će svesti period na oko devet meseci. Tada treba odrediti mesec na osnovu Sunčevog tranzita u trigonu od mritjupade, Saturna, itd, a potom se određuju i pakša, titi i lagna.

Postoje tri bitna metoda za određivanje ajus kande. To su:

(i) Metod parova: lagne i vladara osme kuće, lagne i hora lagne i Meseca i Saturna (*Mahariši Đaimini Sutre*, poglavlje II, deo I).

(ii) Snaga vladara prve, osme i desete kuće. Ukoliko su sva tri vladara jaka, i nisu u vezi sa Saturnom (nije primenljivo ukoliko je Saturn jedan od vladara) pokazan je dug život. Ukoliko su dva jaka, pokazana je srednja dugovečnost, ukoliko je samo jedan jak, kratak život i ukoliko nijedan nije jak, jedva da je pokazana ikakva dužina života.

(iii) Metod ascendenta i Meseca (poglavlje III, deo II, J.5). Ovi metodi se mogu naučiti iz primera.

Među dašama, znak u kome se nalazi Jupiter ili koga aspektuju Jupiter ili atmakaraka ne mora da ubije. Znak u kome su Mesec i Mars, ili Mesec i Venera, ili znak koji oni aspektuju može da ubije. Znak pod aspektom prirodnih malefika, ili u jutiju sa njima, može da ubije. Znak u kom se nalazi Rudra (vladar osme kuće), ili njegovi trigoni u odnosu na posmatranu stira karaku (fiksne signifikatore), takođe. Ove tačke treba imati na umu kod određivanja šula daše smrti. Treba podvući da, ukoliko je atmakaraka planeta u prvoj, trećoj, sedmoj ili devetoj kući, prisutna je viprita ajus joga i da je kanda promenjena. Time se kratak život može promeniti na srednji ili dug život, i obrnuto. Ovo zavisi od pozicije vladara osme kuće. Na primer, u četvrtoj, sedmoj ili desetoj kući, vladar osme pod viprita jogom daje srednju dugovečnost. Važnost kandi treba razumeti. Brama (ili zodijak) ima tri nabija (tri pupka koji simbolizuju rođenje) i to na 0°, 120° i 240°, datim redom, time markirajući tri znaka: Ovna, Lava i Strelca. Čart rođenja individue takođe ima tri pupka i to u prvoj, petoj i devetoj kući naglašavajući time početak svake od ajus kandi.

Vedska astrologija koristi sistem od 108 navamši, što odgovara ukupnom broju godina dodeljenih za dvanaest znakova u šula dašama, od po devet godina svaka (9*12=108). Dakle, godina smrti se vidi iz sudaršan čakra daše navamša čarta. *Na osnovu sistema, smrt će se desiti u godini tokom koje je Saturn u trigonu od čakra lagne (ascendent je prešao jednu godinu po znaku).* Ipak, daću jednostavno pravilo (nazovimo ga Ratovo pravilo (1)* po Panditu Đaganath Ratu. *Napravi progresiju trimšamše (D-30) ascendenta, i to po jedan znak u godini dana. Godina u kojoj je Saturn u trigonu ili u sedmoj kući donosi smrt. Ovo pravilo je primenljivo u većini podelnih karti.*

*Đaganath pravilo je dato u mom prevodu *Đaimini Upadeša Sutri* gde se posle određivanja ajus kande (kakšje/dela) primenjuje ovo blic pravilo kako bi se utvrdilo da li će se smrt dogoditi u prvom, drugom, trećem ili četvrtom delu. Ako je vladar osme kuće u desetoj, jedanaestoj ili dvanaestoj kući, smrt se dešava u prvoj šula daši; ako je u sedmoj, osmoj ili devetoj kući, smrt je u drugoj šula daši; ako je u četvrtoj, petoj ili šestoj kući, smrt je u trećoj šula daši; i ako je u prvoj, drugoj ili trećoj kući, smrt je u poslednjoj šula daši. Ovo je blic pravilo.

Ratovo pravilo (2): Mesec smrti se vidi u odnosu na tranzit Sunca u trigonu od arudapade osme kuće (mritjupada – A8).

Ratovo pravilo (3): Tithi (vedski datum) smrti se vidi u odnosu na najjaču planetu u petoj kući od lagne ili samuka rašija. Ukoliko nijedna nije tu, tada znak u kom se nalazi vladar pete kuće (devete kuće/vladara za žene). Vladavina planeta nad tithijima zasniva se na kalačakri:– Sunce (1, 9); Mesec (2, 10); Mars (3, 11); Merkur (4, 12); Jupiter (5, 13); Venera (6, 14); Saturn (7, purnima ili pun mesec); Rahu (8, mlad mesec ili amavasja).

Ratovo pravilo (4): Ascendent će se u vreme smrti nalaziti u trigonu od aruda lagne, njegove sedme kuće ili znaka u kom se nalazi vladar aruda lagne (isti princip kao kod računanja lagne partnera u odnosu na upapadu).

Karaka za dugove je Mars, i njegova pozicija u osmoj kući od vimšotari daša planete, ili u osmoj kući od narajana daše, a bez uticaja benefika u dvanaestoj kući, daje dugove i poteškoće. Slično, vladar druge u konjukciji sa malefikom Saturnom ili vladarom druge kuće, može doneti dugove u svojim periodima. Period vladara osme kuće može dovesti do dugova i poteškoća. Periodi vladara osme kuće u dašamši (D-10), ili planeta u osmoj kući, mogu doneti bitne nevolje i, u zavisnosti od njihove prirode i snage, dovesti do gubitka posla, parnica, pa čak i do zatvora. Ako su vladar osme ili planete u osmoj kući dobro povezane sa vladarom dašamša lagne, to može da donese nasledstvo u obliku fabrika, liderstva ili institucija ili političkih partija, kraljevstva itd. Osma kuća u navamši (D-9) može da donese smrt partneru, kao i vanbračne afere, ukoliko je povezana sa Merkurom. Tako, osma kuća može biti blagoslov ili kletva, u zavisnosti od planetarnih pozicija i u zavisnosti od toga da li vladar osme kuće vrši šuba argalu (benefičnu intervenciju) na vladara lagne i obrnuto. Vladar osme može dati ogroman kredit od banaka da bi se pokrenuo i vodio biznis. Dakle, osma kuća ima tendenciju da favorizuje sedmu kuću čineći argalu na nju, i ne favorizuje šestu kuću budući da je u trećoj odatle. Dakle, benefik u osmoj favorizuje biznis i ne pomaže službu, posebno u dašamši, dok malefik podržava službu dajući benefičnu argalu na šestu kuću i malefičnu intervenciju na sedmu. Vladar osme na ascendentu može biti veoma nepovoljan u bilo kom čartu. U saptamši, ovo može pokazati izostanak ili kašnjenje dece, u dašamši pokazuje hronične dugove, dok u raši čartu daje podložnost bolestima, pa i onim hroničnim. Na primer, ako je Rahu u trigonu od ascendenta dok je vladar osme na lagni ili sa vladarom lagne, osoba pati od hroničnih bronhijalnih problema i poteškoća sa disanjem.

Bolesti se vide iz raši, navamša i trimšamša (D-30) čarta. Planete u osmoj kući ili u njenim trigonima sigurno daju bolesti, posebno kada su u pitanju malefici. Smeštenost atmakarake u bilo kojoj kući, osim kendri ili trigona kuća u navamši, donosi slabosti u konstituciji i bolesti se javljaju tokom loših perioda. Daša atmakarake, ukoliko je povezana sa lagnom ili šatrupadom (A6), mritjupadom (A8), ili šestom ili osmom kućom, donosi loše zdravlje i bolesti, inače neprilike dolaze na drugim životnim područjima. Atmakaraka nema nameru da ubije već da kazni osobu za prošle grehe i pripremi duhovni put za budućnost.

Bolesti se takođe vide iz navamša znaka u kom se nalazi vladar badak stana (kuće opstrukcija). Za pokretne znakove je to jedanaesta kuća, za fiksne je to deveta, a za dvojne sedma kuća se smatra kućom opstrukcija. Navamša u kojoj se nalazi vladar badake pokazuje tip fizičkih problema. Ovo važi i za planete u kući opstrukcije, kao i za njihove navamše. Treba uzeti u obzir i Mesec, ascendent i druge pozicije u gandanti i sličnim nepovoljnim pozicijama. Vreme početka bolesti i svih fizičkih problema se najbolje vidi u odnosu na šula daše (ili bilo koje druge ajur daše). Dvadeset druga drekana od ascendenta i šesdeset četvrta navamša od Mesečeve navamše i njihovi vladari igraju bitnu ulogu, budući da oni donose efekte osme kuće na fizičko telo. Istovremeno, dvadeset druga drekana je ujedno i osma kuća u drekana (D-3) čartu, dok je šezdeset četvrta navamša četvrta kuća od Meseca u navamša čartu. Vladari ovih kuća, i planete u njima, mogu biti veoma loši ukoliko su snažni. Delove tela, kao i druge aspekte medicinske astrologije, treba proučiti iz standardnih tekstova.

Vremensko određivanje ovih zala putem vimšotari daše zahteva znanje određenih vodećih principa u vezi sa daša sistemom. Ovo uključuje:

1. *Daša planetu tretirati kao privremni ascendent (Satjačarja princip).* Time antar daše planeta u sedmoj imaju za fokus rezultate u sedmoj kući koji daju rezultate maraka perioda i donose bolesti i druga zla.

2. Treba uzeti u razmatranje paćak, bodak, karaka i bedak (Sarvata Ćintamani šloka 1.22.).

3. Tokom daše Sunca, planete u šestoj kući odatle postaju neprijatelji. Slično, planete u dvanaestoj od Meseca, dvanaestoj od Marsa, trećoj od Merkura, šestoj od Jupitera, četvrtoj od Venere i u šestoj od Saturna su veoma neprijateljski nastrojene za daše pomenutih planeta, a njihovo zlo se manifestuje nešto nejasnije tokom ličnih antardaša. Dakle, pomenuta mesta treba da su prazna kako bi daša tih planeta bila povoljna. Čvorovi, Rahu i Ketu, se mogu tretirati poput Saturna i Marsa, datim redom (Sarvata Ćintamani 1.125 i 1.126).

4. *Kuće od daša planete, za koje je ona prirodni signifikator, treba da imaju benefike. U suprotnom, data značenja pate.* Dakle, ako osoba ima Marsa u osmoj od Saturna, tokom Saturnove daše značenja osme kuće, poput zdravlja partnera, dugovanja itd. mogu doživeti poteškoće. Ukoliko su tu benefici ili prirodni prijatelji, rezultati će biti veoma povoljni. Na primer, ako je Sunce smešteno u petoj kući od Jupitera, njegova antardaša u Jupiterovoj daši donosi sjajne rezultate.

Primeri

Vreme Smrti

Čart 87: Muškarac rođen 13. decembra 1935. godine

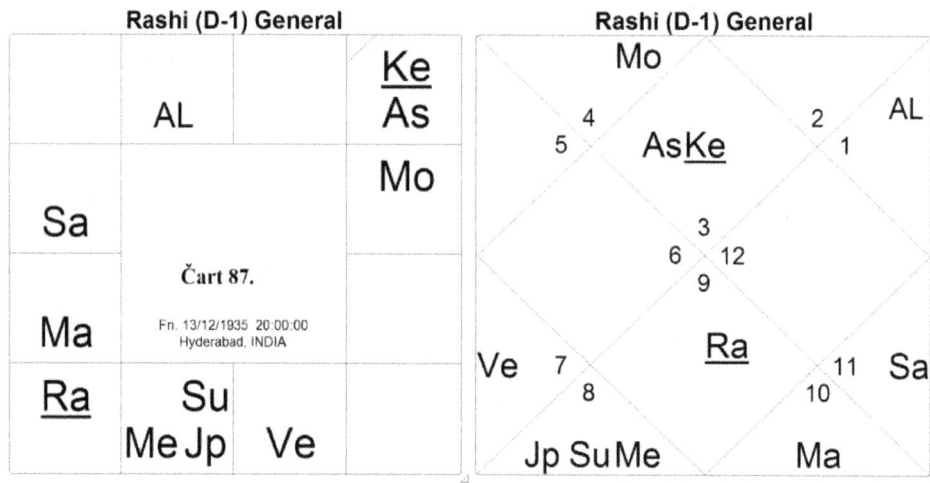

U čartu 87. Nadi astrolog je dao predikciju da će osoba umreti u svojoj sedamdesetoj godini u šravana mesecu (Sunce u Raku), šuklapakša četrnaesti tithi, sa Ovan ascendentom. Osoba je, međutim, umrla u svojoj pedeset devetoj godini u šravani (Sunce u Raku), šukla pakša šesti tithi, sa Ovan ascendentom. *Da li je Nadi čitač propustio nešto?* Hajde da pokušamo da odredimo vreme smrti.

= Osma Kuća

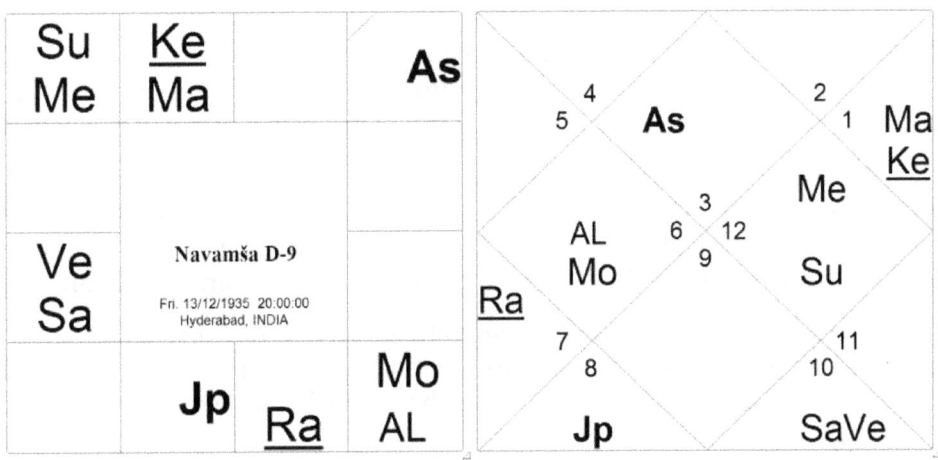

Kakšja: (A)

(i) Vladar lagne + Vladar osme = Fiksni + Fiksni = Kratak život.

(ii) Lagna + Hora Lagna = Dvojni + Pokretni = Kratak život.

(iii) Saturn + Mesec = Fiksni + Pokretni = Srednji život.

Jupiter je u jutiju sa vladarom lagne, atmakarakom (Merkur) i prirodnom atmakarakom, Suncem. Ovo donosi kakšja vridi, do srednje dugovečnosti ili 36-72. godine života.

(B) Vladar lagne je u dustanu (šesta kuća), vladar desete, Jupiter, je u dustanu (šesta kuća) dok je vladar osme kuće u trigonu (deveta kuća). Ovo pokazuje kratak život, budući da je samo Saturn jak. Međutim, pošto je vladar lagne ujedno i atmakaraka, smatra se snažnim i srednja dugovečnost je data sa dva faktora (36-72. godine).

ŠULA DAŠA: Šula daše počinju od snažnije između ascendenta i sedme kuće. Oba znaka imaju jednak broj planeta i pod aspektom su Merkura, atmakarake, što ukazuje na snagu Blizanaca. Madja ajus kakšja je od pete do osme kuće tj. od Vage do Jarca. Škorpija je zajedno sa Jupiterom, i atmakarakom, Merkurom, i ne može doneti smrt. Jarac je osma kuća i, iako je zajedno sa egzaltiranim Marsom, prima aspekt od Jupitera i atmakarake iz Škorpije (u šula dašama koristimo samo raši aspekte) i ne pokazuje verovatnoću da će doneti smrt. Dakle, između Strelca i Vage, Vaga je zajedno sa debilitiranim Rahuom koji je u badakstanu, što mu daje snagu da ubije. Ovo bi značilo smrt u sedmoj šula daši tj. 54-63. godine. Smrt se dogodila u Strelac daši i Strelac antardaši.

GODINA SMRTI

(i) Navamša metod: Ascendent u navamši je znak Blizanci, sa Saturnom smeštenim u Jarcu. Smrt se može dogoditi u pedeset drugoj, pedeset šestoj i šezdesetoj godini (Netačno).

(ii) Ratovo pravilo (1): Acendent u trimšamši (D-30) je Vaga, i Saturn je u Strelcu. Dakle, smrt se može dogoditi u pedeset prvoj, pedeset petoj, pedeset sedmoj ili pedeset devetoj godini. Smrt se dogodila u pedeset devetoj godini (Tačno).

(iii) Mesec smrti: Primenom Ratovog pravila (2) vidimo da je mritjupada (A8) je u Ribama. Dakle, Sunce mora da je u trigonu od ovog znaka tj. u Ribama, Raku ili Škorpiji. Sunce je bilo u Raku u vreme smrti (Tačno).

(iv) Vedski dan smrti (tithi): Primenom Ratovog pravila (3), najjača planeta u petoj kući je Venera, koja je ujedno i vladar pete kuće. Dakle, tithi smrti može biti šasti (6) ili čaturdaši (14). Osoba je umrla na šasti titi, na dan 12. avgust 1994. godine (Tačno).

Beleške na nadi predikciju: Čitaoci će sigurno naći da je bitno da Nadi koristi drugačiji sistem brojanja godina smrti na osnovu rudramše (D-11). Time se u odnosu na jedanaest Rudri određuje godina koja donosi smrt. U pomenutom slučaju u pitanju je četvrta Rudra. Dakle, smrt se može dogoditi u četrdeset osmoj godini (44+4), pedeset devetoj godini (54+4) ili sedamdesetoj godini (66+4). Dalje, za izbor vedskog dana kao čaturdaši (14=Venera) koristi se isto pravilo kao i za šasti (6=Venera).

(v) **Vreme/lagna smrti:** Primenom Ratovog pravila (4) aruda lagna je u Ovnu. Dakle, smrt se može dogoditi u vreme kada je vatreni znak na lagni. Osoba je umrla u 10:45h, sa Ovan ascendetom (Tačno).

SAHAM TRANZIT
Điva saham = Jupiter - Saturn + ASC (noćno rođenje)

= 7s 14°441-10s 110401 + 2s29°33"

= 0s 2°371 (Ovan)

Saturn je u vreme smrti bio u Vodoliji, aspektujući tako treći znak od Ovna u kome se nalazi natalni điva saham.

Čart 88: R. Santanam

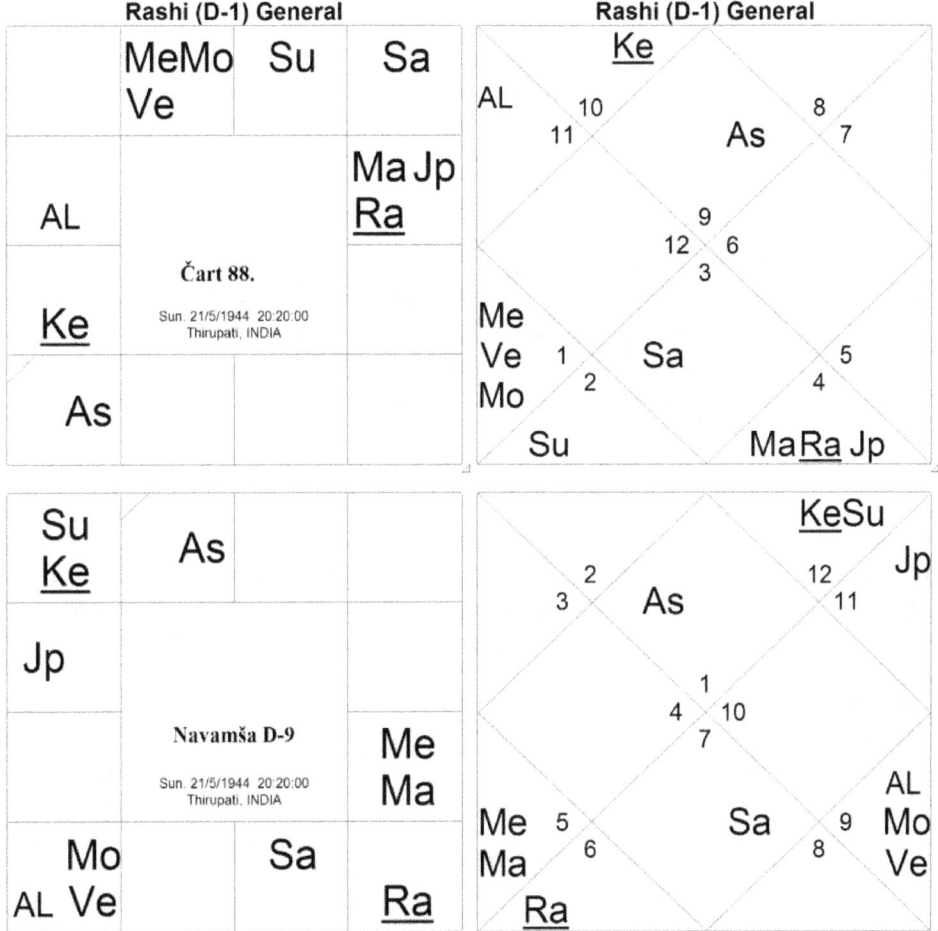

Čart 88. je horoskop preminulog Šri Santanama, međunarodno poznatog vedskog astrologa, koji je napustio svet 17.10.1977. godine u 22:45h u Varanasiju (Indija). Smrt se dogodila u njegovoj pedeset četvrtoj godini. Pokušajmo da odredimo vreme smrti.

Kakšja: (A)

(i) Vladar lagne + Vladar osme = Pokretni + Pokretni = Dug život

(ii) Lagna + Hora Lagna = Dvojni + Pokretni = Kratak život

(iii) Saturn + Mesec = Dvojni + Pokretni = Kratak život

Pošto dve sutre donose kratak život, primarna kakšja je kratak život (0-36 godina). Jupiter je egzaltiran i vladar je lagne, dok je njegov dispozitor atmakaraka. Ovo može doneti kakša vridi tj. porast dugovečnosti (36-72).

(B) Vladar lagne je u osmoj kući dok su vladari osme i desete kuće u trigonu, što čini dva od ukupno tri faktora snažnim. Ovo pokazuje madja ajus (36-72).

(C) Osma kuća od lagne = Pokretni

Osma kuća od Meseca = Fiksni. Ovo, prema principu isključivosti, daje madja ajus (36-72).

ŠULA DAŠA: Šula daše počinju od Blizanaca, sedme kuće, i kreću su zodijački (uvek). Madja kakšja ajus je od pete do osme kuće tj. od Vage do Jarca. Iako je Jupiter egzaltiran, nalazi se u konjukciji sa Rahuom i debilitiranim Marsom u osmoj kući, i pokazuje da smrt može nastati usled crne magije ili nepravilnog recitovanja mantri, ili slično tome. Dakle, Jupiter je ozbiljno sputan i moguće je da neće moći da zaštiti osobu. Mesec je atmakaraka i obično zaštiti horoskop, ali nažalost, nalazi se u konjukciji sa Venerom i time formira specifičnu kombinaciju koja može da donese smrt. Treba imati u vidu da je Venera vladar šeste kuće koja upravlja neprijateljima, i u petoj kući može doneti blokadu molitvi i mantri. Mesec je ujedno i prani rudra ovog čarta, budući da je vladar osme kuće. Između znakova od Vage do Jarca, samo Škorpija prima aspekt obe pomenute kombinacije (samo raši drišti). Dakle, smrt će se odviti u šestoj šula daši, daši Škorpije (45-54.).

Godina Smrti

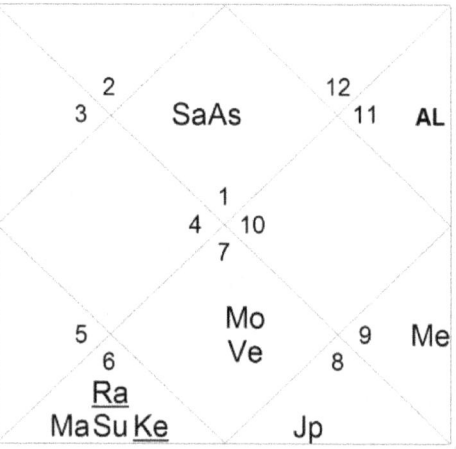

(i) Navamša metod: Saturn se nalazi u sedmoj kući u navamša čartu. Smrt se može dogoditi u pedeset prvoj godini, pedeset petoj ili pedeset devetoj godini. Smrt se dogodila u pedeset četvrtoj godini (Netačno).

(ii) Ratovo pravilo (1): Saturn se nalazi na ascendentu u trimšamši. Smrt se može dogoditi u četrdeset devetoj, pedeset trećoj, pedeset petoj ili pedeset sedmoj godini. Smrt se desila u pedeset četvrtoj godini (Netačno).

Dakle, nijedna od metoda sudaršan čakre u podelnim kartama ne drži vodu, i Nadi sistem određivanja godine na osnovu Rudre drži ključ.

Mesec Smrti

Ratovo pravilo (2): Mritjupada je u Vagi. Smrt se može dogoditi u vreme Sunčevog tranzita preko vazdušnih znakova: Blizanaca, Vage ili Vodolije. Sunce je bilo u Vagi u vreme smrti (Tačno). Ovaj metod mritjupade daje tačne rezultate.

Vedski Datum Smrti

Ratovo pravilo (3): Peta kuća je Ovan zajedno sa tri planete. Od njih, Mesec je atmakaraka, i najsnažniji je. Smrt se može dogoditi u dvitija ili dašami tithiju (2 ili 10). Smrt se dogodila u dvitiji (Tačno). Ovo pravilo iz tradicije je veoma efikasno.

Vedsko vreme (lagna) smrti: Primenom Ratovog pravila (4), aruda lagna je u Vodoliji. Dakle, uzdižući znak (ascendent) u vreme smrti su Blizanci (Tačno). Ovo pravilo iz tradicije u vezi sa aruda lagnom se pokazao dosledno tačnim.

Tranziti

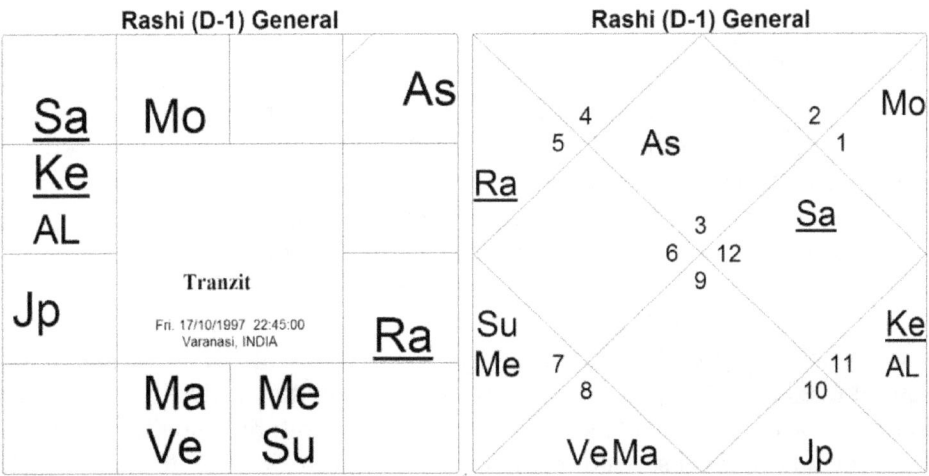

Tranzit Sunca u Vagi, tithi (mesečev datum) i ascendent su već objašnjeni korištenjem Ratovih pravila. Điva saham je vitalna tačka koja predstavlja životnu silu osobe. Điva saham je u natalnom čartu određena na sledeći način:

(Dnevno rođenje) Saturn - Jupiter + ASC = Điva saham (tačka života)

(Noćno rođenje) Jupiter - Saturn + ASC = Điva saham

Ukoliko ascendent nije između umanjenika i umanjioca, dodajte 30°. Pošto je Šri R. Santanam rođen noću, điva saham se računa na sledeći način:

Jupiter - Saturn + ASC + 30°

$= 3s\ 26°\ 7' - 2s\ 3°\ 17' + 9s\ 2°\ 16' + 30°$

$= 11s\ 25°\ 6'$

Tranzit Saturna će omesti ovu životnu silu (điva saham) kako bi doveo do smrti. Saturn je u tranzitu u Ribama, u konjukciji sa điva sahamom.

Vimšotari Daša

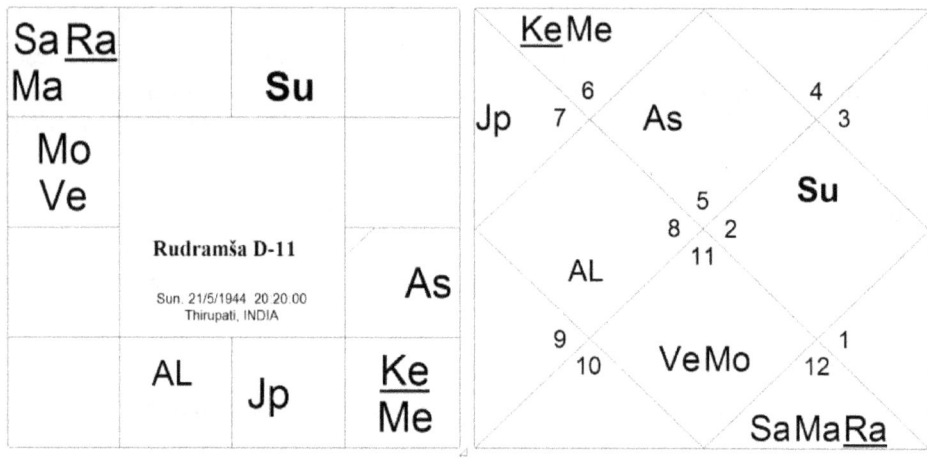

U raši (D-1) čartu, drugu kuću je aspektuju Jupiter, Mars i Rahu i u konjukciji je sa Ketuom, dok je vladar druge, Saturn, smešten u sedmoj kući. Jupitera afliktuje ćandala joga i zbog toga on nosi potencijal da ubije. U navamši, Jupiter aspektuje sedmu kuću i dispozitor je vladaru druge i sedme kuće, Veneri. Mesec je vladar osme kuće u raši čartu i u konjukciji je sa Venerom koja je maraka u navamši. Ipak, konačna potvrda mora doći iz rudramša (D-11) čarta. Kuće za određivanje vremena smrti su, prema tradicionalnom pravilu prva, osma, peta i deseta. Jupiter je vladar pete i osme kuće i smešten je u trećoj. Mars je u osmoj kući, u društvu Saturna i Rahua. Smešten je u šestoj kući (neprijatelj) od Jupitera i aspektuje ga; dok je Mesec u konjukciji sa vladarom desete, Venerom. Smrt se desila u Jupiter – Mars – Mesec vimšotari daši.

UBISTVA I (POLITIČKO) NASLEĐE
Čart 89: Rađiv Gandi

Rashi (D-1) General			
	AL	Sa	
	Čart 89. Rajiv Gandhi Sun. 20/8/1944 7:11:00 18°58' 0"N 72°49' 0"E		Ra
Ke			Su Mo Jp Ve As Me
			Ma

Rashi (D-1) General			
Ma 6 7	Mo Su Ve Jp Me As	Ra 4 3	Sa
8 11	5 2	AL	
9 10	Ke	12 1	

Navamša D-9			
	Su		
Sa Ke Ma	Navamša D-9 Rajiv Gandhi Sun. 20/8/1944 7:11:00 18°58' 0"N 72°49' 0"E	Jp Ra As Ve	
Me	AL	Mo	

	Ve Mo 6 7	Ra Jp 4 3	
		As	
	AL 8 11	5 2	Su
Me	9 10	Sa	12 1
	Ma Ke		

Čart 89. je horoskop preminulog Premjera Indije Rađiva Gandija, koji je ubijen 21.05.1991. godine u 22:00h u Sriperumbuduru, Tamil Nadu.

Kakšja:

(i) Vladar lagne + Vladar osme = Fiksni + Fiksni = Kratak život

(ii) Lagna + Hora Lagna = Fiksni + Dvojni = Dug život

(iii) Saturn + Mesec = Dvojni + Fiksni = Dug život

Osnovna dugovečnost je dug život ili 72-108. godine. Atmakaraka, Merkur, je na ascendentu i pokazuje viprita ajur jogu. Dakle, Merkur (rođak ili kolega) dobija život dok je dugovečnost osobe umanjena u skladu sa mestom vladara osme kuće. Pošto je vladar osme kuće na lagni, dugovečnost je umanjena na srednji životni vek (36-72).

ŠULA DAŠA: Šula daše počinju od Lava i traju po devet godina svaka. Dakle, madja ajus počinje od pete (Strelac) do osme kuće (Ribe). Jarac je zajedno sa Ketuom i pod aspektom je smrtonosne kombinacije Meseca i Venere iz Lava. Jarac tako pokazuje period smrti. Šesta šula daša (45-54. godina) će biti njegov kraj.

Šula daša znak koji donosi smrt pokazuje ascendent ubice. U čartu Šri M. K. Gandija, smrt se dogodila u Blizanci šula daši, i ascendent ubice su Blizanci. Ketu u Jarcu pokazuje ženu teroristu, dok se mesto i priroda smrti vide iz treće od aruda lagne i osme kuće (direktnim brojanjem ili prema vrida karikama). Treća od aruda lagne je Rak, i tu je Rahu, što ukazuje na dustamarana jogu (loša smrt/neprirodna i nasilna). Rahu u dvanaestoj pokazuje tajne neprijatelje koji će kovati zaveru u vezi sa njegovim ubistvom. On je ubijen u strašnoj eksploziji bombe. Osma kuća od ascendenta i atmakarake prema vrida karikama je Rak, sa Rahuom, i pokazuje nasilan događaj.

Osma kuća od ascendenta i atmakarake normalnim brojanjem je znak Riba, dvojni znak koji pokazuje smrt tokom putovanja ili unutar same zemlje. Pošto sve planete osim Saturna (žena – vladar sedme), Marsa (porodica – vladar četvrte), Rahua (zaverenici) aspektuju znak koji donosi smrt, Lav, smrt se dogodila tokom velike ceremonije pred izbore 1991. godine. Rahu i Ketu su delovi istog demona. Rahu predstavlja glavu koja planira (Prabakarana i drugi partijski šefovi), dok Ketu predstavlja bezglave (i poslušne) ubice koji izvršavaju naređenja. U bilo kojoj tajnoj operaciji, čvorove treba posebno osmotriti, u negativnom smislu, budući da mogu biti veoma nepovoljni.

Godina smrti: (i) *Navamša metod*: U navamši, Saturn se nalazi u sedmoj kući i pokazuje mogućnost smrti u trideset devetoj, četrdeset trećoj ili četrdeset sedmoj godini života. Rađiv Gandi je umro u svojoj četrdeset sedmoj godini (Tačno).

(ii) Ratovo pravilo (1): U trimšamši, Saturn je u prvoj kući i pokazuje smrt u četrdeset prvoj, četrdeset petoj i četrdeset devetoj godini (Netačno). Ova pravila za određivanje godine nisu uvek tačna i treba ih uzeti sa rezervom.

Mesec smrti, Ratovo pravilo (2): Aruda pada osme kuće (A8) nalazi se u Jarcu. Dakle, Sunce treba da je u zemljanom znaku (Bik, Devica ili Jarac) u vreme smrti. Sunce je bilo u Biku na dan 21.05.1991. godine (Tačno). Ovo pravilo je nepromenjeno tačno.

Vedski datum smrti (tithi), Ratovo pravilo (3): Peta kuća je prazna, a vladar pete je u Lavu zajedno sa nekoliko planeta, uključujući i Sunce. Sunce dominira u Lavu i tithi može biti pratipad (1) ili navami (9) 21.05.1991. u

22:00h i tithi je bio navami (tačno). Ovo pravilo je nepromenjeno tačno.

Vedsko vreme smrti (lagna), Ratovo pravilo (4): Aruda lagna (AL) je u Biku. Ascendent u vreme smrti treba da je u trigonu, ili u sedmoj od Bika. Ascendent je bio na poslednjem stepenu Škorpije koja je sedma kuća od aruda lagne (tačno).

SAHAM TRANZIT: Pošto je Šri Rađiv Gandi rođen danju, điva saham se određuje na sledeći način:

Điva saham = Saturn - Jupiter + ASC + 30°

= 25 14° 13' − 4s 12° 12' + 4s 14° 46' + 30°

= 3 s 16° 47' (Rak)

U vreme smrti Saturn je tranzitirao znak Jarac, i time aspektovao điva saham u Raku.

Sa navedenim primerima uspeli smo da demonstriramo veoma sistematičan metod za određivanje dužine života, mesec i vreme smrti. Brojni primeri dati su i u mom prevodu *Maharišhi Đaimini Upadeša Sutri* i oni se mogu prostudirati kako bi se stekla rutina u određivanju kakšje i daša.

POLITIČKO NASLEĐE

U dašamši (D-10) Rađiv Gandija, Mesec, kao vladar osme kuće, pokazuje nasleđe od majke i nalazi se u Jarcu. Karma se vidi u odnosu na arta trigon (2, 6. i 10. kuća) dok se biznis vidi iz sedme kuće. Mars je vladar dvanaeste kuće i u jutiju je sa Merkurom u šestoj kući (službe), i pokazuje njegovu profesiju (službu) pilota. Međutim, svetlosna tela u drugoj i desetoj kući daju politički angažman (Sunce). Ovo se dogodilo usled neočekivanog ubistva njegove majke, Indire Gandi, u oktobru 1984. godine. Usled uslovljenosti okolnostima kreiranim od strane Meseca, bio je prinuđen da preuzme političko nasleđe kongresne partije (1) i postane Premijer Indije.

Pošto Mesec upravlja nasleđem i kongresom, treba ispitati argale u odnosu na to. Rahu ima argalu koja je potpuno opstruirana od strane Saturna i Ketua, i pokazuje da će političko nasleđe (Mesec) vremenom pasti u tuđe ruke (Saturn=stariji čovek). Rahu ima neopstruiranu argalu na lagnu i stvara time okolnosti za iznenadnu smrt, i stvara pritisak na osobu da uđe u politiku. Saturn i Ketu takođe imaju argale na lagnu. Venera (žena/mlađi brat u trećoj kući) pokušava da ih ukloni i te osobe su ga savetovale da ne ulazi u politiku, ali su Saturn i Ketu bitno snažniji. Haotična situacija je iziskivala kontrolu i Rađiv Gandi je dobio zov sudbine da uđe u politiku i dobije pomenuto nasleđe tokom Rahu – Jupiter – Saturn vimšotari daše.

Čart 90: Indira Gandi

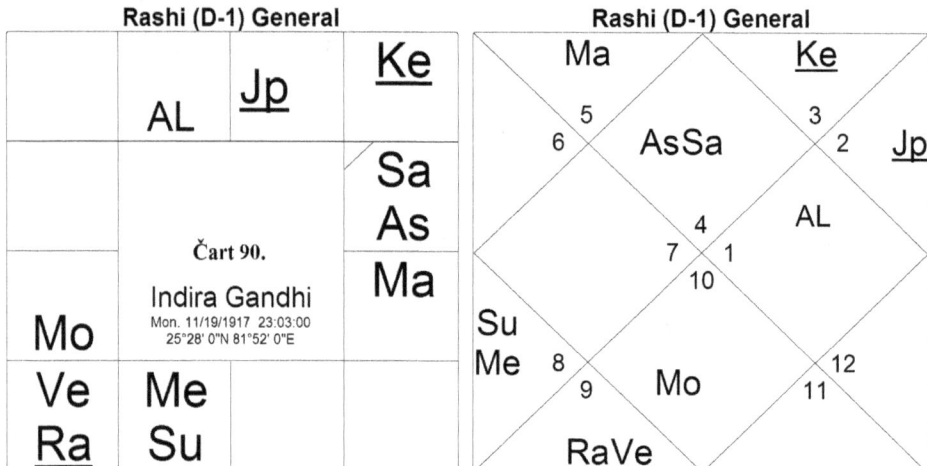

Čart 90. je horoskop preminulog Premijera Indije, Indire Gandi, koja je ubijena na dan 31.10.1997. Aruda lagna je u Ovnu i treća kuća je znak Blizanaca gde se nalazi Ketu (smrt usled greške u proceni) pod aspektom Rahua (dustamarana joga – ubistvo ili nasilna smrt) i Venere (zabava/kamera/TV). Nju je ubio njen lični čuvar, koji je bio deo ekstremističke grupe, dok je išla u baštu (Blizanci/Devica aspekt) da da intervju za štampu TV ekipama (koje su je čekale sa kamerama). Mediji se vide od Merkura, u osmoj kući od aruda lagne. Osma kuća od lagne i aruda lagne su fiksni znaci, i smrt se dogodila u njenom domu.

Šula daše počinju od Jarca. Ona je ubijena u Lav daši sa Marsom, koji prima aspekt Meseca. Ipak, kod upotrebe navamša daša, ovo će se videti iz Device, budući da daša počinje od Ovna. Razlike između šula i navamša daša leže u važnosti koja je dodeljena atmakaraki i vladaru lagne, datim redom, koje štite osobu. U šula dašama atmakaraka igra bitnu ulogu dok rudra joge (Mesec i Venera; Mesec i Mars) uvek dominiraju. Ovo čini prediktivni deo daleko jednostavnijim i time je šula daša preporučljiva. Dakle, šula daša-antara je bila Lav (Mars) i Jarac (Mesec) i fatalna kombinacija Meseca i Marsa u međusobnom aspektu je bila aktivirana. Ovo će suziti period moguće smrti na period između 19.08.1984. i 19.05.1985. godine.

Mesec smrti, Ratovo pravilo (2): Pokazuje da je mritjupada A8 u Vagi, i zahteva Sunce u Blizancima, Vodoliji ili Vagi (mritjupada se računa od Rahua umesto Saturna, budući da je snažnija zbog jutija sa Venerom, dok je Saturn sam). Sunce je bilo u Vagi u vreme smrti.

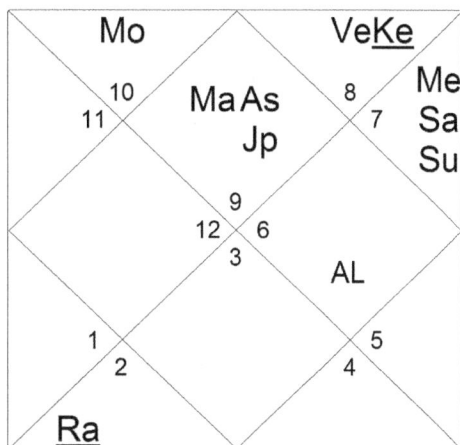

VEDSKI DATUM SMRTI

Deveta kuća (ženski čart) je prazna, i njen vladar, Jupiter, je u Biku. Međutim, Jupiter je deo parivartana joge (razmene između znakova) time izmenjujući dužnosti sa Venerom. Venera će da uradi Jupiterov posao i, u konjukciji sa Rahuom, tithi će biti aštami (8) ili amavasja (15 = mlad mesec). Ona je ubijena na aštami (8) tithi (tačno). Ratovo pravilo (3).

VEDSKO VREME SMRTI

Aruda lagna (AL) je u Ovnu, i Indira je ubijena u vreme Strelac ascendenta. Budući u trigonu od aruda lagne, ovo potvrđuje Ratovo pravilo (4).

Čart 91: Princeza Dajana

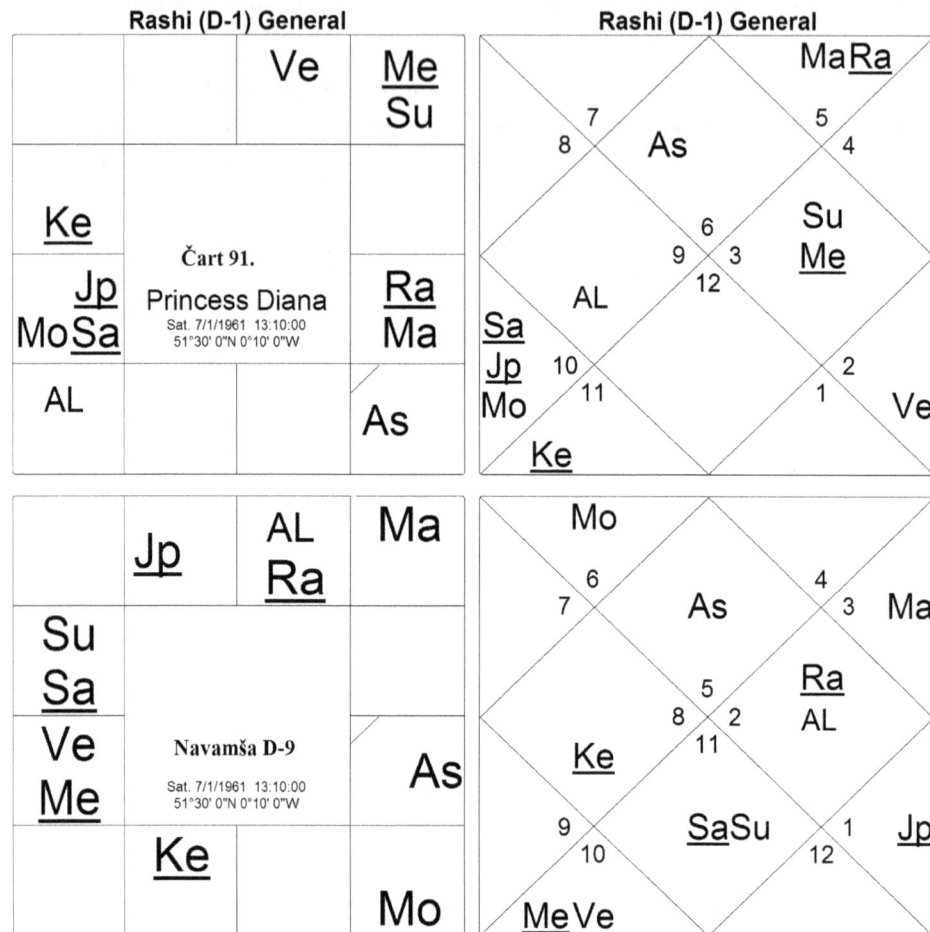

Čart 91. je horoskop princeze Dajane. Postoji nekoliko mogućih vremena rođenja iz različitih izvora. Međutim, vreme koje je dao Jogirađ Kaveđi, veliki indijski mistik, je 13:10h na oko 25 stepeni Device. Hajde da proverimo da li ovi podaci odgovaraju datumu i trenutku smrti. Ona je umrla nasilnom smrću, u automobilskoj nesreći dana 31.08.1997. u 1:00h. Dakle, prava smrt se desila u rasponu od 1:00h do 4:00h ujutro (vreme koje je zvanično navedeno).

TRANZIT SUNCA: Sunce je bilo u Lavu u vreme smrti. Mritjupada (A8) u natalnom čartu treba da je u vatrenom znaku ili u Vodoliji. U povećem rasponu od podneva do 21:00h, samo dva moguća ascendenta, Devica i Jarac, imaju ovaj uslov.

Tranzit, lagna smrti: Iako je zvanično dato vreme 4:00h ujutro, kada su doktori probali sva raspoloživa sredstva da je spasu, smrt se mogla dogoditi sa Blizanci ascendentom. Ovo je sedma od aruda lagne u Strelcu (za Devica ascendent).

Ukoliko uzmemo Jarac za ascendent, aruda lagna će biti u Vagi i ascendent smrti u Blizancima odgovara. Međutim, Vaga, Škorpija i Strelac, kao natalne lagne, se jednostavno ne uklapaju.

Šula daša: Princeza Dajana je umrla u svojoj trideset sedmoj godini, tek na početku (prva daša, prva antardaša) pete šula daše. Sa Devica ascendentom, ovo je Jarac daša – Jarac antara. Jarac ima Mesec ovde pod aspektom Venere iz Bika, i Marsa i Rahua iz Lava. Ujedno je u konjukciji sa Saturnom, i debilitirani Jupiter nije mogao da izvuče situaciju.

Za Jarac ascendent, Mesec prelazi u Vodoliju i šula daša-antara bi bila Bik, pod aspektom jedino Jupitera i Saturna. Nije verovatno da ovo može doneti smrt. Dakle, jedini ascendent koji može da pokrene šula dašu, Sunčev tranzit (mesec) i vreme (ascendent), je Devica.

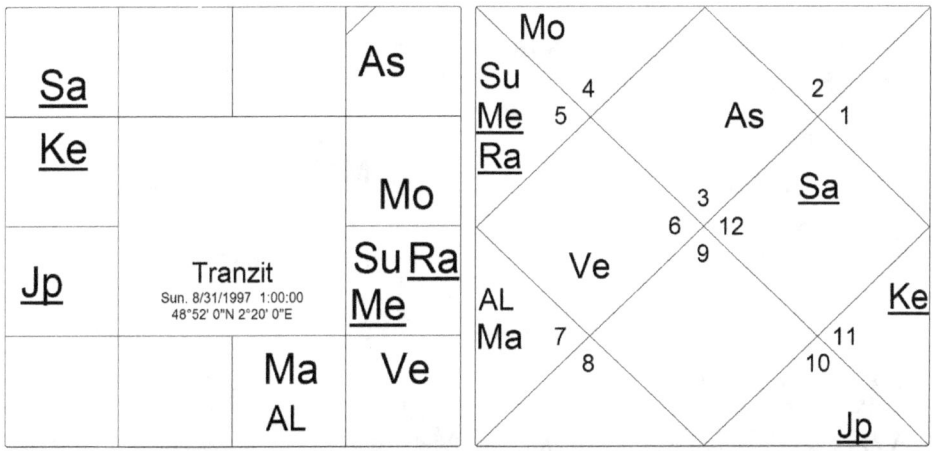

Mesto smrti: Osma kuća od Device i Strelca (lagne i aruda lagne) su pokretni znaci i pokazuju smrt u dalekoj zemlji. Ona je poginula u Francuskoj, izvan svoje rodne Engleske. Priroda smrti se vidi iz treće od aruda lagne. Ovde je Ketu (nezgoda/greška u proceni) u malefičnom znaku Vodolije. Smrt se dogodila usled saobraćajne nezgode. Auto se prevrnuo u velikoj brzini i to je odnelo tri života, dok je jedna osoba preživela. Bitno je da se primeti da je Ketu suvladar darapade (A7), i da upravlja vanbračnim vezama i ljubavnicima. Ona je u vreme nezgode bila sa svojim verenikom u autu. Dakle, nema sumnje da je darapada (A7) uzrok njene smrti. Vedski datum smrti (tithi) se vidi u odnosu na devetu kuću od lagne. Ovde se nalazi vladar devete kuće, Venera, i pokazuje da se smrt mogla dogoditi na šasti (6) ili čaturdaši (14) tithi. Ona je umrla na čaturdaši (14) tithi, ponovo potvrđujući da je ascendent Devica.

Brak: Upapada je u Ovnu i njen vladar, Mars, se nalazi u kraljevskom Lavu zajedno sa Rahuom. Upapada je pod aspektom Meseca, Jupitera i Satura iz Jarca. U navamši, Mars je u jedanaestoj kući. Čara darakaraka je Venera, i kao kalatrakaraka i vladar devete kuće nalazi se u kući životne sreće. Dakle, dobra sreća je bio njen brak. Iako je vladar sedme kuće, Jupiter, debilitiran, on je u konjukciji sa Saturnom i atmakarakom Mesecom i donosi ničabangu, i pokazuje kraljevski status. Druga kuća od upapade ima Veneru, i pokazuje druge ljude/odnose kao uzrok raspada braka. Ovo će se sigurno i dogoditi kada je Venera u dustanu (6, 8. i 12) od navamša lagne. Najgora od pomenutih je šesta kuća koja se oformila u navamša čartu. Veridba se desila 24.02.1981. godine u Rahuovoj daši, i Sunčevoj antardaši i brak je sklopljen 29.07.1981. tokom Rahuove daše i Mesečeve antardaše. Rahu je najjača planeta koja utiče na upapadu, i nalazi se u Lavu. U navamši, Sunce je u Vodoliji (suvladar je Rahu), dok je Rahu u Biku u snazi. Sunce daje rezultate badra mahapuruša joge u konjukciji sa Merkurom, u desetoj kući Blizanaca. Mesec je u petoj kući od Rahua u navamši, i zajedno je sa vladarom sedme kuće, Saturnom, čime garantuje brak u svom periodu.

JOGIJSKA SMRT/OSLOBAĐANJE
Čart 92: Svami Vivekananda

Čart 92. je horoskop najvećeg među svecima moderne Indije - Svami Vivekanande. Treba da podsetim čitaoce na osnovno učenje da vreme smrti savršenog sveca ne treba predviđati budući da imaju dar iča mritju (ili smrt u skladu sa ličnom željom, ne samoubistvo).

Svami Vivekananda je svetac rođen sa atmakarakom Suncem u vargotama navamši, sa Strelac ascendentom i navamša ascendentom u dvanaestoj kući (kuća prosvetljenja) od karakamše.

Osma Kuća

Ve	Me	Sa	Mo
		Ma	
			Ke
Ra	Navamša D-9 Mon. 1/12/1863 6:33:00 22°40' 0"N 88°30' 0"E		AL
Su	AsJp		

D-1 chart (rashi):
- Su 10, 9 (house positions)
- As, Jp 7, 6
- Ra
- 8, AL
- 11, 5
- Ve 12, 2, Ma, Ke 4
- 1, Sa, 3
- Me, Mo

Sa Mo	Jp		
Ma Ra Ke	Trimšamša D-30 Mon. 1/12/1863 6:33:00 22°40' 0"N 88°30' 0"E		AL
		Su As	Me Ve

D-30 chart positions:
- Me Ve 6, 5
- 8, Su As
- 9
- AL
- Ke Ra 10, 7, 4, 1
- Ma
- 11, 12, Jp, 2, 3
- Sa Mo

Ova kombinacija se može videti i u čartu njegovog gurua Šri Ramakrišna Paramamse. Venera i Ketu u trigonu od moćnog Jupitera na navamša lagni daju savršeno razumevanje spisa, kao i svih oblasti znanja, uključujući i Đotiš (savršena gjana joga). Ipak, pogledajmo ajur jogu u njegovom čartu zarad boljeg razumevanja. Kakšja je madja ajus (36-72) i šula daša počinje od ascendenta Strelca. Daše srednje dugovečnosti nalaze se u rasponu od Ovna do Raka. Blizanci su pod aspektom Saturna i Meseca, i mogu da ubiju, ali aspekt atmakarake, Sunca, je jednako moćan i sačuvaće ga. Bik je pod aspektom Jupitera. Dakle, između Ovna i Raka, oba znaka aspektuje Rahu, ali je poslednji mesto Marsa, što stvara nepovoljnu kombinaciju. Ovo pokazuje smrt između 36-45. godine. Međutim, vimšotari daša koja je tekla u vreme Ovan šula daše jeste daša vladara lagne, Jupitera. Vimšotari daša koja je tekla u vreme Rak šula daše je Merkurova daša, i ovo bi bila predikcija bilo kog astrologa pod normalnim okolnostima.

Osnove Vedske Astrologije

Punija tithi Svami Vivekanande 4. juli 1902, vreme 22:00h

	Ke	Ve Ma	MeSu Mo
As			
Jp Sa		Čart 92 a Fri. 7/4/1902 21:10:00 22°32' 0"N 88°22' 0"E	
AL		Ra	

(North Indian chart: Ke 12/1, Jp Sa 10, As, 9, AL, Ve Ma 11 2 8 5, Me Mo Su 3 4, 7, 6, Ra)

Šta je iéa mritju? U knjizi *Vivekananda: Biografija* Svami Nikhiladanade, zabeleženo je da je Svami Vivekananda predvideo svoju dugovečnost na 40 godina. On je naveo u jednom od pisama da se njegove ovozemaljske dužnosti privode kraju i da želi da odmori zauvek i da ima veliku želju da bude u izolaciji. Šri Ramakrišna Paramahansa je rekao da će, nakon što se njegovi ovozemaljski zadaci ispune, Narain (Svami Vivekananda) otići trajno u samadi (jogijski trans) i, nakon što shvati svoju istinsku prirodu, odbiće da živi u ovom telu. Kada su Jupiter ili Venera u trećoj kući od aruda lange, osoba ili njegovi bližnji će biti svesni kraja, i ovo je veoma jasno u datom čartu gde je Jupiter u trećoj kući do aruda lagne, u Vagi, znaku kojim vlada Venera. Svami Vivekananda je prolazi kroz Jupiterovu dašu i Venerinu antara dašu.

I dok je Merkurova pratiantara daša prolazila, Svamiđi je izračunao pančang (Vedske efemeride) i proučio planetarne pozicije samo nedelju dana pre dana-D. Svi ljudi u Belur Matu su mogli videti da je Svamiđi zamišljen u vezi sa nekim planetarnim pozicijama i da je potrajalo "neko vreme" da donese odluku. Pitam se koliko su sanjasi mogli reći svoje mišljenje Svamiđiju. U stvari, pravi gjana jogi poštuje znanje u bilo kom obliku, jer u njemu vidi Šri Dasa Maha Vidje (deset velikih oblika znanja Božanske Majke predstavljenih u celokupnoj kreaciji). U ponovljenoj poslednjoj večeri tokom koje je Isus Hrist oprao noge svojih učenika (simbolično prenošenje uloge Gurua), Svami Vivekananda je takođe oprao ruke svojih učenika posle večere. Dana 4.07.1902. posle večernje molitve, Svamiđi se povukao u svoju odaju sa nalogom da osim ukoliko on ne zove, niko ne sme da uđe. Nekih sat vremena je recitovao mantre sa brojanicom i meditirao. Tada je pozvao učenika i upitao ga da otvori prozor i upali ventilator. Blagi drhtaj je prošao njegovim telom. On je dugo i duboko udahnuo, i zadržao dah na dve do tri minute (pranajama). Ponovio je ovo i njegove oči su se prevrnule i ostale fiksirane na obrve. Iznenada se pojavio sjaj na njegovom licu i mirna blagost. Malo krvi je poteklo iz njegovih očiju, nosa i usta. Ovo je potvrda da je Duša otišla putem Brama dvare. Maha samadi (jogijska smrt) se dogodila u 21:10h, planetarne pozicije su date u čartu Punija Tithi.

Ratovo pravilo (2): Mritjupada (A8) je u Škorpiji i Sunce treba da je u Ribama, Biku, Raku ili Škorpiji u vreme smrti. Ovo nije slučaj, što pokazuje da prediktivne tehnike primenljive u čartovima običnih smrtnika nisu primenljive kod naprednih jogija.

Ratovo pravilo (3): Aruda lagna je u Lavu i daje mogućnost da ascendent u vreme smrti bude jedan od sledećih znakova: Lav, Strelac, Vodolija ili Ovan. Kraj je došao kada se uzdigla Vodolija, što potvrđuje da je Svamiđi koristio pančang za trenutak samadija.

Ratovo pravilo (4): Peta kuća je Ovan sa Marsom. Dakle, u normalnim okolnostima, smrt treba da se dogodi na tritija (3) ili ekadaši (11) tithi. Svamiđijevom voljom njegov kraj se dogodio na čaturdaši (14) tithi. Dakle, važna lekcija koja treba da se usvoji jeste da je uzalud pokušavati da se odredi vreme smrti svetaca, jer imaju redak dar od Gospoda. Mi možemo doći do vremena tek posle događaja.

VREME BOLESTI
Čart 93: Muškarac rođen 12. oktobra 1956. godine

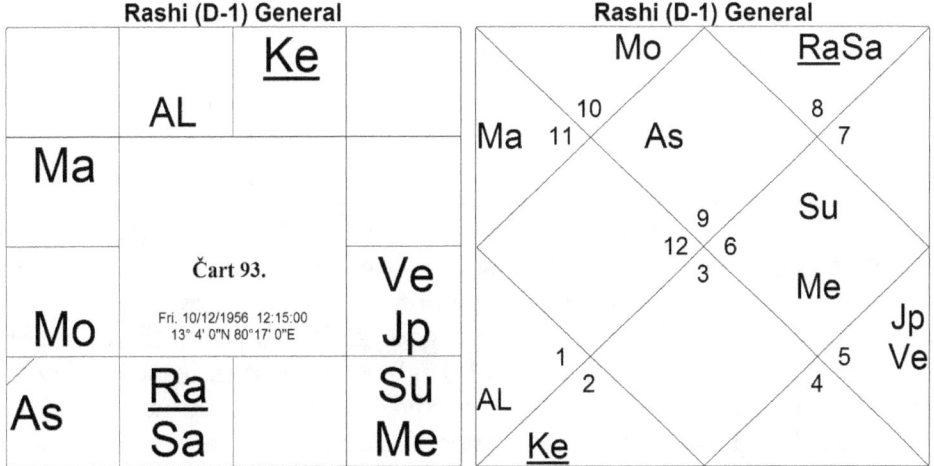

U čartu 93. vladar osme kuće, Mesec, je u Jarcu, desetoj kući u prirodnom zodijaku koja upravlja nogama i kolenima. Čitaoci mogu proveriti za sebe da je u pitanju čart sa madja ajusom (36-72. godina). Škorpija je osma kuća od aruda lagne, gde se nalaze Saturn i Rahu u konjukciji, a pod aspektom Meseca. Ovo daje bolesti nogu (Saturn) i ozbiljne nervne probleme poput paralize (Rahu). Pošto Mesec aspektuje ovu kombinaciju on će preusmeriti zle sile Rahua i Saturna na tečnost u nogama, što može dovesti do elefantijaze (filerije, itd). Šula daša Škorpije počinje 1991. i traje do 2000. godine. Konjukcija Rahua sa Saturnom u osmoj od aruda lagne može doneti dustamarana jogu, ali aspekt vladara osme, Meseca, daje bolest. Pošto je ova kombinacija u dvanaestoj kući od lagne, pokazuje hospitalizaciju, dugotrajne tretmane, itd.

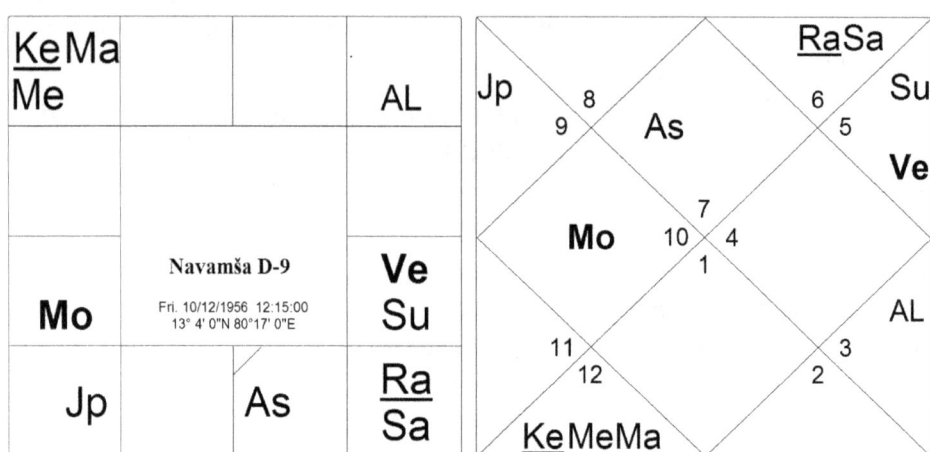

Atmakaraka, Jupiter, je na šatrupadi (A6) zajedno sa vladarom šeste, Venerom. U navamši, atmakaraka je dobro postavljena u Strelcu, ali veoma loše smeštena u trećoj kući od navamša lagne. Dalje, u raši čartu on je postavljen u osmoj kući od Meseca, i tako formira šakata jogu (prepreke, patnju, bolesti) i smešten je u dvanaestoj od Meseca u navamši, ponovo formirajući istu šakata jogu (Jupiter u šestoj, osmoj ili dvanaestoj od Meseca daje šakata jogu). Sa dolaskom Jupiterove daše 1995. godine, problemi sa kolenom postaju ozbiljni, što rezultira hroničnim lošim zdravljem. Noge su postale gotovo nepokretne, i osoba nije mogla da ustane čak ni na par minuta. Saturn je gnati karaka (GK) i njegova vimšotari daša treba da je povoljna. Vimšotari period gnatikarake nam daje snagu da se izborimo sa neprijateljima, uklonimo bolesti i oporavimo se. Saturnova antardaša u Jupiterovoj daši počela je 30.11.1997. godine. Osoba je primila Ganapati mantru, počela da nosi munga (crveni koral) i noge su se čudesno oporavile. On je hodao do januara 1998. i čak putovao u Delhi. Mars na trimšamša lagni daje dobru fizičku snagu i brz oporavak od bolesti, a korali su učinili čudo.

Osma Kuća

	Mo	Ma As	
	Trimšamša D-30 Fri. 10/12/1956 12:15:00 13° 4' 0"N 80°17' 0"E		
Ve	Su	Jp	Me AL Ke Ra Sa

```
         \   4   /   Ma   \  2  /
          \     / 5  As    \   / 1
           \   /   Me   3   \ /
            \ / Sa Ra  6  12 \
            / \ Ke AL    9   / \
           /   \              \
      Jp  /  7  \     Ve       \  11
         /    8  \             /  10
                  \    Su    /
```
                                                    Mo

Ipak, neki ajurvedski lekari koji su ga tretirali ranije uvek bi pronašli nešto novo. Jedan je rekao da je u pitanju SIDA, drugi otkazivanje bubrežne funkcije, a treći je čak rekao da je u pitanju jetrena tuberkuloza! Osoba je ponovo prebacivana iz bolnice u bolnicu, različite laboratorije i videla različite doktore poslednjih mesec dana, i bankovni račun je ostao prazan (Saturn je vladar druge kuće u dvanaestoj kući, kući bolnica i doktora, u osmoj od aruda lagne zajedno sa Rahuom, neuhvatljiva bolest). Osoba je dobila savet da baci sve papire i testove u smeće i da sačeka Merkurovu pratiantara dašu (vladar trimšamša lagne). Sa dolaskom vimšotari pod-pod-pod perioda Jupiter – Saturn – Merkur on je otputovao u Delhi (sever = Merkur), posetio svog starog porodičnog lekara (Jupiter) i povratio fizičko zdravlje. U trimšamši, Merkur je egzaltiran ali afliktovan od strane vladara osme, Saturna, i čvorova. Zbog toga je bilo bolje sačekati Merkura nego uzeti pogrešan lek.

Čart 94: Ženska osoba rođena 3. maja 1981. godine

Čart 94. ima četiri planete u konjukciji, uključujući i atmakaraku, Veneru, u dvanaestoj kući. Za vreme bolesti, uzimaju se u obzir vladar dvadeset druge drekane od ascendenta (isto što i vladar osme kuće u drekana čartu) i šezdeset četvrte navamše od Meseca (isto što i vladar četvrte kuće od Meseca u navamši). U D-3 čartu, Bik se uzdiže, a Jupiter je vladar osme kuće. Jupiter je ujedno i vladar osme kuće u raši čartu, i nalazi se u konjukciji sa badakešom (vladarom opstrukcija) Saturnom u petoj kući. Dakle, bolest se može očekivati u šula dašama dvojnih znakova koji aspektuju Jupiter i Saturn kombinaciju.

	Rashi (D-1) General		
AL	MoMe MaVe Su	As	
			Ra
Ke	Čart 94. Sun. 5/3/1981 6:30:00 28°40' 0"N 77°13' 0"E		
		Sa Jp	

Rashi (D-1) General

Ve Su Mo / MeMa — 1, As — 12, AL
Ra — 4, 3
5, 2, 11, 8
Jp Sa — 6, 7
9, 10 Ke

Jp	Sa Mo Ke AL		
			Ma
As	Navamša D-9 Sun. 5/3/1981 6:30:00 28°40' 0"N 77°13' 0"E		
	Ve Me	Ra	Su

Navamša D-9: Jp 11,12 | As 9,8 Ve Me | SaMo KeAL 10,1 | Ra 7,4 | Ma 2,3 | Su 6,5

Saturn je debilitiran u Ovnu u navamša (D-9) čartu (glava), u konjukciji sa Mesecom (um) i Ketuom (eklipsa). Ketu afliktuje Saturna i Mesec, a takođe je i smešten u badak stanu (mesto opstrukcije) u raši čartu, u Jarcu. Mesec je u gandanti (tj. u prvoj navamši Ovna) i veoma je opasan. U navamši, vladar četvrte od Meseca (šezdeset četvrta navamša) je ponovo Mesec i pokazuje bolesti. Dakle, sve tri planete: Saturn, Mesec i Ketu, i nezavisno i udruženo, pokazuju bolesti u predelu glave.

U trimšamši (D-30) bolest se vidi iz osme kuće i njenih trigona. Osma kuća je Strelac, sa Marsom tu, i sa Mesecom u dvanaestoj kući od Ovna. Ovo ponovo potvrđuje opasnost u predelu glave. Šula daše počinju od Škorpije i 1989. godine u šula daša-antara Škorpija-Devica ona je dobila prvi napad epilepsije. Posle toga, sa ulaskom u Strelac dašu, napadi su postali ozbiljni i nasilni, i ona je dobijala privremeno olakšanje zbog dobrih lekara (videti vladara lagne i atmakaraku, Veneru, u dvanaestoj kući koja upravlja doktorima i bolnicama). Ipak, pošto Strelac aspektuje vladara badaka i mritjupadu u Devici i Ribama, datim redom, ova bolest se mogla nastaviti sve do njene osamnaeste godine, a pošto je ova kombinacija u petoj kući (kuća molitvi), iskren poklon Gospodu Šivi sa Mahamritjunđaja mantrom može pomoći.

Njen otac je počeo ozbiljno da praktikuje mantre i uskoro se mogao primetiti bitan napredak. Treba napomenuti da se tokom šula daša znakova koji aspektuju aruda lagnu mogu iskusiti smrtne patnje. Ovde je aruda lagna u Ribama, i pod aspektom je daša znaka Strelca.

Čart 95: Ženska osoba rođena 28. avgusta 1973. godine

U čartu 95. vladar lagne, Jupiter, je debilitiran dok je Rahu debilitiran u Strelcu u dvanaestoj od Jupitera i u drugoj od aruda lagne. Dakle, druga od aruda lagne ima debilitiranu planetu, dok je njen vladar Jupiter debilitiran u trećoj kući (mesto smrti) od aruda lagne u Jarcu. Vladar treće i osme od lagne, Venera, je takođe debilitirana, u sedmoj kući. Jupiter dobija

Osnove Vedske Astrologije

ničabangu (neko poništenje debilitacije) zbog Saturnove pozicije u kendri i zanemarljiva dugovečnost pokazana debilitiranim vladarima prve, desete i osme kuće biće produžena na kratak život. Šula daše počinju od Device i period Škropija daše (18-27 godine) može biti loš zbog aruda lagne u Škorpiji pod aspektom Marsa i debilitiranog Jupitera. Ipak, Jupiterov aspekt uvek donosi olakšanje kroz doktore. Ona je imala ozbiljne probleme sa jetrom, a kasnije i poremećaj bubrega. Prošla je kroz dve uspešne operacije (zbog Jupiterovog aspekta). Sledeća daša je daša Strelca sa debilitiranim Rahuom i aspektima Ketua i Saturna. Ovo može biti opasno pa joj je data mantra za umirenje Jupitera.

I bolest i lek za nju pokazuje Jupiter koji vlada jetrom, dok je Marsov aspekt štetan za jetru. Problemi sa bubrezima se vide od Saturna i Ketua u četvrtoj, a daša Škorpije pokazuje akumulaciju otrova u telu tj. sistem za izlučivanje otkazuje. Šula daše su nezamenljiv alat za određivanje vremena nastanka bolesti. Medicinska astrologija zahteva određeno radno znanje o medicini, bolestima, njihovim uzrocima i leku.

Čart 96: Muškarac rođen 12. novembra 1934. godine

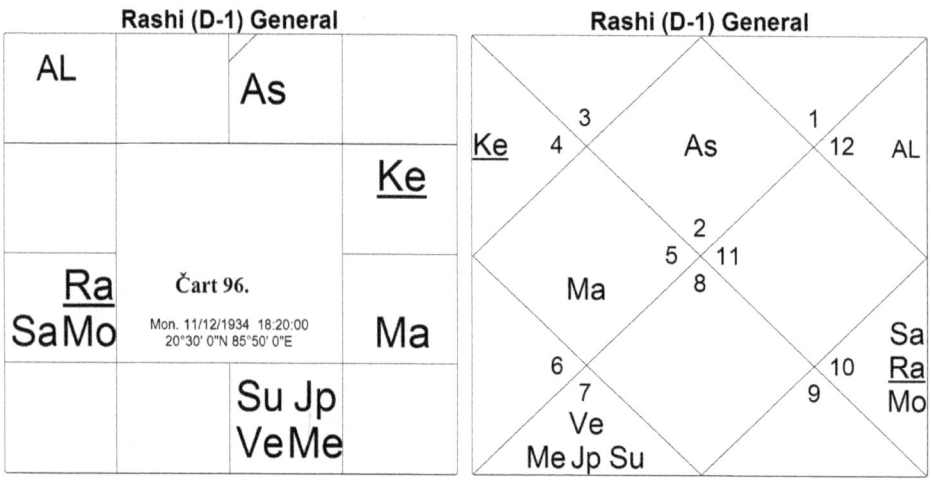

U čartu 96. aruda lagna je u Ribama sa nekoliko planeta smeštenih u osmoj kući, u Vagi. Ovo pokazuje prirodno kockanje i sposobnost rizikovanja. Konjukcija Venere i Jupitera formira viprita rađa jogu, jer su u pitanju vladar šeste i osme kuće u raši čartu. Mritjupada (A8) je u Lavu sa Marsom. Ovo je veoma nepovoljno, jer pokazuje dugove i nevolje usled negativnih efekata Marsa kao vladara sedme i dvanaeste kuće tj. loše biznis planove i preterano trošenje. Mars je ujedno i u osmoj kući od atmakarake, Saturna, i od Meseca pokazujući time da će boravak u mestu rođenja (fiksni znak u istočnom pravcu – Lav) biti nepovoljan za mir i prosperitet. Rahu je ovde povoljna planeta jer je u jutiju sa jogakarakom, Saturnom, i predaje njegove rezultate.

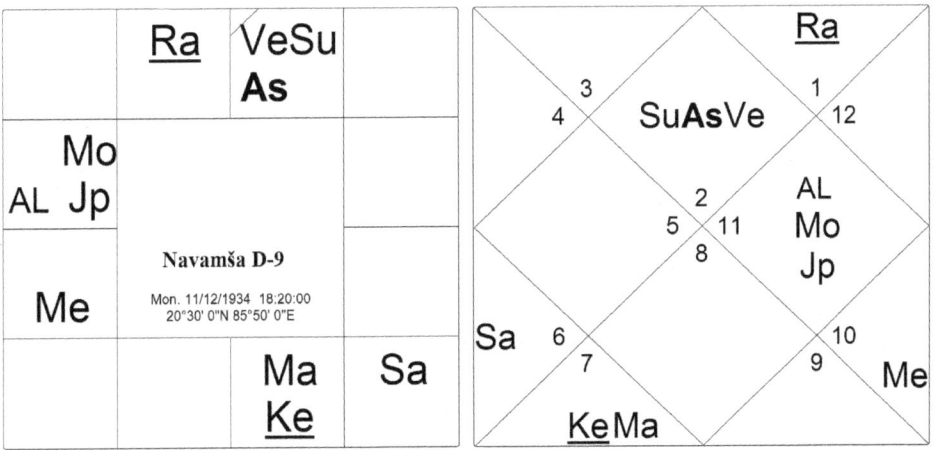

U navamši je u dvanaestoj kući i pokazuje boravak daleko od doma i tajne neprijatelje. U dašamši se nalazi u sedmoj kući, debilitiran u Strelcu koji je veoma nepovoljno za biznis i podržava službu. Tokom Rahuove daše, on je imao fantastičnu karijeru sa početkom u Vladi, posle u centralnoj Vladi u rudarstvu gde je od premijera Indije primio zlatnu medalju za pohvalnu službu, tokom Rahuove daše Merkurove antardaše. Merkur vrši šubaargalu na Rahua i vladar je dašamša lagne. On je ujedno i vladar druge i pete kuće u raši čartu, smešten u desetoj kući od Rahua. Kasnije, tokom Venerine daše antardaše Rahua, napustio je državnu službu kako bi ušao u privatni sektor i potom je doživeo fantastične skokove koji su trajali sve do Marsove antardaše. Mars je smešten u osmoj kući od Rahua u raši čartu, i veoma je nepovoljan za finansije.

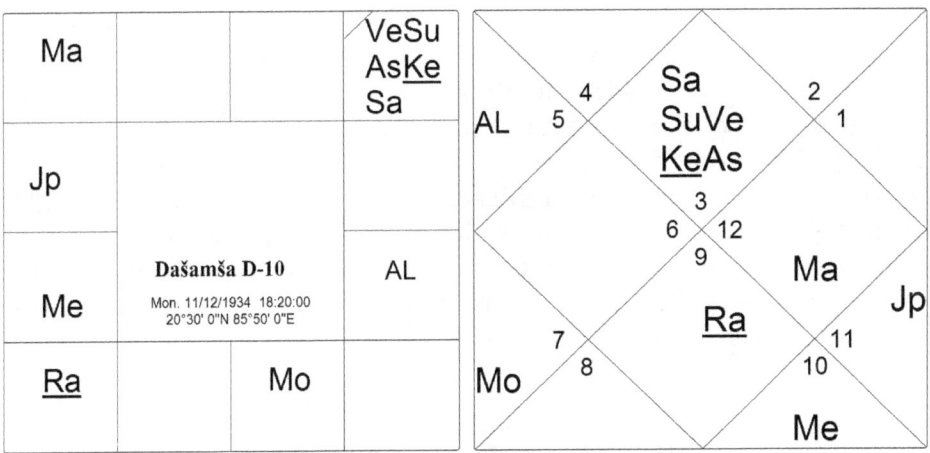

On pokazuje period poteškoća. Pošto je u pitanju prirodni malefik u šestoj kući od aruda lagne, osoba može biti na mukama da li da zloupotrebi svoj položaj i zaradi neki novac sa strane. On je kupio i zemlju kako bi sagradio kuću tokom Marsove daše, i promenio svoju zvaničnu adresu na kuću koja je trebalo da je "maler".

Stvari su počele da idu nizbrdo, i sa dolaskom Jupiterove daše napustio je službu kako bi započeo samostalan biznis. Jupiter je prirodni benefik koji vlada sedmom kućom u dašamši i svojom pozicijom u devetoj kući nezavisnog posla promoviše biznis umesto službe. Jupiter je vladar osme kuće u rašiju i navamši i sigurno promoviše mritjupadu sa Marsom. Pošto je Mars vladar sedme (karaka je Venera) i zbog viprita joge, osoba je ulazila u nemerljive dugove sve do ulaska u Venerinu antardašu, kada je njegov projekat sankcionisan i dugovi izmireni. Biznis je cvetao sve do antardaše Marsa u Jupiterovoj daši. Mars je malefik u šestoj kući od aruda lagne i navodi osobu na čudna/pogrešna sredstva zarad zarade. Osoba se uplela u neke Hundi transakcije koje su, iako su u pitanju redovni poslovni poduhvati, njegovi oponenti iskoristili u Rahuovoj antardaši kako bi mu naneli štetu. Rahuova antardaša ponovo pokazuje poslovne nevolje i sredstva bivaju uništena. Malefik debilitiran u sedmoj kući u dašamši uništava posao i promoviše službu. Osoba je potom uvučena u sudske parnice.

Pošto je Rahu u trigonu od ascendenta u raši čartu, i vladar lagne je u jutiju sa vladarom osme kuće, hronični bronhijalni problem počinju i boca sa kiseonikom je bila neophodna svako veče. Parnice su zaključene sa dolaskom Saturnove daše, i osoba se zapošljava. Ipak, njegova pozicija je krenula sa lošeg na gore jer su efekti Marsa u osmoj od atmakarake nastavljeni, a osoba nastavlja da boravi u istočnom pravcu. Rešenje, u ovakvim slučajevima, leži u nošenju dijamanta za Veneru i za pozitivne efekte sedme kuće.

Čart 97: Muškarac rođen 23. novembra 1930. godine

U čartu 97. Rahu je na ascendentu u raši (D-1), navamša (D-9) i dašamša (D-10) čartu i tako postaje bitan signifikator za ascendent. Jupiter je prirodno veliki neprijatelj ovakvom Rahuu i njegova pozicija u četvrtoj kući ne mora da ošteti pitanja porodice, ali će sigurno oštetiti kuće koje aspektuje. Ovim deseta kuća, sa moćnom Saturn-Mesec jogom, dolazi pod direktan pogled Jupitera. Jupiter je takođe vladar mritjupade (A8) smešten na aruda lagni (AL) i tako povezuje malefična pitanja osme kuće sa pitanjima osobe. Ovo ne mora da donese fizički problem, ali će sigurno oštetiti njegov imidž (majom vlada aruda lagna). U navamši su Rahu, Jupiter i Merkur vargotama.

Osma Kuća

Rashi (D-1) General

As Ra			Jp AL
			Ma
	Čart 97. Sun. 11/23/1930 14:14:00 26°21' 0"N 92°42' 0"E		
Sa Mo	Su Me Ve		Ke

Rashi (D-1) General

North Indian chart showing: Ra in house 1, As in house 1, Sa Mo in house 11, Jp AL in house 12, Ma in house 4, Ke in house 7, Su Me Ve in house 8.

Navamša D-9

As Ra			Jp AL
			Mo
	Sun. 11/23/1930 14:14:00 26°21' 0"N 92°42' 0"E		Ve Sa
Ma		Me	Ke Su

North Indian chart: Ra As in 1, Ma in 11, Jp AL in 12, Su Ke in 5, Mo in 4, Ve Sa in 5, Me in 9.

Dašamša D-10

Jp	Mo	Sa	
Ke			
	Sun. 11/23/1930 14:14:00 26°21' 0"N 92°42' 0"E		As Ra
			Su
Me		AL	Ma Ve

North Indian chart: Ma Su Ve in 6, Ra As in 1, AL in 7, Sa in 2, Me in 9, Ke in 12, Mo in 1, Jp in 11.

Tokom Jupiterove daše, planete u šestoj kući odatle postaju veliki neprijatelji. Time Merkur nije samo badakeš u raši i navamša čartu, već je takođe vargotama u šestoj kući od vargotama Jupitera. Malefik Merkur pokazuje parnice i tužbe i nevolje u vezi sa profesijom. Sunce i Venera su loši u šestoj kući od Jupitera i pokazuju nevolju od države i žena.

Sa dolaskom Jupiterove daše, od 31.01.1992. godine, osoba se penzionisala iz državne službe. Jupiter je prirodni benefik i vladar pete i osme kuće u dašamša čartu, i kontroliše autoritet Vlade, penzinisanje, kredite, itd. Budući da je u osmoj kući, vrši šubaargalu ili povoljnu intervenciju na sedmu kuću biznisa svojom pozicijom u drugoj odatle. Ovo osigurava poslovni uspeh, kredite itd. a pošto ga aspektuje vladar dašamša lagne, Sunce, u četvrtoj kući, vladar, Mars, je doneo nešto novca kroz trgovanje nekretninama u antardašama Jupitera i Saturna, sve do oktobra 1996. godine. Ipak, kao vladar osme u osmoj kući, donosi penzionisanje iz službe. Šesta kuća od Jupitera u dašamši je ascendent, sa Rahuom, i pokazuje da će Rahu biti veliki malefik za pitanja profesije tokom cele Jupiterove daše. Na ascendentu, on šteti reputaciji i sa dolaskom Jupiterove daše, njegovi stari neprijatelji se ponovo pokazuju i posle njegovog penzionisanja ga uvlače u parnicu u vezi sa zloupotrebom autoriteta (Rahu u Lav dašamši) zarad materijalne dobrobiti (Sunce u drugoj kući). Kao što je ranije pomenuto, Merkur u šestoj kući od Jupitera u raši i navamša čartu je primarni razlog svih parnica. Tokom antaradaše Merkura u Jupiterovoj daši, parnice su pokrenute protiv njega i Viši sud naređuje njegovo hapšenje. Mesto je određeno i apel je uložen u novembru 1997. godine tokom pratiantardaše Meseca. Treba pomenuti da je antardaša planeta u šestoj kući od Jupitera i dvanaestoj kući od Meseca (ovo su negativna mesta od ovih planeta prema Sarvata Ćintamaniju).

ॐ तत् सत्

ॐ गुरवे नमः

POGLAVLJE XII

Deveta kuća

Deveta kuća se odnosi na oca (signifikator je Sunce), učitelja (signifikator je Jupiter), sreću, religiju (signifikator je Sunce), duhovnost (signifikator je Ketu), Bog (signifikator je Jupiter), visoko obrazovanje i više znanje, daleka putovanja (signifikator je Venera), pristupanje duhovnom redu ili dikša (Jupiter je signifikator za inicijacije u mantru), prošli život i uzroke rođenja (signifikatori su Saturn i Rahu, datim redom) itd. Budući da je u pitanju peta od pete kuće, ona kontroliše budućnost, kao i unuke. Pošto je pitanju pravi zaštitnik osobe, nosi naziv *Višnu stana* ili *darma bhava*. Pošto je ona sedma u odnosu na treću kuću, odnosi se i na partnere braće i sestara. Darma se, u širokoj interpretaciji, odnosi na principe koje osoba usvaja kroz život. Pošto deveta kuća vrši argalu na šestu, osmu i petu kuću, ovi principi imaju bitnu ulogu u pitanjima prijatelja i neprijatelja, kao i dece i unučadi osobe, i otuda potreba za dobrim guruom i dikša mantrom. Argala na osmu kuću podrazumeva da deveta kuća ima tendenciju da oslobodi od dugova dajući dobro, bogatstvo i sreću osobi, kao i da spreči nesreće i druge vrste nepogoda koje su obuhvaćene osmom kućom.

Na sličan način deseta, dvanaesta, prva i sedma kuća vrše argalu na devetu kuću ili imaju kapacitet da intervenišu u njenim značenjima. Malefik u desetoj kući nije samo loš za oca, već će doneti i prepreke dobroj sreći osobe. Dakle, Saturn u desetoj kući može dovesti do velikih oscilacija u sreći i u stanju je da donese prepreke signifikatoru Jupiteru. Slično, čvorovi u desetoj kući mogu biti veoma nepovoljni po oca i doneti opstrukciju u rastu karijere, u odnosu sa nadređenima, itd. Benefik u dvanaestoj kući će vršiti šuba argalu na devetu i time delovati na pitanja religije kao što je dolazak u kontakt sa guruom, itd. Oni ukazuju i na daleka putovanja u svrhu duhovnog razvoja, ili na najduži put jedne duše posle smrti. Ascendent takođe utiče na neometen tok sreće ili obrnuto, pošto vrši argalu na devetu kuću. Malefik ili debilitirana planeta na ascendentu pokazuju manjak ideala, učenja ili blagoslovi devete kuće ostaju neoživljeni. Na sličan način, prirodni malefik u sedmoj kući može dovesti lošeg supružnika koji će omesti praktikovanje gore pomenutih principa. Treba razmotriti odnos između vladara različitih kuća sa vladarom devete kuće i signifikatorima kako bi se stekla kompletna slika.

Svi stariji u porodici se mogu videti u dvadašamša (D-12) čartu pošto pokazuje porodično stablo. Otac se vidi u devetoj kući od lagne i od Sunca.

Deda se vidi iz pete kuće od lagne i od Sunca. Baka se vidi iz dvanaeste kuće od lagne i od Sunca. Slično, majka se vidi iz četvrte kuće od lagne i Meseca. Baka i deda sa majčine strane se mogu videti iz dvanaeste i sedme kuće, datim redom, od lagne i Meseca. Dvadašamša igra bitnu ulogu u detinjstvu i nasleđu same osobe i treba ih uzeti u obzir. Ukoliko je vladar dvadašamša ascendenta smešten u dustanu (šesta, osma ili dvanaesta kuća) u raši čartu, smrt ove osobe se može dogoditi pre našeg rođenja (ili ubrzo potom). Ipak, faktor egzaltacije ili konjukcija Jupitera i Merkura mogu osigurati produženje života posle određenih nepogoda. Na primer, ako je Sunce smešteno u osmoj kući u raši čartu, dok je dvadašamša lagna znak Lav ili Ribe, smrt oca će se dogoditi pre rođenja osobe. Planete u drugoj ili sedmoj kući ili njihovi vladari ili planete koje su u konjukciji sa ovim vladarima ili koje aspektuju ove kuće za bilo kog od gore pomenutih članova porodice mogu im doneti smrt. Tako su za oca druga i sedma kuća zapravo deseta i treća kuća. Planete koje utiču na ove kuće mogu doneti smrt ocu tokom svojih perioda.

Karma različitih generacija nasleđenih sa očeve strane porodice posmatra se iz devete kuće u akšavedamša (D-45) čartu, dok se nasledstvo sa majčine strane porodice posmatra iz kavedamše (D-49) čarta i njene četvrte kuće. Na sličan se način karma osobe, prenesena iz prošlih života, posmatra iz šastijamša (D-60) čarta. Upravo zbog toga Parašara daje najveću vrednost šastijamša čartu u vimsopaka šemi procene snaga. Deveta kuća igra bitnu ulogu u ovim čartovima. Ipak, detaljno ispitivanje ovih viših podelnih karti prevazilazi namenu ove knjige.

Religioznost i duhovna naklonost se posmatraju iz vimšamša (D-20) čarta. Planete u trigonima od vimšamša ascendenta pokazuju devate koje osoba prirodno voli da obožava kao i njihove mantre. Ova podelna karta je veoma lična i povezuje individuu sa okultnim. Recitovanje mantre se vidi iz devete kuće (đapa), bakti (ljubav/obožavanje bilo koje devate se vidi iz pete kuće), dok se meditacija vidi iz dvanaeste kuće. Karake za ova pitanja su: Jupiter, Venera i Ketu, datim redom, dok je ukupna kontrola data svetlećim telima (Sunce i Mesec). Dašamša (D-10) se takođe posmatra za pitanja profesije (karma) koju osoba obavlja kako bi unapredila svoja duhovna učenja. Ogroman zadatak može biti osnivanje Ramakrišna Misije ili liderstvo Advaita Mata Šankaračarje. Na primer, svaki lider (Šankaraćarja) Kanči Kamakoti Pitam ima dašamša lagnu u vodenom znaku (u trigonu od Raka) sa moćnom Jupiter – Mars jogom. Pravrađja joga se formira kada su četiri ili više planeta u konjukciji. Ipak, biće više dece rođene tokom toga dana i ove konjukcije četiri ili više planeta mogu da potraju određeni vremenski period. Kako onda možemo da identifikujemo sveštenika ili sveca? Kako odrediti stepen odricanja? Tek se odricanje od telesnih i materijalnih želja smatra potpunim odricanjem. Dakle, ako je ascendent pod aspektom

Saturna (Brahma) ili ako je šubapati (vladar Mesečevog znaka) pod aspektom samo Saturna, uzeće se *Brahma vrata*. Ako Saturn sam aspektuje vladara ascendenta i obrnuto, to je pravrađja joga. Ako sve planete aspektuju vladara Mesečevog znaka, bilo raši ili graha aspektom, tada osoba postaje poznat sanjasi. Ako su četiri ili više planeta u kendrama sa vladarom desete kuće, tada osoba dostiže nebo posle smrti. Ako je Jupiter u Ribama na ascendentu pokazana je Nirvana. Ako su Jupiter, Mesec i ascendent u vezi sa Saturnom, osoba se odriče ovozemaljskih zadovoljstava. Parašara daje veoma lepu smernicu da se prouči upapada, koja se bavi pitanjima braka. Ako je Ketu na navamša lagni i pod aspektom Saturna, osoba je lažni sanjasi, dok Venera u jutiju sa ovom kombinacijom stvara moćnog tapasvija (onog koji praktikuje okajanje).

Tekstovi novijeg doba navode da Sunce daje obožavanje Boga Sunca, Ganeše i Šakti i osoba recituje gajatri mantru. Mesec daje Šaivate ili bakta margu (kolevka obožavanja devate). Mars daje tendenciju ka prošenju u odori monaha ili tantrika. Jupiter daje istinoljubive i istinske svece (gjana joga), dok Venera daje vaišnave. Saturn daje tantrike i agore, itd. ali može doneti i veoma ozbiljno pokajanje. Benefične planete treba da su u trećoj ili šestoj kući od aruda lagne ili malefici treba da su u drugoj, četvrtoj ili sedmoj za okajanje. Rahu u sedmoj ili dvanaestoj od aruda lagne daje duboku duhovnost. Odricanje se može vremenski odrediti sa *drig dašom* i aruda lagnom. Isto se može vremenski odrediti u odnosu na vimšotari dašu atmakarake, Saturna ili bilo kog benefika u trećoj ili šestoj od aruda lagne ili bilo kog drugog malefika u drugim gore navedenim kućama.

Hindu devate u vreme Mahariši Parašare ili Đaiminija su: Šiva (Sunce), Parvati (Mesec), Kartikeja (Mars), Višnu (Merkur), Indra (Jupiter), Saći ili Lakšmi (Venera kao žena Indre ili Višnua datim redom), Brahma (Saturn), Durga (Rahu) i Ganapati (Ketu). Hrišćanska božanstva su Sveti Duh (Sunce), Devica Marija (Mesec), Ratnici (Mars), Isus Hrist (Jupiter), pop ili Patrijarh i drugi sveci (Merkur), anđeli (Venera), itd. Hinduizam kasnijeg datuma razvija brojna božanstva iako Parašara pominje dasavatare ili deset oblika Šri Višnua koji su predstavljeni sa devet planeta i ascendentom. Postoji i kult Majke Zemlje ili Dasa Maha Vidja.

PLANETE U DEVETOJ KUĆI

Sunce ili Jupiter, kao prirodne karake za devetu kuću, ne pate od *karaka bava naša* doše tj. one ne oštećuju značenja devete kuće već ih čine još snažnijim. Čak i ako je Sunce u Vagi u devetoj kući, ako su bilo Venera ili Mars snažni u kendri, manifestovaće se dobra sreća. Osoba je principijelna, pravedna i iskrena. Ako Rahu afliktuje Sunce, rana smrt oca može biti uzrok loše sreće. Ako Merkur afliktuje Sunce, um može biti pun sumnji i pogrešnih misli. Jupiter u devetoj kući je blagoslov u bilo kom horoskopu i obećava dobru volju, iskrenost, blagoslove nadređenih i gurua, duhovnosti i religije, a osoba čini puno dobrih dela unutar društva. Prirodni neprijatelji Sunca i Jupitera su Saturn i Rahu. Ako je Saturn i devetoj, koristan je rubin dok, ukoliko je Rahu u devetoj, osoba ne mora stati sa lažima i intrigama sve dok Jupiter na postane povoljan po osobu ili dok se ne počne nositi žuti safir (doktrine Suka Nadija). Ovo donosi nesreće ocu i guruu. Otuda se savetuje nošenje odgovarajućeg kamenja. Ako je Saturn u dostojanstvu, daje monaški stav, dok Rahu daje osobi sklonost ka ekstremima kako bi zadovoljio svoje želje. Mesec u devetoj kući pokazuje putovanja u strane zemlje, kao i moguć boravak tamo, budući da je karaka za dom. Ako je afliktovan, može doneti ogromne nevolje, ali ukoliko je dobro postavljen od aruda lagne, obećava dobru sreću kroz celi život usled majčinih blagoslova. Mars u devetoj kući daje surovost i oholost, sklonost besu i veliku hrabrost, a osoba može biti sklona umetnosti i obožavati Rudru. Merkur u devetoj kući je veliki blagoslov i donosi principe, iskrenost, dobra dela i porodičnu sreću, osim ukoliko je afliktovan prirodnim maleficima, budući da je Merkur promenljive prirode. Ketu može dati sjajna duhovna iskustva, ili loše društvo usled svoje bezglavosti. Pozicija i snaga Jupitera je bitna u davanju dobrog pravca Ketuu. Otuda mnogi astrolozi savetuju zlatni prsten na domalom prstu kada se Ketu nalazi u devetoj kući. Međutim, iste planete u devetoj kući od aruda lagne su povoljne i ne samo da štite osobu i dobru sreću, već će i materijalne dobiti rasti. Deveta od aruda lagne doprinosi materijalnim dobitima. Planete u devetoj kući od navamša lagne čine osobu strastvenom. Ovo je veća istina za Marsa i Veneru, dok Jupiter čini osobu poslušnom u odnosu na gurua, a Sunce čini osobu veoma savesnom u odnosu na oca.

Pozicija vladara devete kuće

Vladar devete kuće predstavlja Boga u čartu. Ukoliko je vladar devete na ascendentu, osoba je inteligentna, obrazovana i zainteresovana za javne službe budući da vladar devete predstavlja vladu/osobu na tronu. Ovi rezultati bivaju modifikovani u skladu sa prirodama umešanih planeta. Baš kao i u čartu Šri Rama, vladar devete je Jupiter i sedi egzaltiran na Rak ascendentu zajedno sa vladarom ascendenta – Mesecom. On je rođen sa božanskim odlikama i Lakšmi joga je formirana na ascendentu. Pošto je vladar devete u jutiju sa Mesecom, njegova majka(e) može da stvori ili uništi njegovu sreću. Tokom perioda Saturna u četvrtoj kući (majka), maćeha ga je navela na odlazak u izgnanstvo na četrnaest godina. Pošto je vladar devete na ascendentu (karaka je Sunce, kako za sopstvo tako i za oca), njegov otac je preminuo i on se morao suočiti sa ogromnim problemima. Dakle, za planete u jutiju sa vladarom devete kuće je dobro da kuće kojima su one signifikatori nemaju malefike. Principi koji upravljaju životom osobe vide se iz pozicije kao i iz konjukcija vladara devete kuće. Ako je Mesec u konjukciji sa vladarom devete kuće, osoba je veoma zainteresovana za javno mjenje i formira svoj život u sladu sa tim, ili ako je vladar devete u trećoj kući (koja upravlja strašću i seksualnim činom) osoba je veoma strastvena, a otac osobe neće biti osoba od poverenja. Vladar devete treba da aspektuje ascendent raši drištijem ili graha drištijem kako bi doneo više znanje i obrazovanje. Za visoko obrazovanje, treba da se ispita čaturvimšamša (D-24).

U zavisnosti od planeta koje vrše uticaj na devetu kuću ili na njenog vladara, ili na dispozitora tog vladara, standardni tekstovi propisuju određene godine za rast životne sreće (i obrnuto). To su:

Tabela 12-1: Planete i godine

PLANETA	BROJ	GODINE KOJE UTIČU NA SREĆU	
		Primarne	Sekundarne
SUNCE	1	21,22	48,70
MESEC	2	23,24	5,49
MARS	9	27,28	10,39
MERKUR	5	31,32	20,54
JUPITER	3	33,34	24,56
VENERA	6	25,26	6,52
SATURN	8	35,36	39,82
RAHU	4	41,42	
KETU	7	45,46	

Ova tabela ne daje samo godine dobre sreće, već može pokazati i nesreću. Ako je Venera vladar osme kuće i loše je postavljena, može pokazati nevolju u šestoj godini života.

Razumevanje efekata signifikatora: dobro znani diktum "karaka bhava naša" koja znači da je "karaka loša u kući za koju je karaka" se ne odnosi uvek na poziciju prirodnih signifikatora u datim kućama. Na primer, Sunce nije loše smešteno u devetoj kući, niti je Jupiter loše smešten u drugoj ili devetoj, kao ni Saturn u osmoj kući. U svim pomenutim slučajevima, značenja planeta su bitno naglašena njihovom pozicijom u datoj kući. Dakle, osoba sa Suncem u devetoj kući je poslušna i vredna poverenja, dok Jupiter u drugoj daje dobro bogatstvo, a Saturn u osmoj naglašava dugovečnost koja je suprotna reči "naša" koja znači umanjenje ili uništenje. Čak ni Venera u sedmoj kući ne umanjuje svoja značenja i povećava strast/seks. Šta su druga moguća značenja? Druga indikacija reči karaka jeste čara karaka ili osam privremenih signifikatora. Dva scenarija su tu moguća.

Prva situacija se javlja kada je vladar određene kuće istovremeno i privremena karaka za datu kuću. Na primer, ako je vladar ascendenta ujedno i atmakaraka, ili ako je vladar sedme kuće ujedno i darakaraka. Posao određene čarakarake jeste očišćenje date kuće od svih grehova. Dakle, period atmakarake može biti veoma osetljiv budući da kažnjava osobu za prošle grehe i priprema put za budući razvoj duše. Tokom ovog perioda kazne, vladar ascendenta igra ulogu zaštitnika za ascendent. Ako je vladar ascendenta atmakaraka, tada pročišćenje duše i kazne mogu biti veoma ozbiljne, i osoba može postati najveći svetac poput Šri Ramakrišna Paramhamse ili Majke Šarada (videti čart 100. i 101) ili može postati nečastivi (npr. Adolf Hitler). Slično, ako je vladar sedme kuće darakaraka, osoba može imati veoma duhovno poimanje braka i može biti lišena bilo kog vida kontakta, ali odnos ne mora biti pokvaren (videti čart Šarada Maa, čart 100). U negativnom, ovo može dovesti do bračne disharmonije i može podučiti veoma teške lekcije o braku.

Druga situacija se javlja kada je prirodni signifikator kuće istovremeno i privremena karaka (čara). Na primer, ako je Sunce atamakaraka, i prirodna i privremena, kao u slučaju Svami Vivekanande, može doneti slavan život posvećen dobrobiti drugih ljudi, pod uslovom da se nalazi u nekoj vezi sa navamša ascendentom. Ipak, osoba uopšte neće biti sebična ili uobražena i biće sklona da u skladu sa svojom prirodom pruži drugima više nego što sama dobija. Ovo može dovesti do određenih problema u privatnom životu. Ako je Venera čara darakaraka i ako je loše postavljena, osoba može imati loša iskustva u vezi sa seksom ili biti veoma strastvena ili veoma hladna, tj. to ukazuje na ekstreme u seksualnom ponašanju. Dakle, u oba slučaja diktum "karaka bhava naša" radi u slučaju čara karaka.

Primeri

Buđenje kundalinija
Čart 98: A. C. Rađneš (Ošo)

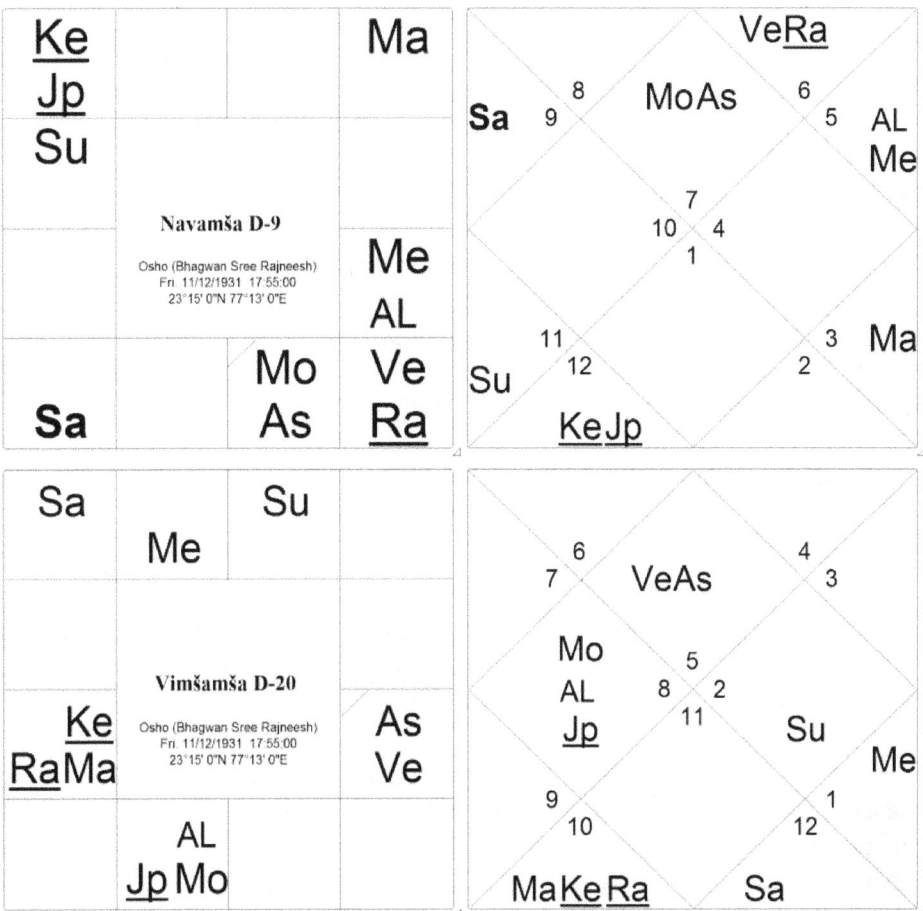

Čart 98. je horoskop Oša Ačarja Rađneša. Kundalini Šakti je zmijolika moć koja je skoncentrisana na korenu kičme, u tački koja se još naziva i Muladara čakra. Postoji sedam čakri, uključujući muladaru na korenu kičme, ostale su na pupku, abdomenu, srcu, grlu i čelu, kao i na vrhu glave. Predstavlja ih sedam planeta, od Sunca do Saturna, dok je mokšakaraka, Ketu, signifikator za sve čakre. U čartu Ačarje Rađneša, bagjaaruda (A9) je u petoj kući, u Vagi, dok je njen vladar u konjukciji sa brojnim planetama u sedmoj kući u Strelcu. Jupiter je atmakaraka i u razmeni je znakova (a time i dužnosti) sa Mesecom. Dakle, Mesec će dati rezultate egzaltirane atmakarake i vladara aruda lagne - Jupitera.

U vimšamši (D-20) uzdiže se Lav ascendent sa Venerom. Tu je parivartana joga (izmena znakova) između ascendenta i vladara desete, Sunca i Venere, što formira moćnu jogu za uspeh u duhovnosti i u okultnim stvarima. Mesec je vladar dvanaeste kuće i upravlja emancipacijom i meditacijom i debilitiran je u Škorpiji, znaku okultnog koji upravlja i sa kundalini šakti.

Kao vladar osme kuće (okultno/nadprirodni događaji) i vladar pete (molitva i mantra) Jupiter je u konjukciji sa Mesecom u četvrtoj kući, u Škorpiji, što u potpunosti energetizuje Mesec kako bi doveo do moćnih duhovnih iskustava. Vladari Škorpije, Mars i Ketu, smešteni su u Jarcu. Egzaltacija Marsa i mesto Venere u kendri od ascendenta daju ničabanga jogu Mesecu. Treba primetiti i to da su svi benefici smešteni u kendra i trikona kućama, dok su svi malefici u dustanima (šesta i osma) ili upačajama (deseta kuća). Dakle, na početku vimšotari daše Meseca i antardaše Venere treće nedelje marta 1953. godine (14-20 marta) on je iznenada postao skrušen i osamljen sa određenom nervozom koju nije mogao objasniti. Ošo Rađneš je 21.03.1953. godine doživeo sanzacionalno iskustvo, neka duhovna sila je ušla u njegovo telo i njeno svetlo je bilo neizdržljivo ljudskom oku. Bila je to neka čudna sila koja ga je vukla van tela i od tada, duša i telo su počeli da egzistiraju kao dva zasebna entiteta. Ovo je jasno iskustvo astralnog putovanja.

Ovi oblici okultnih iskustava usko su povezani sa osmom kućom i mritjupadom (A8) jer su nalik *umiranju* na trenutak. Ošova mritjupada se nalazi u Škorpiji i Sunce, koje predstavlja dušu, treba da je u tranzitu u trigonu ili u sedmoj kući odatle kako bi dalo iskustvo nalik smrti. Sunce je bilo u Ribama 21. marta. Ratovo pravilo (2) je i ovde tačno. Ipak, treba imati na umu da se sama smrt nije desila. Mesec neće biti tu za Ratovo pravilo (4) i vladar pete/peta kuća neće odlučiti vedski datum (tithi). Tithi je bio saptami (7) kojim vlada Saturn, vladar osme i devete kuće u ovom čartu. Osim toga, Mesec je bio u dvanaestoj kući od natalnog ascendenta i aspektovao je mritjupadu iz Bika. Vidja saham (tačka učenja) je na 1s3:19' Bika preko koga je Mesec tranzitirao. Punja saham je u Raku, sa egzaltiranom atmakarakom Jupiterom u trigonu od aruda lagne. Obično se odricanje određuje na osnovu tranzita mokšakarake Ketua u trigonu od aruda ascendenta.

Ketu je 21.03.1953. godine tranzitirao Rak, petu kuću od aruda lagne i punja saham, kao i natalnu atmakaraku. Ovo je neophodno za događaje kao što je buđenje kundalinija. Tranzit Sunca, Meseca i čvorova je objašnjen. Za dalje razumevanje preporučuje se čitanje *Prašna Marge* za dnevne tranzite Sunca-Meseca-Rahua (čakra). Bitno je napomenuti da je Saturn tranzitirao jedanaestu od natalnog Meseca i da aspektuje sreću Pars Fortuna (Rak 27:29') dok je Jupiter bio u petoj od natalnog Meseca u međusobnom aspektu sa Saturnom. Dakle, svi tranziti podržavaju pomenuti događaj.

Ranija diskusija o Ošovom čartu (čart 85) se može uzeti u obzir i veoma je bitno imati na umu da ovo nije slučaj pravradža joge tj. ovde nema monaštva. Znak Riba jasno objašnjava Ošovu filozofiju Univerzalne Ljubavi.

Tranzit na dan 21. marta 1953. godine

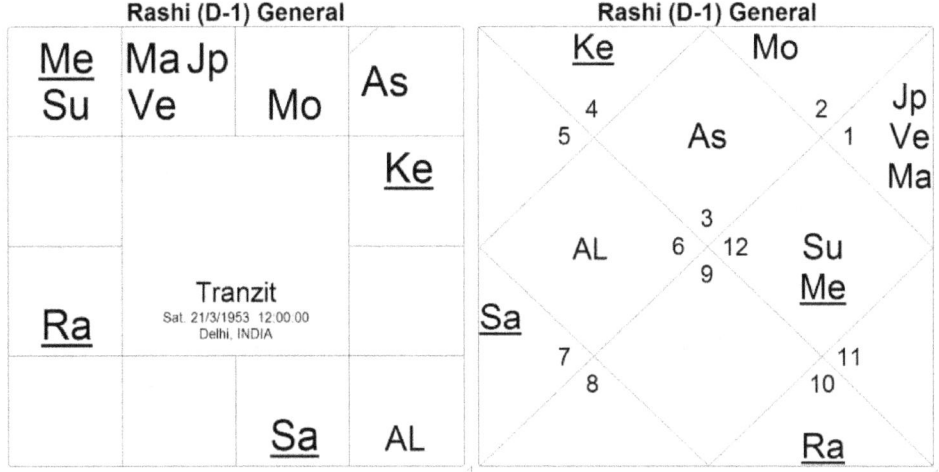

ISKON: BOŽANSKA MISIJA (BAKTI JOGA)

Kada je Šri Dinanath Das iz Iskona pokazao horoskop Šrila Prabhupade sa Jarac lagnom i deva guru Jupiterom u osmoj kući u Lavu, javile su se određene sumnje. Jupiter u osmoj kući se zove asura joga, sa dosta tamas odlika, što je suprotno satva guni Šrila Prabhupade koji je živeo među pijanim i posrnulim ljudima u SAD-u i propovedao ime Šri Krišne, a da sam lično nije preuzeo te navike ili postao materijalno usmeren. Toliko je nadmoćna snaga njegove satve da su hiljade ljudi krenule putem čistog i svetog puta Vaišnave. Njegova vera i učenje su fokusirani na namakirtana, što je izvedeno iz učenja Šri Ćaitanja Mahaprabua, iz sledeće strofe:

Harernama Harernama Harernamaiva Kevalam,

Kalou Nastaiva Nastaiva Nastaiva Gatiranyatha;

Hare Krishna Hare Krishna Krishna Krishna Hare Hare,

Hare Rama Hare Rama Rama Rama Hare Hare.

Rođen je 01.09.1986, oko 16:00h u Kalkati (22 S 30, 88 D 23, osoba je lično dala informaciju). Đotiši je izradio njegov horoskop i usrećio porodicu sa povoljnom predikcijom da će osoba u sedamdesetim godinama preći okean i postati veliki propovednik religije i osnovati 108 hramova.

Vreme zabeleženo tokom devetnaestog veka u Indiji je veoma promenljivo, i ide na čast učenim astrolozima tih dana. Oni su uzimali u obzir i čartove roditelja i automatski korigovali čart, pre davanja ozbiljnih predikcija. Prva stvar koju treba uzeti u obzir jeste to što je Šrila Prabhupada jedan od najvećih sledbenika Šri Višnu avatara, Đaganat Krišne. Dakle, Jupiter treba da se nalazi u kendra ili kona bhavi. Takođe u čartu treba da se vidi ova specifična kombinacija koja pokazuje privrženost/odanost, kao što je vladar lagne u devetoj kući sa vladarom devete, što čini osobu najvećim poklonikom Višnua. Ako planete u ovoj kombinaciji imaju satva gunu kao Jupiter, Mesec ili Sunce, osoba će uraditi dosta službe poput gradnje hramova (signifikatori su Jupiter i Sunce). Drugo, kada govorimo o putovanju preko okeana, ispituju se sedma, deveta ili dvanaesta kuća. Pošto je predikcija za putovanja u inostranstvo povezana sa propovedanjem i podizanjem hramova, deveta kuća treba da pokaže oboje i treba da ima jogu. Treći bitan faktor dolazi iz predikcije „sa sedamdeset godina". U tabeli A, u paragrafu 12.10, sekundarne godina Sunca koje utiču na sreću (devetu kuću) su četrdesetosma i sedamdeseta godina. Dakle, Sunce treba da je vladar devete kuće ili da je snažno povezano sa devetom kućom ili njenim vladarom da bi đotiša dao ovakvu predikciju. U vezi sa tim, čart Śrila Prabhupade je rektifikovan. On je rođen 01.09.1896, u 15:24h u Kalkati.

Čart 99: Śrila Prabupada

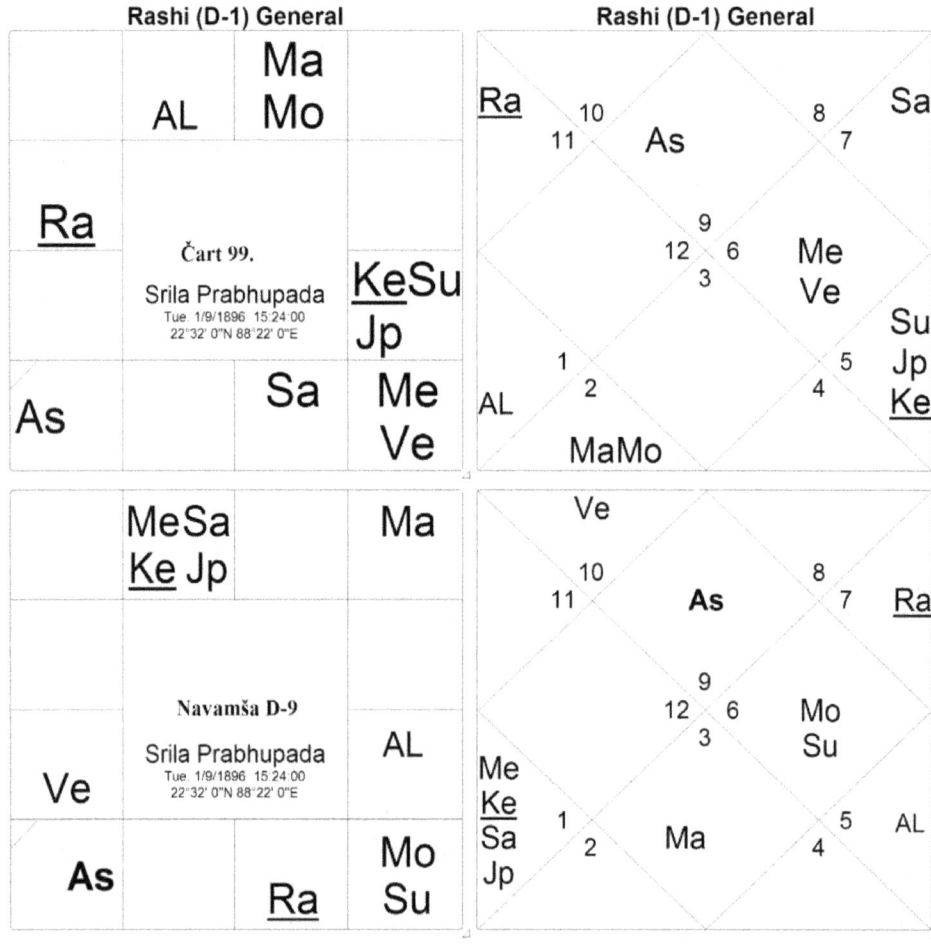

Deveta kuća

Strelac, kao veoma iskren, istinoljubiv i pobožan znak, nalazi se na lagni, vargotama, sa vladarom Jupiterom u devetoj kući koji je u konjukciji sa Suncem i mokšakarakom, Ketuom, u religioznom znaku Lava. Samo ova stavka može objasniti veliku posvećenost Šri Đaganat Krišni (Višnu avatar) kao i snažnu satva gunu poput te kod Maharišija, kao i predikciju u vezi sa putovanjima u inostranstvo u sedamdesetim godinama (Sunce je vladar devete i nalazi se u devetoj kući u trećoj čaturtamši). Suština je da se predikcija pokazala tačnom. Ovo ujedno objašnjava i to da je Abađ Ćaran (Prabhupada) naučio sve molitve i religiozne obrede od svog oca (otac je preminuo u njegovoj trideset petoj godini tokom pitri šula daše Škorpije koja je u trigonu od Raka/osme kuće, prema vrida karakama, od stira pitrukarake Sunca u Lavu).

	Mo	Sa	
Ra SuAL	Dvadašamša D-12 Srila Prabhupada Tue. 1/9/1896 15:24:00 22°32' 0"N 88°22' 0"E		Ke
Me			Jp
	Ma As	Ve	

	Me 10	9	MaAs	7	Ve 6
	AL Ra Su	11	8 2	5	Jp Ke
	12 1	Mo		3 4	Sa

Dvadašamša (D-12) ima Marsa u Škorpiji na ascendentu i pokazuje rođenje u porodici više srednje klase. Uzmite devetu kuću od dvadašamša lagne kao ascendent oca. Ovo je Rak sa Jupiterom u drugoj zajedno sa Ketuom, i pod aspektom vladara druge, Sunca, i vladara sedme, Saturna i Rahua. Otac je preminuo 1930. godine tokom Jupiter-Sunce daše-antardaše. Od Raka, vladar Mesec je u desetoj kući sa Merkurom u sedmoj kući, i pokazuje očevu profesiju. Otac je bio prodavac (Merkur) odeće (Mesec). Četvrta kuća od dvadašamša lagne treba da se tretira kao ascendent majke. Ovo je Vodolija sa vladarom Rahuom i religioznim Suncem. Ipak, ova eklipsa može dovesti ili do kratkovečnog sveca (Sunce) ili dugovečnog kriminalca (Rahu). Njegova majka je bila veoma pobožna i umrla je iznenada tokom Rahuove daše Venerine antardaše. Rahu vrši eklipsu na vladara sedme od Vodolije, i zbog konjukcije daje to ubistvo. Venera je vladar badakstana od Vodolije i debilitirana u osmoj kući. U raši (D-1) čartu, stira matrikaraka Mesec i Mars su u Biku i osma kuća, prema vrida karakama, je Blizanac. Dakle, smrt majke se može dogoditi tokom matri šula daše vazdušnih znakova. Matri šula daše počinju od desete kuće, od Device, jer je snažnija od znaka Riba u četvrtoj kući i brojanje je zodijačko ili devet godina po znaku. Majka je umrla u njegovoj sedamnaestoj godini, tokom matri šula daše vazdušnog znaka Vage gde se nalazi Saturn. Otac je imao svetao ten (Mesec) dok je majka imala taman ten (Vodolija), sa tendencijom ka crvenilu (Sunce).

Godina 1899: on je jedva pobegao od požara kada je zapalio svoju odeću igrajući se šibicama. Od toga mu je ostao manji ožiljak na nozi. Karakamša je Vaga sa Rahuom, i sa Marsom u devetoj kući. Ovo pokazuje požare. Lične povrede vatrom daju ove planete ukoliko su u vezi sa navamša lagnom. Rahu, kao atmakaraka, daje puno nevolja baš kao u čartu Šri Ramakrišna Paramahamse (čart 101) i aspektuje Jupitera, vladara lagne. Mars aspektuje navamša lagnu. Rezultate Rahua će pokazati njegov dispozitor Venera. Dakle, ova nezgoda sa vatrom se dogodila tokom Marsove daše i Venerine antardaše. U raši čartu, vladar lagne, Jupiter, je u devetoj kući (noge) i pod aspektom Rahua i Marsa. On je pod papaargalom debilitirane Venere. Dakle, ožiljak na nozi je ostao i predstavlja kraj svih loših efekata malefičnih drištija na njegovog benefičnog vladara lagne.

Godina 1902: Upitao je oca da dobije svoj Radakrišna murti za obožavanje i nuđenje hrane, u Rahuovoj daši i Rahuovoj antardaši. Rahu je atmakaraka i vladar vimšamša lagne. Dakle, njegov period će učiniti osobu religioznom. Kada planete kao što je Rahu vode ka duhovnosti, kako osoba može zalutati? Kada je atmakaraka planeta prirodni malefik osoba automatski postaje religiozna, jer postoji neznantna prirodna prepreka na tom putu. Saturn, kao drugi vladar vimšamša (D-20) lagne, nalazi se u petoj kući sa Mesecom u Merkurovom znaku. Ovo daje odanost Šri Krišni.

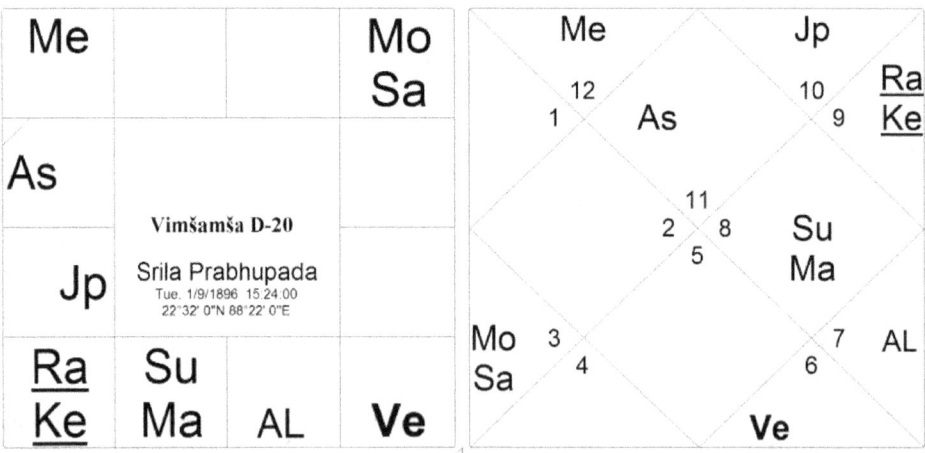

Godina 1904: Počinje da uči sanskrit, a 1905. godine je iniciran od strane kula gurua. Merkur predstavlja učenje jezika, dok Jupiter upravlja sanskritom. Saturn daje tradicionalno znanje. Ove planete daju učenje i dobro znanje

Deveta kuća

sanskrita i tradicionalne literature, ukoliko utiču na devetu kuću u raši čartu svojom pozicijom, aspektom ili argalom (intervencijom) ili su u trigonu, posebno u prvoj ili petoj od navamše. Jupiter je lagneš u devetoj kući pod aspektom Rahua i u konjukciji sa Suncem. Ima argalu moćnog Merkura u drugoj od devete, i argalu egzaltiranog Saturna u trećoj i devetoj kući. Ove tri planete zajedno sa mokšakarakom, Ketuom, smeštene su u petoj kući od navamša lagne i daju savršeno znanje sanskrita i sposobnost i poriv za prevođenjem i komentarisanjem obimne i božanske literature kao što je Śrimad Bagavatam. Učenje je počelo tokom Rahuove daše i Jupiterove antardaše. U čaturvimšamši (D-24), Rahu je vladar devete i aspektuje devetu kuću, dok je Jupiter dispozitor vladara lagne, Merkura, i aspektuje ga i pokazuje početak obrazovanja na sanskritu.

	Mo	As	Ve Ma **Ke** Ra			Mo
Me				4	2	
			5	As	1	
	Čaturvimšamša D-24	Ve **Ke**	AL Jp Su	3 6 9	12	Me
Sa	Srila Prabhupada Tue. 1/9/1896 15:24:00 22°32' 0"N 88°22' 0"E	Ma **Ra**				11
		Jp Su AL	7 8		10	Sa

Godina 1916: Otpočinje koledž Skotiš Črčis i 1920. godine polaže za diplomu, bez namere da tu diplomu uzme, zbog nacionalnog zanosa. Početak višeg obrazovanja se vidi iz čaturvimšamše (D-24), kao i iz rašija i navamše. Rahu aspektuje vladara devete, Sunce, u svojoj devetoj kući u raši čartu kako bi doneo više obrazovanje počevši od Rahuove daše i Sunce antardaše 1916. godine. U čartuvimšamši, Rahu je vladar devete i aspektuje devetu kuću, kao i Jupitera i Sunce u četvrtoj kući. Ipak, Sunce aspektuje Merkura, vladara lagne u D-24 čartu i tako inicira više obrazovanje u svojoj antardaši. Jupiter je takođe vladar desete kuće (tj. druge od devete i time je kvalifikovan ubica ili donosi kraj obrazovanja). Sa dolaskom Jupiterove antardaše, Śrila Prabhupada završava svoje obrazovanje. Pošto je lagneš u devetoj kući Jupiter, čini osobu veoma nezavisnom i prirodno je da je imao jasan i čvrst stav o nezavisnosti Indije.

Godine 1921. rođen je prvi sin, 1924. godine rođena je ćerka. U saptamša čartu, vladar pete kuće, koji upravlja prvim detetom, je egzaltirana Venera (muško) u Ribama (muško). Muški faktor dominira i sin je rođen u

Jupiterovoj daši (vladar Riba koji ima argalu na vladara lagne, Merkura), Saturnovoj antardaši (u konjukciji sa vladarom pete kuće). Sledeće dete se vidi iz treće kuće od pete tj. iz sedme kuće. Vladar sedme je Jupiter u konjukciji sa Ketuom, i daje ćerku u Merkurovoj antardaši.

Sa Ve Ma Ra	AL	Mo Me	As
	Saptamša D-7 Srila Prabhupada Tue. 1/9/1896 15:24:00 22°32' 0"N 88°22' 0"E		Ke Jp
	Su		

Ke Jp	4	MeMo 2	
5	As 3	1	AL
6 9	12	Ve Sa	
7 8		10 11	Ma Ra
	Su		

Godina 1954: Napušta ženu nakon što je dala njegov dragoceni Šrimad Bagavatam u zamenu za čaj.

Godina 1959: Septembar, prihvata sanjasu od Kešav Maharađa u Maturi: Ovo odvajanje se dogodilo na ulasku u Merkurovu dašu. Prirodni benefici u trećoj i šestoj od aruda lagne daju vreme sanjase (odricanja od svetovnog). Merkur je egzaltiran u šestoj kući od aruda lagne i postepeno vodi osobu ka odricanju. Ovo je ujedno i osma od upapada lagne u Vodoliji (Rahu), i u konjukciji je sa debilitiranom kalatrakarakom Venerom. Oboje, i Merkur i debilitirana Venera, aspektuju drugu kuću od upapade. Sanjas se dogodio u Merkurovoj daši i Venerinoj antardaši, budući da su obe planete prirodni benefici u šestoj od aruda lagne. U vimšamša daši, Merkur je vladar pete (molitve, dikša, itd.), Venera je vladar devete (guru) i oboje su debilitirani (potpuno odricanje) i aspektuju petu kuću raši drištijem.

14.11.1977. godine: Mokša oko 19:25h: Kombinacija za kratak životni vek je modifikovana usled viprita ajur joge, jer je atmakaraka, Rahu, u trećoj kući. Ovo daje dug život 72-108 godina. Ketu je u sedmoj kući od atmakarake i pokazuje da će osoba preminuti u prvoj trećini datog dela dugovečnosti. Pošto jedan deo ima trideset šest godina, jedna trećina je dvanaest godina od 72-84. godine. Ovo daju dve šula daše: 72-81. Vodolija, i 81-84. Ribe. Ovo daje raspon od 81-84 godine. Vladar druge od lagne je Saturn i, prema tabeli pod paragrafom 12.10, Saturn vlada osamdeset drugom godinom. Sunce je bilo u Vagi u skladu sa standarnim pravilima, i verovatno pokazuje da je Šrila zapravo dostigao mokšu. Ascendent koji se uzdigao je Bik, znak u kom se nalazi vladar aruda lagne.

Božanski par Ramakrišna Misija
Čart 100: Šarada Maa

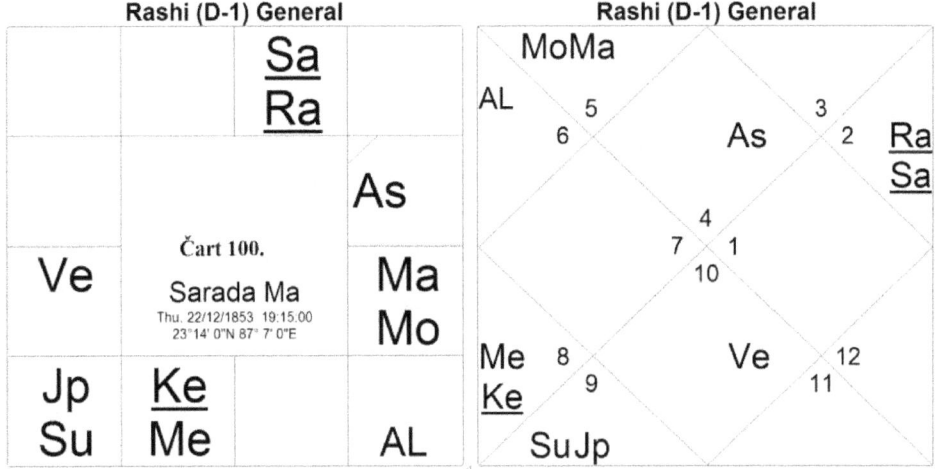

Čart 100. je horoskop božanske Majke i supruge Šri Ramakrišna Paramhamse, Šrimata Šarade. Prva stavka vredna pomena u čartovima 100. i 101. jeste da je vladar lagne ujedno i atmakaraka (predstavnik Boga), i da vrši argalu na lagnu. Dakle, par je doista bio božanski i vodio je jednostavan i skroman život podučavajući Daša Maha Vidje. Aruda lagna i darapada (A7) su u istom znaku Device, pokazujući dobro razumevanje i kompatibilnost sa partnerom. Ipak, upapada (UL ili A12) je u osmoj kući od aruda lagne i pokazuje da par nije imao fizički kontakt. Ovo je potvrđeno i vladarom sedme, Saturnom, koji je ujedno i darakaraka. Dakle, partner će biti veoma religiozan i ustuknuće od bilo kog oblika fizičkog kontakta. No, i dalje je par imao odlično razumevanje usled odnosa darapade i aruda lagne (beleška: u svim sličnim slučajevima gde je fizički kontakt uskraćen, lagna partnera se ne određuje na osnovu upapade prema standardnim pravilima. Umesto toga, pošto je upapada u osmoj od aruda lagne, lagna partnera će biti znak u osmoj od lagne tj. osmoj od Raka. Lagna Šri Ramakrišne Paramhamse je Vodolija. Ovo je drugi metod određivanja lagne). Na pitanje svoje nećake Šarada Ma je odgovorila da ona predstavlja Božansku Majku Bagalamuki[1]. U Dasa Mahavidjama, Bagalašakti je Majka Marsa. U horoskopu Šada Mata, vladar lagne je Mesec (Božanska Majka) koji je i atmakaraka, i nalazi se u konjukciji sa Marsom, i pokazuje njenu istinsku prirodu kao *Adišakti Bagalamuki*.

---

1   Žuti oblik Božanske Majke sa dve ruke koja predstavlja Brahmastu.

Osnove Vedske Astrologije

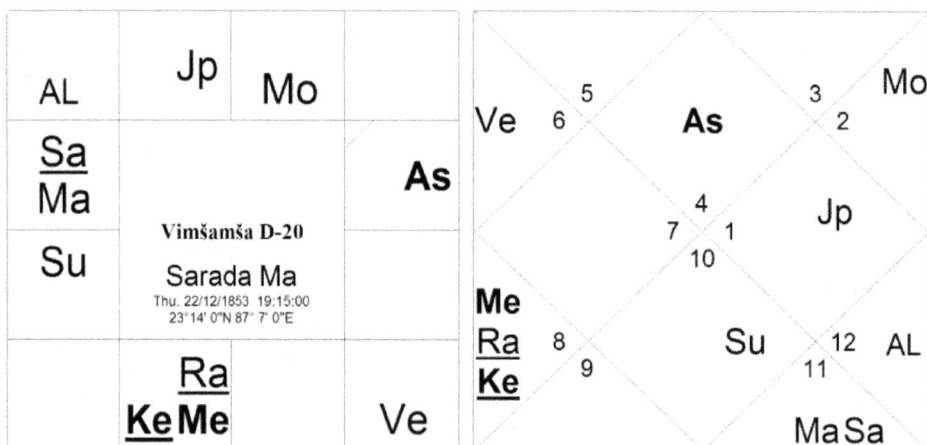

U navamši je formirana tapasja joga sa Venerom u Lavu, pod aspektom Vodolije i sa Ketuom u petoj kući. Ona je sprovela moćne rituale i sadane (testirajući svoju koncentraciju) sedeći na proključaloj letnjoj vrućini sa vatrom upaljenom svuda okolo nje. Atmakaraka, Mesec, je u petoj kući i aspektuje vladara lagne, Sunce. Konjukcija Meseca i Merkura daje Šarada jogu ili *Krišna jogu* i u trigonu od Venere i Ketua ovo uzima oblik poznavanja spisa, tekstova, mantri, itd. Egzaltacija Jupitera u dvanaestoj kući pokazuje snažne duhovne moći i odricanje, kao i sam Šarada Math (deo za monahinje Ramakrišna Misije).

U vimšamši se ponovo uzdiže Rak sa Mesecom u egzaltaciji u jedanaestoj kući. Šakti joga je veoma moćna. Merkur, Rahu i Ketu u trigonu, i pod aspektom Meseca, pokazuju njeno obožavanje Ganeše i Durge, i kasnije, pošto je upoznala Šri Ramakrišna Paramhamsu, Kali (vladar pete kuće Mars je u konjukciji sa Saturnom u osmoj kući). *Guru se vidi iz bhratrikarake.* Mars je bhratrikaraka i ujedno i vladar upapade. Dakle, njen suprug je bio ujedno i njen guru.

VREME BRAKA: Sedma kuća, Jarac, je snažnija od ascendenta i zato inicira narajana dašu. Antardaše će početi od Bika u kom se nalazi vladar Jarca, Saturn, i biće direktnog kretanja (zbog Saturna). Pošto se u Jarcu nalazi Venera, ova daša može doneti brak. Antardašom vlada ili znak u kom je Ketu, ili znak koji utiče na upapadu. Ketu se nalazi u znaku Škorpije i aspektuje upapadu u Ovnu. Daša Jarca (Venera), i antardaša Škorpije (Ketu) počinje od 22.12.1857. do 22.08.1958. (peta godina života), i Šarada Mata je bila udata za Šri Ramakrišna Paramhamsu sa četiri godine (tj. u njenoj petoj godini). Dakle, određivanje vremena braka sa narajana dašom je veoma precizno. Pošto je Saturn vladar sedme i darakaraka, i nalazi se u Vodoliji u sedmoj kuću u navamši (D-9), postojaće bitna razlika u godinama, i razlika je bila sedamnaest godina. Ipak, trebalo je da se ona pridruži svom suprugu kasnije, pošto odraste. Ovo će doneti "dupli brak" sa istom osobom, i bilo koja kalatra doša Venere u sedmoj kući je automatski poništena (*bitna remedijalna mera za Veneru u sedmoj kući je sklapanje braka dva puta sa istom osobom. Ovim se mogu izbeći višestruki brakovi*).

Šri Ramakrišna je ujedno bio i guru Šarada Mati budući da je vladar upapade ujedno i batrikaraka. Dakle, njen susret sa suprugom nakon što je odrasla izjednačava se sa odricanjem ili dikša jogom sa guruom. Ovo se može vremenski odrediti uz pomoć drig daše. Drig daša počinje od devete kuće, od Riba, i nastavlja se sa tri preostala dvojna znaka koji aspektuju u obrnutom pravcu budući da su Ribe samapada (parni) znak. Odricanje (ili dikša) se vidi od aruda lagne drig daše. Aruda lagna je u Devici, i drig daša Device je od petnaeste do dvadeset pete godine (dec. 1868 do dec. 1878.). U kasnijim tinejdžerskim godinama, Šarada Mata napušta roditeljski dom kako bi živela sa svojim suprugom Šri Ramakrišnom. Saturn i Rahu u drugoj od upapade i devetoj od aruda lagne pokazuje poteškoće koje je morala osetiti pre susreta sa njim, a konačno je bila prihvaćena nakon što ga je uverila da mu ona nikad neće biti prepreka na njegovom duhovnom putu i da će umesto toga, služiti njega i hram. Aflikcije Saturna i Rahua na drugu kuću od upapade ne obećavaju dug bračni život, i od šula daša trigona od Jupitera se vidi smrt supruga. Šula daše partnera uvek počinju od prve ili sedme kuće. Sedma je jača i time inicira šula daše od Jarca. Ove daše će biti regularne i svaka će trajati po devet godina. Jupiter u Strelcu, i trigoni odatle, su vatreni znakovi. Vladar osme od Jupitera je Mesec, smešten u Lavu (vatreni znak). Šula daša Ovna je bila od dvadeset sedme do trideset šeste godine. Šri Ramakrišna je postigao nirvanu (preminuo) 16.08.1886. godine kada je Šarada Mata bila u svojoj trideset trećoj godini, i u šula daši Ovna.

DUGOVEČNOST

(A) KHANDA:

i) Vladar lagne + Vladar osme = Fiksni + Dvojni = Dug život

ii) Saturn + Mesec = Fiksni + Fiksni = Kratak život

iii) Lagna + Hora Lagna = Pokretni + Fiksni = Srednji život

Pošto su sve tri stavke različite (iii) ono daje rezultat i odeljak dugovečnosti 36-72 godine.

Tabela 12-2: Drig daša Šarada Mata

Daša	Period	Od	Do	Starost
Ribe	3	dec. 1853.	dec. 1856.	3
Strelac	12	dec. 1856.	dec. 1868.	15
Devica (AL)	10	dec. 1868.	dec. 1878.	25

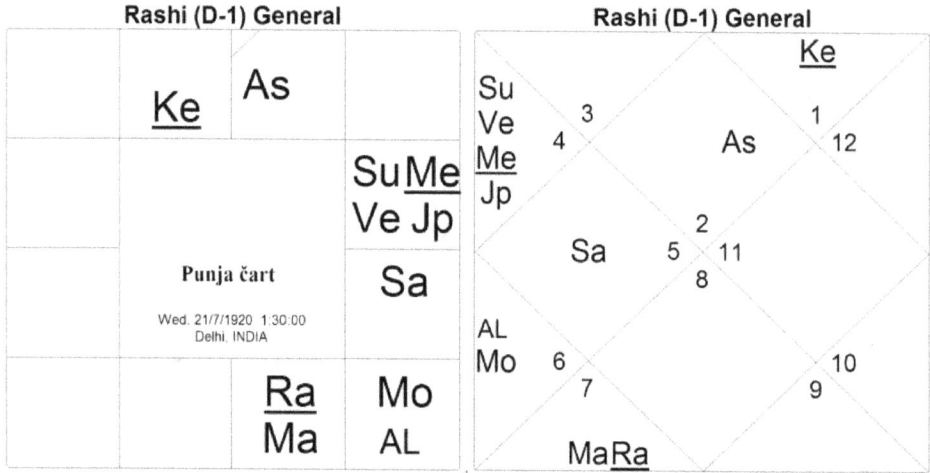

(B) Šula daše, počevši od Jarca i srednjeg života, su od Bika do Lava. Bik je sa Saturnom i Rahuom i može doneti smrt, ali je i Lav sa Mesecom i Marsom i pod aspektom Venere (dve Rudra joge) veoma moćan da donese smrt. Dugovečnost je između 63-72 godine. Ona je napustila telo u julu 1920. godine u 1:30h. Tranzit čart za punja tithi (trenutak nirvane – tranzit) je čart 100A.

(C) Ratovo pravilo (2): mritjupada (A8) je u Biku i Škorpija je sedma kuća i snažnija zbog Merkura. Dakle, Sunce treba da je u vodenim znacima. Sunce je bilo u Raku u tranzitu na dan 21.07.1920. (ovo je manje odstupanje od pravila budući da se može videti samo u čartovima svetaca).

(D) Ratovo pravilo (3): samuka raši za Rak je Vodolija. Nema planeta u

Deveta kuća

devetoj kući ni od lagne, ni od samuka rašija. Ipak, samuka raši je snažniji od lagne (kendra od atmakarake) i vladar devete odatle (Venera) određuje tithi kao šasti (6) ili čaturdaši (14). Ona je preminula na šukla šasti (6) tithi.

(E) Ratovo pravilo (4): aruda lagna je u Devici i ascendent u to vreme je bio Bik (trigon od Device).

Čart 101: Šri Ramakrišna Paramhansa

```
Rashi (D-1) General                  Rashi (D-1) General
Ve          Ra    AL            Ve         Ma
                  Jp         12    MeSu    10
                           1              9
MoAs                           MoAs
MeSu                       Ra        11
            Čart 101.              2    8
Ma     Ramakrishna Paramahansa     5
       Thu. 18/2/1836 6:44:00              Ke
       22°53' 0"N 87°44' 0"E   AL
                               Jp   3        7   Sa
                                  4        6
       Ke    Sa
```

U čartu 101. Sunce i Mesec su na ascendentu zajedno sa Merkurom (vladar pete) i formiraju moćnu jogu za besmrtnu slavu, kao i pravradžja jogu (Saturnov znak). Dva vladara lagne, Saturn i Rahu, su egzaltirani i jedan je (Rahu) atmakaraka i pokazuje da je osoba božanska/sveta. Aruda lagna je u Blizancima sa Jupiterom tu, i pokazuje njegov imidž (maja) sveca u ovom svetu. Istinski monah će imati Rahua (predstavlja želje) u sedmoj ili dvanaestoj kući od aruda lagne. Rahu je u dvanaestoj kući i pokazuje njegovu kompletnu odvojenost od materijalnog, i u Biku je i to je odricanje od bogastva (druga kuća prirodnog zodijaka) i seksa/strasti (Venera je vladar Bika). Tu postoji savršena *bramančarja joga*. Dalje, baš kao i u čartu 100, vladar sedme, Sunce, postaje darakaraka i pokazuje duhovno viđenje braka. Dakle, čartovi 100. i 101. su nebeski kompatibilni čartovi gde je vladar lagne ujedno i atmakaraka, i vladar sedme je ujedno i darakaraka. Upapada u oba čarta je u Ovnu (beleška: pošto je svaki kontakt uskraćen u braku, lagna partnera treba da je jedanaesta ili šesta kuća, jer je jedanaesta šesta od šeste kuće. Ovo se vidi na sličan način kao i u čartu 100, brojanjem od aruda lagne do upapade. Ovaj partner može biti Rak ili Strelac lagna. Šarada Ma je rođena sa Rak lagnom).

Osnove Vedske Astrologije

	Mo AL			Ra
Jp MeSa	Navamša D-9 Ramakrishna Paramahansa Thu. 18/2/1836 6:44:00 22°53' 0"N 87°44' 0"E	Ma Ke	Sa 10 Jp 11 Me	As Su 8 7 Ve 9 12 6 3
Ra			Mo AL	1 5 2 4 MaKe
As Su		Ve		

Navamša lagna ponovo ima Sunce i Mesec u trigonu. Mesta obožavanja su dvanaesta kuća od atmakarake i šesta od amatjakarake. Dvanaesta od atmakarake je Strelac (lagna ili sama osoba) sa Suncem (Šiva) tu. Dakle, osoba tj. Šri Ramakrišna lično će predstavljati Šivu, i biće obožavan od strane drugih ljudi. Amatjakaraka, Mars, je u Raku i šesta odatle je ponovo Strelac, što potvrđuje našu analizu.

Deveta kuća je Vaga, sa egzaltiranim Saturnom. Ipak, Saturn je retrogradan i u kontekstu svetovnih zadovoljstava i doneće pravrađa jogu (odricanje) umesto rađa joge (bogastvo i komfor). Vladar devete kuće, Venera, je egzaltirana u drugoj kući, ali je debilitirana u navamši. Ovo je ponovo pravrađa joga (tj. rađa banga joga – osoba neće imati materijalno bogatstvo, ali mu nikad neće manjkati duhovnog sjaja, jer je Venera egzaltirana). Dakle, sreća devete kuće je siromaštvo, ali duhovnost.

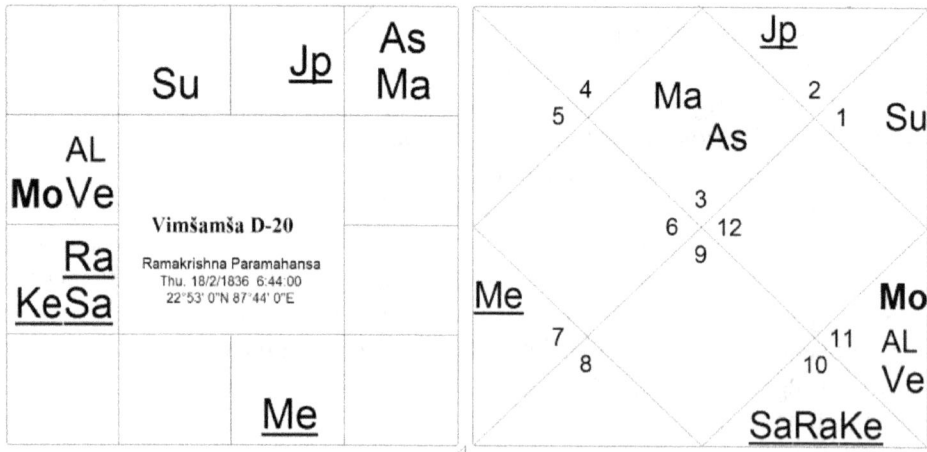

U vimšamši, deveta kuća je najjači trigon sa Mesecom u Vodoliji. On je obožavao Božansku Majku Kali. Pošto je Venera u konjukciji sa Mesecom, on je obožavao i svoju ženu Šarada Ma kao personifikaciju Božanske Majke, i nikad je nije dotakao.

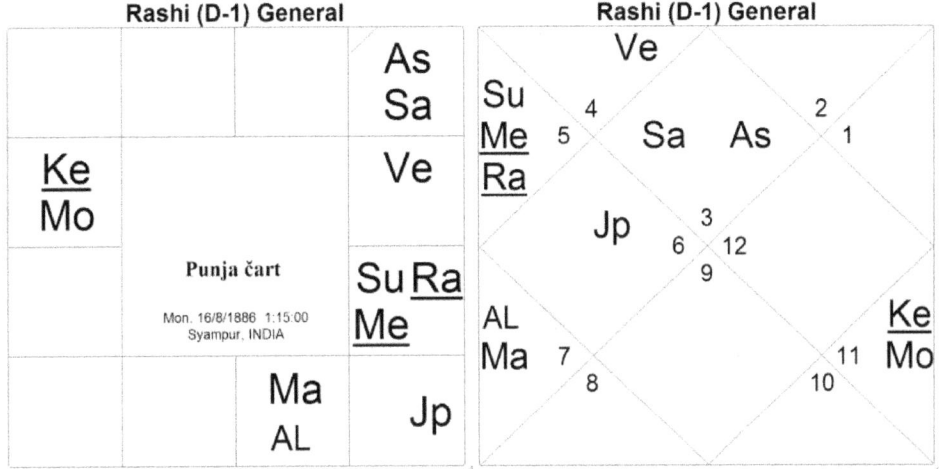

Vredno je pomena da je Šri Ramakrišna Paramhansa imao iću mritju (tj. napustio telo usled lične želje) 16.08.1886. godine u 1:06h (pedeset prva godina). Tranzit čart 101A daje planetarne pozicije u vreme nirvane. I dok smrt normalno može da se dogodi u daši Lava, desila se u Rak šula daši zbog aspekta Merkura (Rudra). Baš kao i čartu 92. Svami Vivekanande, nijedno od standardnih astroloških pravila nije primenljivo, jer se svetac uzdigao iznad moći kontrole graha tj. sproveo je ličnu kontrolu u savršenom/kompletnom vidu. Jedino pravilo koje je bilo primenljivo (kao i u čartu 72) je Ratovo pravilo (4) gde je ascendent u vreme smrti bio znak aruda lagne.

ŠANKARAČARJA
Čart 102: Šri Đajendra Sarasvati

Osnove Vedske Astrologije

Sa/As	Jp	AL	Ke
Me		Navamša D-9 Thu. 18/7/1935 19:00:00 10°42' 0"N 79°26' 0"E	Su
			Ve
Ra		Mo	Ma

North chart (Rasi / D-9 style):
- Jp (1), AL (2), AsSa (11), Me (10)
- Ke (12), 3, 9, Ra
- Su (4), 5, 7, 8 Mo
- Ve, Ma

MoRa Ke	Me Ma	Su Jp	
	Vimšamša D-20 Thu. 18/7/1935 19:00:00 10°42' 0"N 79°26' 0"E		
	AL Sa	Ve	As

- Ve (6), Sa/AL (7), As, (5,4)
- 9, 3, 12
- 10, 11, MoKe/Ra, Jp Su (2,1)
- Me, Ma

MoSu Ke	Jp		
		Dašamša D-10 Thu. 18/7/1935 19:00:00 10°42' 0"N 79°26' 0"E	Sa AL
Ve			
	As	Ma Me	Ra

- Ve (10), As (9), MaMe (7), Ra (6)
- 8, 11, 5, 2
- Mo Ke Su (12,1), Jp, 3, 4 AL Sa

Čart 102. je horoskop Šankaračarje Kanči Kamakoti Pitam. Jarac se uzdiže sa moćnom Saturn i Mesec konjukcijom u drugoj kući. Ova kombinacija

282

u četvrtoj, desetoj i jedanaestoj kući daje rađa jogu i u prvoj/desetoj kući u Raku može dati i Maharađa jogu. U drugim trigonima daje Kali jogu (tj. osoba će se susresti sa dosta poteškoća i prepreka i sa obožavanjem Maha Kali rađajoga će se manifestovati). U drugim kućama ovo može dati pravrađa jogu. Saturn nije samo dispozitor Meseca, on ujedno ima i najjači uticaj na Mesec u kući bogastva. Ovo je pravrađa joga koja će učiniti (Saturn je vladar lagne – sopstvo) da se osoba odrekne bogastva i svih poseda. Pošto mesto lagne i vladara sedme daje Šani-Ćandra jogu u dvanaestoj od aruda lagne, ono može uništiti sve vezanosti sa ličnim bogastvom. Vladar osme od lagne (Sunce) je u sedmoj kući, i pokazuje siromaštvo (lično). Ako vladar osme od lagne ili aruda lagne aspektuje lagnu ili aruda lagnu, ili je u konjukciji sa sedmom daje siromaštvo. Venera je naisargika karaka za sreću i svetovni komfor i u osmoj je kući – kombinacija koja se vidi u čartovima mnogih koji su se odrekli svetovnog, monaha (sanjasi). Darapada (A7) je u devetoj kući, ali je njen vladar, Merkur, u šestoj kući (negiranje) sa Ketuom (odricanje/mokša). Osoba se odriče fizičkog kontakta sa suprotnim polom u bilo kom obliku. Upapada (UL) je u Lavu u osmoj kući, i u šestoj od aruda lagne. Upapada ima jogakaraku, Veneru, ali je njen vladar, Sunce, smešten u dvanaestoj odatle. Dakle, bilo kakvo pitanje braka u bilo kom obliku je isključeno. Vladar druge od upapade (Merkur) je smešten u šestoj kući sa mokšakarakom, Ketuom. Ovo negira sve bračne veze.

Devata za koju osoba ima naklonost se vidi u trigonu od vimšamša (D-20) ascendenta. Sunce (Surja/Šiva) i Jupiter (guru/Šiva) su u trigonu od vimšamša lagne i pokazuju ličnu privrženost samo Šivi. Ovo će učiniti da osoba bude orijentisana na služenje, i on će uraditi puno posla sa ciljem uzdizanja morala širih masa (obožavanje Šive čini da je osoba otvorenog srca, a Šani-Ćandra joga u raši čartu daje socijalnog radnika). Atmakaraka je Jupiter i on dominira pitanjima osobe. U raši čartu je darakaraka, Rahu, veoma neprijateljska prema atmakaraki i smeštena je u trećoj kući od atmakarake i dvanaestoj od lagne i time uskraćuje brak. Budući da je na bagjapadi (A9) Jupiter daje sreću zajedno sa monaštvom.

Čitaoci mogu primetiti da je navamša lagna u dvanaestoj (mesto obožavanja) od atmakarake, Jupitera. Dakle, osoba lično biva predmet obožavanja. Ova kombinacija će se videti u čartovima velikih svetaca koji će biti obožavani tokom života, pa čak i posle njihove nirvana (Ramakrišna Paramhansa, Svami Vivekananda, itd). Drugo, vladar navamše lagne je atmakaraka ali nije smešten na navamša lagni. Osoba nije rođena u kraljevskoj porodici, ali će postići veoma visok status. Mesec je u devetoj kući u debilitaciji u navamši (rađabanga niča joga – odricanje) i aspektuje karakamšu i vladara navamša lagne Jupitera. Ovo daje puno popularnosti i Šri Đajendra Sarasvati će biti voljen od strane mnogih.

Dašamša čart ima lagnu u vodenom znaku Škorpije, Jupiter i Mars su u međusobnom aspektu na osi šesta/dvanaesta kuća. Ova Guru Mangala joga za vodeni znak na lagni u dašamši (D-10) je jasna kombinacija za vođstvo Šri Kanči Kamakoti Šitam (Šankaračarja mat Kančija). Konjukcija dvaju svetala, Sunca i Meseca, kao vladara desete i devete kuće, datim redom, daju najvišu *darmakarmaadipati jogu*. Ova konjukcija u petoj kući (autoriteta, podređenih, sledbenika, itd.) daje božansku snagu uklanjanja zla i prosvetljenja svih i svakoga. Konjukcija mokšakarake, Ketua, sa rađa jogom u duhovnom znaku Riba govori puno o duhovnim visinama Šri Đajendra Sarasvatija. Bitno je i pomenuti da je ova moćna kombinacija za prosvetljenje u dvanaestoj kući (kući obožavanja) od atmakarake.

VREME SAMOODRICANJA: Baš kao što je to pokazano u čartu Šri Viđajendra Sarasvatija (čart 77. poglavlje X), samoodricanje se može predvideti uz pomoć drig daša i aruda lagne. Drig daše uvek počinju od devete kuće (šloka 2.4.21 do šloke 2.4.23 u Đaimini Mahariši Upadeša Sutrama). Dakle, samoodricanje Šri Đajendra Sarasvatija se može očekivati tokom drig daše aruda lagne (Riba), tokom jula 1950. do jula 1955. godine. To je antardaša osme kuće/vladara Sunca koji je vargotama u trigonu od aruda lagne. Sunce je takođe vladar mantra arude (A5) u Lavu. Samoodricanje se dogodilo marta 1954. godine tokom daše Riba i Rak antardaše. U vimšotari periodu ovo se dogodilo pre ulaska u Jupiterovu dašu.

VREME LIDERSTVA: Pošto je već pokazano (posebno u dašamša čartu) da je sudbina Šri Đajendra Sarasvatiju da povede najviši presto Hindu religije tj. Šankaračarja Mat, vreme ovog liderstva se može odrediti uz pomoć drig daše i lagne. Vreme se takođe može odrediti od narajana daše i gatika lagne. Drig daša Jarca, koja je ujedno i lagna, počinje u julu 2002. godine i Šri Đajendra Sarasvati postaje glava (Šankaračarja) Mata, posle nirvane svog gurua. Sledeći čart, broj 103. pripada njegovom Đagad guruu.

Tabela 12-3: Drig daša Šri Đajendra Sarasvatija

Daša	Period	Od	Do	Starost
Devica	3	jul 1935.	jul 1938.	3
Blizanci	12	jul 1938.	jul 1950.	15
Ribe	5	jul 1950.	jul 1955.	20
Strelac	10	jul 1955.	jul 1965.	30
Vaga	10	jul 1965.	jul 1975.	40
Vodolija	1	jul 1975.	jul 1976.	41
Bik	3	jul 1976.	jul 1979.	44
Lav	1	jul 1979.	jul 1980.	45
Škorpija	11	jul 1980.	jul 1991.	56

Deveta kuća

Daša	Period	Od	Do	Starost
Jarac	11	jul 1991.	jul 2001.	67
Škorpija	6	jul 2001.	jul 2008.	73
Rak	5	jul 2008.	jul 2013.	78

Čart 103: Kanči Đagad Guru Ćandrašekar Sarasvati

Rashi (D-1) General

```
Ra      | Me Jp
Ve      | Su
--------+--------
Ma      |
        | Šri Ćandrašekar
        | Sarasvati        | As
        | Sun. 20/5/1894 13:25:00
        | 11°57' 0"N 79°32' 0"E
--------+--------
        | AL    | Sa
        | Mo    | Ke
```

Rashi (D-1) General

```
          SaKe    6       4
                7   As      3
          Mo    5    Jp
                  8    Su
                  2    Me
          AL        11
          9             1
            10   Ma   12
                      RaVe
```

Navamša D-9

```
Su      |
        | Ke    | Jp
--------+-------+------
Ma      |
MeAL    |
        | Sun. 20/5/1894 13:25:00
Ve      | 11°57' 0"N 79°32' 0"E
--------+-------+------
        | Mo
        | Ra As | Sa
```

```
          9    Ra As    7
      Ve  10    Mo        6
                          Sa
          AL     8
          Ma    11   5
          Me         2
      Su
          12   Ke       4
               1   3
                    Jp
```

Čart 103. je horoskop Šri Ćandrašekar Sarasvatija, gurua i prethodnika Šri Đajendra Sarasvatija. Oba čarta, 102. i 103. imaju bagjapadu (A9) u Strelcu, što pokazuje da je njihova sreća/vera povezana sa Kači Šankaračarja Matom. Mesec je debilitiran u Škorpiji i njegov dispozitor, Ketu, je u konjukciji sa Saturnom i tako stvara moćnu pravrađa jogu. Pošto je Saturn atmakaraka i aspektuje Mesec, zagarantovano je samoodricanje. Venera je egzaltirana u osmoj kući i pokazuje potpunu supresiju/samoodricanje od želje za fizičkim kontakom sa ženom i uklanja svetovne želje. Debilitiran Mesec na aruda lagni je dovoljan da donese samoodricanje. Ipak, Mesec na aruda lagni i Jupiter u sedmoj kući odatle daju besmrtnu slavu, koju čart obećava. Tako obe joge za slavu i samoodricanje ravnopravno operišu.

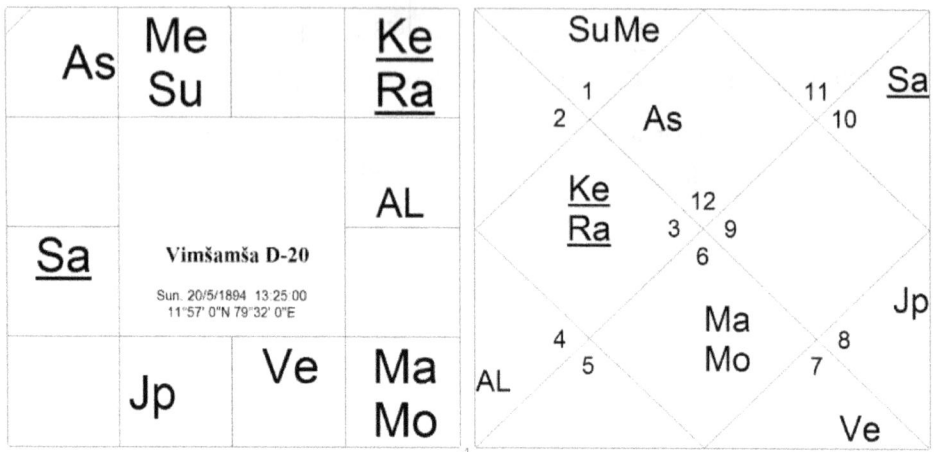

U navamši je Mesec vargotama (veoma moćan da podari obećane rezultate) na lagni, sa Suncem u petoj kući. U čartu 102. svetla su u trigonu od navamša lagne. Karakamša je u Devici sa Saturnom, i aspektuje navamša lagnu. Ovo povezuje navamša lagnu i karakamšu, i dve planete, Mesec i Saturn, su vargotama i pokazuju potpuno samoodricanje. Venera i Ketu u trigonu od karakamše daju snažne unutrašnje želje za sprovođenjem sadana i samoočišćenja (*tapasvi joga*) i mogu dati odlične veštine/znanje u astrologiji. Aspekt Saturna (AK) na navamša lagnu transformiše unutrašnje želje za tapasvi (samopročišćenje/astrologija) u stvarnost. Vimšamša ima Jupitera u devetoj kući i pokazuje odanost guruu/Gospodu Šivi. Vladari devete i pete (koji upravljaju darmom i mantrom) su u sedmoj kući (Gospod Šiva), i pokazuju iskrenu praksu darma mantri Gospoda Šive. Kuladevata se vidi u odnosu na vladara četvrte, dok se Šiva joga vidi od vladara sedme kuće. Vladar sedme i devete kuće, Merkur, nalazi se u konjukciji sa Suncem u drugoj kući. Šankaračarja pripada liniji Šaivata, i ima snažnu Šiva jogu. U dašamši, vodeni znak Riba se uzdiže sa Suncem i Merkurom na ascendentu i pokazuje liderstvo nad Matom. Oba svetla su u trigonu (baš kao i u čartu 102) i tu je i moćna Guru-Mangala joga u konjukciji sa vladarom osme kuće (baš kao i u čartu 102) i pokazuje darmakarmaadipati jogu. Guru-Mangala joga (sa vladarom osme, koji upravlja samoodricanjem) je jedna od odlika koje se sreću samo u čartovima Šankaračarja.

VREME SAMOODRICANJA: Vreme samoodricanja se najbolje određuje uz pomoć drig daša. Drig daša počinje u Ovnu u devetoj kući, baš kao što je pokazano i u tabeli. *Daša aruda lagne može dati samoodricanje, pod uslovom da data joga postoji u čartu.* Šankaračarja se odrekao sveta kako bi se pridružio

_____ Deveta kuća

najsvetijem redu Kanči Kamakoti Pitam, tokom Škorpija daše (aruda lagna).

Tabela 12-4: Drig daša Đagad Gurua

Daša	Period	Od	Do	Starost
Ovan	10	maj 1894.	maj 1904.	10
Lav	3	maj 1904.	maj 1907.	13
Škorpija (AL)	10	maj 1907.	maj 1917.	23
Jarac	4	maj 1917.	maj 1921.	27

Čart 104: Dr. Harš Vardan

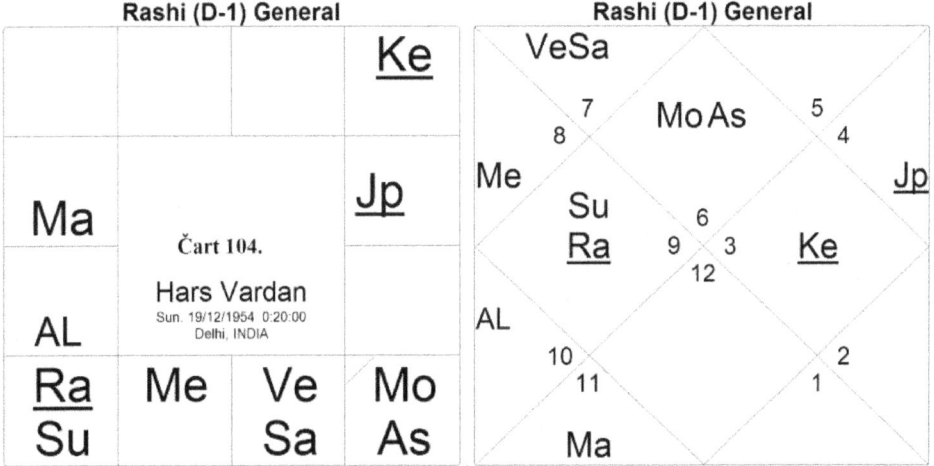

Čart 104. je horoskop Dr. Haršvardan koji je ministar zdravlja u Delhiju. Deveta kuća od aruda lagne ima Mesec i pokazuje stalni rast dobre sreće. Šubapati (dispozitor Meseca) i vladar lagne je Merkur koji je ujedno i atmakaraka i pokazuje ogroman rast, status i priznatost. Ovo daje svetački i brižan stav. Jupiter egzaltiran u sedmoj od aruda lagne daje moćnu rađa jogu, dok Rahu debilitiran u dvanaestoj kući od aruda lagne daje oboje i rađa jogu (usled debilitacije u dvanaestoj kući) i veoma svetački stav (usled pozicije u sedmoj/dvanaestoj od aruda lagne). Fizičko telo se vidi od lagne, dok deveta kuća ima kontrolu nad nogama. Deveta kuća Bika je pod aspektom Saturna, Venere i Jupitera iz pokretnih znakova. Aspekt Venere i Jupitera je veoma povoljan, Saturnov aspekt oštećuje noge. Saturn je ujedno i dispozitor vladara treće i osme kuće – Marsa. Atmakaraka, Merkur (ujedno i vladar lagne), je pod papakartari jogom između Saturna sa jedne strane i Rahua i Sunca sa druge. Šatrupada (bol na telu zbog neprijatelja) zbog ovog vrši papaargalu na ascendent i Mesec.

Osnove Vedske Astrologije

Ma Me	Su	SaAL Ve	
As			Mo Ra
Ke	\multicolumn{2}{c}{Navamša D-9 Hars Vardan Sun. 19/12/1954 0:20:00 Delhi, INDIA}		Jp

```
       Me    Ma         Ke
          12          10
        1         As      9
   Su
         Sa      11
         Ve    2    8
         AL         5

         3       Jp       7
           4          6
            Mo Ra
```

U navamši, deo tela koji je afliktovan se vidi iz četvrte kuće od Meseca. Mesec je u Raku i četvrta kuća odatle je Vaga. Sa navamša lagnom u Vodoliji, Vaga je deveta kuća i upravlja nogama. Ovo je ponovo pod aspektom Saturna i Venere iz Bika. Aspekt Saturna oštećuje noge i stvara šatrupadu, dok Venera pruža olakšanje. U trimšamša (D-30) čartu, Saturn je u drugoj kući (marak) sa vladarom lagne Venerom. On je vladar devete kuće.

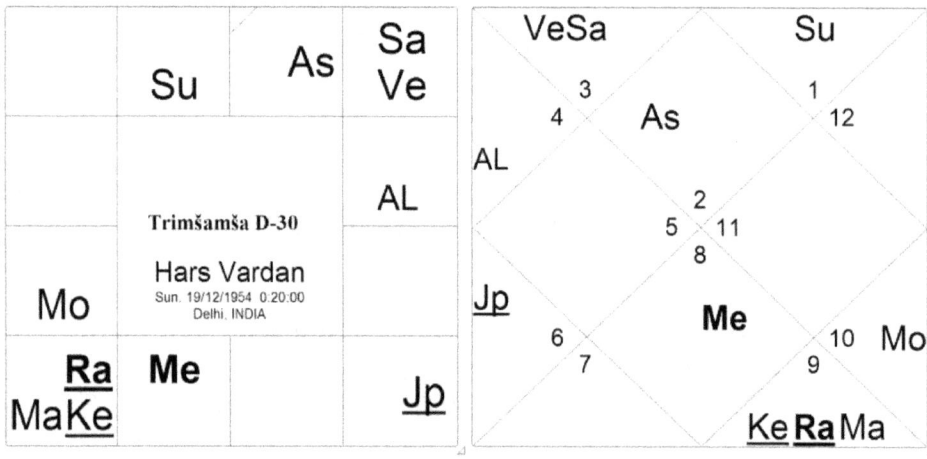

Pošto je Mesec u lagna trigonu, vimšotari daša je veoma primenljiva u ovom čartu. Saturnova daša počinje 08.01.1997. godine a Saturn je tada tranzitirao Ribe i treću od aruda lagne i pokazuje nastavak rađa joge. Ipak, Saturn iz Riba aspektuje ascendent i Mesec (Devicu), Rahua i Sunce (Strelac – tajni neprijatelji/zavere) i devetu kuću (Bik – noge) planetarnim aspektom. Bagjapada (A9) je takođe u Ribama. Tokom Saturnove daše i Saturnove antardaše, januara 1998. godine, slomio je nogu. Treba primetiti da, osim jogakaraka planeta, malefici smešteni u desetoj kući od aruda lagne neće dati odlične joge tokom svojih antaradaša.

SLOBODA/ZATVORENIŠTVO
Čart 105: Muškarac rođen 15. marta 1946. godine

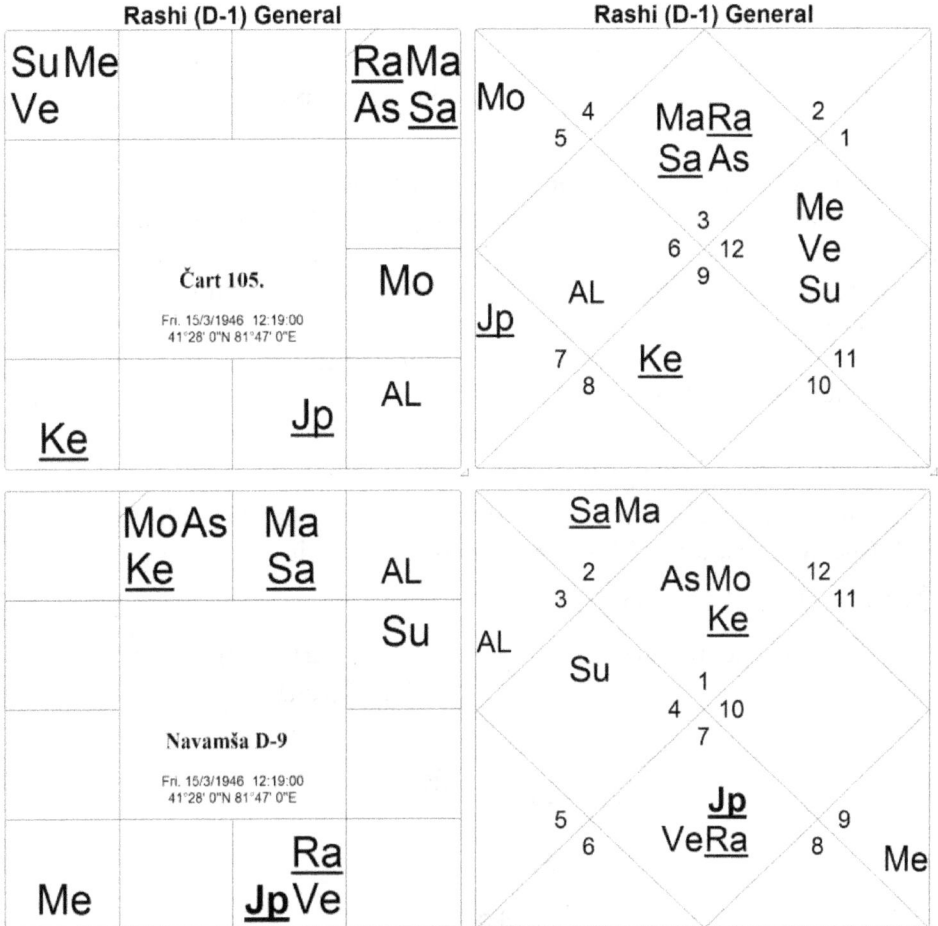

Deveta kuća pokazuje nezavisnost i slobodu koju osoba uživa. U raši čartu, vladar ascendenta u devetoj kući čini osobu nezavisnom u stavovima i duhom. U dašamša (D-10) čartu ovo pokazuje nezavisan rad poput advokature i drugih sličnih profesija, ili biznis. U čartu 105. deveta kuća je malefični znak Vodolije, dok su vladari devete, Rahu i Saturn, na ascendentu u društvu malefika Marsa, vladara šeste i jedanaeste kuće. Ovo je jedna od najgorih kombinacija koja može da se dogodi u čartu i daje veliku konfuziju ideja i ekstremna shvatanja.

Ovakvi malefici koji vladaju devetom i nalaze se na lagni čine osobu toliko nezavisnom da prelazi granice društvenih normi. Rahu pokazuje dela koje čak ni benigni Bog Jupiter neće oprostiti, dok Saturn pokazuje nezakonita dela, budući da je suprotan Suncu. Mars pokazuje nasilje i grozan kriminal u konjukciji sa ovim maleficima. Saturn je ujedno i vladar osme kuće i atmakaraka, i tokom svojih perioda ima tendenciju da ozbiljno kazni osobu ograničavajući slobodu i dajući zatočeništvo. Sa ulaskom u Saturnovu antardašu tokom Rahuove daše od 28.09.1997. godine osoba je osuđena na zatvor. Međutim, čak je i u zatvoru gadno pretučen od strane drugih zatvorenika (Mars u konjukciji sa eksplozivnom Saturn-Rahu kombinacijom) i hospitalizovan.

Ako Saturn tranzitira znak u kom se nalazi vladar lagne, osoba je pobeđena u ratu/ na sudu itd. i prolazi kroz poniženje. Saturn je tranzitirao Ribe, znak u kom se nalazi vladar lagne, Merkur, između februara 1996. godine i aprila 1998. godine. Decembar 1997 – januar 1998. godine, tokom Rahu – Saturn daša antardaše, Saturn je bio u Ribama. Ovaj tranzit, u osmoj od đanma rašija (prirodni Mesec), naziva se i kantaka Šani (trn u nozi tj. prepreke devetoj kući, kući sreće). Rahu je transitirao Lava u kom je natalni Mesec. *Dakle, benefične rezultate vladara devete kuće ne treba uzeti zdravo za gotovo, i kod štetnih pozicija, malefik kao vladar devete kuće može biti još veći malefik.*

U navamši, Rahu je u osmoj kući, ali pozicija atmakarake, Saturna, u trećoj kući (osma od osme) sa Marsom samo doprinosi zlu.

Čart 106: Otum Džekson

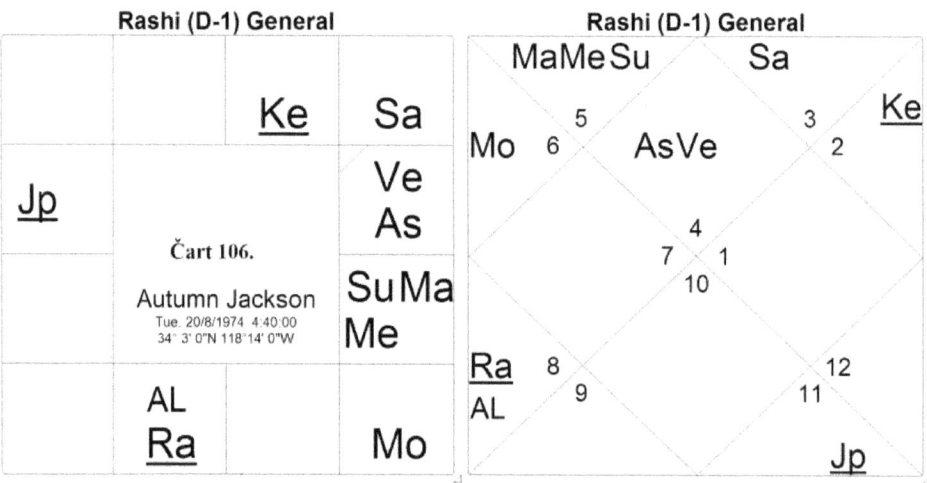

Čart 106. je horoskop slavnog pevača Outm Džekson. Rahu je na aruda lagni i Saturn je u osmoj kući odatle i stvaraju delimičnu *kemadruma jogu* koja daje velike gubitke bogastva i prestiža. *Kemadruma jogu čini prisustvo malefika u prvoj, drugoj i osmoj kući od lagne, aruda lagne i navamša lagne. Ako je na lagni, rezultat je veoma teško siromaštvo tokom celog života, dok, ukoliko je na aruda lagni, daje velike padove, kao što je pad u biznisu ili reputaciji.* Rahu u petoj kući može biti nepredvidljiv dajući oboje, rađa jogu i durjogu u

Deveta kuća

različitim periodima, u zavisnosti od povoljnosti Jupitera i antardaša planete. Atmakaraka, Jupiter, je vladar devete kuće i upravlja slobodom a nalazi se u osmoj kući i pokazuje prepreke ličnoj slobodi. U navamši, Jupiter je loše postavljen, u trećoj kući, i pokazuje ozbiljne neuspehe. Konjukcija vladara navamša lagne, Saturna, sa atmakarakom, Jupiterom, i Mesecom daje internacionalnu slavu, ali konjukcija atmakarake sa Saturnom u trećoj kući može doneti i zatvoreništvo/stege baš kao i u prethodnom čartu. Rahu je smešten u dvanaestoj kući od navamša lagne u Jarcu. Dakle, Rahuova daša i Jupiterova antardaša daju odlične rezultate. Rahuova daša i Saturnova antardaša od aprila 1995. godine aktiviraju veoma nepovoljne kombinacije, poput delimične kemadruma joge na aruda lagni koja daje gubitak reputacije i bogastva u sudskim parnicama, i konačno i zatvor zbog konjukcije debilitiranog Saturna u navamši sa atmakarakom u dustanu.

SaMo Jp	Su	Me AL
As		Ke
Ra	Navamša D-9 Autumn Jackson Tue. 20/8/1974 4:40:00 34° 3' 0"N 118°14' 0"W	
	Ve Ma	

	Ra	
Sa Jp Mo	As	10 9
	Su	11 2 8 5
Me		Ve 7 Ma
AL	Ke	6

Atmakaraka je *išta devata* u čartu i, osim ako nije snažna u kendri ili trigonu, manifestovaće se suprotni rezultati. Ako je vladar ascendenta u navamši u konjukciji sa atmakarakom, osoba će doživeti uspon u životu.

Beleška: Različiti slučajevi gubitka roditelja ilustrovani su na stranicama 186-194. i drugim delovima *Mahariši Đaimini Upadeša Sutra* knjige.

ॐ गुरवे नमः

POGLAVLJE XIII
DESETA KUĆA

Deseta kuća se bavi pitanjima prosperiteta i rasta (signifikator je Jupiter), karme, uključujući sve poslove i akcije (signifikator je Saturn), profesije i karijere (signifikator je Merkur), slave (signifikator je Sunce). Predstavlja podne i igra veoma bitnu ulogu u čartu, drugu po važnosti posle ascendenta. Niska aštakavarga u ovoj kući može bitno oslabiti čart. Sve planete u desetoj kući generalno daju dobre rezultate. Čak i Rahu daje hodočašća, ako je u desetoj u natalnom čartu, ili od narajana daša znaka. Kuće čiji su vladari u desetoj kući dobijaju na snazi, i aktivnosti koje oni predstavljaju će imati uspeha. Deseta kuća vrši argalu na šestu, sedmu, devetu i dvanaestu kuću, i time direktno utiče na neprijatelje, sluge, sreću i san koji su pod upravom ovih kuća, kao i na druga pitanja. Na primer, Čanakja[1] kaže da kralj nikad ne može pasti ukoliko ima odanost svojih sluga. Ako su sluge odane, šesta kuća je povoljna i neprijatelji, koji se takođe nalaze u šestoj kući, ne mogu pobediti. Ovo automatski utiče na status koji se nalazi u desetoj kući. Slično, uspeh automatski donosi više posla i veza, pored toga što čini i drži partnera srećnim. Šef, guru ili partner, koji se nalaze u devetoj kući, imaju bitan uticaj na karijeru osobe. Dvanaesta kuća upravlja prosvetljenjem i meditacijom. Loša dela u desetoj kući utiču nepovoljno na dvanaestu kuću, i mokša će biti uskraćena na duži period, dok san može biti poremećen na kraći vremenski period. Dobro rešenje za ovaj negativan ciklus jeste praksa transcendentalne meditacije (TM). Jedanaesta, prva, druga i osma kuća vrše argale na desetu kuću, ili su u stanju da utiču na akcije i druga pitanja desete kuće. Dakle, dobici, sopstvo i neto-zarada ili gubitak utiču na odluke i akcije. Ako je na ascendentu egzaltiran ili snažan prirodni benefik, osoba će biti vođena idealima i ovo će imati bitan uticaj na njegove odluke i akcije. Na sličan način treba razumeti argale i njihove opstrukcije.

Peta kuća je osma od desete i predstavlja rođenje (početak) i dugovečnost (vreme preduzimanja akcije) desete kuće. Dakle, peta kuća vlada autoritetom i moćima koje osoba uživa usled veština i znanja, kao i lične purva punje. Vreme ulaska u novi posao se vidi u odnosu na petu kuću. Rađjoge takođe treba potvrditi u pančamamša (D-5) i dašamša (D-10) čartu. Jedanaesta kuća od ascendenta je "Hara" ili kraj života. Slično tome, osma kuća je jedanaesta od desete, i ona je mesto penzionisanja i kraja karijere. Osma kuća, ukoliko je povoljna, može doneti ogromne kredite za pokretanje poslova i njena argala na sedmu i desetu kuću može dati novi impuls biznisu osobe. Ako

---

[1] Čanakja alias Kautilja je slavni autor Artašastre, spisa o politici i vladanju.

Deseta Kuća

je loše postavljena, biznis može završiti u beskrajnim dugovima i ruinama. Ovo treba imati na umu kod analize dašamša čarta.

Dašamša treba da se analizira u detalje, nezavisno od raši čarta. Arta trikona[2] se sastoji od druge, šeste i desete kuće. Planete u ovim kućama imaju direktan uticaj na funkcionisanje osobe. Bilo koja planeta u desetoj kući je samostalno sposobna da da dobru jogu koja može značiti moć, uspon ili uspeh u karijeri. U dodatku, sedma kuća treba da se prostudira budući da je ona pada desete kuće. Ako Sunce dominira u ovim kućama ono pokazuje političku karijeru ili sličnu javnu službu. Mars daje policiju, obaveštajne službe, vojsku, itd. Jupiter daje advokate, sudije, sveštenike, astrologe itd. Merkur daje biznis, pisanje i publikacije, trgovinu. Venera daje zabavu i sve poslove u vezi sa ulepšavanjem, dok Saturn daje poteškoće, manuelne poslove, itd. Rahu pokazuje uvoz, a Ketu izvoz. Lista je data u tabelama 13.1 i 13.2.

Šesta kuća upravlja službom, dok sedma kuća upravlja biznisom. Ako ima više planeta u šestoj kući ili je na drugi način snažnija, pokazana je služba, dok snažnija sedma kuća daje biznis. Slično tome, vladar šeste kuća promoviše službu, dok vladar sedme promoviše biznis. Ovo može značiti i nestabilnost u službi tokom perioda vladara sedme. Slično, debilitirani malefici u sedmoj kući ohrabruju službu i oštećuju biznis.

Šef se vidi iz devete kuće, dok su podređeni u petoj kući. Tokom perioda malefičnih planeta koje vrše papaargalu (malefičnu opstrukciju) na devetu kuću, osoba ima probleme sa šefom (ili bivšim šefom) dok benefik sa šubaargalom (benefična intervencija) daje veoma dobre šefove koji rado pomognu. Dakle, u čartovima zaposlenja, kuće pod znakom pitanja za osobu su prva, šesta i deseta kuća. Treća kuća odatle, kao i osma i dvanaesta, mogu da uzrokuju problem. Osma kuća pokazuje penzionisanje, treća kuća pokazuje kratka odsustva, dok je dvanaesta kuća duže odstustvo.

Vladar ascendenta u devetoj kući daje veoma nezavisnu osobu (osoba koja voli sama sebi da bude šef) i tada je najbolji savet za osobu da se opredeli za biznis ili na poslove sa velikom ličnom slobodnom. Druga kuća je osma od sedme, i igra presudnu ulogu u otpočinjanju posla. Na sličan način, početak bilo kog posla je određen na osnovu dostupnih finansija. Kendre od druge kuće su peta, osma i jedanaesta i pokazuju novac koji daje partner, kredite od banaka, itd. kao i novac same osobe, datim redom.

Pravila za procenu pola i prirode ljudi koji su umešani je isti kao i za decu i braću i sestre.

---

[2] Arta: finansije, novac.

Tabela 13-1: (Izvod iz Druva Nadija)

1. Ašvini	Vojskovođa, lekar, trgovac, sluga, onaj koji se bavi konjima ili kradljivac konja, onaj koji radi u stajama, džokej, itd.
2. Bharini	Mesar, onaj koji priprema nevegetarijanske hrane/jelo, onaj koji čini okrutna dela poput ubistva ili mučenja, radi rutinske poslove, ili poslove u vezi sa sahranama/krematorijumima.
3. Kritika	Sveštenici, akademici u tradicionalnim učenjima i mantrama, komentatori, kopači zlata, barberi, grnčari, bramini (intelektualne profesije), astrolozi.
4. Rohini	Političari/kralj, biznismeni, industrijalisti, radnici u salonu lepote, askete, oni koji rade kao zabavljači, ili u poljoprivredi, sa kravama i četvoronošcima, ili sa bićima koja borave u vodi.
5. Mrigašira	Odore, parfemi, proizvodi vlažne zemlje, cveće, mango, safari i drago kamenje, lovci, oni koji borave u šumama, skitnice, poštar, pevač, hrabri.
6. Ardra	Prostitucija/manjak morala, profesionalni lažovi, varalice, zatvaranje životnja, napad sa leđa, stvaranje neprijatelja, crna magija, kriminalci.
7. Punarvasu	Profesije koje vrednuju istinu, dobrotvorni rad, inteligantan posao, posao koji donosi slavu i bogatstvo, radnici u banci, vešti radnici.
8. Pušja	Pirinač, žito, šećer/slatko, ribolovci, vodene posude, kanali, političari/kralj, fizičke vežbe.
9. Ašleša	Vešt zanatlija, bilje, voće, lekovi, magija, lopov, otrov, reptili, insekti i crvi.
10. Maga	Trgovci pirinčem, nevegetarijanska ishrana, veliki poslovi, muški šovinisti, civilno inženjerstvo, svi poslovi u brdovitim krajevima.
11. Purva falguni	Ples, film, moda, zabava, muzika, slikanje, razmena novca, pržena hrana, sol, med, lagana ulja, itd.
12. Utar falguni	Advokat, sudija, dobrotvor, vedsko znanje, trgovina novcem, blago, služba u vladi, socijalne službe.
13. Hasta	Akcije, špekulacije, kockanje, lopov, tradicionalno znanje, slikanje, trgovina i jahanje slonova.
14. Ćitra	Unutrašnja dekoracija arhitektura, dijamanti i nakit, štapići i parfemi, matematika, kompjuteri, ENT specijaliste, tkači.
15. Svati	Avioni, jeleni, konji i slične životinje, povrće, trgovac, kontracepcija.
16. Višaka	Gram, biznismeni, učeni i veštine u bratanju vatrom, inženjerstvo.

17. Anuradha	Sport, igre, odanost svecima (strane službe, izvoz, uvoz, itd.) vozila (proizvodnja, opravke).
18. Đešta	Ratnici, kraljevi, generali u vojsci i moćne birokrate, bogatstvo.
19. Mula	Lekovi, doktor, bandit, prodavac trava, voće, cveće, seme, itd. Kriminalan um.
20. Purvašada	Grade ponore, kanale, itd. ili bilo koja aktivnost u vezi sa vodom. Ribari, pomorci, iskrene profesije.
21. Utarašada	Rvanje, boks, itd. lovci i jahači slonova, konji (danas vozila), astrolozi, strategisti u bitkama, mesta uživanja, itd.
22. Šravana	Težak posao, veoma duhovan posao, religija i duhovnost. U negativnom, eksperti u varanju i džeparenju.
23. Danište	Evnusi, imitacije, nevezanost, dobrotvorci, žene, čula, itd.
24. Satabhiša	Uzde, mreže, ribolov, životinje, školjke, moleri, lovci, ubijanje ptica, itd.
25. Purvabadra	Pastiri, fizički poslovi, okrutne akcije, nezainteresovanost, boks, rvanje, krađe.
26. Utarabadra	Bramin, sprovođenja duhovnih i religioznih ceremonija, bogatstvo, askete i kraljevi, studiranje veda i tradicionalne literature.
27. Revati	Lotos i drugo bilje iz vode, voće, cveće, bogatstvo iz mora, dragulji i kamenje, pomorci, biznismeni.

Nakšatra se generalno odnosi na konstelaciju ascendenta ili Meseca.

Tabela 13-2: Značenja planeta

1. Sunce	Autoritet, moć, glava institucije, vlada, nakit, zlato i biznis sa neobrađenim zlatom, cirkus, teatar i filmovi, javne službe, medikamenti, politika, muzičari, intrumentalisti, itd.
2. Mesec	Psihologija, um, profesije poput pomorstva u vezi sa vodom i tečnostima, odeća, alkoholna pića, mlečni prizvodi, dadiljstvo, kućni poslovi, dadiljanje, svi poslovi u vezi sa hranom poput hotela, restorana, konobari, ketering, pekare i poslastičarnice. Birokratija i javne usluge, poezija, pevanje i svi slični poslovi koji donose popularnost.
3. Mars	Svi poslovi u vezi sa inženjeringom, kuvanje, rad sa metalima, pištoljima, municijom i naoružanjem, vojskom, policajci, poslovi obezbeđenja, berber, hardveri, bokseri, rvači i borilačke veštine, hirurzi, zubari, kovači i generalno tehnokrate.

4. Merkur	Biblioteke, pisanje knjiga i štampa, objava, kancelarijski poslovi, dokumentacije i arhive, profesori i intelektualci, računovođe, kancelarijsko osoblje i komercijalne aktivnost poput biznisa i trgovine, komunikacije uključujući i telefon, poštari, radio i TV reporteri, učenje jezika, učenje interpretiranja, novine, korespodenti, stenografi, itd. Mimamsa filozofija, poslovi sa drvetom, stolari, itd.
5. Jupiter	Intelektualci, savetnici, kancelari, ministarstva, sveštenici, sveštenstvo i svi poslovi u vezi sa religijom i hramovima, pisci i publicisti, Vedantist, filozofi, astrolozi, prehrana, duvan, slatkiši, kasirke, blago, banka, novčane pozajmice, itd. Rastegljivi i promenljivi predmeti poput žive, plastike.
6. Venera	Poete, umetnici, bioskopi, plesači, vokalisti i druge profesije u vezi sa zabavom; ulepšavanje poput studija za lepotu, kozmetika, parfemi, modni dizajn, proizvodnja i trgovina odećom, enterijer, plantaže čaja/kafe, boje i farbe koje uključuju fotografiju, slikanje, gravure, karikaturisti, ženski predmeti poput cveća, ukosnica, vezova, itd. Gašenje požara, vatrogasaci. Hemikalije.
7. Saturn	Sve vrste goriva poput uglja, rudarstva u vezi sa ovim metalima; poslovi čišćenja poput vodoinstalaterskih, skupljanje smeća, nekretnine, gradnja i fizički poslovi, poslovi u vezi sa smrću poput radnika na grobljima, bageraši, oni koji prave grobnice, duhovnjaci, uključujući monahe i filozofe, proizvođači proizvoda poput sladoleda, zamrzivači, konzervatori, itd.
8. Rahu	Uvoz, špijunaža, tajne službe, prizvodi od kože, krađe, ubistva, kriminal svih vrsta, rudarstvo i bogatstvo iz zemlje, proizvodnja i trgovina mašinama, otrovne supstance uključuči droge, itd.
9. Ketu	Izvoz, kontrašpijunaža, teroristi, duhovnjaci i tragaoci za prosvetljenjem, životinje i trgovci slonovima kao i jahači, kost, slonovača, rog, predmeti, itd.

Planete u desetoj kući

Planete u desetoj kući generalno uvek daju povoljne rezultate. Sunce i Mars imaju direktivnu snagu u desetoj kući i mogu biti veliki blagoslov u bilo kom horoskopu, i mogu doprineti dinamici i uspehu. Sunce ukazuje na ponos, poštovanje, poziciju, status, odgovornost, nezavisne stavove, i pomoć od političara i od nadređenih. Mesec pokazuje fluktuacije u sreći i uspeh u javnim odnosima, uspeh u poslovima koji su u vezi sa vodom ili tečnostima, emotivne stavove i promenljivost posla, itd. Saturn pokazuje iznenadni rast i pad, naporan posao. Ketu ukazuje na rutinske poslove. **Na ovaj način standardni tekstovi daju bitne informacije u vezi sa rezultatima planeta koje su postavljene u desetoj kući, a na osnovu prirode datih planeta. Druga osnova jeste analiza odnosa datih planeta u vezi sa kućama na koje vrše argalu**[3]. Ukoliko su Sunce ili Jupiter u desetoj kući, argala na

---
[3] Argala: intervencija znaka ili planete u drugoj, četvrtoj, petoj i jedanaestoj kući.

devetu kuću je veoma povoljna i pomaže ocu, guruu i generalno sreći. Ovo će istovremeno uništiti zla malefičnih planeta u devetoj kući. Ako su Rahu ili Saturn u desetoj kući, vršiće papaargalu na devetu i otac ili guru će osetiti patnju. Saturn će doneti puno padova u ličnoj sreći i život može biti nalik borbi. Ipak, Saturn će vršiti šuba argalu na dvanaestu kuću, za koju je i signifikator, i osoba može naučiti duhovne prakse poput pranajame koja može biti veoma povoljna. Ketu će u desetoj kući takođe vršiti papa argalu na devetu kući, ali će doneti šuba argalu na dvanaestu kuću, kuću prosvetljenja (Ketu je mokša karaka). Ovo će povesti osobu na duhovni put i naučiti je meditaciji i sl. Malefične planete u desetoj vrše papa argalu na šestu kuću, i tako mogu uništiti značenja šeste kuće. Na primer, Ketu u desetoj kući može biti veoma nepovoljan za pse i za slične ljubimce, dok Saturn može doneti puno neprijatelja. Merkur i Venera u desetoj kući mogu biti blagoslov za biznis. Ketu ili Merkur u desetoj kući daće osobi veoma promenljiv um. **Treća osnova jeste provera kuća koje vrše argalu na planetu u desetoj kući.** Ascendent vrši šuba argalu (intervenciju za stvaranje sreće) na desetu kuću. Ukoliko je planeta na ascendentu prijatelj onoj u desetoj kući, tada osoba ima poslovnu satisfakciju, a ukoliko je neprijatelj, biće buno nezadovoljstva. Dakle, argala ascendenta na desetu kuću može unaprediti ili oštetiti pitanja desete kuće usled ličnih želja i hirova. Jedanaesta kuća ima danaargalu (intevencija bogatstva) na desetu kuću. Dakle, ponude poput bonusa mogu ostaviti trag na učinak. Na primer, ako je Rahu u jedanaestoj kući rezultati ličnih akcija će se pokazati iznenada, dok će Saturn prolongirati rezultate. Retrogradne planete mogu čak i da uskrate plodove akcija sve dok se ne počnu kretati direktno. Osma kuća ima labha argalu na desetu kuću i određuje kraj poslu ili karijeri. Jedanaesta kuća od bilo koje kuće pokazuje kraj date kuće. Ovo je jasno dao Đaimini Mahariši u sutri *Tanou tana danda hara*[4] koja znači da je šesta kuća kuća kazne i šesta od šeste (jedanaesta kuća) predstavlja onog koji nosi uništenje (Hara). Nema stvarnih neprijatelja niti bolesti u ovom svetu iluzije. Ovo su samo načini da nas Gospod kazni za naše grehe. Ljudi rođeni na šasta tithi[5] (šesti dan u tamnoj fazi Meseca) lunarnog ciklusa ili tokom perioda planeta u šestoj kući od ascendenta ili daša znaka, mogu imati puno problema zbog neprijatelja. Post na šasti i obožavanje Gospoda Šive/Kartikeje je najbolji način da se preuzme kazna na sebe. Ovo će doneti kraj neprijateljstvima. Slično, ljudi rođeni na ekadaši (jedanaesti dan lunarnog ciklusa) ili tokom perioda planeta u jedanaestoj kući od ascendenta ili daša znaka, mogu propatiti usled šad ripua (šest oblika slabosti poput nevegetarijanske hrane, alkohola, seksa, itd). Oni treba da poste na ekadaši i obožavaju Šri Maha Višnua kako bi prevazišli slabosti. Četvrta **stavka je posmatranje pozicije planete u**

---

4   Mahariši Đaimini Upadeša Sutra.
5   Tithi je Vedski lunarni dan koji se prostire na 12 stepeni luka računato u odnosu na pun Mesec.

odnosu na različite kuće. Na primer, Saturn u desetoj će biti u osmoj od treće kuće i doneće dug životni vek braći i sestrama. Takođe će aspektovati sedmu kuću, a to obećava dug život partneru. Postoji izreka da Brahma[6] (Saturn) daje život, Višnu[7] (Merkur) daje bogatstvo i sve oblike održavanja, i Šiva[8] (Jupiter) daje brak, decu, gurua i sve blagoslove. Dakle, ako Saturn aspektuje bilo koju kuću, daje dug život datoj kući, ali je dugovečnost kuće u kojoj se on nalazi smanjena. Saturn u konjukciji sa vladarima prve, desete ili osme kuće može da umanji dugovečnost. Sunce ili Jupiter u desetoj kući biće u osmoj od treće, i mogu da unište darmu i sreću mlađeg brata/sestre, jer su neprijatelji šestoj kući od svoje pozicije (Sarvata Ćintamani). Upravo iz ovog razloga je rektifikovan horoskop Šrila Prabhupade (čart 99).

Pozicija vladara desete kuće ima tendenciju da donese efekte svojih signifikatora (Merkura, Saturna, Sunca i Jupitera). Tako, ukoliko je vladar desete na ascendentu, usled efekata Merkura osoba će biti promenljivog uma; usled efekata Saturna osoba će imati loše zdravlje u detinjstvu (do desete godine: Mahariši Parašara); usled efekata Sunca osoba će favorizovati samostalan posao, a usled efekata Jupitera imaće slavu, status i počasti. Dobri rezultati simahasana joge[9] (vladar desete u prvoj ili drugoj kući) manifestovaće se tokom srednjeg doba, dok će planete u prvoj, sedmoj i devetoj kući dati svoje rezultate kasnije u životu. **Druga stavka jeste da vladar desete pokazuje pravac karme kao i izvore sreće**: ukoliko je vladar desete u drugoj kući, ili je u vezi sa vladarom druge, porodični biznis će biti izvor zarade. Ako je vladar desete afliktovan, onda će porodični biznis biti ometen i biće uzrok nedaća za osobu. Snaga Jupitera, kao signifikatora porodične devate, od presudne je važnosti. Pošto druga kuća predstavlja hranu, vladar desete će pokazati posao/profesiju u vezi sa hotelijerstvom, ukoliko i je signifikator za to, Mesec, utiče na vladara desete kuće. Ukoliko je vladar desete u trećoj kući ili u vezi sa vladarom treće, posao može doneti i stalna putovanja i kraća kretanja posebno u slučaju da je Venera u vezi sa vladarom desete ili u trigonu. Braća i sestre (koje predstavlja treća kuća) mogu unaprediti karijeru osobe. **Treća stavka se odnosi na brojanje znakova od desete kuće do njenog vladara i nazad.** Ukoliko je vladar desete u trećoj kući, on se nalazi u šestoj od desete kuće, i osam znakova brojano unazad. Ovo znači kratkotrajne (osma kuća) službe (šesta kuća) ili ugovore (treća kuća) koji se mogu produžiti na kraće periode (osma kuća). Ako je vladar desete u petoj kući, nalazi se u osmoj od desete što pokazuje istraživački rad i okultno znanje, kao i kocku i špekulacije. Deseta kuća se nalazi u šestom znaku od vladara (upačaja[10]) i pokazuje rast i postignuća.

---

6   Brahma je Gospod Bog kao Tvorac.
7   Višnu je Gospod Bog kao Održavaoc.
8   Šiva je Gospod Bog kao Zaštitnik (Onaj koji nudi konačno oslobođenje). Jama je Bog smrti.
9   Simhasana znači tron koji se vidi u prvoj/desetoj kući.
10   Upačaja: odnosi se na kuće rasta tj. treću, šestu, desetu i jedanaestu kuću.

Može pokazati i služenje siročadi, hendikepiranih i starih/bolesnih ljudi (efekat osme kuće). Treba imati na umu da prirodni benefici, poput Jupitera i Meseca, ukoliko su smešteni u osmoj kući od njihovog znaka, mogu doneti štetu svojim kućama, dok njihova umešanost u parivartana i druge joge može modifikovati negativne rezultate. Četvrta stavka je uzimanje u obzir pozicije vladara desete ili desete kuće od paka i aruda lagne. Paka lagna je znak u kome se nalazi vladar ascendenta. Ukoliko je deseta kuća, ili njen vladar, u badak[11] ili dustana[12] od paka i aruda lagne, rezultat su opstrukcija/prepreke i destrukcija, datim redom.

Prirodna snaga kuća pomenuta je u knjigama poput *Lagu Parašari*. Kendre, rastućim redom od prve, četvrte, sedme i desete su snažnije nego upačaje redom od treće, šeste i jedanaeste (deseta kuća je isključena jer se smatra najsnažnijom kendra kućom). Upačaje su snažnije od trigonskih kuća, pete i devete (ascendent je isključen, jer je uvršten u kendra kuće). Druga i dvanaesta kuća nemaju svoju snagu, i zavise od svojih vladara. Osma kuća je uvek loša i nikad nije jača od samog ascendenta. Dakle, na osnovu vladarstava, planete se mogu rangirati u sledećem nizu počevši od najslabijeg vladara kuće i prirodne snage (uticaja) u čartu: druga, dvanaesta, peta, deveta, treća, šesta, jedanaesta, osma, prva, četvrta, sedma i deseta. Jasno je da je vladar desete najuticajnija planeta u čartu, dok je deseta kuća kuća sa najviše potencijala za bilo koju planetu koja je tu smeštena. Ove faktore treba imati na umu kod analize rađa joge i durjoge tj. kombinacija za prosperitet i siromaštvo.

Kendradipati doša, ili negativni efekti vladavine benefika nad kendrama, implicira umanjenje njihove benefičnosti. Benefična planeta vladar kendre je i dalje benefik, i ne postaje malefik. Slično tome, malefici kao vladari kendre ne ostaju malefični, ali to ne sugeriše da je malefik postao benefik. Ovaj gubitak povoljnosti kod benefika koji vladaju kendrama nosi naziv kendradipati doša. Ova manjkavost biva poništena ukoliko je planeta povoljno postavljena u kendra ili kona kućama. Na sličan način, kada malefik vlada kendrama njegova malefičnost biva umanjena. Na primer, za Bik ascendent Saturn vlada desetom kućom i njegova pozicija u dvanaestoj kući u debilitaciji daje odlične rezultate poput moći, pozicije i dobre karijere. Ukoliko malefik pored kendra kuća vlada i jednom od trigonskih kuća, tada postaje jogakaraka i daje povoljne rezultate.

Jogakaraka znači sposobnost manifestacije povoljnih rezultata. Vladar ascendenta je prirodna joga karaka u svim čartovima budući da je prva kuća istovremeno i kendra i kona. Vladari trigona (pete i devete kuće)

---

11 Badak: mesto opstrukcije i prepreka. Kuća opstrukcije je jedanaesta kuća za pokretne, deveta za fiksne i sedma za dvojne znakove. Vladar ovih kuća zove se badakeš.
12 Dustana: nepovoljne kuće. Treća, šesta, osma i dvanaesta kuća su dustani. Treća, šesta i jedanaesta kuća su trika kuće.

su bitni za bogatstvo i održavanje, dok vladari četvrte, sedme i desete doprinose sreći. Prva, deseta, sedma i četvrta kuća/vladari predstavljaju četiri ajane (životna cilja) pod nazivom: *darma, arta, kama, mokša* (čitaoci mogu pronaći detaljno objašnjenje ova četiri cilja u Šrimad Bagavat Giti). Joga je okvirno prevedena kao unija/veza i u astrologiji ovo podrazumeva konjukciju, međusobni aspekt ili razmenu znakova. Slabija joga se dešava u slučaju kada jedna planeta aspektuje kuću druge i obrnuto, ili kada je u pitanju izmena nakšatri nazvana *sukšma joga*. Veza vladara kendre sa vladarom trigona rezultira rađa jogom i daje povoljne rezultate. Tako je, u slučaju kada vladar desete ima vezu sa vladarom devete kuće, oformljena *darmakaramaadipati joga*. Ovo je najviša karma joga. Drugi oblik ove joge jeste veza vladara desete sa vladarom pete kuće. *Gjana joga* (koja vodi ka mokši) oformljena je vezom između vladara četvrte kuće i vladara trigona. Ova joga daje odlično znanje i učenje. Šuba jog**u** ili povoljne rezultate daje pozicija vladara kendre u trigonu. Dur joga ili nepovoljni rezultati se manifestuju zbog pozicije vladara kendre u dustanu (loša kuća). Ipak, **dur joga** je modifikovana ukoliko je u vezi sa vladarom trigona. Rađabanga joga oformljena je vezom vladara kendre sa vladarom dustana u lošoj kući. Ukoliko se ova veza oformi u kendri, dešava se **viparita rađa joga**. Viparita rađa joga se jednako dešava u slučaju veze vladara dva dustana u lošoj kući. Na primer, za Bik ascendent sa Jupiterom i Venerom u šestoj kući, to su vladari osme i šeste kuće (dustana) u vezi sa lošom kućom (šesta kuća) i doneće destrukciju neprijatelja i prosperiteta. Ukoliko Devica ascendent ima Marsa (vladara treće i osme kuće), Merkura (vladar prve i desete kuće) i Sunce (vladar dvanaeste) u desetoj kući u Blizancima, viparita rađa joga će se manifestovati samo tokom perioda Marsa i Sunca. **Mahapuruša joga** formira pozicija planete u svom znaku ili u znaku egzaltacije u kendra kući. Snaga svetala je od presudne važnosti za iniciranje rađa joga, kao i za njihovo održavanje.

Kalijana Verma[13] naglašava značaj planeta u desetoj od Mesečevog znaka i hora lagne. Um je kontrolor svih aktivnosti i akcija. Planete u desetoj od Mesečevog znaka, ili vladar desete kuće od Meseca, daju bitne informacije u vezi sa karijerom i srećom osobe. Slično tome, treba videti vladara desete od hora lagne nakon što je analizirana deseta od ascendenta. Na primer, ukoliko Mars snažno utiče na desetu kuću od Meseca, bilo svojom pozicijom ili vladavinom, osoba može putovati u daleke zemlje kako bi zaradila za život. Ukoliko su malefici u desetoj od Meseca, osoba može raditi kao neko ko uklanja zla, poput lekara (uklanja bolesti, lagna), sveštenika (vodi ka Bogu, Sunce) ili astrologa (životni pravac, Mesec) ili u negativnom, osoba može remetiti i varati druge.

---

[13] Saravali, strofa 33.2: Horendubalayogadhyo dasamastataswabhavajan Karma

Deseta Kuća

Primeri
Čart 107: Žena rođena 27. jula 1964. godine

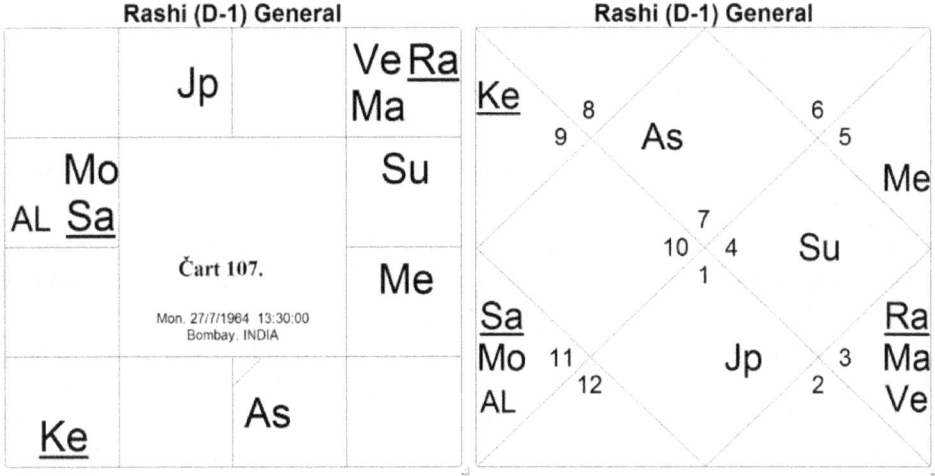

U čartu 107. Mesec se nalazi u Vodoliji i deseta kuća odatle (Škorpija) nema planeta. Vladar desete je Mars (boravak daleko od rodnog mesta zarad posla) smešten u devetoj kući što potvrđuje boravak u dalekim zemljama. Budući da se nalazi u dvojnom znaku, ovo ukazuje na region/Indijski podkontinent, i Blizanci mogu pokazati severni pravac zbog Merkurove vladavine. Pošto je Mars vladar sedme kuće zajedno sa Venerom, to pokazuje brak iz ljubavi. Dvadeset sedmu i dvadeset osmu godinu predstavlja Mars[14]. Tokom dvadeset sedme godine, u vreme kada je Sunce tranzitiralo Blizance, tokom druge nedelje jula 1991. godine, osoba je napustila mesto rođenja kako bi stupila na posao u vladi Indije (severni pravac). U njenoj dvadeset osmoj godini, 29. avgusta 1991. osoba je stupila u brak sa kolegom.

Planete u desetoj kući od navamše ili karakamše[15] određuju bogatstvo. Ukoliko su malefične planete smeštene u desetoj kući ili je aspektuju, daju promenljivu sreću i gubitke, dok benefici daju stabilnu sreću i bogatstvo. Navamša dispozitor vladara desete iz raši čarta može stvoriti ili oštetiti karijeru, i bogatstvo u zavisnosti od njegove pozicije i odnosa sa vladarom ascendenta i desete kuće. Ukoliko je u pitanju malefik, i ukoliko je veliki neprijatelj vladaru desete kuće, tada je daša vladara desete veoma nepovoljna, posebno u potperiodima navamša dispozitora. Ukoliko je dispozitor u vezi sa benefičnim Saturnom ili vladarom šeste kuće, osoba može imati puno posluge. Kalijan Verma[16] dodaje da se izvor bogatstva vidi u odnosu na značenja planete vladara desete kuće. Sunce pokazuje bogatstvo od oca, Mesec od majke, Mars od neprijatelja, Merkur od prijatelja, Jupiter

---
14 Videti tabelu 12.10 ispod.
15 Karakamša je navamša znak u kom se nalazi čara atmakaraka (privremeni signifikator duše).
16 Kalijan Verma, Saravali strofa 33.81.

od braće, Venera od ženskih osoba i Saturn od sluga. Detaljni rezultati znakova i podela u desetoj kući, kao i efekti pojedinačnih planeta i njihovih konjukcija, mogu se prostudirati iz *Saravalija* i drugih tekstova. Ukoliko je vladar desete u fiksnoj navamši, osoba može imati kancelarijski posao i stabilnost, a ukoliko je u pokretnoj navamši osoba će se seliti u potrazi za ličnom srećom. Dvojni znakovi u navamši daju mešane rezultate.

Nezaposlenost, nedovoljna zaposlenost i gubitak posla pokazuje pozicija ili veza između Saturna i desete kuće, ili njenog vladara. Suprotno tome, Jupiter pokazuje dobru prirodu i časne akcije. Debilitirane planete u desetoj kući, ili malefici u desetoj u navamši, takođe pokazuju nezaposlenost ili manjak zaposlenosti. U dašamši, šesta kuća sa maleficima pokazuje nevolje u službi, dok benefici i snažne planete u vezi sa sedmom i osmom kućom daju tendenciju ka napuštanju posla zarad biznisa. Lošu reputaciju pokazuje veza Marsa i Saturna, ili drugih malefika, sa desetom kućom ili njenim vladarom, ili papakartari joga na desetu kuću/vladara, ili pozicija vladara desete u malefičnoj navamši. Postoje razne kombinacije u standardnim tekstovima koje se odnose upravo na desetu kuće i koje treba pažljivo proučiti.

Pravac u karijeri i slava
Čart 108: Šoba De

Rashi (D-1) General			
	Ra		
Ve	Čart 108. Shoba De Wed. 7/1/1948 7:21:00 Bombay, INDIA	Sa	Ma
As MeSu	Jp Mo	Ke AL	

Rashi (D-1) General			
Ve 11	10 MeSu As	Jp	Mo 8 Ke 7 AL
	12 9 3 6		5 Ma
	1 Ra 2		4 Sa

U čartu 108. vladar desete kuće nalazi se na ascendentu formirajući tako moćne kombinacije poput *darma karmadipati* i *samhasana jogu*. Rađa pada (A10) se nalazi u Strelcu pod šuba kartari jogom Venere, Meseca i Jupitera. Ova konjukcija Sunca i Merkura takođe daje nipuna jogu što daje dobru inteligenciju, učenje, kao i dar za pisanje. Navamša ascendent je Škorpija sa Merkurom i Venerom u trigonu, što pokazuje fleksibilnost i sposobnost kritičke analize u pisanju. Ovo daje dobrog autora. Dašamša ascendent je

Deseta Kuća

Sa			Ke
AL	Navamša D-9 Wed. 7/1/1948 7:21:00 Bombay, INDIA		Ve
Jp			**Ma** Mo
Ra	Me As	Su	

D-1 (Rasi):
- Ra, Su in house 10 (Jp also 10)
- As, Me in house 11
- Mo, Ma in house 12
- Ve in house 3
- Ke in house 4
- Sa in house 1
- AL in house 8

	Ve		
Jp	Dašamša D-10 Shoba De Wed. 7/1/1948 7:21:00 Bombay, INDIA	Ke As Su	AL
		Me Mo	
Ra			
Ma Sa		AL	

Rak (bramin – intelektualni posao) sa Mesecom i Merkurom u drugoj kući, što pokazuje lične želje (Mesec je lagneš i um) vezane za pisanje (Merkur). Mars (joga karaka i vladar desete kuće) je zajedno sa Saturnom kao vladarom sedme kuće (nezavisni posao) i osme u šestoj (služba), i pokazuje da će ona steći autoritet (Mars kao vladar pete) na njenom početnom poslu, kao i da će raditi nezavisno. Merkur pokazuje njene knjige. Pošto Lava aspektuje vladar devete, Jupiter, u osmoj kući, ona će raditi nezavisno i zaraditi puno zbog popularnosti njenih knjiga. Venera je ponovo u trigonu od Merkura, i utiče na prirodu stvorenog dela, a pošto je to u desetoj kući, obećava veliki uspeh tokom svojih perioda. Aruda lagna (AL) je u Vagi, Venerinom znaku, zajedno sa Ketuom i pokazuje da će ona biti duhovna osoba, kao i da će verovati u Frojdovu teoriju da seks upravlja svetom. Iako je ona pisala već neko vreme, tek Venerina daša donosi njen veliki uspon i popularnost, počevši od 21. januara 1988. godine. *Merkur kao amatjakaraka (sledeća karaka posle atme) igra veoma bitnu ulogu kod određivanja profesije.*

Treba primetiti i to da je darma karmadipati joga oslabljena usped pozicije vladara devete u debilitaciji u navamši, u dvanaestoj od navamša lagne. Dakle, iako ona može biti zainteresovana za politiku, ovo ne mora biti dobro za nju. Drugo, upapada je u Vodoliji i vladar druge odatle, Jupiter, smešten je u dustanu u raši i navamša čartu. U navamši je ujedno i debilitiran. Dakle, stabilnost u braku se neće dogoditi, i ovo pokazuje dva ili više brakova (ovo se i dogodilo).

Čart 109: Muškarac rođen 16. jula 1948. godine

U čartu 109. deseta kuća nema planeta, dok se njen vladar, Venera, nalazi u Blizancima sa vladarom, Merkurom, u desetoj kući, i pokazuje profesiju u vezi sa Merkurom i Venerom (lepota, dizajn enterijera i proizvodnja nameštaja). Aruga lagna se nalazi u znaku Blizanaca sa Venerom i Merkurom u konjukciji, ponovo pokazujući isto to. Darapada (A7) je u Strelcu, ponovo pod aspektom Venere, Merkura i pokazuje proizvodnju nameštaja. Vladar darapade (biznis) je Jupiter, u konjukciji sa Mesecom u Škorpiji, i pokazuje drugi biznis sa nekretninama (Škorpija – Mars) gde su u pitanju poslovne zgrade (četvrta kuća sa Mesecom) za izdavanje. U navamša čartu, Mesec je u desetoj kući u Lavu i ima parivartanu sa Suncem, pokazujući tako bavljenje biznisom i podršku od strane oca za pokretanje posla.

Su Ke	JpAs	Ve	Ma AL Mo
	Dašamša D-10 Fri. 16/7/1948 10:10:00 Poona, INDIA		
Sa		Ra Me	

	Ke 2	Su 12	
Ve 3		AsJp	11
	Ma AL	1 4 10	
		7	
Mo	5 6	9 8	Sa
		MeRa	

U dašamša čartu (D-10) na ascendentu se nalazi Ovan, zajedno sa Merkurom i Rahuom u šestoj kući. Egzaltirani Merkur dominira nad arta trikonama i u šestoj kući pokazuje službu umesto privatnog biznisa. Međutim, postoje dve planete u dvanaestoj kući koje opstruiraju službu. Sunce, tako postavljeno, pokazuje nasleđe (osma od Lava) od oca i ovo sprečava mogućnost ulaska u službu. Ipak, Merkur sa Rahuom pokazuje nameštaj i male mašine/metale za nameštaj poput modernih kancelarijskih stolica, ormara, itd. Vladar desete, Saturn, je u devetoj kući (kući nezavisnog posla) i aspektuje šestu kuću i Merkura, i time pokazuje direktnu vezi sa biznisom. Vladar devete, Jupiter, na ascendentu takođe upućuje na samostalan posao/biznis. Vladar sedme, Venera, je u Blizancima i pod aspektom Saturna, i pokazuje vrstu biznisa.

BOKSER: MUHAMED ALI
Čart 110: Muhamed Ali

Čart 110. je horoskop Kasijasa Kleja alias Muhameda Alija, verovatno najvećeg boksera dvadesetog veka. Deseta kuća je znak Ovan sa Marsom, koji tu formira moćnu ručaka mahapuruša jogu koja određuje životni stil i karijeru ratnika (boksera). Saturn je takođe u desetoj kući u debilitaciji, ali dobija poništenje debilitacije budući da je njegov dispozitor, Mars, smešten u kendri od ascendenta. Rahu nema konjukcija i ne prima aspekte, ali aspektuje Marsa čije rezultate će i pokazati. Aruda lagna je u Ovnu sa Marsom i Saturnom, jasno pokazujući njegovu karijeru u vezi sa sportom (Saturn) i borilačkim veštinama (Mars), tako opisujući boksera. Ove planete

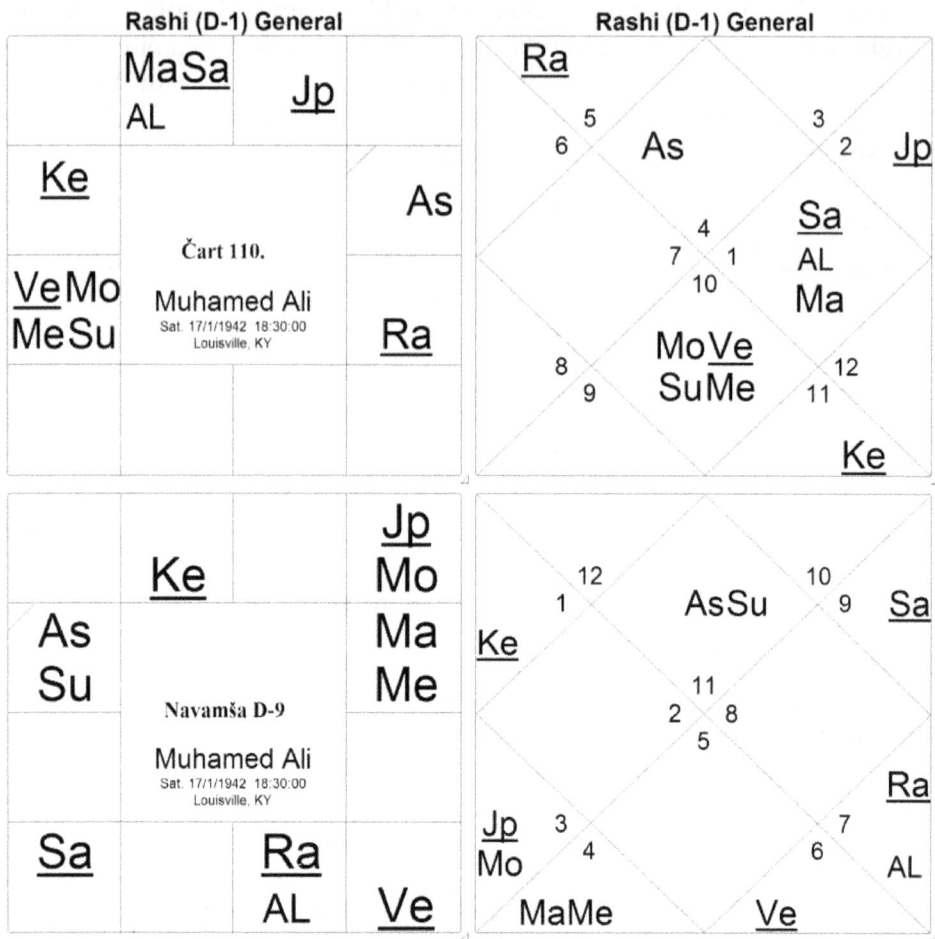

ujedno vladaju bojom dresa (plava ili crvena) a karijera pokazana aruda lagnom je boks. Rahu u Lavu je u badaku od šatrupade (A6 – neprijatelj/oponent bokser) i Muhamed Ali je pokazao svoje veštine tokom ranog detinjstva, počevši od Rahuove daše. Jupiter je u drugoj od AL i A7, i u osmoj od A6, time jasno podržavajući boks. Dakle, Muhamed Ali je imao dugu karijeru boksera koja se protegla tokom Rahuovog i Jupiterovog perioda. Saturn je atmakaraka i vladar navamša lagne, a osim toga je i aspektuje. Ovo garantuje rađa jogu tj. rast i uspeh visokog ranga.

U dašamši (D-10 čartu), Mars je vladar lagne u desetoj kući (samostalan posao/ugovori) sa egzaltiranim Jupiterom, i pokazuje ogroman rast i slavu tokom Jupiterove daše. Vladar desete, Sunce, nalazi se u dvanaestoj kući u debilitaciji (signifikator je Saturn, sport) i aspektuje ga Mars (borilačke veštine), što pokazuje boks. *Treba napomenuti da u dašamši planete u egzaltaciji ili u debilitaciji pokazuju uspeh i dobre prihode.*

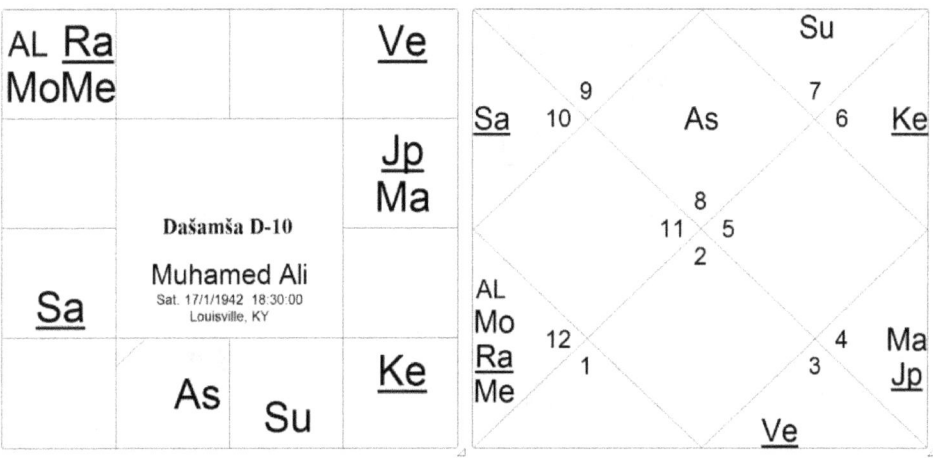

Najveće postignuće tokom svoje bokserske karijere dogodio se 1978. godine (37. godina, godina Saturna). Rađja pada (A10) upravlja titulama i njen vladar, Saturn, nalazi se u konjukciji sa Marsom (ime "svet"). Rađjapada u Jarcu zajedno sa svetlima, Venerom i Markurom pokazuje osvajanje titule u više navrata. Sa ulaskom u dašu Raka antardašu Jarca (narajana daša), 1978. godine, u njegovoj 37. godini, Muhamed Ali (alias Kasijas Markelus Klej) osvaja svetsku titulu u teškoj kategoriji po treći put, pobedivši znatno mlađeg rivala. Tokom iste godine dodeljena mu je četvrta titula "atlete decenije" u SAD-u.

DOKTOR I ASTROLOG NOSTRADAMUS
Čart 111: Mihel De Nostradamus

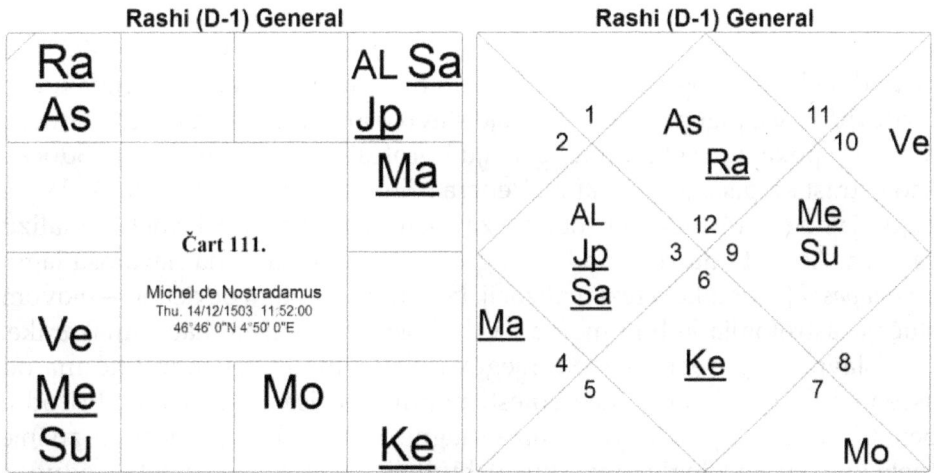

Balans Rahuove daše na rođenju: YL-11-14 dana. Čart 111. je čart Nostradamusa, najvećeg astrologa u skorijoj svetskoj istoriji, koji otkriva puno. Četvrta kuća nosi moćnu kombinaciju Saturna i Meseca. Obično,

Osnove Vedske Astrologije

	Ke	**Jp** Ve	**Sa** Mo
			Ma
	Navamša D-9 Michel de Nostradamus Thu. 14/12/1503 11:52:00 46°46' 0"N 4°50' 0"E		Su
As		**Ra** AL	Me

(North Indian chart D-1, rashi: As in 8, Ra in 7/AL, Me in 6, Mo/Sa in 5, Su/Ma in 4, JpVe in 3, Ke in 2, positions 1, 9, 10, 11, 12 marked.)

Sa Ma	Su		
	As	Me	
RaVe AL **Jp**	Dašamša D-10 Michel de Nostradamus Thu. 14/12/1503 11:52:00 46°46' 0"N 4°50' 0"E		Mo
			Ke

(North Indian chart D-10: Me in 2/3, MaSa in 12, Ra/AL/Ve/Jp in 11, AsSu in center, Mo in 4/1/7/10, Ke in 5/6, positions 8, 9 marked.)

konjukcija Saturna i Meseca treba da je u četvrtoj, desetoj ili jedanaestoj kući da bi donela rađa jogu. Aruga lagna je u Blizancima, zajedno sa gađakešari i Saturn/Mesec jogom, gde prva daje slavu osobi. Deseta kuća ima Sunce i Merkur i pokazuje veliku inteligenciju i profesiju u polju medicine (Sunce), kao i strast ka pisanju (Merkur). Venera i Ketu u trigonu od navamša lagne daju sjajnog astrologa sposobnog za tačne kalkulacije i kritičku analizu čartova. Aspekt Saturna (dodat na gornju kombinaciju) na navamša lagni daje *tapasvi* (osobu koja teži realizaciji božanskog putem odricanja – u ovom slučaju astrologija je bila metod). I dok aspekt Saturna, kao atmakarake, daje slavnu i sposobnu osobu, njegova vladavina malefičnim kućama od ascendenta u raši čartu daje bolesti poput artritisa i kostobolje. Prirodni benefik u četvrtoj kući od navamša lagne je od velike pomoći za znanje (peta kuća) u astrologiji (osma kuća), budući da je osma kuća peta u odnosu na ovog prirodnog benefika. Nostradamus ima vladara pete iz raši čarta (D-1), Mesec, u četvrtoj kući u navamši. On je obožavao Mesec i bio je blagog srca.

_____ Deseta Kuća

U dašamši (D-10) vladar desete, Saturn, je u Ribama (bolnice/lekovi) sa Rahuom i pokazuje impresivne lekarske sposobnosti i bavljenje opasnim bolestima. Ascendent (ličnost) i vladar šeste (pacijent), Venera, je zajedno sa Suncem i pokazuje posao vredan divljenja, kao i uspeh u lečenju bolesnih od kuge koja je inficirala Provansu (Francuska), a da pacijent ne krvari (Mars je u dvanaestoj kući – osoba ne voli noževe).

Mesec je u osmoj kući i pokazuje njegovu ukorenjenu želju za okultnim znanjem, dok je Jupiter vladar osme u desetoj kući i daje astrologa retkih sposobnosti. Najveće postignuće Nostradamusa je njegovo delo *Senčuris* koje se stalno pokazuje tačnim.

Upapada je u Vagi i vladar druge odatle, Mars, je u debilitaciji u vodenom znaku (zarazne bolesti tečnosti). Njegova prva žena, sin i ćerka umrli su istovremeno od kuge, i činjenica da nije mogao da učini ništa kako bi ih spasio donela mu je bitan pad u reputaciji. U dašamši, šuba argalu Meseca (reputacija) na desetu kuću opstruira Mars. Pošto je Mars istovremeno u devetoj kući (guru) od navamša lagne, on je imao i nesuglasice sa starijim kolegom (ili guruom) Silingerom. On je živeo šezdeset dve godine, šest meseci i sedam dana, i umro 1566. godine tokom Devica – Vodolija šula daše-antardaše. Sunce je u vreme smrti bilo u znaku Blizanaca (u kom se nalazi vladar mritjupade).

BIROKRATE: T. N. SEŠAN
Čart 112: T. N. Sešan

Rashi (D-1) General

As	Me Su	Ve	
Ra			Ke Jp
Sa AL	Čart 112. TN Seshan Sun. 14/5/1933 3:30:00 10°46' 0"N 76°42' 0"E		Ma
Mo			

Rashi (D-1) General

	SuMe		Ra	
Ve	1		11	Sa
	2	As	10	AL
		12		Mo
	3	9		
		6		
	4		8	
	5		7	
	KeMa Jp			

Čart 112. je horoskop Gospodina T. N. Sašena, IAS službenika u vladi Indije koji je kasnije postao glavni izborni zastupnik. Deseta kuća u raši čartu ima vatreni znak Strelca i vladar desete, Jupiter, je u šestoj kući (službe) u Lavu (vlada). Konjukcija Marsa i Jupitera u Lavu daje moćnu rađajogu

(*darma karmadipati joga*) i *lakšmi jogu* (konjukcija vladara prve i devete kuće). U dašamša čartu (D-10), Mars, kao vladar ascendenta, nalazi se u devetoj kući i Jupiter je vladar devete u jedanaestoj (aspektuje petu kuću Lava – autoritet/moć). Sešanova karijera (služba) počinje tokom Marsove daše i završava sa Jupiterovom dašom 1991. godine.

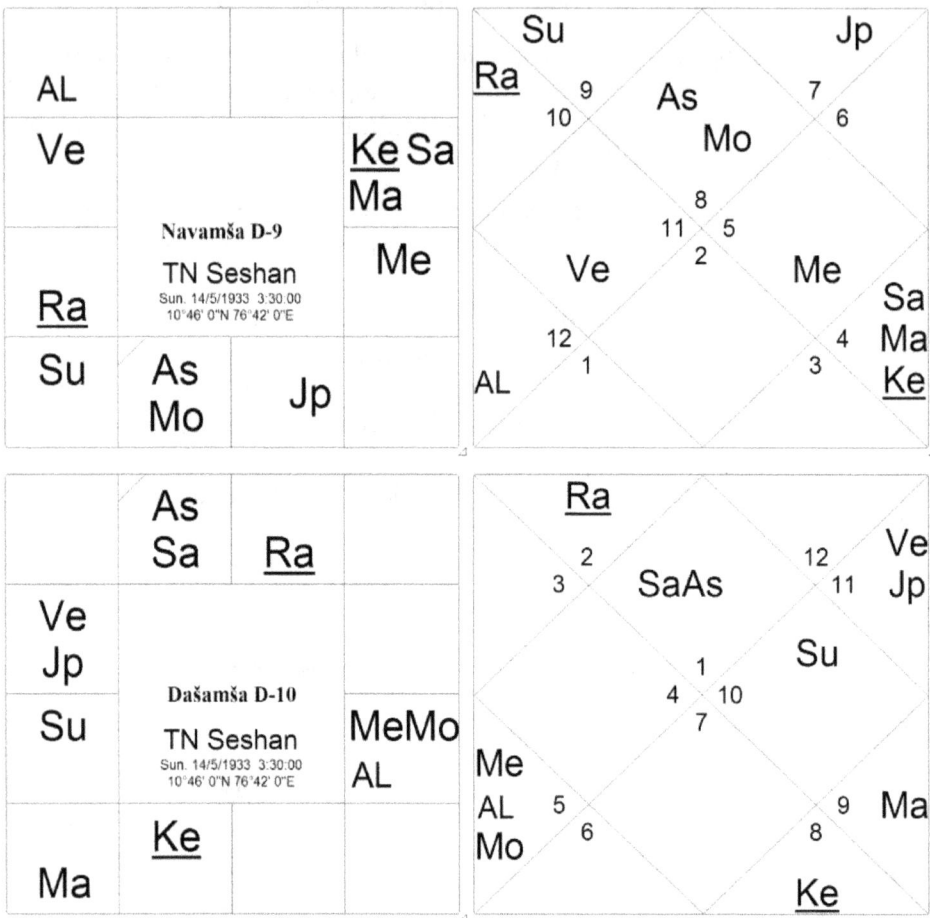

U dašamši (D-10) Saturn je vladar desete i nalazi se na ascendentu, što pokazuje veliku moć i autoritet kao i samostalno odlučivanje. Kao što je ranije pomenuto, planete u debilitaciji u dašamši mogu doneti izvrsne rezultate, a Saturn je debilitiran u Ovnu što je i dalo te odlične rezultate. Dakle, sa dolaskom Saturnovog buktija, tokom Saturnove daše od 1991. godine, Sešan je podignut na mesto glavnog izbornog komesara. Međutim, Saturn na ascendentu čini osobu gladnom moći što je primećeno u brojnim čartovima, uključujući i čart Adolfa Hitlera. Vladar pete, Sunce, je u desetoj kući i pokazuje osobu (Rađiv Gandi ima Lav ascendent) koja će biti odgovorna za njegov uspon na mesto sekretara u kabinetu, i kasnije na mesto glavnog izbornog komesara. Debilitirani Saturn aspektuje Sunce i, budući da je neprijatelj Suncu, tokom svojih perioda on utiče na Sešana da bude veoma oštar prema svim političarima nezavisno od pripadnosti partiji ili od veza. On uvodi sistem izbornih kartica, kao i druge reforme u vezi sa izborima, koje vraćaju veru javnosti (Mesec u petoj kući) u izborni proces. Sa dolaskom Merkurove antardaše, od 1994. godine, naoštreni političari preduzeli su mere kako bi mu skratili krila i umanjili njegov autoritet (Merkur kao vladar šeste kuće neprijatelja) u dašamši, smešten u petoj (autoriteta). Vladar šeste u petoj kući smanjuje/šteti autoritetu. Vidljiva opozicija (ne i stvarna) dolazi od vladara sedme u dašamši. Vladar sedme je Venera u konjukciji sa Jupiterom u Vodoliji, i pokazuje dvoje ljudi (Venera – gospodin Krišnamurti, Jupiter – gospodin Gil). Merkur vladar petom kućom od Jupitera i Venere i otuda tokom Saturnove daše i Merkurove antardaše ovo dvoje zaposlenih dobijaju mesto izbornih komesara iste moći, a Merkur nalazi način da nametne svoj put i Sešan postepeno gubi moć. Ketu je u osmoj kući u dašamši i pokazuje penzionisanje. Ketuova antardaša, tokom Saturnove daše, je nesumnjivo loša i njegovi politički pokušaji od marta 1997. godine do aprila 1998. ostaju bezuspešni.

Mesec, koji predstavlja birokratiju, kao vladar pete (autoritet) u raši čartu, je smešten u desetoj kući (profesije). U navamši se nalazi na ascendentu i pokazuje javne usluge, posebno kao amatjakaraka, i nalazi se u petoj kući (autoriteta) u dašamši, kao vladar četvrte (unutrašnja pitanja). Sešan je pripadao Tamil Nadu kedru (unutrašnji poslovi) administrativne službe Indije. Treba primetiti da je atmakaraka, Sunce, smešteno u Strelac navamši i da predstavlja svece poput Svami Vivekanande, a da se Sešanov navamša ascendent nalazi u dvanaestoj kući (kući obožavanja) od atmakarake, što ga čini veoma religioznom i duhovnom osobom.

Vreme rađajoge treba da se utvrdi u odnosu na kuću u kojoj se nalaze posmatrane planete. Ukoliko su planete smeštene u drugoj, četvrtoj, desetoj ili osmoj kući, rađa joga deluje rano u životu. Ukoliko su planete u prvoj, sedmoj, trećoj ili devetoj kući, rađa joga daje rezultate kasnije u životu i ukoliko su u preostalim kućama, rađa joga se manifestuje u srednjem delu života. Sešan ima atmakaraku Sunce sa Merkurom u drugoj kući od lagne i četvrtoj od aruda lagne, što pokazuje rađa jogu u obliku moćne službe u vladi Indije (Sunce je vladar šeste – služba, Merkur je vladar četvrte kuće, kuće doma). Darma karmadipati rađa joga nalazi se u šestoj kući i pokazuje ogromnu moć i autoritet u njegovom srednjem dobu.

Izbor profesije između službe i biznisa se vidi u šestoj i sedmoj kući u dašamši. Obe kuće su bez planeta, a vladar šeste, Merkur (služba), je u petoj kući (autoritet) sa Mesecom (birokratija) u znaku Lava kojim vlada njegova atmakaraka. Vladar sedme, Venera, nalazi se u jutiju sa Jupiterom, ali u badak stanu od ascendenta. Od lagneša Marsa, Merkur se nalazi u trigonu dok je Venera u dustanu. Dakle, izbor profesije pada na službu u vladi.

POLITIČARI: DR. MURLI MANOHAR ĐOŠI
Čart 113: Dr Murli Manohar Đoši

U horoskopu dr Murli Manohar Đošija (čart 113) vladar desete, Mars, egzaltiran je u dvanaestoj kući zajedno sa vladarima ascendenta (Saturn), četvrte i devete kuće (Venera) i sa Rahuom. Snaga vladara desete kuće i njegova konjukcija sa vladarom ascendenta (koji je takođe snažan u svom znaku) pokazuje nezavisne poglede, dok konjukcija sa Venerom rezultira darma karmadipati jogom. Osobe rođene sa ovom jogom će biti bogobojažljive, iskrene i veoma vredne. Venera je vladar desete od Mesečevog znaka. Aruda lagna je u Strelcu i njen vladar, Jupiter, prirodni benefik, smešten je u desetoj kući (tron/rađja) i nalazi se u *sama saptaka* dok hora lagna (bogatstvo) nema kontakt. Ovo pokazuje da osoba nikad neće biti motivisana novcem u odlukama u vezi sa svojom pozicijom i statusom.

Ovakva iskrenost je retka odlika u svetu politike nacija u razvoju, i njeno pojavljivanje u horoskopima političara današnjice pokazuje da je Indija na početku nove faze čiji visoki duhovni ideal istina (OM TAT SAT ili SATJAMEVA ĐATAJE) nalazi svoje mesto u politici.

Sunce i Merkur na aruda lagni ga predstavljaju kao političara i učitelja. On je veoma učena osoba koja će tokom života podučavati fiziku na univerzitetu, dok će mu politika ostati strast (Sunce je vladar sedme od ascendenta). On je učen u brojnim oblastima znanja, uključujući i tradicionalno znanje (Jupiter je u trigonu od navamša lagne). Mars u petoj kući od navamša lagne čini ga ratobornim, dok ga Venera u trigonu čini patriotom. Unutrašnja snaga čarta se vidi u odnosu na vladare kendri, trigona i povoljnih kuća iz raši čarta u kendrama/trigonima od navamša lagne (D-9). Slično tome, vladari malefičnih kuća iz D-1 čarta (rašija) treba da su smešteni u dustanima u navamši (D-9). U čartu 113. sve planete smeštene su u kendrama/trigonima od navamša lagne, osim Meseca koji vlada šestom kućom u raši čartu i njegova pozicija u šestoj kući od navamša lagne vodi ka porazu neprijatelja. Venera je atmakaraka i pod aspektom je vladara navamša lagne, Saturna. Planete Rahu i Jupiter nalaze se u konjukciji u navamši koja vodi ka rađa jogi.

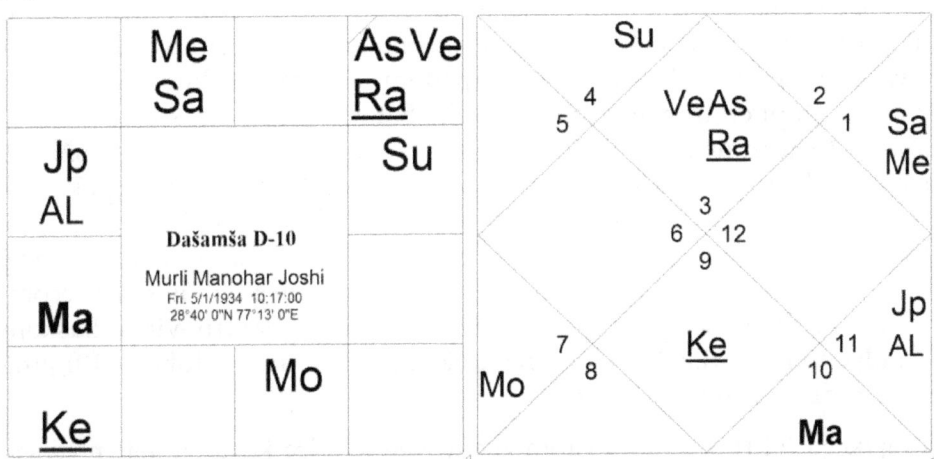

U dašamša čartu Rahu se nalazi u dvanaestoj kući i pokazuje veoma otvorenu osobu koja može imati problema usled intriga drugih tokom Rahuove daše, od avgusta 1979. do avgusta 1997. godine. Mesec se nalazi u petoj kući i pokazuje poraz Rahua, kao i moć i autoritet osobe. Vladar pete, Venera, na ascendentu takođe daje moć i pokazuje njegov snažan patriotizam. Dakle, tokom Rahuove daše, Mesečeve antardaše, i Venerine pratiantare on postaje ministar unutrašnjih poslova Indije, tokom kratkog perioda od četrnaest dana. Pošto je u pitanju Rahuova daša, rađa joga nije dugo potrajala. Mars je vladar nepovoljne šeste i jedanaeste kuće, i nalazi se u osmoj, čime pokazuje penzionisanje ili političku nedođiju. Tokom Rahuove daše i Marsove antardaše (od jula 1996. do avgusta 1997) on je bio u nevoljama zbog mahinacija od strane neprijatelja, da bi na kraju ostao bez moći. Jupiter je vladar sedme i desete kuće, i njegova pozicija u devetoj kući daje jasnu rađa jogu. Sa dolaskom Jupiterove daše, njegova borbena priroda iz Rahuove daše prolazi kroz transformaciju i njegova mudrost dolazi do izražaja, a BĐP (partija) nailazi na veliko prihvatanje među masama i intelektualcima. Partija/organizacija se vidi iz desete kuće u dašamša čartu. Ribe u desetoj kući predstavljaju lotus (Jupiter) simbol BĐP kojoj je suđen procvat počevši od Jupiterove antardaše do Mesečeve antardaše tokom Jupiterove mahadaše. Određivanje profesije urađeno je u odnosu na artatrikone u dašamši, a Ketu u šestoj pokazuje osobu koja radi kao profesor matematike/fizike, dok Sunce u drugoj kući pokazuje politiku.

Tranzit Saturna nad osmom kućom od natalnog Meseca naziva se kantaka Šani (trn u nozi) i dr Đoši je doista imao probleme sa nogom. Njegov tranzit preko rađja pade (A10) rezultira gubitkom titule ili odricanjem od pozicije i njegov aspekt na aruda lagnu (AL je u Strelcu) od Riba je loš po lični imidž. Tranzit traje od februara 1996. do aprila 1998. godine. Ipak, Jupiter tranzitira aruda lagnu, znak Strelac, tokom 1996. godine i to rezultira velikom pobedom koja se ne može održati. 1997. godina je teška, jer je Jupiter tranzitirao natalnog Rahua, i Saturn nije imao prepreke da napravi havariju nad aruda lagnom i rađja padom, a to je rezultiralo gubitkom zdravlja (Jupiter tranzit), imidža/moći (Saturn aspektuje AL) i statusa/pozicije (Saturn na A10). Pošto je trajala povoljna daša, partija je doživela uspeh uprkos svim preprekama. Jupiter u devetoj kući u dašamši pokazuje da je dr Đoši potpuno veran svojim političkim mentorima i guruima, dok Rahu, kao vladar devete, u dvanaestoj kući pokazuje da će neki ljudi dati sve od sebe da stvorili nesuglasice između njega i njegovih lidera. Srećom, Jupiterova daša počinje od avgusta 1997. godine i sa Saturnovim odlaskom iz rađja pade, aprila 1998. godine, dok Jupiter prelazi u Ribe (A10) juna 1998. godine, naziru se bolji dani.

Konjukcija četiri planete u istom znaku van kendra kuća ne daje *pravrađa jogu*. Ipak, to dovodi osobu u veoma bliskoj vezi sa svecima i sanjasima čiji će se blagoslovi pokazati veoma vrednima tokom Jupiterove daše.

Deseta Kuća

CAR: AKBAR
Čart 114: Akbar Veliki

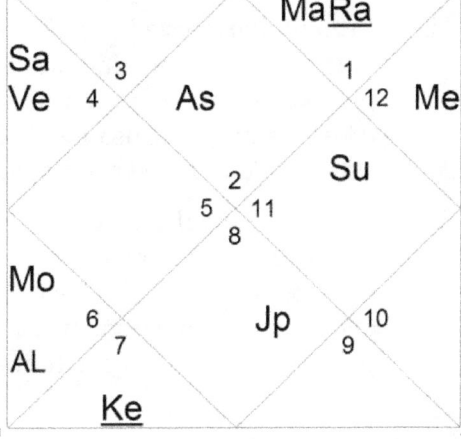

"Veliki" nije dovoljna reč za apetit nekog revnosnog poput Akbara, cara Indije (čart 114). Sve planete doprinose rađa jogi koja počinje *grahamalika jogom* od ascendenta (ličnost) do pete kuće (moć, autoritet) i uključuje sedam planeta u pet vezanih znakova. Početna tačka i poslednji znak grahamalika joge pokazuju metod/svrhu za početak i plodove ove joge, datim redom. Ascendent, kao početna tačka, pokazuje osnivanje 'sopstva' ili rađajoge, a peta kuća, kao krajnja kuća, zajedno sa suvladarom pete, Rahuom, smeštenim tu pokazuje konačni uspeh kao rezultat. Međusobni aspekt između Meseca (vladar desete) i Merkura (vladar devete) rezultira darma karmadipati jogom (najmoćnija među rađa jogama). Pošto je Merkur ujedno i dispozitor Meseca (šubapati) to vodi um u pravcu istinske duhovnosti, a pošto se joga dešava u trećoj i devetoj kući, ona će se manifestovati kasnije u životu. Ovo je našlo izraz u tolerantnim pogledima i ohrabrenju svih vrsta verovanja i mišljenja sa njegove strane, što je kulminiralo u novoj veštačkoj veri koja je zastupila najbolje prakse svih religija tokom Merkurove daše. Mesec i Merkur se nalaze na rasponu od tri stepena aspekta.

Veoma moćna *mahapuruša joga* koju uzrokuju egzaltirani Mars (ručak), Saturn (sasa) i Venera u svom znaku (malavja) u kendrama od ascendenta, učinila je Akbara velikom osobom. I dok ga je Mars učinio hrabrim, nepromišljenim i veoma sposobnim generalom, Saturn mu je doneo veoma strastvene i odane sledbenike koji će podržati san o politički sjedinjenoj Indiji. Venera ga je učinila atraktivnim, blagim i saosećajnim. Đavaharlal Nehru[17] kaže: "Njegove ubedljive oči bile su sjajne poput mora na sunčevom svetlu. U njemu je san ujedinjene Indije ponovo uzeo oblik, ujedinjene ne samo politički u jednoj državi već i organski spojene u isti narod".

Đaiminijeve Teške Rađa Joge

Upadeša daje veoma striktne uslove za rađa joge što je od velike pomoći kod pronalaženja razlika između različitih nivoa statusa, moći i autoriteta u horoskopu. Joga i njeni rezultati su veoma specifični.

i. **Veza vladara prve i pete kuće daje rađa jogu koja za rezultat ima moć i autoritet.** Vladar ascendenta, Venera, je u jutiju sa vladarom pete kuće, Saturnom, na ascendentu i u velikoj snazi (formirajući tako dve mahapuruša joge). Ovo donosi lični autoritet i besmrtnu slavu. Ujedno daje i brojne sledbenike i podređene.

ii. **Veza atmakarake i pitrikarake (peta čarakaraka) daje rađa jogu.** Atmakaraka, Venera, i pitrikaraka, Rahu, su u međusobnom aspektu iz Vage i Vodolije, budući da se isti znaci međusobno aspektuju. Ovo daje veoma strastvene sledbenike, kao i ljubav od strane podređenih, i njegove naredbe su rado sprovođene.

---

17   Đavaharlal Neru u *Otkriće Indije*.

iii. **Jednak broj snažnih planeta u drugoj i četvrtoj kući rezultira rađa jogom.** Planeta u drugoj kući vrši dana argalu na ascendent, dok četvrta kuća vrši suka argalu na ascendent. Pošto su druga i četvrta kuća upletene u kombinaciju, rađa joga se aktivira u ranom delu života. U čartu je vladar jedanaeste kuće, Sunce, u drugoj kući koja je prirodni davalac rađa joga i Mars (egzaltiran) nalazi se u četvrtoj kući, koja je prirodni signifikator zemlje, kao i vladar druge kuće. Dakle, rađa joga će delovati od rane mladosti i realizovaće se kroz osvajanje rata. Narajana (padakrama) daša počinje od Vage, i Škorpija, druga kuća, ima Sunce i aspektuje je egzaltirani Mars. Ona traje tri godine i to od njegove trinaeste do petnaeste godine (1554 - 1557). Akbar osvaja Delhi i osniva Mogulsko carstvo 1556. godine. Ascendent, Sunce i Mars nalaze se na 24. stepenu.

iv. **Planete u vezi sa lagnom, hora lagnom i gatika lagnom ili sa sedmom kućom od njih nazivaju se jogade (davaoci rađa joge).** Saturn, Venera i Jupiter nalaze se na lagni, u sedmoj od gatika lagne i aspektuju hora lagnu. Rahu i Ketu su na hora lagni i u sedmoj od hora lagne i aspektuju lagnu i gatika lagnu. Dakle, postoji pet jasnih jogada u raši čartu. Mars vlada sedmom od lagne, dispozitor je gatika lagne i aspektuje hora lagnu.

v. **Venera i Ketu u drugoj daju brojna vozila, dok Saturn i Ketu daju mnogo slonova.** Ove planete smeštene u drugoj kući od navamša lagne daju mu sve vrste vozila u vezi sa kraljevstvom, a Saturn mu daje naklonost ka slonovima (posebno u vezi sa Jupiterom u raši čartu).

vi. **Karakamša u vezi sa navamša lagnom daje rađa jogu.** Venera je atmakaraka planeta u Akbarovom čartu i vladar je ascendenta u rašiju, navamši i dašamši. Ona se nalazi i na drekana lagni. Akbar je bio rođen u kraljevskoj porodici i postao je car Indije, i bio je car sve do svoje smrti u Merkurovoj daši i Jupiterovoj antardaši. Njegova ličnost bila je privlačna i fantastična. Osnovao je ujedinjenu Indiju koja se protegla od Bengala na istoku do Guđarata na zapadu, i od Hindukuša na severu do Godavari na jugu. Imao je dragulje poput Rađe Birbala i Abdula Fazla da promovišu pravdu i obrazovanje, i odane i sposobne generalne poput Rađa Man Singa da bi nizao svoje uspehe i doveo Indijski podkontinent pod svoju zastavu.

MEDICINSKA SESTRA: DAMA SA LAMPOM (FLORENS NAJTINGEL)
Čart 115: Florens Najtingel

Ra Sa	Me	Su Mo	Ve
Jp			Ma
	Čart 115. Florence Nightingale Fri. 12/5/1820 14:00:00 43°46' 0"N 11°15' 0"E		Ke As
	AL		

Rashi (D-1) General

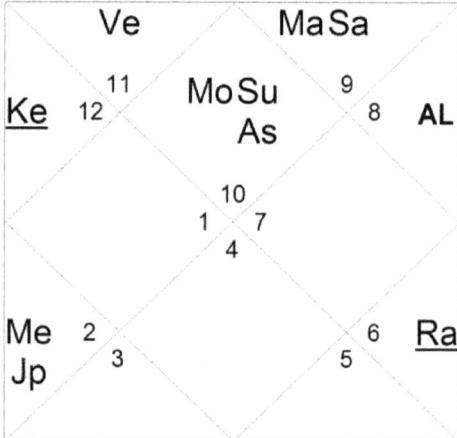

Ke	Me Jp		
Ve			
As MoSu	Navamša D-9 Florence Nightingale Fri. 12/5/1820 14:00:00 43°46' 0"N 11°15' 0"E		
Ma Sa	AL		Ra

	As Sa Me		
AL			Ke
Ra MoSu	Dašamša D-10 Florence Nightingale Fri. 12/5/1820 14:00:00 43°46' 0"N 11°15' 0"E		
	Ve	Jp	Ma

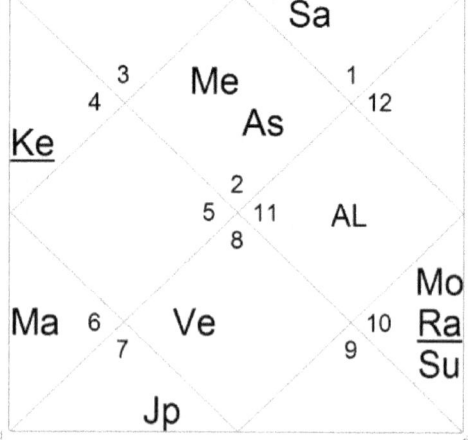

Deseta Kuća

Čart 115. je horoskop Florens Najtingel koja je dobila ime *dama sa lampom* zbog noćnih vizita kojim je pomagala ranjenim vojnicima. Ona se smatra osnivačem moderne nege. Mesec je prirodni signifikator za negu i nalazi se na navamša ascendentu u znaku Jarca. Vladar navamša lagne, Saturn, nalazi se u dvanaestoj kući (bolnice/mesta odmora za bolesne/ranjene) sa Marsom (vojnici). U rašiju (D-1 čartu), vladar devete, Venera, je u desetoj kući i pokazuje njen stav prema poslu. Ona zapravo shvata posao kao molitvu. Merkur u vezi sa Mesecom pokazuje lekove. U raši čartu, Venera je dispozitor egzaltiranog Meseca u devetoj kući, dok je Merkur vladar desete (posao) u osmoj kući (bolesti) u Ovnu (vojnici/rat). U navamši, Mesec se nalazi na lagni pod aspektima Merkura i atmakarake, Jupitera, iz Bika (raši drišti). I dok aspekt Merkura pokazuje lekove i negu, aspekt benefika atmakarake, Jupitera, pokazuje izuzetna životna postignuća.

Ako su Jupiter ili Mesec snažni oni u prvoj/sedmoj kući, daju slavu. U čartu 115. Mesec je egzaltiran u sedmoj od aruda lagne, zajedno sa Suncem. Pozicija svetala pokazuje njen pobožan i negovateljski posao, kao i njenu slavu zbog toga. Izmena znakova između vladara šeste i sedme kuće takođe dovodi osobu u stalni kontakt sa bolesnim ljudima i ljudima u nevolji, i time potvrđuje negovateljstvo. Treba primetiti i da znak Riba upravlja bolnicama, odeljenjima za negu, itd. posebno kada je Saturn vladar darapade (A7 pokazuje biznis) i rađapade (A10 karma/mesto akcije) u znaku Riba. Rahu je amatjakaraka i smešten je u Ribama u rašiju, i u Devici u navamši, i pokazuje isto, ali čini da je posao pun problema i opasnosti, posebno zato što je u konjukciji sa Saturnom.

Dašamša ima Rahua u desetoj kući u Vodoliji, dok je vladar desete, Saturn, smešten u dvanaestoj kući (bolnica/mesta odmora) u Ovnu (vojnici/rat). Jupiter u šestoj kući je vladar osme (bolesti). Glavne planete umešane u artatrikone pokazuju negu bolesnih/ranjenih. Venera, kao vladar lagne, u sedmoj kući pokazuje putovanja u vezi sa poslom u Marsovim (rat) područjima (Škorpija). Ascendent sa Merkurom i pod aspektom Meseca pokazuje medicinsko znanje, budući da je Merkur vladar pete a njegova kombinacija sa Mesecom pokazuje medicinu. Pošto je Mesec u devetoj kući sa Suncem, i pod aspektom Merkura, ovo znanje se stiče usled rada sa učenim lekarima.

Jarac, kao tamni, noćni Saturnov znak, zajedno sa svetlima na navamša lagni opravdano joj daju titulu "dama sa lampom" koju je dobila zbog svojih marljivih noćnih vizita pacijentima.

Čart 116: Ludvig Van Betoven

Rashi (D-1) General

		Ke / As	Ma
	Čart 116. Ludwig Von Beethoven Sun. 16/12/1770 14:17:00 50°44' 0"N 7° 5' 0"E		Sa
Ve			
Su Jp Me	Mo Ra		AL

Rashi (D-1) General

North Indian chart — Ma in house 3/4; AsKe in 1/12; Sa in 5; Mo in 8; Ra in 7/6; Ve in 9/10; Me Su Jp in 8.

Navamša D-9

	As Mo	Su	Me
Sa VeKe	Ludwig Von Beethoven Sun. 16/12/1770 14:17:00 50°44' 0"N 7° 5' 0"E		Jp / Ra
	AL	Ma	

(Right: South Indian Navamša — Me, VeSaKe; Su, As Mo; Jp, AL, Ma; Ra)

Dašamša D-10

As	Jp Mo	AL	Ma
Ke	Ludwig Von Beethoven Sun. 16/12/1770 14:17:00 50°44' 0"N 7° 5' 0"E		Ra
Su Me	Sa Ve		

(Right: South Indian Dašamša — Mo Jp; Ke; As; Su; Me; Ma; Sa Ve; Ra; AL)

Deseta Kuća

Čart 116. je horoskop najvećeg kompozitora klasične muzike - Ludviga Van Betovena (1770-1827). Venerin znak upornosti, Bik, nalazi se na ascendentu zajedno sa atmakarakom, Mesecom, u sedmoj kući upućujući na jogu za slavu i uspeh. Ovo je dalje potvrđeno atmakarakom, Mesecom, na navamša lagni koja daje ogromne veštine u vezi sa učenjem i pevanjem ili muzikom. Mesec je deo *parivartana joge* (izmena znakova) sa egzaltiranim Jupiterom povezujući tako prvu i petu kuću (rađa joga) koja daje fantastičnog genija (Jupiter) u komponovanju muzike/simfonija (Mesec i AK). Jupiter je ujedno egzaltirani vladar desete u navamša čartu.

Tabela 13-3: Narajana daše Betovena

Daša	Period	Od	Do	Starost
Škorpija	7	dec. 1770.	dec. 1777.	7
Blizanci	6	1777.	1783.	13
Jarac	6	1783.	1789.	19
Lav	8	1789.	1789.	27
Ribe	3	1797.	1800.	30
Vaga	3	1800.	1803.	33
Bik	8	1803.	1811.	41
Strelac	12	1811.	1823.	53
Rak	7	1823.	1830.	60

Deseta kuća raši čarta je vazdušni znak Vodolije (simboliše uši) dok su njeni vladari Rahu i Saturn u vodenom znaku (intelektualna profesija) sa Mesecom (um, muzika) u svom znaku. Venera aspektuje ascendent i AK (raši drišti) i donosi harmoniju simfonijama i drugoj komponovanoj muzici. Rađa pada (A10), koja donosi počasti i priznanja usled dobrog rada (ili suprotno ukoliko pod aflikcijama), je u Strelcu zajedno sa Jupiterom, vladarom četvrte, Suncem, kao i vladarom druge i pete, Merkurom. Ova konjukcija vladara druge, četvrte i jedanaeste kuće nosi naziv pariđata joga (božansko drvo – kalpavrikša[18]) i nalazi se na rađapadi i pokazuje da će osoba proizvesti brilijantne simfonije koje će ga učiniti legendom za sva vremena. Strelac je ujedno i osma kuća, i Jupiter je vladar osme bolesti/hendikepa sem što je vladar jedanaeste (uši). Narajana daša Strelca trajala je od 1811. do 1823. i tokom te daše Betoven je proizveo svoje najveće simfonije. On je ogluveo 1819. godine, u svojoj četrdeset devetoj godini. Vladar osme, Jupiter, zove se Rudra i njegovi trigoni su šule (tronožac). Betovenove šula daše počinju od sedme kuće, Škorpije, a on je ogluveo 1819. tokom šula daša-antara Ovan – Lav. Ovi znaci nalaze se u trigonu od osme kuće, od vladara osme, Jupitera, i u osmoj od aruda lagne. On je umro u svojoj pedeset

---

18 Kalpavrikša je simbolika Indrinog rajskog stabla koje ispunjava želje, Indre boga bogova. Ona implicira životna postignuća ukoliko se nalazi na rađapadi i sličnim mestima.

sedmoj godini (1827. godine) u Bik – Vodolija šula daši [Beleška: madja ajus joga, šula kanda traje od Riba do Blizanaca. Ribe i Blizanci aspektuje Jupiter i Ovan aspektuje atmakaraka, Mesec, tako ostavljajući Bik (u trigonu od AL) da donese smrt]. Posebnost Betovenova leži u tome što je, uprkos tome što je ogluveo, on nastavio da komponuje i njegovih devet simfonija proglašene su najboljima koje su ikad napisane. Ko drugi do uporni Bik sa vladarom, Venerom, u devetoj kući (ogromna nezavisnost i odlučnost) može da nastavi da stvara remek dela i pored ovakve prepreke?

U dašamši, u desetoj kući se nalazi Jupiterov znak, Strelac (genije na poslu), sa vladarom koji je u jutiju sa Mesecom (muzika, um) u drugoj kući, i tako pokazuje komponovanje poezije/muzike kao životni cilj. Merkur u desetoj kući daje odlične veštine u pisanju i veštine sa perom koje neće stati uprkos preprekama. Venera i Saturn u devetoj kući pokazuju da će kompozicija imati savršenu harmoniju i ritam (Venera) koji će biti iznad svih mogućih kritika dok Saturn unosi duboku tugu/melanholiju u poslednju simfoniju. Postojala je priča da jedna od njegovih simfonija nije dostupna masama budući da je uticala da nekoliko veoma emotivnih ljudi postane depresivno i okonča svoj život! Ovakve moćne emocije može da prouzrokuje samo atmakaraka Mesec na navamša lagni (sposobnost da ostavi snažan utisak na umove slušaoca), dok Venera na darapadi pokazuje tip užitaka ili tuge (jer je u Jarcu) koje publika oseća.

Vimšotari daša se itekako može primeniti za procenu vremena događaja. U dašamši, Mesec je u jutiju sa vladarom desete kuće, Jupiterom, u artatrikoni; Mars je jogakaraka i aspektuje Merkura u desetoj kući; Rahu, kao vladar dvanaeste, dobro je postavljen u šestoj kući i aspektuje Merkura u desetoj, i Jupitera i Mesec u drugoj kući. Dakle, tokom daša Meseca, Marsa i Rahua, uprkos svim preprekama, njegovo pero (simbolizovano Merkurom u Strelcu u desetoj kući) proizvelo je najbolje simfonije.

Mars je vladar sedme i dvanaeste od ascendenta (raši čart) i nalazi se u drugoj kući. On neće oklevati da učini zlo posebno kao vladar osme kuće od navamša lagne. On aspektuje aruda lagnu i vladara osme (bolesti) i jedanaeste (uši), Jupitera, smeštenog u osmoj kući. Jupiter je takođe smešten u sedmoj od lagne i šestoj od navamša lagne. Jupiter je smešten u drugoj od Rahua u raši čartu i u dvanaestoj od Rahua u navamša čartu. Betoven je umro 1827. godine, tokom Rahuove daše i Jupiterove antardaše.

Snaga uticaja različitih planeta ne vidi se samo iz podelnih čartova, već i iz njihovih aspekata sa ascendentom. Venera se nalazi u savršenom trigonu od Bik ascendenta i daje genijalnog umetnika ovog ranga.

Lepota I Zabava: Susmita Sen
Čart 117: Susmita Sen

Venera je prirodni signifikator za lepotu. U čartu 117. Susmite Sen, vladar desete kuće, Sunce, smešten je na ascendentu i pokazuje uspeh, slavu i poznatost u godini kojom Sunce upravlja (21/22. godina). Uzajamni aspekt između Sunca i egzaltiranog vladara devete, Meseca, rezultira *darma karmadipati jogom* (najviša rađa joga). Mesec u sedmoj kući je sam po sebi kombinacija za slavu i uspeh. Deseta kuća je znak Lava, vatreni znak koji pokazuje uspeh u profesiji koja uključuje "vatru" i kamere. Šuba argala Venere u drugoj odatle delimično je sprečena zbog Saturna u dvanaestoj odatle. Slično je sa papa argalom Marsa u jedanaestoj odatle koja pokazuje neuspeh u pokušajima da se penzioniše, itd. Opstruiraju je Rahu i Merkur u trećoj odatle. Rahu je vladar treće od Mesečevog znaka i smešten je u Vagi, Venerinom znaku koji pokazuje uspeh u karijeri u vezi sa lepotom. Njegova konjukcija sa atmakarakom, Merkurom, garantuje uspeh posebno usled "vaća" ili izgovorene reči. Susmitin uspeh uveliko je pripisan njenim savršenim odgovorima tokom takmičenja. Rahu je takođe smešten u desetoj kući od aruda lagne, zajedno sa Merkurom. Benefici u desetoj kući od aruda lagna daju dobre rezultate i Rahu će dati rezultate Merkura, kao prirodnog benefika, u desetoj od AL što pokazuje uspeh, dok će Merkur dati rezultate Rahua. Mesec i Merkur u trigonu od navamša lagne daju osobi seksipil i seksi izgled. Ovo je pogodno za profesije kao što je manekenstvo. Egzaltirani Rahu je u jutiju sa Merkurom i aspektuje Mesec u trigonu od navamša lagne, i tako pokazuje rezultate ovih planeta tokom svojih daša, budući da aspektuje Sunce u desetoj kući od navamša lagne koje daje uspeh i veliku sreću.

Titule i priznanja se vide iz rađja pade (A10). Rađjapada je u Škorpiji zajedno sa Jupiterom (Brihaspati, gospodar *Univerzuma*) u trigonu od Riba. Dakle, najviša titula koju je osvojila jeste Mis Univerzuma, što pokazuje Jupiter u petoj kući od rađja pade.

Aruda lagna i darapada (A7) nalaze se u znaku Jarca formirajući jogu. Snaga i status se vide preko vladara ovog znaka, a Saturn je smešten u Raku što može doneti rađa jogu najvišeg ranga. Trenutak krunisanja Mis Univerzuma desio se tokom narajana padakrama daše Raka i Jarac antardaše, 1996. godine. Vimšotari daša i antara bila je Rahu – Rahu. U dodatku ovoj rađa jogi koja daje potencijal u rašiju i navamši, Rahu je vladar pete u dašamši i nalazi se u desetoj kući zajedno sa Suncem (inicijator rađa joga) sa Rahu – Rahu dašom (9. jula 1995. do 21. marta 1998. godine). Prava rađa joga počela je u njenoj dvadeset prvoj godini života, i Susmita je ubačena u svet svetske slave, dobijajući priznanja od predsednika Indije i premijera različitih nacija iz celog sveta. Primila je i pozamašnu novčanu nagradu, kao i brojne poklone koji su je učinili bogatom. Tokom ove faze debitovala je čak i u filmovima.

_____ Deseta Kuća

Druga bitna joga je *grahamalika joga* koja se proteže od pete do devete kuće. Treba primetiti da narajana daša Raka sa Saturnom, vladarom AL, prima aspekt vladara devete Meseca i desete Sunca čime jasno pokazuje rađa jogu. Sunce se nalazi i u kendri od AL i A7, kao i trigonu od rađja pade (A10) i titule (Jupiter u Ribama).

SUPERMODEL I GLUMICA: AIŠVARJA REJ
Čart 118: Aišvarja Rej

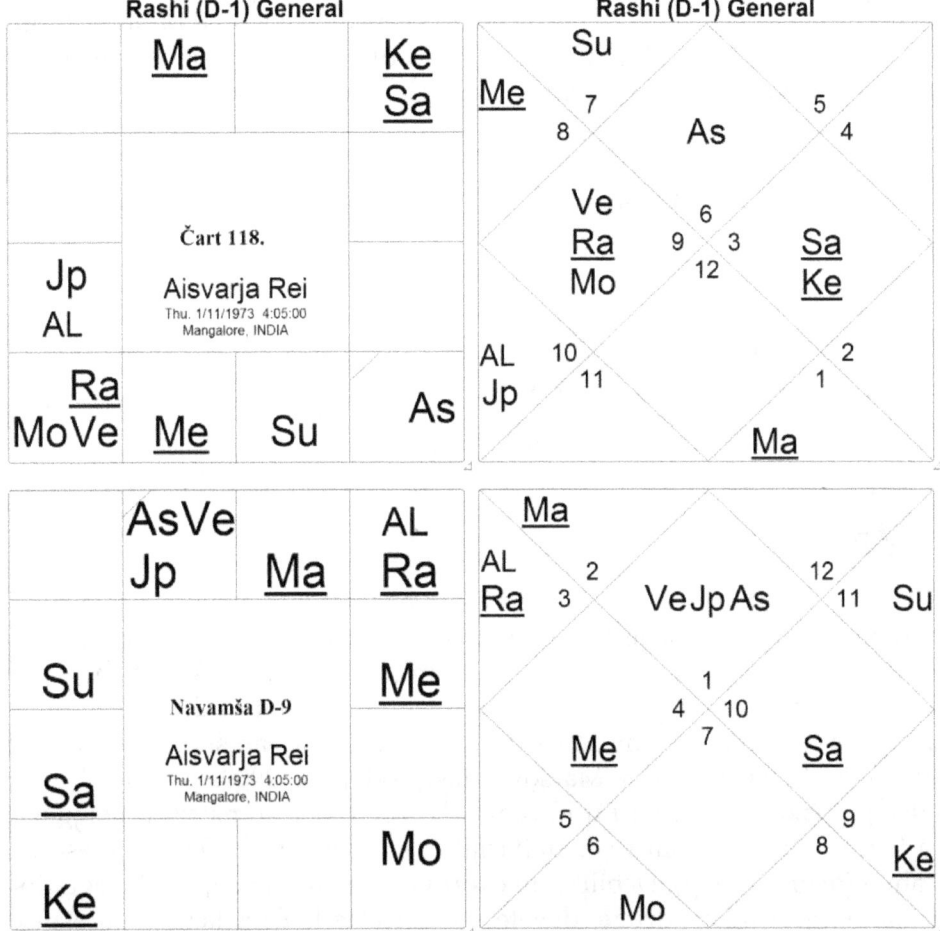

U čartu 118. samo se Jupiter nalazi u trigonu u raši čartu, a Jupiter i Venera su u trigonu od navamša lagne. Ova đaja joga čini Aišvarju Rej veoma lepom i atraktivnom ženom. **Na takmičenjima lepote druge takmičare treba tretirati kao kolege/takmičare, a ne kao neprijatelje. Dakle, takmičenja pokazuje darapada (A7), a ne šatrupada (A6).** Darapada Aišvarje Rej nalazi se u Škorpiji i pokazuje da će njen kolega/takmac biti Škorpija (Susmita Sen, čart 117. je bila glavni takmac, a rođena je sa Škorpija ascendentom). Na sličan način, darapada Susmite Sen (čart 117) je u znaku Jarca i pokazuje da će ascendent njenog glavnog rivala Aišvarje Rej biti u zemljanom znaku Device (trigon od Jarca).

TITULA: rađja pada (A10) je u znaku Ovna sa Marsom (vladar zemlje/ sveta) tu, i njoj je bilo suđeno da osvoji svetsku titulu. Nažalost, Jupiter se ne nalazi u trigonu od rađja pade te joj tako titula Mis Univerzum nikad nije pripala. Treba primetiti da obe, Susmita Sen (čart 117) i Aišvarja Rej, osvajaju titule tokom Saturnovog tranzita preko treće kuće od aruda lagne. Žene sa jakim Jupiterom će biti stidljive da skinu svoju odeću ispred publike. U oba pomenuta čarta 117. i 118. Jupiter je debilitiran bilo u rašiju ili navamši, i ovakvo oklevanje se neće videti kod uspešnih manekenki.

	AL Ma	Mo	Sa		Me	
Su Ra	Dašamša D-10 Aisvarja Rei Thu. 1/11/1973 4:05:00 Mangalore, INDIA	Me As Ke	7	6 KeAs 5 8 2 11	4 Ma AL	3 Mo
Jp Ve		Sa	Ve 9 Jp	10	Su Ra	1 12

Merkur kao vladar desete od lagne, kao i Mesečevog znaka, nalazi se na darapadi i pokazuje da je prirodan izbor profesije vezan za Veneru (karaka za darapadu). Desetom kućom od dašamša lagne vlada Venera, koja je u jutiju sa Jupiterom u petoj (trigon) kući od ascendenta i donosi profesiju u vezi sa lepotom i telom. Mars u desetoj kući u dašamši obećava veoma svetlu budućnost tokom Marsove daše, od juna 2000. godine. Deseta kuća je snažna i u rašiju i u navamši. U rašiju, ona se nalazi u konjukciji sa Saturnom i Ketuom (u debilitaciji) i pod aspektom Venere, Meseca i Rahua (debilitiranog). Debilitirani čvorovi u kendrama daju rađa jogu dok kombinacija vladara druge, devete i jedanaeste kuće u kendri, ili aspekt na desetu kuću, daje moćnu rađa jogu koja počinje tokom daše Meseca i antardaše Merkura, kada je ona i ponela titulu Mis sveta. Venerina antardaša u daši Meseca, 1998. i 1999. godine, obećava puno, i ona će postati i veoma uspešna glumica u Hindi filmovima.

Malefici egzaltirani/debilitirani u drugoj kući daju oči svetle boje. Sunce, debilitirano u Vagi u drugoj kući, daje Aišvarji Rej svetle oči koje su deo njene zanosne lepote.

Deseta Kuća

Zašto bi Merkurova daša tokom Mesečeve daše, u vezi sa dvanaestom kućom u dašamši donela uspeh? Upravo zbog toga što su deo grahamalika joge koja počinje sa Marsom u desetoj kući, i završava sa Saturnom u drugoj. Dakle, tokom perioda koji ih povezuju, efekti malika joge (ogrlice) se manifestuju.

Starost u vreme velikog prodora: godina velikog prodora može se videti u odnosu na najjaču planetu koja utiče na vladara devete i desete kuće. Baš kao i u čartu Susmite Sen (čart 117), vladar devete, Mesec, prima aspekt Sunca (prva šansa) koji je ujedno i vladar desete (uspeh) i pokazuje 21/22. godinu (videti tabelu 12.10). Na sličan način, u čartu 118. vladar devete je Venera koja je u jutiju sa Mesecom (druga šansa/pokušaj) i oboje aspektuju desetu kuću. Godine koje pokazuje Mesec su 23/24. godina (tj. 1996/1997). Prodor koji joj je doneo svetsku slavu došao je tokom pomenute godine.

NAUKA: ALFRED NOBEL
Čart 119: Alfred Nobel

Rashi (D-1) General					Rashi (D-1) General			
	Jp		Ra			SaVe		
					Ke 9	8 MaAs MeSu		6 5
	Čart 119. Alfred Nobel Mon. 21/10/1833 6:54:00 59°20' 0"N 18° 3' 0"E		AL					AL
Mo						7 Mo 1	10 4	
Ke		MeSu MaAs	Sa Ve		11 12	Jp	2	3 Ra

Alfred Nobel (čart 119) je ime kog se setimo svake godine kada se dodeljuje šest Nobelovih nagrada. Ove nagrade se smatraju najprestižnijim nagradama u datim poljima. Lagna, hora lagna i gatika lagna se nalaze u znaku Vage i u konjukciji su sa vladarima druge, devete i jedanaeste kuće, Suncem, Marsom i Merkurom, kao i sa Jupiterom u sedmoj odatle na rađja padi (A10) u Ovnu. Ovo daje četiri veoma moćne jogade (rađa joge). Konjukcija vladara ascendenta Venere i jogakaraka vladara pete Saturna je druga rađa joga. Budući da se sve dešava u dvanaestoj kući, to daje veoma nezavisne i duboke misli, znanje (peta kuća) u vezi sa hemikalijama (Venera), kao i sposobnost za naporan rad (Saturn). Rahu, koji vlada originalnim istraživačkim radom, nalazi se u devetoj kući u egzaltaciji i prima aspekt jogakarake, Saturna, kao vladara pete kuće u jutiju sa Venerom (vladar osme, istraživanja). Vladar desete, Mesec, smešten je u četvrtoj kući (trigon od osme kuće) i pokazuje karijeru u kojoj prevladava intelekt, Venera (hemikalije) je vladar desete od Meseca i od aruda lagne, i nalazi se u Merkurovom znaku (intelekt/studije).

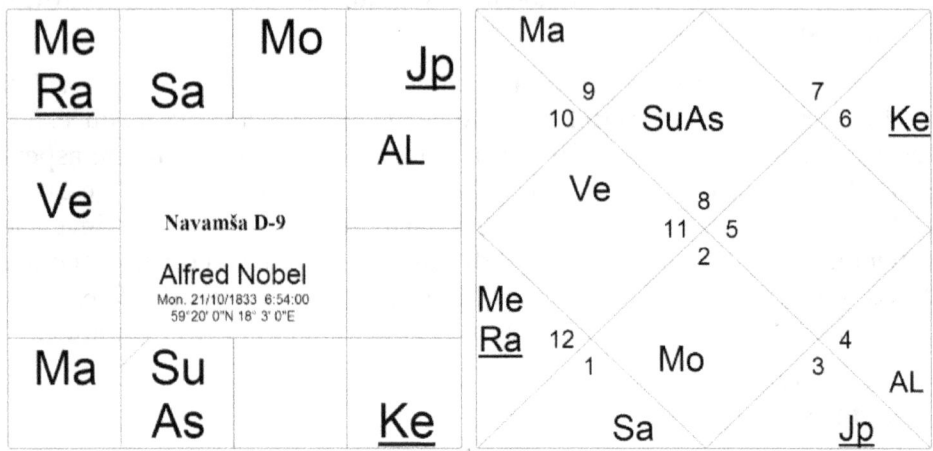

U navamši se Sunce i Rahu nalaze u petoj kući (kombinacija koja je prisutna u čartu Alberta Ajnštajna koji ima Rahua u Ribama na navamša lagni i Sunce u petoj kući i on razvija znanje o tome kako da napravi atomsku bombu). Za ovu kombinaciju je rečeno da daje smrt usled ujeda zmije ili od vatre, a ukoliko su u drugoj kući i u vezi sa ascendentom, osoba će steći sposobnost da stvori opasne vatre (Alfred Nobel je otkrio da nitroglicerin u kombinaciji sa elektrodama i biljnim ugljem itd. može biti eksplozivna smesa koja se lako prenosi i prodaje. Razvio je i dinamit). Pošto je Merkur atmakaraka u konjukciji sa Rahuom, "vatra" treba da je od velike marketinške vrednosti. Kao vladar devete na ascendentu u raši čartu, zajedno sa vladarima druge i jedanaeste, Merkur obećava veliku zaradu i bogatstvo usled tržišnog zahteva za ovom "vatrom" (dinamit) i Alfred Nobel i stvara ogromno bogatstvo od ovog otkrića.

U dašamši, vladar desete je u drugoj kući i Sunce definiše njegovu profesiju, on je glava institucije. Egzaltacija vladara druge i osme, Jupitera, u devetoj kući i vladar ascendenta u trećoj kući je druga moćna kombinacija koja obećava uspeh i autoritet/ime i poznatost visokog ranga, posebno kad je u konjukciji sa vladarom devete, Mesecom. Jupiter se nalazi u devetoj kući od aruda lagne na rađja padi (A10).

=== Deseta Kuća

Me AL		Ve	Ke
			Jp
Mo Ma	Dašamša D-10 Alfred Nobel Mon. 21/10/1833 6:54:00 59°20' 0"N 18° 3' 0"E		
Su	As	Ra	Sa

	Su		
Ma Mo	9 10	Ra As	7 6
	8 11 2	5	Sa
Me AL	12 1	Ke 3	4 Jp
		Ve	

Nobelova nagrada osnovana od njegove zaostavštine vidi se od rađja pade (A10) u Ovnu sa Jupiterom. Dvanaesta kuća od aruda lagna pokazuje troškove i pošto njome vlada Mesec, nagrade su udeljene u njegovo ime (ovo je ujedno i deseta kuća). Jupiter je putrakaraka i predstavlja sledbenike i kolege naučnike koje je on želeo da odlikuje za čist i uspešan istraživački rad na polju fizike, hemije i psihologije. Književnost, ekonomija i mir su preostala područja. Čitaoci mogu uporediti ovaj čart sa čartom cara Akbara (čart 114) i primetiti vrednost rađa joga koje su Đaimini i Parašara naglasili.

Naučnik I Nobelov Laureat: Pjer Kiri
Čart 120: Pjer Kiri

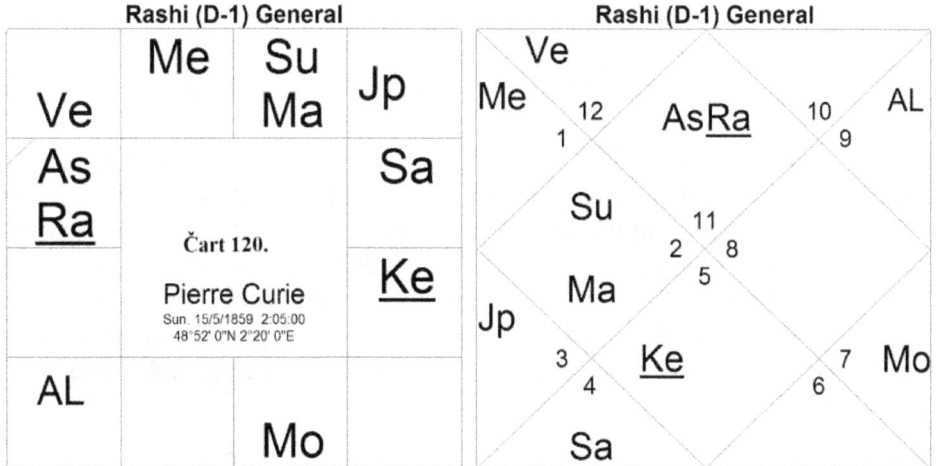

Čartovi 120. i 121. su horoskopi priznatih naučnika Pjera i Marije Kiri, čiji je istraživački rad na polju radiaktivnosti doneo kolosalni skok u nauci. Rađja pada (A10) za Pijera Kiri (čart 120) računata je od Ketua (suvladara Škorpije), umesto od Marsa, budući da je Rahu čara atmakaraka i čini Ketua

snažnijim od Marsa. Atmakaraka je uvek najsnažnija planeta u čartu. Vladar lagne, Saturn, nalazi se u šestoj kući u Raku i daje *"dhimanta jogu"* tj. osoba će slediti put znanja i uvek će biti inteligentna. Na sličan način, Mesec u devetoj kući čini osobu veoma inteligentnom i uvek angažovanom u polju višeg znanja/istraživanja. Artatrikonama raši čarta (D-1) dominiraju Saturn i Venera (egzaltirani i vargotama) u vodenom (intelektualnom) znaku. Vodeni znaci nose naziv *braman raši* i promovišu *gjana jogu* (tj. put znanja). Venera je dispozitor Meseca (šubapati), pored toga što je i jogakaraka (vladar četvrte i devete) za Vodolija ascendent. Saturn je smešten u desetoj kući od Mesečevog znaka i pokazuje naporan fizički posao tokom istraživanja, kao i uspeh u "započinjanju posla" ili istraživanju i sl.

U navamši se Merkur nalazi u Blizancima na ascendentu i pokazuje naučnu priznatost, dok je Venera egzaltirana u desetoj. Saturn i Venera su ponovo u artatrikonama. U ovoj dašamši Saturn je u desetoj kući (on je joga karaka za Vaga ascendent) zajedno sa vladarom ascendenta Venerom. Ovo je moćna joga za uspeh u radu i 1898. godine, tokom Saturnove daše i Venerine antardaše Pjer i Marija otkrivaju radijum i njegovo radioaktivno dejstvo. Nekoliko tona uranovog oksida (Saturn) koji je izvor radijuma i uranijuma donosi 0.1 gram čistog radijum hlorida. Uticaj Venere na promovisanje nauke (hemikalije – Venera) je evidentno u ovom čartu, budući da ona dominira arta trikonama i veoma je snažna u desetoj kući dašamša čarta. *Vimšotari daša daje odlične rezultate kada je Mesec u devetoj kući i otkriće se dogodilo tokom daše Saturn – Venera.*

Rađja pada (A10) je u Vodoliji i pokazuje da će njihovi napori i uspesi biti priznati i cenjeni tek posle nekog vremena, budući da je Rahu u Vodoliji i da prima aspekt svog vladara Saturna (raši drišti). U dašamši Rahu aspektuje devetu kuću u kojoj je Saturn smešten. Dakle, 1903. godine Pjer i Marija Kiri dele Nobelovu nagradu sa fizičarem A. H. Bekerelom. Pjer je prolazio kroz vimšotari dašu Saturn – Rahu. Treba primetiti da se Rahu ili nalazi na rađa padi ili je aspektuje u oba čarta Pjera i Marije Kiri (120. i 121). On se u oba čarta nalazi u petoj kući u Vagi u navamši.

Ra			Me Jp
			Sa Ve
	Dašamša D-10		Ma
Mo Su AL	Pierre Curie Sun. 15/5/1859 2:05:00 48°52' 0"N 2°20' 0"E		
		As	Ke

```
        Ke
    8       6
  9     As    5
              Ma
   AL    7   Ve
   Mo  10  4  Sa
   Su        1
              Jp
  11         3 Me
     12    2
      Ra
```

Pošto se rađa pada nalazi na ascendentu, koji je već snažan sa suvladarom Rahuom tu, a Saturn je u Raku (aspektuje Vodoliju raši drištijem) ime osobe će dugo ostati upamćeno. Jedinica mere radioaktivnosti "Kiri" nosi ime Pjera i Marije.

NAUČNIK I NOBELOV LAUREAT: Marija Kiri

Čart 121: Marija Kiri

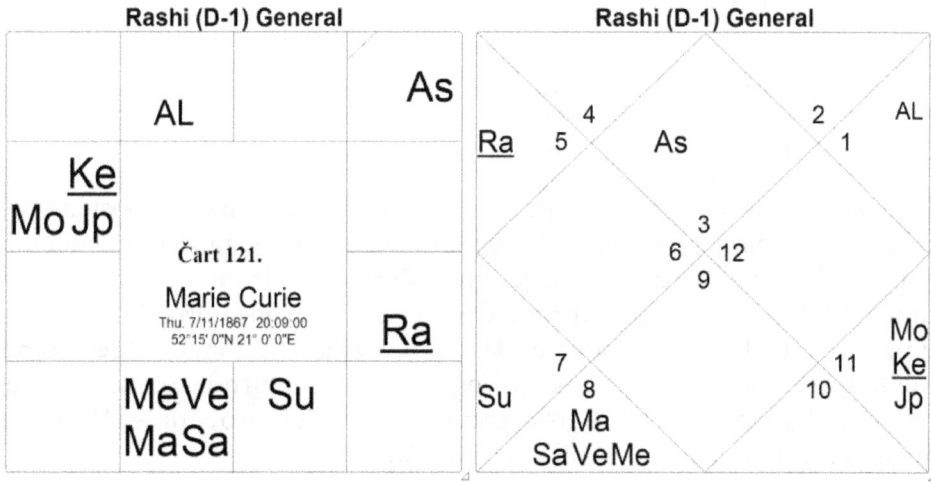

Pogledajte prethodni čart, čart Pjera Kirija. Marija Kiri (čart 121) ima Sunce u petoj kući, što pokazuje brilijantnost. Sunce ima *ničabangu* (poništenje debilitacije) budući da se svo troje Mars, Venera i Saturn, nalaze u kendrama od Meseca i pokazuju da će um (Mesec) doneti rast, slavu i uspeh. Deseta kuća nema planete, a vladar desete, Jupiter, je veoma povoljno smešten u devetoj kući (kuća višeg učenja/znanja) sa Mesecom i zajedno formiraju gađakešari jogu koja daje dobru reputaciju, slavu i ime. Ovakve osobe posvećene su potrazi za znanjem i veoma su iskrene. Konjukcija četiri planete u dustanu (šesta kuća) ne daje *pravrađa jogu* (samoodricanje). Konjukcija ascendenta sa vladarom šeste, konjukcija Merkura i Marsa, formira *dhimanta jogu* koja daje visoku inteligenciju. Na sličan način, konjukcija vladara ascendenta, Merkura, sa vladarom pete kuće, Venerom, takođe daje dhimanta jogu pored toga što je u pitanju rađa joga. Tako Merkur postaje veoma moćna joga karaka, i rađa joga i dhimanta joga mogu funkcionisati tokom zajedničkih perioda Merkura i Venere. Od aruda lagne, vladari ascendenta i šeste kuće su Mars i Merkur koji su u jutiju, i ponovo potvrđuju dhimanta jogu, kao i vladari prve i treće kuće. Marija Kiri je bila brilijantna i neprestanim radom za čistu nauku, kao i potragom za višim znanjem, otkriva radijum (zajedno sa suprugom Pjerom) 1898. godine u vreme Merkur – Venera vimšotari daše (*sa Mesecom u devetoj kući vimšotari daša daje savršene rezultate*).

	AL		As	Sa			
Ke	Su		Mo	Ve 5	4	As Mo	2 Su 1
			Sa Ve			3 Ke	AL
	Navamša D-9 Marie Curie Thu. 7/11/1867 20:09:00 52°15' 0"N 21° 0' 0"E			Ma Ra	6 12 9		
Jp Me			Ra Ma	7 8		Me Jp	11 10

U navamši se atmakaraka, Mesec, nalazi na lagni i pokazuje samoostvarenje i lična životna postignuća. Postoji graha malika joga od ascendenta (vargotama) do šeste kuće koja ima Merkura (vladara ascendenta) i Jupitera (vladara sedme – suprug). Otuda su ona i njen suprug bili zajedno u projektu. U dašamši se sedam planeta nalazi u kendrama sa Mesecom i Merkurom u desetoj kući, dok su Venera, Ketu i Saturn u sedmoj. Dakle, otkriće radijuma dogodilo se 1898. godine tokom Merkurove daše i Venerine antardaše (Venera je joga karaka u dašamši).

Rađa pada (A10, priznanja i nagrade) se nalazi u Jarcu pod aspektima četiri planete iz Škorpije, i Rahua iz Lava.

Deseta Kuća

```
┌─────────────┬─────────────┐    ┌─────────────┬─────────────┐
│    Jp    Su │             │    │ Jp  12  AsRa    10       │
│ As          │             │    │       1              9   │
│ Ra          │             │    │         11      Me       │
│     Dašamša D-10          │    │  Su  2 / 8     AL        │
│     Marie Curie    SaKe   │    │        5       Mo        │
│  Thu. 7/11/1867 20:09:00  │    │      3    SaVeKe    7    │
│  52°15' 0"N 21° 0' 0"E  Ve│    │        4         6       │
│        AL      Ma         │    │                          │
│      MeMo                 │    │                  Ma      │
└─────────────┴─────────────┘    └─────────────┴─────────────┘
```

Zajedno sa njenim suprugom Pjerom i gospodinom Bekerelom dodeljena joj je Nobelova nagrada (za fiziku) za njena otkrića i rad na radioaktivnosti 1903. godine tokom Merkurove daše i Rahuove antardaše. Ona je ponovo dobila Nobelovu nagradu za hemiju (1911. godine) tokom Ketuove daše Mesečeve antardaše (Mesec je u desetoj kući u dašamši, dok je Ketu u konjukciji sa Venerom u sedmoj kući) za izolaciju metalnog radijuma. I Mesec i Ketu se nalaze u jutiju sa vladarom desete, Jupiterom, u devetoj kući (u raši čartu) i zato daju njegove rezultate. Oni se takođe nalaze u drugoj kući od rađja pade, i time stvaraju argalu na nju koja nema opstrukciju. Njeno ime je besmrtno, ime "Kiri" će zauvek ostati upamćeno budući da predstavlja osnovnu jedinicu mere radioaktivnosti.

MENADŽER PRODAJE: VREME ZAPOSLENJA
Čart 122: Muškarac rođen 25. oktobra 1951. godine

U čartu 122. Saturn se nalazi u desetoj kući i pokazuje bitne uspone i padove u karijeri. Kao vladar upapade, Saturn pokazuje da pitanja u vezi sa partnerom mogu negativno da utiču na samu karijeru osobe. Trgovina zahteva šarm, kao i prihvatanje od ljudi, a Venera je bitan signifikator jer pokazuje putovanja u vezi sa profesijom. Venera je vladar desete od Meseca i nalazi se u fiksnom znaku u desetoj kući, i tako pokazuje da poslovne prilike mogu doći iz stranih zemalja iz severo-istočnog pravca (Venera). Konjukcija Marsa i Ketua pokazuje tehničke veštine/inženjerstvo. Merkur, kao vladar desete od ascendenta, nalazi se u jutiju sa Suncem, vladarom devete od moćne darma karmaadipati joge. Dešava se i poništenje debilitacije Sunca zbog Saturna u kendri od lagne, i Marsa i Venere u kendri od Meseca (mantra uma). Rađja pada je u dvanaestoj kući (kuća prodaje). *Parivartana joga* između Sunca i Venere (vladara devete i jedanaeste) vrši *kartari jogu* nad desetom kućom, osoba prodaje televizore i ostalu tehniku za domaćinstvo.

Osnove Vedske Astrologije

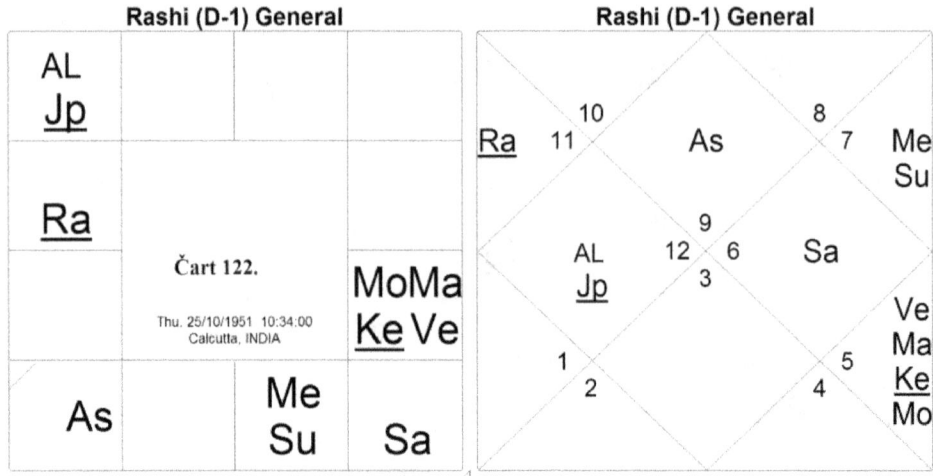

U dašamši (D-10) tri benefika, uključujući i Veneru kao dispozitora egzaltiranog vladara desete, nalaze se u dvanaestoj kući (kuća prodaje). Iako je sedma kuća snažnija od šeste, Saturn se tu nalazi i pokazuje službu umesto privatnog biznisa. Dakle, vladar desete, Saturn, ga vodi u službu u svetski biznis i zabavu (Venera) a Venera mu daje veoma specifičnu vrstu trgovine.

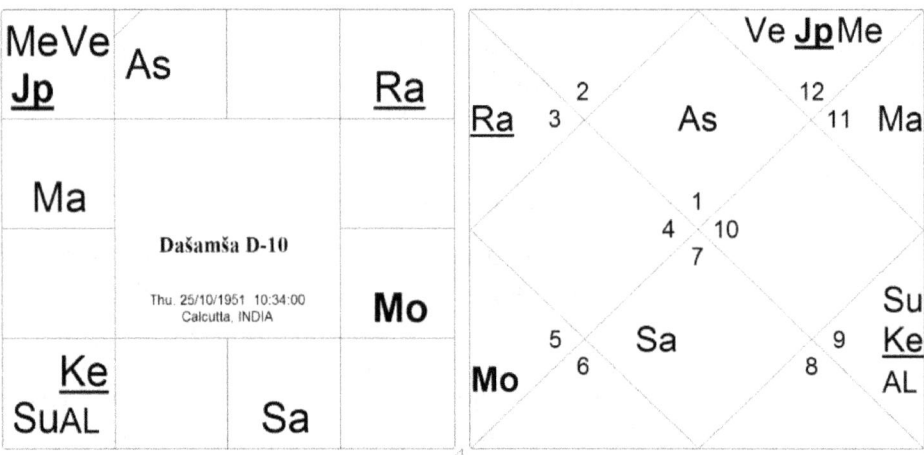

Šestu kuću treba tretirati kao ascendent za službu. Ovo je Devica i planete u drugoj/sedmoj od ove kuće imaju pogubno dejstvo na ovu kuću. Njen vladar, Merkur, je debilitiran i u jutiju je sa vladarom devete i dvanaeste, Jupiterom (što mu daje nezavisnost). Saturn se nalazi u drugoj odatle dok je Mars vladar dašamša ascendenta, kao i osme kuće, i on daje i dobre i loše rezultate u vezi sa dašamšom. Tokom Marsove daše, Saturnove antardaše i Venerine pratiantare, osoba dobija dobru ponudu da radi kao menadžer prodaje u internacionalnoj firmi, i odlazi u Kinu i SI Aziju zbog posla tokom Marsove daše, Saturnove antardaše i Jupiterove pratiantare. Sa ulaskom u Merkurovu antardašu, tokom Marsove daše od februara 1997. godine, on ostaje bez posla i zaglavljen u parnici. Osoba je dobila savet da uradi određene remedijalne mere i tokom Mars – Merkur – Venera vimšotari daše ova parnica se rešava u njegovu korist. Tokom sledeće pratiantare Sunca, u istom periodu, on dobija novi posao u vezi sa prodajom boja (Merkur) i odlazi u Bombaj. *Sunce je vladar pete u dašamša čartu i uvek će dati nove poslovne mogućnosti/zaposlenja tokom svojih perioda.* U raši čartu on se nalazi u konjukciji sa vladarom sedme kuće i stavlja tačku na neprijateljstva. I ovaj slučaj je rešen u njegovu korist.

RAZLIČITE PROFESIJE I KARIJERE
Čart 123: Gospođa Kavita

Rashi (D-1) General

As		Ma	AL
Ke			Me Su
	Čart 123. Fri. 5/8/1960 21:00:00 Madras, INDIA		Ve Ra
Sa Mo Jp			

Rashi (D-1) General

	Ke 1		11
Ma 2		As	10
AL	12 3	9	Mo Sa Jp
		6	
Me Su	4 5		8 7
	Ve	Ra	

Navamša D-9

	Jp Ve	Ke AL	
Ma			
			Me As
	Čart 123. Fri. 5/8/1960 21:00:00 Madras, INDIA		
Su Mo	Ra	Sa	

	5 6	As Me	3 2	AL
Sa		4		Ke
	7 10	1	Ve Jp	
Ra	8 9		11 12	Ma
	Mo Su			

Čart 123. je horoskop izdavača i vlasnika Startelera, mesečnog magazina astrologije. Deseta kuća je znak Strelca gde se nalazi Jupiter i tako formira *hamsa mahapuruša jogu*, a u konjukciji sa Mesecom daje *gađakešari jogu*

koja donosi slavu i poznatost. Saturn i Mesec u desetoj kući prave moćnu kombinaciju za uspeh i uspon, dok Jupiter i Saturn prave *brama jogu* koja čini osobu uspešnom u započinjanju bilo koje aktivnosti, religiozne ili duhovne. Budući da je astrologija zasnovana na predviđanju budućnosti na osnovu događaja u vremenu (početak života ili događaja), brama joga je od velike pomoći za astrologe. Deseta kuća je takođe pod aspektom Marsa i Rahua.

U navamši se u desetoj kući nalaze Jupiter, Ketu i Venera. Vladar desete, Mars, upleten je u *parivatana jogu* zajedno sa vladarom devete, Jupiterom, što pokazuje *karmu* u vezi sa *darmom*.

MeRa Ma		Sa		10 11		8 JpAs 7
	Dašamša D-10 Fri. 5/8/1960 21:00:00 Madras, INDIA		Ve		Me Ma Ra	9 12 6 3	Ke Su MoAL Ve
JpAs		Ke Su MoAL		1 2	Sa	5 4

U dašamši sve planete su u kendrama/trigonima, dok je vladar desete, Merkur (koji upravlja pisanjem/izdavanjem), u vodenom znaku Ribe (znak intelekta kojim vlada Jupiter, koji predstavlja astrologiju) i u jutiju je sa Marsom (mastilo/štampa). Rahu je u jutiju sa ovom kombinacijom i inicira izdavanje magazina koji se vremenom može unaprediti. Jupiterova daša počinje od juna 2000. godine kada se aktivira nekoliko rađa joga, kao i mahapuruša joga.

Devica je znak rađa pade, nalazi se u desetoj kući u dašamši i pokazuje izdavaštvo. Prisustvo svetala u desetoj kući, zajedno sa mokša karakom, Ketuom, pokazuje prirodu magazina - astrologija i duhovnost. Tokom Jupiterove daše osoba dolazi u kontakt sa najboljim astrolozima sveta i uzdiže magazin na veoma zavidan nivo.

Deseta Kuća

Čart 124: Muškarac rođen 16. decembra 1961. godine

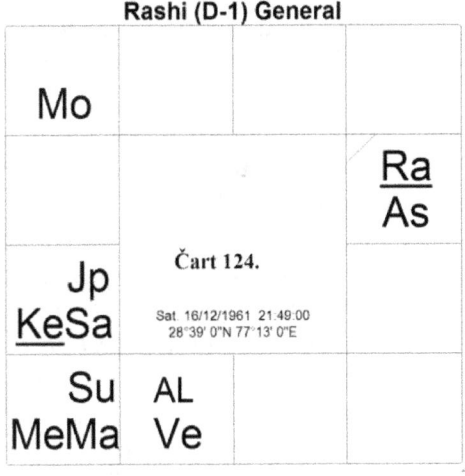
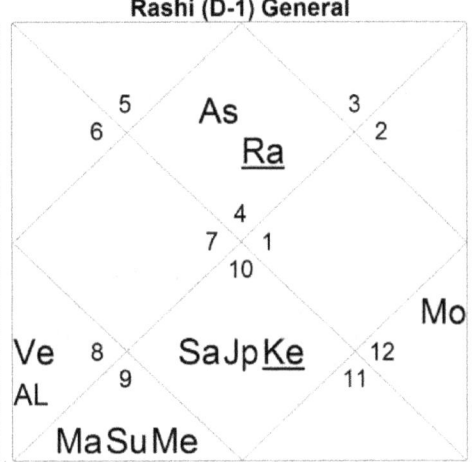
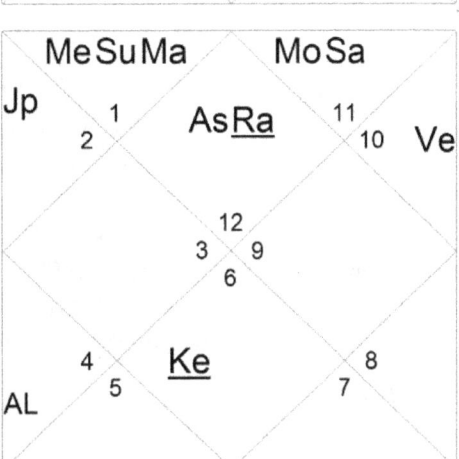
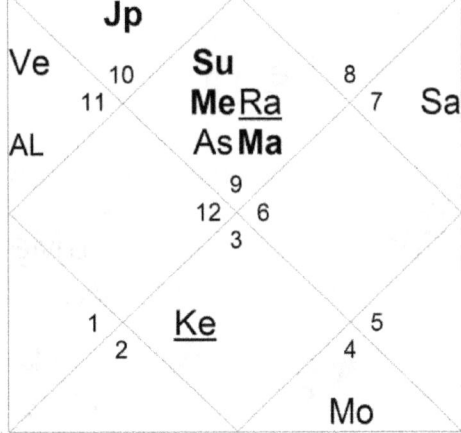

Osnove Vedske Astrologije

U čartu 124. Mars vlada desetom kućom od ascendenta i nalazi se zajedno sa vladarom druge, Suncem (signifikator za oca) i sa Merkurom (vladar dvanaeste, strane zemlje) u šestoj kući. Ove planete su ujedno i smeštene u desetoj kući od Meseca. Mars u desetoj kući od Meseca pokazuje odlazak u inostranstvo zarad posla. Mesec je atmakaraka u devetoj kući, i ovo će se doista i dogoditi. Kombinacija Marsa i Merkura pokazuje inženjering. Vladar desete od Meseca je Jupiter, koji je ujedno i vladar devete (putovanja u inostranstvo) i dispozitor vladara lagne smeštenog u sedmoj kući, zajedno sa vladarom sedme. Osoba prati oca na putovanjima u inostranstvo gde pronalaze prigodno mesto za boravak, kao i zaposlenje. Pošto je Mesec u devetoj kući, ovo se dešava u ranom detinjstvu, njegov otac odlazi u Zambiju zarad svoje sreće (kontakt sa vladom Zambije). Osoba se zapošljava kao iniženjer elektrotehnike u Zambiji. U dašamši (D-10) Jupiter i Ketu su u artatrikoni (druga i šesta kuća) i pokazuju poznavanje zakona, sprovođenje i sl. Šesta kuća je snažnija od sedme i pokazuje službu umesto biznisa. Vladar desete, Merkur, smešten je na ascendentu (počinje rano da zarađuje i samostalan je) u vatrenom znaku (inženjerstva) sa Marsom (inženjer elektrotehnike – Mars + Merkur + Sunce). Darma karmaadipati joga Sunca i Merkura na ascendentu daje puno odgovornosti koje osoba revnosno ispunjava. Rahu je u dvanaestoj kući u dašamši i pokazuje da on može biti predmet mahinacija od strane skrivenih neprijatelja i ljubomornih kolega. Ovo se i dogodilo tokom Rahuove antardaše Sunčeve daše, od 26. juna 1996. godine do 21. maja 1997. godine, i osoba se odlučila na promenu posla. Saturn koji aspektuje lagnu (ili lagneša) u dašamši daje osobu koja naporno radi, ali istovremeno i ljubomorne kolege.

Različite Karijere
Čart 125: Muškarac rođen 6. septembra 1957. godine

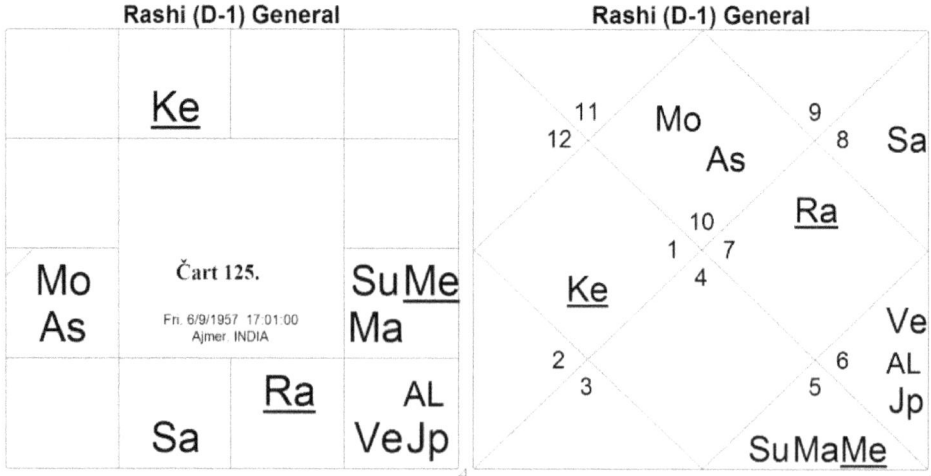

Deseta Kuća

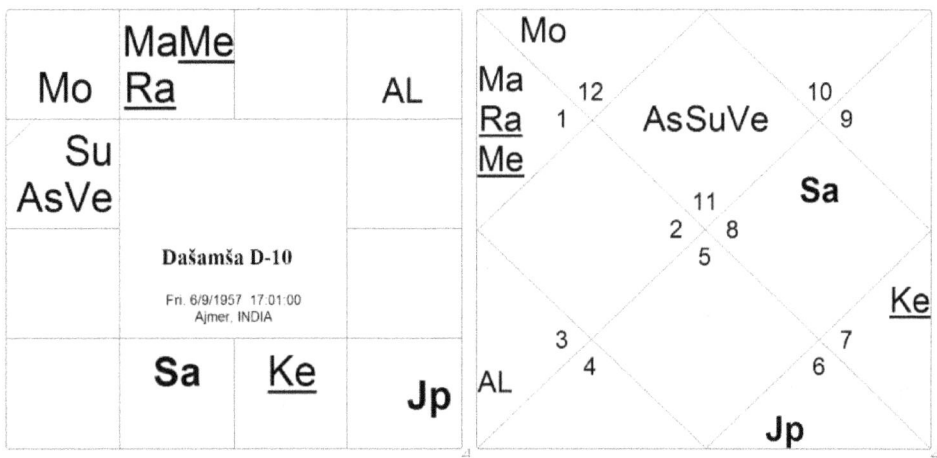

U čartu 125. Rahu se nalazi u desetoj kući i prima argalu (intervenciju) Saturna u drugoj odatle, a tu argalu potpuno opstruiraju Jupiter i debilitirana Venera u dvanaestoj odatle. Ovo se ujedno nalazi u desetoj od Meseca. U dašamši (D-10) deseta kuća je Marsov znak, Škorpija, sa Saturnom koji pokazuje karijeru u vezi sa lopovima (Saturn) i policijom (Mars). Vladar desete, Mars, je u Ovnu u trećoj kući (kuća hrabrosti) u društvu senovitog Rahua koji upravlja tajnim službama, i Merkura. Marsov uticaj dominira i pokazuje službu u CIA (obaveštajna služba). Saturn u desetoj kući obećava mnogo uspona i padova tokom karijere. Osoba je bila zaposlena u obaveštajnoj službi Rađastani policije tokom Rahuove daše (1983-1984).

Vladar desete kuće iz raši čarta, i Mesečevog znaka, je Venera smeštena u debilitaciji u konjukciji sa Jupiterom. Jupiter će zbog toga pokazati rezultate debilitirane Venere. Jupiter je ujedno vladar upapade, i smešten je u sedmoj odatle sa debilitiranom Venerom, dok je Ketu u drugoj od upapade. Ovo pokazuje kašnjenje ili izostanak braka, kao i nestabilnosti u porodičnom životu. U dašamši, Jupiter je u osmoj kući i pokazuje ostavku iz službe.

Sa dolaskom Jupiterove daše 1984. godine, osoba napušta službu u vladi sa osećajem da će bolje proći u biznisu. Nažalost, Jupiter je u osmoj kući od vladara sedme, Sunca (u dašamši). Dakle, bilo koji posao koji preuzme propašće u vrlo kratkom vremenskom periodu rezultirajući velikim gubicima a vremenom i uništenjem nasleđene roditeljske imovine. Jupiter u osmoj kući u dašamši pokazuje nasleđe zarad biznisa. I vladar druge i jedanaeste u osmoj pokazuju da ostavku treba očekivati, posebno tokom Jupiterovih perioda, ali uspeh biznisa zavisi od vladara sedme, Sunca. Jupiterova daša završava u septembru 2000. godine, i do tada nema velikih izgleda za uspeh u biznisu.

Naučnik
Čart 126: Giriš K. Šarma

Čart 126.
Girish Sarma
Wed. 8/12/1937 22:00:00
Karachuli, INDIA

Navamša D-9
Girish Sarma
Wed. 8/12/1937 22:00:00
Karachuli, INDIA

Dašamša D-10
Girish Sarma
Wed. 8/12/1937 22:00:00
Karachuli, INDIA

Čart 126. ima Sunce u petoj kući što pokazuje veoma inteligentnu osobu. Osoba je doktor i istaknuti naučnik iz Londona. Vladar ascendenta (Mesec), i vladari pete i desete, te šeste i devete (Mars i Jupiter) nalaze se u konjukciji u sedmoj kući, i pokazuju brojne moćne rađa joge uključujući i dhimanta jogu (veza vladara prve i pete, prve i šeste), darma karmaadipati joga (vladari devete i desete), lakšmi joga (prve i devete), rađa joga (prve i desete te prve i pete), itd. Budući da je ova kombinacija smeštena u sedmoj kući, pomenute joge će funkcionisati u inostranstvu. Ovo je potvrđeno i parivartana rađa jogom (izmenom) između Saturna i Jupitera koja povezuje sedmu i devetu kuću. Jupiter dobija *ničabangu* (poništenje debilitacije) zbog Marsa i Meseca u kendrama od lagne, kao i u međusobnim kendrama. Ipak, postoji jasna indikacija *parivartana joge* gde Saturn odlazi u devetu kuću i daje lošu sreću tokom 36/37. godine života i Jupiter, kao vladar devete u debilitaciji, može preokrenuti dobru sreću osobe ukoliko osoba ostane da živi blizu mesta rođenja (Indijski podkontinent), umesto da ode u inostranstvo.

Venera u petoj kući pokazuje veoma snažan patriotizam i ljubav prema rodnoj zemlji. Nažalost, Venera je badakeš (vladar prepreka) i, pored toga što je debilitirana u navamša čartu, afliktuje je Rahu, vladar osme. Kao vladar desete u navamši, njena debilitacije donosi destrukciju bogatstva i sreće. Vladar lagne, Mesec (D-1 čart), smešten je u osmoj kući u navamša čartu. U dašamši, Jupiter je u jutiju sa Venerom i pokazuje rađa jogu na početku, ali jednako može doneti negativne rezultate treće kuće (osma od osme) tokom nepovoljnih perioda. Mesec je vladar desete i pokazuje penzionisanje/ ostavke za postignuća visokih ideala. Ketu nad njime pravi eklipsu koja je veoma nepoželjna i preti da uništi karijeru. To se nalazi u osmoj od Jupitera. Tokom Jupiterove daše, antardaše Meseca osoba je napustila svoju sjajnu istraživačku karijeru u Britaniji i vratila se kući u Indiju. Nažalost, ništa se nije materijalizovalo, i iz jednog ili drugog razloga nije uspeo da se izgraditi. Njegova brilijantna karijera stala je naglo 1972. godine (36. godina) i osoba je ostala bez posla sve do svoje smrti, 1992. godine.

Iako je Saturn jogakaraka u dašamši, njegova pozicija u trećoj kući je veoma nepoželjna. Čak je i Sai Baba Širdi, koji je imao Saturna u trećoj kući od dašamša lagne, morao da prosi za hranu tokom Saturnove daše. Saturn istovremeno preti destukcijom sreće iz devete kuće u raši čartu, i dobra sreća od Jupitera je potpuno okrenuta. Saturn se nalazi i u dvanaestoj kući od aruda lagne, kao vladar desete. U svakom pravcu i od svakog ascendenta, od AL i sl. Saturn je loše postavljen. Dakle, Saturnova daša je nastavila da daje nepovoljne efekte po karijeru, sve do njegove smrti u Saturnovoj daši i Rahuovoj antardaši. Čitaoci mogu primetiti da čak i brilijantna osoba sa dva doktorata može da uništi svoju karijeru zbog emotivne odluke. I pored brojnih rađa joga neophodno je pažljivo proveriti negativnosti.

Šri Giriš Šarma preminuo je 25. septembra 1992. godine u 20.45' u Delhiju. Saturn je inicijalno pokazao dugovečnost od 72-108 godina, ali pošto je Mars, kao atmakaraka u sedmoj kući, dešava se viparita ajur joga i odeljak dugovečnosti je redukovan na 36-72 godine. Smrt se dogodila tokom šula daše Rak – Vodolija. Punja čart 127. ima aruda lagnu natalnog čarta na ascendentu (videti Ratova pravila). Sunce je u Devici, u trigonu od mritjupade u Biku. Peta kuća natalnog čarta ima Rahua koji je najsnažniji ubica. Ovo pokazuje da je Vedski datum amavasja (Krišna, 15) ili aštami (8) tithi. Tithi u vreme smrti je bio amavasja. Dakle, sva pravila određivanja godine, meseca, Vedskog datuma i ascendenta su delovala.

Čart 127: Punja

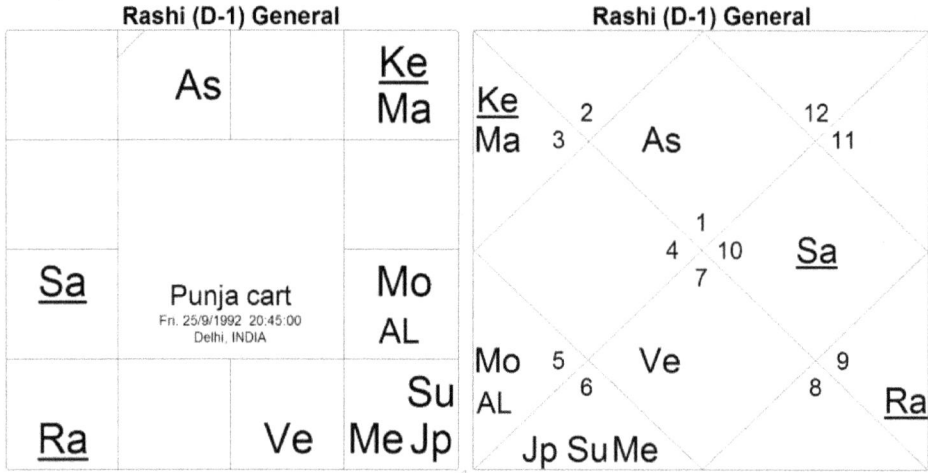

Vimšotari daša u vreme smrti bila je Saturnova daša i Rahuova antardaša. Rahu je tranzitirao dvanaestu kuću od Saturna u debilitaciji, dok je Saturn tranzitiro mesto joge u Jarcu, preko Meseca, vladara ascendenta.

Bitni zaključci koji se mogu izvući iz pokazanog čarta su:

i. Parivartana joga može pokazati preokret sreće tj. joga može biti veoma povoljna ili veoma nepovoljna.

ii. Jogakaraka planete iz raši čarta treba da su dobro postavljene u navamši i dašamši.

iii. Ne bi trebalo da bude durjoga u vezi sa parivartanom ili drugim rađa jogama.

iv. Treba pomno ispratiti primarne indikacije planeta poput sreće u stranoj zemlji i sl.

Deseta Kuća

KARIJERA: UČITELJ
Čart 128: Žena rođena 17. juna 1960. godine

U čartu 128. nalaze se dve moćne joge, hamsa i badra mahapuruša joga, koje formiraju Jupiter i Merkur u svojim znacima u kendra kućama. Konjukcija vladara devete, desete i jedanaeste kuće daju rađa jogu, a činjenica da se joga dešava u sedmoj kući daje dobru sreću partneru. Ascendent nosi brahma jogu, konjukciju Jupitera i Saturna. Ova joga daje učenu osobu i vodi ka *gjana jogi* (potraga za znanjem). Ova joga nalazi se na rađa padi, (A10) i u desetoj kući od Meseca, što pokazuje učiteljsku profesiju.

Sve rađa joge ili mahapuruša joge zavise od snage Sunca da ih pokrene, kao i od snage Meseca da ih održi. Sunce, iako je dobro postavljeno u raši čartu, debilitirano je u navamši i zajedno je sa egzaltiranim Saturnom. Ova kombinacija pokazuje dobru karijeru (službu) partneru, budući da je Saturn vladar sedme u navamši i da se nalazi u egzaltaciji u desetoj odatle sa vladarom Venerom. Venerina daša počinje 29. novembra 1980. godine i njen partner, inženjer elektrotehnike, radi u vladinom javnom sektoru i veoma je uspešan u svojoj profesiji.

U dašamši, Sunce je u petoj kući, dobro postavljeno, ali ponovo u jutiju sa Saturnom (kašnjenje/negiranje), dok je Mesec loše postavljen u trećoj kući. Mesec u trećoj ili osmoj može da pokaže odricanje (pravrađja joga koja je suprotna rađa jogi). Arta trikona ima samo Rahua. U desetoj se nalazi Jupiterov znak, Strelac (podučavanje), a Jupiter je debilitiran (karijera niskog profila). Vladar sedme, Merkur, je takođe debilitiran (loši izgledi za biznis) i nalazi se u trigonu od snažnog vladara šeste kuće (služba) Sunca. Osoba radi kao učitelj u javnoj školi u Delhiju, i pošto Venera aspektuje desetu kuću, ima relativno pristojan posao tokom Venerine daše (novembar 1980-2000. godine). Kao vladar osme, Venera daje nekoliko prekida u karijeri.

VREME POVIŠICA: U dašamši Merkur prima određenu ničabangu zbog svoje pozicije u kendri od ascendenta. Obe planete, Merkur i Venera, se nalaze u kendrama. *Specifičan pod-pod period treba da je u vezi sa vladarom pete kako bi se stekao autoritet.* Vladar pete, Mesec, nepovoljno je postavljen u trećoj kući, ali je egzaltiran zajedno sa vladarom druge (bogatstvo), Marsom. Osoba je dobila povišicu, kao i neke druge beneficije 14. februara 1998. godine tokom Venera - Merkur- Mesec- Mars daše. Nadolazeća daša svetala (Sunca i Meseca) će biti svedok njenog rasta do glavnog mesta u datoj instituciji (osnovna škola), a penzionisanje se može očekivati tokom Marsove daše (smešten u trećoj kući ili osmoj od osme).

Softver Biznis: Bil Gejts
Čart 129: Bil Gejts

Rashi (D-1) General

Mo		Ke	
	Čart 129.		AL
	Bill Gates Sat. 29/10/1955 8:14:00 47°36' 0"N 122°20' 0"W		Jp
Ra	SaAs VeSu	Me Ma	

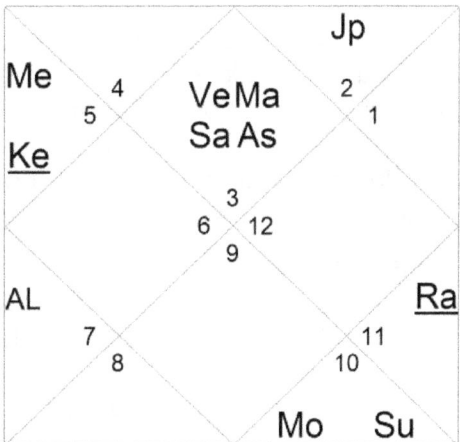

Navamša D-9

	Jp		MaVe AsSa
Ra			
Su Mo	Bill Gates Sat. 29/10/1955 8:14:00 47°36' 0"N 122°20' 0"W		Me Ke
		AL	

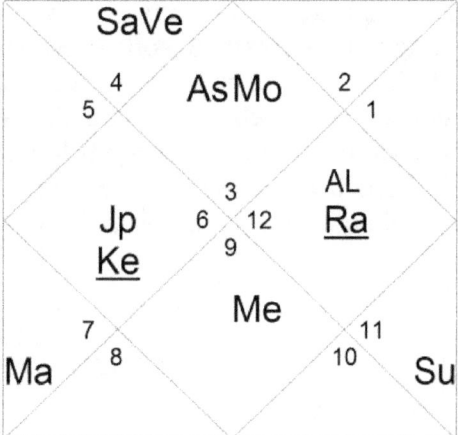

Dašamša D-10

Ra AL			Mo As Ve Sa
Su	Dašamša D-10 Bill Gates Sat. 29/10/1955 8:14:00 47°36' 0"N 122°20' 0"W		
Me		Ma	Ke Jp

Bil Gejts (čart 129) ima vladara desete kuće, Mesec, u šestoj kući, a on je loše postavljen u osmoj kući u navamša čartu, ali je na ascendentu u dašamši. Dakle, osoba će prevazići tradicionalne linije/karijeru i uspeće da stvori ime u nekoj od intelektulnih sfera. Ovo potvrđuje Jupiter koji je dispozitor Meseca, kao i vladar desete odatle. Konjukcija ascendenta sa vladarom pete, Saturna i Venere, formira moćnu rađa jogu budući da uključuje *sasa* i *malavja mahapuruša joge* Saturna i Venere, datim redom. Konjukcija Sunca, kao inicijatora rađa joga, je deo pomenute kombinacije (poništenja debilitacije) zbog Venere koja je jaka u kendra kući.

Konjukcija Saturna, kao egzaltirane atmakarake sa ascendentom u oba čarta, i u rašiju i navamši, formira osnovu za život pun postignuća. Aruda lagna ima moćnu *dhana jogu* (bogatstvo) sa Mesecom u devetoj i Jupiterom u drugoj kući. Bil Gejts je jedan od najbogatijih ljudi na svetu.

Darapada (A7) koja upravlja biznisom nalazi se u Vodoliji, i pod raši drištijem je Venere, Sunca i Saturna iz Vage. Vladar darapade, Saturn, egzaltiran je i umešan u brojne rađa joge na ascendentu. Rahu, kao suvladar darapade, debilitiran je na rađa padi (A10). Ovo pokazuje veoma uspešan posao budući da planete u egzaltaciji/debilitaciji donose puno novca, što je i glavni cilj bilo kog poslovnog preduzeća. Venerina daša počela je u njegovoj devetnaestoj godini 7. aprila 1974. godine, i Bil Gejts je ispoljio svoju genijalnost veoma rano. Biznis je postigao ogroman uspeh i "Majkrosoft" postaje ime koje se koristi u svakom domaćinstvu.

U dašamši je vladar desete (profesija) i sedme (biznis) Jupiter (intelekt) u jutiju sa Ketuom (male mašine, kompjuteri) u četvrtoj kući (poslovni prostor). Dakle, njegov biznis i karijera je u vezi sa poboljšanjem i automatizacijom kancelarijskog posla putem softvera za kompjutere. Sedma kuća sa vladarom lagne, Merkurom, daleko je jača od šeste kuće koja je prazna) i pokazuje biznis umesto službe. Artatrikona ima Saturna i Rahua u trigonu i pokazuje radnu snagu/rad na razvoju ogromnih mašina/fabrika koje proizvode softver. Venera generalno pokazuje privatni sektor i dodaje estetiku njegovom poslu. Softver ima veoma atraktivne odlike i veoma je prilagođen korisniku. Sunce u devetoj kući i Mesec na ascendentu potvrđuju iniciranje i kontinuitet rađa i dhana joge, datim redom. Sa ulaskom u dašu Sunca, 7. aprila 1994. godine, Bil Gejts utvrđuje svoju poziciju u celom svetu i ostavlja sve konkurente iza sebe.

Filmska Zvezda: Sanđaj Dut
Čart 130: Sanđaj Dut

Rashi (D-1) General

Čart 130.
Sanjay Dutt
Wed. 29/7/1959 14:45:00
18°58' 0"N 72°50' 0"E

Navamša D-9
Sanjay Dutt
Wed. 29/7/1959 14:45:00
18°58' 0"N 72°50' 0"E

Dašamša D-10
Sanjay Dutt
Wed. 29/7/1959 14:45:00
18°58' 0"N 72°50' 0"E

Sanđaj Dut (čart 130) ima egzaltiran Mesec u sedmoj kući, što daje uspeh i slavu budući da je njegov dispozitor, Venera, u desetoj kući zajedno sa vladarom ascendenta, Marsom (bes), i pokazuje njegov filmski uspeh sa imidžom besnog mladića. Rahu se nalazi u jedanaestoj kući (trika – malefik) od ascendenta, i u osmoj od aruda lagne. On je ujedno i u dvanaestoj kući (tajni neprijatelji) od dašamša lagne. Dakle, Rahuova daša od 21. do 39. godine (22. april 1980-1988. godine) ne može biti povoljna za osobu. Uprkos nepovoljnim dašama, bilo je i uspeha tokom antardaše Venere. Venera, osim što je šubapati, formira i šrimanta jogu sa vladarom ascendenta, i dobro je smeštena u Vagi, u drugoj kući navamša čarta. U dašamši su ovo vladari ascendenta (sopstvo/uspeh) i osme kuće (nasleđe, otac i majka su takođe bili uspešni glumci) i imaju jogu sa Saturnom u petoj kući.

Vredno je pomena da su upapada (prva žena) i rađja pada (A10, ime, slava, uspeh) u znaku Blizanaca. Ovo povezuje prvi brak sa njegovim profesionalnim uspehom. Na sličan način, Venera kao vladar sedme u desetoj kući, takođe povezuje prvi brak sa profesionalnim uspehom. Sunce je dispozitor Venere i debilitirano je u navamši, što pokazuje opasnosti prvoj ženi usled bolesti (Sunce). Skorašnje istraživanje u medicinskoj astrologiji povezuje znak Rak sa strašnom bolešću, a Sunce je u Raku. Na sličan način su vladari upapade i rađja pade (Merkur) u jutiju sa Suncem u Raku. Sunce je u drugoj kući (maraka, ubica) od upapade i rađja pade, i debilitirano je u navamši. Ovo je veoma specifična kombinacija za rani gubitak partnera i lošu reputaciju istovremeno. Tokom Rahuove daše Sunčeve antardaše, njegova prva žena umire od raka. On je poslat u zatvor zbog nezakonitog posedovanja oružja i zbog toga prolazi kroz veoma ponižavajući period. Rahu je loše postavljen u dvanaestoj kući (kuća tajnih neprijatelja) u dašamša čartu, u Devici (Merkur – saradnici) dok je Sunce vladar *badake*, i vodi ka destrukciji. Ovo se ponovo dešava tokom Mesečeve antardaše. Od aruda lagne, Sunce i Mesec su povezani sa šestom kućom, dok je Rahu u osmoj. Tek tokom Marsove antardaše on je pušten i pomilovan. Mars je lagneš i nalazi se u drugoj od Sunca debilitiran u navamši, i otuda uloge ubice za Sunce i Rak. On se nalazi u sedmoj kući od aruda lagne (ubica neprijatelja).

Drugi brak se može videti iz osme od upapade i osme od sedme kuće (tj. druge kuće). Osma kuća od upapade je Jarac, pod aspektima Marsa, Venere i Meseca, iz fiksnih znakova. Ovo pokazuje neočekivan brak iz ljubavi. Rahu je u trigonu od Jarca. Brak sa Reom Pilai dešava se iznenada jedne noći tokom Rahuove daše, Marsove antaradaše, Mesečeve pratiantardaše. Ove planete treba istovremeno da su u vezi sa lagnešom, drugom kućom (drugi brak) i sa trigonima od lagne u navamša čartu, datim redom. Rahu (vladar daše) je u četvrtoj kući (argala) od Merkura, kao vladara navamša lagne, i aspektuje ascendent. Mars (vladar antar daše) aspektuje Veneru u Vagi u drugoj od navamša lagne, dok je Mesec (vladar pratiantare) u trigonu (peta kuća) od navamša lagne. *Daša rađajoga karake Jupitera (AK) smeštenog u desetoj kući u navamši i dašamši počinje 22. aprila 1998. godine.*

Industrija: Mlečni Proizvodi (GHI)
Čart 131: Muškarac rođen 23. novembra 1954. godine

U čartu 131. vladar desete se nalazi u jedanaestoj kući zajedno sa tri druge planete, uključujući i vladara druge, Saturna (pitanja novca), i vladara jedanaeste, Veneru (dobici). Mesec pokazuje mlečne proizvode. Rađja pada (A10) je u Škorpiji, gde se nalazi vladar devete, Sunce, i pokazuje veliku fabriku za proizvodnju ghija (maslac). Rađja padom vlada Mars, koji je egzaltiran u Saturnovoj kući. Dakle, u Saturnovoj daši i Marsovoj antardaši on započinje ogromno postrojenje za proizvodnju ghija i drugih mlečnih proizvoda. Rađja pada ima papakartari jogu Saturna i Rahua i sledeći period Saturnove daše, Rahuova antardaša, između januara 1995. i oktobra 1997. godine, fabrika oboleva i biva ugašena. Saturn, kao vladar AL, egzaltiran je u devetoj kući odatle i pokazuje iznenadan uspeh i rast tokom Saturnove daše. Vladar desete od Meseca je Mesec, koji pokazuje upotrebu mleka (mlečnih proizvoda) u biznisu, dok Jupiter, egzaltiran u desetoj od Meseca, pokazuje pretvaranje mleka u ghi.

U dašamša (D-10) čartu, šesta kuća sa Mesecom snažnija je od sedme (prazna). Ipak, argalu uklanjaju dve planete iz osme kuće. Planete u osmoj kući vrše argalu na sedmu. Dakle, planete u osmoj, ukoliko su naklonjene, promovišu biznis umesto službe. Merkur je vladar prve i desete kuće i sigurno će favorizovati ove znakove, i tako pokazati biznis karijeru umesto službe. Rahu je malefik u osmoj kući, i šteti Merkuru. Sedma kuća nema planete i njen vladar, Jupiter, smešten je u devetoj kući (samostalan posao) sa Saturnom (nekolicina partnera) u Biku (odeća, staja). Biznis osobe bio je do tada fokusiran na odeću i nakit. Odlučuje se da uđe u proizvodnju ghija (maslaca) u Marsovoj antaradaši i Saturnovoj daši. Mars je u desetoj kući, sa jogakarakom Venerom. Mars ima direktivnu snagu i daje osnivanje inženjerstva i fabrika. Mars je ujedno i u drugoj od Saturna. Odluka da se ovo objavi dešava se tokom Saturnove daše, Marsove antardaše i Mesečeve pratiantare. Mesec upravlja javnošću i njegova pozicija kao vladara jedanaeste u šestoj pokazuje durjogu (nesreću). Ovo se dešava tokom Rahuove antardaše. Rahu je u dvanaestoj kući od Saturna, i u osmoj od ascendenta, i afliktuje Merkura kao vladara prve i desete kuće.

Osoba je upozorena da će fabrika biti stavljena na aukciju tokom Venerine pratiantare, Saturnove daše i Rahuove antardaše, kao i da treba da obožava Hanumanđija i da traži izdržavanje na sudu. Fabrika je stavljena na aukciju tokom Saturn – Rahu – Venera – Rahu perioda, i osoba uspeva da dobije izdržavanje. Venera je benefik, jogakaraka, i u jutiju je sa Marsom čije rezultate prenosi. Nalazi se i u trećoj od Rahua. Iz ovih razloga izdržavanje je podržano i tokom Jupiterove antardaše.

Narajana padakrama daše imaju konačnu reč kod rezultata. Daša Jarca (1992-1996) ima egzaltiranog Marsa, dok je njen vladar, Saturn, egzaltiran zajedno sa tri planete u jedanaestoj kući. **Tokom daša prirodnih malefičnih znakova rezultati planeta i njihovih vladara osete se na početku, dok se rezultati znaka osete na kraju perioda.** Ovaj četvorogodišnji period okvirno se može podeliti na dva potperioda: planeta (1992-1994) i znaka (1994-1996). Mars, kao vladar druge, egzaltiran je u petoj kući, dok Sunce, koje je na rađja padi (A10), aspektuje Marsa i daje ogroman projekat, i dobru sreću tokom prve faze (1992-1994). Jarac je prirodni malefičan znak i maraka je za lagnu. Rahu je u dvanaestoj odatle i pokazuje pad i ogroman nemir u drugoj fazi (1994-1996). **I pošto je Mars u dvanaestoj od aruda lagne, njegove karakatve (značenja) bivaju uništene/izgubljene.** Osoba je izgubila dva mlađa brata (signifikator je Mars) u saobraćajnom udesu tokom ove faze, što je i obeležilo njegov pad. **Koja god planeta da je smeštena u dvanaestoj od aruda lagne, njene naisargika karakatve (prirodna značenja) bivaju uništene. Slična pozicija od upapade pokazuje ovakav gubitak u odnosu na partnerovu porodicu.**

Sledeća narajana daša Bika traje od 1996-2001. U pitanju je prirodni benefični znak koji treba da donese rezultate na početku (1996-1998). Sunce je u sedmoj, i pokazuje opoziciju od vlade, a Jupiter u trećoj kući i Venera u šestoj su *marana karaka grahe* i značenja njihovih kuća će zbog toga biti oštećena/uništena. Jupiter vlada prvom i četvrtom kućom, i pokazuje štetu nanetu zdravlju/reputaciji i imovini, dok Venera vlada šestom i jedanaestom kućom i pokazuje neprilike slugama, neprijateljima i neprilike u vezi sa prihodima. Mesec i Merkur su u šestoj od daša rašija (Bik) neutralni, ukoliko ne i nepovoljni, Saturn je povoljan u šestoj, a Rahu u osmoj daje katastrofalne pozajmice, dugovanja, gubitke i siromaštvo. Sve ovo se dešava tokom 1996-1998. godine tokom prvog dela Bik daše. U drugoj fazi (1998-2001) se očekuju rezultati Venere i ona i donosi promenu/povrat sreće.

RADNIK U OSIGURAVAJUĆOJ KUĆI
Čart 132: Osoba ženskog pola rođena 22. avgusta 1966. godine

U čartu 132. deseta kuća je prazna i njen vladar se nalazi u jutiju sa nekoliko planeta u jedanaestoj kući. Od pomenutih, najsnažniji je egzaltirani Jupiter, a najslabiji je Mars. Budući da je prirodni malefik u jutiju sa benefikom, to dominira i pokazuje efekte svoje vladavine nad osmom kućom, kućom osiguranja. Konjukcija vladara svih kendri sa Venerom, vladarom devete i joga karakom, stvara nekoliko rađa joga, uključujući i *darma karmaadipati jogu*. Nekoliko planeta se nalazi u desetoj kući od Meseca, i pokazuje moćne joge poput *gađakešari* i sl. Uporedite ovaj čart sa čartom 131. koji takođe ima četiri planete u jedanaestoj kući, i Sunce u dvanaestoj od rađja pade. Prvi čart je čart industrijalca, a osoba iz ovog čarta je zaposlena u osiguravajućoj kompaniji. Bitna razlika leži u arada lagni koja određuje "maju" ili imidž osobe. Čart 131. ima četiri planete u devetoj od AL, dok čart 132. nema nijednu. Egzaltacija vladara jedanaeste od AL, Jupitera pokazuje veliku sreću posle braka. Posle braka osoba gradi ogroman stan i paru dobro ide. Da bi se sagledale bitne razlike između statusa i profesije pomenute dve osobe, čitaoci treba da pogledaju i druge podelne karte osim raši čarta.

Jp AL	Ma	Mo	Ke As Ve
	\multicolumn{2}{c|}{Dašamša D-10 Mon. 22/8/1986 8:46:00 Bombay > Mumbai, INDIA}	
Ra Sa		Su Me	

Chart positions (South Indian style, right):
- Ke (3)
- Me 5, 6
- Ve As (4)
- Mo 2
- Su
- Ma 1, 7, 10
- AL
- Sa Ra 8, 9
- Jp 11, 12

U dašamši (D-10) čarta 132. postoji *grahamalika joga* od devete kuće, od Jupitera, do Venere na ascendentu. Prisutna je i *parivartana rađa joga* koja uključuje vladara ascendenta, Mesec (egzaltiran), i vladara jedanaeste, Veneru. Mars, u svom znaku u desetoj kući, daje eksperta tehničkih znanja, kao i revnosnog i efikasnog radnika. Sa svim pomenutim nalazimo da je sedma kuća daleko slabija od šeste kuće, kao i da će se osoba odlučiti za službu umesto samostalnog biznisa. Nema planeta u osmoj kući koje bi promenile ova značenja. **Područje posla određuju znakovi i planete koji su umešani.** Saturn i Rahu pokazuju smrt/umiranje i druge štete, dok Jupiter, kao vladar znaka, pokazuje predostrožnost/zaštitu. Ovo veoma jasno ukazuje na osiguravajuće poslove. Saturn i Rahu su vladari osme kuće i vladaju nepogodama/smrću, a Jupiter je vladar devete i nalazi se u devetoj kući (vlada) pod aspektom Sunca (vlada). Osiguravajuća kompanija vlasništvo je države i nalazi se pod njenom kontrolom.

Narajana daše počinju od Riba (sedma kuća je snažnija od ascendenta) i nastavlja se zodijački prema padakrama šemi. Treća daša je Škorpija koja traje od 19. do 25. godine. Antardaše počinju od Raka u kom se nalazi Mars, i broje se u obrnutom pravcu. Gatika lagna je u Vodoliji pod aspektom Raka, Bika i Vage. Osoba počinje da zarađuje rano, već od svoje devetnaeste godine. U šestoj antardaši, antardaši Vodolije (koja ima gatika lagnu), zapošljava se u osiguravajućoj kompaniji. Dakle, gatika lagna je neophodan

Deseta Kuća

alat za određivanje vremena početka posla ili rađa joge.

STENOGRAF
Čart 133: Muškarac rođen 22. oktobra 1961. godine

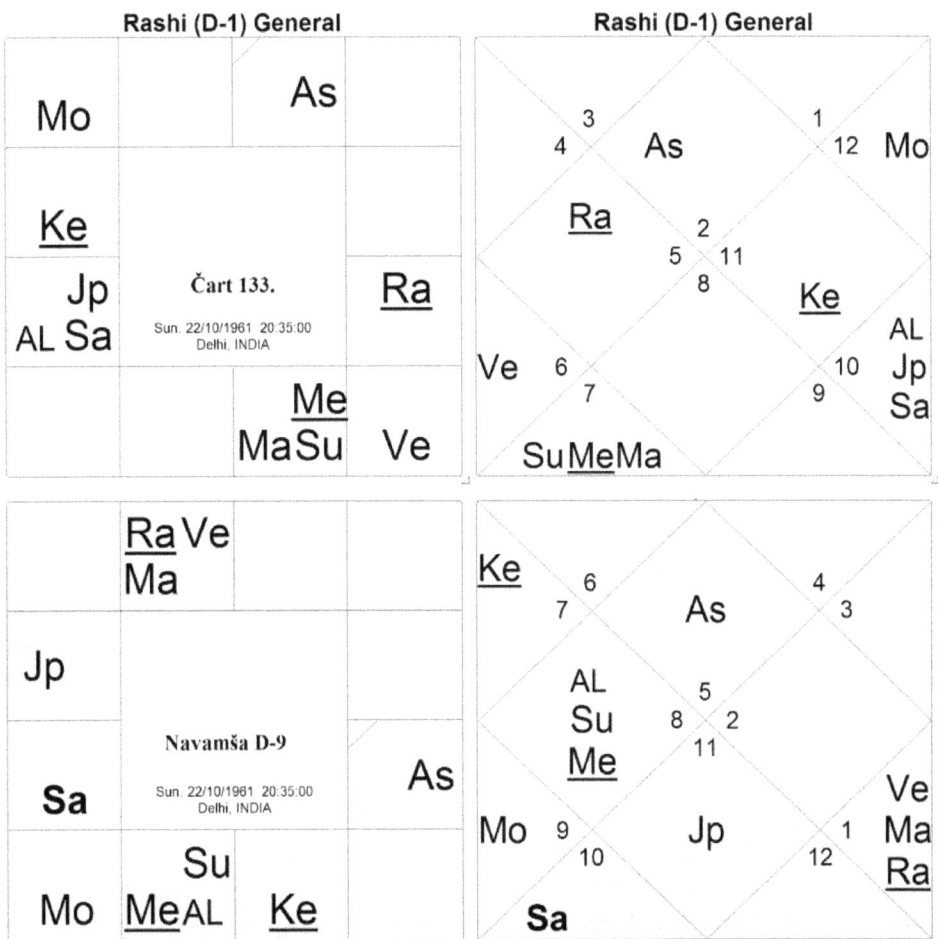

U čartu 133. Ketu se nalazi u desetoj kući i pokazuje rutinski posao, dobro ponašanje, loše odluke i puno društvenog rada. Ovo daje ujedno i puno kancelarijskog posla. Vladar ascendenta je debilitiran bez *ničabanga joge* (poništenja debilitacije). Njegova pozicija na darapadi (A7) pokazuje da, iako je osoba u biznis okruženju, on lično neće biti u biznisu. Rađja pada (A10) je u osmoj kući, u Strelcu, i pokazuje intelektualni/kancelarijaski posao, ali njen vladar je debilitiran u Saturnovom znaku, Jarcu, sa Saturnom i pokazuje puno fizičkog rada u kancelariji. Deseta od Meseca je ponovo znak Strelca i prethodno je primenljivo, jer u Strelcu nema planeta. Rađja pada (A10) je u dvanaestoj od aruda lagne, i pokazuje slabost rađja pade niskog ili srednjeg statusa. *Parivartana joga* između vladara pete i šeste kuće donosi službu (šesta) u direktan kontakt sa *purvapunijom*/budućnošću (peta kuća). Ovo pokazuje greške u puđi/mantri. Rahu, kao atmakaraka, čini osobu religioznom. Kada loše planete preuzimaju odgovornost za upravljanje duhovnim/religioznim putem (atmakaraka) one ne ostavljaju puno prostora drugim planetama da povedu osobu na pogrešan put.

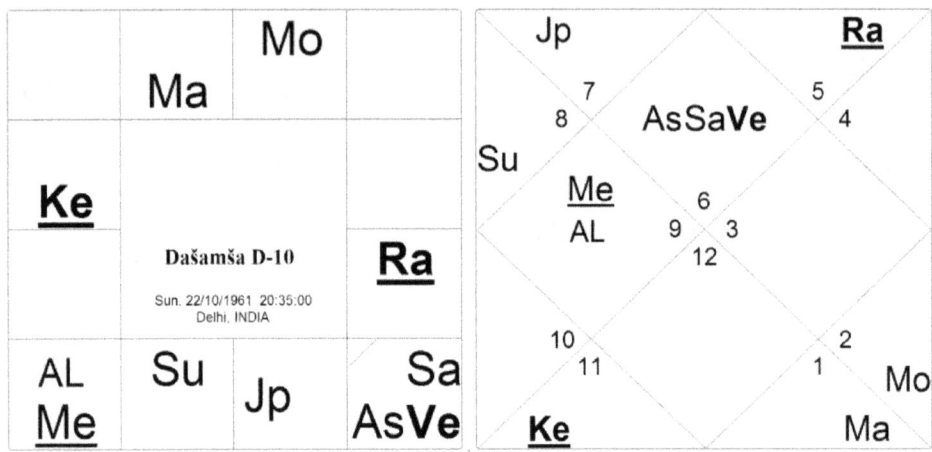

U dašamši, šesta kuća je daleko snažnija od sedme sa Ketuom (rutinski posao/služba). Iako Mars opstruira Ketua, on ne vrši povoljnu argalu na sedmu i umesto toga formira papakartari jogu na sedmu kuću. Vladar sedme, Jupiter, smešten je u osmoj od Vage. **Prirodni benefici u osmoj od svog znaka oštećuju značenja date kuće.** Dakle, Jupiterova pozicija pokazuje oštećene izglede za biznis. Artatrikonama dominira Jupiter koje je već uskratio biznis/samostalnu profesiju, i ostala je služba u javnom sektoru. Vladar ascendenta, Merkur, smešten je u četvrtoj kući i pokazuje da je posao u vezi sa pripremom dokumenata (Merkur u Jupiterovom znaku) i da će se odvijati unutra/u vezi sa kancelarijom ili njenim funkcionisanjem (primetite da sličan vladar desete u četvrtoj kući pokazuje stenografiju/automatizam u kancelariji i sl.). Dakle, stenografija/pisanje je profesija osobe.

I dok je vladar pete u jutiju sa debilitiranim vladarom devete, Venerom, autoritet je uskraćen i moć koju osoba može da uživa doći će od vladara devete, Venere. Mesec, egzaltiran u devetoj kući, pokazuje da će osoba uvek imati dobru sreću da radi sa idealistima (egzaltiran) među birokratama (Mesec). Osoba je započela karijeru u ranom dobu tokom Ketuove daše Saturnove antardaše. Tri planete su smeštene ili vladaju desetom kućom u raši čartu, i šestom u dašamši. Saturn ujedno vlada i petom kućom u dašamši. Njegova karijera završava se sa ulaskom u Marsovu dašu.

Deseta Kuća

INŽENJER: VREME PRIVREMENOG NAZADOVANJA
Čart 134: Muškarac rođen 17. juna 1947. godine

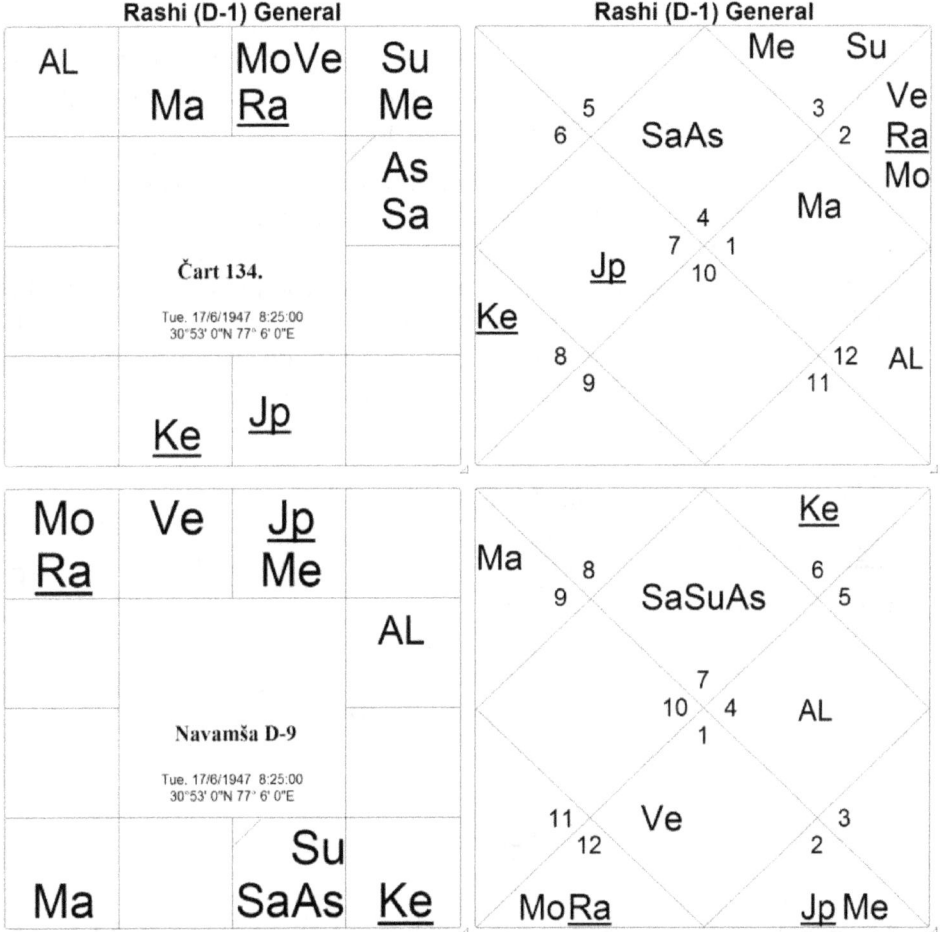

Čart 134. ima snažnog Marsa u desetoj kući u Ovnu koji formira *ručak mahapuruša jogu*. U dašamši Mars aspektuje desetu kuću i čini osobu dinamičnom, te daje znanje i veštine u inženjeringu. Bagja pada (A9) je u Biku, i visoko obrazovanje u inženjeringu uspešno je završeno tokom Bik narajana daše. Budući da ovaj znak aspektuje radja padu on započinje svoju karijeru. Prisustvo Venere pomaže kod započinjanja porodičnog života.

Aruda lagna je u Ribama i Vodolija, kojom Rahu vlada, nalazi se u dvanaestoj odatle upozoravajući na određene mahinacije od strane neprijatelja tokom ovih perioda. Od Vodolije, sve planete su dobro postavljene, osim Rahua u četvrtoj kući. Daša Vodolije sigurno će se pokazati odličnom, posebno kada je Saturn na ascendentu u Raku i Rahu je snažan u Biku, iako preti pomenutim nazadovanjem. Mritjupada (A8) je u Strelcu, a ovaj znak je u osmoj od Meseca. Rahu u šestoj i Saturn u osmoj od Strelca pokazuju neprilike i finansijske probleme, datim redom. U antardaši Strelca u Vodolijinoj daši (septembar 1996. do juna 1997) osoba je iznenada upitana da napusti posao. On je radio jako puno i trostruko je uvećao prihod kompanije, i ovo mu je nagrada! I dok je lako predvideti nevolju iz narajana daše Vodolija – Strelac, vimšotari daša Jupiter – Mars ne objašnjava tako lako probleme na poslu, osim činjenice da je Mars malefik u dašamši.

Osoba je dobila savet da obožava Boga Sunce sa *aštakšari aditja mantrom* (OM GHRINI SURJA ADITJA) i rečeno mu je da će dobiti posao otprilike sredinom jula 1997. godine u kompaniji koja ima ugovore sa partnerima iz inostranstva, ili u multinacionalnoj firmi. Antardaša Jarca u daši Vodolije (juna 1997. do marta 1998) ima rađja padu (A10) i napori osobe će biti prepoznati. Mesec i Venera u petoj od Jarca takođe obećavaju posao. U vimšotari sistemu, u periodu Jupitera i Rahuovom pod period, Rahuov pod-pod period će biti na snazi.

Mo Ra Ve Me		SuAs Jp Sa	Sa
	Dašamša D-10 Tue. 17/6/1947 8:25:00 30°53' 0"N 77° 6' 0"E		
Ma		AL Ke	

U dašamši Rahu je vladar devete u desetoj kući zajedno sa Mesecom (hlađenja). Jupiter je vladar desete u dašamši. Dakle, tokom daša Jupiter – Rahu – Rahu on dobija posao prve nedelje jula i potvrđuje tačnost predikcije sa odstupanjem od sedam dana.

Tabela 13-4: Narajana daša čart 134.

Daša	Period	Od	Do	Starost
Rak	3	1947.	1950.	3
Blizanci	12	1950.	1962.	15
Bik	12	1962.	1974.	27
Ovan	12	1974.	1986.	39
Ribe	5	1986.	1991.	44

Deseta Kuća

Daša	Period	Od	Do	Starost
Vodolija	9	1991.	2000.	53
Jarac	6	2000.	2006.	59
Strelac	10	2006.	2016.	69
Škorpija	5	2016.	2021.	74
Vaga	7	2021.	2028.	81
Devica	3	2028.	2031.	84
Lav	2	2031.	2033.	86

Bitno je primetiti da je dašamša gotovo samostalno analizirana za određivanje vremena događaja, koristeći vimšotari dašu. Druga stavka je ta da narajana (padakrama) daša ima primarni uticaj na čart.

ॐ गुरवे नमः

POGLAVLJE XIV

JEDANAESTA KUĆA

Jedanaesta kuća se bavi starijim braćom i sestrama, prihodima i dobicima, realizacijom želja i prijateljima. Baš kao što je to slučaj sa trećom kućom, stariji braća i sestre same osobe mogu se videti u jedanaestoj od aruda lagne, dok se partnerovi braća i sestre mogu videti u jedanaestoj od upapade[1]. Brojanje[2] jedanaeste kuće u svrhu određivanja braće i sestara je zodijačko ili obrnuto, u zavisnosti od toga da li je aruda lagna/upapada neparan ili paran znak, datim redom. Ukoliko Venera aspektuje jedanaestu kuću ili je u jedanaestoj, uništiće stariju braću i sestre. Ukoliko je Venera u osmoj kući, uništiće stariju braću i sestre, ili će se dogoditi prevremeno rođenje ili čak abortus pre rođenja osobe. Saturn i Rahu u jedanaestoj kući ne daju starije braću i sestre. Saturn sam u jedanaestoj pokazuje gubitak kasnije u životu. Znakove i planete u vezi sa drekanom[3] treba proveriti pre donošenja zaključaka. Smrt starijih braće i sestara određuje se uz pomoć šula daša[4], počevši od snažnijeg između jedanaeste i pete kuće.

Prijatelji se vide iz jedanaeste kuće od ascendenta. Planete u jedanaestoj kući pokazuju tip ljudi koji su pritajeno prijatelji osobi. Na primer, Sunce u jedanaestoj pokazuje da otac ili šef mogu imati tihu naklonost prema osobi, dok Saturn u jedanaestoj znači da će mu podređeni biti podrška. Planete u petoj kući pokazuju ljude koji će otvoreno favorizovati ili podržavati osobu. Treba primetiti da se prijateljstvo ili podrška određuju na osnovu prirodnih značenja planeta, kao i kuća kojima one vladaju, ali ascendent prijatelja/podrške se ne može odrediti na osnovu planeta. Na sličan način, neprijatelji koji će se otvoreno protiviti osobi vide se iz šeste kuće, dok se oni skriveni neprijatelji mogu videti iz dvanaeste kuće. U životu su i prijatelji i neprijatelji deo puta. Na primer, prijateljstvo/neprijateljstvo između braće može se videti u drekani, dok se prijateljstvo/neprijateljstvo u profesiji može videti iz dašamše[5]. Dvadašamša[6] se analizira za prijateljstvo/neprijateljstvo sa roditeljima, dok za studije treba proveriti čaturvimšamšu[7].

1   Aruda pada dvanaeste kuće (A12) ili UL (upapada). Naziva se još i gauna pada i predstavlja partnera.
2   Ovo se zasniva na vimša (neparan) ili sama (paran) rašiju, a ne na vimšapada (neparno-nožni) ili samapada (parno-nožnih) znakova.
3   D-3 čart se koristi za braću i sestre. Manteš vara savetuje da proverimo ovaj čart i za profesiju, ali ovo ne potvrđuju mudraci i drugi autoriteti.
4   Daša za određivanje dugovečnost (ajur) ima fiksne periode od po devet godina za svaki znak i uvek se kreće zodijački.
5   D-10 čart se koristi za profesiju i moć.
6   D-12 je čart za roditelje, starije i nasleđe.
7   D-24 je čart za obrazovanje, učenje i druge sidije.

Jedanaesta Kuća

Dobici su veoma širok pojam i mogu uključiti ostvarenje ciljeva, novac, učitelja ili generalno svega i svačega. Dobitak novca ili prihod vidi se iz jedanaeste kuće od aruda lagne, dok dvanaesta od aruda lagne pokazuje izvore gubitaka. Izvori dobitaka ili gubitaka vide se na osnovu prirodnih karakatvi planeta. Sunce pokazuje dobitak od strane države ili oca; Mesec od majke ili birokratije; Mars od mlađe braće ili sestara, vojske, policije, itd; Merkur od ujaka, rođaka i sudskih sporova; Jupiter od sveštenika, pravnog sistem, vlade, savetodavaca; Venera od žena, javnih usluga, itd; Saturn od sluga, ljudi nižeg statusa; Rahu od stranaca, uvoza i Ketu od slonova, izvoza i sl. Prirodni benefici u jedanaestoj pokazuju legalne prihode, dok malefici pokazuju nelegalne izvore prihoda. Jedanaeste kuća je šesta od šeste. Time malefična planeta u šestoj od aruda lagne pokazuje prihode od "crnog novca", ili nelegalne prihode stečene lošim delima. Na primer, ukoliko je Mars u šestoj od aruda lagne, ili vlada tom kućom, osoba će zloupotrebiti svoju moć pretnjama ili borbom sa drugima zbog novca. Sa druge strane, Jupiter u istoj poziciji od aruda lagne pokazuje da osoba nikad neće ući u borbu za novac. Dakle, prirodni benefici u trećoj i šestoj od aruda lagne daju sveca, dok malefici ovako postavljeni negiraju samoodricanje/monaštvo. Malefici u šestoj pokazuju službu u vojsci ili policiji, i osoba treba istovremeno da ima prirodnog benefika u jedanaestoj kako bi garantovao legalne prihode. Izvori gubitaka/dobitaka za druge mogu se videti iz dvanaeste/jedanaeste od drugih aruda pada. Izvori dobitaka mogu se videti i iz planeta koji imaju *bindue*[8] u jedanaestoj kući od ascendenta u aštakavarga[9] čakri, dok planete koje imaju bindue u dvanaestoj kući pokazuju izvore troškova ili gubitaka. Ukoliko je ukupan broj tačaka u sarvaaštakavari veći u jedanaestoj kući tada je prihod veći od troška, dok obrnuto pokazuje veće troškove. Dakle, ukoliko osoba obožava vladara jedanaeste i otputuje u datom pravcu, dobici će se zasigurno povećati.

Ostvarenje drugih ciljeva može se videti iz jedanaeste kuće od kuće koja predstavlja datu tematiku. Dakle, jedanaesta kuća vrši primarnu argalu (intervenciju). Na primer, ukoliko osoba planira vlasništvo nad zgradom ili nepokretnom imovinom, četvrta kuća predstavlja cilj. Jedanaesta od četvrte je druga kuća i predstavlja bogatstvo/finansije. Dakle, ako je cilj kupovina imovine, za ostvarenje tog cilja druga kuća treba da je jaka kako bi osoba mogla organizovati finansije za to. Đaimini naziva jedanaestu kuću "hara" u šloki "Tanou tana danda hara". Hara je jedno od imena Gospoda Šive, slike Boga koji predstavlja kraj. Tek na kraju određujemo pobednika i pobeđenog, ili dobitak i gubitak. Dakle, jedanaesta kuća od bilo koje kuće odlučujuća je za određivanje krajnjeg rezultata.

---
8   Tačka koja simboliše uticaj unutar aštakavarga čakre.
9   Princip Vedske astrologije koji koristi ascendent i sedam planeta od Sunca do Saturna (ašta – osam promenjivih) gde su osam različitih čartova (varga) kreirani. Sumirani nose naziv sarvaaštakavarga (doslovno: sve aštakavarge).

Na primer, deseta kuća upravlja karijerom, jedanaesta odatle je osma i ona određuje kraj karijere ili penzionisanje. Dvanaesta kuća je jedanaesta od druge i pokazuje kraj bogatstvu. Slično, ukoliko ascendent predstavlja život, status i moć, onda jedanaesta odatle predstavlja kraj života, statusa i moći. Ukoliko je jedanaesta kuća povoljna tada se u životu, statusu i moći može uživati kroz dug vremenski period, a ako je suprotno, to može biti uskraćeno ili izgubljeno. Ovo se vremenski određuje iz rudramše (D-11). *Manduka daša* [10] je primenljiva na rudramša čart i ona počinje iz jedanaeste kuće (Hara) od rudramša ascendenta. Kretanje *manduke* predstavlja znak u kom je *Hara* u datom momentu. Manduka daša ascendenta ili osme kuće u rudramši može dati poraz ili destrukciju osobi, posebno ukoliko se nalazi u neparnom znaku.

Dvanaesta, druga i deveta kuća vrše primarne argale (intervencije) na jedanaestu kuću budući da su u drugoj, četvrtoj i jedanaestoj odatle, datim redom. Dakle, potreba da se pokrije trošak (dvanaesta kuća) i da se uveća bogatstvo za različite svrhe (druga kuća) i dobra sreća (deveta kuća) može uticati na kuću dobitaka. Malefične planete u ovim kućama mogu stvoriti pritisak na osobu da se okrene nelegalnim prihodima, dok benefici pomažu da se to zadovolji legitimnim načinima. Na primer, ukoliko je Mesec u jedanaestoj kući i Rahu je u dvanaestoj, tada prihodi obično dolaze od majke, ili iz sličnih izvora predstavljenih Mesecom. Sa druge strane, malefik Rahu u dvanaestoj daje različite neželjene i iznenadne troškove koji će testirati osobu za ulazak u nezakonite prihode. U različitim tekstovima pronalazimo diktume poput: *Mesec u dvanaestoj kući daje osobi dobre prijatelje.* Sada vidimo da Mesec u dvanaestoj ima šubaargalu[11] na jedanaestu kuću i da ova intervencija daje dobre prijatelje. Na sličan način, malefici na ascendentu vrše argalu na jedanaestu kuću i zato manjak sreće ili ideala i skrupula može rezultirati nezakonitim dobicima.

Jedanaesta kuća vrši argalu na desetu, osmu, ascendent i sedmu kuću, budući da je u drugoj, četvrtoj, jedanaestoj i petoj od pomenutih kuća, datim redom. U zavisnosti od prirode planete, ove kuće će biti poboljšane ili uništene zbog jedanaeste kuće. Na primer, ukoliko je Sunce u jedanaestoj kući ono može uticati na desetu kuću i pokazati visoku društvenu poziciju/službu. Ukoliko je Saturn u jedanaestoj kući, njegova argala na desetu čini osobu vrednim radnikom, a njegova argala na osmu obećava dugovečnost; argala na ascendent čini osobu ortodoksnom, a njegova argala na sedmu kuću odlaže brak i daje odvajanja od partnera ili njegovo uništenje. Ovi rezultati mogu biti i pozitivni i negativni, i mogu se dogoditi tokom perioda date planete.

Planete u jedanaestoj kući treba analizirati iz ugla argala kako bi se

10   Manduka znači žaba. Ovi detalji mogu se pronaći u Upadeša Sutrama Maharaši Đaiminija.
11   Šuba – benefična; argala – intervencija.

odredila priroda rezultata. Ukoliko je Sunce u jedanaestoj kući, osoba je ambiciozna (argala na desetu), bogata (druga kuća prima argalu Sunca), slavna (argala na ascendent). Ukoliko malefici afliktuju Sunce mogu se očekivati suprotni rezultati (tj. argala Sunca se obično smatra benefičnom osim u slučaju aflikcija kada ta argala može biti nepovoljna, a intervencija može da ošteti kuće na koje Sunce vrši argalu). Budući da je ovo sedma od pete kuće, to može da šteti deci, posebno najstarijem detetu. Budući da je u osmoj (kuća nasleđa) od četvrte kuće, dok istovremeno vrši argalu na osmu kuću, pozitivno Sunce daje nasledstvo sa očeve strane. Ukoliko je Mesec u jedanaestoj kući on daje puno veza, dok pun Mesec može dati brojne dobitke, kao i ispunjenje svih želja. Slab Mesec daje promenjive prihode, u skladu sa prirodom Meseca da raste i opada. Njegova argala na prvu i desetu kuću može doneti slavu i uspeh. Ovo može doneti i popularnost i stručnost. Ukoliko je Mars u jedanaestoj kući, osoba će imati puno kontakata, ali svega par prijatelja. Dobitak dolazi iznenada i argale na desetu kuću i ascendent mogu rezultirati konfliktima i parničenjem. U pozitivnom, ovo daje zaposlenjenje u vojsci ili miliciji. Argala na osmu kuću može pokazati opasnosti od nezgoda. Aspekt Marsa na drugu kuću i konjukcija Marsa sa vladarom druge u jedanaestoj daje puno novca, ali dete može kasno progovoriti (Merkur, signifikator govora, neprijatelj je Marsu). Obično je kašnjenje odgođeno do prve narajana daše. Njegova argala na sedmu kuću može doneti disharmoniju u bračnom životu. Merkur u jedanaestoj kući daje puno prijatelja i osoba može rano ostvariti dobitke, ispuniti nade, ostvariti harmoničan brak, a ovo daje i nezainteresovanost za seks (Venera je debilitirana u znaku Merkura, i to u sedmoj kući za koju je Venera signifikator). Merkur ima tendenciju neutralisanja uticaja Venere na sedmu kuću. Upravo iz ovog razloga se ne savetuje smaragd za mlade bračne parove. Jupiter u jedanaestoj kući daje odlične prijatelje, ispunjava nade, oslobađa od dugova i daje pomoć od strane uticajnih ljudi. Argala na prvu i desetu kuću može doneti slavu i moć. Saturn u jedanaestoj izdvojen je u brojnim klasicima. Osoba je usamljenik ili ima svega par prijatelja i dobro se slaže sa starijima. Njegova argala na desetu kuću donosi padove i nevolje u karijeri, i pošto vrši argalu na ascendent, reputacija osobe može biti oštećena. Aspiracije i nade mogu biti skrhane ili odložene sve do trideset šeste godine. Iako osoba izgleda zdravo, aspekt Saturna na ascendent oštećuje zdravlje i daje unutrašnje slabosti koje će se pokazati u vreme smrti, ili tokom Saturnovih daša. Dugovečnost je sigurna. Rahu u jedanaestoj daje rađa jogu i sa ovom pozicijom se očekuju odlični rezultati. Slab ili afliktovan Rahu pokazuje tajne neprijatelje, kao i gubitak reputacije. Ketu u jedanaestoj kući daje iznenadne dobitke novca i prijateljstvo sa ljudima diskutabilnog karaktera. Njegova argala na desetu daje rutinske poslove, dok argala na ascendent pokazuje opasnosti od nezgoda. Pošto je veliki neprijatelj Mesecu, argala druge kuće na Ketua nije poželjna, jer će osobi manjkati harmonije u porodičnom životu i odnos sa nekim od članova porodice može biti loš. Na ovaj način se mogu protumačiti rezultati svih planeta u jedanaestoj kući.

Mesto vladara jedanaeste ima veliki uticaj na dugovečnost osobe. Na ascendentu, drugoj ili osmoj kući, vladar jedanaeste umanjuje dugovečnost dok njegova pozicija u trećoj, petoj, sedmoj ili jedanaestoj kući pokazuje dug život. U svakom slučaju, vladar jedanaeste može biti loš po zdravlje ukoliko je u u vezi sa drugom od aruda lagne. Baš kao i svi drugi vladari, dve kuće na koje vrši uticaj mogu se videti brojano od jedanaeste kuće do njegovog vladara i nazad. Na primer, ukoliko je vladar jedanaeste u sedmoj, on se nalazi u devetoj od svog znaka i pokazuje dobru sreću i religioznu prirodu. Sledeća tačka jeste da su znaci, kuće i planete u vezi sa vladarom jedanaeste kuće izvori prihoda. Ukoliko je on u prvoj kući ili je aspektuje, dobitak će doći kroz lične napore. Ukoliko je u drugoj tada prihodi rastu korištenjem porodičnog bogatstva ili drugih predmeta. Ukoliko je u sedmoj kući, prihod dolazi iz biznisa i rodbine sa partnerove strane, dok u devetoj pokazuje prihode od oca, visokog obrazovanja, putovanja, hramova i sl. Slični zaključci mogu se formirati na osnovu vladara jedanaeste na različitim aruda padama. Vladar jedanaeste na upapadi pokazuje da osoba ulazi u brak sa osobom iz moćne ili bogate familije dok, ukoliko je na matru padi, pokazuje da je osoba srećna i obdarena svim komforom i vozilima. Kuća u kojoj se nalazi labaaruda (A11) je uvek omiljena osobi. Na primer, ukoliko je A11 u devetoj kući, osoba će obožavati oca. Labaaruda u vezi sa upapadom pokazuje partnera sa dobrim prihodima. Kuća u kojoj se nalazi vladar jedanaeste pokazuje loše zdravlje za datu osobu. Na primer, ako je vladar jedanaeste na ascendentu ili ga aspektuje osoba pati, dok ista pozicija u sedmoj kući ili upapadi pokazuje bolesnog partnera. Na isti način treba da se analizira i pozicija vladara jedanaeste. Vimšotari daša vladara jedanaeste generalno donosi nepovoljne rezultate.

Jedanaesta Kuća

PRIMERI
IZVORI PRIHODA
Čart 135: Muškarac rođen 8. oktobra 1940. godine

U čartu 135. aruda lagna (AL) se nalazi u Škorpiji i jedanaesta kuća je Devica. Brojanje od jedanaeste kuće je uvek regularno i pokazuje izvor prihoda. Tri planete u jedanaestoj kući su Sunce (vladu), Rahu i Mars u Devici (bašta). Između pomenute tri planete Sunce je na najvišem stepenu i predstavlja atmakaraku, i pokazuje izvor prihoda od vlade. Osoba je bila viši službenik u Indijskoj carinskoj službi. Rahu je pitrukaraka i sledeći je po stepenu. Njegov uticaj će sigurno prevagnuti, posebno tokom njegovih daša i promena posla dolazi u Rahuovoj daši i Saturnovoj antardaši, osoba napušta svoj posao u vladi 1982. godine, kako bi otpočela biznis. Saturn je u osmoj od Rahua i ascendenta, i pokazuje nesuglasice sa nadređenima, kao i ostavku. Iz ugla aruda lagne, Jupiter (prirodni benefik) i Saturn (prirodni malefik) smešteni su u šestoj kući i pokazuju *pravrađa jogu* i *rađa jogu*, datim redom. Ipak, njihova konjukcija pokazuje da će pravrađju (gubitak pozicije), koju pokazuje Jupiter, isporučiti Saturn, i obrnuto. Nevolje su se nastavile dugo potom i biznis se nije mogao pokrenuti tokom Rahuove daše. Sa dolaskom Jupiterove daše on pobeđuje partnera koji je pokušao da preuzme njegovu kompaniju.

Jedanaesta od aruda lagne je Devica (bašta/igralište/treset) i Mars ovde pokazuje igre na otvorenom/sportove gde je treset/igralište veoma bitno. Prisustvo Rahua pokazuje da igre ne pripadaju jednom mestu, te da mogu biti veoma popularne u inostranstvu, dok Sunce ovde pokazuje popularnost među bogatim i moćnim ljudima. Osoba je započela ambiciozne biznis planove za otvaranje golf terena na periferiji Delhija. Dobici na kraju ovog projekta biće neočekivani i pozamašni (Rahu), i van svih njegovih procena. Ovakva životna promena može se bolje videti iz narajana daše. Daša Riba počela je 1981. godine (oktobar), i osoba tada napušta posao. Venera je u šestoj kući *marana karaka* i druga i deveta kuća od lagne prolaze kroz destrukciju tokom ovog perioda i sreća se gubi. Vladar daša znaka je u konjukciji sa debilitiranim malefikom, Saturnom, u drugoj i delimično ispunjava kemadruma jogu. Daša Raka pokreće dašu za biznis, budući da je u devetoj od aruda lagne, Mesec je u drugoj od AL i Rak aspektuje labapadu (A11) i darapadu (A7, biznis) u Biku.

Tabela 14-1: Narajana daša čarta 135.

Daša	Period	Od	Do	Starost
Devica	11	1940.	1951.	11
Jarac	8	1951.	1959.	19
Bik	3	1959.	1962.	22
Blizanci	4	1962.	1966.	26
Vaga	10	1966.	1976.	36
Vodolija	5	1976.	1981.	41
Ribe	11	1981.	1992.	52
Rak	7	1992.	1999.	59
Škorpija	10	1999.	2009.	69

Čart 136: Žena rođena 2. oktobra 1954. godine

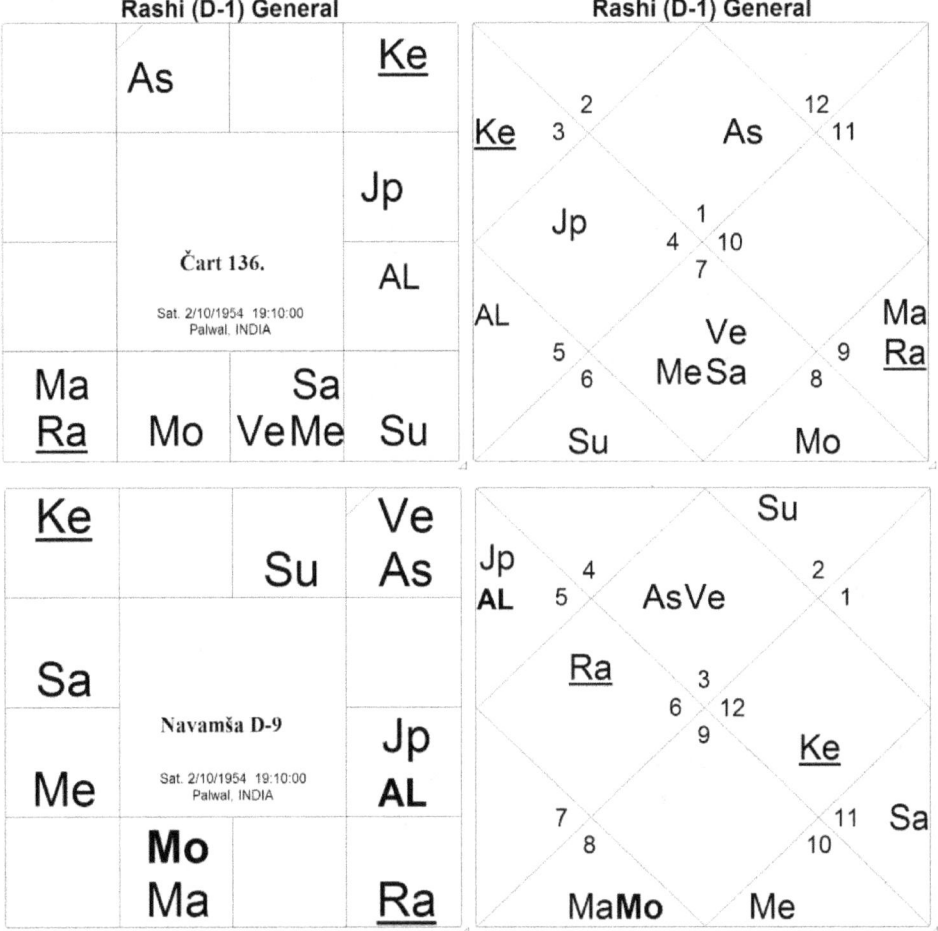

U čartu 136. aruda lagna je u Lavu zajedno sa debilitiranim Ketuom u jedanaestoj kući (kuća dobitaka) u Merkurovom znaku (biznis). Dakle, izvoz kojim Ketu upravlja sigurno će pobrati dobar profit. Vladar jedanaeste od aruda lagne smešten je u Vagi, sa egzaltiranim Saturnom i Venerom, i pokazuje posao u vezi sa služenjem (Saturn) i u vezi sa odećom (Venera). Mars i Rahu aspektuju jedanaestu kuću od AL i pokazuju upotrebu mašina (Rahu) i izvoz koji će doneti dobar profit. Mars i Sunce aspektuju jedanaestu od aruda lagne, i pokazuju da će izvoz biti u Japan ili u slične zemlje.

Narajana daša počinje od Vage (koja je snažnija od Ovna na ascendentu). Daše Jarca (21-25 godine) i Vodolije (25-30 godine) nisu bile od pomoći. Tokom daše Vodolije osoba je imala više padova i morala je proći kroz ogromnu patnju, dok su poslovni pokušaji pali u vodu. Daša Riba (30-39. godine) aspektuje jedanaestu od AL u Blizancima. Sa dolaskom daše

Osnove Vedske Astrologije

Riba, 1984. godine, osoba ostvaruje dobre kontakte u inostranstvu. Treba primetiti da je Jupiter egzaltiran u dvanaestoj kući od AL, a Ribe se nalaze u dvanaestoj od lagne. Dakle, dvanaesta kuća postaje primarni izvor dobitaka zbog aspekata na jedanaestu od AL. Tokom ovih devet godina osoba je uspela da osnuje biznis i postigne prilično dobru poziciju u svetu izvoza.

Po pitanjima dobitaka/prihoda jedanaesta od AL igra veoma bitnu ulogu. Deseta kuća od navamša lagne ili od karakamše je takođe bitan izvor prihoda. U ovom čartu, deseta kuća od navamša lagne je znak Riba sa Ketuom (izvoz), i pod aspektom je Venere (odeća). U raši čartu, Mesec je u Škorpiji i jedanaesta kuća je Devica sa Suncem, što pokazuje dobre političke kontakte. Ovo je ponovo pod aspektom Ketua iz Blizanaca, i Marsa i Rahua iz Strelca. Dakle, analizom jedanaeste od aruda lagne i Meseca, kao i labapade, možemo pronaći izvor prihoda/dobitaka.

Čart 137: Muškarac rođen 26. septembra 1969. godine

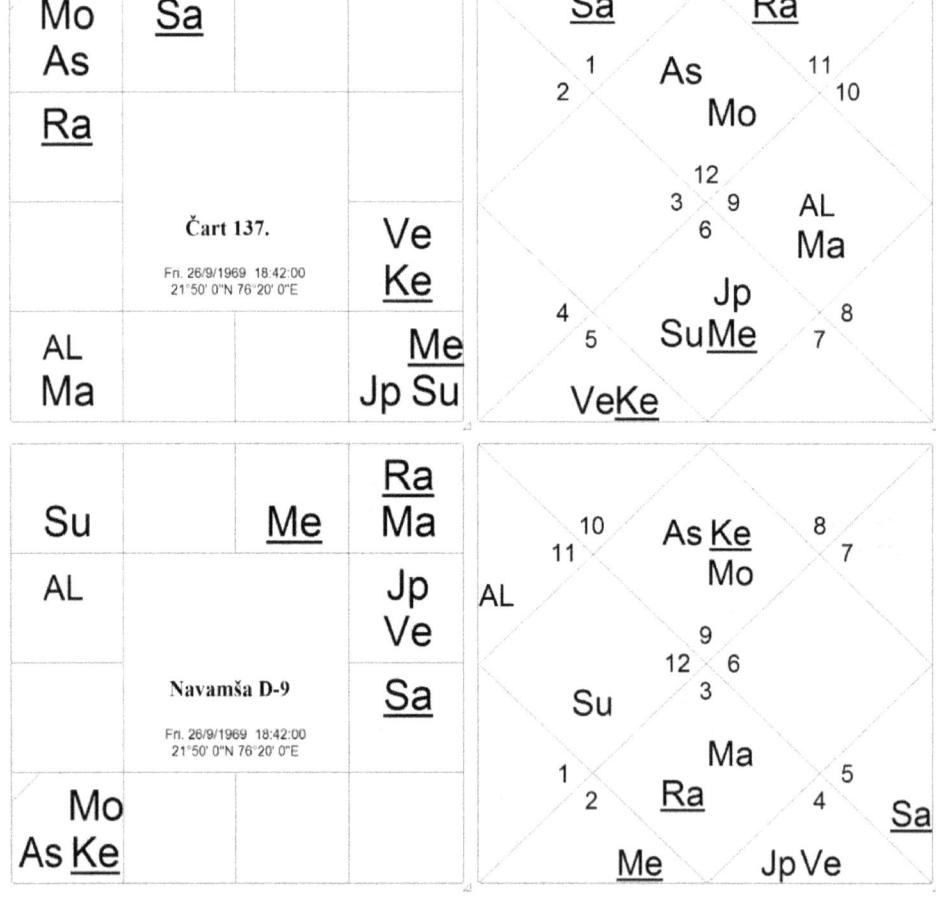

U čartu 137. jedanaesta kuća je znak Jarca i vladar, Saturn, je debilitiran i retrogradan u kući govora. Osoba ima veoma agresivan i grub govor. Aruda lagna je u Strelcu. Jedanaesta kuća odatle je Vaga bez planeta, ali pod aspektom Rahua (mašine), Venere (odeća, putovanja, privatni sektor, administracija, itd) i Ketua (računari i sl) raši drištijem. To sve prima i aspekt Saturna (sluge/služba), graha aspekt. Venera i Ketu u konjukciji imaju najjači uticaj, koji i dominira. Osoba je menadžer u odseku za kompjutere u privatnom sektoru međunarodne kompanije. Osim što ima obimno znanje o računarima, osoba takođe putuje Delhijem tokom dana, i ima puno poslova koji zahtevaju njegovo putovanje van grada.

Venerina daša počinje 28. novembra 1990. godine i on je od tada imao veoma stabilan posao u ovoj kompaniji, što nije u skladu sa prirodom Venere kao vladara osme kuće. Kao vladar osme u šestoj kući, Venera formira viparita jogu, i deveta od aruda lagne obećava dobru sreću. Dakle, dobra sreća u obliku stabilnog i poštovanog posla, dok je brak (signifikator je Venera), iz jednog ili drugog razloga, odložen.

Labapada (A11) je u trigonu od aruda lagne i pokazuje dobitke tj. pokazuje da neće biti većih poteškoća u zadržavanju posla. Debilitirani Saturn na labapadi obećava veoma dobar prihod posle trideset šeste godine (prirodna godina Saturna). Planete u egzaltaciji/debilitaciji su veoma dobre za pitanja finansija. Još jednom se vidi da prihode pokazuje jedanaesta kuća od aruda lagne ili njen vladar (Venera), a izvori prihoda dolaze kroz službu (šesta kuća) u odeljenju za računare (Ketu). Vimšotari daša dala je dobre rezultate budući da je Mesec na ascendentu – a rođenje je u *krišna pakši* (tamna polovina) tokom znaka na ascendentu, koji je snažan danju.

Čart 138: Muškarac rođen 7. avgusta 1963. godine

Osnove Vedske Astrologije

	Ma		
Mo	Ra		
Jp			
	Navamša D-9	Me	
Su	Wed. 7/8/1963 21:15:00 21°28' 0"N 84° 1' 0"E	AL	
	Ve KeAs	Sa	

	Su 9		7	
	10	KeVeAs	6	
		8		Sa
	Jp	11 5	AL	
		2	Me	
	12	Ra		4
Mo	1	Ma	3	

U čartu 138. aruda lagna je u znaku Strelca i jedanaesta kuća nema planete. Njen vladar je Venera, i nalazi se u Raku u osmoj kući od AL, u društvu Sunca. Dakle, primarni izvor prihoda će biti posao u vladi i ovo će biti ujedno i prva profesija osobe. Labapada (A11) je u trika kući od aruda lagne i pokazuje poteškoće/nevolje u postizanju njegovog suđenog izvora prihoda. Osoba je, iako je inženjer, preferirala službu u vladi.

Mesec je dispozitor Sunca i Venere, i aspektuje labapadu i jedanaestu kuću od AL raši drištijem. Merkur aspektuje Vagu i Saturn raši drištijem, dok Saturn vrši papa argalu na Vagu, a tu argalu opstruiraju Sunce i Venera. Mesec ima dana argalu na Saturna, a nju jednako opstruira Ketu. Dakle, od Saturnove daše i Ketuove antardaše, sve do Saturnove daše i Mesečeve antardaše, 1991. godine, on je imao težak period zbog konačnog pada očevog biznisa i različitih parnica. U Saturnovoj daši, Mesečevoj antardaši i Merkurovoj pratiantari osoba pristupa vladi kao njen službenik. Međusobni aspekti između Meseca i Merkura formiraju brojne joge uključujući i šarada (sarasvati) jogu.

Budući da Saturn, Mesec i Merkur vladaju ili su povezani su sa dvanaestom kućom od ascendenta, osoba je promenila mesto boravka ka severozapadnom pravcu (Mesec) od mesta rođenja kako bi pristupila vladinoj službi. Jedanaesta kuća od AL određuje vreme i izvore prihoda, dok dvanaesta kuća od ascendenta određuje fizičku promenu mesta boravka.

Saturn, kao atmakaraka u jedanaestoj kući, pokazuje da će osoba imati tek nekolicinu prijatelja te da će biti prijateljski nastrojena ka podređenima. Mesec u dvanaestoj vrši šuba argalu na jedanaestu kuću, i daje brojna poznanstva.

Rudramša (D-11) i Manduka Daša
Čart 139: Mahatma Gandi

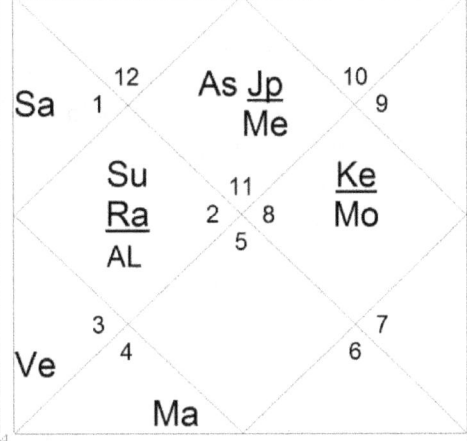

Mahatma Gandi (čart 139) bio je šampion Indijskog pokreta za slobodu protiv Britanske kolonijalne moći. U rudramši (D-11) rudra dvara je znak u kom se nalazi vladar osme, Jupiter (Vodolija). Rudra dvara znači "kapija kroz koju smrt dolazi". Rudra bahja je znak koji uzrokuje smrt i u rudramši (D-11 čart) to je sam ascendent, i to je ponovo znak Vodolije. Afliktovani znaci u D-11 čartu su Bik (Sunce i Rahu), Rak (Mars), Ribe (Saturn) i Škorpija (Mesec i Ketu). Od pomenutih znakova, Ribe aspektuju jedanaestu kuću (Devica), i Rak aspektuje ascendent (Vodolija). Smrt je verovatna tokom daše znaka koji aspektuje ascendent ili je na ascendentu ili u osmoj kući, koja god je neparni znak. Između ascendenta i osme kuće ascendent je u neparnom znaku, i određuje period smrti. Dakle, smrt će se dogoditi tokom manduka daše Raka.

Za detalje o manduka daši proučite poglavlje III, deo III, *Upadeša Sutra Mahariši Đaiminija*. Manduka daša znak pokazuje direktnu strategiju koju osoba koristi, dok rudramša lagna pokazuje generalni pregled stavova u odnosu na rat/politiku tokom života.

Na rudramša lagni se nalaze Jupiter (om tat sat/istina/mir) i Merkur (mimamsa, kompromis) i to opisuje da je Mahatma Gandi primenio najmoderniji i najduhovniji pristup ahimse (nenasilja) i satjagraha (put istine) u politici. Ovaj put je ispraćen od njegovih početaka u Južnoj Africi, ali sa dolaskom Rak daše, oktobra 1941. godine, sa ratobornim Marsom tu, Gandiđi iznenada menja strategiju u nešto agresivniji pristup i napušta pokret Indije (1942. godine). I baš kao što ascendent pokazuje smrt ili poraz za osobu kad manduka daša dođe u znak, sličan poraz ili smrt indikovan je neprijateljima u odnosu na šestu kuću. Dakle, tokom manduka daše Raka Britanija se sigurno povlači, budući da je u šestoj kući. Pošto su Saturn i Jupiter povezani jakom parivartana jogom (izmenom mesta), i agresor i osoba bivaju usmrćeni (ĐS 3.3.58). Aspekt Jupitera pokazuje goruće vatre i pobune (ĐS 3.3.80), dok aspekt Merkura u manduka daša znaku, kao i njegova konjukcija sa rudramša lagnom, pokazuje razmirice i konflikte (ĐS 3.3.79) poput odcepljenja Indije i Pakistana. Sve ove stvari se događaju, i Britanija napušta Indiju. Podela se dogodila zajedno sa pobunama, i na kraju Gandi biva ubijen.

RAT U IRAKU
Čart 140: Irak

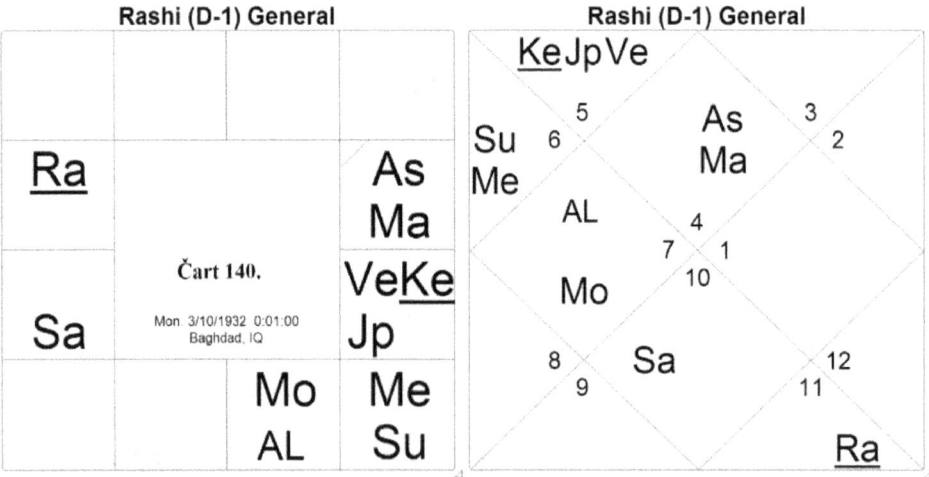

Jedanaesta Kuća

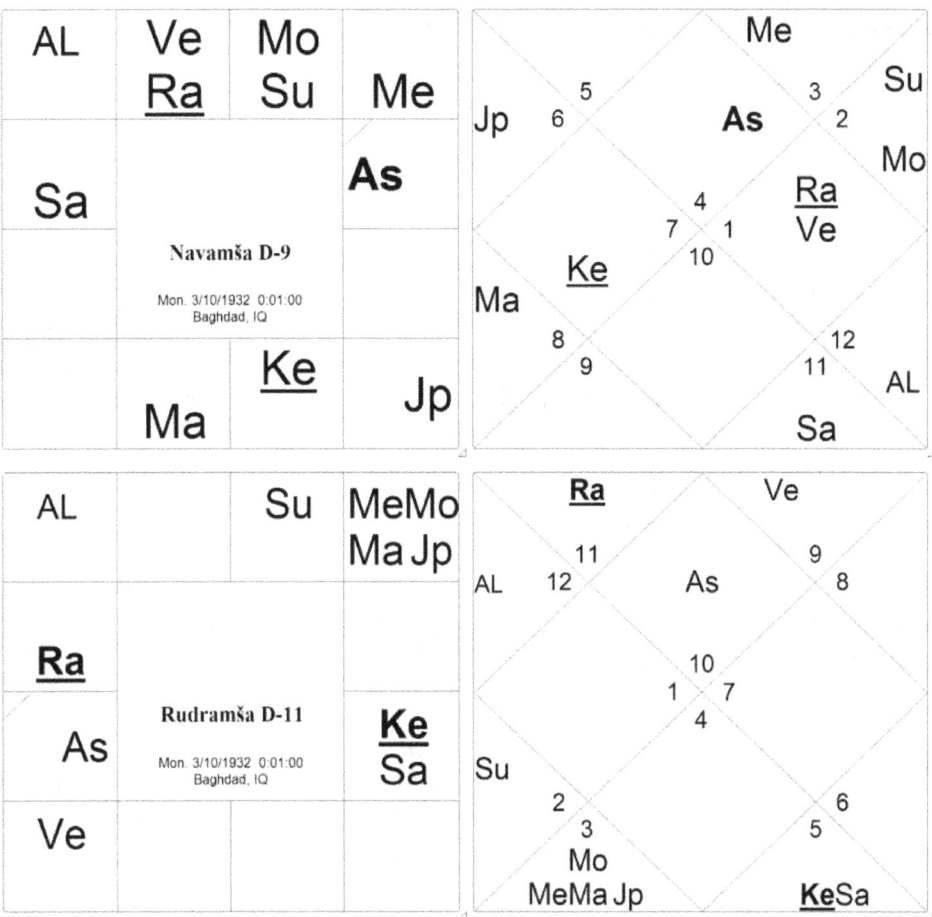

Čart 140. je mundani horoskop, rođenje Iraka. Vladar desete, Mars, nalazi se na ascendentu i pokazuje da će vojska imati bitnu ulogu i da će dominirati odlukama o vođenju nacije. Aruda lagna je u Vagi, sa emotivnim Mesecom, i pokazuje odluke koje će biti pre emotivne (zasnovane na javnom mjenju) nego logične. Šatrupada (A6) je u Ovnu i pokazuje moćne neprijatelje.

Tabela 14-2: Manduka daša Iraka

Daša	Period	Od	Do
Škorpija	8	1932.	1940.
Devica	9	1940.	1949.
Rak	7	1949.	1956.
Bik	8	1956.	1964.
Ribe	9	1964.	1973.

Daša	Period	Od	Do
Jarac	7	1973.	1980.
Vaga	7	1980.	1987.
Lav	8	1987.	1995.
Blizanci	9	1995.	2004.

U rudramši (D-11 čartu) malefični znak Jarac se nalazi na ascendentu, a njegov vladar, Saturn, smestio se u osmoj kući (smrti) u drugom malefičnom znaku, Lavu, sa Ketuom (oružane sile, vazdušni prostor). **U bilo kom rudramša čartu, prva i osma kuća su vitalne za dugovečnost i zdravlje. Malefični znaci u ovim kućama, ili ove kuće u vezi sa maleficima, prete opasnostima ili smrću tokom manduka daše.**

Manduka daša počinje iz jedanaeste kuće (Škorpije) i nastavlja obrnutim pravcem, kao što je pokazano u tabeli. Daša osme kuće, Lava, zajedno sa Saturnom i Ketuom tu, traje od 1987. do 1995. godine. Ovo jasno pokazuje rat i bitna razaranja ili poraze usled ličnih grešaka (Saturn je lagneš, Ketu je greška). Lav pokazuje grozne vatre, a Ketu pokazuje vazdušnu moć neprijatelja koja će biti uzrok devastacije, i potpune destrukcije snaga Iraka.

Rat u Iraku nastao je usled pokušaja iračkih sila da preuzmu Kuvajt (greška Iraka). Ostalo je deo istorije. Ipak, posle 1995. godine, manduka daša Blizanaca počinje i rudra ulazi u kuću neprijatelja (šesta kuća Blizanaca). Mesec u šestoj pokazuje da će neprijatelj (SAD, Bil Klinton) patiti usled gubitka reputacije (Mesec). Jupiter i Merkur u šestoj prete vatrama, pobunama i konfliktima između neprijatelja (tj. Kuvajt, Saudijska Arabija, itd. mogu imati nesuglasice, a Engleska i druge evropske zemlje koje su sarađivale sa SAD-om uveliko smanjuju tu saradnju u budućnosti). Mars u šestoj preti konfliktom/ratom među nekadašnjim saveznicima. Budući da je šesta kuća znak benefika, mnoge od negativnih indikacija, kao što je rat, neće biti manifestovane. Posle 1995. godine, Irak će biti u boljoj poziciji za pregovore, ali će ponovo počiniti grešku.

Iz rudramše (D-11) se može videti da je šesta kuća daleko snažnija i povoljnija od ascendenta. Upravo je iz ovog razloga u najboljem interesu Iraka, ali i svetskog mira, da se izbegne agresivni nastup.

Čart 141: Frenklin D. Ruzvelt

Rashi (D-1) General

	Sa Jp	Ke	Ma AL Mo
Me Su Ve		Čart 141. Franklin Roosevelt Jr. Mon. 30/1/1882 20:07:00 41°47' 8"N 73°56' 1"W	As
	Ra		

Rashi (D-1) General

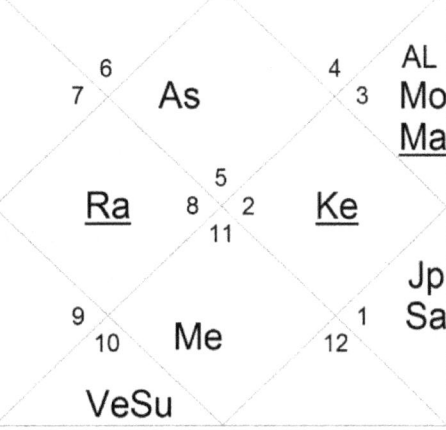

Navamša D-9

	Ke Ve	Su
Mo		Navamša D-9 Franklin Roosevelt Jr. Mon. 30/1/1882 20:07:00 41°47' 8"N 73°56' 1"W	AL Sa
	Jp Me Ra Ma As	

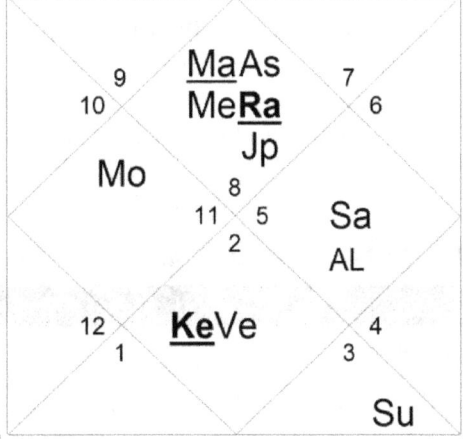

Rudramša D-11

Ma			AL
			Mo Ke Me
Ra Su Jp		Rudramša D-11 Franklin Roosevelt Jr. Mon. 30/1/1882 20:07:00 41°47' 8"N 73°56' 1"W	As
Ve			Sa

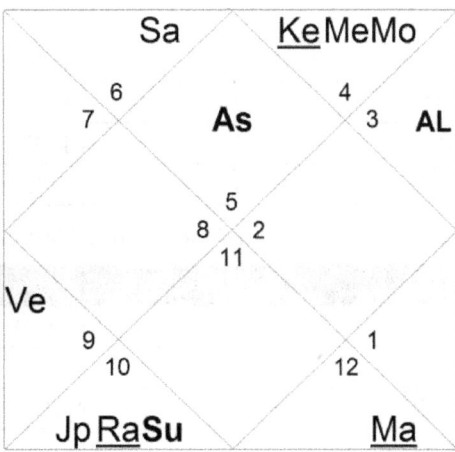

U čartu 141. aruda lagna je u jedanaestoj kući, u Blizancima, zajedno sa moćnom Ćandra-Mangala jogom koja pokazuje hrabrost i uspeh. Rudramša (D-11 čart) ima uzdižući znak Lava koji je bez konjukcija, dok šesta kuća, kuća neprijatelja ima: Sunce (vatre/destrukcija darme/red), Rahua (veliko pustošenje i nekontrolisane vatre) i debilitiranog Jupitera (pobune, vatre, itd), što pokazuje rat u kući neprijatelja (šesta kuća). Sunce, kao vladar lagne, u šestoj kući pokazuje da će osoba (SAD sile) otići na tlo neprijatelja (Nemačka) da bi ušla u bitku. Šesta kuća ima svog malefičnog vladara, Saturna, u trigonu od Device. Ovaj znak aspektuje malefik Mars, iz osme kuće. Znak Riba (more) pokazuje početne gubitke koje im nanosi neprijatelj kojim vlada Mars (Japanci) u mornaričkoj bazi (Perl Harbor). Bitno je primetiti da je manduka daša Device trajala od 1937. do 1946. godine, sa Saturnom (vladarom šeste), a ona pokazuje da će neprijatelj konačno biti poražen. Njegov aspekt na osmu kuću rezultira ogromnim iznenadnim gubicima uzrokovanim neočekivanim napadima, poput bombardovanja Perl Harbora (Mesec u Ribama). Pobeda ili poraz će biti odlučen u odnosu na veći broj malefičnih uticaja na 1/8 kuću za osobu ili za neprijatelja. U D-11 čartu, osim Marsa nijedan drugi malefik nije nepovoljan za osmu kuću, izuzimajući Saturnov aspekt. Sa druge strane, šesta kuća ima Sunce, Rahua i Saturna u trigonu. Prisustvo vladara šeste, Saturna, na manduka daša rašiju Device pokazuje da će Rudra (Bog Smrti) biti nad neprijateljem. Upravo ovo je donelo prednost saveznicima.

Tabela 14-3: Manduka daša F. D. Ruzvelta

Daša	Period	Od	Do
Blizanci	9	1882.	1991.
Lav	8	1891.	1899.
Vaga	7	1899.	1906.
Strelac	9	1906.	1915.
Vodolija	8	1915.	1923.
Ovan	7	1923.	1930.
Rak	7	1930.	1937.
Devica	9	1937.	1946.

Tabela 14-4: Antardaše tokom Devica manduka daše

Daša	Period	Od	Do
Devica	9	jan.1937.	okt. 1937.
Lav	9	okt. 1937.	jul 1938.
Rak	9	jul 1938.	apr.1939.
Blizanci	9	april 1939.	jan. 1940.

Jedanaesta Kuća

Daša	Period	Od	Do
Bik	9	jan. 1940.	okt. 1940.
Ovan	9	okt. 1940.	jul 1941.
Ribe	9	jul 1941.	apr. 1942.
Vodolija	9	apr. 1942.	jan.1943
Jarac	9	jan. 1943.	okt. 1943.
Strelac	9	okt. 1943.	jul 1944.
Škorpija	9	Jul. 1944.	apr. 1945.
Vaga	9	april 1945.	jan. 1946.

Budući da manduka daša nije aspektovala šestu kuću, to jasno pokazuje opiranje predsednika SAD-a ulasku u rat. Ipak, antardaša Riba (more) u osmoj kući sa Marsom (iznenadni napad), između jula 1941. i aprila 1942. godine, pokazuje drugačije. Japanci napadaju Perl Harbor 7. decembra 1941. godine u ranim satima (Brama muhurta, Ribe). Ovaj neočekivani napad na Havajska ostrva, mornaričku bazu SAD-a, rezultirao je uništenjem osam borbenih i više drugih brodova, mašinerija, skladišta, vazdušnih područja, itd. koji su naterali SAD da pristupi II Svetskom ratu. Plima se okrenula u korist saveznika od antardaše Jarca (jan-okt. 1943. godine) u pravcu pobede. Predsednik Ruzvelt umire u kancelariji (tokom svog četvrtog mandata), 12. aprila 1945. godine, tokom antardaše Škorpije (jedanaesta antardaša). Škorpija je u trigonu od malefika, Marsa, u osmoj kući. Jupiter je vladar osme u znaku Saturna, i aspektuje Saturna (i agresor i osoba umiru).

Treba primetiti da je manduka daša Device sa Saturnom obeležila period drugog svetskog rata. Saturn, kao vladar Jarca (znak koji debilitira Jupitera, svetski mir), signifikator je kraja svetskog mira i posledično vodi drugom svetskom ratu. Takođe je bitno primetiti da je u rudramši (D-11 čart) Adolfa Hitlera (čart 139) manduka daša bila daša znaka u kome se nalazi Saturn.

Rudramša je najbitnija podelna karta za određivanja rata i mira. Sledeći principi su veoma bitni:

i) Daša prve/osme kuće, koja god je muški znak ili afliktovana sa više malefika može doneti smrt/poraz;

ii) Daša osme kuće ili znaka koji ima signifikatora osme kuće (Saturn) rezultira destrukcijom mira i rezultat je bitka/rat. Ovo se neće dogoditi tokom daše osme kuće ukoliko je benefična ili ima samo benefične konjukcije.

iii) Daša prve kuće ili znaka u kom su Sunce/Mars (atma/fizičko telo) može biti štetna po zdravlje.

Osnove Vedske Astrologije

iv) Merkur pokazuje nesuglasice, dok Jupiter pokazuje vatre i druge prirodne nepogode.

v) Rahu manduka daša može biti veoma negativna.

Čart 142: Adolf Hitler

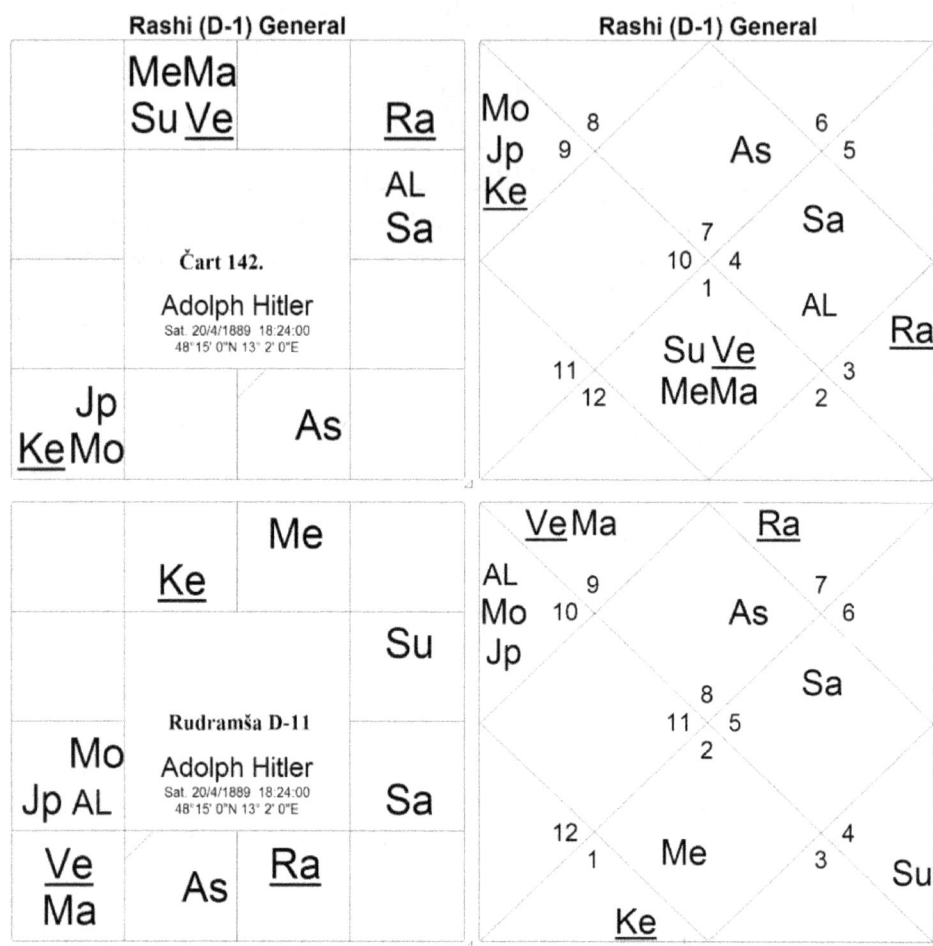

Čart 142. je horoskop Adolfa Hitlera, koji je uzrokovao drugi svetski rat. Vladar osme, Merkur, nalazi se u Biku (Rudra dvara), Rudra baja je u Škorpiji. Njih aspektuju Mesec, Jupiter i Merkur i pokazuju ogromnu mentalnu agoniju, vatre i prirodne ili ljudskom rukom izazvane katastrofe poput svetskog rata (Jupitera afliktuje Rudra), kao i svađe (Merkur). Uporedite ovu rudramšu sa rudramšom predsednika Ruzvelta (čart 141).

Obojica imaju debilitiranog Jupitera u Jarcu (kraj mira), i obojica su prolazili kroz manduka dašu znaka u kom se nalazi Saturn. Daša Lava (1937-1945) obeležila je period drugog svetskog rata. Sa dolaskom Blizanac daše, 1945.

Jedanaesta Kuća

godine, Hitler je izvršio samoubistvo u ćeliji u Berlinu. Merkur pokazuje bliske prijatelje i saveznike koji će konačno biti uzrok smrti i poraza. Sve do svoje smrti Hitler je ponavljao da je izdat. Bio je dovoljno pristojan da oženi svoju dugogodišnju ljubavnicu Evu Braun dan pre nego što će oboje počiniti samoubistvo. Venera aspektuje znak Blizanaca u rudramši. Ipak, Rudra baja je Škorpija, a u raši čartu je upapada (koja predstavlja brak) u znaku Škorpije.

Tabela 14-5: Manduka daša Hitlera

Daša	Period	Od	Do
Devica	9	1989.	1898.
Rak	7	1998.	1905.
Bik	8	1905.	1913.
Ribe	9	1913.	1922.
Jarac	7	1922.	1929.
Škorpija	8	1929.	1937.
Lav	8	1937.	1945.
Blizanci	9	1945.	1954.

Osim tačnog vremena svetskog rata, rudramša takođe pokazuje Hitlerov poraz i smrt. Čitaoci mogu primetiti da je Rahu u dvanaestoj od aruda lagne. Ovo će dati velikog vernika i može dati velikog sveca, ili sledbenika nečastivog. Veruje se da je Hitler često čuo glasove i da je govorio o glasu koji je činio da deluje i koji je usmeravao njegove napore.

NEZGODA
Čart 143: Muškarac rođen 28. marta 1962. godine

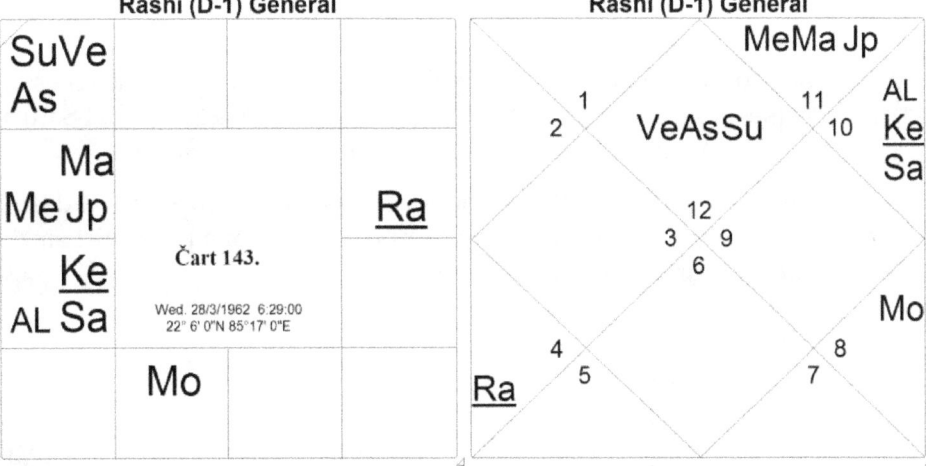

U čartu 143. aruda lagna je u jedanaestoj kući u Jarcu i afliktuju je Saturn i Ketu koji su u konjukciji. Mesec, iako je debilitiran, ima ničabangu zbog vargotama egzaltirane Venere na ascendentu. Dakle, balarišta joga je poništena i, iako je osoba rođena pre vremena u sedmom mesecu, ostaje u životu. Malefici u jedanaestoj kući ili vladar jedanaeste mogu biti veoma loši, posebno tokom svojih daša. Dakle, malefik Ketu u jedanaestoj kući u jutiju sa vladarom jedanaeste pokazuje opasnosti od nezgoda, posebno kada afliktuju AL ili osmu kuću.

Tokom Ketuove daše i Saturnove antardaše, u šestoj godini, školski autobus u kome je dečak bio prevrnuo se na blatnjavom putu u Orisi. Desilo se čudesno spasenje i nijedno od dece nije bilo povređeno. Ipak, on je imao ozbiljan rez na levoj obrvi (Mesec u debilitaciji u đešta nakšatri i Venera u trećoj od AL, a Mesec (levo oko) je u badaku od AL).

Čart 144: Muškarac rođen 12. novembra 1934. godine

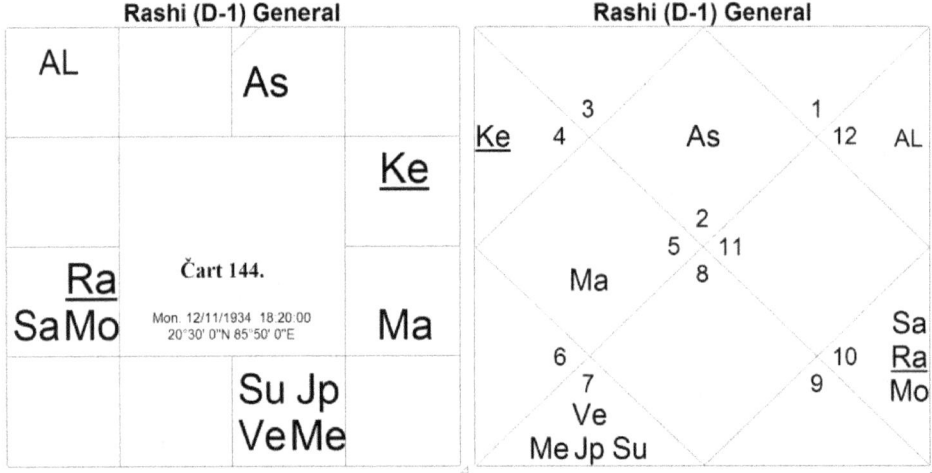

U čartu 144. aruda lagna je u jedanaestoj kući, u Ribama. Jupiter je smešten u trika kući (šesta kuća) od ascendenta, i pod aspektom je Saturna. I Saturn i Mars aspektuju AL u Ribama i pokazuju opasnost od nezgode.

Daša vladara jedanaeste je obično nepovoljna. Tokom Jupiterove daše i Saturnove antardaše osoba je imala groznu nezgodu i bila je na ivici smrti. Vozilo je bilo potpuno smrvljeno, ali je osoba preživela.

ॐ तत् सत्

ॐ गुरवे नमः
POGLAVLJE XV
DVANAESTA KUĆA

Dvanaesta kuća se bavi kaznom (signifikator je Saturn), dugim putovanjima (signifikator je Venera), nesrećama i lošim navikama (signifikator je Rahu), užicima u krevetu (signifikator je Venera), snom (signifikator je Mesec), meditacijom (signifikator je Ketu), donacijama (signifikator je Jupiter), tajnim neprijateljima (signifikator je Rahu), nebom (signifikator je Jupiter), levim okom (signifikatori su Mesec i Venera za očni vid) i troškovima (signifikator je Saturn).

Užici u krevetu, ili njihov izostanak, bilo zbog razvoda, odvajanja ili duhovnih praksi, ili prosto zbog loše sreće treba da se prostudira iz dvanaeste kuće i upapade (aruda pada dvanaeste kuće, nosi naziv i gauna pada). Diktum "karaka bava naša" se može primeniti posebno kada prirodni signifikator za brak, Venera, vlada malefičnim kućama poput šeste ili dvanaeste, i nalazi se u dvanaestoj kući. Ovo daje viparita jogu, ali može dovesti i do gubitka partnera. Upapada i bračna sreća objašnjeni su u okviru sedme kuće. Budući da argala druge kuće (jelo) na ascendent dobija opstrukciju iz dvanaeste kuće (post), svako ko prolazi kroz neprilike u bračnom životu treba da posti na dane kojima vlada vladar upapade.

Dvanaesta je tajna kuća i ukoliko je vladar desete u vezi sa ovom kućom, to može povezati posao sa tajnim društvima (signifikaor je Ketu), špijunažom (signifikator je Rahu), kontra-špijunažom (signifikator je Ketu), istragama itd. Ukoliko čvorovi nisu umešani, neće biti u pitanju tajne službe već osoba može putovati u strane zemlje za svojim zaposlenjem. Venera i vladar dvanaeste treba da su snažni kako bi pokazali ova putovanja i boravke u inostranstvu. **Sedma, deseta i dvanaesta kuća imaju presudnu ulogu za pitanja inostranstva i boravaka u inostranstvu, a od njih dvanaesta ima presudnu ulogu.** Četvrta i osma kuća, budući da su u trigonu od dvanaeste kuće, utiču na odluke o putovanjima u inostranstvo. Malefici u četvrtoj pokazuju nemir u domu, u rodnom gradu, što doprinosi odluci da se on napusti i da se ode u inostranstvo, dok osma kuća može da pokaže putovanja u inostranstvo zarad medicinskih tretmana, ili iz bilo kog drugog razloga koji planete u osmoj pokazuju. Sedma kuća je jednako bitna za putovanja i boravke u inostranstvu, kao i njen signifikator, Venera. Đalapata saham[1]

1　Đalapata saham: tačka prelaza vode/okeana (ĐS = Rak 15 − Saturn + ascendent + 30' za dnevno rođenje) ili (ĐS = Saturn − Rak 15 + ascendent + 30' + noćno rođenje). 30 stepeni se ne dodaje ukoliko je ascedent između umanjioca i umanitelja.

i paradeša saham² treba da se ispitaju u slučaju nedoumice. Pitanje koje se često postavlja jeste šta zapravo znači putovanje u inostranstvo? Da li podrazumeva prelazak državne granice i izlazak iz zemlje, ili može da se odnosi i na putovanja unutar granica gde se kultura bitno razlikuje od naše? Državne granice su uglavnom definisane na osnovu geografskih i kulturoloških kriterijuma. U zemljama poput Indije, gde može biti velikih odstupanja u kulturi iz jednog u odnosu na drugi region, putovanje se može posmatrati kao promena boravka. Astrološki će se razlika pokazati pozicijom ascendenta. Na primer, ukoliko je vladar lagne na ascendentu i u vjajamši³, osoba će putovati na različita mesta unutar zemlje tokom života. Slično tome, ukoliko je vladar lagne u sedmoj, devetoj ili dvanaestoj kući i nalazi se u lagnamši⁴, osoba živi u regiji različitoj od mesta rođenja.

Dvanaesta kuća se sa razlogom naziva i kućom samouništenja. Tu ego biva uništen i duša pročišćena zarad daljeg putovanja na nebo. Ona može pokazati grozne nedaće kojima osoba biva kažnjena za grehe iz prošlih karmi⁵ ili ti gresi mogu biti oprošteni, kao što to Ribe pokazuju, prirodna dvanaesta kuća zodijaka. Četvrta, osma i dvanaesta kuća predstavljaju stanje individue u prethodnom periodu, u vreme smrti i posle smrti, datim redom. Materijalizam, njegovi plodovi i užici predstavljeni su učiteljem demona, Venerom, dok su duhovnost i njeni plodovi predstavljeni božanskim učiteljem, Jupiterom. Dakle, ukoliko duhovne planete poput Sunca, Jupitera i Ketua, snažno utiču na ascendent ili desetu kuću, oni će pokazati nizak materijalizam i visoku duhovnost; ukoliko Mesec, Venera i Rahu snažno utiču na ascendent ili desetu kuću, oni pokazuju puno materijalizma i malo duhovnosti. Obrnuto će se pokazati tačnim za dvanaestu kuću. Na primer, u horoskopu gospođe Indire Gandi ili Đ. R. D. Tate, prirodno je očekivati moćne joge za materijalizam, poput kombinacija Venere i Meseca na navamša ascendentu ili u trigonima koji aspektuju ascendent. **Dakle, ascendent pokazuje šta osoba prihvata, a dvanaesta kuća pokazuje šta osoba odbacuje ili gubi.** Ukoliko je Rahu u sedmoj ili dvanaestoj od aruda lagne, osoba odbacuje plodove materijalizma u potpunosti i postaje duhovna. Slično, Mesec u dvanaestoj od aruda lagne pokazuje gubitak rađa joge (ili kraljevskog statusa), a ako je smešten u dvanaestoj kući od ascendenta čini da porodične/lične afere odu nizbrdo budući da je osoba neosetljiva na materijalne aspekte. Ova pozicija Meseca je esencijalna za Šiva jogu, budući da čini osobu nesebično posvećenom određenoj svrsi

---
2   Paradeša saham: tačka putovanja u inostranstvo (PS = deveta kuća – vladar devete + ascendent + 30'dnevno rođenje) ili (PS = vladar devete –deveta kuća + ascendent + 30' noćno rođenje). 30 stepeni se ne dodaje ukoliko je asecent između umanjioca i umanitelja.
3   Navamša znaka u dvanaestoj kući raši čarta. Na primer, ukoliko je ascendent Ovan, dvanaesta kuća je znak Riba i bilo koja planeta smeštena u Ribe navamši nalazi se u vjajamši.
4   Navamša znaka na ascendentu u raši čartu. Na primer, ukoliko je ascendent Ovan, za bilo koju planetu u znaku Ovna u navamši se kaže da je u lagnamši.
5   Dela ili akcija: loša karma rezultira kaznom.

(tj. Adi Šankarina posvećenost oživljavanju Hinduizma). Dvanaeste kuće od lagne i aruda lagne nose određene razlike u načinu na koji pokazuju samoodricanje i neželjene gubitke, tim redom.

Išta *devata*[6] se posmatra iz dvanaeste kuće od *karakamše*[7]. Planete od Sunca do Ketua, prema Đaiminiju, ovde ukazuju na: Šivu, Gauri, Kartikeju, Višnua, Sambašivu, Lakšmi, Narajanu, Durgu i Ganapatija, datim redom. Parašara i drugi navode išta devate kao Šiva, Parvati (ili Gauri), Kartikeja (ili Skanda), Višnu, Indra, Saći Devi (žena Indre koja se odnosi na glavni princip Venere kao signifikatora supruge), Lakšmi (supruga Višnua) i Brama. Ovoj listi možemo dodati Ćandi za Rahua i Vinajaka (Ganapati) za *mokšakaraku* Ketua na osnovu diktuma "kalo Ćandi Vinajaka". Na sličan način, šesta kuća od *amatjakarake*[8] određuje devatu za materijalne dobrobiti, dok *bhratrikaraka* pokazuje guru devatu ili učitelja. Na ovaj način tri čarakarake (privremeni signifikatori) atma, amatja i bhratri igraju presudnu ulogu u određivanju devate/personifikacije Boga koja daje konačno oslobođenje, pazi na osobu u ovoj inkarnaciji i vodi osobu poput učitelja, datim redom. Broj malefika u trigonu od *karakamše* pokazuje poznavanje tajnih mantri[9], jantri i tantri, ako su tu dva, tri ili četiri. Ipak, ukoliko su malefici u trigonu od navamša lagne, oni čine život teškim i osoba pati. Ovde leži bitna razlika između karakamše i navamša lagne. Slično tome, treba detaljno ispitati *vimšamšu* za određivanje devate.

Peta kuća pokazuje *bakti margu* (put obožavanja i nesebične posvećenosti) i mantru, tako da aruda pada pete kuće, nosi još naziv mantra pada. Deveta kuća pokazuje hram i đapu ili stalno ponavljanje mantre i druge duhovne prakse. Dvanaesta kuća bavi se sa moćnim okultnim praksama poput meditacije, samadija, pranajame, itd. Đaimini je opravdano dodao da dvanaesta kuća predstavlja nos. Tako, u pranajami gde se dah kontroliše i zaustavlja zatvaranjem nosa i recituje se mantra (dvanaesta je peta od osme kuće). Četvrta kuća pokazuje porodično božanstvo (*kula devatu* koja se obožava za sreću i zajedništvo porodice. Dvanaesta kuća je kuća meditacije svih vrsta poput *djane* (svest), *darane* (transcendentalno) i *samadija*, koja je najbolji način za odmor, kao i postizanje savršenog mira. Ovo je ujedno i kuća sna kojim se i um i telo opuštaju i regenerišu snagu.

U vezi sa troškovima, sve planete koje pokazuju dobitke u jedanaestoj od

---

6   Glavna devata koja pokazuje put duše. Parašara i mahariši Đaimini daju najveću važnost išta devati koja se vidi iz dvanaeste od atmakarake. Stege i sloboda se mogu ispitati odavde.

7   Navamša atmakarake nosi ime karakamša. Dvanaesta kuća odavde se posmatra u navamša čartu.

8   Amatjakaraka je planeta druga po redu u odnosu na stepen nezavisno od znaka, dok je batrikaraka na trećem stepenu po redu u šemi od osma privremenih signifikatora.

9   Pod mantrom se podrazumeva svaki mistični sklop koji koristi zvukove zarad kontrole i usmeravanja skrivenih sila uma (Mana). Jantra se odnosi na dodatnu upotrebu materijala poput crteža, dragog kamena, itd. Tantra uključuje sve vrste duhovnosti/magija višeg ranga koji prelazi limite fizičkog tela (Tana).

aruda lagne će pokazati izvore troškova kada su u vezi sa dvanaestom od aruda lagne. Sunce će pokazati gubitke zbog oca, Mesec zbog majke i sl. Osoba obično voli osobe i odnose koji su povezani sa planetama u dvanaestoj od aruda lagne, ali ih kasnije mogu zamrzeti što dovodi do troškova. Te osobe su u kategoriji tajnih neprijatelja. Ukoliko su ascendent i vladar dvanaeste povezani, i Venera je istovremeno u vezi sa vladarom dvanaeste kuće, osoba će dati ogromne donacije zarad duhovne dobrobiti. Malefici u vezi sa dvanaestom kućom pokazuju gubitak sna i nevolje od tajnih neprijatelja. *Najbolji način da se umire planete u dvanaestoj kući jeste post na dane kojima one vladaju.*

Dvanaesta kuća ima argalu na jedanaestu kuću, budući da je u drugoj odatle. Dakle, potreba da se zadovolje troškovi navode osobu na akumuliranje prihoda. Malefične planete u vezi sa dvanaestom kućom, ili sa njenim vladarom, pokazuju izvore troškova. Ukoliko vladar ascendenta ili dispozitor atmakarake aspektuju dvanaestu odatle, rođen je rasipnik; sličan rezultat će se manifestovati ukoliko vladar dvanaeste od lagne aspektuje lagnu ili ukoliko vladar dvanaeste od atmakarake aspektuje atmakaraku. *Dakle, znak atmakarake treba tretirati kao lagnu i odatle prostudirati planetarne pozicije.* Na sličan način ostale karake pokazuju detalje u drugim odnosima. Dvanaesta kuća ima argalu na devetu, osmu i drugu kuću i time ima direktan upliv na pitanja ovih kuća. Na primer, prvi primetan znak onih koji praktikuju tanscendentalnu meditaciju (TM) jeste porast apetita. Dakle, pozitivne vibracije dvanaeste kuće koje nastaju putem TM prakse automatski se prenose na drugu (jelo), osmu, devetu i jedanaestu kuću. I dok su efekti druge kuće odmah primetni, efekti na ostale kuće se mogu pokazati vremenom u formi boljeg zdravlja, bolje sreće, religioznosti i viših prihoda. Na sličan način prva, druga (samo malefici), treća, četvrta i deseta kuća vrše argalu na dvanaestu kuću, i mogu uticati na data pitanja. Dakle, loše zdravlje, loš govor/hrana, preterana seksualna aktivnost, generalna sreća i poslovna sposobnost imaju tendenciju da ometaju meditaciju ili san, i mogu da donesu negativne uticaje na dvanaestu kuću.

Planete u dvanaestoj kući deluju poput argala. Njihova vladavina će takođe uticati na povoljnosti/nepovoljnosti kuće. Na primer, ukoliko je Sunce u dvanaestoj od aruda lagne, otac može biti kratkovečan. Ukoliko je u dvanaestoj od upapada lagne, tada partnerov otac može kratko živeti. U dvanaestoj od ascendenta čini da je posao veoma nesiguran, budući da se nalazi u osmoj od pete kuće, kuće autoriteta. Kao signifikator ascendenta pokazuje boravak u inostranstvu. Moćni političari i nadređeni postaju tajni neprijatelji, budući da Sunce ovde znači da ovi ljudi postaju tajni neprijatelji. Mesec, Sunce i ascendent su kontrolišuće zvezde prvog, drugog i trećeg dela života. Tako, sa Suncem u dvanaestoj kući, poslednji deo života može biti u velikim stegama, ali je osoba samostalna. Sunce je usamljenik po prirodi i njegova argala na drugu kuću može distancirati osobu od porodice. Njegova argala na dvanaestu kuću može doneti prihode od države ukoliko Sunce vlada povoljnom kućom. Njegova argala na devetu može dati ogromna duhovna postignuća, posebno ukoliko se nalazi u dvanaestoj kući od karakamše (Šri Ramakrišna Paramhamsa). Na sličan način se mogu prostudirati efekti ostalih planeta i njih treba proučiti iz standardnih tekstova.

Vladar dvanaeste daje gubitke i tugu kućama u kojima se nalazi. Ukoliko je vladar dvanaeste smešten u prvoj, tada je primetan gubitak zdravlja dok, ukoliko je u drugoj može pokazati gubitak bogatstva. Vladar dvanaeste smešten u dustanu, posebno kada je zajedno sa vladarom dustana ili prirodnim malefikom, daje *viparita rađa jogu*. Ukoliko je vladar dvanaeste u konjukciji sa prirodnim benefikom ili joga karakom daje rađa jogu tokom svojih perioda, pod uslovom da je povezan sa desetom kućom u dašamši. Na sličan način, planete smeštene u dvanaestoj kući pokazuju gubitke i patnju kućama kojima vladaju pored toga što pokazuju siromašne korene. Na primer, ukoliko je vladar sedme u dvanaestoj kući, supružnik može doći iz siromašne porodice ili ukoliko je dispozitor Venere u dvanaestoj kući, žena potiče iz siromašne porodice. Dvanaesta kuća je jedina kuća u kojoj *badakeš* daje odlične rezultate. Na primer, za Devica ili Blizanci ascendent, *badakstana* (mesto opstrukcije) je sedma kuća i ako se njen vladar, Jupiter, nalazi u dvanaestoj kući daće odlične rezultate. Njegova daša će biti obeležena srećom i velikim prosperitetom.

Primeri

VENERA U DVANAESTOJ KUĆI
Čart 145: Ženska osoba rođena 13. maja 1970. godine

U čartu 145. u dvanaestoj kući se nalazi znak Bika, zajedno sa vladarom, Venerom, pod aflikcijama vladara jedanaeste i šeste, Marsa. Nezavisno od prirode znaka, Venera u dvanaestoj kući preti gubitkom partnera. Venera je vladar pete kuće, i pokazuje da se period može približno odrediti kao period rođenja dece. Venera je dispozitor vladara sedme, Jupitera, i njena pozicija u dvanaestoj može bitno da ošteti pitanja sedme kuće, budući da pokazuje gubitak partnera ili veoma loše zdravlje partneru.

UPAPADA: Upapada (aruda dvanaeste kuće) je u Vodoliji, sa Rahuom tu. Ovo čini da je Jupiter još veći malefik za pitanja braka, kao vladar druge od upapade smešten u dustanu (osma kuća) od navamša lagne, što pokazuje rano udovištvo.

ŠULA DAŠA: Šula daša osobe i partnera počinje iz sedme kuće (objašnjeno ranije u poglavlju). Jupiter je fiksni signifikator (stira karaka koja se koristi za procenu dugovečnosti) za partnera, i nalazi se u Vagi. Smrt partnera se može dogoditi u trigonu od znaka u kom se nalazi Jupiter. Vodolija ima Rahua i pod aspektom je Saturna, Merkura, Sunca, Meseca i Jupitera. Povoljni aspekti mogu pomoći, ali efekti Rahua će dominirati, i opasnost od udovištva postoji tokom Vodolija šula daše.

Šula daša, počevši od Strelca, dolazi u Vodoliju između 18. i 27. godine života (1988-97) tokom koje se može očekivati udovištvo, posebno u vreme rođenja deteta.

TRANZITI: (1) SATURN: Gaunapada (ili upapada, UL) treba da je povoljna da bi dala srećan bračni život. Problem u braku se mogu lako vremenski odrediti uz pomoć Saturnovog tranzita preko upapade, ili znaka u kom se nalazi vladar upapade, ili ga aspektuje. U čartu 145. upapada je u Vodoliji, i jedan od vladara, Rahu, je tu dok je drugi vladar, Saturn, debilitiran. Ovo čini da je upapada nepovoljna i slaba. Kada Saturn tranzitira Vodoliju, on će afliktovati upapadu, i aspektovati njenog vladara u Ovnu. Tranzit se dešavao od 7. marta 1993. godine do 4. juna 1995. godine, tokom koje se može očekivati prekid braka ili gubitak partnera.

(2) Rahu: Rahu u tranzitu treba da afliktuje natalnog Jupitera i sedmu kuću/vladara da bi pokazao udovištvo. Rahu je tranzitirao Vagu, znak u kom se nalazi Jupiter, i vladara sedme između 3. maja 1994. godine i 20. novembra 1995. godine, tokom koje se i dogodio nemili događaj. Koristeći šula dašu, tranzit Saturna i Rahua, period je sužen na period od 3. maja 1994. do 4. juna 1995. godine.

VIMŠOTARI DAŠA: Tokom ovog perioda osoba će prolaziti kroz vimšotari dašu Venere i antardašu Jupitera koji, kao što je ranije zaključeno, prete životu partnera. Jupiter je čara darakaraka i njegov period može biti loš po partnera. Drugi sin rođen je 16. maja 1995. godine, a njen partner umire 29. maja 1995. godine, u Venerinoj daši, Jupiterovoj antardaši i Mesečevoj pratiantari. Sunce je bilo u Biku u tranzitu u dvanaestoj kući, i Mesec je takođe tu u vreme partnerove smrti. Tithi na dan smrti je bio *pratipad* (1) kojim vlada Sunce u jedanaestoj kući natalnog čarta.

Čart 146: Ženska osoba rođena 2. oktobra 1969. godine

U čartu 146. Venera je u dvanaestoj kući u fiksnom znaku, pod aflikcijom vladara treće, Ketua. Venera je ujedno i vladar upapade, i nalazi se u dustanu u raši čartu, a debilitirana je u navamši. Aruda lagna je ozbiljno aflikovana aspektima Saturna, Rahua i Marsa, dok upapadu aspektuje Rahu (udovištvo). Konjukcija Merkura i Jupitera je povoljna, posebno sa egzaltiranim Merkurom, ali Sunce je u konjukciji i, kao vladar dvanaeste, pokazuje gubitak reputacije (ascendent), sreće (četvrta kuća) i partnera (vladar sedme je Jupiter). Sunce je takođe u bliskoj konjukciji sa ascendentom i nalazi se na navamša lagni, i time dobija na snazi da ispolji svoje rezultate. Navamša, koja je konačni test za bračnu sreću, ima vladara lagne, Veneru, u debilitaciji zajedno sa Suncem na lagni. Sunce na lagni nije veliki malefik, ali kad se vladar sedme nađe u jutiju sa Saturnom u Lavu, može se pokazati veoma nepovoljnim.

== Dvanaesta Kuća

Vladar druge od upapade je Ketu (treba primetiti da je Ketu snažniji od Marsa) i u konjukciji je sa Venerom (koja je već slaba zbog debilitacije u navamši). Ketu je u dvanaestoj kući u raši čartu, i u osmoj kući u navamši. Uporedite ovo sa čartom 145. gde se Venera nalazi u dvanaestoj kući i vladar druge od upapade je smešten u osmoj od navamša lagne. Pokazano je udovištvo.

Prvi partner, za koga je osoba bila verena, počinio je samoubistvo. Druga i treća veridba donele su brak, ali su oba partnera rano umrla. U oba čarta 145. i 146. može se videti da je *Venera u dvanaestoj kući, dok vladara sedme afliktuje vladar dvanaeste ili je njegov dispozitor u dvanaestoj kući.*

Čart 147: Muškarac rođen 3. novembra 1968. godine

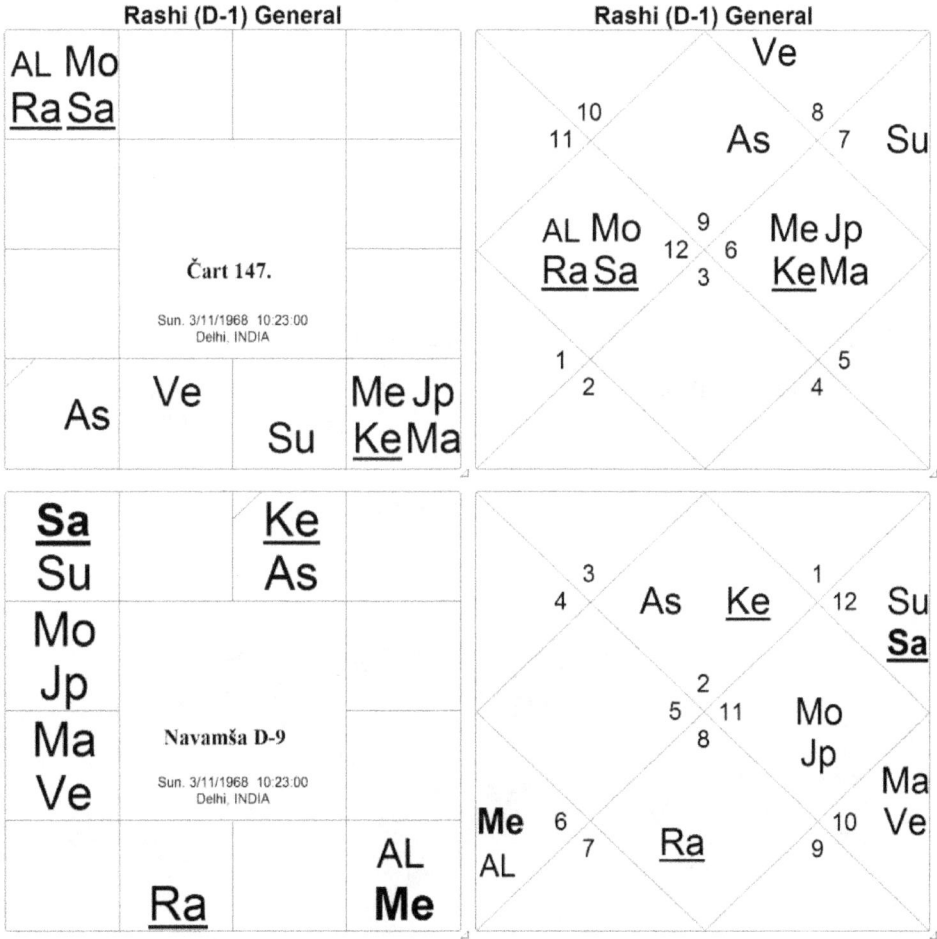

U čartu 147. Venera je u dvanaestoj kući, i pod aspektom je Rahua. Venera je vladar navamša lagne i u konjukciji je sa Marsom, dok je Rahu u sedmoj kući u navamša čartu. Upapada je u Raku, i njenog vladara, Mesec, ozbiljno afliktuju Saturn i Rahu iz Riba. Vladar druge od upapade je Sunce u debilitaciji. Postoje četiri planete pre Sunca koje pokazuju moguć gubitak jedne ili više partnerki. Osim Venere u dvanaestoj kući, dva vladara dvanaeste (Mars i Ketu) su u desetoj kući i afliktuju Merkura i Jupitera, vladare ascendenta i sedme kuće. Uporedite ovo sa čartom 144. gde istu kombinacija, Merkura i Jupitera u Devici, kao vladare ose prva/sedma kuće, afliktuje vladar dvanaeste.

Saturn će tranzitirati Ribe, znak u kom se nalazi vladar upapade (Mesec) od februara 1996. do aprila 1998. godine, što može biti veoma težak period za brak. Prva verenica je počinila samoubistvo.

Drugi brak završio se katastrofalno tako što je supruga dobila rak kostiju, a i njegov biznis propao. Kada je vladar upapade u jutiju sa Saturnom, zdravlje partnera može biti loše tokom njegovih perioda. Vimšotari daša – antara Venera-Saturn trajala je od septembra 1994. do novembra 1997. godine, što je i bio period ovih dešavanja. Brak se završava razvodom sredinom 1997. godine. Iako je imao puno ponuda posle toga, dobio je savet da sačeka april 1998. godine kada Saturn napušta Ribe, i Mesec biva oslobođen od aflikcija. Istovremeno, Rahu napušta Devicu u kojoj su smešteni vladar sedme, Merkur, i Jupiter.

Putovanja u inostranstvo i duhovnost
Čart 148: Muškarac rođen 4. decembra 1964. godine

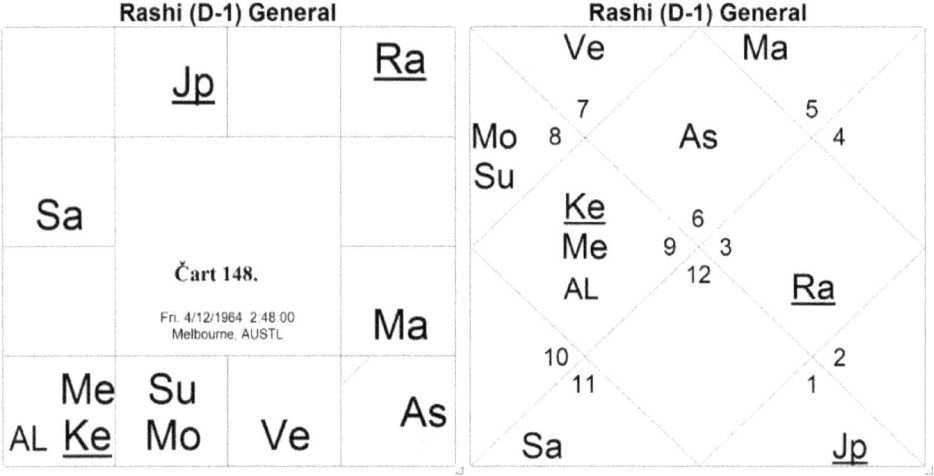

Dvanaesta Kuća

Ve	Ke	As	Me
AL	Navamša D-9 Fri. 4/12/1964 2:48:00 Melbourne, AUSTL		
Su	Sa	Jp Mo	Ma Ra

```
        Me              Ke
          \  3      1  /
           \      As  / 12
            \        /      Ve
                2
             5    11
                8
          /            \
         / 6       Sa   \ 10
        /   7   Mo Jp  9  \ AL
         Ra Ma          Su
```

Ve Sa		As	
Me			
Ma AL	Vimšamša D-20 Fri. 4/12/1964 2:48:00 Melbourne, AUSTL	Ra Jp Ke	
Su		Mo	

```
          \  3        1 / Sa
           \     As  / 12  Ve
            Ra
            Ke     2
            Jp   5    11
                    8       Me
         Mo
          / 6             \ 10 Ma
         /   7          9  \ AL
                  Su
```

Čart 148. je horoskop Krišna bakte Šri Gurutama dasa. Aruda lagna nosi kombinaciju Merkura (Šri Višnu) i mokša karake, Ketua. Rahu u sedmoj ili dvanaestoj od aruda lagne čini osobu duhovnom. Narajana daša pokazuje patnju posle devete godine života (Jarac daša 9-20 godine). Potom dolazi daša Bika u devetoj kući, i Venera je vladar Vimšamša (D-20) lagne (vimšamša lagna je znak Bika). Dakle, daša Bika će pokazati duhovnost. Tokom ovog perioda osoba se interesuje za duhovni razvoj, pristupa ISKONU i biva iniciran u Mahamantru. Atmakaraka je Rahu i pokazuje da je osoba urođeno duhovna/religiozna, posebno kada je Rahu u sedmoj od aruda lagne (videti čart Šri Ramakrišna Paramahamse). Karakamša je Vaga, sa Rahuom i Marsom tu, i pokazuje grozne emotivne smetnje. Mars kao devakaraka (BK) predstavlja gurua i nalazi se u dvanaestoj kući od lagne (kuća samouništenja). Osoba jeste duhovno napredovala, ali je doživela i ogroman emotivni udarac zbog pada njegovog učitelja.

Tabela 15-1: Narajana daša Gurutama Dasa

Daša	Period	Od	Do	Starost
Devica	8	1964.	1973.	9
Jarac	9	1973.	1984.	20
Bik	8	1984.	1989.	25
Blizanci	9	1989.	1995.	31
Vaga	7	1995.	2007.	43

Dvanaesta kuća od karakamše (navamša atmakarake) je Devica koja nema planeta. Vladar Device (Merkur) pokazuje *Išta devatu* kao Šri Mahavišnua. Među trigonima od KK, jedini prirodni benefik u snazi je upravo Merkur u znaku Blizanaca, što ponovo potvrđuje Šri Višnua. **[Parašara podučava da deset graha (devet planeta od Sunca do Ketua i ascendent) predstavljaju dasavatare Bagvana. Sunce je Šri Rama, Mesec Šri Krišna, Mars Šri Narasimha, Merkur Šri Budha, Jupiter Šri Vamana, Venera Šri Parašurama, Saturn Šri Kurma, Rahu Šri Varaha, Ketu Šri Matsja i Lagna Šri Kalki].** Budući da je išta devata određena iz navamša čarta Šri Višnu, treba videti vimšamša čart gde Mesec u petoj kući jasno pokazuje oblik Šri Krišne.

Sa dolaskom Venerine daše on se skrasio u braku, ali je odlučio da nema decu (Venera i Merkur su u trigonu od saptamša lagne koja ima aspekt Rahua). Par je proputovao Evropu trgujući. Dobit je iskorištena za igradnju hrama Šri Đaganata (Krišna). Venera u jedanaestoj od aruda lagne pokazuje dobitak/prihod naporima para, dok svetla (Sunce i Mesec) u dvanaestoj kući pokazuju namenu plodova zarad gradnje hrama, posebno kada su vladari dvanaeste od lagne i dvanaeste od aruda lagne, Sunce i Mars, datim redom, umeštani u moćnu *parivartana jogu*.

Čart 149: Šri Mahanidi Svami

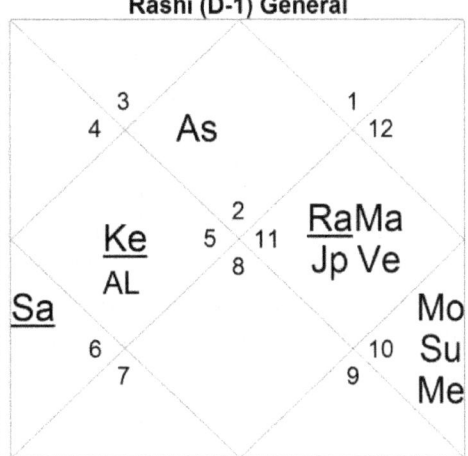
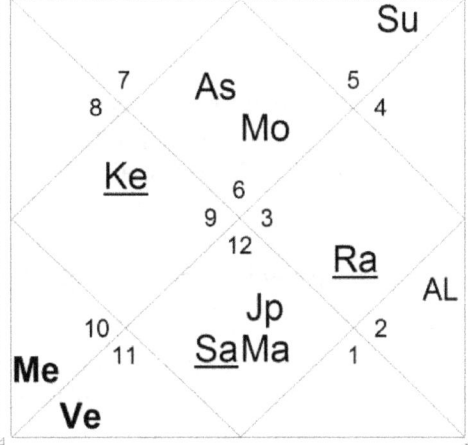
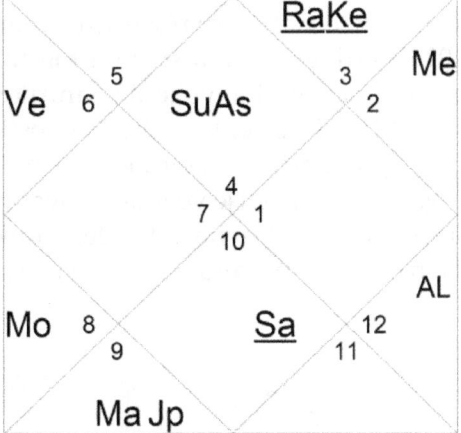

U čartu 149. vladari ascendenta i dvanaeste kuće nalaze se zajedno u Vodoliji (Saturnov znak). Umešanost Venere pokazuje boravak u inostranstvu. Aruda lagna (AL) je u Lavu sa mokšakarakom, Ketuom, što pokazuje da je pravac života usmeren na konačno oslobođenje od ciklusa rađanja. Navamša lagna je u jutiju sa atmakarakom, Mesecom, što pokazuje moćnu rađa jogu koja će funkcionisati u okviru granica reinkarnacije i koja ga može učiniti višim monahom ISKONA (duhovni red Šrila Prabhupade). Karakamša je Devica sa Suncem u dvanaestoj kući u svom znaku, i pokazuje da je išta devata Gospod Šiva ili Šri Ram. Merkur je veoma jak u trigonu od karakamše i aspektuje dvanaestu kuću odatle (Lav) raši aspektom, i modifikuje prethodne rezultate na Šri Višnua. U vimšamši, Sunce i Mesec su veoma snažni u trigonu. U petoj kući Mesec jasno pokazuje bakti usmeren ka Šri Krišni.

Putovanje u Indiju će biti bitan događaj u životu. Vladar dvanaeste, Mars, u konjukciji je sa Venerom (predstavlja putovanja), Jupiterom (duhovnost, Indija) i Rahuom. Rahu je postavljen tako da doprinosi duhovnosti u ovom čartu, budući da je u sedmoj od AL, i pokazuje putovanja u inostranstvo, kao i boravke zarad duhovnog razvoja. Dakle, u Jupiterovoj daši i Rahuovoj antardaši osoba napušta komfor SAD-a zarad monaškog života u Indiji. Vladar lagne, Venera, u jutiju je sa vladarom dvanaeste u Saturnovom znaku, koji garantuje odlazak u inostranstvo. U Saturnovoj daši i Venerinoj antardaši, osoba aplicira i dobija državljanstvo Indije. Desilo se da je upravo on među pet (nekoliko) stranaca koji su istinski prihvatili potpuno monaštvo (odricanje državljanstva SAD je doista teška odluka, jer podrazumeva potpunu promenu). Danas je nekih desetak godina otkako živi u Indiji.

Benefici u trećoj i šestoj od aruda lagna daju odricanja. U čartu Šri Mahandi Svamija, Merkur i Mesec su jedini benefici u ovim kućama. Stalno ponavljanje imena Šri Krišne rezultiralo je samoodricanjem i duhovnim razvojem.

Vimšotari daše Saturna (sve do novembra 2007. godine), Merkura (novembar 2024. godine) i Ketua slede, i mesto boravka nastavlja da bude Indija. Iz gornje analize vidljivo je da Saturnova daša pokazuje tapasju (meditaciju, sidi, itd) dok se velika duhovna postignuća mogu videti tokom Merkurove daše, posebno u anatardaši Meseca. Tokom ovakvih perioda, vizija Šri Đaganata (Krišne) je veoma verovatna. Daša mokšakarake, Ketua, je takođe povoljna po duhovnost. Dakle, odluka da se odrekne svoje poslednje veze sa materijalnim svetom (državljanstvo) neće ostati nenagrađena.

Dvanaesta Kuća

PUTOVANJA U INOSTRANSTVO I OBRAZOVANJE
Čart 150: Muškarac rođen 29. novembra 1978. godine

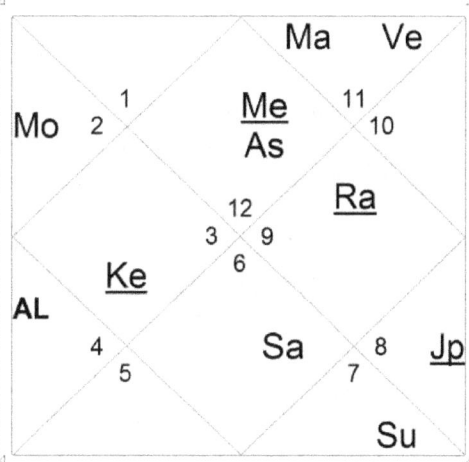

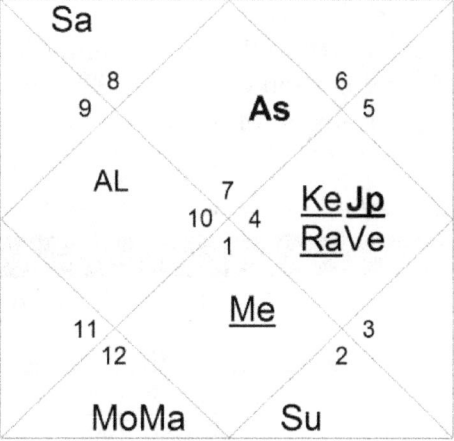

U čartu 150. vladar lagne, Venera, je povoljno postavljen na ascendentu. Venera, kao takva, daje putovanja i njena pozicija u vazdušnom znaku Vodolija u navamši u dvanaestoj kući obećava isto. Saturn je jogakaraka za čart, vlada četvrtom kućom i upravlja obrazovanjem, a smešten je u jedanaestoj kući i aspektuje ascendent na kom se nalazi Venera. Vladar dvanaeste, Merkur, je ujedno i vladar devete i pokazuje boravke u inostranstvu zarad daljeg obrazovanja, posebno kada smešten u Ribama navamši, na lagni. I Saturn i Merkur imaju direktivnu snagu u navamši. U čaturvimšamši (D-24, obrazovanje), lagna je Vaga, i Venera je smeštena u desetoj kući u društvu egzaltiranog Jupitera, Rahua i Ketua. Vladar devete, Merkur, upravlja visokim obrazovanjem i ovde je i vladar dvanaeste (putovanja u inostranstvo) i nalazi se u sedmoj kući (daleko od kuće). Dakle, visoko obrazovanje je suđeno daleko od kuće u stranoj zemlji. Izmena znakova (parivartana joga) između Meseca i Jupitera, i mesto lagneše i vladara pete (Rahu) u Raku pokazuje da je obrazovanje u vezi sa pitanjima kojima vlada Mesec poput hrane, kućnog menadžmenta, itd. Tokom Saturnove daše i Venerine antardaše, u januaru 1993. godine, osoba napušta Evropu zarad daljih studija.

Vladar četvrte u raši čartu je Saturn, koji se nalazi u znaku Škorpije u D-24 čartu. Dakle, narajana daša D-24 čarta počinje od Škorpije. Budući da se Saturn nalazi u početnom znaku, daše će biti redovne i zodijačkim sledom, i standardna padakrama, brojanje skokom u svaki šesti znak, neće se primenjivati. Daša Jarca je od 16-18. godine, a znak je pod aspektom Saturna i Sunca i pokazuje frustraciju, kao i osrednje rezultate. Sledeća daša je Vodolija koja je pod aspektom egzaltiranog Jupitera, lagneše Venere, vladara devete, Merkura, i čvorova (strano) te pokazuje realizaciju nada, uspehe, itd. Antardaše počinju od znaka u kom se nalazi vladar znaka trenutne daše. Dakle, Rahu je snažniji suvladar Vodolije i smešten je u Raku i tako inicira antardaše u trajanju od po sedam meseci svaka. Planovi o odlasku u inostranstvo zarad daljih studija napravljeni su tokom Blizanci antardaše, i sa dolaskom Bik antardaše (osma kuća), Venere i čvorova, osoba odlazi u Evropu u januaru 1998. godine zarad daljih studija u hotelijerstvu. Obrazovanje i boravci u inostranstvu se očekuju sve do Ribe antardaše, a povratak u Vodolija antardaši.

Tabela 15-2: Narajana daša čaturvimšamše D-24

Daša	Period	Od	Do	Starost
Škorpija	8	nov. 1978.	nov. 1986.	8
Strelac	8	nov. 1986.	nov. 1994.	16
Jarac	2	nov. 1994.	nov. 1996.	18
Vodolija	7	nov. 1996.	nov. 2003.	25

Dvanaesta Kuća

Tabela 15-3: Narajana Vodolija daša-antardaša

Daša	Period	Od	Do
Rak	7 meseci	nov. 1996.	jun 1997.
Blizanci	7 meseci	jun 1997.	jan 1998.
Bik	7 meseci	jan. 1998.	avg. 1998.
Ovan	7 meseci	avg. 1998.	mar. 1999.
Ribe	7 meseci	mar. 1999.	okt. 1999.
Vodolija	7 meseci	okt. 1999.	maj 2000.

Čart 151: Muškarac rođen 6. avgusta 1970. godine

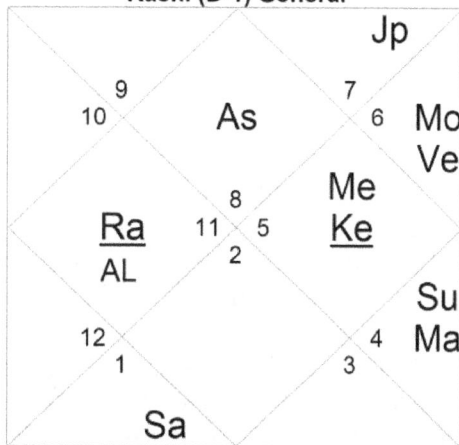

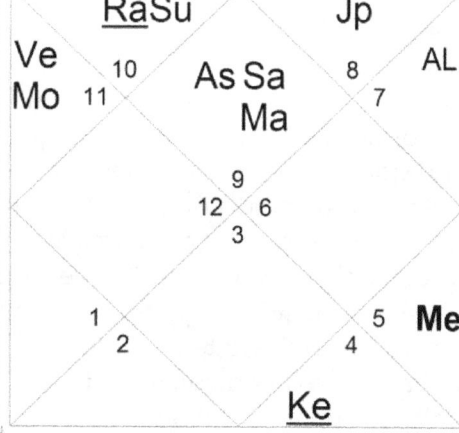

Osnove Vedske Astrologije

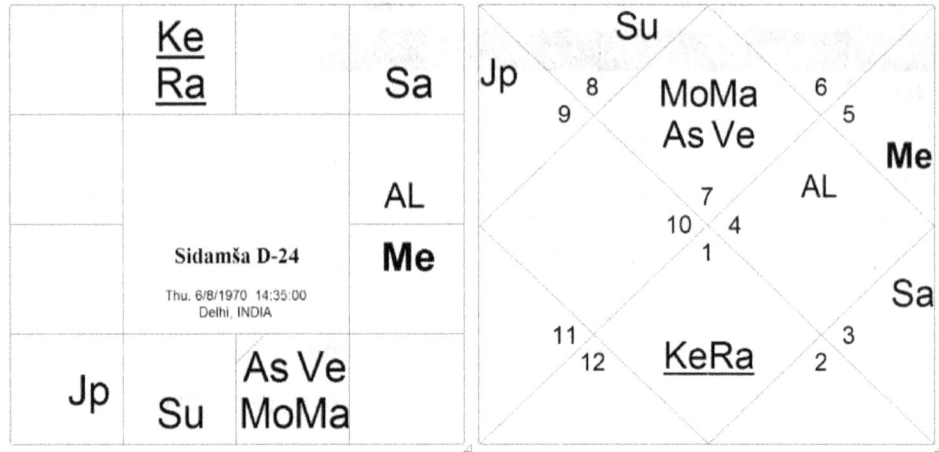

U čartu 151. vladar pete kuće, Jupiter, nalazi se u dvanaestoj kući, i vladar devete je u jutiju sa debilitiranom Venerom u jedanaestoj kući. Venera dobija poništenje debilitacije zbog Merkura (vargotama) u kendri od ascendenta. Ovo pokazuje putovanja u inostranstvo, kao i boravke u inostranstvu zarad višeg obrazovanja. Saturn je vladar dvanaeste od aruda lagne i nalazi se u pokretnom znaku, dok se Rahu, suvladar Vodolije, nalazi u dvanaestoj od AL, svom znaku. Nažalost, i Saturn i Rahu imaju papakartari jogu na AL, i Saturn će tranzitirati Ribe (AL) između februara 1996. godine i aprila 1998. godine. Osoba odlazi u Englesku (krajem 1997. godine) zarad Plab testa u novembru 1997. godine. Nažalost, Rahuova daša i Saturnova antardaša trajala je do novembra 1997. godine, i Saturnov tranzit preko AL je bio nepovoljan. Osoba nije imala uspeha. U D-24 čartu, Vaga je ascendent i Saturn i Rahu su u devetoj i sedmoj kući, datim redom. Saturn je u uzajamnom aspektu sa Jupiterom, vladarom treće kuće u Strelcu. Dakle, iako se putovanje dogodilo tokom Rahu-Saturn daše, uspeh na ispitima je izostao. Merkur je dispozitor jogakarake, Saturna, i pod njegovim je aspektom. On je ujedno i vladar dvanaeste i devete, i obećava putovanja u inostranstvo zarad višeg obrazovanja. Njegova pozicija u jedanaestoj kući od čaturvimšamša lagne veoma je povoljna za realizaciju snova i aktivnosti na polju obrazovanja. Merkur je veoma jak i vargotama i osoba izlazi na PLAB test i ECFMG test (testovi neophodni za medicinsko obrazovanje na Američkim univerzitetima) 1998. godine. Početkom 1996. godine, kada je osoba završavala medicinski fakultet, pisac ove knjige je predvideo rani brak sa lepom devojkom, i rođenje sina tokom Rahu-Merkur perioda, i više studije sa savršenom karijerom na polju medicine. Već 1. marta 1998. godine njegov otac je poslao pismo autoru sa potvrdom da je osoba prošla PLAB test, kao i deo drugog testa (IT deo u martu 1998. godine). Dobio je sina tokom Rahu-Merkur-Merkur perioda (u saptamši je vladar devete, Venera, u jutiju sa Mesecom i Rahuom, za Devica ascendent).

— Dvanaesta Kuća

Čart 152: Muškarac rođen 28. marta 1962. godine

Osnove Vedske Astrologije

	As Ve AL		
	Me Su Mo		
		Sa	
Jp	Sidamša D-24 Wed. 28/3/1962 6:29:00 Kiriburu, INDIA		
Ke Ra	Ma		

```
        SuVe
   AL    2       MeAs   12
         3              11
   Mo
                    1
        Sa    4   10
              7    Jp
         5              9  Ke
         6         8       Ra
               Ma
```

U čartu 152. vladar ascendenta se nalazi u dvanaestoj kući i pokazuje boravak u inostranstvu. Ovo je dalje potvrđeno konjukcijom vladara devete i desete (darma karmaadipati joga) u dvanaestoj, što pokazuje da su sreća i karijera u stranoj zemlji. Konjukcija vladara četvrte i sedme, Merkura, sa ovim je još jedna rađa joga koja pokazuje mogućost obrazovanja, škole (vladar četvrte Merkur) i koledža (vladar devete Mars) daleko od kuće. Vladar dvanaeste, Saturn, je snažan na aruda lagni (AL) u Jarcu, i aspektuje egzaltiranu i vargotama Veneru (malavja mahapuruša joga) na ascendentu. Mesec, kao atmakaraka, se nalazi u devetoj kući, kući putovanja u inostranstvo. Rahu snažno aspektuje oboje, i ascendent i devetu kuću, i pokazuje strane uticaje. Dakle, svi faktori upućuju na putovanja u inostranstvo, kao i na život u inostranstvu.

U navamši, Saturn je vladar dvanaeste i nalazi se u četvrtoj kući u znaku Venere. Malefici u četvrtoj kući imaju tendenciju da odvedu osobu iz doma. Venera je egzaltirana. U čarturvimšamši (D-24 čart) Saturn je dispozitor debilitiranog vladara devete (više obrazovanje), i nalazi se u kendri time dajući ničabanga rađa jogu za Jupitera.

Tokom Venerine daše i Marsove antardaše osobe je otišla u hostel državne škole na Jugu Indije. Tokom Venerine daše i Jupiterove antardaše njegov uspeh nije bio na nivou (Jupiter je debilitiran u desetoj u čarturvimšamši), on nije uspeo da osigura prijem na koledž inženjeringa u Indiji. Sa dolaskom Saturnove antardaše u Venerinoj daši, septembra 1983. godine odlazi u SAD zarad viših studija na polju mehaničkog inženjeringa. Saturn daje ničabangu (poništenje debilitacije) vladara devete (više studije) u D-24 čartu. U četvrtoj kući to pokazuje obrazovanje van rodnog mesta i već pomenuti aspekt inostranstva. Ipak, Rahu i Ketu (kompjuteri i sl.) su u devetoj kući u D-24 čartu i pokazaće više studije u vezi sa predmetima kojima oni upravljaju umesto onih pokazanih Saturnom/Marsom. Tokom Venera-Merkur perioda

================= Dvanaesta Kuća

njegov uspeh ponovo pada i on napušta inženjering kompjuter koledž kako bi završio obrazovanje na polju nauke o kompjuterima i menadžmentu. U istom periodu on završava obrazovanje (Merkur je na asecendentu u D-24 čartu) i pristupa Američkoj Kompaniji GTE koja je među najvećima na polju telekomunikacije. Osoba ostaje u inostranstvu od 1983. godine. Baš kao što je to čart i pokazao, njegova sreća i karijera su u inostranstvu.

Čart 153: Muškarac rođen 7. maja 1963. godine

Rashi (D-1) General

Jp Ve	Su	Me	
			RaMa As
Sa Ke	Čart 153. Tue. 7/5/1963 11:00:00 25° 5' 0"N 85°25' 0"E		
		AL Mo	

Rashi (D-1) General

Chart positions: 5/6 (Mo AL), MaRa As (4), 3/2, Su, Me, 7/1/10, Ke Sa, 12 Jp Ve, 8/9/11

Navamša D-9

Me AL			
Ma			Ra
Ve Ke	Navamša D-9 Tue. 7/5/1963 11:00:00 25° 5' 0"N 85°25' 0"E		
	As Mo Jp	Su	Sa

Navamša positions: Ke (9/10), Ve, Mo Jp As, Su, Sa (7/6), Ma (8/11/5/2), Me AL (12/1), 3/4, Ra

Čart 153. je horoskop službenika u Indijskoj Ekonomskoj službi. Jupiterova daša se pokazala odličnom za posao, budući da je došao na posao kao inspektor u delu centralne vlade. Kasnije, tokom Jupiterove daše i Venerine antardaše, on se kvalifikovao za IAS službu, a kasnije uradio i I.E.S. ispit, tokom Jupiterove daše i Mesečeve antardaše. Kada je osoba srela autora ove knjige 1991. godine, rečeno mu je da će kratko ostati u pomenutoj službi, jer će snaga Jupitera težiti da ga odvede u pravcu ekonomije i sličnih aktivnosti.

Osnove Vedske Astrologije

Jupiter je ujedno i vladar devete, koji upravlja višim obrazovanjem, i snažno je postavljen u Ribama u devetoj kući zajedno sa Venerom. Promena se dogodila usled gađakešari joge na navamša lagni tokom Jupiter-Mesec perioda.

Ponovo, 1995. godine, osoba dolazi sa pitanjem da li će imati uspeha sa višim ekonomskim obrazovanjem (magistarski rad) u inostranstvu, budući da se nalazi listi budućih studenata. Rahu je atmakaraka i nalazi se na ascendentu, te pokazuje da će biti prilično teško napustiti Indiju. Njegova konjukcija sa vladarom pete (autoritet/odgovornosti) i vladarom desete (posao), Marsom, pokazuju da će imati previše posla i zahteva na trenutnom radnom mestu koji mu neće dozvoliti odlazak u inostranstvo zarad obrazovanja/putovanja. Iako je vargotama, Rahu je AK i nije verovatno da će lako dati rezultate/želje.

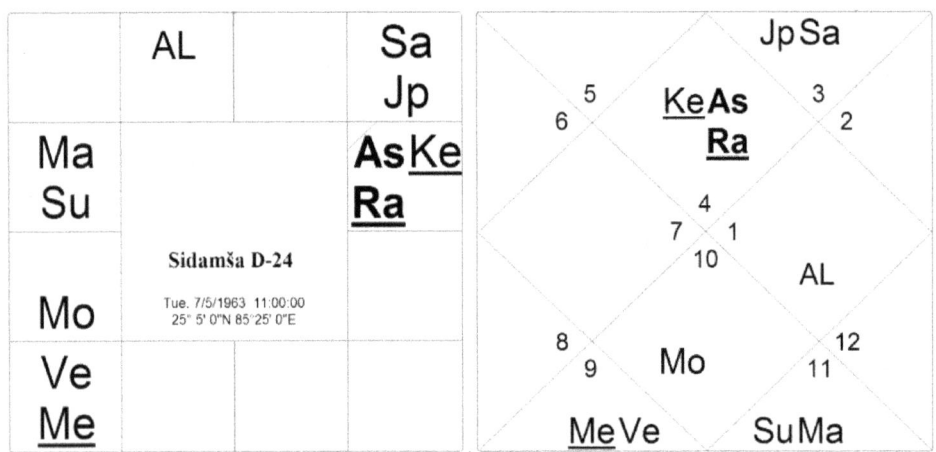

U sidamši (D-24 čart) Rahu je ponovo na ascendentu i studije u stranim zemljama i sl. ili više obrazovanje nije verovatno, budući da je u pitanju vladar osme koji afliktuje lagnu. Vladar devete je Jupiter (ekonomija), i nalazi se u dvanaestoj kući zajedno sa vladarom sedme, Saturnom. Ovo će verovatno dati neki posao (Saturn) u vezi sa ekonomijom, a 1997. godine osoba odlazi u SAD na poduku. Moguća su i brojna druga putovanja budući da se vladar sidamša lagne Mesec nalazi u sedmoj kući, u Jarcu.

Ministarstvo Spoljnjih poslova
Čart 154: A. B. Vađpaje

Rashi (D-1) General

	Ma		Ra
Jp			
AL	Čart 154. Atal Bihari Vajpayee Sat. 25/12/1926 5:05:00 26°10' 0"N 78°10' 0"E		Mo
Ke VeSu	As MeSa		

Navamša D-9

			Su
Ra			MaMo
Me	Atal Bihari Vajpayee Sat. 25/12/1926 5:05:00 26°10' 0"N 78°10' 0"E		KeAL
		AsJp	Sa Ve

Dašamša D-10

Su			
	Ke	Ve	
Jp	Atal Bihari Vajpayee Sat. 25/12/1926 5:05:00 26°10' 0"N 78°10' 0"E		
Me Mo			Ma
	As	Ra Sa	AL

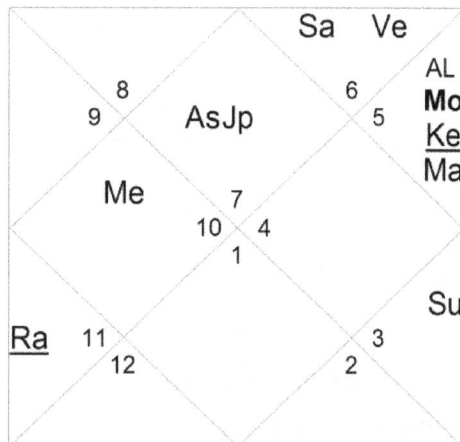

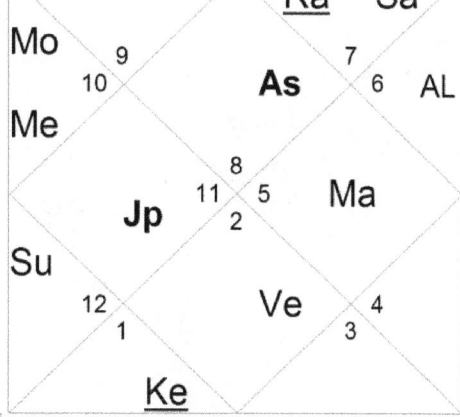

U čartu nezavisnosti Indije (15. avgust 1947. godine, 0,0' IST, Delhi) Vaga je u šestoj kući (sluge/služba) zajedno sa Jupiterom. Dakle, Vaga će sigurno imati bitnu ulogu po pitanju ljudi koji će služiti Indiju. Ovo posebno treba da se ocrta u dašamša čartu (D-10) tih ljudi. Čart 154. je horoskop Šri Atal B. Vađpaje, državnika od ogromnog značaja i trenutnog premijera Indije. Konjukcija atmakarake, Merkura, sa lagnom daje visoke ideale, kao i brilijantnost, dok ga prisustvo Saturna čini prodornim i odlaže rađa jogu sve do kasnijeg doba. Rađa pada (A10) je u Ovnu, u jutiju sa vladarom Ovna, kao i vladarom lagne, Marsom. Ipak, Jupiter, Mesec, Merkur i Saturn aspektuju rađa pada u kojoj se nalazi Mars. Mesec je u dvanaestoj kući od aruda lagne veoma loš za održavanje rađa joga, dok njegova pozicija u Lavu i aspekt na A10 inicira rađa jogu. Dakle, tokom Jupiterove daše i Mesečeve antardaše, iako je postao premijer Indije, rađa joga nije prešla 15 dana (ili period Mesečeve pakše). Ipak, kao što je i očekivano, tokom Jupiterove daše Marsove antardaše on ponovo postaje premijer, budući da je Mars veoma jak na rađapadi i nalazi se u desetoj kući u dašamši.

U dašamši, Rahu je planeta koja upravlja spoljnjim poslovima i nalazi se u znaku Vage u konjukciji sa vladarom četvrte (dom/ministarstvo). Dakle, osoba je bila spremna za poslove u ministarstvu spoljnjih poslova. Aspekt vladara pete, Jupitera, na ovu kombinaciju vladara četvrte Saturna i Rahua u Vagi, daje ogromno znanje na temu inostranih poslova, dok pozicija vladara dvanaeste i sedme, Venere, u sedmoj kući daje diplomatiju neophodnu za posao. Čak i u nedavno oformljenoj BĐP vladi u martu 1998. godine on čuva mesto u ministarstvu za spoljne poslove.

Čart 155: P. V. Narasimha Rao

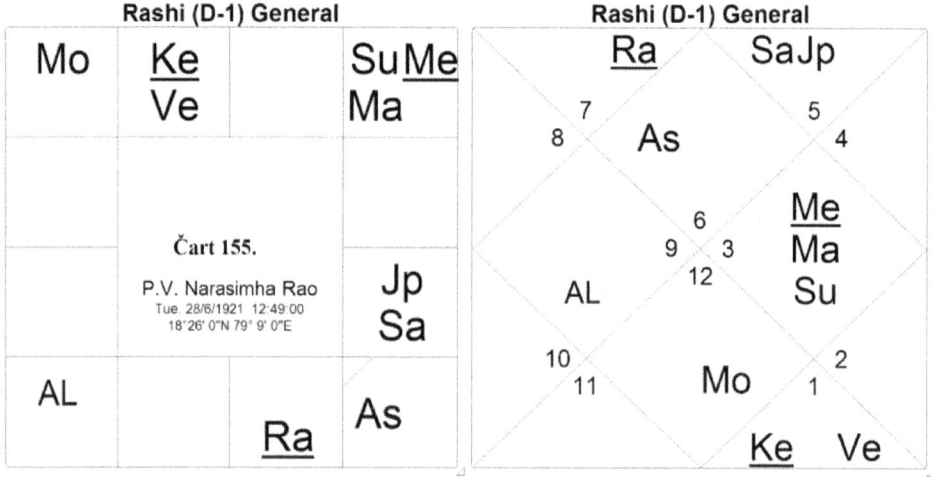

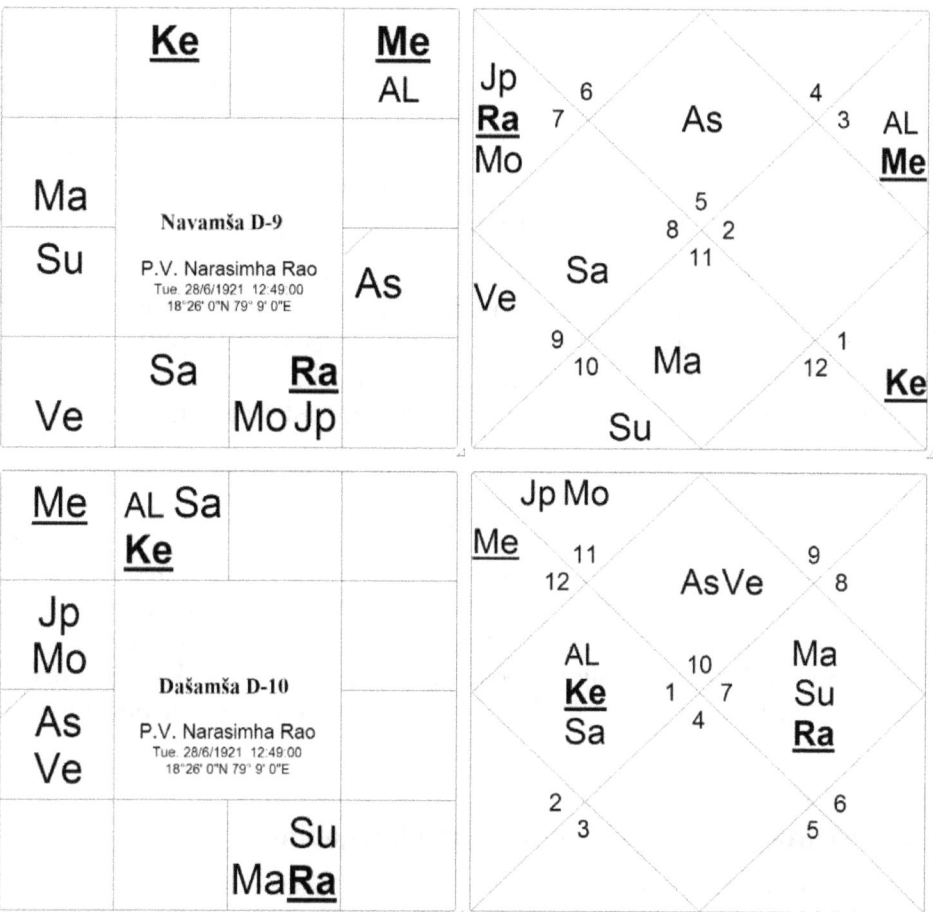

U čartu 155. vladar sedme i *badakeš*, Jupiter, nalazi se u dvanaestoj kući i pokazuje da će osoba biti sposobna da ukloni sve vrste prepreka. Baš kao i u čartu 154, dašamša (D-10) ima vladara četvrte, Marsa, u Vagi zajedno sa Rahuom. Šri P. V. Narasimha Rao je bio veoma sposoban ministar u ministarstvu spoljnjih poslova tokom vlade preminule Indire Gandi. U vreme Saturnovog tranzita preko druge kuće od aruda lagne, i tokom daše Marsa koji se nalazi u desetoj od dašamša lagne, on postaje premijer Indije. Konjukcija vladara dvanaeste u raši čartu, Sunca, sa vladarom treće i osme, Marsom, daje veoma moćnu viparita rađa jogu. Ovo obično postaje veoma nestabilna rađa joga (kratkog veka), ukoliko se oformi u dustanu (treća, šesta, osma ili dvanaesta kuća) i može biti veoma stabilna u kendri, podržana ovako moćnom ličnošću. Rađa joga poput badra mahapuruša joge (Merkur u desetoj u svom znaku u jutiju daje veliku podršku). Ovo dalje uzima veoma neobičan oblik podrške od strane ličnih neprijatelja/oponenata, jer je pokazana malefičnom vladavinom Sunca, Marsa i Merkura, koji pokazuje vodeću silu opozicije koja ga održava (Merkur je lagneš BĐP i atmakaraka

Šri Vađpaji - čart 154). Tokom perioda kada je Saturn u tranzitu aspektovao aruda lagnu, moguće su bile nevolje od neprijatelja i podređenih. Pad sa pozicije i sl. će se sigurno dogoditi, ukoliko on istovremeno aspektuje i rađa padu (A10). Tranzit Saturna u Ribama je išao preko njegovog đanma rašija (sade sati – glavni deo) i rađa pade (A10) u Ribama, i aspektovao je aruda lagnu (AL) u Strelcu. Iako je pobedio na izborima (Jupiter je badakeš u dvanaestoj kući) partija Kongresa, čiji je on bio predsednik, doživljava težak poraz.

Veoma nestabilna vlada osnovana je u Delhiju okupljanjem nekoliko regionalnih lidera. Šri Rao je svrgnut sa mesta predsednika partije, i njegov najverniji podanik Šri Sitaram Kesari preuzima vladu. Njegova krila bivaju podrezana od strane Saturna, i kao rezultat toga uskraćena mu je i karta za let na izborima 1998. godine.

Sa Saturnom koji odlazi od Meseca, rađapade (A10) i aruda lagne (Strelac) posle aprila 1998. godine, dolaze mu bolji politički dani. Istovremeno, Šri A. B. Vađpaji (čart 154) će imati Saturna u tranzitu preko rađapade (A10), gde se nalazi i njen vladar, kao i vladar lagne, Mars. Ovaj tranzit će takođe biti preko osme kuće od AL (zdravlje). Poenta je da su oba čarta 154. i 155. čartovi ministara spoljnjih poslova vlade Indije, koji kasnije postaju premijeri budući da je Rahu vladar desete na lagni u čartu nezavisnosti Indije.

Tajne Službe
Čart 156: Muškarac rođen 1. novembra 1966. godine

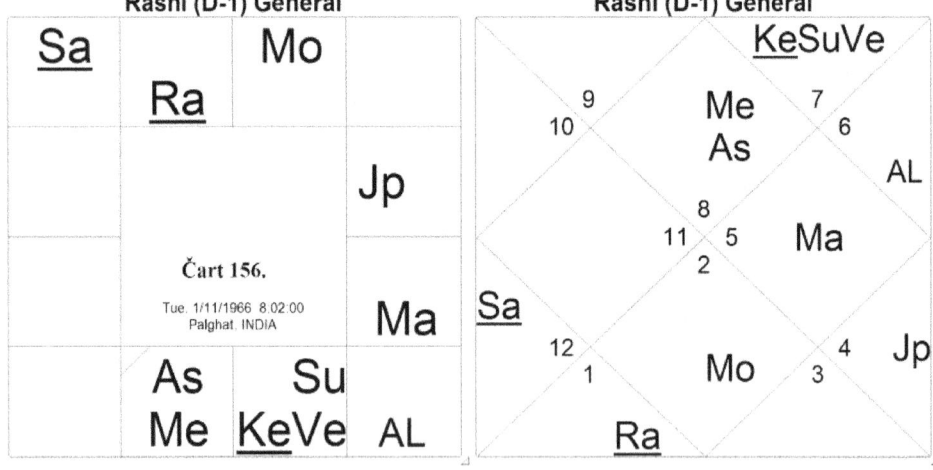

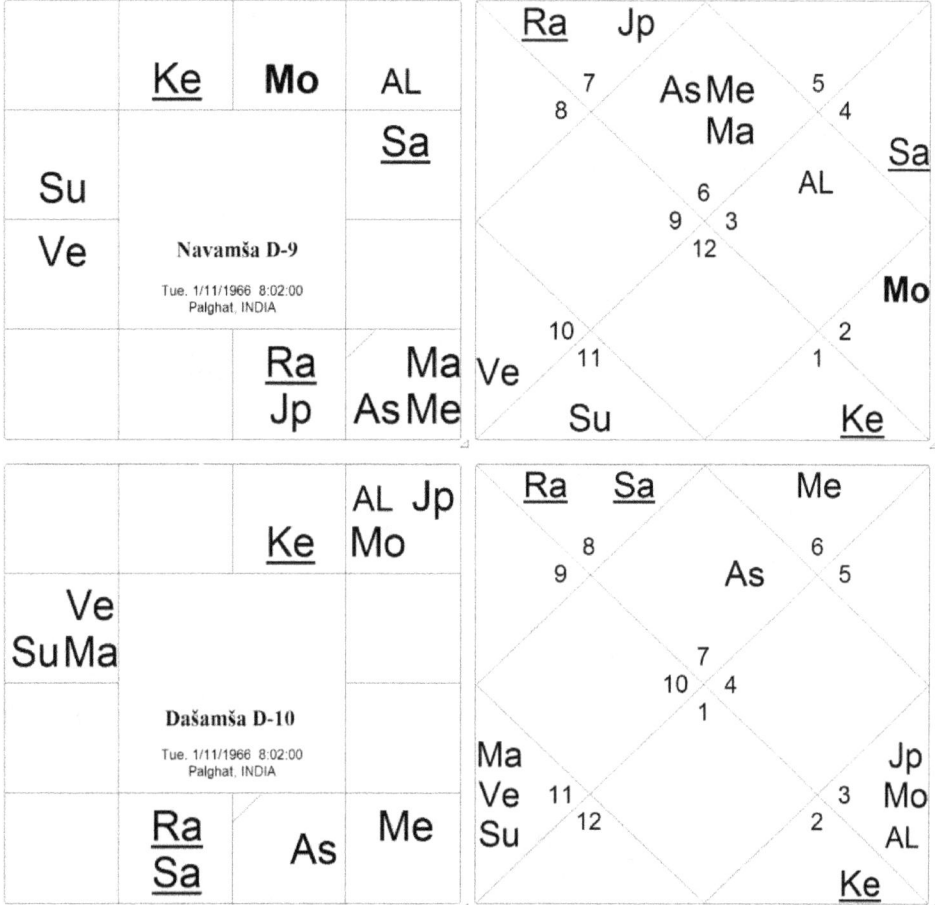

U čartu 156. vladar ascendenta i vladar sigurnosti (Mars) u desetoj kući u Lavu upućuje na poslove u vezi sa unutrašnjom/spoljnom sigurnošću, policijom, itd. Mars je ujedno i dispozitor Merkura, vladara osme, i Rahua (tajne operacije) i pod njegovim je aspektom. Vladar desete, Sunce, nalazi se u dvanaestoj kući i pokazuje posao u inostranstvu u kompaniji koja se bavi kontra-obaveštajnom službom. Ketu je suvladar ascendenta, a Venera je vladar sedme i druge, i njena konjukcija sa vladarom desete i sa Ketuom sa sigurnošću pokazuje tajne službe/špijunažu/kontrašpijunažu i pokazuje puno putovanja u vezi sa poslom.

U dašamši, jogakaraka, Saturn, je u drugoj sa Rahuom, u tajanstvenom znaku Škorpije. Ova kombinacija dominira artatrikonama i Rahu aspektuje desetu kuću, Raka. Vladar desete, Mesec, nalazi se u konjukciji sa Jupiterom u devetoj kući, i pokazuje pravac operacije ili severo-istok (Jupiter) i severo-zapad (Mesec). Vladar devete i dvanaeste, Merkur, egzaltiran je u dvanaestoj kući i pokazuje veze sa inostranstvom.

Stupanje u službu/zapošljavanje u vladi vidi se iz pete kuće u dašamša čartu. Rahu je suvladar pete kuće gde se nalazi Venera. Tokom Rahuove daše i Venerine antardaše, osoba se zapošljava.

TRANCENDENTALNA MEDITACIJA
Čart 157: Svami Asutoš (Urs)

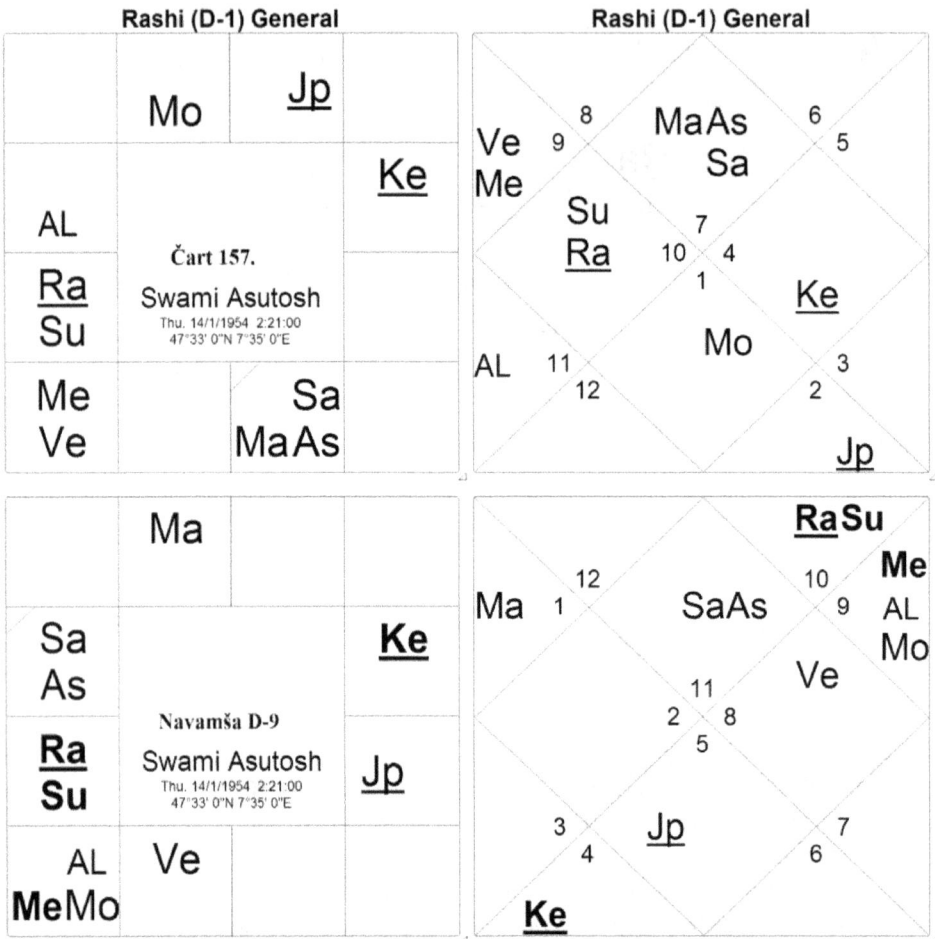

U čartu 157. deseta kuća ima mokšakaraku, Ketua. Ketu vlada meditacijom uključujući djanu, daranu i samadi. Saturn je u bliskoj konjukciji sa ascendentom u raši i navamša čartu i pokazuje tradicionalno/drevno učenje, pranajamu (metod kontrolisanja daha/jogijsko disanje i sl.). U dašamša čartu, arta trikonama dominiraju ove planete, Saturn i Ketu, u duhovnom znaku Riba i pokazuju da je osoba učitelj Transcendentalne Meditacije. Uporedite ovo sa čartom 156. gde konjukcija Saturna i Rahua (boga) u Škorpiji pokazuje tajne službe, dok Ketu (samoodricanje) umesto Rahua, daje meditaciju i duhovnost. Osoba je veoma cenjena na polju transcendentalne meditacije i postigla je svetsku reputaciju u jogijskom letenju. Vladar devete postaje atmakaraka i nalazi se vargotama u Strelcu, i pokazuje da će guru biti veoma moćna i veoma duhovna osoba.

```
┌─────────┬─────────┬─────────┐
│ Sa      │         │ Ma      │
│ Ke      │ AL      │         │
├─────────┼─────────┼─────────┤
│ As      │         │         │
│         │ Dašamša D-10       │
│         │ Swami Asutosh      │         │
│         │ Thu. 14/1/1954 2:21:00│      │
│         │ 47°33' 0"N 7°35' 0"E│ Ve    │
├─────────┼─────────┼─────────┤
│ Mo      │         │ Me Jp   │
│         │         │ Ra Su   │
└─────────┴─────────┴─────────┘
```

```
              KeSa
         12          10    Mo
       1      As       9
    AL
           Ma    11
            2   8
              5
         3        Ve    7
         4            6
                   Ra
                Su Jp Me
```

Različite joge i bliska veza sa guruom (Mahariši Maheš Jogi) se mogu videti tokom daše amatjakarake Rahua. Jupiterova daša je donela dug boravak u Indiji, kao i različite istraživačke radove na polju ajurvede, tradicionalne medicine, čiste hrane i veoma dobre meditacije. Osoba je ustanovljena kao učitelj TM zbog Jupiterove vladaravine nad Ribama, i zbog toga što je u pitanju dispozitor Saturna i Ketua u dašamši. Zbog rađa pade (A10) u Vagi, sa egzaltiranim Saturnom, očekuje se da će tokom Saturnove daše zauzeti veoma visoko mesto/poziciju u podučavanju unutar Mahariši Maheš Jogi pokreta. Bliska konjukcija Sunca i Rahua ukazuje na eklipsu, i Rahu pokazuje veliku duhovnost i odricanje, dok Sunce može postati negativno. U sličnoj situaciji, ukoliko je lagna/AL u Vodoliji, osoba je duhovna, dok ukoliko je u Lavu, dešava se suprotno. Slična kombinacija Rahua i Sunca se može pronaći i u čartu Šri Ćaitanje Mahaprabhua (u četvrtoj kući Vodolije u D-12 čartu Šrila Prabupada Sunce i Rahu su u konjukciji i pokazuju veoma duhovnu majku). U čartu 157, AL je u Vodoliji i pokazuje da je osoba veoma duhovna, i tokom Rahuove daše osoba se odriče sveta. Upapada je u Strelcu i njen vladar, Jupiter, je u osmoj kući i potvrđuje samoodricanje. Rođen je mudrac. Prašara podučava da brak ili samoodricanje treba da se sagledaju u odnosu na upapadu. Ukoliko je vladar upapade loše postavljen u osmoj/dvanaestoj kući, ili je debilitiran u raši ili navamša čartu, indikacije upapade su pokvarene i manifestuje se samoodricanje/monaštvo.

Putovanje u svemir
Čart 158: Nil Armstrong

Rashi (D-1) General

North Indian chart:
- House 1 (top): Ra, As, Ma
- House 2: Jp
- House 3: Su, Me
- House 4: Ke, Ve
- House 5 (bottom): Sa, Mo, AL

South Indian chart:
- House 1: (empty, marked 3) Jp
- House 2: Ma, As
- House 3: Ra (marked 1)
- Marked 4: Su
- Marked 5: Me
- Marked 11, 2: (numbers)
- Marked 6: Ve
- Marked 7: Ke
- Marked 8: (empty)
- Marked 9: Mo, Sa
- Marked 10: AL
- Marked 12: (empty)

Čart 158.
Neil Armstrong
Tue. 5/8/1930 0:33:00
40°34' 0"N 84°12' 0"W

Navamša D-9

North Indian chart:
- As, Mo / Ra / Me / AL, Ma, Sa / Ke / Su / Ve / Jp

Navamša D-9
Neil Armstrong
Tue. 5/8/1930 0:33:00
40°34' 0"N 84°12' 0"W

South Indian chart:
- Ra / Mo, As / Jp / Ve / Su / Ke / Sa / Me / AL, Ma

Dašamša D-10

North Indian chart:
- As, Sa / Ra, Ve / (empty) / Ma / Me / Ke, Jp / Mo, AL

Dašamša D-10
Neil Armstrong
Tue. 5/8/1930 0:33:00
40°34' 0"N 84°12' 0"W

South Indian chart:
- Ve, Ra / Sa, As / (12) / Mo / AL / Jp, Ke / Su / Ma / Me

408

= Dvanaesta Kuća

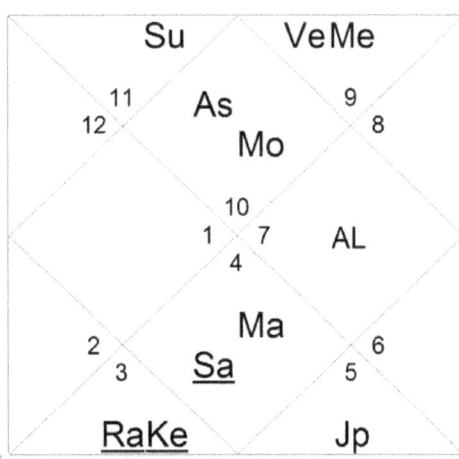

Iako standardni tekstovi ne navode principe u vezi sa putovanjem u svemir, mogu se primeniti standardna pravila dvanaeste kuće. Hajde da ispitamo čart *Nila Armstronga, prvog čoveka na Mesecu* (čart 158). Dvanaesta kuća od aruda lagne (AL) je u Strelcu, gde se nalaze Mesec i Saturn. Saturn je jogakaraka za Bik lagnu, zato što je i vladar aruda lagne, njegova konjukcija sa Mesecom obećava besmrtnu slavu. Aktivnost zbog kojih slava dolazi može se videti iz kuće u kojoj se nalazi Mesec ili vladar AL, u odnosu na AL. Budući da je u pitanju dvanaesta kuća, slava u ovom slučaju dolazi usled dugih putovanja i sličnih aktivnosti.

Vladar dvanaeste od AL (Jupiter) je u dvojnom znaku, i pod aspektom Meseca, Saturna i Venere (gađakešari joga koja aspektuje vladara AL/lagnu daje slavu). Vladar dvanaeste od lagne je Mars, a aspektuju ga Ketu i Sunce raši drištijem. Dakle, ovih pet aspektovanih planeta pokazuju dugo putovanje tokom svojih perioda. Nil Armstrong je sleteo na Mesec 20. jula 1969. godine i hodao po Mesecu 21. jula 1969. godine. Vimšotari daša-antara i pratiantara je bila Mesec-Ketu-Venera. Mesec se nalazi u nakšatri Ketua (koji upravlja vertikalnim pravcem na gore) i, budući da je u pitanju profesija, ovo treba da se ponovi i u dašamši. U D-10 čartu, Mesec je u devetoj kući, i aspektuje dvanaestu raši drištijem, dok se vladar devete i dvanaeste, Jupiter, nalazi zajedno sa Ketuom u osmoj kući. Anatardaša planeta, Ketu, se nalazi u dvanaestoj kući od Meseca.

Dakle, putovanje na Mesec je počelo tokom Mesec-Ketu-Ketu (daša-antar-pratiaantar). Venera je vladar sedme (inostranstvo – površina Meseca) i druge, i pokazuje kraj putovanja. Dakle, tokom Mesec-Ketu-Venera daše koračao je po Mesecu. U šodašamši (D-16 čart) koji je u vezi sa vozilima i putovanjima, Mesec je vladar sedme smešten na ascendentu, i pokazuje slavu zbog putovanja. Venera je u dvanaestoj kući sa vladarom devete, dok Ketu aspektuje dvanaestu kuću.

Čitaoci mogu primetiti kako snažan uticaj gađakešari joge (Meseca i Jupitera) na vladare lagne (Veneru) i AL (Saturna) donosi ne samo besmrtnu slavu, već i, uprkos Mesecu u osmoj kući, vimšotari daša pokazuje dobre rezultate zbog lunarnih uticaja.

ॐ तत् सत्

www.ingramcontent.com/pod-product-compliance
Lightning Source LLC
Chambersburg PA
CBHW060450090426
42735CB00011B/1961